U0036231

心理學叢書 53

發展心理學

Developmental Psychology: A Psychosocial Approach

郭靜晃、黃明發 著

作者序

發展心理學於1882年成為一門以科學方法求證的、有系統的學科理論迄今，已有了一百多年的歷史。發展心理學的研究主題是個體行為發展的過程，尤其是個體隨著年齡改變而產生的變化，發展心理學家主要即是探討發展變化的因素、過程及發展的時間表。

本書共分十一個章節，以Erik Erikson的心理社會理論為一整合性架構，探討個體由受孕至死亡期間，有關生理、智力、社會及情緒各領域的發展，並強調人類實為個體基因、社會及文化等因素的產物。

本書共有三大特色：

1.延伸了艾氏八大危機理論，將人生發展周期分為「懷孕及胎兒期」、「嬰兒期」、「幼兒期」、「學齡兒童期」、「青少年期」、「成年早期」、「成年中期」、「成年晚期」與「老年期」等九期，分別探討個體在各發展階段期間，融合身體、自我及社會系統因素所衍生的發展任務與危機。除列舉遺傳與環境因素對母體及胎兒的影響外，尚探討特定社會文化因素對個體之影響。此外，由於醫藥科技的發達，人的壽命延長了、平均餘命增加了，本書於是將老年期分為兩章進行探討：一是心理及社會發展；一是成功老化，以貼近社會變遷的時勢發展。
2.針對發展心理學的研究過程與方法做概述性的說明，並以專章評估心理社會理論。此外，尚引述了研究人類發展的相關理論，如演化論、文化差異論、性心理論、認知論、學習論、社會角色論及系統論等，以分析人類成長與變化的相關論點。
3.書中所列的「專欄」，特別指出不同發展階段中的重要問題，以提醒讀者正視此類現象，並預做調適。

綜觀本書的特色，實兼具學術性與實用性，讀者可由書中各發展階段的深入探討中，一覽整個人類發展的連續性與獨特性，不僅可對個人發展現況有多一分的瞭解與體認，更可藉此回顧過去，驗證個人早期發展並前瞻未來的發展方向，進而對自己一生的發展做整體性的規劃。

由於發展心理學偏重個體行為發展的探討，且本書以社會因素的認知來闡述個體之發展，因此建議學子們先熟悉有關社會學及普通心理學的書籍，相信在閱讀此書時必能得心應手，並對此學科有更精確的瞭解。

近年來，各個社會皆要面臨1950年代的嬰兒潮所形成的高齡化社會現象，臺灣當然也不例外。老年人長壽已是一社會事實，如何「成功老化」更是社會另一個重要課題，本書因此另列一章談論老年的養生文化及老年社會參與的觀點，來幫助老年人成功老化。

本書因揚智文化公司葉忠賢先生的支持與鼓勵，得以順利出版，在此特申謝意。期望本書的出版，能對修習此科目的學子們有所助益，唯筆者才疏學淺，恐有疏誤之處，尚祈諸學者先進不吝指正。

郭靜晃
黃明發 謹誌

2013年元月于臺北

目 錄

Chapter 4 嬰兒期 129

Chapter 5 幼兒期 201

Chapter 6 學齡兒童期 237

Chapter 7 青少年期 301

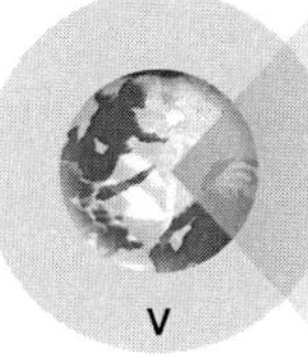

Chapter 1

緒論

■何謂發展

■發展心理學的歷史演進

■發展心理學的相關理論

■發展心理學的研究方法

■人生歷程的生命期待

■結語

全人發展（life-span development）是人類行為的詮釋，其涵蓋的領域很廣，含括心理學、社會學、生物學、人類學、醫學、經濟學、社會工作、教育等以及其他相關領域，主要係解釋及瞭解由胚胎受孕至死亡的人生歷程變化。發展最重要的概念是**改變**（change），也就是個體隨著時間的推移而產生的行為改變。發展最重要的動力是先天與後天，前者涉及個體的生理因素，後者包含了大環境給予的條件與支持而造成的個體成長與變化，也就是個體行為所接收的各個層面的改變，即生物—心理—社會（bio-psycho-social）因素的變化。不過並非所有的行為皆具有發展性，諸如中了樂透、天災或人禍等，對人類而言，這些變化只是意外事件，更是一種周遭環境的變化，進而影響個體過去固定的生活模式（life pattern）。

從心理社會的觀點（psychosocial perspective）觀之，人生歷程指的是個體工作以及家庭生活階段順序之排序的概念。這個概念是個體生活史的內容，因為個人生活史體現於社會和歷史的時間概念之中（Atchley, 1975; Elder, 1975）。每個人的生活過程皆可喻為是一種人生的**適應**（adaptation）**模式**，是每個人對於在特定時間階段所體驗到的文化期望，所衍生的人生發展任務、資源，以及所遭受障礙的一種適應。以此說來，人類的發展終其一生均呈持續性的變化，亦即每個人的成長及變化乃是持續且隱含於每個發展階段之中。全人發展意指人類在有生之年，內在成長與外在環境之動態交互作用中所產生的行為變化，故變化最能代表發展之內涵。

本書是人類生命週期（發展階段）與全人發展的觀點，展現個人的成長變化、發展與行為，尤其著重於社會化的概念，亦即是以心理社會觀點來詮釋人類行為的變化。換言之，本書也就是探討個人從受孕至老年期（臨終之前）所具有的行為特徵，以及和社會環境互動所產生的行為改變；最後，在面臨全球老化趨勢的前提之下，於本書最後一章為學生們探討「成功老化」的概念。有關人類發展的書籍有從年齡階段作為撰寫的內容，也有從行為的特徵作為敘述的主體，本書採用前者以區分年齡的方式作為主體架構，並去除傳統的心理學，尤其從實驗方法來探討行為的知識，並以心理社會觀點來敘述個體各個階段的發展任務以及改變歷程，希望本書能提供學生對個體發展有充足的認識與瞭解。

第一節　何謂發展

人類發展（human development）往往涉及多層面，改變最明顯的是**生理發展**（physical development），尤其在嬰兒期及青少年期時最為明顯，不僅體型改變，肌肉神經更加發達，也伴隨著大小肌肉的協調性。認知發展改變個體的思考、處理訊息、記憶、解決問題及語言溝通能力。社會發展涉及個體社會化歷程與人際發展關係，建立親密感，同時也涉及影響他人和受他人影響的行為模式。情緒發展涉及個體的喜、怒、哀、樂等，以及與重要他人的依附關係和個體的焦慮、憂鬱。個體的發展由受孕開始，一直到終老死亡為止。發展改變的過程是有順序的、前後連貫的、漸進的、緩慢的，其內容包含有心理和生理的改變，此種改變和遺傳、環境、學習、成熟有關。人類行為受內在（先天行為）和外在（後天因素）等之總和塑造而成，藉著上一代所承襲的基因，透過成長歷程由社會規範所給予個人的方向與指引，準此有些行為是可預期且具規律性。

社會規範界定社會規則，而社會規則則界定個體之**社會角色**。若社會角色遭受破壞，那個體可能產生社會排斥，甚至會獲得社會歧視（social discrimination）。人類行為及發展令人著迷，有著個別之謎樣色彩，而且隨地域及時間不同有其不同的準則，例如歐美認為皮膚黝黑是美人的標準，而東方社會則喜歡皮膚白晰的女性；又如過去傳統禮教規範「女子無才便是德」，女性被期待在她們青少年晚期或二十初結婚，再來相夫教子，而現在的新女性則傾向三不（不婚、不生、不養）價值，而造成少子化的社會。要瞭解人的一生發展，就必須弄清楚個體在各個發展階段是如何將他們的觀念與經歷統合，以期讓他們的生活具有意義，而這個生命歷程就如同每個人皆有其生活敘事（narrative），各有各的特色。

一、發展的涵義

由人類發展的涵義來看，它包括四個重要觀念：

1.從受孕到老年，生命每一時期的各個層面都在成長。

2.在發展的連續變化時程裡，個體的生活表現出連續性和變化性；要瞭解人類發展，必須要瞭解何種因素導致連續性和變化性的過程。

3.發展的範疇包含身心各方面的功能，例如身體、社會、情緒和認知能力的發展，以及它們相互的關係。我們要瞭解人類，必須要瞭解個體的各個層面發展，因為個人是以整體方式生存。

4.人的任何一種行為必須在其相對的環境和人際關係的脈絡中予以分析，因為人的行為與其所處的脈絡情境有關；也就是說，人的行為是從其社會脈絡情境中呈現（human behavior nested in the social environment）。故一種特定行為模式或改變的涵義，必須根據它所發生的物理及社會環境來加以解釋。

人生歷程（life course）是個體發展的另一個概念，其將生命視為一生的一系列轉變、事件和過程，發生在人生歷程中的任一階段，皆與其年齡、所處的社會結構和歷史變革有關。Rindfuss、Swicegood和Rosenfeld等人（1987）指出，人生事件並非總是依照預期中的順序發生，破壞和失序可能穿梭在生命歷程中隨時發生。例如不在計畫中的事件、意外事故、未預期的懷孕、因不景氣突然被裁員等等，都會造成某個時間段落生命事件中的失序與破壞，因而衍生出壓力，對此種壓力的感受通常是依個人與家庭所擁有的資源及其對事件的詮釋而定（Moen & Howery, 1988）。

Atchley（1975）從心理社會觀點提出，以職業和家庭生活隨著時間推移產生結構性變化的一種個人發展歷程。從**圖1-1**，我們可以看到生命歷程中，工作與家庭生活之間可能的結合形式。例如某一年輕女性婚前即在工作職場，結婚生子之後，因為要撫養子女而退出就業市場，待孩子長大又重返勞動市場，而她必須重新受訓。對她而言，職業生涯可能會產生很大的變化，諸如從全職工作退居到兼職工作，或從大企業轉至小企業，甚至成立個人工作室。對於那些結婚、生育子女、再結婚、再生育子女的人而言，家庭生活在其個人之觀點及體驗是有所不同的。這也可解釋為何婦女就業之職場與工作轉換，與其是否有孩子、孩子數目及孩子年齡有關。

生命過程模式受歷史時代的影響。生活於1900至1975年的人，其生命過程可能就與生活於1925至2000年代的人有所不同。人們可能在不同的人生階段，面對著不同的機遇、期望和挑戰而經歷同樣的歷史年代。職業機遇、教育條件和同族群人數的差異，是可能影響生活經歷模式的三個族群因素（Elder,

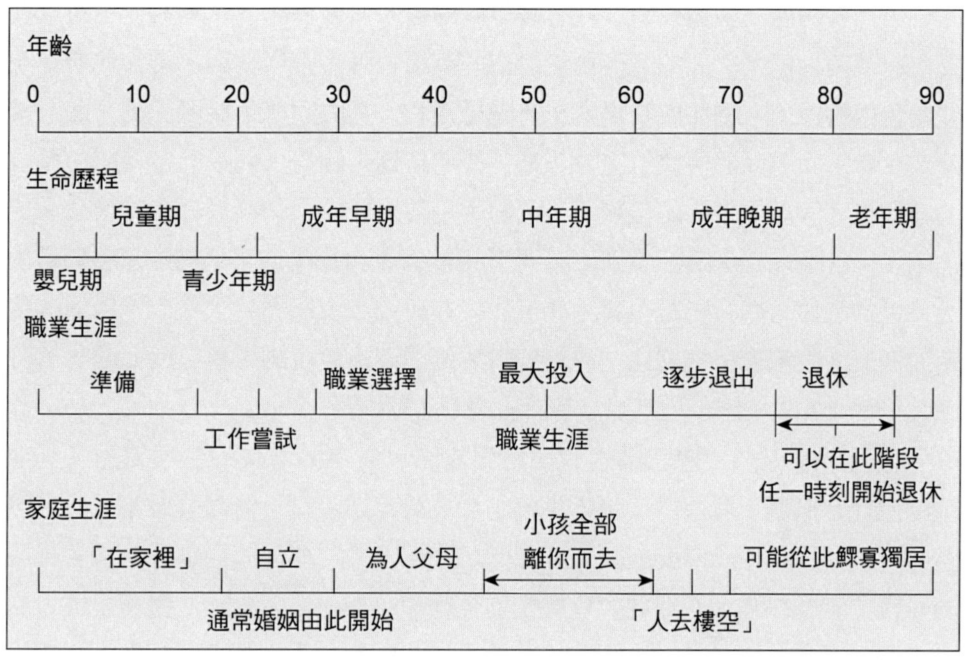

圖1-1　年齡、生命歷程、職業生涯和家庭生涯之間的關係

資料來源：改自Atchley, R. C. (1975), p.264.

1981）。最近，日本學者將1955年之前出生的人歸之為舊人類，1955年之後出生者稱之為新人類。而在1965年之後出生者稱之為X世代（X generation），1975年之後出生的人為Y世代，及1985年之後出生的謂之為Z世代。這些世代歷經了社會變遷、教育模式等不同境遇，衍生了不同的價值觀，甚至形成了特定的次文化（subculture）。換言之，處於不同世代的父母，因受社會變動因素影響，而有不同的機遇及別人對其角色的期望，而產生此世代的個別經驗與知覺。對照於兒童福利（尤其是托育服務），此世代之父母對於養育子女的觀念及需求也會異於不同世代之父母，加上父母因需求之滿足或個人境遇之變化（例如離婚、單身家庭或外籍配偶家庭），對子女的管教與保育產生差異，進而對子女人生發展產生不同之影響。

儘管生命歷程與事件的時間順序密切相關，但有一種觀點認為，處於不同年齡階段的人對事件有不同的看法。人們並不是單純地在各個事件之中埋頭忙碌，他們會進行選擇。有些人在選擇時比別人更為小心、更為明智；他們接受某些職責，拒絕其他職責；而有些人則比其他人承擔更多的責任。

人們對角色的興趣或重要性有著不同的看法。他們認為，有些角色是重要的，有些角色則是次要的。他們從過去的某種經驗中吸取教訓，增加他們在某些角色中的效用。例如成年早期，有關母親和父親的回憶可能關係到一個人結婚或生育子女方面的決定；在中年期甚或老年期，隨著人們在社會組織中接觸到職業生涯管理或領導的任務，人們對手足或學校同儕的早期經歷的懷念會更加明顯（Livson, 1981）。然而，不管什麼時候，每個人的早期經驗都將影響個人當前的選擇，個人特點也將由此形成。在研究生命歷程時，我們不僅對經驗的時間順序感興趣，更關注在成人努力於適應不斷變化的過程，而此變化有時是由於角色要求，產生相互衝突時所出現的心理成長。

在生命歷程中，適應模式的整體面貌應包括年齡增長的生理過程及其他生物歷程的概觀，這其中又包括生育子女、更年期停經、荷爾蒙分泌減少、慢性疾病及死亡（Katchadourian, 1976）。適應模式的總體概觀還應包括各種因素，例如發展任務、心理社會危機及種種經歷，如職業、婚姻、養育子女等生活各個層面（Feldman & Feldman, 1975）；也包括規範性的、針對各個年齡的期望、發展期望和角色期望方面的背景；同時包括一廣泛涉及經濟危機、戰爭、饑荒、政治變革和社會運動等的社會歷史背景。對於一個特定的年齡群體來說，這些方面都會改變某些行為的涵義（Erikson, 1975; Miernyk, 1975）。事實上，大多數有關生命歷程的研究並沒有做到如此的全面分析。這些研究往往只是單獨涉及對心理社會事件的適應，或只是注重與年齡相關聯之期望背景（Brim, 1976）。

二、國內外對發展定義的界定

發展的意義牽連甚廣，要如何界定實賴學者以何種角度切入。Gesell（1952）認為，發展是一種有順序的、前後連貫方式展現的改變；Hurlock（1968）認為，發展是一種過程，在此過程中，個體內在心理狀況產生改變，隨之產生心理狀態因刺激而產生共鳴，促使個體能夠因應外在的刺激；Anderson（1960）亦強調，發展不僅指個體大小或比例的改變，更是個體能統合許多構造與功能的複雜過程；朱智賢（1989）則認為係指有機體在整個生命期的持續變化，先由遺傳因素再擴及環境因素之互動過程；張春興（1991）則認為，個體從出生至死亡這段時間，在個體遺傳範圍內，其身心狀況因年齡與習得經驗的增加所產生的順序性改變的歷程。

過去對發展的定義常界定在個體出生之後，而事實上現在的焦點轉至從個體發展開始。

綜觀上述各家之定義，發展之定義可歸納出下列幾點：

1.發展的起點始於受孕，終止死亡。
2.發展為個體的改變，其改變過程式是有序的、漸進的、前後連貫的。
3.發展的內容包括生理與心理的改變。
4.發展的改變與遺傳、環境、學習、成熟有關。
5.發展不僅是量的變化，也涉及質的改變。
6.發展的方向是由簡單至複雜，由分化到統整。

第二節　發展心理學的歷史演進

一、17至19世紀哲學萌芽期

發展心理學的研究是從學齡兒童及幼兒開始，早期研究兒童的興趣源自於教育上的需求，為了改進兒童教育的歷程，尋求以良好的教學方法，增進教育的效用，如17世紀的科美紐斯（John Amos Comenius, 1592-1670）於1628年出版兩本書：《嬰兒學校》（*The School of Infancy*）與《圖片中的世界》（*World in Picture*），分別談及教育幼兒的方法。之後，也受到另一股現代哲學思潮的影響，如笛卡兒（René Descartes）、洛克（John Locke）、盧梭（Rousseau）、斐斯塔洛齊（Johann Heinrich Pestalozzi）、福祿貝爾（Friedrich Froebel）等思想之影響。

現代哲學思潮由法人笛卡兒提出身心二元互動論，認為人的身體主要是受心智（mind）所控制。英人洛克提出「白板」論（tabula rosa）的概念，認為個體心智如同白板般，有待後天經驗來形塑，這也是日後行為主義之濫觴。兒童的本質要靠後天來加以紀律才能形成有規範的公民。法人盧梭提出相對的自然論，其著作《愛彌兒》（*Emile*），更用「任其自然」（laissez faire）的概念，認為教育應歸於先天的自然說，教育更應本著兒童的本質，而少干涉。

早期的哲學思想提出養兒育女及教育兒童的觀點，但也引起日後對兒童研究的興趣，然而當時缺乏客觀（群體）研究之基礎，大多採用自然觀察及日記記錄方式來實地觀察兒童，例如18世紀末的斐斯塔洛齊就是第一位觀察兒童行為的記錄者，之後德人J. H. Tiedemann於18世紀出版《兒童心理發展觀察記錄》（*Observation on Psychological Development in a Child*）；19世紀末，由達爾文（Darwin）再出版《嬰兒傳記》。從此之後，此種日記式的兒童行為觀察記錄如雨後春筍般出版，其中以德人William T. Preyer在1882年出版的《兒童的心靈》（*The Mind of the Child*）最具價值，書中闡述3歲前幼兒的感覺和智力的發展。同時，德人馮德（Wundt）創立心理學學門，更以自然科學實驗方法專門研究人，並將心理學定義為一門科學。

個別行為的觀察，源於早期的哲學並發展成為一門科學，根源於歐洲大陸，但卻在20世紀後於美國發芽。美國兒童研究運動萌芽於霍爾（George Stanley Hall）及其弟子格賽爾（Arnold Gesell），他們首度運用問卷方法來蒐集兒童對事物的理解，並發表了《兒童心靈的內容》（*The Content of Children's Mind*），組織兒童心理學會。此後，霍爾便被稱之為「發展心理學之父」（Father of Developmental Psychology）。

二、20世紀心理發展期

在20世紀之後，由比奈（Alfred Binet）及西蒙（Theophile Simon）於1905年編製了世界上第一個標準化測驗，用來測量兒童的智力；此後吸引了很多學者前來研究探討，如皮亞傑（Jean Piaget）到此機構學習兒童智力測量，使皮亞傑後來發展了他的認知理論。此種標準化測量方法深深影響發展心理學研究，縱橫了一個世紀之久，例如日後就有學者專家採用縱貫研究（longitudinal study）來研究個體的成長，甚至發展至各個領域的常模研究。

繼兒童成長研究之盛行，使兒童研究的重心偏向生物學及心智能力的發展，也衍生了遺傳vs.環境之爭論，其重點在爭論生物的穩定性或後天的教育來促使兒童行為之改變。在20世紀的30至40年代，由於受到弗洛伊德（Sigmund Freud, 1856-1939）的心理分析理論之影響，兒童研究方法又側重於幼兒早期前五年的經驗，尤其是家庭動力如何對兒童造成日後人格之影響。50年代以降，兒童行為研究受到制約理論及社會學習理論的影響，促使兒童研究轉移至兒童行為塑化、修正及社會化之影響方面。

到了60年代，接踵而來的是皮亞傑的認知發展學說，雖然其學說早在30年代即已問世，但受到弗洛伊德的心理分析論之盛名所掩蓋，而一直到60年代才逐漸有人問津及受到重視。皮亞傑強調認識發生論，認為認知受兒童固有的遺傳生物之影響，個體主動積極地與環境互動的結果，使兒童的研究轉向個體的認知、記憶、思考、解決問題、概念和創造力的發展。之後，Jeremy Kagan將人格與認知做連結，致80年代興起了朝社會認知的研究領域發展，其研究領域主要在探討社會推理過程及人際互動，如自我概念的形成與發展、溝通能力、角色取替能力、人際互動之能力。

由於皮亞傑的認知理論，再加上科技進步，促成許多精密儀器的發明，加速了嬰兒研究的蓬勃發展，如嬰兒知覺、聽覺、學習及嬰兒氣質，進而影響個體情緒的依附關係、攻擊行為等研究。之後，艾力克森（Erik Erikson）的心理社會理論也影響個體的生命期發展，同時也激發了青少年、成年以及老年心理學的研究。青少年自70年代受到40、50年代戰後嬰兒潮之影響，蔚然形成一個很大的集體（cohort）。青少年研究著重於個人認同、道德觀、藥物濫用等議題；成人心理學大都集中於擇偶、婚姻與家庭的建立及適應、離婚、家人關係、父母角色、職業（涯）發展等；而老年心理學主要係瞭解老化過程、成功老化，以及老年人對身體健康、退休、面臨死亡的議題。

第三節　發展心理學的相關理論

當我們檢驗人類發展時，重要的是能夠從發展模式的一般性看法轉入對特殊變化過程的解釋。心理社會理論為我們探究人的發展提供了概念保護傘，但是我們也需要其他理論在不同的分析層次上來解釋行為。如果我們要說明一生中的穩定性和可變性，我們就需要有理論構想來幫助說明全面演化的變化、社會和文化的變化及個體的變化。我們也需要有種種概念，解釋生活經驗、成熟因素，以及一個人的經驗結構對生理、認知、社會、情緒和自我發展模式之作用。

本節將介紹影響個體行為改變理論之基本概念：成熟理論、行為理論、心理動力論、認知理論和生態環境論。理論係指針對觀察到的種種現象與事實

（facts），以及其彼此之間的關係所建構之一套有系統的原理原則；也是整合與詮釋資料的一種架構，主要的功能是用於探究人類的成長與行為，對於所觀察到的各種行為提出一般性的原則並加以詮釋，它指出了在個體遺傳的結構和環境條件下，哪些因素會影響個體的發展和行為改變，以及這些因素之間會如何產生關聯。

一、成熟理論

成熟理論（maturation theory）主張人類之發展過程主要是由遺傳所決定，係探討在遺傳上，人類於成熟期產生行為逐漸外露（upholding）的過程。人類之行為主要受內在機制所影響，且以有系統之方式、不受環境影響的情況下指導著發展的進行，進而影響個體組織的改變。

成熟理論學派認為，當一些行為尚未自然出現時，即予以刻意誘導是不必要的，甚至造成揠苗助長。被強迫性地要求達到超過其成熟現狀發展的個體，其發展不僅效率低而且須經歷低自我與低自我價值的過程，而個體的發展情況若不符合期望中的成熟程度，便會產生低學習動機，而需要予以協助與輔導。

被視為心理學之父的霍爾，他的觀點影響了發展心理學與教育學的研究領域，學生Arnold Gesell更延續了霍爾的論點，將其論點以現代的科學研究加以運用。

(一)霍爾

霍爾（George Stanley Hall, 1844-1924）在哈佛大學跟隨心理學家威廉‧詹姆斯（William James, 1842-1910）取得博士學位後，又轉往德國跟隨實驗心理學派（亦是心理學之父）馮德（Wilhelm Wundt）研究。回到美國後，便將實驗心理學之知識應用於兒童發展的研究，並且推展至兒童保育之應用。

霍爾的研究發展採用了不合科學系統研究的嚴謹要求，認為發展奠基於遺傳，而兒童行為主要是受其基因組合之影響。霍爾的研究是招募一群對兒童有興趣的人來進行實地觀察（field observation），並大量蒐集有關兒童的資料，企圖找出各個階段兒童之不同發展特質。

霍爾的研究工作反映出達爾文進化論的觀點，他深信人類每一個體所經歷的發展過程都類似於個體發展的順序，即「個體重複著種族演化的過程」

(ontology recapitulates phylogeny)。兒童行為從進化的原始層面脫離出來，透過成熟，帶來兒童的行為及自然的活動。

(二)格賽爾

格賽爾(Arnold Gesell, 1880-1961)以更有系統的方式延續霍爾的研究。他待在耶魯大學的兒童臨床中心(Yale University Clinic for Child Development)近四十年的歲月，藉由觀察並測量兒童在各種不同領域，如生理、運動、語言、智力、人格、社會等之發展。格賽爾詳細的描述，從出生至10歲兒童發展的特徵，並建立發展常模。

格賽爾的發展理論強調「成熟」在兒童發展的重要性，與霍爾不同之處是格賽爾並不支持發展的進化論，但他相信兒童發展取決於遺傳，且認為人類發展之能力與速率因人而異；故在兒童保育上，格賽爾認為要尊重每個人與生俱來的個人特質。環境對改變兒童行為僅扮演次要的角色，為因應人類內在具有的本質，應配合兒童發展的模式，故教育更應配合兒童發展的基調，壓迫與限制只會對兒童造成負面影響(Thomas, 1992)。

成熟學派之哲學觀點與盧梭之浪漫主義相符，支持「以兒童為本位」的教育觀點。因為後天環境對於個體的發展影響不大，所以企圖擴展超越兒童之天賦能力，只會增加兒童的挫折與傷害，甚至揠苗助長。配合兒童目前的能力提供學習經驗，是較符合兒童發展與人性(本)之教育理念，同時亦是美國幼兒教育協會(National Association of Education for Young Children, NAEYC)所倡導的「適齡發展實務」(Developmentally Appropriate Practice, DAP)的重要依據。基於這個觀點，兒童保育之教師(保育員)被要求本於兒童的「需求與興趣」來設計教學計畫，課程要配合兒童發展，並以遊戲為主要的教學設計原則。

此論點同時也導引出學習準備度(readiness)的概念。假使兒童被評定為尚無能力學習某些事，則教師必須等待兒童進一步成熟，這種準備度之觀點尤其在閱讀教學的領域更為明顯。成熟學派對於幼兒早年學習所持有之取向是依賴個體之成熟機能，不同於往年教育學者所採用之介入論者(interventionist)的取向。後者針對失能兒童(disabled children)或處於危機邊緣之兒童(children at risk)所設計，主要是依據行為主義之觀點，利用特殊介入模式來協助兒童符合學習的期望。

二、行為理論

行為理論（behaviorism theory）影響心理學的理論發展已超過1世紀之久。行為理論基本上是一種學習理論，同時也一直被當作是一種發展理論。行為理論解釋了由經驗而引起的相對持久的行為變化的機轉（mechanism）；它與成熟學派持有不同看法，此學派認為除了生理上的成熟之外，個體的發展絕大部分是受外在環境的影響。人類之所以具有強大適應環境變化的能力，原因就在於他們做好了學習的充分準備，學習理論之論點有四：(1)古典制約；(2)操作制約；(3)社會學習論；(4)認知行為主義，茲分述於後。

(一)古典制約

古典制約（classical conditioning），由巴夫洛夫（Ivan Pavlov）所創立，有時又稱巴夫洛夫制約。巴夫洛夫的古典制約原則探究了反應是由一種刺激轉移到另一種刺激的控制方法，他運用唾液之反射作用作為反應系統。

由**圖1-2**的古典制約模型可見，在制約之前，鈴聲是一**中性刺激**（Neutral Stimulus, NS），它僅能誘發一個好奇或注意而已，並不會產生任何制約化之行為反應。食物的呈現和食物的氣味自動地誘發唾液分泌（是一反射作用），即**非制約反應**（Unconditioned Response, UR）（流口水）的**非制約刺激**（Unconditioned Stimulus, US）（食物）。在制約試驗期間，鈴聲之後立即呈現食物。當狗在呈現食物之前已對鈴聲產生制約而分泌唾液，我們則說狗已被制約化。於是，鈴聲便開始控制唾液分泌反應。僅在鈴聲響時才出現的唾液分泌反應稱作**制約反應**（Conditioned Response, CR）。此一原則先運用在動物實驗上，再由華生（John B. Watson, 1878-1959）應用到名為Albert的小男孩身上，做法是將新的刺激與原先的刺激連結在一起，這種對新刺激所產生的反應方式類似於其對原先刺激所做出的反應。

古典制約可以說明人一生中出現的大量聯想學習。當一個特殊信號與某個表象、情緒反應或物體相互匹配之後，該信號便獲得了新的意義。在嬰兒期和幼兒期，隨著兒童依戀的發展，各種正面和負面的情緒反應便與人物和環境建立了制約作用，目標的恐懼也能成為古典制約的作用，許多人可能回憶一次恐怖經驗，如被蛇咬、溺水、挨打等，並將這個恐懼反應與特定目標相連結，造成一生逃避那個特定目標，恰應驗了所謂的：「一朝被蛇咬，十年怕草繩。」

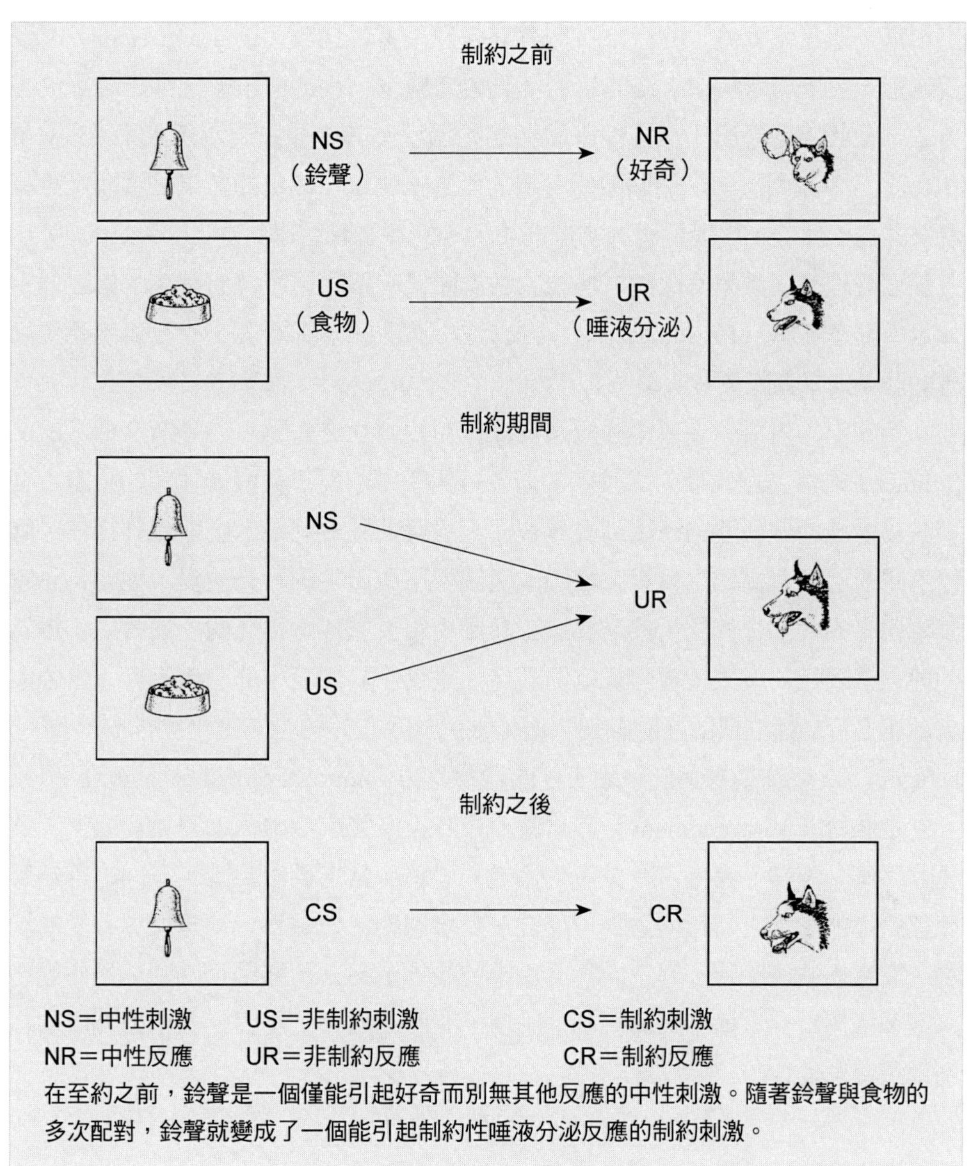

圖1-2　古典制約

資料來源：郭靜晃、吳幸玲譯（1993），頁114。

(二)操作制約

桑代克（Edward L. Thorndike, 1874-1949）採用科學方法來研究學習，他嘗試由連結刺激與反應的過程來解釋學習，又稱為**操作制約**（operant conditioning）學習，強調學習中重複的作用和行為的結果。桑代克利用貓逃出迷宮（即迷津實驗）的行為，觀察貓是利用嘗試錯誤（trial and error）的學習過程，在學習過程中，貓的盲目活動愈來愈少，行為愈來愈接近正確解決之方法。桑代克發展出一組定律來說明制約過程，其中最主要為**效果率**（law of effect）——說明假如一個刺激所引起的反應是愉快、滿足的結果，這個反應將會被強化；反之，這個反應會被削弱；另一定律為**練習率**（law of exercise），主張個體經歷刺激與反應鏈之連結次數愈頻繁，則聯結將會愈持久；第三個定律為**準備率**（law of readiness），則說明當個體的神經系統對於行動容易產生反應的話，則學習將更有效果。

桑代克的效果率實為增強概念及操作制約概念之先驅，亦是斯金納（B. F. Skinner）的行為主義取向之基礎。斯金納對學習心理學與發展理論的貢獻，在於其巧妙地將學習理論應用到教育、個人適應及社會問題上。斯金納相信，欲瞭解學習必須直接觀察兒童在環境改變因素下所產生的行為改變，他認為兒童表現出來的大部分行為，都是透過工具制約學習歷程所建立的；換言之，行為的建立端賴行為後果是增強或處罰而定，是受制於環境中的刺激因素。**增強與處罰**正是行為建立或解除的關鍵，增強被用於建立好的行為塑化（shaping good behavior），而處罰被用於移除不好的行為連結（removal of bad behavior）。

增強物（reinforcement）有兩種，分為正增強或負增強。對兒童而言，食物、微笑、讚美、擁抱可令其產生愉悅的心情，當它們出現時，正向之行為反應連續增加，稱之為正增強物；反之，負增強物，如電擊、剝奪兒童心愛的玩物，當它們被解除時，其正向行為反應便增加。另一個觀點是處罰，是個體透過某種嫌惡事件來抑制某種行為的出現。有關正增強、削弱、負增強及處罰之區別請參見**表1-1**。

表1-1　正增強、負增強、削弱和處罰的區別

	愉快的事物	嫌惡的事物
增加	**正增強** 小明上課專心給予記點，並給予玩具玩	**處罰** 小明上課不專心，給予罰站
剝奪	**消弱** 小明上課不專心，而不讓他玩所喜歡的玩具	**負增強** 小明增加上課的專心，以避免被處罰

資料來源：郭靜晃（2005），頁23。

(三)社會學習論

社會學習論（social learning theory）認為，學習是藉由觀察和模仿別人（楷模）的行為而來（Bandura & Walters, 1963），尤其在幼兒期，模仿（imitation）是其解決心理社會危機的核心。此外，青少年或成年人也深受同儕及媒體文化所影響，漸漸將其觀察的行為深入其價值系統，進而學習其行為，這也就是兒童在生活周遭中，透過觀察和模仿他人來習得他們大部分的知識，而成人及社會也提供兒童生活中的榜樣（model）；換言之，也是一種身教。如此一來，兒童便習得了適應家庭和社會的生活方式。

Bandura（1971, 1977, 1986）利用實驗研究方法，進行楷模示範對兒童學習之影響，結果表現兒童喜歡模仿攻擊、利他、助人和吝嗇的榜樣，這些研究也支持了Bandura的論點：「學習本身不必透過增強作用而習得。」社會學習的概念強調榜樣的作用，也就是身教的影響，榜樣可以是父母、兄弟姊妹、老師、媒體人物（卡通）、運動健康，甚至是政治人物。當然，學習過程也不只是觀察模仿這般簡單而已，一個人必須先有動機，並注意到模仿行為，然後個體對行為模式有所記憶、儲存他所觀察到的動作訊息，之後再將動作基模（訊息）轉換成具體的模仿行為而表現出來（郭靜晃等，2001）。換言之，行為動作之模仿學習是透過注意（attention）→取得訊息的記憶（retention）→行為產出（reproduction）→增強（reinforcement）這四種過程。

(四)認知行為主義

過去的行為主義以操作與古典制約強調環境事件和個體反應之間的連結關係，卻忽略個體對事件的動機、期望等的認知能力。Tolman（1948）提出個體之**認知地圖**（cognitive map），作為刺激與反應連結中的學習中介反應的概念，此概念解釋個體在學習環境中的內部心理表徵。Mischel（1978）認為，要解釋一個人的內部心理活動，至少要考量六種認知向度：**認知能力**、**自我編碼**、**期望**、**價值**、**目標與計畫**，以及**自我控制策略**（參見**圖1-3**）。認知能力（cognitive competency）是由知識、技巧和能力所組成；自我編碼（self-encoding）是對自我訊息的評價和概念化；期望（expectancy）是一個人的操作能力、行為結果和環境事件的意義和預期；價值（value）是由一個人賦予環境中行為結果的相對重要性；目標和計畫（goal and plan）是個人的行為標準和達

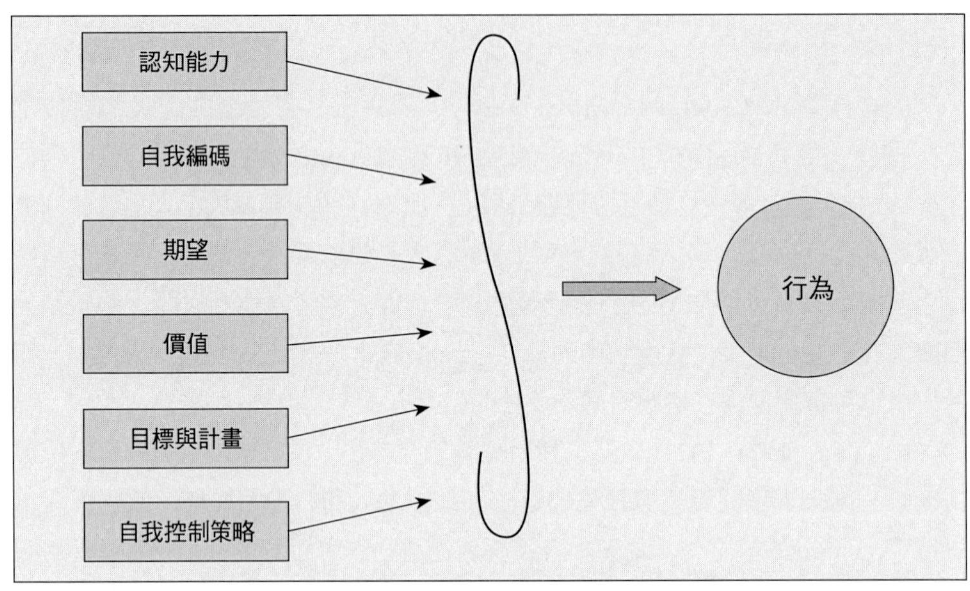

圖1-3　影響行為的六個認知向度

資料來源：郭靜晃、吳幸玲譯（1993），頁114。

到標準的策略；自我控制策略（self-control strategy）是個體調節其自我行為的技術。

所有這四種學習理論都對洞察人類行為有所貢獻（參見**表1-2**），也說明人類行為習得的過程。古典制約能夠說明信號與刺激之間形成的廣泛聯想脈絡、對環境的持久情緒反應，以及與反射類型相聯繫的學習組織；操作制約強調以行為結果為基礎的行為模式的習得；社會學習理論增加了重要的模仿成分，而

表1-2　四種學習過程

古典制約	操作制約	社會學習	認知行為
當兩個事件在非常接近的時間內一起出現時，它們就習得了相同的意義並產生相同的反應	隨意控制的反應既可以加強，也可以消除，這取決於他和它們相聯繫的結果	新的反應可以透過對榜樣的觀察和模仿而習得	除了新的反應以外，學習者還習得了關於情境的心理表徵，它包括對獎賞和懲罰的期望、適當的反應類型的期望，以及反應出現的自然和社會環境的期望

資料來源：郭靜晃、吳幸玲譯（1993），頁125。

人們可以透過觀察他人習得新的行為；最後，認知行為主義認為，一組複雜的期望、目標和價值可以視為是行為能夠影響操作；訊息或技能在被習得之時並不能在行為上表現出來，除非關於自我和環境的期望允許它們表現。這種觀點強調了個人指導新的學習方向的能力。

三、心理動力論

心理動力論（psychodynamic theory）的學者就如同認知論學者般，如皮亞傑、柯爾柏格（Kohlberg）對兒童發展及兒童教育領域有廣大的影響，而他們皆認為兒童隨年齡成長，機體成熟有其不同階段的發展特徵及任務（參見**表1-3**）；就如同認識發生論（epigenetic）般，認為個體要達到機體成熟，學習才能達到事半功倍。

(一)心理分析論

弗洛伊德的心理分析論集中於個人之情緒與社會生活的人格發展，他更創立性心理發展。雖然該理論大部分已被修正、駁倒或扼殺，但許多弗洛伊德的最初假設仍存留於現代之人格理論中。

弗洛伊德集中研究性慾和攻擊驅力對個體心理活動之影響，他認為強而有力的潛意識生物**性驅力**（drive）促成了人的行為（尤其是性與攻擊驅力）。弗洛伊德的第一個假定是，人有兩種基本的心理動機：性慾和攻擊，他認為人的行為都源自於個體之性慾和攻擊衝動的表現；第二個假定是，人具有一種叫作**潛意識**（unconscious）的精神領域，它是無法被察覺到，且是強大的、原始的動機儲存庫；而無意識動機和有意識動機會同時激發行為。弗洛伊德將此種假定應用到個人之心理治療，而個人之精神問題源自於童年（尤其前五年）影響個人行為和情緒的潛意識衝突。弗洛伊德認為，個人之意識和潛意識活動需要心理能量，此稱之為**原慾**（libido），其集中於性慾或攻擊衝動的滿足，個體基本上的行為是追求快樂、避免失敗與痛苦，故心理能量激發個體兩種行為本能：生的本能（eros）及死的本能（thanato）。而隨著個體生理的成熟，性本能透過身體上不同的區域來獲得滿足，被弗洛伊德稱之為「個體之性心理發展階段」（stage of psychosexual development）。弗洛伊德發展出了獨特的心理治療模式，他稱之為精神分析（psychoanalysis），讓患者主述其過去的歷史與

表1-3　各理論的發展階段對照表

生理年齡及分期		性心理階段（S. Freud）	心理社會階段（E. Erikson）	認知發展階段（J. Piaget）	道德發展階段（L. Kohlberg）
乳兒期	0歲	口腔期	信任⇔不信任	感覺動作期	
嬰兒期	1歲				避免懲罰
	2歲	肛門期	活潑好動⇔羞愧懷疑		服從權威
嬰幼兒期	3歲			前運思期	
幼兒期	4歲	性器期	積極主動⇔退縮內疚		
	5歲				
	6歲				現實的個人取向
學齡兒童期	7歲	潛伏期	勤奮進取⇔自貶自卑		
	8歲			具體運思期	
	9歲				
	10歲				
	11歲				和諧人際的取向
	12歲			形式運思期	
青少年前期	13歲	兩性期	自我認同⇔角色混淆		
	14歲				
	15歲				
	16歲				
	17歲				社會體制與制度取向
青少年後期	18-22歲	*		*	
成年早期	22-34歲	*	親密⇔孤獨疏離	*	基本人權和社會契約取向
成年中期	34-60歲	*	創生⇔頹廢遲滯	*	
成年晚期	60-70歲	*		*	
老年期	70歲至死亡	*	自我統合⇔悲觀絕望	*	普通正義原則

*代表著與青少年期相同的發展階段。
資料來源：郭靜晃（2005），頁27。

目前的狀況。弗洛伊德利用**夢的解析**（dream interpretation）及**自由聯想**（free association）等技術，協助患者面對其潛意識的恐懼與矛盾，他的心理分析論廣泛影響了心理學家、精神病醫師與精神分析師的思想，甚至也影響了日後的遊戲療法。

此外，弗洛伊德將人格結構分為三種成分：**本我**（id）、**自我**（ego）及

超我（superego）。本我是本能和衝動的源泉，是心理能量的主要來源，更是與生俱來的；本我依據唯樂原則（pleasure principle）表現其生物性之基本需要，此種思維稱作**原始過程思維**（primary process thought），其特點是不關心現實的制約。自我是個人與其環境有關的所有心理機能，包括知覺、學習、記憶、判斷、自我察覺和語言技能，其負責協調本我與超我之間的衝突；自我對來自環境的要求做出反應，並幫助個人在環境中有效地發揮作用；自我依據現實原則（reality principle）來操作個體與環境互動，及協調個人生物性之需求，在自我中，原始過程思維（即本我）要配合現實環境之要求，以更現實的取向來滿足個人的本我衝動，所以此思維為**次級過程思維**（secondary process thought）。「次級過程思維」即是一般我們在與人談論中所用的一般邏輯、序列思維，其必須要透過現實來體驗。超我包括一個人心中的道德格言——良心（conscience），以及個人成為道德高尚者的潛在自我理想（ego ideal）；超我為一個人的觀念，如哪些行為是適當的、可接受的、需要追求的，以及哪些是不適當的、不可接受的，提供一個良好的衡量，它也規定一個人要成為一個「好」人的志向和目標。兒童則是透過認同（identification）與父母、社會互動，在愛、親情和教養的驅使下，兒童積極模仿他們身邊重要的他人，並將社會準則內化，成為他們日後的價值體系及理想的志向。

(二)心理社會發展論

艾力克森（Erik Erikson, 1902-1994），出生於德國的心理分析家，他拓展了弗洛伊德的精神分析論，並修正弗洛伊德的性心理發展，是以社會化之概念解釋一般人（不限於病態人格），並擴及人一生的生命歷程發展的**心理社會發展理論**（psychosocial theory）。艾力克森主張，個體在其一生的發展乃透過與社會環境的互動，是經由一連串的階段進化而造成的（Erikson, 1968）（參見**表1-3**）。在人一生的發展中，由於個人身心發展特徵與社會文化要求不同，故每一階段皆有其獨特的發展任務與所面臨的轉捩點（即心理危機），雖然這個衝突危機在整個人生過程中多少會經歷到，但此一時期顯得特別重要，需要透過核心過程（central process），例如幼兒期的模仿或認同、學齡兒童期之教育來化解心理社會發展危機，進而形成轉機，以強化個體的因應能力，那麼個體行為則能積極地適應社會環境的變化，以促進個體的成長，更能順利地發展至下一個階段。艾力克森之心理社會發展強調解決社會之衝突所帶來的心理社會危機，而非如弗洛伊德強調性與攻擊的衝突；因此，個體必須能掌控一連串的社會衝突，方能達到個體成熟的階段（Erikson, 1982），衝突則是由於個體在文化上以及社會上所經歷的處境所致。

心理動力論強調人際需要與內在需要在塑造人格發展中的重要性。弗洛伊德強調個人的性和攻擊衝動的滿足，而艾力克森則強調個人與社會互動中的人生發展，前者較著重童年期對成人行為之影響，而後者則強調個人一生中各個階段的成長。心理動力論認為兒童期的發展非常重要，同時也體察到如果我們冀望幼兒能成長為一健全的成人，在幼兒階段便必須協助他們解決發展上的衝突，而成人與社會應扮演重要的角色，此理論也深深影響全人發展與心理、教育及福利工作之實務者。

四、認知理論

認知（cognition）是經驗的組織和解釋意義的過程。解釋一個聲明、解決一個問題、綜合訊息、批判性分析一個複雜的課題皆是認知活動。而認知理論在1960年代之後除一致性研究兒童智力發展的建構論點，同時並不斷修正，進而形成更周延的建構理論。**建構理論**（constructivist theory）主張個體是經由處理個人從經驗中所獲得的資訊，進而創造出自己的知識。建構理論乃是針對理性主義和經驗主義兩者間對立之處，提出的一種辯證式解決之道。這兩種理論的論點皆是探索個體是如何知悉世界萬物的方法。理性主義者（rationalism）視理性（即心智）為知識的來源，而經驗主義者（empiricalism）視經驗為知識的來源。建構主義者自1960年代之後才開始影響美國兒童發展和教育領域，其中以皮亞傑、維高斯基（Lev. S. Vygotsky）及布魯納（Jerome S. Bruner）為代表人物，其論點分述如下：

(一)皮亞傑

皮亞傑（Jean Piaget, 1896-1980）為認知發展建構理論的先驅，他利用個案研究方法長期觀察女兒，建立其**認知發展階段理論**（參見**表1-3**）。除此之外，他長期蒐集一些不同年齡層的兒童發展問題，如傳達夢境、道德判斷及建構其他心智活動之方法與資訊。皮亞傑主張兒童的思考系統是透過一連串階段發展而來，而且這些發展階段在各種文化中皆適用於所有的兒童。

皮亞傑假定，認知根植於嬰兒與生俱來的生物能力（又稱為反射動作），只要環境提供充分的多樣性和對探索（遊戲）的支持，智力就會系統地逐步發展。皮亞傑的發展理論有三個重要概念：基模、適應和發展階段。

■基模

依皮亞傑的觀點，兒童是經由發展基模來瞭解世間萬物的意義。**基模**（schema）乃是思考世間萬物之要素的整合方式。對嬰兒而言，基模即行動的模式，在相似的情境當中會重複出現，例如嬰兒具有吸吮（sucking）和抓握（grasping）的基模，稍後隨基模逐漸分化、練習，而發展出吸吮奶瓶、奶嘴和乳房的不同方式，或抓握不同物品的動作基模。基模是透過心理調節過程而形成的，它隨著個體成長與環境各個層面的反覆交互作用而發展。人類終其一生皆不斷地產生並改變基模。

■適應

適應（adaptation）是兒童用以調整自己以適應環境要求的傾向。皮亞傑擴充演化論之適應概念，提出「適應導致邏輯思維能力的改變」（1936/1952: 7-8）。

適應是一種透過**同化**（assimilation）及**順應**（accommodation）兩方面的過程，也是基模的連續性與改變。同化是依據已有的基模解釋新經驗，也是個體與外在環境互動造成過去基模的改變。同化有助於認識的連續性，例如有一幼兒小明認為留長鬍子的男性都是壞人，那麼當小明遇到某一位男性留著長鬍子，此時小明便會預設（認知）這位留鬍子的男性一定是壞人。

適應過程的第二方面是順應，這是為說明物體或事件顯露出新的行為或改變原有基模；換言之，也是個體改變原有的基模以調適新的環境要求。例如小明如果與那位留鬍子的男性相處的時間更久些，或與他互動，小明可能會發現，這位男性雖留著鬍子，但他很熱情、親切，並且很友善。日後小明就瞭解並非每個留鬍子的男性都是壞人。兒童即透過這兩個歷程增加其對世界的瞭解並增進個體認知的成長。

在人的一生中個體會透過相互關聯的同化和順應過程逐漸獲得知識。為了得到新的觀點與知識，個體必須能夠改變其基模，以便區分新奇和熟悉的事物。個體之同化與順應之過程造成適應的歷程，也造成個體心理平衡的改變。平衡（equilibrium）是在個人與外界之間，以及個人所具有的各個認知元素之間，求取心理平衡的一種傾向。當個體無法以既有的認知結構處理新經驗時，他們會組織新的心理形態，以回復平衡的狀態（郭靜晃等，2001）。

■發展階段

皮亞傑的興趣在於理解人是如何獲得知識。認識（knowing）是一種積極過程，一種構造意義的手段，而不是瞭解人們知道哪些特定內容。皮亞傑的研究則集中在兒童探索經驗方式之基礎抽象結構，他對兒童如何瞭解問題的答案，比對答案本身更感興趣。基於這個觀點，他不斷觀察兒童如何獲知問題的答案過程，進而創立了認知發展的基本階段理論，共分為四個階段：感覺動作期、前運思期、具體運思期和形式運思期。皮亞傑認為，個體透過此四種認知成熟的基本模式成長，發展個體的邏輯推理能力；因此，他所指述的階段包含著能夠運用於許多認知領域的抽象過程，以及在跨文化條件下，在實際年齡大致相同的階段中觀察到的抽象思維過程。1960年代之後，許多研究兒童發展的學者除了受皮亞傑理論之影響，也深入探究其理論，也有些人駁斥皮亞傑的理論並修正其理論而成為新皮亞傑學說（Neo-Piagetian theory）。

(二)維高斯基

維高斯基（Lev Semenovich Vygotsky, 1896-1934）是一位蘇聯的心理學家，也是一位建構心理學的理論家。他原先是一位文學教師，非常重視藝術的創造，日後轉而效力發展心理學和精神病理學的研究。

維高斯基認為，人同時隨著兩種不同類型的發展——自然發展和文化發展來獲得知識。自然發展（natural development）是個體機體成熟的結果；文化發展（cultural development）則是與個體之語言和推理能力有關。所以，個體之思考模式乃是個體在其成長的文化中，從他所從事的活動中獲得的結果。此外，進階的思考模式（概念思想）必須透過口頭的方式（即語言發展）來傳達給兒童。所以說，語言是決定個體學習思考能力的基本工具；也就是說，透過語言媒介，兒童所接受的正式或非正式教育，決定了其概念化思考的層次。

維高斯基提出文化發展的三階段論，一個階段又可再細分為一些次階段（Thomas, 1992）（參見**表1-4**）。維高斯基認為，兒童的發展是透過他們的「近似發展區」（zone of proximal development），或他們不以孤立自己來運作。在這個區域中，兒童從比他們更成熟的思考者（如同儕或成人）獲得協

表1-4 維高斯基的文化發展階段

階段	發展內涵
階段一	思考是無組織的堆積。在此階段，兒童是依據隨機的感覺將事物分類（且可能給予任何名稱）
階段二	利用複合方式思考，兒童不僅依據主觀印象，同時也依據物體之間的連結，物體可以在兒童心中產生連結。兒童脫離自我中心思考，轉向客觀性的思考。在複合思考中，物體是透過具體性和真實性來進行思維操作，而非屬於抽象和邏輯的思考
階段三	兒童可從概念思考，也發展了綜合與分析能力，已具有抽象和邏輯思考能力

資料來源：Thomas (1992), pp.335-336.

助，猶如建築中的鷹架（scaffolding）一般，支持並促使兒童發揮功能及學習新的能力。從維高斯基的觀點，學習指導著發展，而非先發展再學習。維高斯基的理論後來引起廣大的注意，尤其是那些對皮亞傑理論有所質疑的兒童發展與教育學者，維高斯基的理論在語言及讀寫能力之教育應用上已有研究的雛形。

(三)布魯納

布魯納（Jerome Bruner, 1915- ）如同維高斯基般關心兒童的思考與語言，他提出三個認知過程：(1)行動模式（enactive mode）；(2)圖像模式（iconic mode）；(3)符號模式（symbolic mode）。**行動模式**是最早的認知階段，個體透過動作與操作來表達訊息，大約在0至2歲的嬰兒期。嬰兒透過行動來表達他的世界，例如用手抓取手搖鈴表示他想說，或用吸吮物體表示他的饑餓。

圖像模式約在2至4歲的幼兒期，兒童藉由一些知覺意象來表達一個行為，如用視覺的、聽覺的、觸覺的或動態美學的方式來表達其心中的圖像或其所目睹的事件。**符號模式**的發展是在5歲之後，由於兒童語言的擴增，可幫助其表達經驗，並協助他們操作及轉化這些經驗，進而產生思考與行動，故語言成為兒童思考與行動的工具。之後，理解力得以發展。故兒童的認知過程始於行動期，經過了圖像期，最後到達符號期。如同個體對事物的理解力般，一開始是透過動手做而達到瞭解，進而藉由視覺獲得瞭解，最後則是透過符號性的方式表達個體意念。建構主義對幼兒發展的解釋，影響日後幼兒保育及兒童福利。皮亞傑的理論已被廣泛地運用於幼兒的科學與數學領域的認知模式之托育，而近年來，維高斯基及布魯納的理論已影響到幼兒閱讀與語言領域之幼兒保育，尤其是在啟蒙讀寫之課程運作上。

五、生態環境論

生態環境論（ecological theory）視個體為其周遭的環境系統所影響，此理論可應用解釋到兒童保育及兒童福利。此理論相對於個體之成熟論，是由Urie Bronfenbrenner（1917- ）所倡導的。他認為人類發展的多重生態環境，可讓人們瞭解活生生的、成長中的個體如何與環境產生互動關係。他依照環境與人的空間和社會的距離，分別連環成包含四種系統的圖層——即微視、中間、外部和鉅視等系統（參見**圖1-4**）。個體被置於核心，受其個體的原生能力及生物基因的影響，以及日後受環境互動中所形成的個人經驗及認知，稱之為微視系統（micro system），而與個體最密切的家庭或重要他人，如照顧者、保母與個體互動最直接與最頻繁，故影響也最大。中間系統（mesosystem）是各微視系統（如家庭、親戚、同儕、托育機構、學校、宗教機構等）之間的互動關係，個體最早的發展即是透過與這些微視系統所組成之居間系統的接觸而達成社會化，進而瞭解最早的周遭環境。外部系統（ecosystem）是指社會情境直接影響其中間系統的運作，而間接地影響兒童的發展，例如父母的工作情境、學校的行政體系、政府的運作、社會制度或民間團體等等。最後是鉅視系統（macro system），它直接受到各個社會文化的意識形態和制度模式所影響，例如社會

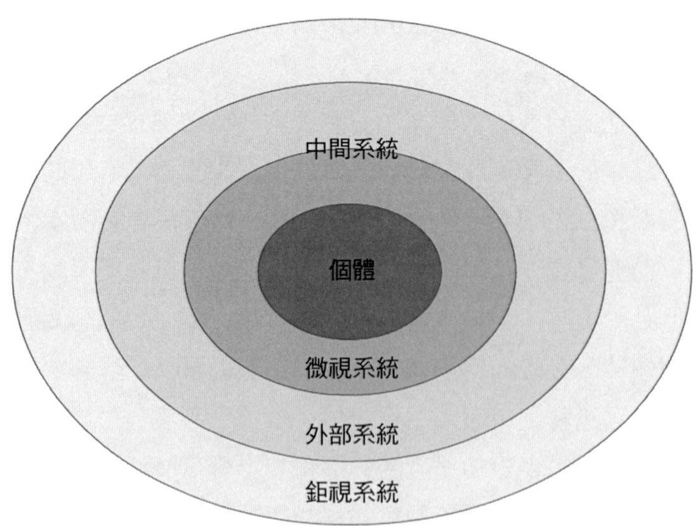

圖1-4　生態環境理論之系統組合

文化、社會意識形態和價值觀，直接影響外部系統、中間系統及微視系統的運作，再間接影響個體的發展。

在Bronfenbrenner的理論中，人類發展最重要的本質，是透過與環境互動來增加個體適應社會的能力。年幼的兒童因個體成熟性不足，受微視系統影響最大。之後隨著年齡的增長，其微視系統逐漸擴大，可從家庭、托育機構、學校、社區或宗教組織，進而擴大個人生活圈與同儕接觸，以及受多媒體的影響。因此，生態環境理論運用到個體之發展，可說受到個人天生之基因遺傳、家庭及托育環境（空間、玩物、課程）、同儕，以及受到政府機構對托育價值判斷的影響。

生態環境論著重兒童對於周遭環境的詮釋，以及這些詮釋是如何改變的。所以兒童發展工作者在解釋兒童行為時，必須先瞭解兒童身處情境中的知覺，才能對兒童的行為有所體認。而兒童的行為深受環境中任何一個環節（系統）所衝擊，包括家庭、學校、社區與文化皆息息相關。唯有透過正面影響兒童身處的社區及社會，並透過這些環境的支持與協助，才能改善不好的發展因素，以促進正向的兒童發展。

第四節　發展心理學的研究方法

近代發展心理學最重要的特徵是方法的科學化（張欣戊等，2001）。科學方法使我們創立一個知識體系。事實上它是一種發展蘊含訊息的方法，這方法有保證訊息正確的程序。進一步來說，科學研究是人類追求知識或解決問題的一種活動，藉由科學研究的活動，使人類能瞭解事實真相，進而解決問題，而使人類生活素質得以提高。研究發展心理學的方法有很多種，各有其特徵，以下依年齡及研究性質分述之。

一、依年齡變項

發展心理學既是一項實務工作，也是一門對於科學研究結果加以應用的學問。發展心理學研究最主要的目的即在於瞭解個體發展的連續性，以及對於變化模式加以描述和解釋，例如幼兒之發展研究主要目的在於瞭解幼兒發展上的順序和預期的模式。發展心理學最常見的一個變項（variable）就是年齡，那是其他心理學所沒有的。研究年齡變化之設計有四種：回溯研究、橫斷研究、縱貫研究，以及族群輻合研究。

(一)回溯研究

使用**回溯研究**（retrospective study）的研究者常會要求受試者回憶並描述他們早期的經驗。許多探討兒童教養的研究中，經常利用父母追憶育兒經驗，以評估兒童行為的模式。弗洛伊德會問有神經症狀的成人其早期生活經驗，並嘗試從中找出早期經驗與成年罹患神經病症之關聯性。而研究家庭婚姻滿意度的研究者則會詢問結婚三十年的夫妻，他們在結婚二十年、十年及新婚時的互動情形，或對婚姻的滿意程度。這種方法可獲得一個人對過去事件所保留記憶的材料，但我們不能確信這些事件就確實像他們所記憶的那般情形；因為時間的轉移，有可能會使我們對往事意義的記憶產生變化；或因我們認知成熟度的增加而影響我們的態度或對往事的記憶（Goethals & Frost, 1978）。

(二)橫斷研究

橫斷研究（cross-sectional study）是在一個固定時間觀察數組不同年齡的兒童；同時，此種設計也可應用到不同社會背景、不同學校或不同社會團體的人來進行研究。這種設計可普遍應用於發展心理學的研究，研究者可以比較不同身心水準或不同年齡的個體，瞭解他們特定的身心發展領域是如何隨著年齡之不同而有所差異；此外，研究者也可比較各種不同社經水準的家庭，探討其育兒方式有何差異。**圖1-5**係在2004年觀察10、15及20歲等三組分別出生在1994、1989及1984年的個體，此研究設計即橫斷研究法。

(三)縱貫研究

縱貫研究（longitudinal study），係指在不同時期的反覆觀察。觀察間隔可能是短暫的，例如出生後立即觀察或間隔幾天再觀察；觀察間隔也可能是一段長時間。**圖1-5**係在2004、2009及2014年十年內，分三次重複觀察某組出生於1994、1989及1984年的個體（三次觀察時年齡分別為10、15及20歲），此種研究設計即為縱貫研究。

縱貫研究的優點在於使我們能對一組個體的發展歷程做追蹤式重複，並從

觀察年 \ 出生年	1994	1989	1984
2004	10	15	20
2009	15	20	25
2014	20		

→ 橫斷研究

↓ 縱貫研究

圖1-5　橫斷研究與縱貫研究

中瞭解個體隨著年齡的成長而產生身心行為的變化。縱貫研究法很難完成，尤其是受試者必須參與涵蓋相當長的年齡階段，如兒童時期到成年期。在這個階段中，受試者可能退出研究，造成受試者的亡失（mortality）；也有可能是研究者失去經費，或對研究計畫失去興趣；或者實驗方法已落伍了；或者曾經是很重要的問題，現在已不再重要了，這些都可能是縱貫法難以繼續或完成的原因。

(四)族群輻合研究

族群輻合研究（sequential design）乃是將上述的橫斷和縱貫兩種設計方法合而為一的一種的研究方法（Schaie, 1965）。參與的各組受試者，叫作同族群（cohort group），這些受試樣本是經抽樣過程選定的（參見**圖1-6**），他們在年齡上相差一定的歲數，在2004年進行研究時，選取10歲（1994年出生）、15歲（1989年出生），及20歲（1984年出生）的受試者，是謂橫斷研究；然後每隔五年針對某一族群進行訪談，直到10歲的成長到20歲，稱為縱貫研究；當某一族群的年齡超過20歲時則退出青少年研究，而再一次抽取新的族群（研究時剛好是10歲），到了2009年時，只剩下15及20歲組，因此研究者必須再抽取10歲（1999年出生），此時才能構成第二組的10歲、15歲及20歲組青少年，進行第二次的橫斷研究。研究數據中的2004年是10歲（1994年出生）、2009年是10歲（1999年出生），還有2014年也是10歲（2004年出生），這三組是同期年齡的比較。

族群輻合研究是一種非常強而有力的發展研究方法，不但可產生立即橫斷的比較，而且在五年或十年之後亦可產生縱貫的比較，此外也可以有相同年齡

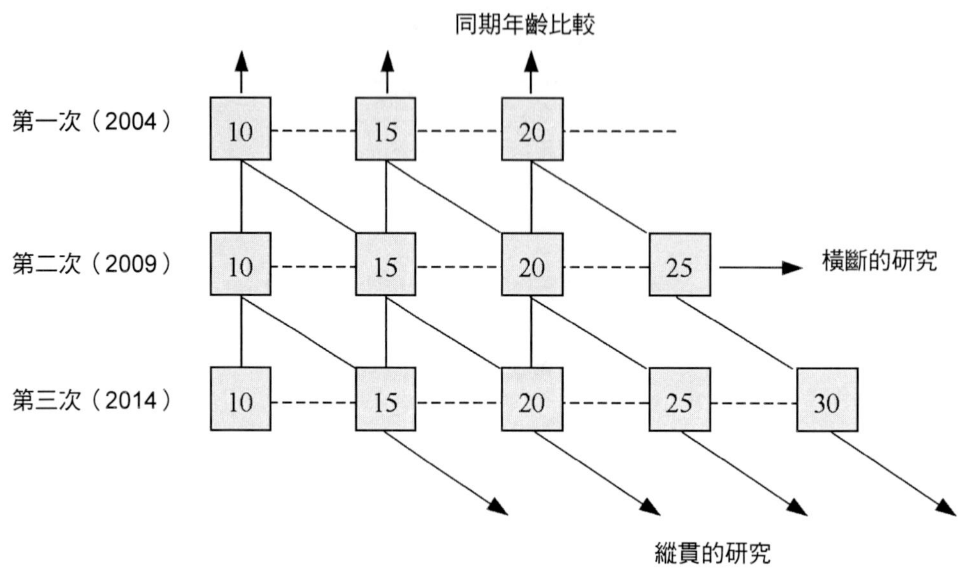

圖1-6　族群輻合研究

的族群比較（cohort comparison）。使用這種方法不僅可以瞭解年齡的成長改變，還可以瞭解社會和歷史的因素造成的差異。

二、依研究性質

發展的改變雖然千變萬化，但其研究方法仍是萬變不離其宗的，所以仍是以橫斷研究和縱貫研究為基礎（張欣戊等，2001）。此外，研究的方法有很多種，每一種皆有它的優點和缺點，所以研究者所選擇的任何研究方法或設計必須適合研究者所要研究的問題。社會行為研究的方法有許多不同的分類，任何一種都可用在發展心理學的研究上。應用最廣泛的兩種分類為**計質**（qualitative）**研究**和**計量**（quantitative）**研究**。計質研究方法是針對非數據性的觀察、面談或是書面資料的分析，最具知名的為應用在深度（in-depth）訪談中，用以瞭解個體對解決問題的策略和認知思考，此種方法也適用於研究道德發展、人際關係的發展和社會行為等；而大部分的發展心理學研究是運用計量研究，此種研究是針對數據的測量與分析。當然，這兩種分類方式並非是用來解釋研究設計的最好分類方法。以下介紹五種常用的發展心理學的研究方法：

(一)觀察法

觀察法是研究者基於研究之目的，客觀地記錄個體在家庭或學校中的行為。這是一種研究個體發展最古老的方式之一。Piaget的認知理論就是他對自己孩子進行的自然觀察。現今有些觀察者也將此種方法應用到家庭、學校、托育中心或托兒所進行觀察；也有的觀察者請受試者在人為的實驗情境中進行觀察，以便進行人為控制。前者稱為直接觀察法，或自然情境觀察（natural setting observation）；後者稱為控制觀察法或實驗情境觀察（lab setting observation）。

觀察研究是在檢查各種有關的行為，其優點是：(1)能夠隨時獲得自然發生的反應；(2)可讓正在發生的實際行為啟發研究者瞭解為何產生。其缺點是：(1)究竟發生什麼行為，不同觀察者之間常常也難取得一致意見。因此當有兩個或兩個以上觀察者記錄同一情境時，為了證實他們的記錄是否具有一致性，我們還要評估其一致性的程度（degree of agreement），或進行評分者間信度的（integrator reliability）考驗。(2)有些環境中由於活動過於頻繁而很難全部予以精確觀察。因此，研究者必須掌握一些工具，如抽樣系統或錄影技術來幫助我們進行個體行為觀察。

錄影技術提供我們一個有效觀察的工具，它既適合實驗情境，也適合自然情境的觀察。另外一個抽樣系統可分為時間取樣與事件取樣。**時間取樣**（time sampling）是事先設定的時間內，以規律性間隔或隨機性間隔，觀察和記錄所選擇的行為，同時研究者要確定所有的觀察行為是否具有代表性，這是很重要的。研究者可決定時間間距（time interval），例如以15秒、30秒或1分鐘為單位，在這段時間以外所發生的行為和事件則不加以記錄。另一種方法是**事件取樣**（event sampling），它是以事件發生為重點，而時間取樣是以時間為重點，兩者之間的步驟和結果都大不相同。事件取樣只選擇某一特定事件作為記錄的對象。事件是指某特殊範圍的行為，例如兒童的攻擊行為或社會戲劇遊戲。當觀察這些特定行為時，我們必須先確定這些行為是否合乎操作型定義（operational definition），如果是，那麼就代表行為具有吾人想研究的屬性，再進行整個研究觀察與記錄。除了上述時間取樣法及事件取樣法外，觀察記錄法還可分為採樣記錄法、日記式記錄法、軼事記錄法、檢核表法及量表法等。

(二)實驗法

實驗法主要是讓研究人員可以推論獨立變項（independent variable）與依變項（dependent variable）之間的因果關係。這是因為實驗法可以讓研究人員操弄（manipulate）、應用或引入獨立變項（或處遇變項），並觀察依變項的變化的研究設計。例如研究人員想要知道不同的壓力情境（獨立變項）是如何影響個體的適應行為（依變項），則可以用實驗設計來進行。

在實驗設計中，一組受試者通常會接受另一組不同的經驗或訊息，通常稱為處遇（treatment）。接受處遇的受試組稱為**實驗組**（experimental group）；而不接受處遇的受試組則為**控制組**（control group）。這兩組在接受任何處遇之前，分派到實驗組或控制組是根據隨機（即沒有順序、規則或形態的原則）選定（抽樣）及隨機分派的原則；換言之，各組的受試者在沒有接受處遇之前，假設他們之間是沒有差異的，之後這兩組行為上的差異就歸因於處遇的不同（這稱為組間控制，樣本為獨立）。另一種實驗設計則是只對一組受試者（沒有所謂實驗組及控制組之分），在接受處遇之前與之後，或在各處遇之間比較其行為的差異。這種處遇前後行為的差異是來自實驗處理的安排，這種設計稱為組內控制，樣本為相依。

實驗法的優點是具有解釋變項之間的因果關係，但其限制乃是在於控制的應用；換言之，我們不能確定在實驗室的人為控制情境如何應用到真實世界的自然情境。例如吾人把實驗控制的依附行為（母親是否在場或陌生人是否在場時，孩子的行為反應）應用到家中或教育機構時，孩子的行為可能會有所不同。

發展心理學的許多研究是採用**準實驗法**（quasi-experimental method），也就是說，研究者也是依他們所感興趣的因果關係的研究或變項做研究，但他們並不實際操控它，例如對我們所抽取的樣本進行研究時，其本身即已包含了不同的家庭形態（例如單親或雙親家庭），或不同的父母教養態度（民主、權威或放任式的教養態度）對兒童、青少年或成人所造成的影響。

(三)調查與測驗法

調查研究主要的目的是探索變項其表面意義所隱含的事實，或描述變項在特定群體的分配，例如普查的研究就是以描述為目的。當研究者想瞭解全國兒童的生活狀況而進行調查即是一種普查行為，而且是以描述為目的。調查研究是從大量樣本蒐集特定的訊息，其方法可分問卷調查、電話訪談及親自訪談等。例如內政部對全國兒童進行家庭訪查，調查內容則是針對成人對待兒童的行為。調查的方法可以用來蒐集有關態度的訊息，如你認為老師可以對學生進行體罰嗎？或關於現有生活行為和習慣的訊息，如你每天可以自由運用的時間是多少？或是關於知覺的訊息，如你的父母如何與你溝通？

調查的問題可按標準形式準備好，對回答也按事先設定好的一系列類別進行登錄，這種方式是結構型的問卷，通常是以紙筆測驗方式進行。一份設計完善的調查問卷，問題陳述清楚，備有可選擇的答案，而且答案不是模稜兩可或內容重複。另外也可使用開放式的問題，讓受試者自由回答，再經研究者深度（in-depth）的探索（probing）以達到研究者的目的，這種問題及方式是屬於非結構式的問卷。也有結構式的問題加上非結構式的問題合併成為半結構式的問卷。如果是要讓受試者直接回答所研究調查的問題，受試者必須具備讀寫能力，否則研究者須讀出調查的問題讓受試者瞭解，以便他們能明確回答問題。調查法也可和觀察法合併，是讓研究者直接觀察受試者以得到研究問題的答案。

測驗法在形式上與調查法相似，通常是被設計來測量受試者某一種特殊的能力或行為特質，如智力、成就能力。以兒童為例，可利用一組標準化（standardize）的問題讓兒童作答，或以一些作業或工作（task）讓幼兒操作，從中評定幼兒的特質。測驗必須是可信和有效的。當對同一受試者的每次測量都能得到幾乎同樣的分數或診斷時，則此測驗是可信的（reliable）；而所謂的測驗有信度的意義是指測量結果的誤差小。

(四)個案研究法

個案研究是對個人、家庭或社會群體做更深入的描述，其目的是在描述特定的人或群體的行為，通常用於描述個體經歷或考察與理論預見不一致的現象。目前日漸趨之若鶩的質化研究也常應用此種研究設計。

個案研究可以各式各樣的訊息來源作為依據，包括訪談、治療過程的對話、長期觀察、工作記錄、信件、日記、回憶錄、歷史文獻等。

發展研究也常使用個案研究方法，如心理分析學派大師弗洛伊德曾用此方法澄清某些精神障礙疾病的起因；其女兒Anna Freud所做的研究則描述二次大戰期間生活在集中營裡的一群孤兒（社會群體）對彼此的依附，以及日後重返正常社會環境中，相互維持情感的策略；此外，皮亞傑對其女兒長期做觀察並透過訪談技巧，建立兒童的認知結構概念。

個案研究被批評為不太科學。因為個體無法代表大規模群體，而從一個案要去概論（generalize）其他個體或群體時，必須更加小心謹慎。另外，個案研究也被批評缺乏可靠性，因為不同的研究者對同一受試者進行研究，也可能因事件本身或對事件的詮釋不同而造成相異的觀點。而符合科學觀察標準的個案研究必須有明確的研究目的和蒐集資料的系統方法，且同時有真實的記錄及令人信服的個案資料。

(五)訪談法

訪談法也可以和上述的研究方法共同使用，主要是以與個案面對面的談話為依據。這個方法適用於個案研究，也適用於群體推論的研究。同時，訪談法可以是結構式或開放式的口頭調查。應用到人類發展心理學的研究時，研究者可將想得到的資料（基於研究目的）與父母、家中兒童或保育機構面對面的溝通，以達到瞭解個體行為或進行個體行為矯治工作。

一個人的回答極易受訪談者的影響。訪談者可利用微笑、點頭、皺眉或看別處，故意或無意地表示贊成或不贊成，以與受訪者在建立親密關係和影響回答之間保持一微妙的界限。

這五種研究發展心理學常用的方法及其優缺點，概要地列在**表1-5**。

表1-5　發展心理學常用的五種方法的定義及優缺點

方法	定義	優點	缺點
觀察法	行為的系統描述	記載不斷發展中的行為；獲得自然發生、沒有實驗干預的資料	耗費時間，需要仔細訓練觀察者；觀察者會干擾正常發生的事物
實驗法	將其他因素保持恆定，通常改變一些條件而控制其他條件，以分析其中的因果關係	可檢驗因果關係假設，可控制和分離特殊變項	實驗室的結果不一定適合其他環境；通常只注意單向因果關係模式
調查與測驗法	對大群體問一些標準化問題	可從大群體樣本中蒐集資料；不大要求訓練；使用非常靈活方便	修辭和呈現問題的方式會影響作答；回答可能與行為無密切關係；測驗可能不適合學校或臨床環境
個案研究法	對個人家庭或群體的深入描述	注重個人經驗的複雜性和獨特性	缺乏普遍性；其結果可能帶有調查者的偏見，難以重複
訪談法	面對面的交談，每個人都可充分闡明他（她）的觀點	提供複雜的第一手資料	易受訪談者個人成見的影響

資料來源：郭靜晃、吳幸玲譯（1993），頁27。

第五節　人生歷程的生命期待

勾勒一個人的未來端賴於他期望要活多久。當然，我們可以大概推估：「吾人生命可能因一災難事件、意外或生病而結束；但是，概算一個人可以活多久，是植基於一個人平均的**生命期待**（life expectancy）。」在過去美國歷史的九個時段中，平均每個人生命歷程的期待是不同的。**表1-6**指出，在20世紀初期，出生時只能被預估可以活到49.2歲，但當他們活到65歲時，預期他們可以活到76.9歲；活到75歲時，預期他們可以活到82.1歲；而活到80歲時，預期可以活到85.3歲。在2000年，他們在出生時被預期可活到77歲；當他們活到65歲時，他們預期可活到83歲；到75歲時，預期可活到86.4歲；而到80歲時，他們預期可活到88.7歲。

生命表為測定一國國民生命力強弱之重要指標，從**表1-7**可以瞭解一國國民健康水準及生命消長情況。其「平均餘命」函數可用以說明各年齡人口預期生存之壽年。民國85年臺閩地區人口平均壽命男性為72.38歲、女性78.05歲，其中臺灣地區人口平均壽命已由民國45年男性60.40歲、女性為64.38歲，升至民國94年男性74.50歲、女性80.80歲。近五十年來，男性平均壽命增加14.10歲、女性增加16.42歲。依據1998年世界人口估計要覽資料顯示，臺灣男性73歲、女性79

表1-6　從1990至2000年在不同年齡層的平均存活率推估

年代	2000	1994	1989	1978	1968	1954	1939-1941	1929-1931	1900-1902
出生	77.0	75.7	75.3	73.3	70.2	69.6	63.6	59.3	49.2
65歲	18.0	17.4	17.2	16.3	14.6	14.4	12.8	12.3	11.9
75歲	11.4	11.0	10.9	10.4	9.1	9.0	7.6	7.3	7.1
85歲	8.7	8.3	8.3	8.1	6.8	6.9	5.7	5.4	5.3

資料來源：U. S. Bureau of Census (1984, 1992, 2000, 2003).

表1-7　民國85至94年臺灣地區國民平均壽命

	民國85年	民國86年	民國87年	民國88年	民國89年	民國90年	民國91年	民國92年	民國93年	民國94年
男	72.38	72.97	73.12	73.33	73.83	74.06	74.59	74.77	74.68	74.50
女	78.05	78.61	78.93	78.98	79.56	79.92	80.24	80.33	80.75	80.80

資料來源：內政部統計處（2007）。

歲，較亞洲國家，如韓國男性70歲、女性77歲；菲律賓男性63歲、女性69歲；馬來西亞男性70歲、女性75歲為高，較日本男性77歲、女性84歲的差距仍大；與美國男性73歲、女性79歲；德國男性73歲、女性80歲，丹麥男性73歲、女性78歲等已開發國家相若。

使用這類統計數字推估個人的生命全程，我們可以計算出生命全程的改變。在1994年出生，每人生命全程平均較1990年出生時被期待有多二十六年半的壽命。除此之外，美國社會安全局（The Social Security Administration）所做的生命期待計畫是相當可靠的，尤其對男女生的預測（參見**表1-8**）。整體來看，男生不如女生活得久，不僅在美國是如此，相對地在世界各地亦是如此。美國男女性在生命期待中之差距從1980年到現在已漸漸減少，至少到2010年彼此的差距會更小。目前已有相當證據顯示，社會系統影響到一個人的生物系統，諸如醫藥的進步、相關生活方式的選擇、健康照顧服務的可及性以及成功因應壓力等。

根據美國政府的方案推估，男女性出生時的生命期待從現在到2010年是增加的。到底人出生時生命期待是繼續增加，還是現在已是一個人生命期待的極限？目前呈現兩極化的說法。Bernice Neugarten（1981）（美著名的老化研究發展學者）辯稱：「假如人類在醫藥及營養方面，在未來四十年如果像過去六十年般快速的進展，那屆至2020年，人類活到120歲高齡是毋庸置疑的。」然而，Olshansky等人（1990）卻提及在嬰兒、成人及老年人時的主要相關致命因子已被控制得不錯，未來少有進展空間，所以我們應期待有更好的健康生活，而不是更長壽。

儘管如此，在進行推估某個人的生命期待時，便必須考量那個人的居住地區、年齡、教育、種族及性別族群。除此之外，相關研究已證實基因會影響一個人的壽命；如果一個人祖先長壽，那他／她也可能會較長壽；個人的生活型態也與壽命呈現正相關。美國《新聞週刊》（*Newsweek Magazine*）在1997年

表1-8　1980、1990、2000、2005、2010在性別上出生時的生命期待計畫

性別	1980	1990	2000	2005	2010
男性	70.0	72.1	73.0	73.5	74.1
女性	77.4	79.0	79.7	80.2	80.6
差距	7.4	6.9	6.7	6.7	6.5

資料來源：U. S. Bureau of Census (1991, 1997).

有一篇報導：〈如何活到100歲〉（How to Live to 100），文中列表推估個人的生命年齡是依據個人的年齡、健康、生活型態、家庭及其祖先做研判（Cowley, 1997）（參見**表1-9**）。除此之外，個人的家庭收入，是否有高血壓、背痛、關節炎、吸菸、正常體重及酗酒等，皆是影響個人是否長壽之因素。最近相關研究亦指出，均衡飲食、體重過重及有策略服用維生素及礦物質，皆有助於細胞免於老化及損壞（Carper, 1995; Rusting, 1992; Walford, 1990）。

吾人一生的抉擇常被個人預估活多久所影響，例如A君期望活到80歲，他覺得40歲前要保持單身，但往後四十年，他必須與另一伴侶共同生活，所以，一個人的生命期待影響到個人之行為、自我概念、態度及對未來的願景。

第六節　結語

人生全程發展是由現代發展心理學所加以演進，亦是心理學的一支，主要的研究變項是年齡，探討由年齡成長所產生身心各方面的變化。人生全程發展與發展心理學的主要區別有四：(1)發展是連續的；(2)成熟是相對的；(3)發展存在於脈絡中；(4)發展的影響是雙向的。

本章探討了人生全程發展的定義與內涵、發展心理學歷史的演進、影響發展的因素、發展的原則與過程，以及人生全程發展常用的理論——如成熟理論、行為理論、心理動力論、認知理論和生態環境論。

人生全程之人口統計資訊刺激一個人推估個人之生命期待。在美國，這世紀以來，個人平均生命期待增加50%以上，此種劇烈改變影響人們前瞻未來。我們需要持續不斷鑽研人類發展，因為我們不能滿足於從過去歷史的數據來推估我們的下一代。

表1-9 長壽的相關因子

右列的年齡推估是各年齡層的中數，然後依下列的危險因子做增減〔假如你年齡超過6時，依右列正負百分比（±%）調整危險因子分數〕

年齡	男性	女性	計分：危險因子參考此表
20-59	73	80	+/-20%
60-69	76	81	+/-50%
70-79	78	82	+/-75%
80↑			
	加5歲		

	增加生命期待			沒有改變	減少生命期待			
健康	增加3歲	增加2歲	增加1歲		減少1歲	減少2歲	減少3歲	畫記
血壓	在90/65及120/81	沒有心臟病，但低於90/65	在121/82及140/90之間	130/86	在131/87及140/90之間	141/91及150/95之間	超過151/96	
糖尿病	--	--	--	無	第二型（成人發病）	--	第一型（青少年發病）	
全部膽固醇	--	--	少於160	160-200	201-240	241-280	280↑	
HDL膽固醇	--	--	高於55	45-54	40-44	低於40	--	
我的年齡與同年齡層人相比較，我的健康是	--	--	良好	不錯	--	不好	很差	
生活型態	增加3歲	增加2歲	增加1歲		減少1歲	減少2歲	減少3歲	畫記
抽菸	無	過去抽菸，已超過近5年不抽菸	過去抽菸，近1至3年不抽菸	過去抽菸近1至3年年不抽菸	過去抽菸，近1年不抽菸	抽菸1天1包以內	抽菸1天1包以上	
二手菸	--	--	--	--	1天1小時	1天1至3小時	1天3小時以上	
運動平均	每天90分鐘運動量（如走路、游泳）超過3年以上習慣	每天超過60分鐘，習慣超過3年	每天20分鐘，習慣超過3年	每天10分鐘，習慣超過3年	每天5分鐘，習慣超過3年	每天少於5分鐘	無	
飲食脂肪攝取量	--	低於20%	21%-30%	31%-40%	--	高於40%	--	
水果及蔬菜	--	--	每天5種及以上	--	無	--	--	
家庭	增加3歲	增加2歲	增加1歲		減少1歲	減少2歲	減少3歲	畫記
婚姻狀況	--	健康已婚男性	健康已婚女性	單身女性或鰥夫	離婚男性或寡婦	離婚女性	單身男性	
過去1年重大壓力事件	--	--	--	--	1件	2件	3件	
平均每月朋友見面次數	--	3次	2次	1次	--	無	--	
父母死亡年齡	--	--	父母已超過75歲	一位超過75歲	--	--	沒有一位超過75歲	

註：本表是大概的生命期待常模，可以用來作為自我的生命期待推估。

資料來源：整理自*News Week Magazine*, June 30, 1997.

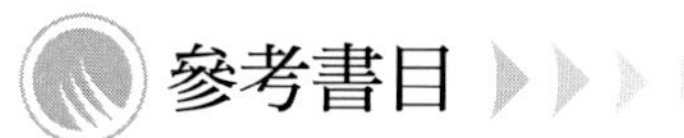

參考書目

一、中文部分

內政部統計處（2007）。《內政部統計年報：光復後歷年簡易生命表平均餘命》。臺北：內政部統計處。

朱智賢（1989）。《心理學大辭典》。北京：北京師範大學。

張欣戊等（2001）。《發展心理學》（第三版）。臺北：國立空中大學。

張春興（1991）。《張氏心理學辭典》。臺北：東華書局。

郭靜晃（2005）。《兒童發展與保育》。臺北：威仕曼。

郭靜晃、吳幸玲譯（1993）。《發展心理學——心理社會理論與實務》。臺北：揚智。

郭靜晃、徐蓮蔭譯（1997）。《家庭研究法》。臺北：揚智文化。

郭靜晃、黃志成、陳淑琦、陳銀螢（2001）。《兒童發展與保育》。臺北：國立空中大學。

二、英文部分

Anderson, J. E. (1960). Behavior and personality. In E. Ginsberg (Ed.). T*he Nation's Children: Development and Education*. NY: Columbia.

Atchley R. C. (1975). The life course, age grading, an age-linked demands for decision marking, in N. Datan & L. H. Ginsberg (Eds), *Lifespan Development Psychology: Normative Life Crises* (p.264). NY: Academic Press.

Bandura, A. & Walters, R. H. (1963). *Social Learning and Personality Development*. NY: Holt, Rinehart & Winton.

Bandura, A. (Ed.) (1971). *Psychological Modeling*. Chicago: Aldine-Atherton.

Bandura, A. (1977). *Social Learning Theory*. Englewood Cliffs, NJ: Prentice-Hall.

Bandura, A. (1986). *Social Foundations of Thought and Action: A Social Cognitive Theory*. Englewood Cliffs, NJ: Prentice-Hall.

Brim, O. G., Jr. (1976). Theories and the male mid-life crisis. *Counseling Adults, 6*: 2-9.

Carper, J. (1995). *Stop Aging Now: The Ultimate Plan for Staying Young and Reversing the Aging Process*. NY: Harper Collins Publishers.

Cowley, G. (1997, June 30). How to live to 100. *Newsweek*, 56-67.

Elder, G. H. (1975). Age differentiation and life course. *Annual Review of Sociology*, *1*: 165-190.

Elder, G. H. (1981). Social history and life experience. In D. H. Eichorn, J. A. Clausen, N. Haan, M. P. Honzik, & P. H. Mussen (Eds.), *Present and Past in Middle Life* (pp.3-31). NY: Academic Press.

Erikson, E. H. (1968). *Identity: Youth and Crisis*. NY: Norton.

Erikson, E. H. (1975). *Life History and the Historical Moment*. NY: Norton.

Erikson, E. H. (1982). *The Life Cycle Completed: A Review*. NY: Norton.

Feldman, H. & Feldman, M. (1975). The family life cycle: Some suggestions for recycling. *Journal of Marriage and the Family, 37*: 277-284.

Gesell, A. (1952). Developmental pediatrics. Nerv. *Child, 9*.

Goethals, G. R. & Frost, M. (1978). Value change and the recall of earlier values. *Bulletin of the Psychonomic Society, 11*: 73-74.

Hurlock, E. B. (1968). *Developmental Psychology* (3rd ed). NY: McGraw-Hill Inc.

Katchadourian, H. A. (1976). Medical perspectives on a adulthood. *Deadalus, Spring*.

Livson, F. B. (1981). Paths to psychological health in the middle years: Sex differences. In D. H. Eichorn, J. A. Clausen, N. Haan, M. P. Honzik, & P. H. Mussen (Eds.), *Present and Past in Middle Life* (pp.195-221). NY: Academic press.

Messick, S. (1989). Meaning and values in test validation: The Science and ethics of assessment. *Educational Research, 18*: 5-11.

Miernyk, W. H. (1975). The changing life cycle of work. In N. Datan & L. H. Ginsberg (Eds.), *Life-Span Developmental Psychology: Normative Life Crisis*. NY: Academic press.

Mischel, W. (1978). On the interface of cognition and personality: Beyond the person-situation debate. *Psychological Review, 80*: 252-283.

Moen, P. & Howery, C. (1988). The significance of time in the study of families under stress. In D. Klein and J. Aldous (Eds.), *Social Stress and Family Development* (pp.131-156). NY: Guilford press.

Neugarten, B. L. (1981). Growing old in 2020: How will it be different? *National Forum, 61(3)*: 28-30.

Olshansky, S. J., Carnes, B. A., & Cassel, C. (1990). In search of Methuselah: Estimating the upper limit to human longevity. *Science, 250*: 634-640.

Piaget, J. (1936/1952). *Judgment and Reasoning in the Child*. NY: Humanities Press.

Piaget, J. (1936/1952). *The Origins of Intelligence in Children*. NY: Hamanities Press.

Rindfuss, F., Swicegood, C., & Rosenfeld, R. (1987). Disorders in the life course: How common and does it matter? *American Sociological Review, 52*: 785-801.

Rousseau, J. J. (B. Foxley, trans.) (1911). *Emile*. London: J. M. Dent (Original work published in 1762).

Rusting, R. L. (1992). Why do we age? *Scientific American, 267*: 130.

Schaie, K. W. (1965). A general model for the study of development problems. *Psychological Bulletin, 64*: 92-107.

Thomas, R. M. (1992). *Comparing Theories of Development* (3rd ed.). Belmont, CA: Wadsworth.

Tolman, E. C. (1948). Cognitive maps in rats and men. *Psychological Review, 55*: 189-208.

U. S. Census Bureau (1984). Statistical Abstract of the United States, 1984. Washington, DC: Government Printing Office.

U. S. Census Bureau (1991). Statistical Abstract of the United States, 1991. Washington, DC: Government Printing Office.

U. S. Census Bureau (1992). Statistical Abstract of the United States, 1992. Washington, DC: Government Printing Office.

U. S. Census Bureau (1997). Statistical Abstract of the United States, 1997. Washington, DC: Government Printing Office.

U. S. Census Bureau (2000). Statistical Abstract of the United States, 2000. Washington, DC: Government Printing Office.

U. S. Census Bureau (2003). Statistical Abstract of the United States, 2003. Washington, DC: Government Printing Office.

Walford, R. L. (1990). The clinical promise of diet restriction. *Geriatrics, 45*: 81-83, 86-87.

Chapter 2

生命的起源

■生殖

■遺傳與發展

■生命的誕生

■結語

每一個人都是獨一無二的。奇妙的是，我們皆有著絕大部分相同之處，這些相同處也都有著相同的功能，甚至連我們的「染色體」（chromosome）——器官系統的構造與功能之決定因子，亦是由相同的生化物質所構成。既然我們有那麼多的「相同」，那麼我們又是如何變成「獨一無二」的呢？答案就藏在遺傳之生理機轉、細胞分裂之過程，以及在我們還只是受精卵時，就已開始影響我們發展的環境因素這些事項裡。

因此，欲完整探討人類發展的整個過程，必須由生命的起始，也就是從受孕開始講起。受孕、懷孕至分娩的過程包括很多因素交互影響著，例如在受精卵發展成新生兒的過程中，對母體所造成身心之改變。本章將著重於遺傳、胚胎、胎兒之發育及胎兒的保育（母親之保健），促進懷孕期的健康，共分五節：生殖、遺傳與發展、胎兒期的發展特徵、影響胎兒發展的因素、胎兒的保育。

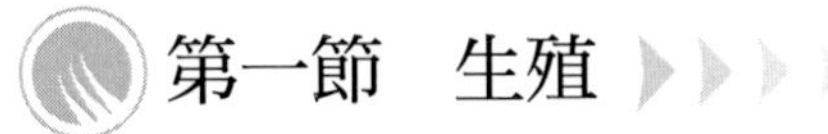

第一節　生殖

一、生殖系統

生殖系統的主要功能為產生後代。生殖器官可產生生殖細胞，提供受精及胚胎發育生長的構造，並將胎兒送出體外。此外，有些生殖器官亦能分泌激素，而涉及性特徵的產生與維持，並調節生殖系統的生理作用。以下分別就男、女生殖系統做介紹：

(一)女性生殖系統

女性的生殖器官包括卵巢、輸卵管、子宮及陰道等位於骨盆腔的內部生殖器，以及位於體表的外部生殖器。卵巢可產生卵子及分泌激素，其他器官則可將卵子送至受精的位置，提供胚胎發育的適當環境以及將胎兒送出體外。

■外生殖器

女性的外生殖器結構分述如下（參見**圖2-1**）：

1.陰阜（mons pubis）：陰阜是一塊略微隆起，狀如圓丘的皮下脂肪組織，

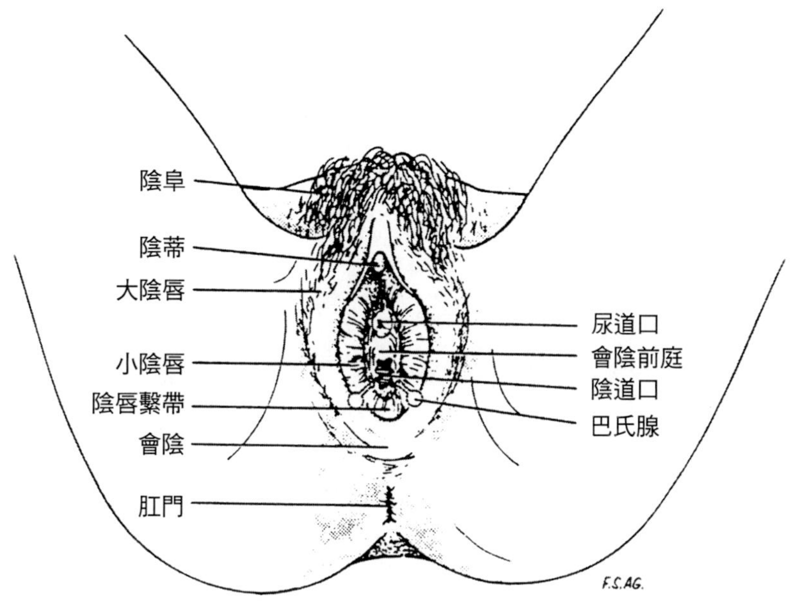

圖2-1　女性的外生殖器

資料來源：郭靜晃（2005），頁63。

始於前腹壁最下面的部分，它覆蓋著恥骨聯合（symphysis pubis）的前面（余玉眉等，1991）。它可保護骨性骨盆，且於性交時有海綿墊的作用。

2.大陰唇（labia majora）：大陰唇係指由陰阜往下後方延伸至會陰部的兩大皺壁，含豐富的皮下脂肪，外側表面則覆蓋有陰毛。其功能為保護小陰唇、陰道口及尿道口。

3.小陰唇（labia minora）：小陰唇是在大陰唇內的柔軟皮膚黏膜皺褶，靠近肛門處集中於一點，形成陰唇繫帶（fourchette），其上方兩側接著形成包皮覆蓋陰蒂。

4.陰蒂：位於小陰唇的前面交接處，為一勃起組織，有豐富的血液及神經分布，感覺敏銳，為女性最易造成性高潮的部位，相當於男性的陰莖（蔡欣玲等，2004）。

5.會陰前庭：為一個舟狀窩，於分開大陰唇時可見。其前方與陰蒂及尿道相接，側方鄰接小陰唇，後方鄰接陰唇繫帶。陰道入口（vaginal introitus）亦為陰道前庭的一部分，因位於內外生殖器之交界而有特殊重要性（余玉眉等，1991）。陰道口與前庭相交處有一層具彈性的薄膜半覆於陰道口，稱之為處女膜（hymen）。處女膜會因劇烈運動、初次性交、放置衛生棉條等原因而破裂。一旦破裂，其殘存的不規則組織稱為處女膜殘痕。巴氏腺（Bartholin's glands）位於陰道口兩側，但管道開口於陰道口內，性交時分泌清澈帶黏性的分泌物，酸鹼值為鹼性，有利精子活動。

6.會陰：位於肛門與陰唇繫帶之間。生產時通常在此處行會陰切開術，增大陰道口，利於胎兒娩出。

內生殖器

女性的內生殖器結構分述如下（參見**圖2-2**）：

1.陰道（vaginal）：陰道是一個肌肉膜管道，連接子宮與外生殖器，為由子宮頸延伸至外陰前庭之肉質管狀器官，其前壁長約6至8公分，後壁長約8至10公分，在陰道上方、子宮頸周圍形成一凹陷，稱為「陰道穹窿」（fornix）。陰道是經血排出的通道，性交時容納陰莖的部位，及產道的下半部（許世昌，1996）。

2.子宮（uterus）：子宮位於直腸與膀胱之間，外形像倒置的梨子，也是

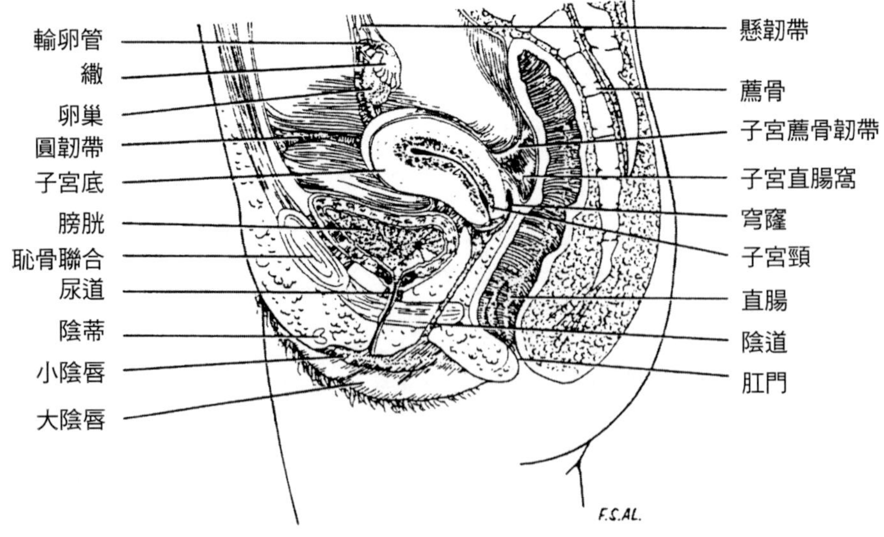

圖2-2　女性的內生殖器

資料來源：郭靜晃（2005），頁65。

形成月經（menstruation）、受精卵著床（implantation）、胎兒發育及生產時送出胎兒的地方。在月經週期的分泌期時，經由雌激素（estrogen）及黃體素（progesterone）的共同影響，使得子宮內膜分泌許多營養液，並且逐漸增厚，加上有充分的血流通過，準備提供受精卵著床的良好環境；若是沒有受精著床，則內膜脫落稱為「月經」（蔡欣玲等，2004）。子宮可分為：(1)子宮底（fundus）：為輸卵管水平以上之圓頂狀部分；(2)子宮體（body）：為中央的主要部分；(3)子宮頸（cervix）：為下方狹窄狀且開口於陰道之部分；(4)峽部（isthmus）：為介於子宮體與子宮頸之間的狹窄部分（許世昌，1996）。子宮體內部之空間稱為子宮腔，而子宮頸內部之空間稱為子宮頸管。子宮頸管以內口通子宮腔，以外口通往陰道。子宮體的壁包括三層：最外層是極薄的漿膜層；中層是厚的平滑肌層，稱為子宮肌層；最內層是子宮內膜層。

3.輸卵管（uterine tubes）：女性體內含有一對輸卵管，是由子宮兩側延伸出來，可將卵子由卵巢送至子宮，長約10公分，直徑約1公分。每一條輸卵管分成三部分：(1)峽部：為短而狹窄的厚壁部分，直徑約2至3公分，接合到子宮的位置，是做結紮之部位；(2)壺腹部：為最寬長之部分，構成輸卵管全長的三分之二；(3)尾部：為一漏斗狀之膨大部分，即為漏斗部，其末端有許多像手指之突起，稱為「繖部」，可延伸至卵巢。卵巢排卵後，藉由漏斗部上皮組織的纖毛運動，將卵子攔入輸卵管內。通常受精作用在輸卵管之壺腹部進行，可發生於排卵後24小時內的任何時間。受精卵此時稱為囊胚（blastocyst），而在7天內到達子宮；未受精的卵則被分解掉。

4.卵巢（ouaries）：卵巢是一杏仁狀的腺體結構，左右兩側各有一個，位在闊韌帶之後方，靠近輸卵管的漏斗部。卵巢包含：(1)白膜：質密且呈濁白色，為一保護層；(2)皮質：於外層，含有卵、黃體及退化之黃體與濾泡；(3)髓質：於內層，含有神經、血管及淋巴管。在生殖上，卵巢是一個重要器官，是分泌雌激素（estrogen）及黃體素（progesterone）之最主要來源。黃體素與雌激素一起作用，使子宮內膜層增厚利於著床。而在雌激素部分，可促使已進行第一次減數分裂的未成熟卵子繼續發育；在排卵期改變陰道分泌物，使其變得較稀薄、較清澈、較多且富彈性，並改變黏稠度及酸鹼值，利於精子進入女性生殖系統。

(二)男性生殖系統

男性生殖系統的主要功能是製造精子，並經由管道輸送至女性生殖器內。男性生殖系統包括外生殖器及內生殖器。外生殖器係指陰莖及陰囊；而內生殖器則包括腺體（睪丸）、導管（副睪丸、輸精管、射精管、尿道）及附屬腺體（精囊、前列腺），參見圖2-3。

外生殖器

男性的外生殖器結構分述如下：

1.陰莖（penis）：位於陰囊的前方，和女性的陰蒂為同源器官，它包含三條柱狀勃起組織、兩條陰莖海綿體（corpus cavernosa penis）及一條尿道海綿體（corpus spongiosun）（張媚等，2004）。陰莖是輸送精子到陰道內的器官及排尿器官。尿道即通過尿道海綿體，故男性生殖及泌尿有共同出口，當性興奮時，陰莖的動脈擴張，血液充滿海綿腔內，使陰莖充血而勃起射精。

2.陰囊（scrotum）：陰囊和女性的大陰唇為同源器官，內含有睪丸、副

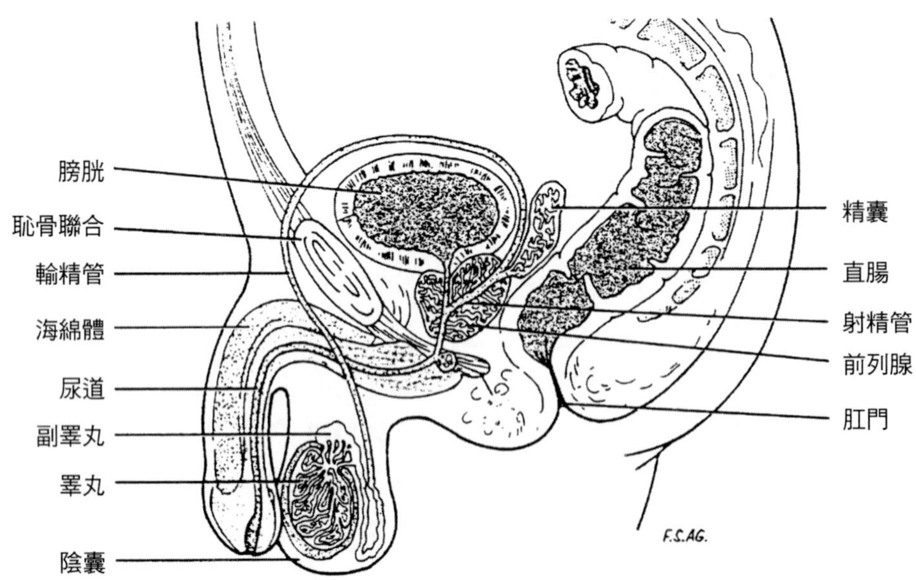

圖2-3　男性生殖系統的構造

資料來源：郭靜晃（2005），頁67。

睪丸及精索的下半部，主要功能為保護睪丸及精子。陰囊可調節睪丸溫度，使睪丸溫度低於體溫，有利於精子的製造及生存。

內生殖器

男性的內生殖器結構分述如下：

1.睪丸（testes）：睪丸位於陰囊內，為成對的卵圓形腺體，長約4公分，直徑約2.5公分，重約10至15毫克（許世昌，1996）。睪丸可視為男性的卵巢，是製造精子及分泌男性賀爾蒙之部位，其外層被白膜所覆蓋，並被分成許多小葉，小葉內則含有各種發育階段的精子。睪丸有彎曲的曲細精管及許多的間質細胞。曲細精管製造精子，而間質細胞可製造雄性素（androgen）。

2.副睪丸（epididymis）：副睪丸主要的功能是將精子由睪丸處運送到輸精管，同時能保存精子，使可存活一段時間。但此處的精子並不具有活動能力，故無法使卵受精，通常精子得花2至10天左右來通過副睪丸，以達到完全的成熟（Olds et al., 1988）。

3.輸精管（vas deferens）：輸精管為副睪丸的延伸，連結副睪丸及前列腺。在進入前列腺前，輸精管擴大的部位稱為終端壺腹，是精子及管道分泌物之主要貯藏室。

4.射精管：射精管共有兩條，連接陰囊及尿道，並穿過前列腺。

5.尿道（urethra）：尿道是尿液及精液共同的通道，總長約19至20公分（張媚等，2004），為生殖系統的終端導管。

6.陰囊（seminal vesicles）：係一彎曲的袋狀構造，可分泌60%的精液，其所分泌的液體呈鹼性，黏稠，富含果糖，提供精子代謝所需營養，讓精子易於活動（蔡欣玲等，2004）。

7.前列腺（prostate gland）：又稱為攝護腺，是單一的腺體，它位於膀胱下方，包圍著尿道上部，狀似栗子，橫徑約4公分，前後徑約3公分（許世昌，1996），可分泌一種微酸性、稀薄、乳狀的液體（酸鹼值6.5）（Olds et al., 1988），能在男性尿道和女性陰道的酸性環境中保護精子，有利於精子的活動。

二、細胞生殖作用

個體生命起源於單一細胞，此細胞的形成是因精子與卵子的結合。此單一細胞本身會複製出一個相似的新細胞，而這個新細胞接著又再進行複製。細胞的複製是藉由兩種不同的細胞分裂：一為**有絲分裂**（mitosis），可導致體細胞增殖，造成生長及發育；二為**減數分裂**（meiosis），主要發生於生殖細胞的形成。

(一)有絲分裂

係一個繁雜且漸進性的過程，受精卵經有絲分裂後即可由單一細胞發展成可在母體子宮外生存的複雜個體。經過一連串的有絲分裂，個體漸漸成長，同時可修補受傷的細胞。有絲分裂的進行通常可分成五個階段（參見**圖2-4**），茲就這五個階段說明如下（王瑋等譯，1991）：

1.間期（interphase）：細胞的生命週期大部分屬於此時期。間期的末期，細胞開始慢慢長大，中心粒由於蛋白質微管（microtubules）或

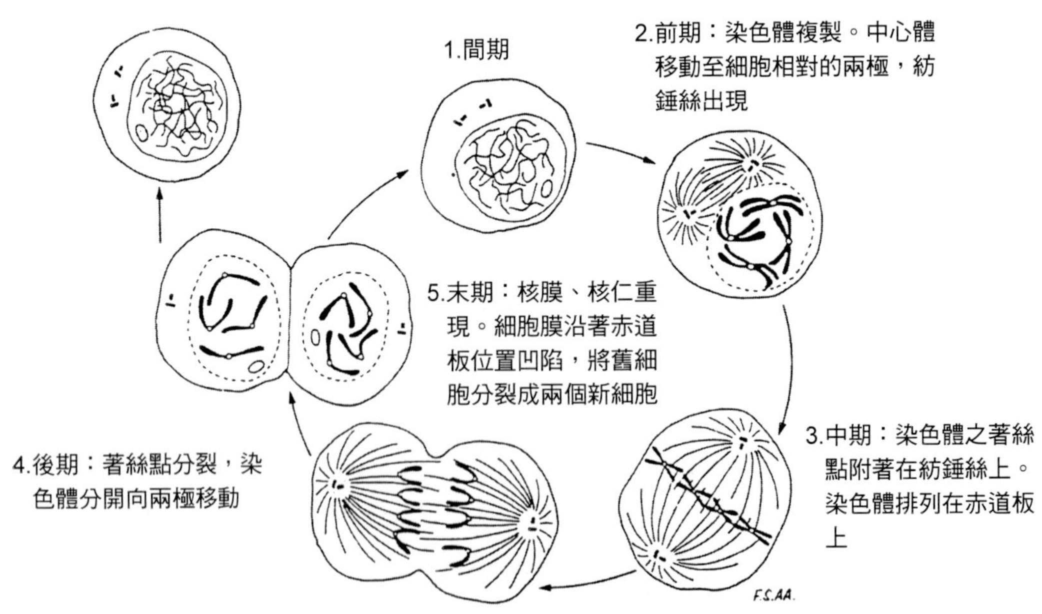

圖2-4　有絲分裂的各個不同階段

資料來源：郭靜晃（2005），頁69。

紡錘絲（spindle thread）的牽引而分開。同時，染色質顆粒漸濃縮而成為染色體。四十六條染色體均各自複製，故有一短時期，細胞中確實存在有九十二條染色體。成對染色體的每一個染色體稱為染色分體（chromatid）。這時期約占用了20小時，而其他四期占用不到1小時。

2.前期（prophase）：此時期，中心粒各自移至細胞的兩極，細胞核膜消失，染色體變成短而粗。

3.中期（metaphase）：此時期最短，染色體排列在兩個中心粒之間的赤道板上。

4.後期（anaphase）：由於蛋白質微管或紡錘絲的作用，使得染色分體分開，各自移至兩極的中心粒處。如此每個子細胞中的染色體恰好為原來的複製體。

5.末期（telophase）：當染色體靠近中心粒時，紡錘絲開始消失。子細胞的染色體周圍逐漸出現核膜。此時，在赤道板處，細胞質往內凹陷，中心粒則進行複製，以備下次有絲分裂使用。子細胞於是形成，進入下一個間期。

(二)減數分裂

減數分裂的基本功能為製造精子與卵子的特殊細胞分裂方式。經過減數分裂，配子的染色體數目會減半，因此有性繁殖的物種得以在交配的過程中，維持正常的染色體數目（參見**圖2-5**）。減數分裂是由連續兩次的細胞分裂所組成，每一次的減數分裂都包含間期、前期、中期、後期、末期五個時期（蔡欣玲等，2004）。

以下就減數分裂的兩次過程做說明（翁瑞亨等，2003）：

1.第一次減數分裂（MI）：又稱減數的分裂（reductional division），係指細胞經過間期、前期（可細分為接合期、粗絲期、雙絲期與絲球期等階段）、中期、後期與末期而形成兩個子細胞，每一個子細胞中的染色體含有兩個染色分體，但它們都是單倍數（n）。

2.第二次減數分裂（MII）：又稱等數的分裂（equational division），相當於有絲分裂，也是經過間期、前期、中期、後期與末期，進而將每一個染色體的染色分體分開成為子染色體。因此這時候可形成四個子細胞，而每個子細胞也是單倍數（n）。

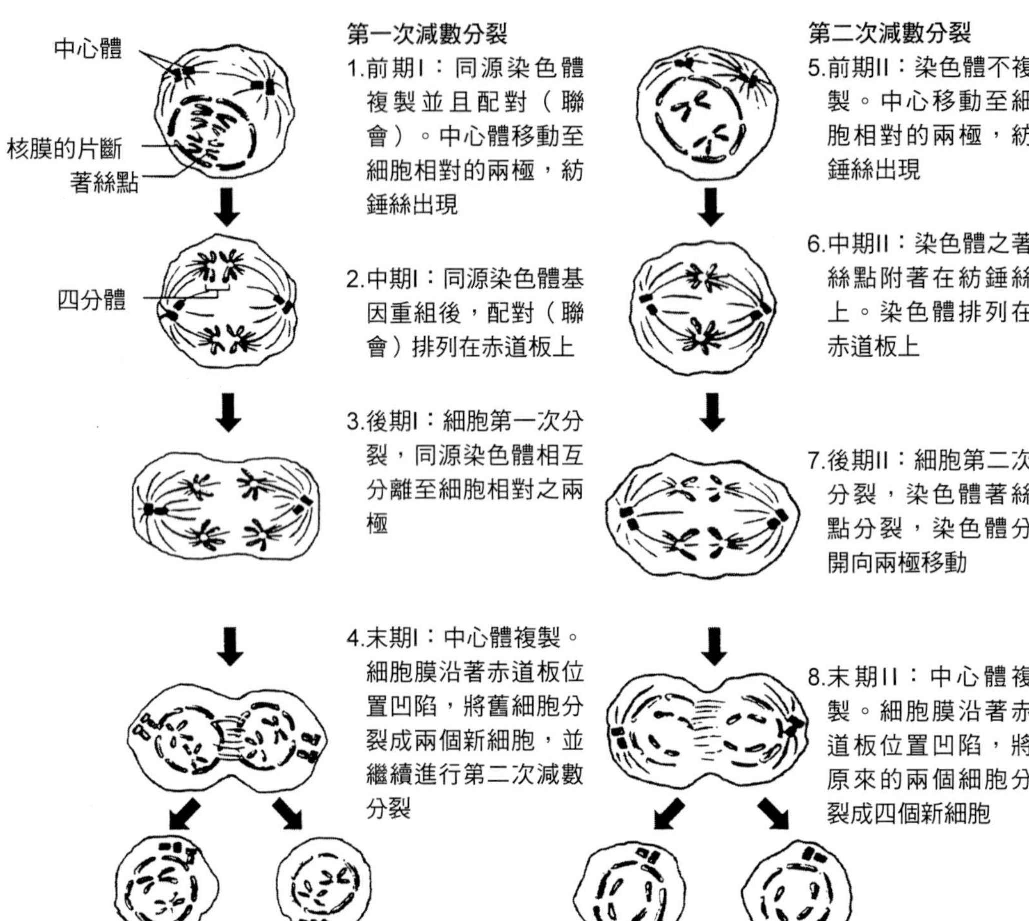

圖2-5　減數分裂

資料來源：郭靜晃（2005），頁71。

(三)配子的形成

女性於青春期之後，卵巢內的未成熟卵子會開始進行週期性的成熟，約每個月可排出一個成熟的卵子。簡言之，卵巢內的卵原細胞（oogonium）原來為雙套染色體〔二十三對（四十六個染色體）〕，經由有絲分裂的步驟形成初級卵母細胞，之後進行第一次減數分裂，形成單套染色體的次級卵母細胞，並排出第一極體；然後再進行第二次減數分裂，獲得單獨一個單套體的卵母細胞（參見**圖2-6**）。

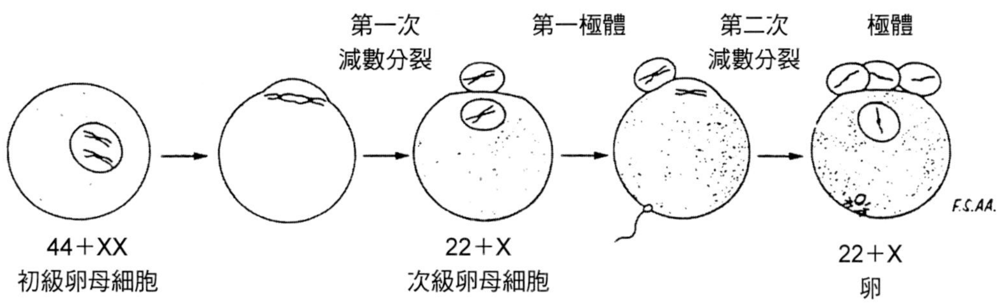

圖2-6　卵子的形成

資料來源：摘自蔡欣玲等（2004）。

至於精子的形成（spermatogenesis）則發生於睪丸。睪丸中有雙倍體的精原細胞（spermatogonium），其進行生長與分化後變為初級精母細胞。此細胞進行第一次減數分裂形成兩個單倍體的次級精母細胞；然後再經由第二次減數分裂形成四個單倍體的精細胞，最後再分化成精子（sperm）（參見**圖2-7**）。

三、受精作用

一次正常的射精，平均可射出3至5cc.精液，每西西的精液約含五千萬至

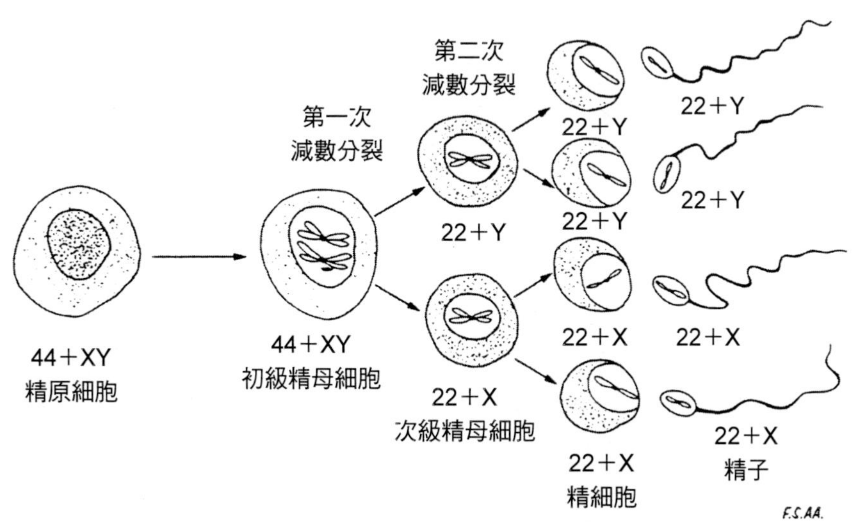

圖2-7　精子的形成

資料來源：摘自蔡欣玲等（2004）。

一億五千萬個精子，這些精子有80%至90%為正常形態，但可能只有少數兩百個能真正到達受精處，而只有一個精子可以完成受孕（蔡欣玲等，2004）。每一個微小的精子都由一個突出的頭和尾所構成。頭部裡含有為繁殖所必需的遺傳物質。尾部像細鞭一樣活動著，整個精子游動著通過子宮頸和子宮，進入輸卵管。精子以每8分鐘1英吋的速度游動著，至少要半小時才會接觸到卵子。受精作用通常要花上6小時，精子在子宮裡大約能存活5天。

女生的卵子大約成長在月經中期，女性卵巢裡充滿液體的液囊內會產生成熟的卵子，在排卵期，液囊破裂，成熟的卵子進入輸卵管內開始其子宮之旅。月經週期的絕大多數時間裡，子宮頸口上由黏液形成的堵塞物相當黏稠，不易穿透。在月經週期的中期，當卵細胞即將被釋放出來時，黏液變稀，使較多的精子能通過子宮頸，游向輸卵管下方三分之一左右的位置，與卵子結合，完成受精。黏液的變化還可減低陰道內的自然酸度，使其成為更適合精子的環境。

男性在其一生中能產生成百上千億的精子。相對於女性，每個月只在其月經週期的中期有規律地釋放一個卵細胞或卵子。和精子一樣，卵子是一個含有遺傳物質的單細胞。和體細胞相比，卵細胞相當大（0.12毫米）——大約像英文句號「．」那麼大。在大約四十年的生育期中，一個普通女子大約釋放四百五十至五百個卵子，這期間，她可以決定要生幾個孩子。每個女孩一生下來便已確定了她所能提供的所有卵子和數目。

受精卵經過24至36小時之後即開始進行例行的有絲分裂，大約須耗費3天時間游至輸卵管下方，進入子宮。當受精卵抵達子宮時，已經完全發育成一個約有一百五十個卵細胞、充滿液體的球體。這些卵細胞內層發育成胚胎，外層形成絨毛膜，使受精卵外表毛茸茸的。這些絨毛膜附在子宮壁，提供早期的養分。

受精卵的移植過程，稱之為胚胎期，時約兩個星期。移植後，受精卵（胚胎）開胎釋出絨毛膜激素（HCG），以維持受孕狀態，懷孕後約6至8天可於母體血液中檢測出HCF（目前在超商或藥局即有出售檢測劑），這也是懷孕初期驗孕的依據。如果卵子在其成熟後的頭24小時內沒有被受精，它便開始解體，並和子宮內脫落物（黏膜）一起，在下次經期時排出體外。

在卵細胞中，精子的尾端消失了，頭部變成一個正常的細胞核。在受精的準備階段，卵細胞也經歷著最後的變化。兩個細胞核在卵子的細胞質中相遇，失去了各自的細胞核膜，並將各自分離出的染色體整合為23對染色體的獨立系統。就在此刻，所有為激勵生存、產生一個新的獨特個體所必需的訊息，被包含進一個單獨的細胞之中（參見**圖2-8**）。受精（fertilization）後的結果是：(1)刺激次級的卵母細胞完成第二次減數分裂；(2)回復結合子裡的染色體（四十六個），成為正常的雙套（2×23）；(3)藉由母親和父親染色體的混合造成人類種系的變化；(4)決定胚胎染色體的性別；(5)造成卵母細胞新陳代謝的活化和起始了卵裂（合子的細胞分裂）（戴步雲譯，2001）。

當兩個配子（卵子和精子）結合時，懷孕便發生了。兩性的DNA結合，創造新的組織稱為合子。未穿透卵子細胞壁的其餘精子（正常將近兩百個左右），會繼續試著穿透卵子細胞壁。這項動作與輸卵管纖毛運動會使合子逆時針移動，合子將沿著輸卵管前進，這段大約6吋長的旅途要花3至4天來完成（周念縈譯，2004）。

但因輸卵管粗細如人類頭髮，如果輸卵管有阻塞情形，則合子將無法通過。像是骨盆腔炎症、性病與子宮內膜異位等因素，可能造成輸卵管損傷或阻塞。若是精子有缺陷或卵子細胞壁產生不當的生化作用，則可能發生精卵結合不完全。

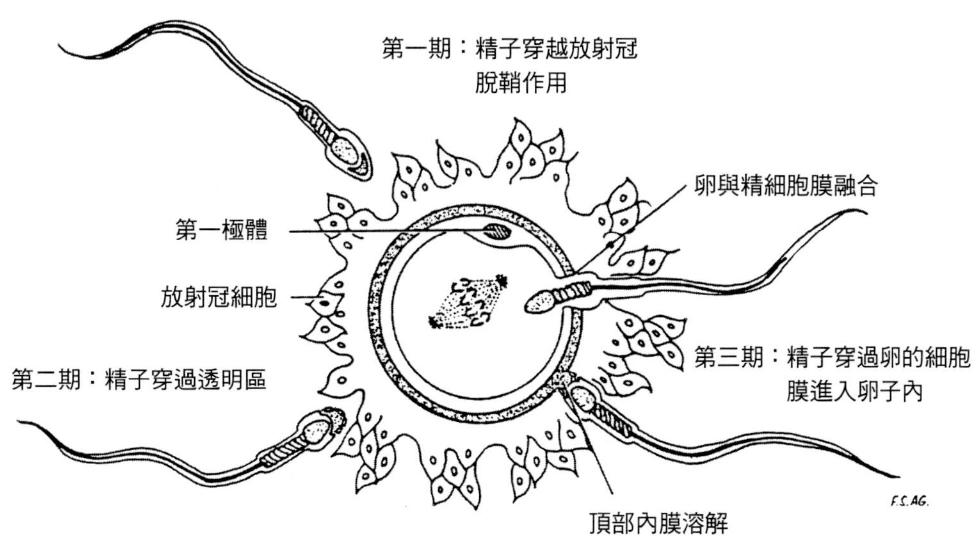

圖2-8　受精的過程

資料來源：摘自張媚等（2004）。

四、胚胎性別的決定

每個生命都從父親那方得到二十三個染色體，也從母親那方得到二十三個染色體，但這新生命的性別，究竟決定於父母親中的哪一方呢？

由於母親的性染色體是XX，因此在減數分裂後，所有的卵子都是帶著X染色體；而父親的染色體是XY，在減數分裂後，有些精子是帶著X染色體，有些則帶著Y染色體。如果帶Y染色體的精子和卵子結合，形成XY的受精卵，就是男孩；但如果是帶著X染色體的精子先遇到卵子，則形成XX的受精卵，也就是女孩。

簡言之，女性僅可產生含有二十二條體染色體和一條「X」性染色體的卵子；而男性由於「X」或「Y」性染色體之分，將可能製造含二十二條體染色體，外加一條「X」或「Y」性染色體的精子。由此可知，精子決定了新個體的性別，也就是說，父親是孩子性別的決定者，參見**表2-1**。

表2-1　性別的決定

卵子	精子	新個體
22＋X	22＋X	＝44＋XX＝女孩
22＋X	22＋Y	＝44＋XY＝男孩

第二節　遺傳與發展

個體的某些身心特質，經由精子與卵子的結合傳遞給下一代，此歷程稱為**遺傳**。在生物細胞內與遺傳有關的物質包括染色體、基因和DNA。

遺傳訊息為人類發展提供了一套綱領，它決定了一個人全部資源的自然本性，並且在某些情況下，對人類發展設定了嚴格的限制。對於一種以特定的遺傳為基礎的潛在可能性而言，仍存在相當廣泛的個體差異，這取決於環境的品質、人與環境間相互適應協調的程度，以及一個人因應環境獨特及整合的資源。

一、基因與染色體：遺傳訊息的來源

(一)兩種遺傳類型

當我們談論遺傳特徵時，實際上涉及了兩種遺傳類型。第一種包括了作為人類一個成員所獲得的全部遺傳訊息，也就是繼承了所有人類所共有的訊息，諸如行為活動的方式（如直立行走）、腦的大小，以及身體結構，包括頭、軀幹、四肢的比例。這些與種屬相關的特徵中最有意義的，是學習的準備和參與社會交往的性向。所有人類成員都具有這些屬性。

第二種遺傳由透過特定的**基因庫**（gene pool）所傳遞的特徵而組成，諸如頭髮的顏色、膚色、血型、身體等特質，都是由上一代向下一代傳遞的遺傳訊息所決定。我們將要討論的遺傳原理，主要是指第二類遺傳的特徵，即特定遺傳基因庫的產物（Gardner & Snustad, 1984; Vogel & Motulsky, 1986）。遺傳訊息既在一般意義上把一個新生命與人類這一種屬聯繫起來，也與其特定的祖先聯繫起來。

基因是調控生命體成長與發育的主要因素，它可以控制細胞蛋白質的合成與分泌，然後藉由這些蛋白質，使生物體表現出其特有的遺傳性狀；且基因位於去氧核醣核酸（DNA）所組成的染色體上。因此探討DNA的微細結構以及其複製的機轉，將有助於瞭解染色體或基因如何控制生物體的各種表現類型與生理作用。

遺傳訊息的最小單元是**DNA**（deoxyribonucleic acid，**去氧核醣核酸**）分子。DNA由Waston和Crick於1953年首先發現，這種DNA分子看上去很像雙股扭成螺旋狀結構的鏈梯（參見**圖2-9**）。這一遺傳鏈梯的兩邊由脫氧核醣（deoxyribose）和磷酸鹽（phosphate）單元交替組成。鏈梯的橫檔（又稱台階）由成對的氮基（核苷酸鹼基）構成。命名為氮基，是因為它們不僅含有氫和碳元素，而且含有氮元素。四種氮基分別是腺嘌呤（Adenine, A）、鳥嘌呤（Guanine, G）、胞嘧啶（Cytosine, C）和胸腺嘧啶（Thymine, T）。這些氮基通常用它們起首的第一個字母來標記，而A、G、C、T就稱為遺傳字母，而且是AT配對及GC配對之組合。

腺嘌呤和鳥嘌呤的結合是嘌呤（purine）基（尿酸化合物之基元），胞嘧啶和胸腺嘧啶的結合是嘧啶二氮三烯六圜基（pyrimidine）。嘌呤基比嘧啶二氮三

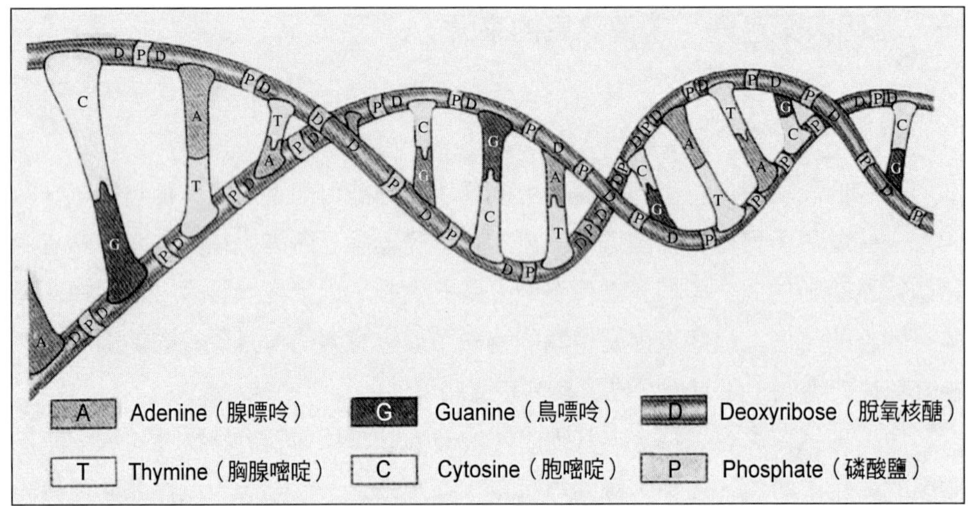

圖2-9　一小段DNA分子

烯六圜基來得小。只有在A與T或G與C的結合，其大小才恰好適合於遺傳鏈梯兩個邊索之間的空間距離。因此，C≡G，G–C，A＝T和T–A是DNA分子中可以存在的僅有的氮基對。**圖2-9**表示出了DNA分子的構造和形狀。氮基對以及伴隨在兩側邊索上的脫氧核醣和磷酸鹽的順序，決定了遺傳訊息的涵義。在生物體內，DNA有三種主要的任務：(1)它可以精確的複製；(2)它可引導體內產生RNA與蛋白質，進而進行體內的生理功能；(3)DNA會不斷的累積突破，促進生物的演化（翁瑞亨等，2003）

DNA分子由A-T、G-C配對組成，構成了長鏈，叫作**染色體**（chromosome）。人體細胞內有四十六個（二十三對）染色體，大約有三十億對氮基，這些成對之特殊排列組成我們人類之**基因密碼**（genetic code）。基因是DNA鏈的一段，具有遺傳、訊息之基本要素，它編碼了一種遺傳特徵，並在染色體上占據著一個特定的位置。人體細胞內四十六個染色體大約有三萬個基因排列在一起。據估計，人類大約有十萬個有用的基因，自1990年代以來，人類基因體計畫（Human Genome Program）即由多個國家的政府和科學家聯合繪製氮基（AGCT）之順序圖譜，並找出每個基因在人類基因體中之位置。直到2000年6月26日，美國總統Bill Clinton宣布科學家已繪製了三十億個氮基之人類基因體草圖（魏弘貞譯，2008）。

染色體的主要構造包括短臂（short arm，或稱p）、長臂（long arm，或稱

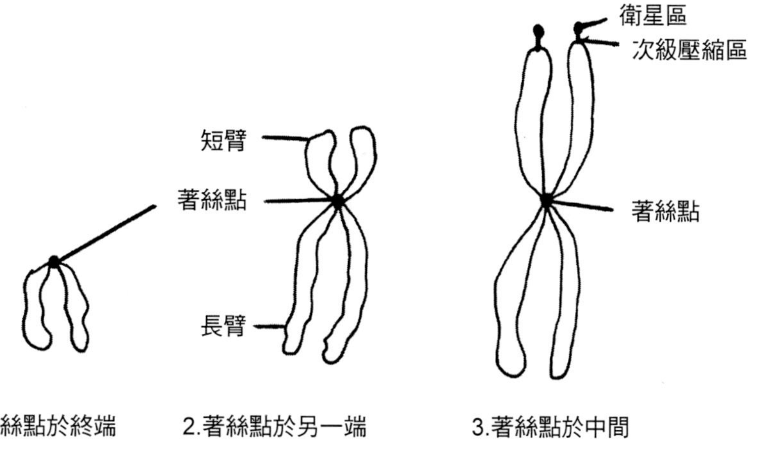

圖2-10　染色體的型態

q）及連接兩者的著絲點（centromere）（參見**圖2-10**）。著絲點是細胞分裂時，紡錘絲連接到染色體的位置。由於染色體大小的不同以及著絲點位置的差異，因此每一對染色體可產生不同型態的變化，而且染色體在染色過後，會形成染色體帶（band），故可以辨識出特定的染色體區域（翁瑞亨等，2003）。綜合來說，染色體的辨識是依據染色體大小、著絲點位置與染色體帶的模式，也因此某一條染色體的某個特定位置可以用數字來表示，例如“11q25”表示第十一條染色體長臂的第二區第五帶。

這些染色體位於細胞核中。19世紀後期，細胞生物學家學會了如何對細胞核中的這些又細又長的鏈著色。染色體，顧名思義就是染了色的物體。在發現染色體被著色以後，生物學家便能對它們進行計數和研究了。他們發現，每個種屬的體細胞內都含有特定數目的染色體。一直到1950年代，瑞典隆德市遺傳學研究所的Joe Hin Tjio和Albert Levan才確定人類的體細胞含有四十六個染色體。被人們用於大量遺傳學研究的常見果蠅，只有八個染色體。生物學家還瞭解到，每個細胞中的染色體都是成對存在的。

人類細胞中有二十三對染色體（參見**圖2-11**），在其中的二十二對染色體中，每一對的兩個染色體在形狀和大小上都相似，它們都含有同種的基因。而第二十三對染色體則有著不同的組成。女性擁有兩個X染色體，男性擁有一個X染色體和一個Y染色體。之所以使用X和Y來命名，是因為這些染色體在形狀和大小上有差異，如X染色體比Y染色體長。X和Y染色體在基因的表現上幾乎沒

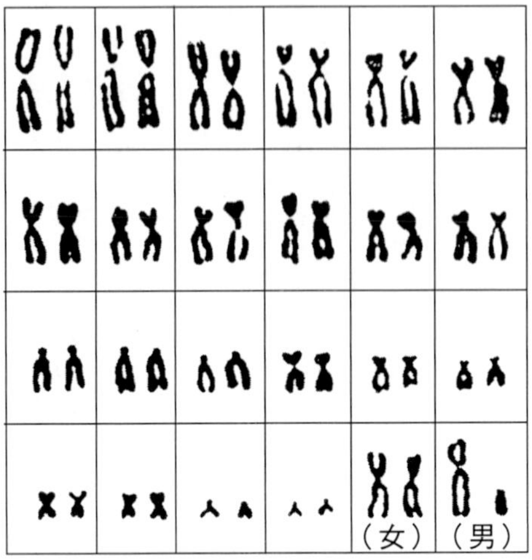

圖2-11　人類的染色體對

圖中顯示了一個男性的二十三對染色體。第二十三對染色體決定了該名個體的性別。在男性中，這對染色體中的一個組成分子是X染色體，另一個是Y染色體；在女性中，這一對染色體中的兩個成員都是X染色體。

有什麼相似之處。

一個應予以注意的重點是，同組的染色體並不出現在一個配子（卵子或精子細胞）中。當細胞分裂時，染色體獨立地分離出來。對每個個體的配子來說，其染色體的分離有2^{23}種可能的組合方式。

(二)遺傳訊息模式

遺傳訊息模式的其他多樣性來自於染色體的局部「**互換現象**」（crossing over）。當細胞在減數分裂（meiosis）期中分離時，來自父體和母體的染色體鏈上的部分物質交叉換位到對方的染色體鏈上去。由此而產生染色體上特定遺傳訊息的序列，且不同於父親或母親任何一方原來的編號。

經過局部交換，遺傳訊息的新排列便會傳遞給子孫後代。這種遺傳訊息模式上的變異，說明了任何一個個體作為後代所可能具有的多樣性。考察受孕過程以及一個卵子和一個精子相遇的可能機遇，由兩個成人所可能產生出不同個體的數量是$2^{23}\times2^{23}$，或者說是六十四兆兆，這還未將局部的交換作用估算進去。

(三)遺傳訊息控制

控制遺傳訊息由親代傳遞給子代這一過程的定律，最初是由Gregor Mendel發現的，他是個僧侶，致力於研究植物（尤其是豌豆）的遺傳特徵（Mendel, 1866）。他的原理遠在由基因和染色體組成的生化物質被發現以前，便已形成了。

遺傳訊息的每個基本元素叫作一個基因（gene）。一個基因是DNA上的一個片段，它編碼了一種遺傳特徵，並在染色體上占據著一個特定的位置。據估計，人類大約有十萬個有用的基因。繪製基因圖也就是要在一個特定的染色體上確定出每個基因的位置。這是一項非常繁雜的工作。在顯微鏡下能夠辨認出最小的人類染色體含有兩百到五百萬對DNA和許多基因，何況每對染色體的大小各異；據估計，有的染色體含有一千多個基因，而有的則含有兩千多個。

在二十二對由同樣的染色體配對的染色體中，每個基因至少有兩種性狀，每對染色體上的基因各具其一。這些兩者必居其一的性狀稱作**等位基因**（allele）性狀。無論來自親代一方的基因其等位性狀如何，來自親代另一方的基因其等位性狀既可與之相同，也可與之不同。如果兩個基因的性狀相同，則這基因稱為**同質的**（homozygous）；如果基因性狀不同，則這基因稱為**異質的**（heterozygous）。

(四)遺傳訊息特質——原型與顯型

關於一個特質的遺傳訊息叫作**原型**（genotype），所觀察到的特徵叫作**顯型**（phenotype）。原型以三種方式決定了顯型。有時，等位基因性狀上的差異會產生累積的相互關係，即並非由一對而是多對基因決定著一個特質。遺傳對身高的作用便是這種關係的一個例子。一個人接受了大部分「高」基因會長得很高；一個人接受了大部分「矮」基因便會長得很矮。絕大多數人接受的是「高」基因和「矮」基因的混合配置，故而形成中等身材。

在有些情況下，等位基因上的差異會產生共同支配現象（codominance），即不同的基因均由一個新的細胞表現出來。AB血型便是這種共同支配現象的一個例子，它是由A性狀和B性狀結合在一起而造成的。這種血型並不是A和B的混合物，也不是由A從屬於B或B從屬於A，而是形成了一種新的血型——AB型。

等位基因的差異還會產生一種優勢型關係（dominance）。優勢意味著如果這一性狀存在，不論與其配對的另一個基因的性狀如何，它的特徵總能表現出來。具有這種優勢作用的性狀基因叫作**顯性基因**（dominant gene）。而那種雖然存在，但其特徵卻由顯性基因掩蓋的基因，叫作**隱性基因**（recessive gene）。

眼睛的顏色便是由優勢關係造成的。棕色眼睛（B）的基因是顯性的，優勢於藍色眼睛（b）的基因。與棕色或藍色眼睛有關的可能基因組合是BB、Bb、bB和bb。只有父母雙方都帶有隱性基因b，並且這一性狀的基因存在於形成子代的每一個配子中時，其孩子才可能有藍眼睛。**圖2-12**描述了藍眼睛這一隱性特質出現在一對異質性父母的後代中的概率。正如圖中所示，平均說來，異質性父母的後代僅有25%的人會有藍眼睛。

在優勢關係的情況下，遺傳訊息並非總是能夠在外顯的特徵中觀察到。例如攜帶BB和Bb基因型的人，雖然所攜帶的遺傳訊息不同，但卻都會是棕色眼睛。就棕色眼睛和藍色眼睛而言，它們是兩種顯型——棕和藍，但卻是三種原型——BB、Bb、bb。

(五)遺傳訊息聯想——性聯特性

有些遺傳訊息被認為是與性別聯繫在一起的，因為與這些特定特徵相關的基因，是在性染色體上發現的。雌性的卵子只攜帶X染色體。男性的精子中，一半攜帶Y染色體，一半攜帶X染色體。只有當一個攜帶Y染色體的精子與一個卵子相遇受精，使第二十三對染色體構成XY配對，才會生出一個男性嬰兒。所有攜帶X染色體的精子都會生出女性嬰兒。

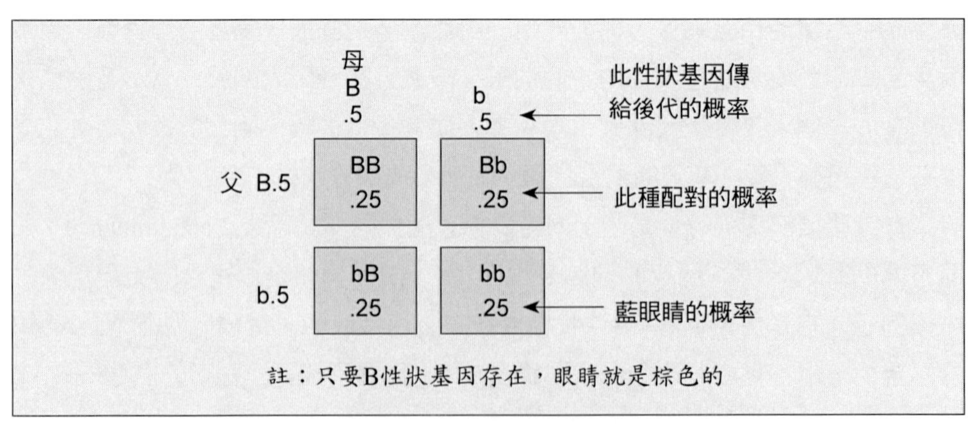

圖2-12　異質性父母生出藍眼睛後代的概率

與性別相聯繫的特質大都見於男性，即使它們存在於女性的原型上。如果你在內心裡描繪出XY染色體的圖像，你就能很快地理解這一點。當一個特質是由Y染色體所攜帶的，它就只會被男性所繼承和傳遞，因為只有男性才有Y染色體。

有趣的是，Y染色體非常小，而且幾乎很少會發現什麼與Y染色體相關的特質。然而，即使是由X染色體所攜帶之與性別相聯繫的特質，也是在男性而不是女性身上更容易觀察到。這是因為，男性不會再有另一個X染色體，以藉此抵消一種與X相聯繫的特質的作用。

一種與性別相聯繫的特質是血友病。血友病患者缺乏一種特殊的血蛋白，以使血液在身體受傷後能迅速凝結（Lawn & Vehar, 1986）。這種引起血友病的等位基因是由X染色體所攜帶的。不論等位基因是同質的還是異質的，如果含顯性基因（能正常凝結），則一個女孩會具有正常的血液凝結能力。只有當她攜帶有一對同質的隱性基因（一種極少發生的現象）時，她才會成為血友病患者。另一方面，男性只有一個使血液凝結的等位基因，是從其母親那裡繼承來的。如果這一等位基因是顯性的，他的血液會正常凝結；如果它是隱性的，他就會得血友病（參見**圖2-13**）。

有一些基因是只能由單一種性別表現出來，但卻不是存在於性染色體上。與男性的鬍鬚和女性的乳房發育有關的基因，都不在性染色體上。然而，這些特徵都是僅在適宜的激素環境存在時才會出現，這種激素環境是由性染色體所控制的。

二、影響個體的遺傳因素

遺傳學研究顯示，個體差異大都是來自於成長中的個體所面臨的環境與經歷的種種差異之外的因素。這種差異是根植於遺傳機轉之中的。每一對成年夫婦都有著生產出許許多多遺傳上相互區別的孩子的能力。**遺傳因素**影響個體差異的三個方面是：發展速度、個體特質、異常發展。

(一)發展速度的遺傳決定論

基因規範著發展的速度和順序。這種生長和發展的種族發展規範的認識，植基於這樣一種假定：一個由遺傳所引導的系統，它能在個體的一生中促進或

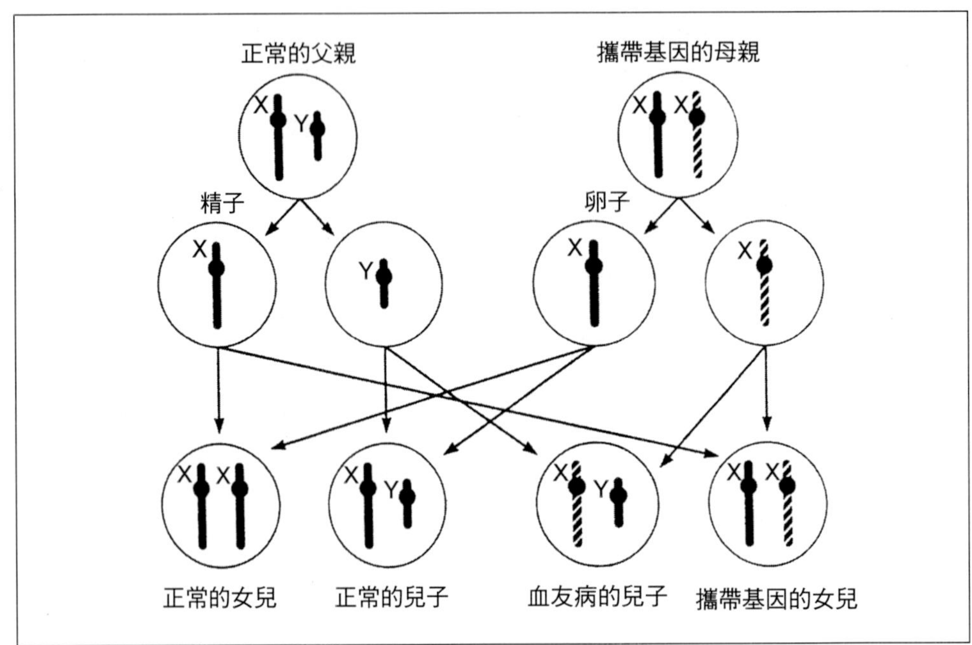

圖2-13 與性別相關的血友病的遺傳

與性別相聯繫的血友病的遺傳，源自於X染色體上第VIII號因子的基因位置。一位男性若攜帶一個變種的VIII號因子，而缺少正常的VIII號因子，則會患血友病。一位女性變種因子攜帶者受到其第二個X染色體上正常基因的保護，但她的女兒中有一半會攜帶變種因子，而她的兒子中的一半會患血友病。至於一個患血友病的父親（圖中未顯示），他的兒子可能不是血友病患，因為他們得到的是Y（而不是X）染色體，但他的女兒將會攜帶變種因子。

資料來源：取自Lawn, R. M. & Vehar, G. A. (1986), p.50.

抑制細胞的生長。我們業已發現，遺傳因素在行為發展上，於各種不同層次的推理、語言和社會適應中，扮演著特定的角色。

遺傳在規範發展速度和順序方面的作用有大量證據來自於同卵雙生子的研究。即使同卵雙生子被分開扶養，在他們發展速度之間仍有著極高的相關。許多特徵，包括運動能力獲得的順序表、人格的發展、老年雙生子中智力的變化，以及身體成熟的時間表，都證明了強大的遺傳影響（Holden, 1987）。

基因可以被視為是內部調節器，它們設定了成熟的步調，標示著畢生之中重大發展變化的開始，諸如生長的突進、牙齒的萌生、思春期、更年期等等。它們似乎也設定了生命發展的極限。一小部分基因影響著來自特定有機體的細胞所能分裂和複製的次數（Marx, 1988）。這樣，遺傳訊息不僅支配著有機體的發育，也決定了他的衰退和死亡的時間表。

發展速度的差異有助於我們對心理社會發展的理解。這些差異把個體帶入到與他們的環境新的方面的接觸之中，在不同的年齡階段上，為他們提供了不斷變化的能力。成人對幼兒諸如大小便訓練、自己更衣、學習寫字等特定任務方面所寄予的希望，與兒童本身的發展水平相互作用著。發展上較「遲緩」的兒童會令人感到失望；發展上「速成」的兒童則會使父母覺得驕傲。規範著特定內容的發育準備性和對特定形式的情緒壓力脆弱性的遺傳過程，在個體之間引起了必然的差異。

(二)個體特質的遺傳決定論

基因包含的特定訊息涉及相當廣泛的人類特徵，從人的眼睛顏色和身高，到品嚐一種叫做苯硫脲（phenylthiocarbamide，它對有味覺的人來說很苦，但對沒有味覺的人來說什麼味道都沒有）的特殊物質的能力。這些特徵中的一部分是由單個基因控制的。然而，大多數重要的特徵，如身高、體重、血型、膚色、智力，是由幾個基因的聯合活動控制的。當多個基因涉入到一種特質的調節中來時，此一特質上個體差異的可能性便會增加。由於許多特徵是由多個基因控制的，人類顯型的多樣性是極大的。

最近的研究工作表明，遺傳因素在人格的個體差異上起著實質性的作用（Holden, 1987; Pedersen et al., 1988）。外向（樂於外出、交際的傾向）和神經質（焦慮和情緒過於敏感的傾向）這兩種基本特徵是人格顯現非常普遍的內容，它們似乎有著很大的遺傳成分，甚至在相當特殊的人格層面，如政治態度、審美喜好、幽默感等，同卵雙生子也表現出比異卵孿生子有較多的相似性，雖然這些同卵雙生子是彼此分開扶養的。

(三)異常發展的遺傳決定論

除了像身體相貌、氣質、稟賦、智力等特徵外，還有許多發展上的變態或異常（anomaly）也都有其遺傳原因，最突出的異常是懷孕早期導致胎兒流產。據估算，絕大多數發生在妊娠早期的自然流產，都是由於受精的胚胎中染色體異常所致（Clayman, 1989）。

染色體構造異常所造成外表形體的變化形形色色，有的毫無症狀，有的則情況嚴重。主要原因在於有無牽涉到重要的基因。染色體構造異常主要可分成下列五種：

1.正常變異型：為正常族群中就存在的構造變化，不會造成任何臨床症狀，而且可以完整的遺傳給後代，因此在產前診斷時要能分辨出來，以免誤導。例如第九對染色體長臂某段區域上下倒轉，或特別大的Y染色體尾端等等。

2.缺損（deletion）：係指掉落染色體的某部分。掉落可發生於染色體的任何一個部位，最著名的染色體缺損是第五號染色體短臂的缺損所造成的貓啼症。這種患兒的哭聲如貓叫；其他的異常還包括出生體重低、生長及發育遲緩、智能不足、小頭、圓臉、低位耳、眼距過寬、肌肉緊張度減低、斷掌等，經常有餵食困難及呼吸道感染等問題。

3.重複（duplication）：係指同一染色體上的某一段有重複出現的現象，結果造成基因過多，有些可能出現臨床症狀，有些則否。

4.倒位（inversion）：係指在某些情形下，同源染色體的DNA片段可能有不同的序列順序，有時是180度逆轉，而造成基因功能的受損。發生倒位時，由於不能進行正常的配對，因而可能造成不孕、流產或畸胎等現象。

5.轉位（translocation）：係指染色體的某段區域斷裂後移轉到另一個染色體上。一種是平衡性轉位，是指發生易位之染色體物質沒有增減；另一種是不平衡性轉位，指易位後之染色體物質有所增減，許多有多發性畸形加上智能不足的小孩可發現不平衡性易位，而且患者往往是遺傳自帶有平衡性易位的父母親，這一點在產前遺傳診斷上非常重要。

在那些剛出生的嬰兒中，估計有3%到5%的嬰兒有一種或多種較大的異常。由於兒童後期某些疾病被進一步診斷出來，意外的異常會達到6%或7%。**表2-2**列出了導致這些畸形和疾病的原因，以及相對的每一種類型原因的意外變異發生的估算。占百分比最小的先天缺陷是與特定的染色體（6%）有某個基因（8%）相聯繫的。相似的是，環境因素也只在其中占較小的百分比，這類因素包括藥物、吸毒、嬰兒和母親感染。最主要的異常是由遺傳的脆弱性與環境中存在的某些危害相互作用引起，或由某些未知的原因所致（Moore, 1988）。

如吾人所知，遺傳基因的病變往往影響著人類的發展，例如病變可能造成生產缺陷。此種染色體異常（chromosomal abnormalities）可能由父母傳給孩子，如唐氏症（Down's syndrome），或稱蒙古症（mongolism）；脊柱裂

表2-2　主要先天畸形的原因其發生率的估算

原因	發生率（%）
染色體畸變	6
環境因素	7
單基因缺陷	8
多因素遺傳[1]	25
未知因素	54

註：1染色體不同位置上的多個基因與環境因素交互作用導致畸形。
資料來源：Moore, K. L. (1988), p.132。

（spina bifida）是天生脊椎骨彎曲；血友病（hemophilia or bleeder's disease）是由性染色體相關基因突變造成患者血流不止；鐮狀細胞貧血症（sickle-cell anemia）是由於紅血球畸形而減少了氧氣攜帶量，會造成黃疸、腎、肺、腸和腦損傷，亦是由其他染色體之基因異常所造成。**表2-3**列出了部分基因和染色體的異常（Clayman, 1989）。

在由顯性基因引起的遺傳異常中，大約有三百種已被鑑別出來；已經鑑別出的由隱性基因引起的遺傳異常，約有二百五十種。透過使用分子生物學技術，已經有可能鑑別出許多基因異常在染色體上的位置。這一工作會逐漸使我們對引起這些異常的分子機轉有更清楚的瞭解（Martin, 1987）。

遺傳異常的多樣性擴大了個體差異的範圍。眾多的異常對患者的適應能力以及有關成人的護理能力都提出了挑戰。即使是相對弱度的異常，也會成為一個人心理機能中很重要的因素。一撮白毛、一個胎記、一個過長的中趾，或是一個長鼻子，在在讓我們想到自己的獨特性。雖然大多數異常並不構成醫學上的擔憂或需要治療，卻與發展中的自我感覺關係密切。有時這些異常會帶來消極的含義，或妨礙個體發揮正常的機能水準。這些對自尊和因應環境的挑戰皆是遺傳的直接結果。

三、遺傳技術與心理社會環境

(一)干預

心理社會發展的產物，包括行為的適應，知識的傳遞，新發明，社會組織的新形式，曾被認為是由社會機轉帶來的，而不是被結合到遺傳結構中去的。

表2-3 基因和染色體異常

基因異常	
A.常染色體顯性基因	1.侏儒症（achondroplasia or dwarfism）：異常的骨骼發育，尤其是在胳膊和腿上，造成較短的身材、較短的四肢，有正常發育的軀幹，大小正常的頭部和有些過於突出的額頭。 2.杭廷頓氏舞蹈症（Huntington's chorea）：會迅速的、突發的、不隨意的運動，是一種肌肉協調和心理機能退化。其症狀通常在35至50歲以後才出現，是一種起源於第四染色體上的基因缺陷。 3.瑪凡氏症候群（Marfan's syndrome）：有過長的指趾；胸、脊畸形；心臟不正常；肌腱、韌帶、關節莢膜軟弱而無力。
B.常染色體隱性基因	1.白化病（albinism）：毛髮、皮膚、眼睛缺乏黑色素，通常伴隨有視覺問題和罹患皮膚癌的傾向。 2.包囊纖維化（cystic fibrosis）：某些腺體不能正常發揮機能；支氣管內壁的腺體產生過量的濃稠黏液，導致慢性肺感染，胰腺不能分泌為分解脂肪並由腸吸收所必需的酶，造成營養不良，汗腺也受到影響，第七染色體上少了氮基對，通常只活到30歲。 3.鐮狀細胞貧血症（sickle-cell anemia）：紅血球畸形減少了氧氣攜帶量，引起疲勞、頭痛，用力時呼吸短促、膚色蒼白、黃疸、疼痛，損害腎、肺、腸和腦。 4.泰伊－薩克氏病（Tay-Sachs disease）：因缺乏一種特定的酶，導致有害化學物質集結在腦，致使幼兒在3歲內便會死亡。
C.X染色體上的隱性基因	1.色盲（color blindness）：眼睛視網膜上一種或多種錐體細胞中缺乏光敏色素，與（或）錐體細胞本身異常或數量太少所致。兩種常見的類型是對可見光譜中，中波（綠）和長波（紅）部分的光波分辨力下降。 2.血友病（hemophilia）：缺乏血蛋白、因子VIII，降低了血液凝結的效率。此病的嚴重程度差別很大，流血期則大多始於幼兒期。 3.杜興氏肌肉營養不良症（Duchenne muscular dystrophy）：係進行性肌肉纖維退化。兒童期營養不良是最常見形式，生命早期肌肉衰弱無力，幾乎活不過10歲；受影響的男性中，有30%還是低能兒。
染色體異常	
A.常染色體異常	唐氏症候群（Down's syndrome）：通常在第二十一對染色體中有三個而不是兩個染色體，這一多餘的染色體導致軀體和智力異常。唐氏症的IQ分布在30至80之間，有與眾不同的面部特徵，易罹患心臟疾病、胸有問題、聽覺障礙，及易患復發性耳炎。唐氏症候群往往在成年期發育成狹窄的動脈，伴隨著患心臟病的可能性增加。這種人傾向於富有感情而友好，與家庭其他成員相處融洽；大多數人至少有一些學習能力。
B.性染色體異常	1.透納氏症候群（Turner's syndrome）：通常為女孩缺乏一個X染色體所致，有時也會是由於兩個染色體中的其中一個有缺陷；偶爾是由於有些細胞中少一個X染色體。這些異常造成有缺陷的性發育和不育、身材矮小、沒有第二性徵的發育或發育遲緩、沒有月經、主動脈狹窄，以及一定程度的心理遲緩。 2.克萊恩費爾特症候群（Klinefelter's syndrome）：男孩多含有一個甚至多個X染色體。這種異常引起有缺陷的性發育，包括過大的乳房和過小的睪丸、不育，並常有低能傾向。 3.X染色體脆弱症候群（fragile X syndrome）：X染色體尖端的一小部分在一定條件下很容易斷碎。這種破壞引起心理遲緩、喪失學習能力、生長異常，如大頭、出生體重過大、大或突出的耳朵、長臉；行為方面的問題包括拍手症、咬手、過動，少與人目光接觸、孤獨、退縮、害羞；男孩比女孩更容易患此異常，而且男孩的問題比女孩更為嚴重。

資料來源：整理自郭靜晃、吳幸玲譯（1994）。

然而，憑藉我們已經掌握的科學知識，我們正進入一個能夠去干預、影響顯型的時代。此種干預的方法之一是**遺傳諮詢**（genetic counseling）。個人或夫婦其家族如有某種遺傳病史，或出於某種原因擔心會為他們的孩子帶來遺傳疾病，可以做血液化驗，以鑑定是否存在會導致遺傳異常的基因。**遺傳基因的病變**往往影響著人類的發展，例如病變可能造成嬰兒先天性缺陷，如唐氏症（Down's syndrome）、脊柱裂（spina bifida，是天生脊椎骨彎曲）、血友病（hemophilia or bleeder's disease，由性染色體相關基因突變造成患者血流不止），或其他像泰伊－薩克氏疾病、鐮狀細胞貧血症、杜興氏肌肉營養不良症、包囊纖維化（參見**表2-3**說明）等異常，其致病的基因位置都是可以鑑定出來的。攜帶有這些致病基因的夫婦，可以經由諮詢得知生出患病兒的可能性有多大，進而對是否要生育孩子這一問題做出合理的決定。如果大多數遺傳疾病的攜帶者決定不生育，那麼這些疾病在總人口中的發生率就會隨時間而顯著減少。這樣說來，心理社會的干預的確是可以改變基因組合的。

(二)矯正

在未來的年代裡，遺傳技術不僅能為我們提供遺傳諮詢，而且能直接對一個人的遺傳基因結構進行矯正。在1989年1月，美國國家健康研究所開始了一項繪製人類染色體組圖（human genome）的計畫——鑑別並依序列出所有的大約三十億種的基因氮基對。這份圖譜使我們能預測一個人患遺傳疾病的可能性，而能治療由遺傳所引起的疾病，並有可能透過基因矯正來加強一個人的遺傳潛能（Jaroff, 1989）。

(三)移植

大約在1988年底，美國聯邦政府仔細審查並批准了首例將外來基因移入人體的嘗試。這項實驗是美國國家健康研究中心所進行的。這項最初的基因轉換實驗僅限於十位癌症患者，他們被預測活不過90天了。在最初的嘗試中，移植的基因是作為一個標誌，以跟蹤一種實驗性癌症治療的進展。這一實驗並不能被看作是基因治療（gene therapy），因為並沒有期望被移植的基因能產生治療性效果。然而，同樣的技術是可以用來克服遺傳疾病的（Roberts, 1989）。

總結這種遺傳對行為的影響方式之一，是把顯型看作是確立了一個反應範圍（reaction range）。換句話說，一個特定的顯型決定了對環境條件可能做出的反應範圍。**圖2-14**顯示出三種兒童預測的反應範圍與相對智力。兒童A在智力上比兒童B有較好的遺傳潛力，兒童B的智力遺傳潛力又高於兒童C。當所有這三名兒童處於刺激貧乏的環境中時，他們的智力發育會處於可能範圍的最低點。當所有這三名兒童都處於刺激豐富的環境中時，他們的智商達到了他們各自可能範圍的最高點。如果這三名兒童處於不同的環境，遺傳潛力上的差異便會被環境作用於這一潛力的方式所掩蓋。如果兒童B和C處於刺激豐富的環境，而兒童A處於刺激貧乏的環境，那麼兒童B會得到最高的實測IQ分數，而兒童C與A的實測IQ則差不多，都很低。每個兒童的智力可表示為一個範圍，它是遺傳潛力和環境交互作用的產物。

瀏覽一下患唐氏症候群的兒童，可以很清楚地理解反應範圍這一概念（Patterson, 1987）。這種病症在每七百個新生兒中便會發生一例，是美國導致心理遲鈍最常見的遺傳因素。在20世紀早期，患唐氏症候群的兒童的壽命大致只有9歲。現今唐氏症候群兒童的估計壽命約為30歲，其中25%的兒童會活到50歲。醫護、早期且持續不斷的教育干預、身體治療、適宜的家庭環境都能對唐氏症候群兒童產生重要的積極作用。在最佳條件下，這些兒童的智商分布在30至80之間，能達到中等程度的自理能力，並能積極參與他們的家庭生活。

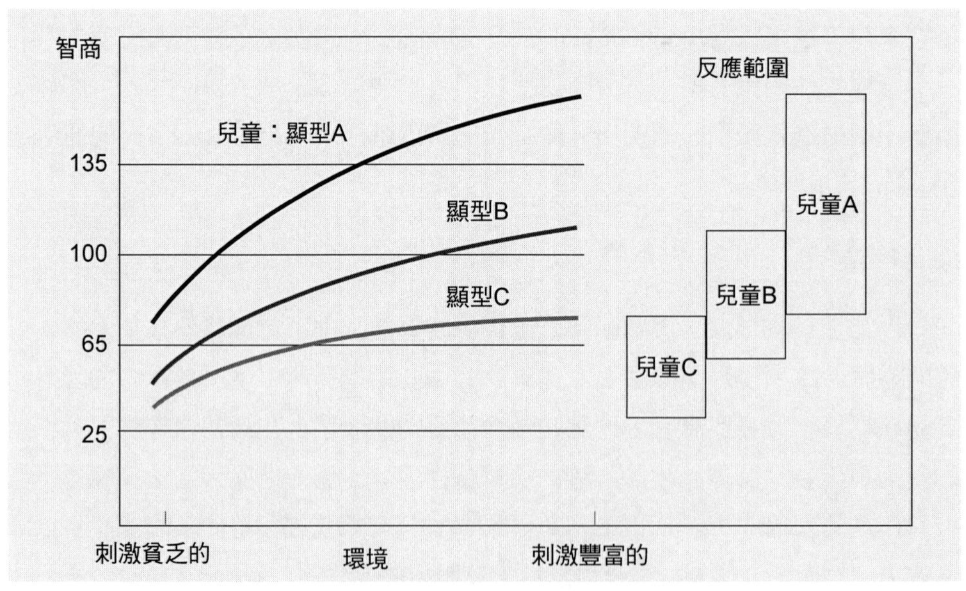

圖2-14　預測的智力反應範圍

資料來源：修改自Gottesman, I. (1963), p. 255.

在過去短短幾年裡，搜集自遺傳學研究的知識對社會科學家看待遺傳學在人類發展中所產生作用的方式，帶來了巨大衝擊。遺傳系統對發展的方向和速度提供了基本的依據。除了上述發展的速度、個體的特質及異常的發展之外，加上心理社會的發展，均被認為受到遺傳訊息的強烈影響。

第三節　生命的誕生

女性受孕是從最後一次月經的第一日算起，至胎兒出生為止，這段時間為母體的懷孕期，也可說是胎兒期，其間胚胎在8週之後逐漸具備人形，大約已完成人體的90%，已具備人體的主要基本構造，包括臉、手臂、手、腿和腳。從孕婦最後一次月經的第一日算起，到胎兒出生日為止，平均是280天；但事實是個體的生命應起始於受精之時，從受孕日到胎兒出生，胎兒真正在子宮內的時間大約只有266天。而九個月的懷孕期，通常在概念上劃分為三個叫作三月期（trimester）的階段，每一個三月期都給發育中胎兒的身態及其支持系統帶來變化（Meredith, 1975; Moore, 1988）。主要的發展都總結在**表2-4**中。懷孕的婦女在這些三月期中也經歷著變化，在第一個三月期中，許多婦女都不知道她們已經懷孕了；到了最後一個三月期，不僅孕婦自己，所有身旁的人也都知道了。

依據胎兒器官發展的特徵，產前期可分為三個階段（參見**表2-5**）：

表2-4　三個三月期中胎兒生長的主要發展

第一個三月期	第二個三月期	第三個三月期
受精 羊膜的生長 胎盤的生成 身體各部分顯現出來 性器官分化 形成最初的中樞神經系統 開始運動 抓握反射 巴賓斯基反射 心跳 三個月大小：3英吋，約0.4磅	吸吮與吞嚥 偏愛甜味 指、趾皮膚起皺 頭、眼瞼、背、臂、腿上生毛 對觸、味、光敏感 吸吮拇指 六個月大小：10英吋，約2磅	神經系統成熟 吸吮與吞嚥相協調 具備調節體溫的機能 消化與吸收更為有效率 至第九個月末胎盤逐漸退化 九個月大小：20英吋，約7至7.5磅

資料來源：摘自郭靜晃、吳幸玲譯（1994）。

表2-5　產前三階段胎兒的生理發展特徵

產前三階段	胎兒的生理發展特徵
胚種期	1.受精卵分裂增殖，形成囊胚。 2.囊胚在子宮內膜著床。
胚胎期	1.胎盤與臍帶形成。 2.器官發展的關鍵期，易受藥物、輻射線及感染的影響。
胎兒期	1.第3至4個月： (1)第3個月開始有吸吮、握拳、踢等反射動作。 (2)第4個月母親開始感覺胎動。
	2.第5至7個月： (1)第5個月開始形成胎脂保護皮膚，毛髮開始生長。 (2)第6個月眼睛開始張開。 (3)受孕滿26週開始有生存能力。
	3.第8至10個月： (1)胎兒離開母體可以存活。 (2)多數胎兒維持頭下腳上的姿勢，準備出生。

資料來源：修改自游淑芬、李德芬、陳姣伶、龔如菲（2004）。

1.胚種期（germinal period）：又稱為結合子時期（zygote stage），係指從受精開始到十四天內，也就是到著床完成，受精卵穩固地植入子宮內膜為止。此期的特徵是快速的細胞複製與分化，以及胚胎膜及胚層之建立。

2.胚胎期（embryonic period）：又可稱為細胞分化期或器官形成期。開始於受精後第三週起至滿八週為止，這是組織分化成基礎器官，及外在主要特徵發展的重要時期。

3.胎兒期（fetal period）：係指受精後第九週一直到胎兒出生為止，此時期的主要特徵是器官成熟長大，使構造上更精細，功能更加完善。

本節僅就胎兒期的保育及產前的遺傳診斷進行說明，其餘詳細說明請見第三章。

懷孕九個月，瓜熟蒂落，羊水破裂或出血（落紅），是新生兒即將出世的徵兆。絕大多數的生產過程是順利平安產出一個健康的胎兒，但有時也會發生分娩併發症（birthing complications），而這類症狀如能及早辨認，就可採取剖腹生產（cesarean section），使新生命順利誕生。

一、胎兒的保育

確保胎兒健康成長是孕期中最重要的工作，為胎兒營造一個內、外都良好的環境，能讓胎兒安全的成長。學者Hurlock指出，提供孕婦良好的環境，才能給新個體充分發展其遺傳特質的機會。

(一)婚前健康檢查

近親通婚較易生出帶有遺傳疾病的胎兒，避免方法為男女雙方都能接受婚前健康檢查，以便及早發現疾病，儘早治療。

婚前健康檢查是推動優生保健的第一道防線，其檢查項目包括：

1.健康史：瞭解受檢者的疾病史、女性月經史、服藥習性、有無吸菸及飲酒等，可以瞭解其健康狀況，提供醫師做參考。

2.身體理學檢查：包括身高、體重、視力、辨色力、血壓、脈搏、胸部、腹部，以及泌尿生殖器之外觀檢查。

3.尿液、血液、生化、血清、胸部X光檢查：主要是篩檢有無地中海型貧血、B型肝炎、愛滋病、梅毒等疾病。

4.精神疾病檢查：透過臨床精神科檢查、心理測驗、腦波檢查、遺傳性精神病檢查，可瞭解受檢者的心理狀況。

5.家族疾病史調查：避免遺傳性先天缺陷兒的產生。

6.精液分析（男性）：近年來男性不孕的比例有增高現象，從精液中可分析精子數目與活力。

7.德國麻疹抗體篩檢（女性）：若女性在國中三年級未接種德國麻疹疫苗，應做抗體篩檢，若無抗體則應追加注射疫苗，且注射後三個月內不可懷孕。

此外，健康檢查也可能意外發現貧血、腎臟病、心臟病等健康問題，必須進一步接受診療，先把身體調養好，才能孕育出健康寶寶。

(二)做好孕前準備

未做婚前健康檢查的婦女最好接受孕前檢查，孕前健康檢查的四大重要項目：

1.檢視本身遺傳性疾病的帶因狀況：海洋性貧血是國內最常發生的單基因隱性遺傳疾病，依發病的時間及致病機轉，可分為甲型及乙型。

2.檢視本身對於德國麻疹病毒的免疫能力：德國麻疹病毒的感染，在懷孕三個月內發生，對於子宮內胎兒有相當不良的影響，致畸胎率高達60%，包括先天性心臟病、白內障及耳聾等先天畸形會發生。

3.檢視本身的身體健康狀況：雖然大部分婦女在孕前的健康狀況都相當良好，但隨著年齡的增長，有少數人會發生一些內科方面的疾病，這些情況會影響懷孕過程，對於子宮內胎兒及產婦本身有不良的影響。因而在孕前必須先做好身體檢查，若有疾病情況，須接受藥物治療來穩住病情，才可受孕。

4.檢視本身的年齡對於未來受孕的影響：有些人因晚婚及延遲懷孕而到所謂高齡（年齡大於35歲）時，需要瞭解高齡孕、產婦的某些風險。因而事先與產科醫師討論有關高齡孕、產婦的產前檢查，如唐氏症篩檢的意義、羊膜腔穿刺的安全性等相關問題，及生產方式的選擇、產後照顧，將可解除高齡帶給自己的隱憂。

(三)按時接受產前檢查

產前檢查的目的，在於監測胎兒及孕婦的安全和健康，並給予孕期的護理指導，因此產檢應從嬰兒為胚胎時即已開始，直到分娩（參見**表2-6**）。

二、產前遺傳診斷

由於國內醫療環境的進步，使得週產期死亡率，在近三十年間下降了約5倍，但是其中因遺傳畸形所導致的新生兒死亡所占的比率卻逐年增加。由於目前社會經濟及家庭結構的變化，使得大家對生育一事，有重質而不重量的要求，因此藉由產前遺傳診斷，以減少畸形兒出生、減輕家庭社會的負擔。

有以下適應症者，建議孕婦接受適當的產前遺傳診斷：

1.高齡孕婦（34足歲以上婦女）。

2.產前母血篩檢異常者。

3.超音波檢查發現胎兒異常者。

4.本人或配偶為遺傳疾病帶原者。

表2-6　產前檢查

<table>
<tr><th colspan="3">理想產前檢查次數</th></tr>
<tr><td colspan="2">時間</td><td>次數</td></tr>
<tr><td colspan="2">妊娠28週以前</td><td>每4週1次</td></tr>
<tr><td colspan="2">妊娠29至35週</td><td>每2週1次</td></tr>
<tr><td colspan="2">妊娠36週以後</td><td>每週1次</td></tr>
<tr><td colspan="3">全民健康保險孕婦產前檢查給付時程、次數及項目</td></tr>
<tr><th>孕期</th><th>診療次數</th><th>檢查項目</th></tr>
<tr><td>妊娠未滿17週</td><td>2次</td><td>1.於妊娠第6週或第一次檢查須包括下列檢查項目：
(1)問診：家庭疾病史、過去疾病史、過去孕產史、本胎不適症狀
(2)身體檢查：體重、身高、血壓、甲狀腺、乳房、骨盆腔檢查、胸部及腹部檢查
(3)實驗室檢查：血液常規（WBC、RBC、P1t、Hct、Hb、MCV）、血型、Rh因子、VDRL、愛滋病、尿液常規等檢查
2.例行產檢</td></tr>
<tr><td>妊娠17週至未滿29週</td><td>2次</td><td>1.例行產檢
2.於妊娠20週前後提供1次超音波檢查</td></tr>
<tr><td>妊娠29週以上</td><td>6次</td><td>1.例行產檢
2.於妊娠30週前後提供梅毒檢查（VDRL）、B型肝炎表面抗原檢查（HBsAg）、B型肝炎E抗原檢查（HBeAg），及德國麻疹免疫球蛋白G檢查（Rubella IgG）等實驗室檢驗</td></tr>
<tr><td colspan="3">備註：
1.例行產檢內容包括：
(1)問診內容：本胎不適症狀如出血、腹痛、頭痛、痙攣等
(2)身體檢查：體重、血壓、宮底高度、胎心音、胎位、水腫、靜脈曲張
(3)實驗室檢查：尿蛋白、尿糖
2.德國麻疹免疫球蛋白G檢查呈陰性之孕婦，宜在產後注射德國麻疹疫苗</td></tr>
</table>

資料來源：行政院衛生署國民健康局（2005）。

5.本人或配偶的染色體有結構性異常者。

6.曾懷過或生育過先天性缺陷兒。

7.有家族性遺傳疾病者。

8.血親聯姻。

9.有過三次或三次以上自然流產的夫妻。

產前遺傳診斷包括：

1.產前母血篩檢。
2.孕婦海洋性貧血篩檢。
3.羊膜腔穿刺術。
4.絨毛取樣術。
5.胎兒臍血採樣術。
6.高層次超音波檢查。

產前母血篩檢是用來篩檢出懷有唐氏症兒或神經管缺陷兒的高危險孕婦。羊膜腔穿刺術、絨毛取樣術與胎兒臍血採樣術，主要是用來檢查胎兒的染色體、基因組成或酵素的功能；而高層次超音波檢查則可以發現胎兒是否有可偵測的器官或外觀構造上的問題。

(一)唐氏症胎兒的母血篩檢

染色體是人類遺傳單位，正常人的細胞中有四十六個染色體，其中除了決定性別的兩個染色體（以XX或XY組合）稱之性染色體外，其餘的四十四個配對形成二十二對染色體。所謂「唐氏型」大都是二十一對的染色體多一個；也就是說有三個染色體二十一。「唐氏症」是最常見的染色體異常，自然發生率平均約每一千個出生嬰兒中會有一個（0.1%）。臺灣每年有三百到四百個「唐氏症胎兒」（以下簡稱「唐氏兒」）出生，故平均一天約有一個出生。據統計，20%「唐氏兒」是年齡低於34歲的孕婦所生，而大部分（80%）的「唐氏兒」卻是年齡大於34歲的孕婦所生。「唐氏兒」最主要有智力障礙，也可能同時有許多生理上的合併症（如先天性心臟病）。而這些病患終其一生均需要家人的長期照顧，造成極大的精神及經濟上的負擔。

1.母血篩檢唐氏兒的原理：據研究結果顯示，懷有「唐氏兒」之孕婦其血液中甲型胎兒蛋白偏低，而其血液中之絨毛性腺激素則偏高。因此可以從妊娠第十五至二十週測得母親血液中甲型胎兒蛋白、絨毛性腺激素值，經電腦的精密計算，得出母親懷有「唐氏兒」之機率。一般滿34歲的孕婦懷「唐氏兒」的機率為二百七十分之一。20歲的孕婦平均懷「唐氏兒」的機率為一千五百二十八分之一，若篩檢發現甲型胎兒蛋白值偏低，絨毛性腺激素值偏高，經計算若其懷「唐氏兒」的機率為一百五十分之一時，則這位年輕的孕婦應考慮接受羊膜腔穿刺術之檢查，以避免生出「唐氏兒」的嬰兒。32歲孕婦平均懷「唐氏兒」的機率為五百四十六分之一，若篩檢發現甲型胎兒蛋白值並無偏低，絨毛性腺激素值也沒有偏高，經計算懷「唐氏兒」的機率為一千五百五十六分之一時，則這位孕婦生出「唐氏兒」的機率相當低。

2.母血篩檢的發現率：因為這是屬於一種非侵襲性之篩選檢查，大概可以檢測出50%至60%的「唐氏兒」。

3.篩檢的最佳時機：篩檢的週數，從懷孕起的第15至20週之間。最理想的篩檢週數為懷孕的第16至18週之間。

(二)孕婦海洋性貧血篩檢

海洋性貧血（又稱地中海型貧血）是一種常見隱性遺傳疾病，臺灣地區有6%的人帶有此項疾病基因（帶原者），帶原者通常身體健康，與一般人無異。海洋性貧血又可分為甲型和乙型，夫妻如為同型海洋性貧血的帶原者，則每次懷孕，其胎兒有四分之一機會成為重型的患者。罹患甲型重型海洋性貧血的胎兒會胎死腹中或出生不久即死亡，罹患乙型重型海洋性貧血的胎兒出生三到六個月即會出現貧血現象，須靠終身輸血及施行排鐵劑來維持生命，影響患者之生活品質，對家庭、社會亦是沉重的負擔。預防重於治療，唯有孕婦接受海洋性貧血篩檢，才能有效防止重型海洋性貧血胎兒的出生。

孕婦海洋性貧血篩檢的注意事項有：

1.一般孕婦只要特別注意產前常規檢查中的平均紅血球體積（MCV），如果平均紅血球體積顯著偏低（小於或等於80），則可能為甲型或乙型海洋性貧血的帶原者。

2.孕婦平均紅血球體積小於或等於80者，則配偶亦須接受平均紅血球體積之檢查，若配偶之平均紅血球體積大於80，則無產下重型海洋性貧血胎兒之虞，但若配偶之平均紅血球體積小於或等於80，則此時夫妻必須同時抽血做篩檢，以確定是否為同型海洋性貧血帶原者。假若夫妻為同型帶原者，則必須進一步做絨毛採樣術或羊膜穿刺術，以做胎兒之基因診斷。

3.當夫妻經診斷為同型海洋性貧血帶因者，每次懷孕都有四分之一機會產下重型胎兒，所以每次懷孕都必須做產前遺傳診斷。

(三)羊膜腔穿刺術

羊膜腔穿刺術是一種懷孕中期經由羊膜腔穿刺抽取羊水的技術，藉由羊膜腔穿刺術，羊水的檢查可以診斷出胎兒是否有染色體的異常，其準確率高，是目前產前遺傳診斷最常使用之方法：（參見**圖2-15**）

1. 羊膜腔穿刺術一般是於第十六至十八週執行，其適應症如下：(1)34歲以上孕婦；(2)本人或配偶罹患遺傳疾病；(3)曾生育先天異常兒；(4)家族有遺傳性疾病；(5)經血液篩檢唐氏症機率異常者；(6)超音波檢查胎兒有異常可能。

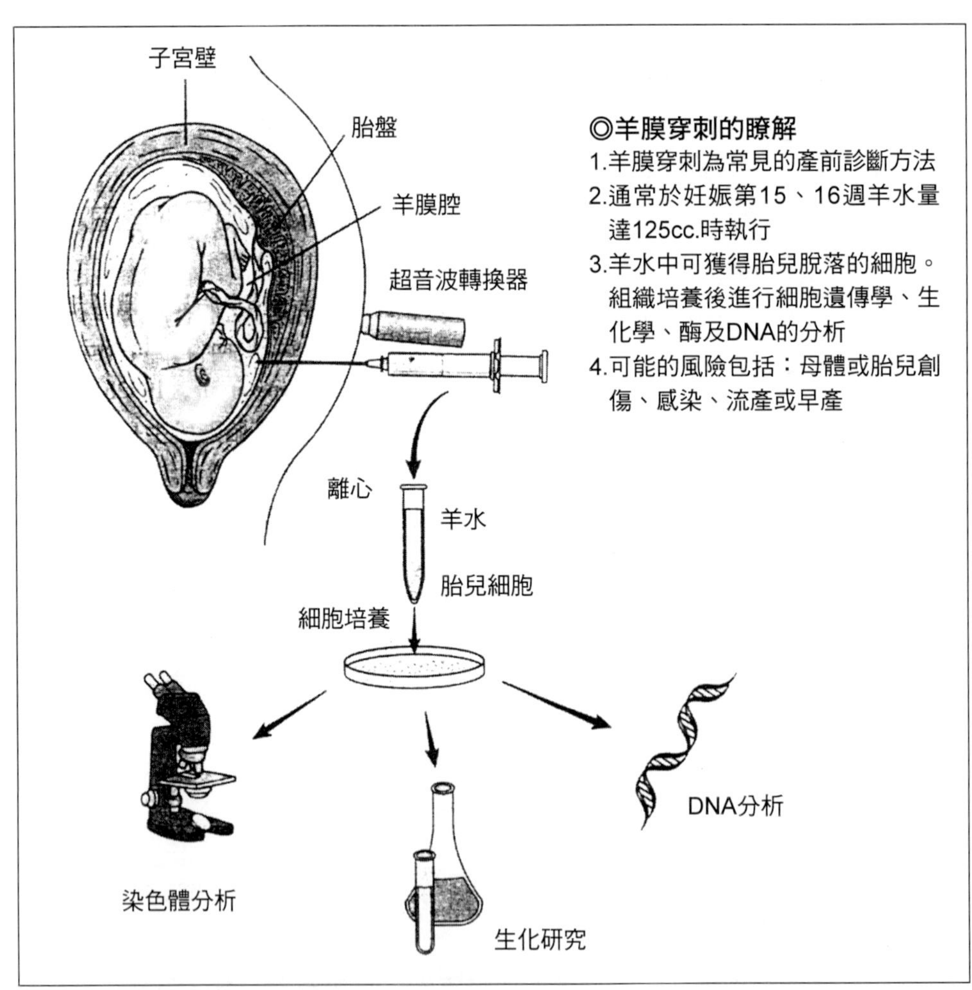

圖2-15　羊膜穿刺時，含有胎兒細胞的羊水自羊膜腔被取出

資料來源：摘自Callan, P. W. (1994), p.17., and Cunningham, F. G., et al. (1989), p.946.

2.羊膜腔穿刺是由醫師藉著超音波導引，用一支細針（管徑約0.07公分），經由孕婦的腹部、子宮、羊膜而進入羊膜腔抽取羊水的技術。羊水是環繞在胎兒周圍的液體，裡面含有由胎兒皮膚、呼吸道、消化道、泌尿道等部位剝落的細胞，還有一些胎兒的分泌物和代謝物質，可供染色體、基因及生化等方面的檢查。

3.檢查羊水主要是及早發現胎兒有無染色體異常，少數的單一基因異常或可用生化酵素診斷的異常疾病。

(四)絨毛膜取樣術

羊膜腔穿刺是一種很安全的產前診斷技術，但缺點是檢查的時間較晚，得到結果時已經是懷孕五個月大了，對懷有異常胎兒機率較高的孕婦，真是度日如年、心焦如焚，因此有必要發展更早期、更快速的方法，**絨毛膜取樣術**（CVS）便是其中之一。絨毛檢查要在懷孕的第十至十二週之間操作（以超音波測得的週數為準），不能提前受檢，因容易導致胎兒肢體缺損。適用於絨毛取樣術（參見**圖2-16**）檢查的孕婦，是懷有缺陷兒的機率在1%至2%以上者，如海洋性貧血等單一基因異常的帶因者，染色體結構性異常或40歲以上之高齡孕婦。

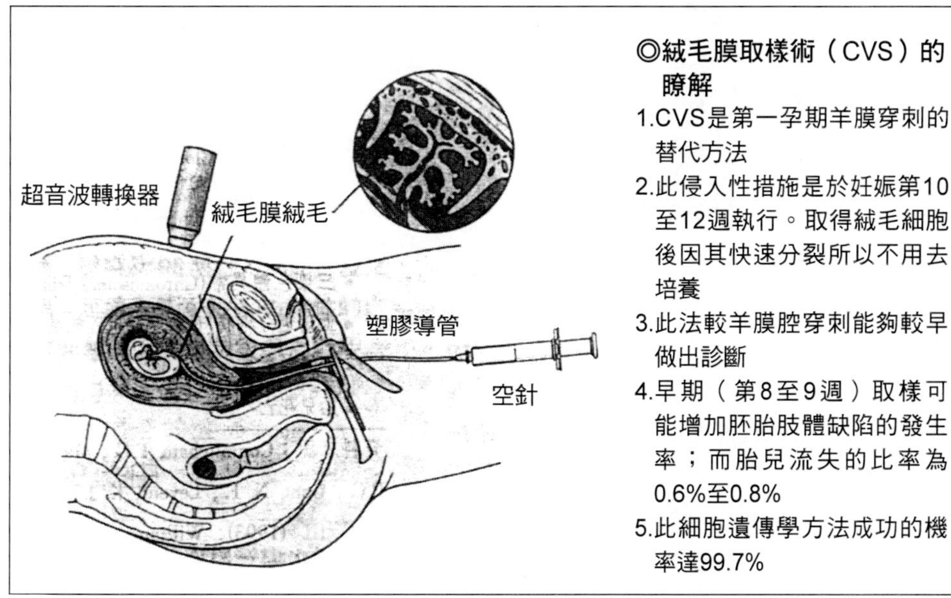

圖2-16　絨毛膜取樣術

資料來源：摘自Callan, P. W. (1994), p.20., and Cunningham, F. G. et. (1989), p.951.

(五)胎兒臍血取樣術

胎兒的血液循環是經由臍帶到胎盤，在此與母體循環交換營養及代謝產物，通常臍帶內有兩條臍動脈及一條臍靜脈。**臍血取樣術**（Percutaneous Fetal Blood Sampling, PUSB，參見**圖2-17**）就是藉由超音波的導引下，以細長針經孕婦腹壁、子宮壁，進入臍帶在胎盤源頭處，抽取臍帶血管的血液。一般而言，胎兒愈大，抽取成功的機會愈大，因此目前多在懷孕20週以後抽取。臍血可供檢查的項目很多，除了染色體檢查、基因分析外，尚可供血液檢查、血紅素分析、胎兒抗體測定、凝血功能測定等，以幫助診斷先天性貧血、溶血、血友病及子宮內感染，如德國麻疹等疾病，甚至可同時做子宮內輸血、換血治療。

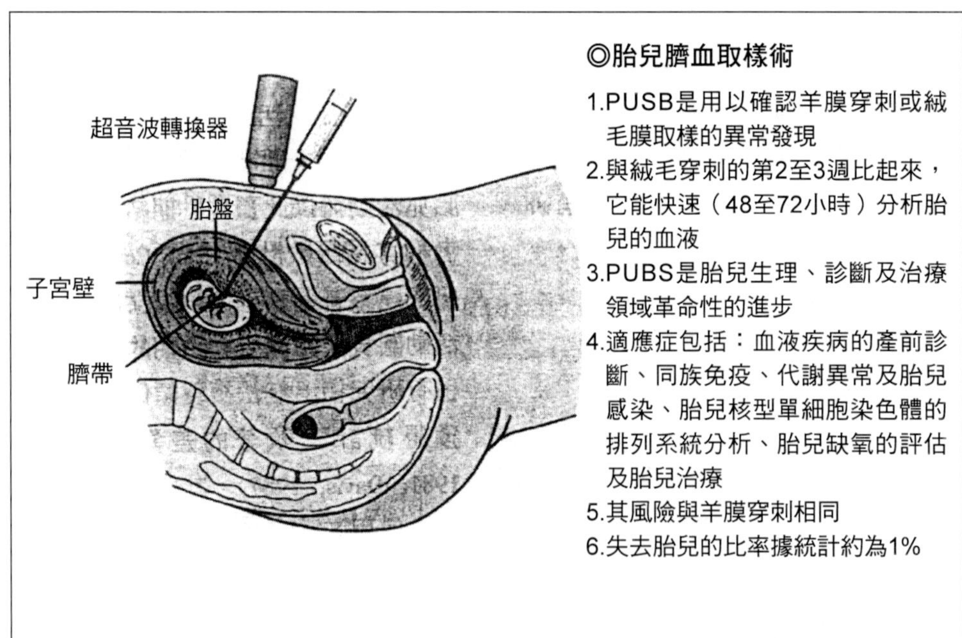

圖2-17　胎兒臍血取樣術

資料來源：摘自Callan, P. W. (1994), p.21. and Cunningham, F. G. et al. (1989), p.953.

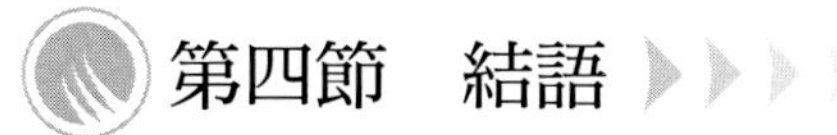

第四節　結語

個體生命的起源來自父系的精子和母系的卵子的結合形成胚胎。生命的發展透過單細胞的減數分裂，由精卵結合再經由有絲分裂而形成細胞器官及系統。人體基因最重要由去氧核醣核酸（DNA）的組合而形成生化物質，再透過成熟、練習及環境之作用而形成個體的行為。當然，最重要的因素是來自遺傳的基因，最後再透過與環境的互動而形成個體行為。

本章解釋胎兒形成過程與影響胎兒健康的因素，以及胎兒的保育。胎兒健康因子一直是發展中國家所著重的保健環結，在預防勝於治療之下，如何保有健康的胎兒更是一個嚴肅的課題。

參考書目

一、中文部分

王瑋等譯（1991）。《人類發展學——人生過程整體探討》。臺北：華杏。

行政院衛生署國民健康局（2005）。《孕婦健康手冊》。臺北：行政院衛生署，http://www.bhp.doh.gov.tw/BHPNet/Web/Index/Index.aspx。

余玉眉等（1991）。《婦嬰護理學——產科、婦科及新生兒》（上冊）。臺北：華杏。

周念縈譯（2004）。《人類發展學》（七版）。臺北：巨流。

翁瑞亨等（2003）。《優生保健》。臺北：華杏。

張媚等（2004）。《人類發展之概念與實務》（四版）。臺北：華杏。

許世昌（1996）。《新編解剖學》。臺北：永大。

郭靜晃（2005）。《兒童發展與保育》。臺北：威仕曼。

郭靜晃、吳幸玲譯（1994）。《發展心理學——心理社會發展理論與實務》。臺北：揚智。

游淑芬、李德芬、陳姣伶、龔如菲（2004）。《嬰幼兒發展與保育》。臺北：啟英。

蔡欣玲等（2004）。《當代人類發展學》（二版）。臺北：偉華。

戴步雲譯（2001），Moore著。《人類胚胎學》。臺北：合記。

魏弘貞譯（2008）。〈基因與遺傳〉，輯於郭靜晃（總校閱）之《兒童發展》。臺北：華杏。

二、英文部分

Burt, R. D., Vaughan, T. L., & Daling, J. R. (1988). Evaluating the risks of cesarean section: Low Apgar score in repeat C-section and vaginal deliveries. *American Journal of Public Health, 78*: 1312-1314.

Callan, P. W. (1994). *Ultrasonography in Obstetrics and Gynecology* (3rd ed.) Philadelphia: W. B. Saunders; and Cunningham, F. G., et al. (1993). *Williams Obstetrics* (19th ed.). Norwalk, CJ: Appleton & Lange.

Clarren, S. K., & Smith, D. W. (1978). The fetal alcohol syndrome. *New England Journal of Medicine, 298*: 1063-1067.

Clayman, C. B. (1989). *The American Medical Association Encyclopedia of Medicine*. New York: Random House.

Cunningham, F. G., MacDonald, P. C., & Gant, N. F. (1989). *Williams' Obstetrics* (18th ed.). Norwalk, Conn.: Appleton & Lange.

Gardner, E. J. & Snustad, D. P. (1984). *Principles of Genetics* (7th ed). New York: Wiley.

Gottesman, I. "Genetic Aspects of Intelligent Behavior," in N. Ellis (ed.), *Handbook of Mental*

Deficiency (New York: McGraw-Hill, 1963), p.255. Reprinted by permission of the author.

Holden, C. (1987). The genetics of personality. *Science, 237*: 598-601.

Jaroff, L. (1989). The gene hunt. *Time, Mar. 20*: 62-67.

Jones. K. L, Smith, D. W., Ulleland, C. N., & Streissguth, A. P. (1973). Patterns of malformation in offspring of chronic alcoholic mothers. *Lancet, 1*: 1267-1271.

Kaplan, B. J. (1986). A psychobiological review of depression during pregnancy. *Psychology of Women Quarterly, 10*: 35-48.

Lawn, R. M., & Vehar, G. A. (1986). The molecular genetics of hemophilia. *Scientific American, 254*: 48-56.

Martin, J. B. (1987). Molecular genetics: Applications to the clinical neurosciences. *Science, 238*: 765-772.

Marx, J. (1988). Are aging death programmed in our genes? *Science, 242*: 33.

Mendel, G. (1866). *Experiments with Plant Hybrids*. Proceedings of the Brunn Natural History Society.

Meredith, H. V. (1975). Somatic changes during human prenatal life. *Child Development, 46*: 603-610.

Moore, K. L. (1988). *The Developing Human: Clinically Oriented Embryology* (4th ed.). Philadelphia: W. B. Saunders.

Olds, S. B., London, M., & Ladewing, P. W. (1988). *Maternal Newborn Nursing: A Family-centered Approach*. Philadelphia: Addison-Wesley.

Patterson, D. (1987). The causes of Down's syndrome. *Scientific American, 257(2)*: 52-61.

Pedersen, N. L., Plomin, R., McClearn, G. E., & Friberg, L. (1988). Neuroticism, extraversion, and related traits in adult twins reared apart and reared together. *Journal of Personality and Social Psychology, 55*: 950-957.

Quilligan, E. J. (1983). *Pregnancy, Birth, and the Infant*. NIH publication no. 82-2304. U.S. Department of Health and Human Services. Washington, D.C: U.S. Government Printing Office.

Roberts, L. (1989). Human gene transfer approved. *Science, 243*: 473.

Roosa, M. W. (1984). Maternal age, social class, and the obstetric performance of teenagers. *Journal of Youth and Adolescence, 13*: 365-374.

Schuster, C. S. (1986). Intrauterine development. In C. S. Schuster & S. S. Ashburn (Eds.), *The Process of Human Development* (pp. 67-94). Boston: Little, Brown.

Ventura, S. J., Taffel, S. M., & Mosher, W. D. (1988). Estimates of pregnancies and pregnancy rates for the United States, 1976-85. *American Journal of Public Health, 78*: 506-511.

Vogel, F. & Motulsky, A. G. (1986). *Human Genetics: Problems and Approaches* (2nd ed.). New York: Springer-Verlag.

Chapter

3

胚胎、生產與新生兒

■影響胚胎、生產與新生兒的生理因素

■胚胎與新生兒的心理發展

■影響胚胎、生產與新生兒的社會因素

■結語

本章將探討受精卵的形成、懷孕、生產及出生至一個月的新生兒三種不同發展階段。本章首先介紹此階段之發展意涵，然後詳述有關影響發展之生理、心理及社會層面，最後則是社會工作與實務之應用。

在本章中，我們要對即將誕生的新生兒和懷孕期的父母做一剖析。俗話常說：「在個體尚未分娩之前，懷孕只是一種想法，要直到懷胎九月，呱呱墜地產生一個新生命，個體孕育及發展才能付諸行動。」對父母而言，生兒育女的決定、懷孕期的經歷及嬰兒出生等事件，委實對父母角色實現產生了影響。然而，就嬰兒而言，個體從受精那一瞬間即已決定它的命運。

當女性知道她的月經遲來，常常會納悶地懷疑自己是否「懷孕」了？懷孕不論是否在計畫內，常常會令人吃驚。即將為人父母者的第一個任務就是接受成為父母的事實，有些即將為人父親者甚至會神經質的一口氣買好嬰兒用品，有的還會有如母親般的感覺噁心，出現嘔吐、害喜現象，是謂為「丈夫假分娩」（couvades），某些原始部落會要求丈夫的行為舉止要表現出像懷孕的樣子，或在妻子分娩時模仿分娩而臥床並禁食。

接下來九個月的懷孕期，父母親開始忙裡忙外。當孩子出生後，父母才能完全捨棄所有的想像，接受真實的新生兒。

嬰兒的行為、個性、智能以及其他特徵，到底深受哪些因素所影響？遺傳因素決定了個體發展的速度和個體特徵的產生；而後隨著胎兒的成長，產生了感覺和運動能力。但懷孕期間，母親的心理社會環境對嬰兒健康的發展既提供了資源，也帶來了阻礙。對懷孕及生兒育女的文化態度、母親的營養與情緒緊張、壓力、產科藥物的使用等，都會影響嬰兒出生的發展。這種「先天－後天問題」以及「遺傳vs.環境孰重孰輕」之爭辯，曾是哲學家爭論不休的問題（參閱**專欄3-1**），只是現在已成為科學研究之最基本問題。

專欄3-1　遺傳vs.環境孰重孰輕

關於影響兒童發展之因素不外乎有基因遺傳、個體成熟、外在環境之刺激與增強、關鍵期等因素，其中又以遺傳環境之因素更為發展心理學所關心。到底行為是先天（本性）還是後天（教養）所決定的，從過去先天後天二分法（which one），到有多少比率（how much），以及到現在是由兩個

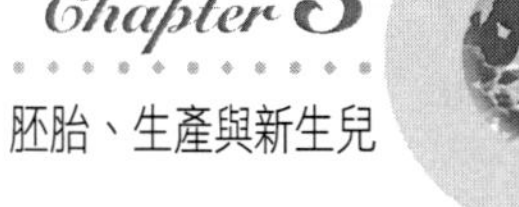

因素之交互影響（interaction）的觀點（Thomas, 2005）。

俗語有云：「龍生龍，鳳生鳳，老鼠的兒子會打洞」、「牛牽到北京還是牛」、「狗改不了吃屎」，這些論點都較持先天之影響，或許人性本善，但孟母要三遷，以免孟子受到不好環境所影響，這些論點其實都是在談先天vs.後天之問題。

「先天」最根本的物質就是基因，而基因之展現，立即與環境不可分，兩者缺一，都不可能形成一個個體（張欣戊等，2001）。遺傳學最被探討的是如何透過基因對後代之個體特質，如生理特徵、動作、智力與語言之發展速率、順序及個體基因之異常遺傳，做出影響。從發展有其順序，例如七坐八爬，剛出生的嬰孩會哭、吃、喝、動、睡等本能行為，這些行為是有固定行為組型，有一定順序，而且是不經後天訓練而習得的。雖然，這些行為可能會出現速率快慢的區別，但其發展是依循一定的順序。此外，遺傳最被人提及的是其基因，基因決定了發展的生物基礎，其基本單位就是「去氧核醣核酸」（DNA），是透過DNA的複製過程而傳遞相同的遺傳訊息，並組成細胞，形成器官，連結為系統，進而影響人類行為。最後一個是染色體異常，也就是在遺傳上染色體數目之異常、構造之異常或位置之異常，例如蒙古症（又稱唐氏症，Down's Syndrome）就是第二十一對染色體多了一條而形成四十七條染色體（正常為四十六條），此症狀之特徵是頭大、身材矮小、智力發展遲緩。

環境之因素包括出生前母親之子宮環境、孕育過程母親之用藥情形及是否受到感染（如德國麻疹、AIDS、梅毒、SARS），或母親懷孕是否獲得支持，及其出生後之家庭、社會環境（如社會與文化、社會經濟水準、子女照顧等）如何等等。各國所使用的語言（如中、英、日文），雖然語言之發展受先天成熟及關鍵期所影響，但幼兒須經相當的一段時間，經過社會化及大人不斷指導與更正，才能說出大人聽得懂的話及其第一國語言（native language），因此語言方面的說話能力被認為受後天影響。

這種「本能學習」的二分法，自然會引起許多爭辯。例如我國早期的心理學家郭登遠博士養了一些狗，自出生後一直餵牠素食，而這些狗自然不接受肉食。另外，郭博士也養了一些「了哥」的鳥（即八哥，英文名Crested Myna），從小被當作雞來飼養，直到長大後，用鞭炮嚇牠們，而這些鳥大都不會飛，只有一些「了哥」在掙扎後，飛上天。這些行為引起本能派及學習派之爭辯，例如本能派認為「了哥」畢竟是鳥，最後還是會飛。

發展心理學是在實驗、探究、觀察中，不斷尋找證據來支持自己的觀點，到底本能重要，還是環境重要，哪一個為最主要之因素，到20世紀初，電子計算機的發達，促進統計分析技術的進步，爭辯成了到底占了多少比率之爭辯，例如個人情緒、氣質之發展是先天影響或後天影響，或各占一半，或30：70或80：20之比率呢？

生物科學的發展，也促使探討生物觀點的心理學家思考到底基因重要還是環境重要？基因為個體遺傳物質的基本單位，其透過複製過程來形成細胞，而「影響基因之物質與物理條件」就是環境。DNA最大的功能，就是製造不同的蛋白質，而每一人體所需的蛋白質就是由特定的DNA所組成。在各式各樣的蛋白質中，本來就需要「酶」（enzyme）來組成細胞結構。在人體之基因異常的苯酮尿症就是一種遺傳缺陷，由於個體在體內缺乏「苯氨基丙酸」（由個體之特定基因所組成的來製造的），個體便不能被轉化，而形成「焦葡萄酸鹽」，此種物體累積在體內，會對人體發展有害。所幸的是，如果我們可以從食物控制其飲食的「苯氨基丙酸」，就可以維持兒童的健康，所以爭論到底基因重要或者環境重要，其實大可不必。

現在的發展觀點個體具有某種基因，但更需要有環境來支持，才會產生不同之結果。從生物之觀點，也就是一個人之適存論點：一個個體之適存有賴於環境與遺傳之交互影響。

第一節　影響胚胎、生產與新生兒的生理因素

每一個人都是獨一無二的。奇妙的是，我們皆有著絕大部分相同之處，例如染色體（chromosome），決定器官系統的構造與功能，亦是由相同的生化物質所構成。這些生化物質透過受精作用（fertilization）使兩個配子（精子與卵子）結合，產生了合子胚胎，兩者的DNA結合造成生化物質的變換。

一、受精

一次正常的受精，男生平均可射出3至5cc.精液，每西西的精液約含五千萬至一億五千萬個精子，只有少數精子可真正抵達受精處，而只有一個精子可完成受孕。

女生的卵子大約成長在月經中期，女性卵巢裡充滿液體的液囊內會產生成熟的卵子，在排卵期，液囊破裂，成熟的卵子進入輸卵管內開始其子宮之旅。月經週期的絕大多數時間裡，子宮頸口上由黏液形成的堵塞物相當黏稠，不易穿透。在月經中期（離下次月經來前十四天），當卵細胞即將被釋放出來時，黏液變稀，使多數的精子能通過子宮頸，游向輸卵管下方三分之一左右的位置，與卵子結合，完成受精動作。

男性在其一生中能產生成千上萬億個精子，相對於女性，每個月只能釋放一個卵細胞或卵子，一生大約只釋放四百五十至五百個卵子。受精卵經過24至36小時之後即開始進行例行的有絲分裂，受精卵須耗費三天時間游至輸卵管下方，進入子宮。當受精卵抵達子宮時，已經完全發育成一個約有一百五十個卵細胞，充滿液體的球體。這些卵細胞內層發育成胚胎，外層形成絨毛膜，使受精卵外表毛茸茸的。這些絨毛膜附在子宮壁，提供早期的養分。受精卵的移植過程，稱之為胚胎期，時約兩星期。移植後，受精卵（胚胎）開胎釋出絨毛膜激素（HCG），以維持受孕狀態，懷孕後約六至八天可於母體血液中檢測出HCF（目前在超商或藥局即有賣檢測劑），這也是懷孕初期驗孕的依據。如果卵子在其成熟後的頭24小時內沒有受精，它便開始解體，並和子宮內脫落物（黏膜）一起於下次經期時排出體外。

二、懷孕期的生理發展

胚胎在八週之後逐漸具備人形，大約已完成人體的90%，已具備人體的主要基本構造，包括臉、手臂、手、腿和腳。在八週之後，胚胎已形成胎兒。在胚胎九個月的懷孕期又可劃分為三個三月期（trimester）。每一個三月期都給予發育中胎兒的身形及其支持（維持）系統帶來變化（Meredith, 1975; Moore, 1988; Newman & Newman, 2006；郭靜晃，2005）。女性在此三月期也經歷了許多變化，在第一個三月期中，有許多婦女並不知道自己已懷孕，但在第三個三月期，伴隨著生理的發展，孕婦的身心理亦隨之產生很多變化。

依據胎兒器官發展的特徵，產前期又可分為三個階段（參見**表3-1**）：(1)胚種期；(2)胚胎期；(3)胎兒期；茲分述如下。

(一)胚種期

這段時間受精卵開始產生倍數分裂，內部發展迅速。但因尚未有固定附著的位置，只能藉由卵黃供給營養，因此重量與體積變化不大。受精卵著床後便開胎吸收母體血液中的營養，體積與重量急速成長，細胞迅速進行分化，此時的受精卵稱之為「胚胎」。

(二)胚胎期

此時期又可稱為「細胞分化期」或「器官形成期」。在這六週中，細胞的分化情形非常迅速，身體內的主要器官都在這個時期發展形成（游淑芬等，2004）。

■三胚層的分化

在第三週，囊胚的內層細胞開始分化為三種不同的胚層：上層為外胚層（ectoderm）、中間為中胚層（mesoderm）、下層為內胚層（endoderm）。每一胚層再進一步進行分化，形成不同的細胞，構成各種組織器官。（參見**表3-2**）

表3-1　產前期三階段及其發展概況

產前三階段		受孕週數	平均身長	平均體重	胎兒生理特徵
胚種期		1至2週			1.受精卵分裂增殖，形成囊胚 2.囊胚在子宮內膜著床
胚胎期		3至8週	0.4至4公分	1至4克	1.胎盤與臍帶形成 2.器官發展的關鍵期，易受藥物、輻射線及感染的影響
胎兒期	3至4個月	9至16週	4至16公分	4至160克	1.第3個月開始有吸吮、握拳、踢等反射動作 2.第4個月母親開始感覺胎動
	5至7個月	17至28週	16至35公分	160至1,350克	1.第5個月開胎形成胎脂保護皮膚，毛髮開始生長 2.第6個月眼睛開始張開 3.受孕滿26週開始有生存能力
	8至10個月	29週至出生	35至50公分	1,350至3,200克	1.離開母體可以存活 2.多數胎兒維持頭下腳上的姿勢，準備出生

資料來源：引自游淑芬、李德芬、陳姣伶、龔如菲（2004）。

表3-2　三個胚層的發育

	身體構造
外胚層	神經系統
	感覺器官
	皮膚表皮與其衍生物（包括毛髮、皮脂腺、汗腺等）
	口腔與鼻腔之上皮
	唾液腺與黏液腺等
中胚層	心臟血管系統
	泌尿生殖系統（睪丸、卵巢、腎、輸尿管等）
	結締組織（骨骼、肌肉等）
	真皮與皮下組織
	胸膜、肋膜與腹膜
內胚層	膀胱、尿道
	肝臟、胰臟、腸胃內膜
	胸腺、甲狀腺

資料來源：摘自翁瑞亨等（2003）。

■ 器官的形成

隨著三胚層的迅速分化，各器官逐漸成形。胚胎的發展其順序是自頭到尾、由中心到邊緣的方向進行（蔡欣玲等，2004）。

1.第三週：中樞神經系統開始分化，逐漸形成腦和脊髓的基礎。在背部中線處形成神經溝，在神經溝關閉處形成神經管道。腎臟開始形成，甲狀腺組織出現，肝臟逐漸開始行使功能，最早發育完成的器官是心臟，在第三週時胚胎體腔外側已形成一管狀心臟。

2.第四至五週：神經管前端關閉形成腦部，尾端關閉形成脊髓，四肢雛形出現，眼睛、手、腳開始分化，消化道、肝臟也逐漸形成，第二十八天時，管狀心臟開始跳動，超音波檢查可聽見胎兒心跳。

3.第六週：骨頭基質出現，原始骨架形成，肌肉開始發育，心臟大部分特徵在此時均已呈現。肝臟開始製造紅血球。

4.第七週：胚胎頭部呈圓形，幾乎可以直立。視神經形成、眼瞼出現、晶狀體加厚。消化道及生殖泌尿道產生巨大變化，膀胱和尿道自直腸分離出。從此時起，所有基本內外結構已呈現。

5.第八週：面部特徵持續發展，唇之融合完成，外耳、中耳及內耳的結構已形成。指頭形成，大塊肌肉開始收縮，心臟發育已完成，肛門膜有了開口。外生殖器已出現，但外觀無法區分。（參見**表3-3**）

受精後的頭三個星期主要用於完善支持性構造，它們將具有保護胎兒的作用。一個羊膜囊（amniotic sac）包裹著胚胎，其間充滿了透明的水樣液體。這種液體的作用就像個軟墊，能緩衝對胚胎的震動，並能使胚胎在其間移動和改變姿勢。

胎盤（placenta）是一種每次懷孕都會重新生成並在分娩時隨即排出的器官。胚胎生長所必需的營養是藉由胎盤傳送來的；胚胎的排出物也經由胎盤進入母親的血液。因此，胎盤宛如一個交換站，在這裡，來自母體的、為胚胎生長所需要的物質被合成，而對胚胎發育有害的外來物則可被摒棄在外面。胎盤允許母親的血液與嬰兒的血液充分交融，以便來自母親血液的氧氣和營養能進入胎兒組織，而來自胎兒組織的廢物又能被排出。

在第三和第四週，胚胎的細胞迅速分化。它們形成特殊的結構，這些結構使它們在體內執行獨特的機能。相似的細胞組合在一起構成組織，這些組織又逐漸聯合，呈現出軀體的器官。在組織和器官形成過程中，能使其造成畸形的因子叫作**致畸胎物**（teratogen）。致畸胎物有相當多樣的形式——病毒、孕婦

表3-3　胚胎前及胚胎發育的里程碑

天數	發育里程碑	天數	發育里程碑
1	受精	19	中樞神經系統形成
2	裂殖細胞	20	原椎出現
3	桑葚體	24-25	絨毛形成
4	早期囊胚	28	耳板、眼始基及肢芽出現
5	晚期囊胚	29	臍帶出現
7	著床	31	尾芽出現
8	雙層胚盤	34	已發育的肢芽出現
9	滋養葉出現腔隙	38	可見發育中的手指及腳趾形狀
13	子宮胎盤循環開始	41	絨毛膜絨毛、羊膜及卵黃囊出現
14	原痕出現	46	胎盤出現
15	胚胎期開始（女性首次發現月經沒來）	47	手指形成
16	三層胚盤	48	腳趾形成
17	從頭至尾發育規則出現		

資料來源：摘自陳彰惠等（2001）。

攝取的藥物、酒精及其他毒品、環境毒素等。在第一個三月期裡，尤其是三至九週裡，胚胎對這些致畸胎物的破壞性影響特別敏感（參見**圖3-1**）。

胚胎中第一個重大變化包括形成一個形如長柱狀的體型以及形成腦和心臟的先驅構造。中樞神經系統在孕期的很早階段便已開始發育，並在兒童期和青少年期一直持續發展。神經管是中樞神經系統的最初結構基礎，它在懷孕後第三週開始成形。到第五週時，這一神經管分化為五個隆起，它們是腦的主要次結構的雛形。組成大腦皮層的大部分神經是在第二個三月期的後期生成的。不過，皮層區域在整個生命的頭四年裡都在不停地發育成熟（Greenough & Black, 1999）。

在第四週末，頭、上軀幹、下軀幹以及軀體下部開始顯形。肢體的萌芽，前腦、中腦、後腦、眼睛、耳朵的雛形均可觀察得到。自受精以來，胚胎在長度上增加了50倍，體重上增加了4萬倍。

到了第二個月末，胚胎已具人形。它重約2.25公克，長約28公釐（1英寸）。幾乎所有的內部器官均已形成，臉、四肢、指、趾這些外部相貌也已確立。到了第八週，胚胎已能對溫和的刺激有所反應。

(三)胎兒期

胚胎轉變為胎兒的過程是漸進的，但名稱上的改變卻有其意義，因為意味著胚胎已發育為可資辨認的人類，且所有的主要系統皆已形成。在胎兒期的發育主要與身體的快速生長與組織、器官、系統的分化有關，胎兒期值得注意的改變為頭部的生長較身體為慢，但身體生長的速率卻非常快，且在最後幾週，胎兒的重量增加相當明顯（戴步雲譯，2001）（參見**表3-4**）。

■第一個三月期

在性器官上則發生著一種戲劇性的變化。所有的胚胎都經歷一個雌雄同體的階段，在此期間分辨不出任何與性別有關的特徵。女性和男性都帶有一種表面構造，對於男性將會變為睪丸，女性則逐漸退化。而一些新的細胞生長構成卵巢。男性和女性都有兩組性導管，對於男性，發育出輸精管，而對女性這些導管則退化了，輸卵管、子宮和陰道發育出來。此外，男性和女性都有一個圓錐形構造，它是膀胱導管的出口。當男性的睪丸發育時，這一圓錐構造形成陰莖和陰囊。而對於女性，這一構造則形成陰蒂，它被陰唇的外陰隆起所環繞

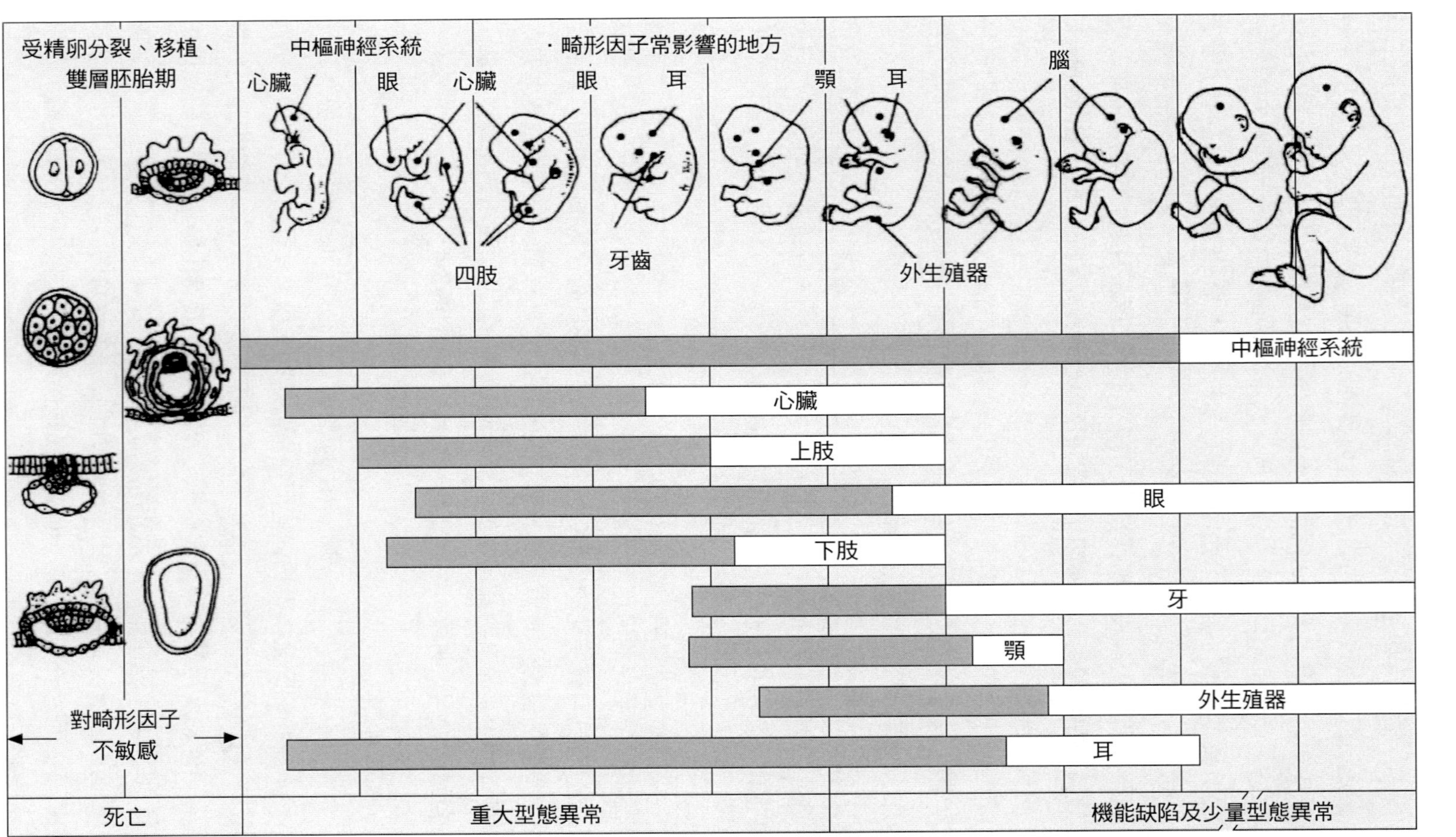

圖3-1　出生前發育的危機

說明：在發育的頭2週，胎兒並不易受畸形因子的影響。在這些前分化階段，一種物質或許會損壞所有或大部分胚胎細胞，導致胚胎死亡，否則就是只損壞少數細胞，使胚胎仍能完全恢復而沒有發育的缺陷。黑條框表示高敏感期；白條框表示對畸形因子不敏感的階段。有些心理遲鈍可能導源於胚胎／胎兒暴露於某些畸形因子之下，如在8至16週受到高強度的放射線照射。

資料來源：Moore, K. L. (1988).；郭靜晃（2005）。

表3-4　胎兒的發展進程

年齡（週）	CR長度（公釐）	足部長度（公釐）[I]	胎兒重量（公克）[II]	主要的外部特徵
不能於子宮外生活的胎兒				
9	50	7	8	1.眼睛閉住或未睜開 2.頭變大和更圓 3.外生殖器仍無法區別男性或女性 4.腸在臍帶的近側端 5.耳朵的位置是低的
10	61	9	14	1.腸在腹部裡 2.早期的手指甲發育
12	87	14	45	1.外部已可區分出性別 2.可明確的界定脖子
14	120	20	110	1.頭變成直立 2.眼睛面向前方 3.耳朵緊靠他們限定的位置 4.下肢發育良好 5.早期的腳趾甲發展
16	140	27	200	外耳從頭生發出來
18	160	33	320	1.胎體皮脂覆蓋皮膚 2.母親感覺得到胎動（生命的徵候）
20	190	39	460	看得見頭和身體的毛髮（胎毛）
能養活的胎兒[III]				
22	210	45	630	皮膚起皺且呈半透明，從粉紅色到紅色
24	230	50	820	1.有手指甲 2.身體很瘦
26	250	55	1,000	1.眼睛有部分打開 2.有睫毛的存在
28	270	59	1,300	1.眼睛張得很開 2.多長出一頭秀髮 3.皮膚些微地脫皮
30	280	63	1,700	1.腳趾甲存在，身體填滿了東西 2.睪丸下降
32	300	68	2,100	1.手指甲長到指尖 2.皮膚是粉紅色且光滑的
36	340	79	2,900	1.身體通常是豐滿的 2.胎毛幾乎消失 3.腳趾甲長到足趾 4.屈曲的四肢；手緊握

（續）表3-4 胎兒的發展進程

年齡（週）	CR長度（公釐）	足部長度（公釐）[I]	胎兒重量（公克）[II]	主要的外部特徵
38	360	83	3,400	1.胸部突出 2.可觸摸到陰囊裡的睪丸或在腹股溝管 3.手指甲延伸超過指尖

註：CR：冠—臂

I.這些數據為平均值，且不適用於特定的情形；大小變化隨著年齡增加。

II.胎兒重量是已經被10%甲醛固定了的大約兩個星期的胎兒。正常存活的胎兒通常約輕5%。

III.本表沒有發育、年齡，或重量的明確界限，胎兒達22週基準列者約能自動存活或保證會活下去，但仍有經驗值顯示出，嬰孩的重量少於500公克或受孕年齡少於22週者仍能存活下來，唯是罕見的；另外也有在26至28週之間出生的胎兒，他們在生存方面有困難，主因是呼吸系統和中樞神經系統分化不完全。

IV.流產這個術語是指在有能力生存之前結束所有的妊娠。

資料來源：摘自戴步雲譯（2001）著。

（參見**圖3-2**）。男性生殖器分化需要有睪固酮（testosterone）激素的釋放，如果睪固酮出於某種原因不能生成，雖然其性染色體是男性，但胎兒會發育出女性的生殖系統結構（Stechler & Halton, 1982）。

三個月大的胎兒會自發地活動，並已有了抓握反射和巴賓斯基反射。巴賓斯基反射是指當輕觸腳底時，腳趾會伸開呈扇形伸展。當用一個能增強信號的聽診器（doppler）聽母親的腹部時，醫生及期待中的雙親都能聽到透過子宮壁傳過來的胎兒心跳。如果我們是那期待中的父母，聽到一個生命最初微弱心跳仍是那麼神奇而遙遠，我們會難以置信地顫抖。

■第二個三月期

在第二個三月期中，一般的胎兒要長到約10英吋，體重增加到約兩磅重。真正的胎血循環要至第十一週才建立起來（參見**圖3-3**），而心臟的自主神經控制則在妊娠的最後三個月才發展成熟。從第五個月開始一直到孕期最後，胎兒會繼續以大約每10天1英吋的速度生長。胚胎會上升進入母親的腹腔，並繼續發育，直至第九個月末，到達母親的肋骨和橫膈膜間。在這個三月期裡，隨著母親觀察自己身體輪廓的變化並體驗早期胎兒的胎動（quickening），成長的生命這一事實對孕婦來說愈益明顯。胎兒的活動最早被體驗為輕輕地拱動或扭動；此後，可以鑑別出這個不安分的小居民的腳、肘和拳。

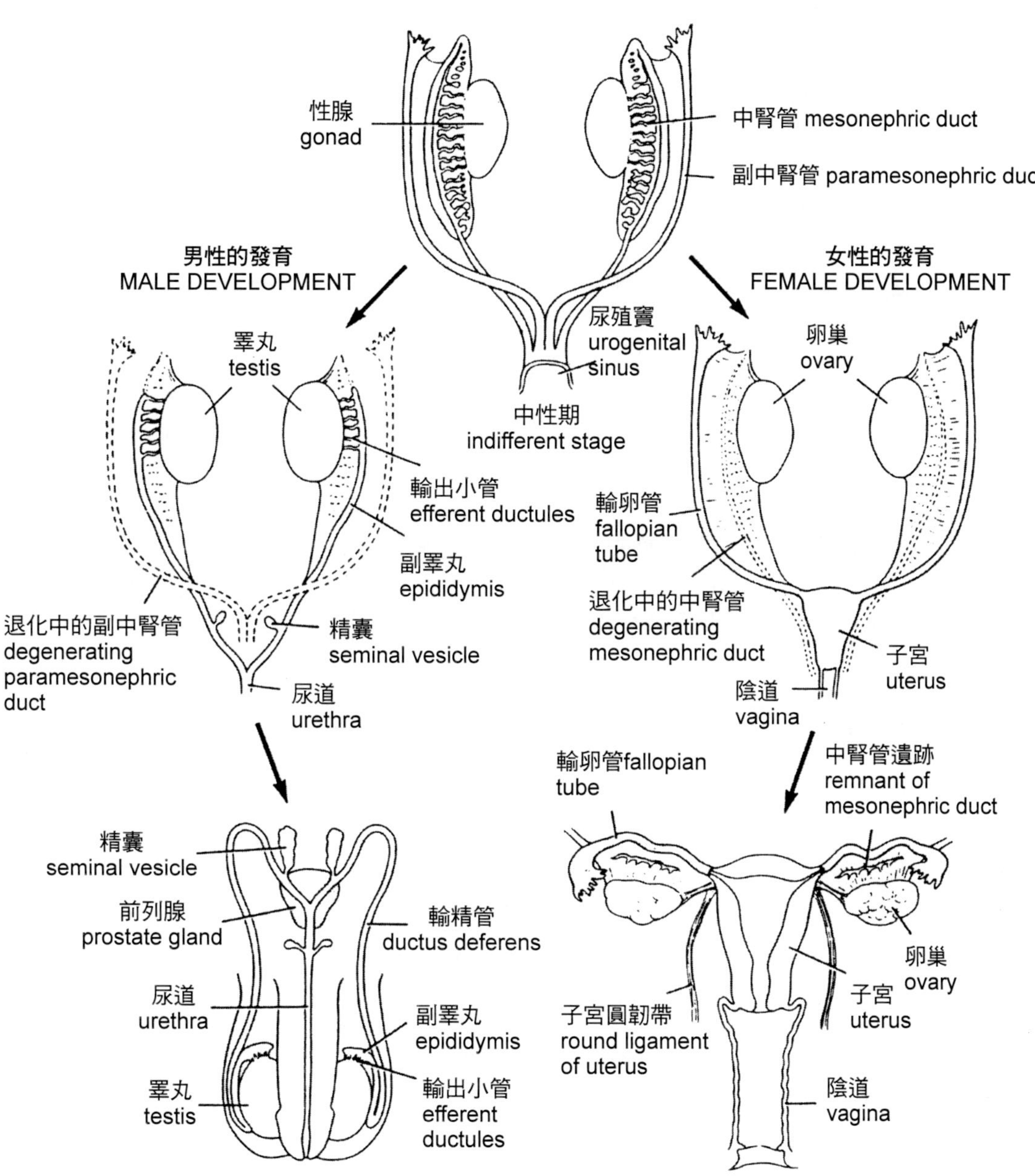

圖3-2　男性及女性內生殖器官的胚胎分化（embryonic differentiation）

資料來源：摘自余玉眉等（1991）。

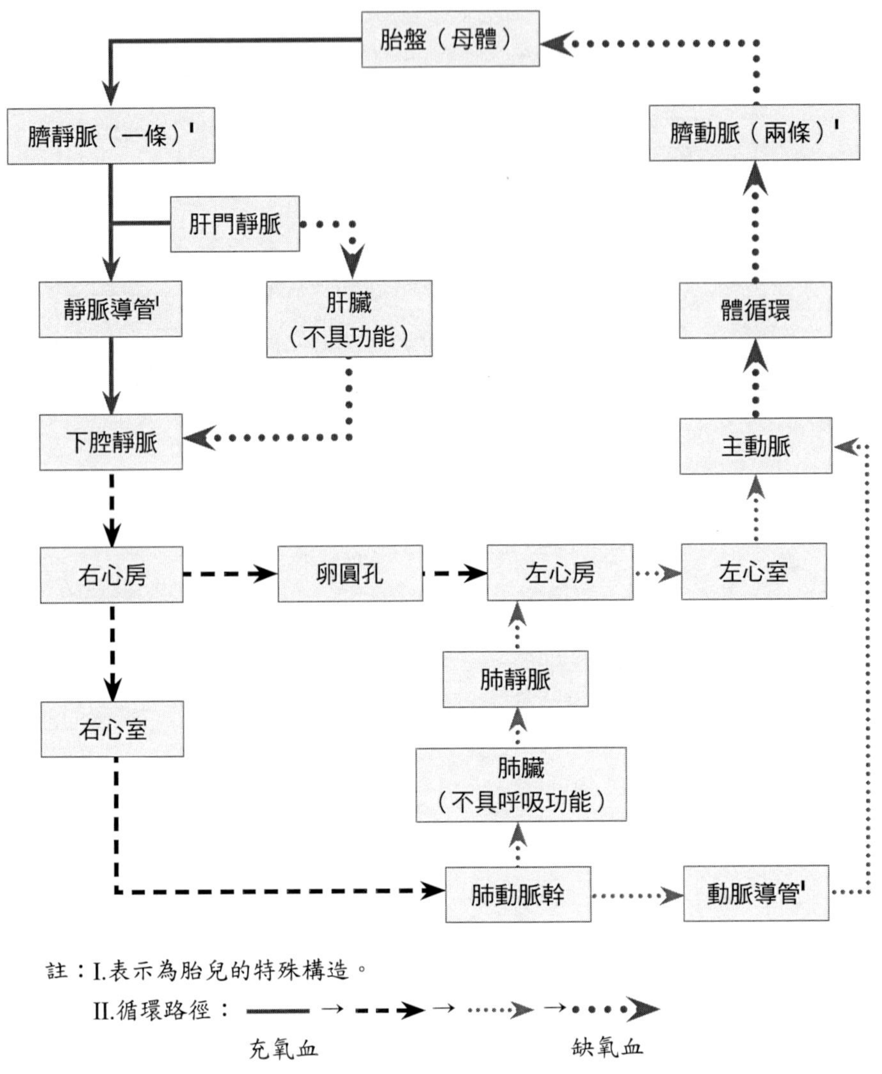

圖3-3　胎血循環

在第四個月裡，胎兒開始吸吮和吞嚥。只要他一張開嘴，羊水便會流入並在其體內循環。羊水提供了除胎盤吸收之外的另一部分營養。四個月大的胎兒已表現出對甜味的偏愛，其證據見諸這一事實：如果把糖注入羊水，胎兒便很快地吞嚥羊水。

在第五個月，皮膚開始變厚，由一層乳酪狀來自代謝過程的細胞和油脂，即**胎兒皮脂**（vernix caseosa）所組成的外衣覆蓋在皮膚上。指、趾上皮膚皺褶的樣式標誌著胎兒作為個體的獨立存在性。頭部、眼瞼、背、胳臂和腿部都長出了毛髮。

到了第六個月末，胎兒已能很好地發展出感覺接受器。胎兒對觸動很敏感，並會以肌肉的運動對其做出反應。在第六個月裡，胎兒會以向外伸吐舌頭的方式對苦味做出反應。在第六個月中，鼻孔被皮膚細胞堵住。當這些細胞消散後，鼻中充滿了羊水；因此在出生以前胎兒恐怕不會有嗅覺。

外耳道中也充滿了羊水，在八或九個月以前，胎兒不會對聲音有所反應。然而，到第六個月，內耳中的半規管（semicircular canal）對刺激很敏感。連結視網膜與腦的神經纖維也在第六個月發展起來，所以胎兒一生下來便能對光做出反應。

到二十四週時，胎兒的器官功能已能在子宮環境運轉得很好，包括吞嚥、消化、排泄、運動、吸吮拇指、休息及生長。然而，若將它移出這一環境，它幾乎沒有生存的可能。在第3週便已開始發育的神經系統，還沒有發展到足以將必須同時運轉以確保生存的各個系統協調起來。不過，到了三十週，胎兒在子宮外生存則幾乎是有把握的（Usher, 1987）。

■第三個三月期

在最後一個三月期裡，胎兒一般會從10英吋長到20英吋，體重從2磅增加到7磅或7.5磅。這種身長和體重上的增加和中樞神經系統的成熟是相對的。有關胎兒對母親語言的反應研究發現，胎兒在第三個三月期裡經驗到了母親語言的聲音，並逐漸熟悉她的聲音（De Casper & Spence, 1986; Spence & De Casper, 1987）。

一個足月產的胎兒較一個二十八週大的早產兒所具有的優點包括：(1)開始並維持正常呼吸的能力；(2)強有力的吸吮反應；(3)協調較好的吞嚥活動；(4)強有力的腸壁蠕動，因而吸收營養和廢物排泄都更有效率；(5)體溫的平衡控制更為完善。

足月產胎兒吸收母體飲食中的礦物質以利牙釉的形成。隨著胎盤在孕期最後一個月中開始退化，在母親血液中形成的抵禦各種疾病的抗體進入胎兒的血液循環系統，它們為胎兒在生命的最初幾個月裡提供了對許多疾病的免疫能力。

子宮並不能作為胎兒永恆的家園。有些因素使胎兒與子宮關係的結束成為必然。首先，隨著胎盤的退化，在母親和胎兒血液中形成的抗體可能會破壞彼此雙方的血液；其次，由於胎盤的生長不會超過2磅太多，那麼隨著胎兒的逐漸成長發育，胎盤就無法獲得足夠維持生命的營養；第三，胎兒的頭不能長得大過於骨盤的開口，否則在分娩過程中就會危及大腦。即使有柔軟的連接膜使顱骨的各部分能部分疊合，頭的大小也仍然是限制胎兒生長的一個因素。

我們尚不知道有哪些確切的因素標誌著子宮收縮和分娩過程的開始。從懷孕到分娩的大致時間是三十八週。然而，在孕期的長短和足月嬰兒的大小上，仍然有很大的差異。

三、分娩過程

懷孕九個月，瓜熟蒂落，最後就是分娩過程。一般是來自子宮肌肉的不隨意收縮〔又稱為分娩（labor）過程開始〕，或者來自羊水破裂或出血（落紅），那就是新生兒即將出世之徵兆。

第一次分娩的婦女（初產婦），分娩過程平均大約14小時；曾分娩生育過的婦女（經產婦），其分娩過程平均為8小時。生產是指子宮內依附存在為獨立有機生命之間的過渡階段，在約1天的時間內，胎兒從依附於母親溫暖、流動、庇護的子宮環境內，被迫到達只能依靠自己的維生系統，因此生產可謂為兩個生命階段的橋梁（周念縈譯，2004）。

子宮收縮具有兩種重要功能：消退和擴張。**消退**（effacement）是子宮頸的縮短；**擴張**（dilation）是子宮頸逐漸擴大，由僅僅幾公釐開口擴大至10公分，以便讓嬰兒通過。消退和擴張是自然產生的。

一旦子宮頸完全張開，產婦便能透過向子宮腹壁施壓，以幫助引產；此外，嬰兒自身也在分娩過程中透過蠕動、轉頭、反推產道以幫助生產的過程。

醫學界將分娩過程分為三個階段：擴張期、娩出期及胎盤期。第一產程以子宮收縮為起始，直到子宮頸完全擴張為結束，一般平均時間約為6至14小時，初產婦會更長；第二產程是向外排除胎兒，直到胎兒順利通過產道產出，一般平均時間約為30分鐘至2小時；第三產程為胎盤娩出，即胎盤和羊膜等構造通過產道排出的過程，平均時間不到1小時。

分娩過程會造成產婦很大的變化，在心理調適方面，可分為五個階段：(1)分娩臨近的早期跡象；(2)強有力且有規律的子宮收縮（顯示分娩開始，需要找助產士或進醫院）；(3)過渡時期，此時收縮激烈而且收縮之間的間歇變短，產婦有最大的不適；(4)分娩過程，孕婦能主動地參與孩子的分娩（要進產房生產）；(5)產後階段，包括與新生兒的初步接觸、休息、返家（請參閱**表3-5**）。

絕大多數的生產過程是順利平安產出一個健康的胎兒，但有時也會發生分娩併發症（birthing complications），尤其是未開發的貧窮國家，大約有三分之一的胎兒可能有分娩併發症（或因貧窮造成胎兒不健康），例如胎位不正（malpresentation），或胎兒窘迫（fetal distress）。胎位不正是有關胎兒位置並不是最佳狀況（頭朝下），大約有4%的胎兒在子宮內的位置異常，如臀位（breech position）朝下或橫位（transverse position），指的是側面朝下，這兩個位置都會導致生產過程中發生危險。胎兒窘迫之症狀如胎兒突然缺氧、心率或呼吸發生變化，皆顯示胎兒處於危險情境或不健康。胎兒缺氧症（anoxia）如果時間過長，就會發生永久性的腦損傷，其原因可能是胎盤退化或提前脫離、母親疲憊或分娩過程中換氣過度或臍帶繞頸。此種症狀如能早點辨認，就可採取

表3-5　五個分娩心理階段之主要事件

階段一：分娩即將臨近的早期症候
1.負荷感減輕（約在分娩前10至14天）。嬰兒的頭進入骨盆區域 2.堵住子宮頸的填塞物消失 3.羊水流出 4.假分娩——不規則的子宮收縮
階段二：分娩開始
1.由家庭轉入醫院或生產中心 2.強有力的、有規則的、間隔3至5分鐘的子宮收縮
階段三：過渡期
1.加速分娩，子宮收縮的持續時間增加到90秒鐘，間隔約為2或3分鐘 2.有某種迷惑、不能辨別方向、高度覺醒或失去控制的感覺
階段四：分娩
1.嬰兒的頭下壓至產道底部 2.母親體驗著一個強烈的反射性願望：排擠嬰兒，將其排出體外 3.通常母親會從產科病房轉入高度消毒的產房
階段五：產後期
1.母親與嬰兒進行最初的接觸 2.胎盤被排出 3.激素系統迅速變化，刺激分泌乳汁，收縮子宮 4.母親和嬰兒進行早期學習活動；嬰兒試圖獲得護理、母親探究嬰兒，開始解釋他（她）的需要 5.返回家中，將嬰兒帶入家庭環境之中

資料來源：郭靜晃（2005）。《兒童發展與保育》。臺北：揚智。

剖腹生產（cesarean section）。

生產過程為了減輕疼痛，可以使用脊椎麻醉，也可使產婦放鬆，將有助於分娩過程的進行。目前有些醫院在產婦分娩時使用麻醉藥物之比例相當高（有八成以上），而產婦所接受的任何藥物皆會經由胎盤，改變胎兒在子宮的環境，而這些是否會造成胎兒有長期之副作用，目前尚無明確的證據，因此在生產時使用麻醉藥物應仔細評估。

四、新生兒誕生與篩檢

新生兒（neonatal stage）係指個體從出生到出生後二十八天（蔡欣玲等，2004）。新生兒歷經陣痛生產的過程，從適合生存的子宮環境到驟然改變的外在環境，兩者之間幾乎是天壤之別。在出生前，無論營養的供給或是廢物的排除，都是由母體直接或間接負責；而出生後則一切要靠自己。在母體子宮內，生活於羊水中，空氣有限，溫度恆定，光線黑暗，外在刺激少；然而出生後，外在溫度轉化變大，且環境中的噪音及人為刺激增多（參見**表3-6**）。

(一)新生兒的誕生

新生兒又可分為足月兒、早產兒及過熟兒。足月生產的嬰兒係指妊娠週數介於三十八至四十二週的新生兒。而**早產兒**（prematurity）係指妊娠週數少於

表3-6　新生兒出生前後生活環境的比較

	出生前	出生後
環境	羊水	空氣
溫度	羊水溫度恆定	氣溫變化較大
光線	黑暗	室內及室外的光線
空間	僅限子宮，空間有限	外在世界無限寬廣
外在刺激	較少	環境噪音及人為刺激較多
營養供應	由母血供應，經胎盤到臍帶而至胎兒體內	依賴奶水等食物，再經由消化系統吸收
氧氣供給	由母血供應，經胎盤到臍帶而至胎兒體內	靠自己的呼吸系統吸入空氣，經由肺部送至血管
廢物排泄	經由胎盤排到母血，再由母體的腎臟及肺臟排除	由自己的腎臟、腸道、肺臟及皮膚排除

資料來源：游淑芬、李德芬、陳姣伶、龔如菲（2004）。

三十七週，或出生體重低於2,500公克的新生兒。早產兒常有呼吸系統、心臟血管系統及體溫調節的問題，臺灣在1987至1996年間的發生率為7.65%，週產期死亡率為10.52%，其中在二十至三十二週的週產期死亡率高達27.4%，高居臺灣地區0歲幼兒十大死因之第一位（行政院衛生署，2003）。

出生時體重過低的相關因素，包括低社會經濟階層、營養狀況差、沒有產前檢查、懷多胞胎、曾有過早產記錄、孕婦抽菸、母親年齡過輕、第一次懷孕、懷孕間隔太密、生殖系統異常（如子宮內中隔）、感染（尤其是泌尿道感染）、產科合併症（如早期破水或胎盤早期剝離）、多次懷孕、提早催生、選擇性剖腹產（郭靜晃，1998）。

過熟兒（postmature baby）係指妊娠週數超過四十二週才出生的新生兒，其皮膚常見的特徵為：皮膚被胎便染色、乾燥、脫皮、腳掌紋深、無胎毛等。過熟兒因胎盤的功能老化，導致供給胎兒的營養不足，有時會有胎死腹中的情形發生。因此，一般產科醫生會在妊娠週數超過四十週時，依情況建議產婦適時進行催生引產，以防止妊娠延長。

(二)新生兒的評估與篩檢

所有新生兒出生後都要經過評估，一是亞培格評分法（Apgar score），另一是新生兒篩檢。

■亞培格評分法

亞培格評分法的作法如下：

1. 當新生兒出生後1分鐘與5分鐘，醫護人員為判定新生兒的健康狀況，一般都利用1953年Virginia Apgar醫師所發展出來的**亞培格量表**（Apgar scale），作為新生兒計分系統，評估新生兒對子宮外的生活適應度如何（王瑋等譯，1991）。其主要評估項目有心搏速率、呼吸能力、肌肉張力、反應興奮性與皮膚顏色等五個，評分方法參見**表3-7**。
2. 出生後第1分鐘的得分，是評估新生兒的生存機率，而出生後5分鐘的評分結果，可作為新生兒死亡性的指標及神經功能是否有異常。依據上述的五項檢查項目，每一項給予0至2分的計分評定，五項加起來總分是0至10分。
3. 藉由系統性的觀察**表3-7**這五項特徵，完成亞培格計分，並將觀察的結果記錄為0.1或2。

表3-7　亞培格量表

得分症狀	0分	1分	2分
脈搏－心跳速率	無（無法憑感覺）	每分鐘少於100次	每分鐘多於100次
呼吸－呼吸速度	無	不規則、慢	好，哭聲規則
活動－肌肉張力	軟弱、無力	虛弱不活動	強壯而活動的
外觀－膚色	發青或蒼白	身體淡紅、四肢發青	全身呈淡紅色
臉相－反射興奮力	無反應	皺眉	咳嗽、打噴嚏、哭

資料來源：郭靜晃等（1998）。

■新生兒篩檢

新生兒的先天性代謝異常疾病，其發生原因是由於體內缺乏某種酵素（酶）而導致代謝異常，使得體內囤積過多有害物質，導致新物質形成，造成身體機能障礙，嚴重者可能造成心智障礙，甚至危及生命。因此，藉著篩檢來達到代謝疾病的及早發現，給予適當治療及預防，以將日後造成疾病的後遺症降至最低。

新生兒篩檢主要是以「先天性代謝異常疾病」為對象，目前較常見的篩檢疾病有苯酮尿症、高胱胺酸尿症楓漿尿病、半乳糖血症、葡萄糖-6-磷酸鹽去氫缺乏症（G-6-PD缺乏症，即俗稱的蠶豆症）、先天性甲狀腺代謝低能症（CHT）、先天性腎上腺增生症、生物素缺乏症、裘馨氏肌肉萎縮症、鐮刀型細胞貧血症、囊性纖維化症等。其中，以葡萄酸-6-磷酸鹽去氧缺乏症發生頻率最高（參見**表3-8**）。

表3-8　2001年臺灣地區新生兒篩檢項目及其發生率

病名	發生率
1.半乳糖血症（GAL）	1：164,882
2.苯酮尿症（PKU）	1：41,654
3.先天性甲狀腺代謝低能症（CHT）	1：2,030
4.G-6-PD缺乏症	1：63
5.高胱胺酸尿症	1：127,650
6.先天性腎上腺增生症	1：15,000

資料來源：行政院衛生署國民健康局（2002）。

第二節　胚胎與新生兒的心理發展

懷孕與生產通常融合著驚喜與訝異的心境，也如同個人成長一般，包括個人及社會各層面因素皆會影響個人的成長。孕育生命的歷程，同時充滿壓力，胎兒的壓力也會受母親所影響，個體必須不斷努力突破，調整適應。無論是否有生產經驗的孕婦，總會擔心胎兒的健康；此外，孕婦的心理（如懷孕症候群或憂鬱）除了身受個體周邊環境的社會層面所影響外，孕婦也會影響到胎兒，因為母親的賀爾蒙變化會經由胎盤臍帶傳至胎兒。故社會工作人員必須面對形形色色的案主，除了本身要有生物性基礎之知識外，也要能提供相關之資訊（如遺傳、諮詢之來源），與提供情緒支持及相關處遇的必要。

一、動作與神經發展

目前已有許多研究提出胎兒會對不同刺激產生不同反應之證據，例如在羊膜穿刺的手術過程中，胎兒對針頭會有避開之動作及壓低吸呼和心跳不規則；胎兒對光線也會有心跳加速之反應；對羊水之氣味也會有吞嚥羊水之動作等。

出生後，嬰兒透過反射（reflexes）等自主運動來對外界環境之刺激誘發動作反應。反射會隨著月齡的增加及神經系統之成熟而逐漸消失，取而代之會以較有目的、方向、可隨意，且具協調性之動作來取代（王瑋等譯，1991）。早期這些反射動作亦是評估新生兒之健康與發展之重要指標（例如亞培格量表），**表3-9**列出三種嬰兒主要的反射類型（郭靜晃、吳幸玲譯，1994）。

1.為新生兒生存提供一些適應機能之反射。

2.適合於進化過程中有遺傳關係之物種的生存反射。

3.機能不詳的反射，幫助發展較複雜行為模式以適應未來生活之機能。

出生後，嬰兒漸漸發展自主並有目的性的動作行為，這需要幾個月的時間，透過出生即有的反射動作、非自主的運動，以及後來的自主運動逐漸增強他們的肌肉，並刺激大腦和神經系統的發展。嬰兒的粗動作發展是依據「由頭到尾的原則」（cephalocaudal pattern）、「從頭到腳的模式」（head-to-toe pattern），及「從簡單到複雜的模式」（simple to complete pattern）

表3-9　嬰兒主要的反射類型

反射類型	誘發刺激	反應
促進適應生存的反射		
吸吮反射	嘴唇或舌頭上的壓力	由嘴唇或舌頭運動產生的吸吮
瞳孔反射	微弱或明亮的光線	瞳孔的擴張與收縮
尋覓反射	輕輕觸摸面頰	頭部向觸摸方向轉動
驚嚇反射	大聲的噪音	類似於摩洛反射，肘部彎曲且手指緊握
游泳反射	新生兒俯伏於水中	手臂和腿的運動
與相關物種的能力相聯繫的反射		
爬行反射	腳蹬地面	手臂和腿牽拉，頭部抬起，腿不由自主地彎曲
屈肌反射	腳底上的壓力	腿不由自主地彎曲
抓握反射	手指或手掌上的壓力	手指緊握
摩洛反射	嬰兒仰臥，頭部抬起→快速放下	手臂伸展，頭向下落，手指張開，手臂在胸前交叉
彈跳反射	嬰兒直立並微微前傾	手臂前伸且腿向上縮
踏步反射	嬰兒由腋下被舉起，脫離平坦的地面	規律性的踏步運動
腹壁反射	觸覺刺激	腹部肌肉不自覺地收縮
機能不詳的反射		
跟腱反射	敲擊跟腱	肌肉收縮且腳向下彎曲
巴賓斯基反射	輕柔地敲擊腳底	腳趾散張並伸展
僵直性頸反射	嬰兒仰臥，頭轉向一邊	與頭部面對方向一致的一側手臂和腿伸展，而另一側手臂和腿則彎曲

資料來源：郭靜晃、吳幸玲譯（1994）。

（Frankenburg et al., 1992）。個體的動作發展的差異會受個體基因、神經發展速度，以及練習機會之多寡所影響。社會工作人員應善用不同標準的測驗來檢測孩子的動作技巧，並且對兒童發展之知識要有相當程度之瞭解，並結合與孩子一起工作的不同專業（例如醫生、物理治療師），以提供家長對兒童動作發展之資訊。

出生後，大腦與神經系統的發展，引發個體之思想、情感和行為的連結。大腦是**皮層的灰色物質**（cerebral cortex）所構成，主要分成四個主葉：額葉、顳葉、頂葉和枕蓋。大腦皮層形成許多**腦回**（convolution; folds），可以使大量的表面積裝進有限的頭骨空間內，主要是充滿灰色物質（約八分之一吋薄），因此表面積之最大化（容量）對大腦功能的增加就很重要了。此外，小腦（cerebellum）在大腦後面，控制姿勢、身體方向的複雜肌肉動作；脊髓（spinal cord）是身體的資訊網絡，可以讓大量的資訊在身體和大腦之間進行轉換。在脊髓頂端是腦幹（brain stem），控制非自主神經及功能，如呼吸及心跳，對大腦的功能則主要在調節一般的警戒水準（alert level）。

神經系統的聯繫皆由專門的細胞所控制，稱為神經元（neurons），主要透過神經脈衝（neural impulses），又稱電子脈衝，將神經元傳遞至另一個神經元的神經傳導物質（neurotrasmitters）。神經元有三部分：(1)樹突（dentrites）：是一種樹狀的結構，接收從其他神經元所傳導的資訊及生物化學物質；(2)細胞體（cell body）：包括細胞核，控制神經元的功能；(3)軸突（axon）：是一條長纖維，傳送電子脈衝，將資訊傳至細胞。成熟的軸突是由髓鞘（myelin sheath）覆蓋，是一種脂肪物質，將軸突隔離，並加快軸突電子傳送速度。突觸（synapses）是一個神經元的終端鈕（terminal button）（是軸突的底端）與下一個神經元樹突之間的開放空間，神經傳遞透過突觸傳到樹突，以作為神經元之相互聯繫。

神經元形成後，發展成熟主要有兩種重要方式：突觸形成和髓鞘化；前者形成大量的神經元，以供更多的傳導；後者則加快傳導速度。然而隨著個體的成長，大腦重量不會因突觸形成和髓鞘化過程而增加，實際上大腦重量是縮小（shrink）。突觸的形成是由基因決定，大約在2歲時已有大量突觸，但經兒童期及青少年期，大量的突觸修剪（synaptic pruning），將沒有用途的突觸修剪，剩下有用的突觸，此過程會造成許多神經元死亡。個體在成長過程中，突觸會大量形成，藉著周圍環境之刺激和神經活動，大腦會有計畫地決定哪些神經元會存活，就好像基因提供了大量的神經元和突觸，但大腦會有計畫地透過經驗來形塑這些神經物質，去除多餘的材料，而形成最終的形式。因此，為有利於個體發展，父母及看護人員應多提供刺激性環境，促進孩子神經網絡之形成，幼兒早期是大腦神經發展的可塑期（plastic period），之後則依個體之經驗來決定哪些是不普遍之經驗而逐漸修剪成個體發展之特殊經驗。

二、知覺發展

早在1951年，Robert Fantz就以視覺偏好法（perferential-looking technique）研究幼兒知覺，結果發現新生兒較喜歡看同心圓或白紙上畫的人臉，而不是單一顏色的色點（Fantz, 1963）。之後，研究者採用Fantz的視覺偏好及其他類似的技術，也發現新生兒有下列的視覺偏好（Bjorklund, 1989）：

1.會移動的物體。
2.外部輪廓和邊緣。
3.強烈的顏色對比（如黑白或紅白）。
4.帶有細節或複雜性的圖形。
5.對稱的圖形。
6.波浪狀圖形。
7.與人臉相似的圖形。

之後，研究新生兒知覺採用「習慣性——去習慣性技術」（habituation-dishabituation technique），也就是說嬰兒會對重複刺激物減少回應的傾向，即為「習慣性」，而取代增加對新刺激物的凝視時間，是謂「去習慣性」。而去習慣性的程度反應與其日後兒童期的智力具有正向關聯。

對於新生兒如何辨別不同顏色，尚未有明確的結論。研究發現新生兒較喜歡綠色、黃色或紅色，而非灰色（Adams, Maurer, & Davis, 1986）。但其他研究指出新生兒可以分辨紅白色之不同，但不能分辨藍色、綠色、黃色和白色（Adams, Courage, & Mercer, 1994）。新生兒的感光色素（photopigments）在出生三個月即出現了，到了六個月，其視力及顏色色覺能力已相當成熟。

此外，在視覺懸崖（vision cliff）的實驗中也證實了新生兒可以知覺到深度，他們對深度感到興趣，而非害怕，到了三、四個月，嬰兒即可以用雙眼視差來判斷深度，此種能力可說是新生兒與生俱有的，而非經由後天的學習或經驗才起的作用。

三、聽覺

正如嬰兒對臉型熟悉之敏感特徵般，新生兒也較喜歡熟悉如母親的聲音，而非其他不熟悉女性的聲音（De Casper & Fifer, 1980），但對父親或其他不熟悉男性的聲音，並沒有什麼偏好（De Casper & Prescott, 1984）；二個月大的嬰兒喜歡有升降音調的兒語（Chiild-Directed Speech, CDS）（Sullivan & Horowitz, 1983）；四個月大的嬰兒喜歡人的聲音，而不喜歡沉默或噪音（Colombo &

Bundy, 1981）。

在對年幼嬰兒的聽覺能力之研究，可得到下列結論：(1)聽覺系統在出生後即有作用，能改變胎兒的心律及腦波；(2)出生後數個月，嬰兒能夠分辨較多類型的聲音，如嘎嘎聲、人聲、歌聲和周圍的其他聲音（但不能分辨竊竊私語及耳語）；(3)嬰兒對高頻的聲音較成年人敏感（如2萬赫茲），之後在6歲時才會下降如成人般；(4)嬰兒會用身體轉動（如頭及眼睛）朝向音源（Aslin, 1987）。

四、嗅覺與味覺

即便是胎兒，他們也會對母親羊水的味道有反應。孩子出生後，吾人可從新生兒的臉部表情中，看出他們對氣味有所反應。新生兒對香蕉和奶油的香味會呈現高興的臉部表情，對魚腥味會有所抵制（如電影《香水》的男主角出生時對母親的魚腥臭味屏息般），而對壞雞蛋則完全厭惡（Bornstein & Arterberry, 1999）。此外，Cernoch及Porter（1985）的研究發現，即使是二個月大的母乳餵養之嬰兒，也對母親之氣味能有所辨識。出生後，嬰兒對味覺偏好有所呈現，對甜的氣味，新生兒會微笑並做出吸吮動作；對酸的味道，會癟嘴、皺鼻；對苦的味道會吐舌，做鬼臉，顯示出拒絕的情緒；對鹹味則較晚出現（約四個月）（Beauchamp, Cowart, Mennella, & Marsh, 1994）。

五、知覺統合

從上述幾節有關對嬰兒的實驗中，我們瞭解新生兒就可以定位追蹤物體，知覺不同形狀、顏色、聲音、味道和氣味、分辨母親的聲音。之後，隨著大腦和神經系統的發展，個體的知覺會變得更精細。但是透過結合或整體的感官知覺的輸入，形成個人的認知來體驗世界，此種能力稱為**知覺統合**（intermodal perception）。

到底知覺統合是與生俱有的，抑或是經過後天之經驗建構呢？Meltzoff和Borton（1979）曾用不同的奶嘴做測試（一個是光滑的，另一個是有小節的奶嘴），一個月大的嬰兒會花較長的時間並配合嘴中的奶嘴形狀，產生不同的吸吮動作。另外，Spelke（1979）以影片中的動物（小毛驢和小袋鼠）播放其跳躍動作，之後再利用快速播放「砰砰」或「咣咣」的聲音，結果發現四個月大的嬰兒會盯著聲音與速度相匹配的影片較長的時間，這些研究顯示，嬰兒對有關事件即使沒有經驗，也會做出知覺的聯繫。

六、新生兒的心理評估

Peter Wolff（1966）指出，新生兒有七種喚醒狀態（參見**表3-10**），每一種皆具獨特的呼吸、肌肉緊張度、運動活動量及警覺性模式。在這些狀態中，我們可看到最早的情緒反應，如痛苦（哭泣）、興趣（警覺性活動停止）及興奮（警覺性活動）間的最早分化；之後，個體的情緒便日益分化。

情緒的分化會遵循著有規則的模式，如**表3-11**所描述的三個情緒向度之年齡相關變化，這三個向度是：愉快－高興、擔憂－恐懼及氣惱－憤怒。這些情緒反應是因為生理不適、喚醒、疼痛，以及中樞神經系統不斷變化之緊張度而引起。這些情緒的表達靠臉部表情、哭與笑過程傳輸到照顧者。之後，也由於照顧者的回應，嬰兒再發展一些策略來因應其強烈的情緒。此種情緒調節是出生嬰兒最重要的發展，而照顧者對情緒調節之做法也會因文化而異，例如歐美文化之父母會立即回應孩子的痛苦情緒，而日本文化會避免孩子接觸憤怒場合，避免孩子遭受挫折。

新生兒大部分的時間皆處於七種喚醒狀態之一，雖然大部分的時間皆處於睡眠狀態，一天也有十分之一的時間處於安靜的警戒狀態，豎起耳朵，張大眼

表3-10　新生兒的喚醒狀態

狀態	描述
正常睡眠（RS）	完全休息；肌肉緊張度低；低活動量；眼瞼安穩緊合，靜止不動；均勻的、有規律的呼吸，每分鐘約36次
不規則睡眠（IS）	較大的肌肉緊張度；柔和的動作活動；頻繁的面部怪相和微笑；偶爾有快速眼動；不規則的呼吸，每分鐘約48次
間發性睡眠（PS）	間發於RS和IS之間；迅速而較淺的呼吸與較深而緩慢的呼吸交替出現
昏睡（D）	比RS活動多，但少於IS或PS；眼睛張開又閉上；當張開時，眼睛顯得遲鈍、呆滯，可能向上翻轉；呼吸總在變化，但頻率比RS高
警覺的不動期（AI）	稍有活動；面部放鬆；眼睛睜開且「很有神」；呼吸長，但比RS快
覺醒活動期（WA）	頻繁的、無規則的動作活動；發聲；活動時皮膚泛紅；呼吸不規則
哭叫（C）	強烈的、不規則的動作活動；面部怪相；皮膚漲紅；眼睛睜開或部分合上；哭叫

資料來源：改編自Wolff, P. H. (1966).

表3-11　一些基本的人類情緒的個體發展

月份	愉快－高興	擔憂－恐懼	氣惱－憤怒
0-3	自發微笑；轉向	驚嚇／痛；強制性注意	擋住臉、身體束縛、極度不適引起的痛苦
3	愉快	--	氣惱（沮喪）
4-5	欣喜；主動的笑	擔憂	--
7	高興	--	憤怒
9	--	恐懼（陌生人厭惡）	--
12	大喜	焦慮；即時的恐懼	憤怒心境，惱怒
18	對自己的正面評價	害羞	挑戰
24	喜歡	--	有意傷害
36	驕傲，愛	--	內疚

註：這裡標記的年齡，既不是一種情緒明確地產生的最初時間，也不是最常發生的時間，而是記載所登錄的此種反應常見的時間。

資料來源：Sroufe, L. A. (1979).

睛四處張望。新生兒也具有數種基本反應及求生本能（又稱為反射動作）。對於新生兒的健康評估大部分採用**布列茲敦新生兒評估量表**（Brazelton Neonatal Assessment Scale, BNAS），可供評量新生兒的肌肉健康狀況、反射動作、對刺激的反應和控制能力（參見**表3-12**）。BNAS的評估測驗包括了三十七個行為項目、十八個新生兒本能反應項目。BNAS的評估測量並不昂貴，父母親也樂於參

表3-12　布列茲敦新生兒評估量表

評估項目	實例	得分
神經學項目		
誘導反射本能及基本動作	足底抓握；手部抓握；足踝痙攣；巴賓斯基；站立；自主性行走；爬行；摩洛；僵直性頸反射；吸吮	雙腿及雙手被動性反射動作不協調處，及缺乏反應的部分，依反應度之弱中強加以評分，滿分3分
行為項目		
觀察或誘導所得之特殊行為	注意並追逐物體；對聽覺刺激的反應；對人物的反應；對聲音的反應；對人的臉部及聲音的反應觀察	滿分為9分。一位3天大的正常嬰兒之得分應有5分以上
一般性行為	警戒程度；肌肉成熟度；摟抱；外來的安撫；興奮頂點；觀察或誘導所得之特殊行為；易怒性；受驚度；自我平靜的活動；手對腳的熟練度；微笑次數	

與，有些醫院甚至列入衛教項目。此項評估可幫助高危險性嬰兒之母親對孩子表現出熱絡的回應，及增加母親建立照顧嬰兒的能力與信心，增進親子互動效果。

第三節　影響胚胎、生產與新生兒的社會因素

孕期的發展和模式直接取決於遺傳訊息，然而我們也不能忽視孕婦所處的心理社會環境。也就是說，有部分的胚胎可能受到遺傳的因素，而造成發展上的缺陷；也有些胎兒雖然並未受到先天遺傳的限制，但卻因後天環境的因素，而對胎兒造成發展上之影響（參見**圖3-4**）。一個婦女對懷孕和生育的態度、生活方式、孕期中具有的應變能力、文化對行為之要求等，皆會影響到孕婦的幸福感；同樣也會影響到胎兒的健康與成長。Bradley、Corwyn和Whiteside-Mansell（1996）的研究顯示，激勵與支持是家庭最重要的必要條件，新生兒需要能與他們說話的父母（照顧者）、穩固安全的家，還要有足夠的、能刺激官能的遊戲和玩具。影響胎兒發展的因素如下：

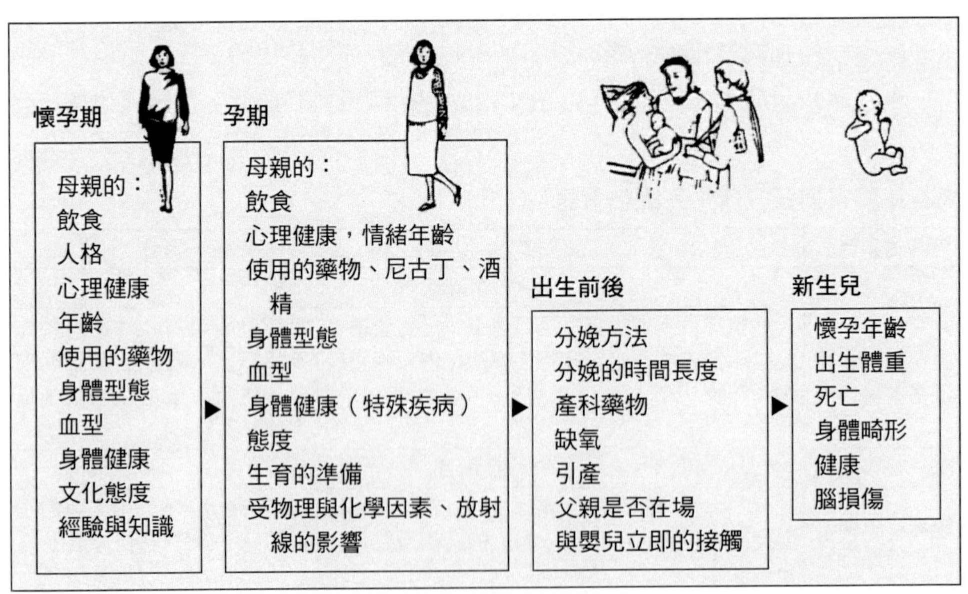

圖3-4　影響孕期發展的因素

資料來源：Clarke-Stewart, A. & Koch, J. B. (1983).

一、遺傳因素

從受孕的剎那開始，與生俱來的基因就影響著胎兒的發展。由於父母親的染色體也都是來自於雙親，代代相傳，因此家族中有染色體異常的病史，就有可能造成胎兒出現先天性缺陷。人類的遺傳疾病可分成三大類（蔡欣玲等，2004）：

1.染色體異常：例如染色體不分離造成的第二十一對（唐氏症，即三染色體21）、第十三對（巴陶氏症，即三染色體13）及第十八對（艾德華氏症，即三染色體18）染色體的三染色體症（trisomy），及47XXY（克萊思費爾特症候群）、47XXX等性染色體方面之異常。
2.單一基因異常：人類之遺傳特質由基因控制，基因的遺傳及表現方式是由Mendel發現的。常見的單一基因異常疾病包括有海洋性貧血、色盲、鐮狀細胞貧血症、G-6-PD缺乏症等。
3.多因素異常：是由數個基因作用而產生，有時可能還受環境因素之影響。常見的多因素異常疾病有兔唇、顎裂、神經管缺陷等。

二、母親的年齡

生育能力始於月經初潮，截止於更年期的結束。這樣，一個婦女在其一生中可能的生育期大約為三十五年。生育可以發生在這一時期中的任何一個時刻或許多時刻上。生育對一個母親的身體和心理的健康影響，隨著她的年齡以及她對母親角色的情緒上投入的不同而有所差異。同樣的，這些因素也會顯著地影響她的孩子的生存與健康。從生理的角度來看，21至30歲是婦女適合懷孕和分娩的年齡（游淑芬等，2004）。

和16歲以下或35歲以上的婦女相比，16至35歲之間的婦女往往能提供一個較好的子宮環境，並且生育時較少有併發症。特別是在第一次懷孕時，如果孕婦超過35歲，往往有較長的產程，其分娩更容易引起胎兒或是母親死亡。有最高的生下早產兒的概率的兩種年齡層，便是35歲以上和16歲以下的婦女（Schuster, 1986）。

十幾歲母親生下的早產兒比最高機齡母親生下的早產兒更容易罹患精神缺陷症，從而影響他們的適應能力。而且，16歲以下的母親往往得到的孕期照顧很少，在生理上也不成熟。結果是青少年母親往往更容易在孕期中罹患併發症，從而危及嬰兒及其自身。有證據顯示，良好的醫療照顧及護理、營養、社會支持，能改善16歲以上青少年母親的生育經歷。然而，那些16歲以下的少女因身體不成熟，把母親和嬰兒推向了極大的危險之中（Quilligan, 1983; Roosa, 1984）。

年齡超過40歲的母親其嬰兒可能面臨的一個主要危險，是唐氏症候群（Moore, 1988）。一個婦女的卵細胞最初是以一種不成熟的形式存在的。她活得愈長，這些細胞就會變得愈老。根據假設，高齡婦女中生育唐氏症候群的高發生率，部分原因是由於卵細胞的退化。35歲以後，婦女生育孩子的危險變得愈來愈大，大多數人會接受羊膜穿刺術，以便檢查是否有嚴重的胎兒缺陷（Williams, 1987）。另一方面，年輕人似乎並未意識到過於年輕的女孩懷孕生子所產生的危險。1983年裡，美國約有十八萬三千個嬰兒是由17及17歲以下的女孩所生。有十八萬多個合法流產是用於17及17歲以下的母親，約占所有人工流產中的11%（Ventura, Taffel, & Mosher, 1988）。

從上述可知，年齡會影響生育品質，為了提倡優生保健觀念，1958年世界婦產科聯盟會議決定，將35歲以上的產婦稱為高齡產婦。不過，我國中央健保局則以年滿34歲以上為高齡產婦，建議在妊娠十六至十八週時施行羊膜穿刺術，檢測母血中甲型胎兒蛋白（AFP）及絨毛性腺激素（HCG）的值，再將檢測值以電腦換算成唐氏兒的機率，以便及早發現胎兒有無唐氏症候群或其他染色體異常（詳細內容請參見第四章）。

三、母親的營養

(一)孕期營養的重要性

母體的健康是胎兒健康的基礎，所以孕婦的營養狀況對胎兒的發展相當重要。營養不佳的母親，生下的嬰兒往往體重過輕、智能發展障礙、對疾病抵抗力較差。而胎兒期的營養供給主要來自母親的攝食，唯有攝取均衡飲食，使體重保持在正常範圍內，才能有健康的母親及健康的胎兒。整個懷孕的過程，體重增加宜為10至14公斤左右（參見**表3-13**），營養不良會導致子宮發育不良，嬰兒出生時的體重也會不足。缺乏某些維生素或礦物質也不行，尤其是葉酸，缺乏葉酸與神經方面的缺陷有密切關聯，而嚴重的營養失調會增加胎兒有先天

表3-13　孕期體重增加表

懷孕期	增加體重
1至4個月	1至2公斤
5至7個月	5至6公斤
8個月至生產	4至5公斤

性缺陷及死亡的可能性。懷孕期的最後三個月是胎兒增加體重及腦細胞發育的時期，因此蛋白質的攝取最為重要。

為了確保低收入婦女得以在妊娠期間獲取適當的營養，美國政府策劃了「婦幼兒童補品計畫」（Supplementary Food Program for Woman and Infant Care, WIC）。該單位發放兌換券給孕婦及5歲以下孩童的母親，供其兌換高蛋白質及添加鐵質的食品。他們同時也舉辦營養教育講座，提供營養諮詢服務。

(二)懷孕期的營養需求

孕婦需要豐富且均衡的營養，在懷孕期間，熱量、蛋白質、維生素及礦物質的需求量都增加。通常將整個孕期分為前、中、後三期，各期所需的熱量及營養素不盡相同，分述如下（參見**表3-14**）：

■懷孕前期（一至三個月）

懷孕初期的前三個月是胎兒發育的重要階段，胎兒的五官、心臟及神經系統此時開始形成。在懷孕初期幾乎不需要增加任何熱量，因此均衡的飲食，足量的補充蛋白質、礦物質及維生素對胎兒的健康成長發育已足夠。

雖然孕婦此時需要補充適量的營養素，不過此時應多加注意鋅、鐵質、葉酸及維生素A的攝取，除了可以幫助孕婦預防貧血，並且幫助胎兒神經系統的發育。提供孕婦足量的鋅，則可以避免懷孕期因缺乏鋅所產生的倦怠及早產情況。

■懷孕中期（四至六個月）

懷孕期的第二期是胎兒發育成長的重要階段，此時胎兒的器官持續發展形成，心臟血液循環開始及臉部特徵明顯，並且胎兒在此階段體重快速增加。

此期每日約須增加300大卡的熱量，應提供孕婦足量的鐵質，可以幫助孕婦預防常見的懷孕期貧血現象，補充足量的維生素B群可幫助母體及胎兒紅血球的形成。並應補充母體足量的鈣質以幫助胎兒骨發育，並且可避免孕婦腿部痙攣

表3-14　懷孕期各項營養素的重要性

營養素	重要性	來源
維生素A β-胡蘿蔔素	促進細胞生長及參與視網膜的光化學反應	含維生素A豐富的食物，如魚肝油、肝臟、深綠色或深黃色蔬菜和水果，其次為奶、蛋類
維生素B_2	為懷孕期母體及胎兒組織形成所需	牛奶、肉類、內臟類、蛋及酵母含維生素B_2
維生素B_6	幫助母體蛋白質新陳代謝，促進紅血球的形成	食物來源為全穀類、豬肉、雞肉及魚肉等
維生素B_{12}	與細胞分裂及蛋白質製造相關，素食母親所哺餵的嬰兒容易缺乏	動物性食物，如肝臟、腎臟、肉及奶製品含豐富維生素B_{12}
維生素C	維生素C在胎兒的免疫系統發育上扮演非常重要的角色，並且可幫助鐵質的吸收。由於維生素C無法在母體內儲存，所以每天維生素C的補充變得非常需要	水果含豐富的維生素C，如芭樂、奇異果、鳳梨、柳丁、檸檬、柚子及文旦
維生素D	幫助有效利用鈣質與磷質以生成健全的骨骼與牙齒	魚肝油、蛋黃及肝臟含豐富的維生素D
維生素E	懷孕期維生素E需求會增加以確保胚胎之適當生長，但母體須額外補充，以彌補製造母乳時所損失之維生素E	植物性油、小麥胚芽油、米糠油等含豐富的維生素E
生物素	幫助把食物轉變成能量，以及能夠有效利用蛋白質	食物來源有肝、腎、酵母及全穀類
葉酸	於預備懷孕前三個月開始至懷孕中期須注意補充。葉酸屬於維生素B群之一，平時難從飲食中攝取足夠，孕婦葉酸的攝取量不足時，新生兒容易發生神經管的缺陷	葉酸的主要來源為綠色蔬菜的綠葉中，如菠菜最多，其次如肝、腎、花椰菜、酵母
菸鹼酸	懷孕期母體能量需求增加，導致菸鹼酸之需求增加	全穀類製品、綠葉蔬菜、牛奶、肉類、內臟類、蛋及酵母含豐富菸鹼酸
泛酸	幫助將脂肪、醣類以及蛋白質轉變成能量	含豐富泛酸的食物有肝臟、腎臟、酵母、麥胚、豆胚及豆類
鈣質	鈣質幫助骨骼的發育、鎂的吸收及血液的凝結。及早開始儲存身體足量的鈣質是非常必要的，以供給懷孕時期的所需	如牛奶，但勿與苷藍及菠菜同食，會降低鈣的吸收
鉻	醣類利用所必需	含鉻豐富的食物有甲殼類、雞肉、玉米油及啤酒酵母
銅	幫助母體血色素的形成，幫助減少孕婦產生貧血現象	含銅的食物有肝臟、瘦肉及硬殼果類等
鐵質	幫助形成血紅素所必需的元素，而足量血紅素可幫助攜帶氧氣供給胎兒所需	主要來源有牛肉、豬肉、內臟等，而蛋黃、醋、菠菜會干擾鐵質的吸收，但勿同時食用

（續）表3-14　懷孕期各項營養素的重要性

營養素	重要性	來源
碘	幫助母體及胎兒的甲狀腺功能運作正常	主要來源為海產類及海藻類
鎂	為蛋白質新陳代謝及組織成長之所需	如五穀類、瘦肉、奶類及綠葉蔬菜含鎂
錳	為懷孕初期胎兒骨骼發育、關節生長及聽力發育所必需，錳的缺乏會導致胎兒生長遲緩，骨骼發育異常及內耳畸形	如藍莓、萵苣、鳳梨等食物含錳
鉬	為胎兒神經發育的重要元素	含鉬豐富的食物有牛奶、穀類及肝臟
鋅	懷孕時期胎兒鋅的缺乏，會導致胎兒畸形、發育遲緩、損害生殖功能及發展，並影響骨骼	海產、內臟類及肉類為含鋅豐富的食品

的發生。礦物質如鋅、鉬、碘、錳等的補充，可以幫助胎兒的骨骼、神經系統及腺體的發育。

■懷孕後期（七至九個月）

此時期胎兒的體重迅速上升、胎動頻繁，並且是胎兒各部位（特別是腦部）發育的重要時期。懷孕最後兩個月的維生素及礦物質缺乏，將對胎兒腦部的發育產生極大影響，須特別注意補充足量的營養素，此期每日約須增加300大卡熱量的攝取。

後期的孕婦除應攝取足量的鈣質供胎兒成長所需外，並應注意礦物質及維生素的足量補充，如鐵質、銅、鋅及維生素B_6、B_{12}，以提供母體及胎兒產生充足的血紅素，並且幫助胎兒健康發育（參見**表3-14**）。

綜合而言，母親的營養情形會影響胎兒的生長發育及智能發展，在懷孕期間必須攝取均衡，且適當、適量的營養，若攝取不均衡、過多或過少，均會對胎兒的發展造成極大的影響。

四、母親服用的藥物

懷孕婦女使用的藥物種類範圍是相當大的。鐵、利尿劑、抗生素、賀爾蒙、鎮靜劑、食物抑制劑及其他藥物等，或由醫生開具處方，或由孕婦隨意自服。此外，有的婦女還會隨意服用酒精、尼古丁、咖啡因、大麻、古柯鹼，及其他麻醉藥，影響胎兒的環境（Chasnoff, 1988）。特定藥物對胎兒生長的作用的研究發現，孕婦所攝取的許多藥物，實際上會在胎盤產生變化並被傳遞給胎兒。

服用尼古丁，尤其是海洛因和古柯鹼，以及美沙酮（methadone，一種用於治療海洛因毒癮的藥物），都會增加出生缺陷、體重過低、高死亡率等危險（Dinges, Davis, & Glass, 1980; Zuckerman et al., 1989）。在生命的第1週裡，受到鴉片、古柯鹼、美沙酮作用的嬰兒，會表現出極度的焦躁不安，預示著神經錯亂高頻哭叫、發燒、睡眠不寧、進食困難、肌肉痙攣和震顫（Hans, 1987）。這些嬰兒有很高的嬰兒猝死症候群（sudden infant death syndrome）的危險。大範圍的研究發現，孕期中受吸毒影響的兒童表現出精細動作協調上的困難，他們很難集中和維持注意，並很可能因此而導致學校中的適應問題。當然，這些藥物在孕期中對神經系統的直接影響，與出生後由吸毒的母親扶養的影響，或是與母親也置身其中發展的社會、教育環境的養育的影響，是很難分開的。

其他藥物是作為孕期中醫療手段的一部分而施予孕婦的。1960年代中，使用沙利竇邁（thalidomide），用於治療早晨嘔吐的悲劇性後果，使我們警惕到某些化學藥物對胎兒的潛在危害，尤其是在胎兒第一個三月期的分化、發育時期。在懷孕後第21至36天中服用沙利竇邁會導致胎兒四肢嚴重畸形。

有些藥物是用來維持妊娠的。在一個案例中，對一組在孕期中服用過雌激素（estrogen）和黃體素（progesterone）的母親的孩子在6歲和16歲時進行研究。在兩個年齡上，這些孩子和那些在孕期中沒有服用過這些激素的母親的孩子相比，都表現出較低的攻擊性和運動能力（Yalom, Green, & Fisk, 1973）。在另一個案例中，一百多名婦女接受了潑尼松（prednisone）治療，這種藥首先是用來降低不孕症，而後是可以維持妊娠。她們生下的嬰兒體重明顯低於那些控制組（不服用藥物）婦女的嬰兒（Reinisch & Karow, 1977）。

經過不斷的研發，美國食品藥物管理局（FDA）將懷孕用藥安全級數分為A、B、C、D、X五級，各級所代表的意義如下（參見**表3-15**）：

1.A級和B級藥品：孕婦可以服用。

2.C級藥物：須由醫師權衡利弊情形，酌情考量下才可使用。

表3-15　懷孕用藥安全級數

級別	代表的意義	說明
A級	已證實對胎兒無危險性	依據控制良好的臨床研究顯示，此藥對孕婦及胎兒都沒有危險性
B級	目前尚未證實對胎兒有危險性	1.動物實驗不能證明對胎兒有危險性，對孕婦尚未充分研究 2.動物實驗雖然有不良作用，但對孕婦及胎兒無法證明有危險性
C級	對胎兒的安全性尚未確立	1.動物實驗顯示，對胎兒有不良作用，但對孕婦尚未有充分的研究 2.動物及孕婦均無充分的研究資料，其安全性未知
D級	對胎兒有明確的危險性	對胎兒的危險性已有確實的證據，但在疾病已危及生命或無法以其他較安全的藥物有效控制嚴重病情時，仍可考慮使用
X級	已證實會導致畸形，孕婦禁用	無論動物或人體研究均證實會造成胎兒異常，此藥對孕婦為禁忌，任何情況均不建議使用

資料來源：游淑芬、李德芬、陳姣伶、龔如菲（2004）。

3.D級藥物：儘量避免使用，除非有不服用此藥，會危及孕婦生命的情形。

4.X級藥物：研究已證實為**致畸胎物**（teratogens），嚴格禁止孕婦使用。

所謂致畸胎物，係指會導致胎兒產生畸形或功能異常的物質及因素，包括藥物、輻射線、感染，以及酒精等。每一種致畸胎物均有其特定侵犯的器官，同一種致畸物在不同妊娠時期所造成的影響也會不一樣，多數有害藥物在懷孕前期的傷害性最嚴重，尤其是受孕後第三至八週（胚胎期），此時胎兒正值各項器官發展的關鍵期，**表3-16**及**表3-17**列出已知的致畸胎物的物質與藥物。

五、輻射線

懷孕期若接受到大量的輻射線照射，可能會造成胎兒中樞神經系統的傷害、先天畸形、智能不足等問題。一般最常遇到的情況是在不知已懷孕的情形下，接受了診斷用的X光攝影檢查。而事實上是，一般X光的輻射劑量都非常低（參見**表3-18**），但是這種情形往往造成父母親及醫護人員相當大的困擾。為了避免這些困擾，應記得「十天定律」，也就是除非緊急性的X光檢查，一般性的X光檢查，宜安排在月經來潮的第一天至第十天的安全期期間。

表3-16　能影響產前發育的藥物

藥物	可能產生的致畸胎情形
酒精	產前／產後成長遲滯、發育遲緩；臉部畸形等畸形小孩；心臟缺陷；有過動行為問題
安非他命（苯丙胺）	早產或死產、新生兒易怒不安、新生兒哺乳情況不良
抗生素	喪失聽力
鏈黴素、四環黴素	早產；污齒；短手短腿；手蹼；骨骼成長有限
阿司匹靈	造成母親或嬰兒有出血方面的問題
大侖丁（苯妥英，治癲癇藥）	頭部及臉部異常；心臟缺陷；顎裂；心智發育遲緩
巴比妥酸鹽	胎兒會產生戒毒過程所出現的症狀，包括盜汗、嘔吐、情緒激動，同樣能引發神經學方面的問題
幻覺劑	可能造成慢性傷害、流產、行為異常
鋰	心臟缺陷；嗜睡
古柯鹼	出生體重不足；畸形小頭；SIDS；早產、IGUR、流產
海洛因	血毒症；IGUR；流產；早產；出生體重不足；死產；SIDS；新生兒出現戒毒症狀，例如焦躁不安、嘔吐、顫抖
賀爾蒙、DES	生殖系統異常；生殖系統癌
雌激素	男性女性化
雄激素	女性男性化
鎮定劑、Valium	手蹼；呼吸困難；肌肉狀態差；嗜睡
菸草	IGUR；早產、死產；出生體重不足；SIDS；過動及學習障礙
維生素A	手蹼；心臟缺陷
Accutane（粉刺藥）	畸形小頭；眼盲；心臟缺陷；嬰兒死亡
咖啡因	出生體重不足；IGUR；早產
抗組織胺藥	畸形；嬰兒死亡
皮質類固醇	畸形；手蹼；IGUR

六、母親的疾病或感染

(一)糖尿病

糖尿病使母親的血糖濃度升高，很多患者會注射胰島素（insulin）降低血糖，而高血糖及胰島素會增加流產的機會，同時胎兒可能體重過重，身體與神經方面可能出現問題或死產（蘇建文等，1998）。研究顯示，糖尿病孕婦產下的嬰兒注意力較弱，較不警覺，眼球移動速度較慢，且在注意人臉時有點問題，當他們被置於坐姿時，似乎無法正常控制頭部，會顫抖，皮膚顏色很快轉變成紅棕色，較難照顧（Yogman, Cole, Als, & Lester, 1982）。

表3-17　已知或懷疑的致畸物

化學物質及藥物		
Alcohol	Coumarins	Methimazole
Aminopterin	Cyclophosphamide	Methotrexate
Androgenic hormone	Danazol	Organic mercury
Angiotensin-converting enzyme (ACE) inhibitors	Diethylstilbestrol (DES)	Penicillamine
	Etretinate	Penytoin
Busulfan	Goitrogens (antithyroids)	Tetracycline
Carbamazepine	Isotretinoin	Thalidomide
Chlorbiphenyls	Lithium	Trimethadione
		Valproic acid
感染		
巨細胞病毒（Cytomegalo virus）	德國麻疹病毒（Rubella virus）	梅毒（Syphilis）
弓漿體病原蟲（Toxoplasmosis）	委內瑞拉馬腦脊髓炎病毒（Venezuelan equine virus）	
母體疾病		
酒精成癮（Alcoholism）	結締組織疾病（Connective tissue diseases）	多尿症（Diabetes）
男性化腫瘤（Virilizing tumors）	地方性呆小症（Endemic cretinism）	體溫過高（Hyperthermia）
輻射		
原子武器（Atomic weapons）	放射性碘（Radioactive iodine）	放射線治療（Radiotherapy）

資料來源：陳彰惠等（2001）。

表3-18　X光檢查各部位之接受劑量

單位：毫拉德（mrad）

檢查部位	男性	女性
頭部	<1	<1
胸部	<1	<1
胃部	2	40
腰椎	175	400
腹部	100	200
骨盆	300	150
腎盂（IUP）	150	300
下肢	<1	<1

(二)Rh因子不合

Rh因子是指母親與小孩血液中有不相容的因子，在某些情況下會導致胎兒或新生兒產生嚴重且致命性的貧血或黃疸，稱為「核紅血球症」（erythroblastosis，即新生兒母親紅血球細胞過多症）；全球人口中，約有85%的人有這種蛋白質。當胎兒血液內含有Rh蛋白質，但母親並沒有Rh因子時，Rh不相容情況便產生；若胎兒含有Rh因子的血液流入母親體內（或許在生產時），母親的身體系統會形成抗體來對抗Rh因子，問題並不會在此時產生，而是待下一次懷孕，下一個胎兒的紅血球便會受到此種抗體影響，胎兒可能會患黃疸、早產、死亡或腦受傷。若要生存下去，在出生後要立刻換血，甚至在出生前就要換血。

若是Rh陰性的母親在第一個寶寶出生後，馬上施予抗Rh抗體（Rhogarn），即可預防新生兒溶血症。若是Rh陰性的母親在先前幾次懷孕時，已對Rh陽性血液致敏，而未施以Rhogarn治療，則其胎兒可進行子宮內換血（周念縈譯，2004）。

(三)德國麻疹

德國麻疹（rubella）病毒是很強的致畸胎物，如果母親在懷孕初期感染德國麻疹，可能會侵害胎兒的眼部、耳朵，並導致腦部損害及罹患心臟疾病等。愈早期感染影響愈嚴重，前三個月感染的畸形率高達25%，至第四個月則降為6%至8%。

因此，育齡婦女宜在婚前或計畫懷孕之前，先進行抽血檢查，看有無德國麻疹抗體，若發現血液中無抗體，即應注射德國麻疹疫苗，須注意接種疫苗三個月內宜避免懷孕。

七、母親的嗜好

(一)吸菸

香菸中的尼古丁和一氧化碳對胎兒有不良影響，孕期中吸菸婦女的胎兒出生體重要比不吸菸婦女的胎兒來得輕。吸菸會導致早產、胎兒死亡、流產、出生體重不足，以及其他懷孕期和生產期的併發症和嬰兒猝死症（Sudden Infant

Death Syndrome, SIDS）。通常嬰兒在出生一週時即開始有反應，頭部也顯得較小，也可能造成日後認知和學習能力的問題。

(二)飲酒過度

飲酒過度容易造成孩子先天之缺陷，如長相怪異（Funny Looking Kid, FLK）並帶有智能遲滯，醫師將這些生產特定之先天性缺陷，稱為胎兒酒精症候群（Fetal Alcohol Syndrome, FAS）。此種孩子帶有先天缺陷、智能遲滯、頭部小、眼睛小、上唇薄、短鼻以及臉部中間平坦。這種孩子在學習力、注意力、記憶力、解決問題能力等認知功能有問題，同時有肌肉協調不良、衝動、聽力受損、語言發展問題。長大至成人後則表現出衝動、欠約束力、判斷力不足、社會行為不良。

(三)異食癖

某些文化或地區懷孕婦女之營養問題是異食癖（Pica）。所謂「異食癖」係指懷孕期間食用一些非飲食性的物質，如顏料、澱粉、灰塵、泥土、冰塊等。在美國非裔孕婦約有8%有攝取非食物性質的狀況，尤其是冰塊或冰箱的結霜（pagophagia），結果造成貧血之症狀，Pica情形常發生在物質較缺乏的地區。食用非食物性物質的主要理由是舒緩壓力或文化現象，但結果可能會影響胎兒正常的成長與發育。

(四)母親的情緒與壓力

婦女對懷孕不僅有身體反應，而且也有情緒之心理反應，尤其是對懷孕有憂鬱症或懷孕症候群，這種情緒反應會透過胎盤影響到胎兒，尤其是體內分泌的可體松（cortisone），會造成胎兒血液氧量減少，終致產生流產、早產或體重不足之現象。

整個懷孕過程原本就是充滿壓力與矛盾的情緒，因此，獲得適當的支持（尤其是家人）就顯得格外重要。

八、貧窮

貧窮是影響胎兒生存的心理與社會因素，貧困與低劣的護理照護相聯繫，尤其是及早（青少年）懷孕及多次懷孕，加上藥物濫用，生活壓力及缺乏體檢與疫苗導致胎兒營養不良、傳染病高發率、糖尿和心血管疾病，這些因素又與出生時的體重過低有很大關聯性（Cassady & Strange, 1987）。這些亦是兒童福利組織和政府應關注的對象之一，提供資源幫助照顧、教育、扶持那些因貧窮所造成智能身體和情緒能力較差之兒童，更是社會責任、社會關懷與公正的考驗。

九、文化

文化對於生育的特殊性態度（如分娩方式、異食癖等），生兒育女的抉擇（如一胎化或墮胎），孕期中的社會經歷與支持，皆會影響雙親的態度與行為。生育時所發生的種種事件，影響著母親對其自身及其承擔母親角色之能力。在表達對孕婦的關心與支持，以及強調（empower）母親的能力及對事態之控制方面，來自社會（家庭成員、朋友或健康醫護專家）的努力及實質支持，皆有助於婦女對自身及成為母親角色積極的作用。

第四節　結語

胎兒是在一個心理社會環境中發展，除了遺傳因素作用於個體特徵之形成，懷胎九個月的發育涉及個體器官之迅速分化和生存機能的逐漸整合，尤其是感覺器官的成熟與整合皆會影響日後的生長與發育。

出生過程的五個階段，亦是胎兒脫離母親的維生系統而逐漸調整成自我生存之適應，同時透過個體之早期信號來與父母（照顧者）做一呼應。

母親與胎兒是共生依存的，懷孕影響了婦女的社會地位和社會角色，同時亦影響人們對待她的方式及可能獲得的資源。懷孕也影響了婦女的身體健康和情緒狀態，母親對懷孕的態度、行為與能力，對於對未出生孩子所欲建立的依附關係，也將決定孩子出生後的養護品質。

母親的性格，生活方式，物質和文化環境都攸關胎兒的發育，尤其是一些環境或本身的特徵也對胎兒有所影響。

近年來，科技的發達也使得生產方式產生很大的改革，無痛分娩與墮胎引發了公共政策之辯論。產前檢查，如基因檢查、性別檢查或例行產檢（如超音波、羊膜穿刺、絨毛膜取樣），對於一般婦女及胎兒之健康，尤其在預防先天性疾病方面有很大的幫助，但是對於強制的產檢及墮胎就產生道德性及合法性之爭議。到底社會是否有權對孕婦進行強制藥物檢驗？或對吸毒之父母或高危險之父母進行強制墮胎之裁定呢？社會工作者應秉持社會關懷，倡導社會正義，提供孕婦及有需要援助之家庭必要之支持，同時也應倡導發展性及預防性之家庭政策，以提供弱勢家庭必要的支持及介入方案。

參考書目

一、中文部分

王瑋等譯（1991）。《人類發展學》。臺北：華杏。

行政院衛生署（2003）。衛生指標。衛生統計資訊網。網址：http://www.doh.gov.tw/statistic/統計年報/st2_91_2.htm

行政院衛生署國民健康局（2002）。《新生兒篩檢之篩檢率及發生率》。臺北：行政院衛生署國民健康局。

余玉眉等（1991）。《婦嬰護理學——產科、婦科及新生兒》（上冊）。臺北：華杏。

周念縈譯（2004）。《人類發展學》（七版）。臺北：巨流。

翁瑞亨等（2003）。《優生保健》。臺北：華杏。

張欣戊等（2001）。《發展心理學》（三版）。臺北：國立空中大學。

郭靜晃（2005）。《兒童發展與保育》。臺北：威仕曼。

郭靜晃、吳幸玲譯（1994）。《發展心理學—心理社會發展理論與實務》。臺北：揚智。

郭靜晃等（1998）。《兒童發展與保育》。臺北：國立空中大學。

陳彰惠等（2001）。《產科護理學》（上冊）。臺北：華杏。

游淑芬、李德芬、陳姣伶、龔如菲（2004）。《嬰幼兒發展與保育》。臺北：啟英。

蔡欣玲等（2004）。《當代人類發展學》（二版）。臺北：偉華。

戴步雲譯（2001），Moore著。《人類胚胎學》。臺北：合記。

魏弘貞譯（2008）。〈基因與遺傳〉。輯於郭靜晃（總校閱）之《兒童發展》。臺北：華杏。

蘇建文等（1998）。《發展心理學》。臺北：心理。

二、英文部分

Abel, E. L. (1984). *Fetal Alcohol Syndrome and Fetal Alcohol Effects*. New York: Plenum.

Adams, R. J., Courage, M. L., & Mercer, M. E. (1994). Systematic measurement of human neonatal color vision. *Vision Research, 34*: 1691-1701.

Adams, R. J., Maurer, D., & Davis, M. (1986). Newborn's discrimination of chromatic from archromatic stimuli. *Journal of Experimental Child Psychology, 41*: 267-281.

Aslin, R. N. (1987). Visual and auditory development in infancy. In J. D. Osofsky (Ed.). *Handbook of infant development* (2nd ed., pp. 5-97). New York: Wiley.

Beauchamp, G. K., Cowart, B. J., Mennella, J. A., & Marsh, R. R. (1994). Infant salt taste: Developmental, methodological and contextual factors. *Development Psychobiology, 27*: 353-365.

Bjorklund, D. F. (1989). *Children's Thinking: Developmental Functions and Individual Difference* (2nd ed.). Pacific Grove, CA: Brooks / Cole.

Bornstein, M. H. & Arterberry, M. E. (1999). Perceptual development. In M. H. Bornstein & M. E. Lamb (Eds.). *Developmental Psychology: An Advanced Textbook* (4th ed.). Mahwah, NJ: Elbaum.

Bradley, R. H., Corwyn, R. F., & Whiteside-Mansell, L. (1996). Life at home: Same time, different place. *Early Development and Parenting, 5*: 251-269.

Cassady, G. & Strange, M. (1987). The small-for-gestational-age (SGA) infant. In G. B. Avery (Ed.). *Neonatology: Pathophysiology and Management of the Newborn*. Philadelphia: Lippincott.

Cernoch, J. M. & Porter, R. H. (1985). Recognition of maternal auxiliary orders by infants. *Child Development, 56*: 1593-1598.

Chasnoff, I. J. (1988). *Drugs, Alcohol, Pregnancy, and Parenting*. Hingham, Mass.: Kluwer.

Clarke-Stewart, A. & Koch, J. B. (1983). *Children: Development Through Adolescence*. New York: Wiley & Sons.

Clarke-Stewart, A. and Koch, J. B. (1983), *Children: Development Through Adolescence* (Figure 4.1, p. 101). New York: Wiley & Sons.

Clarren, S. K., & Smith, D. W. (1978). The fetal alcohol syndrome. *New England Journal of Medicine, 298*: 1063-1067.

Colombo, J. & Bundy, R. S. (1981). A method for measurement of infant auditory selectivity. *Infant Behavior & Development, 4*: 219-233.

De Casper, A. J. & Prescott, P. (1984). Human newborns' perception of male voices: Preference, discrimination, and reinforcing value. *Developmental Psychobiology, 17*: 481-491.

De Casper, A. J. & Spence, M. J. (1986). Prenatal maternal speech influences newborns' perceptions of speech sounds. *Infant Behavior and Development, 9*: 133-150.

De Casper, A. J., & Fifer, W. P. (1980). Of human bonding: Newborns prefer their mother's voice. *Science, 28*: 1174-1176.

Dinges, D. F., Davis, M. M., & Glass, P. (1980). Fetal exposure to narcotics: Neonatal sleep as a measure of nervous system disturbance. *Science, 209*: 619-621.

Fantz, R. L. (1963). Pattern vision in newborn infants. *Science, 140*: 296-297.

Frankenburg, W. K., Dodds, J., Archer, P., Resnick, B., Maschka, P., Edelman, N., & Shapiro, H. (1992). *Denver II: Training Manual*. Denver, CO: Denver Developmental Materials.

Fried, P. A., Watkinson, B., Dillon, R. F., & Dulberg, C. S. (1987). Neonatal neurological status in a low-risk population after prenatal exposure to cigarettes, marijuana, and alcohol. *Journal of Developmental and Behavioral Pediatrics, 8*: 318-326.

Greenough, W. T. & Black, J. E. (1999). Experience, neural plasticity and psychological development. In N. A. Fox, L. A. Leavitt & J. G. Warhol (Eds.). *The Role of Early Experience in Infant Development*. Johnson & Johnson Pediatric Institute.

Greenough, W. T., Black, J. E., & Wallace, C. S. (1987). Experience and brain development. *Child Development, 58*: 539-559.

Hans, S. L. (1987). Maternal drug addiction and young children. *Division of Child, Youth, and Family Services Newsletter, 10*: 5, 15.

Holmes, T. H., & Rahe, R. H. (1967). The social readjustment rating scale. *Journal of Psychosomatic Research, 11*: 213-218.

Meltzoff, A. N. & Borton, R. W. (1979). Intermodal matching by human neonates. *Nature, 282*: 403-404.

Meredith, H. V. (1975). Somatic changes during human prenatal life. *Child Development, 46*: 603-610.

Moore, M. L. (1981). *The Newborn and the Nurse* (2nd ed.). Philadelphia, PA: Sauders.

Moore, K. L. (1988). *The Developing Human: Clinically Oriented Embryology* (4th ed.). Philadelphia: W. B. Saunders.

Newman, B. & Newman, P. (2006). *Development Through Life: A Psychosocial Approach* (9th ed). Belmont, CA: Thomas Wadsworth.

Nowakowski, R. S. (1987). Basic concepts of CNS development. *Child Development, 58*: 568-595.

Quilligan, E. J. (1983). *Pregnancy, Birth, and the Infant*. NIH publication no. 82-2304. U.S. Department of Health and Human Services. Washington, D.C: U.S. Government Printing Office.

Reinisch, J. M. & Karow, W. G. (1977). Prenatal exposure to synthetic progestins and estrogens: Effects on human development. *Archives of Sexual Behavior, 6*: 257-288.

Roosa, M. W. (1984). Maternal age, social class, and the obstetric performance of teenagers. *Journal of Youth and Adolescence, 13*: 365-374.

Schuster, C. S. (1986). Intrauterine development. In C. S. Schuster & S. S. Ashburn (Eds.), *The Process of Human Development* (pp. 67-94). Boston: Little, Brown.

Spelke, E. S. (1979). Perceiving bimodally specified events in infancy. *Developmental Psychology, 15*: 626-636.

Spence, M. J. & De Casper, A. J. (1987). Prenatal experience with low-frequency maternal-voice sounds influence neonatal perception of maternal voice samples. *Infant Behavior and Development, 10*: 133-142.

Sroufe, L. A. (1979). Socioemotional development. In J. D. Osofsky (Ed.). *Handbook of Infant Development*. New York: Wiley.

Stechler, G., & Halton, A. (1982). Prenatal influences on human development. In B. B. Wolman

(Ed.), *Handbook of Developmental Psychology* (pp. 175-189). Englewood Cliffs, N. J.: Prentice-Hall.

Streissguth, A. P., Barr, H. M., Sampson, P. D., Darby, B. L., & Martin, D. C. (1989). IQ at age 4 in relation to maternal alcohol use and smoking during pregnancy. *Developmental Psychology, 25*: 3-11.

Sullivan, J. & Horowitz, F. D. (1983). The effects of intonation on infant attention: The role of rising intonation contour. *Journal of Child Language, 10*: 521-534.

Thomas, R. M. (2005). *Comparing Theories of Development* (6th ed.). Belmont, CA: Wadsworth.

Usher, R. (1987). Extreme prematurity. In G. B. Avery (Ed), *Neonatology: Pathophysiology and Management of the Newborn* (3rd ed.) (pp. 264-298). Philadelphia: Lippincott.

Ventura, S. J., Taffel, S. M., & Mosher, W. D. (1988). Estimates of pregnancies and pregnancy rates for the United States, 1976-85. *American Journal of Public Health, 78*: 506-511.

Williams, J. H. (1987). *Psychology of Women: Behavior in a Biosocial Context* (2nd ed.). New York: Norton.

Wolff, P. H. (1966). Causes, controls, and organization of behavior in the neonate. *Psychological Issues, 5*, (*1*, whole no.*17*).

Yalom, I. D., Green, R., & Fisk, N. (1973). Prenatal exposure to female hormones. *Archives of General Psychiatry, 28*: 554-561.

Yogman, M. W., Cole, P., Als, H., & Lester, B. M. (1982). Behavior of newborns of diabetic mothers. *Infant Behavior and Development, 5*: 331-340.

Zuckerman, B. et al. (1989). Effects of maternal marijuana and cocaine use on fetal growth. *New England Journal of Medicine, 320*: 762-768.

Chapter 4

嬰兒期

- ■嬰兒期的生心理發展與保育
- ■嬰兒期的發展任務
- ■嬰兒期的發展危機
- ■結語

嬰兒期為人生發展中最快速的時期，在頭一年中，嬰兒的體重可成長3倍。嬰兒的成長可從肉眼中觀察得到。父母常很驚訝早上看到的嬰兒到晚上可能會有所變化。平均在第一年增加6、7公斤，第二年增加2至3公斤，2歲時的體重是出生時的4倍。身高第一年增加25至30公分，第二年增加10至15公分。除了身高與體重增加之外，體型也隨著改變，頭身比例從出生時1：1，到嬰兒約為1：4，直到日後成年時的1：8。

伴隨著成長，嬰兒的身體發展朝向可控制與有目的之方向，到整合各個反射動作與反應成為適應的行為。到了2歲，動作、語言及知覺行為可以被有效地觀察，並且可適應其所居住的環境。

本章主要介紹嬰兒期的各種動作發展、認知發展、語言發展、情緒發展及社會發展，並探討影響這些發展的重要生理、心理因素，共分為三節：第一節為嬰兒期的生理動作發展，包括嬰兒的動作發展原則、動作技能及動作控制；第二節為嬰兒期的發展任務，說明嬰兒從被照顧者發展為獨立自主的個體所經歷的環境刺激，逐步認識自我；第三節為嬰兒期的發展危機，說明先天的遺傳訊息，與後天環境及自我認知下，個體適應能力未獲得適當發展所可能產生的各種危機。

第一節　嬰兒期的生心理發展與保育

嬰兒期的動作發展是以一個可預期且具規律性的順序，主要是依循兩項原則：頭尾定律及近遠定律（蔡欣玲，1997）。其順序依序為（參見**圖4-1**）：

1.一個月：微微抬頭
2.二至三個月：抬頭
3.三至四個月：翻身
4.五至六個月：抬胸
5.七個月：獨坐
6.八個月：爬行
7.九個月：拉著走
8.十個月：扶著桌椅行走

圖4-1　嬰兒動作發展與位移順序

資料來源：Frankenberg, W. K. & Dodds, J. B. (1967).

9.十一至十二個月：獨立站

10.十三至十八個月：獨立行走

圖4-1說明了出生後第一年動作與運動技能發展的正常順序。嬰兒在獲得

這些技能的順序和速度方面是有差異性的。一般來說，在前十二個月，嬰兒開始向上支撐住頭部並開始自己翻身；他們學習探取、抓握物體及坐、爬、站、走。這些成就的每一項，都須藉由不斷地練習、熟練、不斷努力，直至最終的掌握（郭靜晃、吳幸玲譯，1994）。**表4-1**則是對嬰兒期的粗大動作與精細動作做一說明。

表4-1　嬰兒期的粗大與精細動作發展

動作 月齡	粗大動作	精細動作
一個月	1.俯臥時偶爾可微微抬頭並轉向另一側 2.俯臥時會有爬的動作（爬行反射） 3.驚嚇反射	1.頭與眼一起轉動 2.尋乳、吸吮反射 3.巴賓斯基反射 4.手常握拳，呈緊握狀態（抓握反射）
二個月	1.俯臥時能將頭抬起45度 2.俯臥時能短暫的將胸部抬離床面 3.能從側臥翻成仰臥 4.交替著踢腳	1.眼睛能隨移動物品或人而轉動 2.能短時間握住放在手裡的玩具 3.喜歡將手放入口中
三個月	1.俯臥時，能將頭部抬起45至90度 2.有支持時，會彎著背及屈著膝而坐 3.能由俯臥翻成仰臥	1.眼睛可凝視自己的手及玩自己的手 2.開始揮抓物品，但不一定能抓得到
四個月	1.呈坐姿時，頭部穩定不再向後倒，且背部彎曲減少 2.在有足夠的扶持下可以坐直 3.反射漸消失，而漸以具控制的動作取代 4.能由仰臥翻成側臥	1.張開手指抓東西，並把東西放入口中 2.能抓住並搖晃小物件
五個月	1.臥姿抱成坐姿時，頭不向後倒，背可以挺直 2.抱成站姿時，雙腿可支持自己大部分的體重 3.能由仰臥轉成俯臥	1.開始運用拇指及其他手指的相對位置 2.可隨意撿起東西，較少失誤 3.用整個手抓東西（手套抓法） 4.兩手一起抓
六個月	1.不用支持，可短暫的坐著 2.抱時，雙腿幾乎可以支撐全身的體重 3.能自由翻身	1.能將小物件由一手交到另一手 2.能將握在手上的物品敲擊以發出聲音；以拇指與其他四指相對抓東西 3.能伸手抓物，通常把物品放入口中
七個月	1.不需扶持能自己坐穩 2.雙腿能完全支持體重	1.坐著時能自取兩塊積木且兩手各拿一塊 2.用單手抓玩具，且在桌上敲

（續）表4-1　嬰兒期的粗大與精細動作發展

月齡＼動作	粗大動作	精細動作
八個月	1.獨坐得很好 2.以腹部伏在地上、四肢游動的方式爬行	1.開始會用食、中指及拇指底部做鉗抓動作 2.已可憑意願放下物品
九個月	1.會爬著走（腹部抬高，與地面平行，用雙手及膝蓋移動） 2.能扶著東西維持站立的姿勢	1.更熟練地用鉗抓方式抓起小物件 2.以推、拉、拖、抱的方式操縱物體 3.能握住奶瓶，將奶瓶放入口中
十個月	1.藉攀扶能自己站起來 2.站不久常跌坐地上	1.可以熟練地揀起小物品 2.自己吃手上的食物 3.拉至嘴唇靠近茶杯喝水 4.喜歡丟擲東西
十一個月	1.用一手扶著可支撐的東西，能挺直的站著 2.牽著成人的手或扶著家具走動	1.能執行精細的鉗抓動作，如撿起葡萄乾的細小東西 2.能將手上的東西交給別人
十二個月	1.能短暫時間獨站 2.能扶家具移步	1.能握住杯子喝水，但要大人的協助扶杯子 2.能將東西放入容器中
十八個月	1.可以走得很快 2.牽著或扶著欄杆可以走上樓梯 3.能不扶東西，自己由坐或躺的姿勢站起來 4.在少許支撐下能蹲下或彎腰撿起地上的東西，然後恢復站的姿勢	1.會用筆亂塗 2.會把瓶蓋打開 3.已開始較常用特定一邊的手

資料來源：作者整理。

一般來說，**粗大動作發展**指的是手臂、腳與身體的移動，包括走、跑、跳、爬、丟擲與接物等基本動作技巧；而精細動作技巧也可稱為小肌肉動作技巧，主要是指知覺與動作協調而成的技巧，如手眼協調、腳眼協調，主要是靠著視覺和手（足）部的協調動作居多，例如嬰兒的玩物遊戲則非常需要應用手及手指來操弄物體，又可稱為操作性技巧，舉凡兒童的書寫、塗鴉、著色、剪貼、使用工具等，均非常需要此種技巧的發展。

從**表4-1**中，吾人可理出一套嬰兒的動作發展原則——反射動作→感覺動作→複雜且精細的動作技能。嬰兒隨著年齡增長，他們從反射動作到感覺動作各別發展，甚至能整合各種感覺動作而形成協調的動作技能。隨著機體成熟，他們逐漸發展出能控制自己的身體，甚至掌握運用身體各部分，進而表現出控制各種動作以形成更複雜的行動形態。例如當他們能整合腿、腳、手臂的動作，就可進而學會走路。

新生嬰兒只會做簡單抓握的反射動作、會眨眼及伸展雙臂。**反射動作**是對特殊刺激的一種固定反應，例如瞳孔反射、眨眼反射、膝跳反射（knee-jerk reflex）等。這些動作的特點為：反應與刺激間都比較單純和固定，即同一刺激常引起相同的反應；當刺激的強度增強時，若方式不變，反應方式可能有所改變，這是先天遺傳的傾向，而非後天學習來的。此外，反射還有保護、防禦及適應外界的功能。

新生兒除了上述的反射動作外，還有巴賓斯基反射（Babinski reflexes）、摩洛擁抱反射（Moro reflexes）和達爾文自動握手反射（Darwinian reflexes）。**巴賓斯基反射**在嬰兒出生時即已出現，這時輕觸嬰兒的腳掌，其腳趾便會向外伸張，腿部也會搖動，這種反射在出生四個月後才逐漸減弱，至2歲時消失。摩洛反射是指當嬰兒被平放在桌上或床上時，由於感覺不舒服，嬰兒身體會蜷曲，雙臂做擁抱狀，初生時反應明顯，爾後逐漸舒緩而反應輕微。達爾文反射即輕觸新生兒的手心，其手掌會蜷曲成握拳狀。新生兒的動作能力可分兩種類型：(1)是以隨機的方式來移動身體的部位而且不具協調性，例如轉頭或揮動手臂；(2)自動地，由不隨意肌所控制的反射動作。

一個健康的嬰兒對身體的控制會愈來愈好，先使頭能挺直、翻滾、轉身、往後撐再往前爬，對四周環境做出反應。然而，個人的發展雖因個人特質、健康狀況、遺傳因子不同而呈現不同的發展速率（個別差異），但一般動作發展的順序卻相當一致。

幼兒的大腦在滿週歲時，成長約為成人的一半，腦細胞也急速成長，尤其是神經元的髓鞘化（myelinization）。髓鞘是用來支撐神經，具有絕緣作用，可幫助神經衝動的傳導更為快速有效；髓鞘化自大腦開始，沿脊椎到全身。嬰兒的動作發展是由頭到腳（head to toe）、由軀幹到四肢（或由中央到邊緣，proximal to distal），以及一般到特殊（general to specific）。例如嬰兒的動作發展始於頭部，依次表現為頸部、上半身、腰部，終於腿部。所以嬰兒的肢體活動順序是：抬頭（約四個月）→翻身（五至六個月）→坐起（約七個月）→從背或腹部翻身而坐起→爬行（約八個月）→攀附物體站起（約九個月）→獨立站起（約十個月）→行走（約1歲）。處於不同的文化會有個別差異，但發展順序是固定的，這是由基因來決定，按固定順序進展，這也是成熟理論的最佳佐證。隨著個體成熟逐漸形成神經元的另一個成熟是突觸（synaptogenesis）。隨著成熟，樹突與軸突成長得更長，長出更多分枝，形成大量與鄰近神經元間的突觸，在嬰兒期，已有成千上萬個突觸可以在軸突與樹突靠近時，隨機地形成並傳導化學物質及神經作用（Huttenlocher, 1999）。

嬰兒的腦部在頭骨縫合後，囟門於六至八週閉合，前囟門於十二至十八個月閉合。頭圍的增長代表神經系統的生長與分化，1歲時的嬰兒大腦約為出生時的2.5倍，滿2歲時已發展為成年的五分之四，到了青春期已接近成人的大小容量。

在評估嬰兒成長的問題時，除了新生兒所用的亞培格量表及布列茲敦新生兒評估量表外，正確評估嬰兒是否有發展問題的常用方式，是與同年齡一般嬰兒發展常模水準的衡量與比較，如果一個孩子不具有與他同年齡90%的兒童所具備的能力，那就可能要進行更進一步的發展評估，或懷疑此嬰兒可能有發展遲緩（張宏哲、林哲立編譯，2007；Frankenburg, et al., 1992）（見**表4-2**）。發展遲緩之因素大體是由遺傳及環境兩大因素所致，其因子又達數以千計，最嚴重的遺傳因素，如唐氏症、X染色體易脆症（Fragile-X Syndrome）、酒精及藥物、生產時缺氧、營養不良、缺乏刺激、暴露過多的鉛及有毒物質，或長期受父母虐待及疏忽者等等。

表4-2　正常肢體活動發展年齡

	年齡（月）	
技能	50%嬰兒已有的能力	90%嬰兒已有的能力
躺著時將頭抬高90度	2.2	3.2
翻身	2.8	4.7
靠著坐	2.9	4.2
不靠支撐而坐	5.5	7.8
扶東西站立	5.8	10.0
獨自站立片刻	9.2	12.7
獨自站立	9.8	13.0
行走良好	12.1	14.3
上樓梯	17.0	22.0
踢球	20.2	24.0

資料來源：Frankenburg, W. K., Dodds, J., Archer, P., Bresnick, B., Maschka, P., Edelman, N., & Shapiro, H. (1992).；引自張宏哲、林哲立編譯（2007），Ashford、Lecroy與Lortie著。

嬰兒期最大的特徵是成長迅速，在滿週歲後，好活動、充滿精力、不斷地說話、幻想、好奇及心裡總是盤算著事情。嬰兒期主要是對照顧者的依附，以獲得心理上的安全感，之後其心理動機似乎是要求自我肯定、追求自主性（autonomy）及掌握控制精熟（mastery）的需要，此時期也意識著自己的獨特個體性，並於內在產生趨力（drive），促使個體活動。此外，新的活動和認知使個體獲得許多新的能力，進而控制環境中的要求，並接受廣泛的探索和遊戲的挑戰，也促使個體透過活動的成就和控制產生愉悅和自豪的情緒。

一、嬰兒期的身體與動作發展

(一)影響嬰兒身體與動作發展之因素

影響嬰兒身體與動作發展的因素很多，這些因素也常交互影響。例如陳淑美等（1992）以兩個月至三十個月大的一千六百八十名嬰兒為研究對象，發現嬰兒的動作發展與年齡、出生序、父親社經地位有關；王慧敏（1989）發現，適度的營養是影響身體與動作發展之因素。蘇建文、鍾志從（1984）的研究發現，個人隨著年齡增長，肌肉與神經的成熟，才是影響動作發展的主要因素，而不是一昧的訓練，否則只是揠苗助長。由上而知，影響嬰兒的身體與動作發展之因素，不外乎是遺傳、營養、環境、成熟等，茲分述如下：

1.遺傳：遺傳基因是形成人們基本體態的重要因子。

2.營養：吃得好、照顧得好的孩子，以及較富裕的家庭比貧窮家庭的孩子長得高、長得重，這些差異通常在第一年就會顯現出來，而且可以影響至一生（American Academy of Pediatrics, Committee Statement, 1973）。

3.環境：現今的兒童比一個世紀以前的兒童長得高、長得壯、成熟較早，這可能導因於醫藥發達、營養改善、父母早婚減少；此外，預防接種也扮演相當重要的角色。但是相對地，不良環境因子，如兒童虐待或吸毒，卻容易造成兒童猝死（見**專欄4-1**）。

4.成熟：Gesell（1929）的同卵雙生子研究中探討嬰兒動作的發展：一是運用訓練（實驗組）；另一是自然成熟（控制組）；結果發現訓練對動作發展之影響不如成熟來得重要。成熟促成嬰兒的運動肌肉、神經的逐漸成熟，造成動作發展模型成型，之後再輔以訓練，會使動作發展有加成效果；反之，若機體不成熟，只是一昧的訓練，恐會造成揠苗助長。

專欄4-1　嬰兒猝死症

嬰兒猝死症（Sudden Infant Death Syndrome, SIDS）係指一個外表似乎健康的嬰兒，突然莫明的死亡，為一醫學名詞。嬰兒猝死症每年奪走不少嬰兒的生命，每一千名出生的新生兒就有兩名死於SIDS；而發生頻率最高的時期為二至四個月大之期間，它也是造成滿月至滿週歲嬰兒死亡的最主要原因，早期社會常將之列為夭折之症狀（Arnon, Midura, Damus, Wood, & Chin, 1978）。該死亡並非導因於事故傷亡，而是如窒息、嘔吐、嗆咳或生病而致死亡，死亡原因無法預知或阻止，在冬天更為常見，且不具傳染性；也有發現，當嬰兒有睡眠障礙（睡眠時忘記呼吸），也常會造成SIDS。

SIDS的嬰兒大多屬於早產、體重過輕、男嬰、青少年母親、貧窮、未接受產檢、前一胎和此胎相隔不到一年，母親懷孕期間罹病或吸毒（Shannon & Kelly, 1982a, 1982b; Zuckerman et al., 1989）等。父母有服用尼古丁，尤其是海洛因、古柯鹼，以及美沙酮（methadone），都會使出生缺陷、體重過低、高死亡率（尤其具SIDS）之危險增加。嬰兒出生的第1週裡，因胎期受到鴉片、古柯鹼、美沙酮等的作用，會出現極度的焦慮不安、具神經錯亂的高頻哭叫、發燒、睡眠不寧、進食困難、肌肉痙攣和震顫（Hans, 1987）等，這些嬰兒也是SIDS的高危險群。最近的研究及理論推陳出新，不斷提出SIDS的原因，包括有呼吸功能異常、神經功能異常及腦化學作用的異常作用。

十月懷胎，在眾人期盼及協助下，而得到父母心目中的寶貝。突然痛失愛兒，對父母及其家庭的傷害極大，DeFrain、Taylor及Ernst（1982）的研究發現，所有父母皆將SIDS視為家庭最嚴重的危機。父母在痛失愛兒之後會有創傷症候群，除父母本身深覺內疚外，尚得忍受外來的指責。家庭往往很難回復到原有的歡樂，甚至有的父母會長期身處於焦慮與壓力的情境之中。

(二)嬰兒的身體與動作發展之保育

從上面的敘述，我們可以瞭解個體的身體與動作發展承襲自父母之遺傳基因，及受到產前環境之影響，再來就是後天環境因子，如父母教養、營養、社經地位等之相互作用的影響，造成個體能力之差異。所以說來，從小的身體與動作發展之影響因子是受先天的遺傳、機體成熟及後天環境之影響而來。

有關嬰兒保育之原則如下：

1.對成人而言更要瞭解個體之個別差異性，這也是身為教保人員在教育孩子時的設備設置與教育方法，更要符合適齡發展之需求（Developmentally Appropriate Practice, DAP）（Charlesworth, 1996）。這也是美國幼兒教育協會（The National Association for Education of Young Children, NAEYC）所倡導的一個目標：「一個安全的教育環境，能促進生理、心理、社會、情緒與認知的發展。從出生至8歲，教育實務要反映家人的需要，並提供適當的環境給予兒童挑戰與支持，成功地迎合個體之需求、興趣和學習能力。」在教保實務上，教保人員要運用適齡發展實務原則，考量兒童的成長與發展，並且將此原則運用到教保計畫及與兒童的互動上，關於嬰兒的發展進程可參考**表4-3**。一般嬰兒的身體與動作發展進程（務必記得這只提供大約50%的嬰兒所會做的事，並要瞭解個體有個別差異存在）、**表4-4**為嬰兒的動作遊戲發展進度量表（**專欄4-2**則提供0至2歲兒童發展之進程量表）。

2.注意個人之自我實現的預言（self-fulfilling prophecy），此過程是經由個人之最初信念、預言或意念導引出行為，並確認行為及預言信念

表4-3　一般0至2歲兒童身體與動作發展進程

出生至八個月	
身體發展	**動作發展**
1.出生：平均大小3,375公克（7.5磅）、50公分（20英吋）高 2.一個月： (1)平均大小：4.5公斤（10磅）、53公分（21英吋）高 (2)睡眠：每天需要16小時 (3)聽力：能夠覺察各種不同的聲音 3.二個月：較偏愛固定的臉孔，並且喜歡紅色和藍色，勝於綠色和黃色 4.三個月：每天需要14小時的睡眠時間 5.四個月：聽力方面能夠找出聲音的來源 6.六個月： (1)平均大小：7.4公斤（16.5磅）、66公分（26英吋）高 (2)牙齒：下門牙已經出現，大約2顆牙 (3)知覺：深度的知覺開發、發展	1.出生：在一定點附近移動、踢、舉起，和轉頭、手臂彎曲，當頭沒有支撐時會下垂 2.一個月：當躺著時，會抬起下巴 3.二個月：當被抱著時，保持頭豎起 4.三個月：當被舉起時會踢腳，能轉側向後，能接觸物體，但無法感受它們 5.四個月：有支持能坐下，把手打開和關閉，開始能用手搖物體 6.五個月：坐在另一個人的膝蓋上，能向後滾動，可以不使用拇指抓住物體 7.六個月：能坐在高椅上，當獨自坐下時能使用手來支撐，能用一隻手接觸，抓住懸掛的物體，能將物體從一隻手移到另一隻手 8.七個月：不用支撐坐下，嘗試爬行，從後背到肚子的滾動

（續）表4-3　一般0至2歲兒童身體與動作發展進程

<table>
<tr><td>7.七個月：門牙兩側邊牙已經長出，緊跟著門牙臨側，共6顆牙齒</td><td>9.八個月：需要幫助的站立，爬行（用手拉身體和腳），會使用拇指抓東西，用拇指和手指撿起一些小東西</td></tr>
<tr><th colspan="2">九至十七個月</th></tr>
<tr><th>身體發展</th><th>動作發展</th></tr>
<tr><td>1.九個月：上門牙兩側邊牙開始長出，大約合計8顆牙
2.十個月：每天需要13.5小時的睡眠時間
3.十二個月：
(1)平均大小：10公斤（22磅）、76公分（30英吋）高
(2)牙齒：下面第一顆臼齒長出，大約合計10顆。
(3)身體的改變：兒童的平均體溫大約攝氏37.5度
4.十四個月：上面第一顆臼齒長出，大約合計12顆牙
5.十六個月：下面犬齒出現，大約合計14顆牙</td><td>1.九個月：能扶著家具站立
2.十個月：可自己輕易站起來；站在角落；爬（手臂和腳交叉，身體不用一直趴在地板上）
3.十一個月：用手和腳幫助爬行，當被引導時會走路
4.十二個月：自己坐在地板上，在沒有幫助下能走幾步；能抓和放球
5.十三個月：能爬樓梯
6.十四個月：能自己站立，在未受協助下能走幾步路
7.十五個月：能自己走路</td></tr>
<tr><th colspan="2">十八至二十四個月</th></tr>
<tr><th>身體發展</th><th>語言發展</th></tr>
<tr><td>1.十八個月：
(1)平均大小：10.8公斤（24磅）、81.2公分（32英吋）高
(2)牙齒：上面犬齒長出，合計16顆牙
2.二十個月：下面的臼齒長出，合計20顆牙
3.二十三個月：每天需13小時的睡眠時間
4.二十四個月：
(1)平均大小：12.3公斤（27.5磅）、86.3公分（34英吋）高
(2)身體的改變：腦部發展約為成人的75%</td><td rowspan="3">1.十八個月：
(1)大約認識三十個字彙，並逐漸增加，開始知道某些字的一般字義，如狗意指任何狗；黑或白；活的或玩具；大或小）
(2)在同一時間，能發出字的簡單發音如beep-beep、tu-tu，聲音聽起來像簡單的模仿，喋喋不休像反應成人的說話；或能使用更複雜語調
2.二十個月：開始使用二至三字的句子
3.二十四個月：開始使用四至五字的句子。字彙大約認識五十至四百個或更多。能跟隨成人重複發出簡單單字和句子。在遊戲中，大多說有關自己活動的事，以及更多的情感表達，所有的片語出現在自己的創作之中</td></tr>
<tr><th>動作發展</th></tr>
<tr><td>1.十八個月：笨拙的跑，且常跌倒；推和拉玩具、丟球；用湯匙吃東西，但有時會流出嘴巴
2.二十四個月：能順暢的走路、跑步（兩腳分開跑）；能自己上下樓梯；跳；踢大球；能堆起6至7塊的積木；能自己翻書，用手拿玻璃杯，在紙上做記號、塗鴉（垂直或畫圖），蓋滿整頁的橡皮圖章</td></tr>
</table>

資料來源：郭靜晃、范書菁、蔡嘉珊譯（2002），Kathryn Jane Skelton著。

表4-4　0至2歲兒童動作遊戲發展進度量表

玩物遊戲	身體／動作遊戲
1.玩自己的身體部位，例如手指、腳趾	1.可以不用支撐而坐著玩
2.用手臂揮打玩物並獲得愉快	2.玩時可以獨立站得很好
3.玩別人的身體部位，例如摸別人的臉或頭髮	3.爬或匍匐前進
4.玩水	4.可以邊走邊玩
5.在遊戲中去拿玩物，如自己拿或從別人處獲得	5.可以雙手將球從頭上丟出
6.在玩中放開玩物	6.可以從大人的椅子爬上、爬下
7.用雙手去敲打玩物或拍手	7.踢球
8.做影響環境的重複性動作，例如敲打玩具產生砰砰響	8.聽音樂、做些律動
9.堆放玩物	
10.自發性的塗鴉	
11.拉玩具	
12.將容器（籃）中的玩具倒出來	
13.可以橫向排列玩具並且是有組織性的	
14.玩沙子，如過濾、拍、抹平、倒或推	

資料來源：整理自Golden, D. B. & Kutner, C. G. (1980).

（Berns, 1994）。Good及Brophy（1984）認為，當教保人員對孩子有不同之期望，就會給予他們不同等級的注意和贊同，這會影響兒童行為如何表現及如何感覺自我（Berns, 1994）。因此，當成人認為兒童是有能力的，那他的行為也將會是正向並達成行為的期望；反之，當兒童被認為沒有能力，那他將失去行為動力，終至形成學習無助感（learned helplessness）。

3.成人應用可實現和富同情心的期待，對待嬰幼兒所做的及將做的行為，並以成人最能理解的方式與嬰幼兒溝通，提供嬰幼兒有力的訊息；相信嬰幼兒具有令人驚奇、獨一無二的能力，以及有潛能去處理任何事物。

4.掌握動作發展之成熟準備狀態（readiness），再輔以示範及訓練，以掌握動作發展達事半功倍之效；反之，儘量避免一味要求嬰幼兒達到其所不能及之行為，而造成揠苗助長。

5.提供豐富之環境刺激，並補足嬰幼兒童所需的營養，以促進嬰幼兒的動作發展。

6.給予嬰幼兒探索的自由，及提供有趣的事物讓嬰幼兒操弄與遊戲。為嬰幼兒提供一個安全的環境，減少對其限制，讓嬰幼兒能有發展的自由，

專欄4-2　0至2歲兒童發展進程量表

【滿 4 個月】

粗大動作

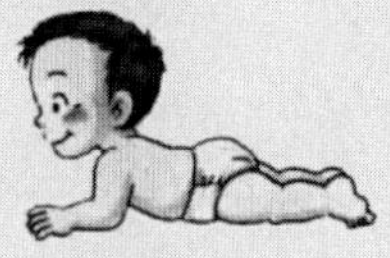

俯臥時盆骨平貼於床面，頭、胸部可抬離床面

拉扶坐起，只有輕微的頭部落後

坐姿扶持，頭部幾乎一直抬起

精細動作

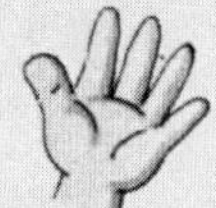

手會自動張開

常舉手做「凝視手部」

當搖鈴被放到手中會握住約1分鐘

語言溝通

轉頭偏向聲源

有人向他說話會咿呀作聲

身體處理及社會性

雙眼可凝視人物並追尋移動之物

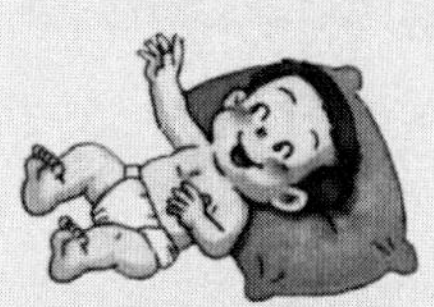

會對媽媽親切露出微笑

【滿 6 個月】

粗大動作

抱直時，脖子豎直，頸保持在中央

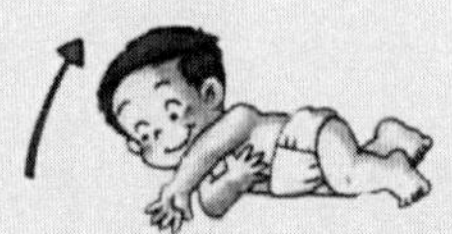
會自己翻身（由俯臥轉成仰臥）

可以自己坐在有靠背的椅子上

精細動作

雙手互握在一起

手能伸向物體

會拉開自己臉上的手帕

語言溝通

哭鬧時，會因媽媽的安撫聲而停哭

看他時，會回看你的眼睛

身體處理及社會性

逗他會微笑

餵他吃時，會張口或用其他的動作表示要吃

【滿 9 個月】

粗大動作

不需扶持，可坐穩

自己獨立爬（腹部貼地、匍匐前進）

坐時，會移動身體挪向所要的物體

精細動作

將東西由一手換到另一手

用兩手拿小杯子

自己會抓住東西往嘴裡送

語言溝通

轉向聲源

會發出單音，如“ㄇㄚˋ”“ㄅㄚˋ”

身體處理及社會性

自己能拿餅乾吃

會怕陌生人

【滿 12 個月】

粗大動作

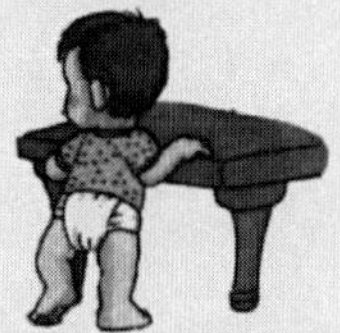
雙手扶著家具會走幾步

雙手拉著會移幾步

扶著物體自己站起來

精細動作

拍手

會把一些小東西放入杯子

會撕紙

語言溝通

以揮手表示「再見」

會模仿簡單的聲音

身體處理及社會性

叫他，他會來

會脫帽子

【滿 18 個月】

粗大動作

可以走得很快

走得很穩

牽著他或扶著欄杆
可以走上樓梯

精細動作

會用筆亂塗

會把瓶子的蓋子打開

已開始較常用特定
一邊的手

語言溝通

有意義的叫爸爸、媽媽

會跟著或主動說
出一個單字

身體處理及社會性

會雙手端著杯子喝水

替他穿衣服會自動伸出
胳臂或腿

【滿 24 個月】

粗大動作

會自己上下樓梯

會自己由椅子上爬下

會踢球（一腳站立，另一腳踢）

精細動作

重疊兩塊積木

會一頁一頁的翻圖畫書

會將杯子的水倒到另一個杯子

語言溝通

能指出身體的一部分

至少會講十個單字

身體處理及社會性

自己會脫去衣服

會打開糖果紙

0至2歲的兒童發展進程量表的追蹤說明如下：

1.適用年齡為嬰兒期，分別為四、六、十二、十八及二十四個月等六大追蹤階段。
2.每一追蹤階段分為粗大動作、精細動作、語言溝通、身體處理及社會性等四大領域。前兩者共有三個分項，後兩者各有兩個分項，每一追蹤階段共計十個分項。
3.在每一追蹤年齡階段，若有任何兩個以上（含）表現為「不通過」，尤其是落在同一分項，或出現落在同一個階段時，該個案便須轉介給專科醫生做進一步的檢查。

並培養獨立意識。此外，在環境中提供有趣的刺激（如玩具、玩物），讓嬰幼兒遊戲，以促進其發展感官和動作技能，並幫助他們整合對事物的因果概念發展，和瞭解自身與物體之間的差異。

7.要有耐心，等待孩子的成熟機制，動作發展是不能匆促及催促的。成熟因素是扮演動作發展良好與否的關鍵。此外，成人更要以輕鬆的態度行事，避免用責罵和處罰方式來對待嬰幼兒的行為表現，有時反而會引起嬰幼兒的情緒困擾。
8.掌握及早發現、及早診斷與及早治療之原則。留意孩子之發展有無遲緩現象，且能心平氣和對待孩子的行為，及早讓專業人士診斷。教保人員亦應留意孩子是否有發展遲緩行為，掌握通報原則，並與父母做良好溝通，提供各種有關資訊，以支持父母的情緒，及早診斷以便能及早治療。
9.成人應扮演啟迪嬰幼兒心智、紓解其情感，促進其體能和動作技巧的鷹架。成人首先要瞭解嬰幼兒之發展，滿足其需求，提供適當的刺激與鼓勵，以促進嬰兒的動作技巧之提升。

二、嬰兒期的心理發展之保育

嬰兒時期在身體發展之速率是所有發展階段中最迅速的一個時期，除此之外，在生命中的前兩年，也常常被稱為可怕的2歲期，這意味著個體的機體成熟，其腦神經的分化可促使嬰兒認識某些事物及概念，其主要是透過感官和動作來認識此世界，以建立其因果關係的基模。之後語言發展方面也透過其發音系統瞭解語言的定義，並能表達其內心需求。在此時期，嬰兒也經歷了Erikson發展危機中的前兩個：**信任vs.不信任**及**自主vs.羞愧／懷疑**。此時期最重要之社會化是家庭，尤其是父母及主要照顧者。隨著個人天生之氣質，加上與父母（或主要照顧者）之互動，進而影響個體之社會和情緒發展，尤其在1960年代對嬰兒與父母分離之研究，在猴子實驗及育幼機構之研究均指出，環境之豐富化（enrichment）及和父母之親密互動，將有助於幼兒日後的情緒與智能之發展。之後，相關兒童疏忽與虐待也對成長後之社會及人格發生影響，是故嬰兒儼然已從生物人發展成社會人。職是之故，成人在照顧嬰兒時，應注意下列保育與輔導之原則：

1. 注意提供嬰兒之聽力刺激，並加強其感官訓練。
2. 正確的語言示範，尤其是出生後幾個月，嬰兒已能接受語言刺激，並從中培養媽媽話之第一國（本國）語言。
3. 營造閱讀環境，利用圖畫書及親子共讀，以萌發嬰兒之讀寫概念。
4. 利用親子互動及遊戲來回應嬰兒之問題，刺激其好奇心，並掌握良好（高品質）之親子互動，以建立彼此之依附及引發學習興趣。
5. 破除性別化之教養方式，尤其在遊戲互動、玩物提供，甚至房間擺設等家庭生活經驗，以及教育機構的老師（或保育員）對幼兒遊戲之介入。
6. 尊重嬰兒之氣質及性格傾向，利用遊戲幫助嬰幼兒發揮自我建構功能，以減輕焦慮，抒發個人情緒感受，透過遊戲之角色反轉，以強化嬰幼兒之自主性及自我擴展（self-expansion）。
7. 提供溫暖且有一致性之教養策略，瞭解孩子之能力、需求，採高凝聚力及民主威權式之教養風格，以培養嬰幼兒有自主及健康之自我。
8. 儘量讓孩子接觸各種與智力有關的刺激，圖書與遊戲是一很好的選擇，幫助孩子發展其自然天生的理解力、表達力及創造性，並促進個人玩性之發揮。

第二節　嬰兒期的發展任務

從心理社會觀點來看，嬰幼兒期是發展信任與創造進取的階段，他們必須從依賴照顧者，逐漸發展自主、自立及主動積極探索外在環境，這些皆需要有妥善及安全的養護，進而產生安全感，並發展對人的依附關係及信任；反之，常被忽略、虐待、拋棄，或者受到不穩定的照顧者或不穩定的環境養護的孩子，容易造成人格疏離，對外界不信任，甚至產生疑心或恐懼，終致造成個體之認知或社會情緒發展之困頓或停滯。此外，個體從與他人相處中逐漸獲得自我觀念，與他人之依附及穩定的情緒更將影響其日後發展。以下將就嬰兒的認知發展、語言發展、情緒發展及社會發展四個面向來探討嬰兒期不同的發展任務。

一、嬰兒的認知發展

嬰兒在最初的幾個月中，感覺－知覺系統、包括視覺、聽覺、味覺、嗅覺、觸覺、運動覺和對本體覺（對內部探索的反應）正已迅速發展，並在運動系統的發展層已逐漸發揮。De Casper及Spence（1986）研究指出，胎兒對子宮的聲音刺激很敏感且有反應，且已有反射動作（例如吸吮、打哈欠、對子宮外在環境刺激有反應），這些皆可從4D超音波影像很清楚的看出來。此外，新生兒已能區別自己母親的聲音和其他照顧者的聲音（De Casper & Fifer, 1980）。年幼的嬰兒能區分音響、音類和聲音的位置（Kuhl, 1987）。

Jean Piaget透過個案觀察研究來瞭解嬰兒如何組織其內在經驗，他認為嬰兒透過感官和動作來認識世界，並稱此階段的認知是**感覺動作期**（sensori motor stage）。Piaget（1970）指出，嬰兒最早的智力源自於反射動作及靠著感覺動作的適應過程，透過介入現實環境，藉著改變自己內在的基模（schema），以順應外在環境，最終獲得平衡，達成調適（adaptation），並產生更高層次的基模，以形成概念。因此說來，嬰兒乃透過知覺對環境直接有所反應而形成概念，包含運動模式和感覺經驗之智能來幫助嬰兒對特定環境的適應，而這些能力並不需要依靠傳統的語言符號系統來組織經驗。

(一)因果關係基模發展

Piaget和Inhelder（1966 / 1969）將嬰兒因果關係基模的發展分為六個階段（參見**表4-5**），後來的研究和理論修正也證實了這些階段的發展順序（Fischer & Silvern, 1985）。就舉嬰兒對於吸吮奶頭和奶嘴需要使用不同的吸吮技術為例，剛開始嬰兒是用吸吮反射，當換成奶嘴時，嬰兒便要修正他們的吸吮反射，以使此行為更為有效，於是感覺運動智能便充分地展現。年齡漸長，嬰兒慢慢發展基於感覺和運動經驗對因果關係的理解能力。例如嬰兒們發現，如果他們哭，照顧者（通常是媽媽）便會來到他們身邊；如果他們踢椅子，它就會動；如果他們鬆開手中的物體，它就會掉落到地上。這些連續性的結果是透過不斷的重複和實驗，而漸漸理出因果關係的頭緒。這種一致性便是嬰兒對事件預見性的基礎。漸漸地，嬰兒學習著將特定的行為與有規律的結果加以聯繫起來，他們也憑著自己的行為嘗試地確定某一單一行為最可能引起哪些多樣化的事件（Keil, 1975; Rovee & Rovee, 1969）。最後，他們能夠逆向操作：選定一種所期望的結果，然後據此分析做出會產生此一結果的任何可能性，最終目的在以最有效的發展策略來協調動作的因果關係。

(二)認識物體特徵並進行分類

當嬰兒能自由探索時，他們凸顯對此行為的偏好，自一出生起，他們開始嘗試對環境中的物體進行感覺上的直接接觸。他們探取、抓握、咬食物體。他們在視覺上追蹤物體，改變他們的注視以維持與它們的視覺接觸。嬰兒並不是被動的觀察者，而是對所處環境的主動探索者（Rochat, 1989）。作為這種對物體世界的主動介入的結果，嬰兒智力的兩個相聯繫但又各自獨立的方面發展了起來：對物體性質的理解，以及對相似物體進行分類的能力。

■物體的特徵

透過反覆的操作和實驗，嬰兒認識到：物體是有其基本特徵的。物體有邊界、大小、重量、顏色、延展性、結構質地，以及是否能包容其他物體的能力。所有這些屬性，都會影響到嬰兒用來探索物體的行動方式，也會影響到物體最終被編入其他行為或因果基模的方式（MacLean & Schuler, 1989; Palmer, 1989; Sera, Trolyer, & Smith, 1988; Spelke, von Hofsten, & Kestenbaum, 1989）。

其中最被謹慎、詳盡地記錄的屬性之一是**物體恆存性**（object permanence）

表4-5　感覺動作期因果關係的六個階段

階段	年齡	感覺動作期的因果關係
階段一	出生至一個月大	反射運用：對特定的刺激的反射性反應 1.嬰兒練習與生俱來的反射動作，並對其達成某些控制 2.他們不會對來自各感覺器官的訊息加以協調，不會伸手抓取眼前的物體，沒有物體恆存觀念
階段二	一至四個月	最初的習慣：使用反射性反應探索新的刺激 1.嬰兒重複偶然中發現的快樂行為（如吮吸）。這類活動多集中於嬰兒的身體而非對外界 2.嬰兒首度做出的習得適應，也就是對不同的物體做不同的吮吸，開始協調感覺訊息 3.沒有物體恆存觀念
階段三	四至八個月	次級循環反應：使用熟悉的行為達到熟悉的結果 1.嬰兒開始對環境更感興趣，並重複能帶來有趣後果的行動，延長有趣的經驗 2.嬰兒的行動是有意但非目標導向的 3.嬰兒此時顯示出部分的物體恆存觀念，他們會找尋部分被藏住的物體
階段四	八至十二個月	手段與結果的協調：精細地運用動作已達到新的目標 1.當嬰兒協調先前習得的基模（如注視並抓住一個響鈴），並運用先前習得的行為以達成目標時（如爬過房間另一頭，以拿到想要的玩具），他們的行為更有意義、更具目標性 2.嬰兒會預期事件的發生 3.物體恆存觀念繼續發展，雖然嬰兒還會在第一次藏匿的地點——縱使他已看到該物體被移動——找尋物體
階段五	十二至十八個月	第三級循環反應之嘗試新方法：矯正行為以達到目的 1.嬰兒表現出好奇心，他們有意地改變行動以觀看結果為何 2.嬰兒主動地探索世界，以決定某樣物體、事件或情境如何地新奇。他們找出新行動並使用試誤方式來解決問題 3.嬰兒會追尋一系列的物體移位過程，但是由於他們無法想像未曾看到的移動，因此他們不會在未看到被藏匿的地點找尋物體（A-B error）
階段六	十八至二十四個月	洞察：手段與目的之心理再結合 1.由於學步的幼兒已發展出一種原始的符號系統（例如語言）以代表事件，因此他們解決問題不再侷限於試誤方式。這種符號系統能讓幼兒開始思索事件，並預期結果，而不一定得付諸行動 2.此時物體恆存概念已完全發展

資料來源：Piaget, J. & Inhelder, B. (1966 / 1969).

（Wellman, Cross, & Bartsch, 1986）。在出生後第九或第十個月時，嬰兒建立起這一概念：環境中的物體是長久存在的，不因它們不被拿到或看到而停止存在。Piaget（1970）在對感覺運動智能的描述中對此做了精闢的闡釋。

最初，嬰兒僅僅只是認識到那些現時存在於感覺／知覺範圍中的物體。如果一個六個月大的女孩已在玩一個搏浪鼓，它對她就是存在的。如果這個搏浪鼓從她手裡掉了出去，或是被拿走了，也許她會顯現出短暫的痛苦，但她並不會去找尋搏浪鼓。從實際意義上說，這個搏浪鼓已在視野之外，也就是在心理之外。當物體從知覺範圍中被移去，或是從一個地方轉而出現於另一個地方時，觀察一個兒童的反應，即可據此探查出其物體恆存概念發展的進展（Bertenthal & Fischer, 1983; Harris, 1975; Sophian & Yengo, 1985）。九個月大的嬰兒能夠理解物體只是從一個地方轉移到另一個地方去。然而，如果這物體不只兩、三次被替換的話，即使是個2歲大的孩子也會被搞糊塗了。

我們不妨做個實驗：把搏浪鼓從嬰兒的抓握中移去，藏入墊子下面。如果這名嬰兒不做任何努力去尋找搏浪鼓，我們可以認為他（她）沒有意識到搏浪鼓仍繼續存在。如果這孩子尋找搏浪鼓，並到墊子下面去搜尋，則我們可以進一步進行實驗。即再一次把搏浪鼓從這嬰兒手裡拿走，藏於墊子下面。然後再把它從墊子下面移到另一塊墊子下面，而從第一個墊子到第二個墊子之間的轉移，完全發生在這嬰兒的視線之中。正常成人會直接到第二個墊子下面取出搏浪鼓，已經發展物體恆存概念的嬰兒也會這樣做。然而，有些只會在第一塊墊子下面尋找，沒有找到，便停止尋找；稍大一些的嬰兒則會追隨搏浪鼓的實際移動，依同樣的順序先在第一個墊子下面找，然後再到第二個墊子下面去找。後面這兩個嬰兒已經學會了追蹤物體的某些步驟，但仍沒有物體恆存的概念。

作為對嬰兒掌握物體恆存概念確定性的最後一個測試，我們再次把搏浪鼓在嬰兒面前由第一個墊子移至第二個墊子，然後悄悄地把它藏在第三個地方。已經有物體恆存概念的兒童會到第二個墊子下面去找，一旦沒有找到心愛的搏浪鼓，便會繼續尋找，他完全確信搏浪鼓會在什麼地方。而剛才追隨搏浪鼓由第一個墊子到第二個墊子的步驟的那些孩子，在第二塊墊子下沒有找到搏浪鼓，便會停止繼續尋找。

如果你曾觀察過一個玩躲貓貓遊戲孩子的興奮和愉悅，便很容易理解物體恆存概念。當蒙上他的眼睛，他剛剛所看到的東西不復存在了。當他睜開眼睛時，他激動且有些驚訝：又看到那些東西了。這個遊戲對於那些還沒有建立物體恆存概念的孩子來說，是最有趣的，因為物體的再現完全是始料未及的。

有些經驗似乎有助於建立物體恆存的基模。熟練於爬行或是靠使用嬰兒學步車而移動的孩子，當物體被藏於視野之外時，其搜尋策略似乎更為有效（Benson & Uzgiris, 1985; Kermoian & Campos, 1988）。隨著嬰兒愈來愈多地控制自己在環境中的運動，他們能更好地使用環境中的標記，而不是以自己的身體來定位物體。他們也能試驗這樣的意圖：離開並再取回物體，在新奇的環境中找出熟悉的物體。

甚至在很早的年齡時，在嬰兒能夠尋找並取回物體之前，他們似乎已有了物體位置的記憶，並能預見物體占據著空間（Baillargeon, 1987; Baillargeon & Graber, 1988）。如果讓八或九個月的嬰兒們在物體一被藏起來時立即去尋找，他們能夠很有效地找到它。然而，如果在允許尋找之前必須等上5或10秒鐘，或者這個物體已被從一個容器移入另一個非常相似的容器裡，他們大概就糊塗了。到大約十七個月大時，嬰兒已經能解決最為複雜的物體恆存任務，即把物體以一種使嬰兒無法追尋物體被移動的路徑方式，從一個隱藏點移至下一個隱藏點（即是A-B error experiment）（Gopnik & Meltzoff, 1987; Uzgiris & Hunt, 1975）。

物體恆存概念的建立，是嬰兒能自他們所看到的世界中的依賴解脫出來。在頭腦中建立一個物體印象的能力，是複雜表徵思維出現的第一步（Ramsay & Campos, 1978）。

我們也看重物體恆存與社會依附過程間的相互關係。嬰兒體驗分離焦慮的一個原因，是他們並不確定他們所依附的人在看不見或接觸不到時，是否仍然存在。物體恆存的基模既被應用於沒生命的物體，也被應用於人類。一旦嬰兒對物體恆存性有了明晰的認識，當所依附的照顧者離開屋子時，擔心照顧者會消逝的恐懼便會消退。有趣的是，母親照顧孩子的某些特性，與生命第七個月中物體恆存概念的出現是聯繫在一起的。經常與孩子互動的母親、對孩子表達正向情感的母親，以及積極促進孩子成就的母親，她們的孩子更有可能把恆常性的基模運用於事物和人（Chazan, 1981）。因此，社會依附的發展與物體恆存的成就，是會相互促進的。

■物體的分類

物體不僅具有屬性，而且有其功用。隨著嬰兒探究、試驗物體，他們開始設計出種種基模，以便對物體進行組合。他們修正這些基模，在已有範疇中增加新的項目，並把一個範疇與其他範疇區別開來。範疇可由物體的物理特徵組成，如「光滑的」與「粗糙的」；也可以由物體的功用構成，如「用來坐的東西」與「用來挖掘的東西」。

我們已多次認識到，嬰兒能夠在視覺水平上形成範疇分類。很早便起作用的視覺中對面孔的偏好證明：幼小的嬰兒便能理解某些刺激中的規律性，並能把這些刺激與那些雖具有同樣複雜性卻並非人類面孔的刺激區分開來。最近的研究發現，三至五個月大的嬰兒能夠分辨抽象刺激，如點陣圖形，並能覺察適宜此一範疇的物體與不適宜此範疇的物體的區別（Hayne, Rovee-Collier, & Perris, 1987; Younger & Gotlieb, 1988）。然而，人們也許會有疑問：是否這些觀察只是更多地反映了視覺記憶的能力，而並非對一類物體或事件創立一個內部表徵的能力？

到十八個月大時，嬰兒能夠進行被認為是非常典型的分類作業。例如他們能對八個物體進行分類，如四個顏色明亮的黃長方形，四個人形的塑膠模型；他們能把它們分成兩個不同的組別（Gopnik & Meltzoff, 1987）。這種分類並不要求對物體進行命名的能力。然而，就在兒童表現出進行兩個組別的分類能力之後，他們在對物體命名能力上的表現迅速提高。因此，分類與命名似乎是緊密聯繫在一起的。在約2歲末的時候，嬰兒已懂得物體有其特定的穩定屬性，一些物體與另一些物體有同樣的屬性，物體有其名稱。隨著這些成就，嬰兒對其日常生活經驗啟用了一種新的條理化和預見力。

二、嬰兒的語言發展

認知之思維和語言剛開始是沿著各自的路線發展，大約在1歲之後兩者才開始有所交集。在此之前，嬰兒藉著無意義的發音（大多是母音的發音）和牙牙學語（不斷重複子音），以辨認各種聲音和區分不同的聲音組合，然後才能理解聲音的意義。在1歲左右，嬰兒可以發出他們的本國語言（即母語，native language）的聲音，之後才開始**有字義的語言**（linguistic speech），這個字通常是ma ma 或da da，或者可能是代表各種意義的簡單音節。在這之前，嬰兒是用聲音和手勢結合以表達某個目的，例如說出da的聲音，並用手指指外面，這可能表示要爸爸抱他出去。這種伴隨以手勢、動作、聲調和情緒的單字句（holophrase），稱為單字句期（holophrase period），例如嬰兒看到奶瓶會說"ba"，這可能表示他渴了或餓了，想要喝牛奶、果汁或水。由於手勢、動作、臉部表情常常伴隨著這種「字詞」出現，以協助照顧者瞭解其表達及溝通目的，如果這種訊號能滿足其需求，這種有意義的訊號就被保留下來。不過，在能表達口語詞彙和字句的能力之前，嬰兒要先有理解語彙的能力，此又稱為**接受性語言**（receptive language）（Huttenlocher, 1974; Oviatt, 1980）。

(一)嬰兒語言發展的進程

根據國內外嬰兒語言發展的相關研究（李宇明，1995；何克抗，2003；游淑芬等，2002；王靜珠，2003），嬰兒語言發展大致經歷以下三個時期（引自黃惠如，2005）：

■發聲期（出生至六個月左右）

此時期的嬰兒無法說出任何詞語，但能發出各種不同的聲音，包括啼哭（crying）、呀呀發聲（cooing），來表達其饑、渴、喜、痛等感覺，或是對重要他人顯示需求和欲望。起初的發聲比較單一，慢慢地嬰兒稍能控制發聲，且發出的聲音愈來愈富變化，形成自發、重複的牙語，為**牙牙學語期**。世界各國嬰兒早期的牙語均相當類似，東方嬰兒也能發出英語的牙語，就連聽障的嬰兒也能發出類似的聲音，這便是語言習得先天論者的基論之一。不過正常發展的嬰兒能由牙語漸進到雛形語言，失聽嬰兒的牙語則逐漸消失。

■語言準備期（七至十一或十二個月）

當幼兒從雛形語言到說出第一個有意義的詞彙之前，稱之為**語言準備期**，如同Piaget指稱的運思預備期一樣，是嬰兒諸多概念形成之前的醞釀階段，雖然此時期的嬰兒還沒有口說語言，但開始透過感官對語言進行初步的理解，並透過肢體動作和他人進行溝通交流，如當嬰兒聽到「媽媽抱抱」時，便能伸出雙手讓媽媽抱起來，或是舉起雙手表示要大人抱。此時期後半段的嬰兒大致能理解的詞語約有兩百個，其中「名詞」和「動詞」大致各占一半。

■語言發展期（1歲至2.5歲左右）

此時期幼兒開始說出有意義的話語，並能進行聽與說的社會互動語言，但所使用的語言還不夠成熟完整。此時期的語言發展又可以劃分為：**單字句**、**雙字句**和**電報句**（telegraphic speech）等三個階段。單字句期語言的特色為：幼兒所發的音多是重疊的單音字，如「娃娃」、「車車」，且幼兒多以物體的聲音為其命名，如貓為「咪咪」等，這些象聲字並非均由嬰兒自造，有時係深受父母或主要照顧者的影響，又稱「媽媽語」（motherase）。

嬰兒天生就有對語音和語義進行辨識的能力，由於他們掌握詞語和語法規則的數量還很有限，因此在此一時期只能用片斷的詞語或電報句來表達自己的意思，而無法說出完整、連貫的句子。例如為了表達「我要媽媽抱」和「希望姐姐陪我玩車車」這兩個完整的句子，在嬰幼兒語言發展期的不同年齡階段有以下三種不同的表達方式：

1.單字句期：指1歲至1歲半左右的嬰幼兒會說：「抱」（或「抱抱」）、「車」（或「車車」）。
2.雙字句期：指1歲半至2歲左右的嬰幼兒會說：「媽媽抱」、「玩車車」。
3.電報句期：指2歲至2歲半左右的嬰幼兒會說：「我……媽媽……抱」、「姐姐……玩……車車」。

原則上，在一定的語言情境並伴隨嬰幼兒的手勢、體態、表情，嬰幼兒使用這類不完整的語言和別人交流溝通並不會有什麼障礙。

此時期語言發展有三個特色：(1)**字彙迅速發展**（**詞彙爆炸**）：尤其以生活常見物品的名詞居多，因此也叫「稱呼期」或「命名期」，描述行動的動詞次之，連接詞與介系詞較少見；(2)**語法簡化**：僅以最能表達意思的關鍵字眼（電報式語言）來說話；(3)**鸚鵡式學語**：由於幼兒記憶能力有限，模仿成人話語時，若是句子太長，通常只複述最後的片段。

(二)嬰兒語言習得的理論

嬰幼兒語言的習得，可能是在各發展面向中最神奇、最令人讚嘆的成就之一，在短短的幾年內，一個發展正常的嬰幼兒就能精熟其母語中一些基本的語言結構。早在新生兒呱呱墜地時，便能區辨不同屬性的語詞，並開始使用哭聲和重要他人進行溝通；漸漸地，嬰兒會藉由相互參考模式來模仿大人的聲音、表情，進行情緒上的互動；幼兒甚至早在接受正式的語文教學之前，便可以瞭解母語，並藉由說話、塗鴉與動作語言和周遭的人進行溝通。因此，語言能力到底是一種先天的習得機制，或須經過後天的學習？對於語言習得的機制，目前語言學界的說法並無定論。以下將介紹語言發展的相關理論，以探索其中奧秘（摘自黃惠如，2005）。

■先天論

先天論（nativism）者主張語言是人類與生俱來的學習能力，如同學走路一樣自然。支持此觀點的證據有：(1)幾乎所有兒童都能學習母語，無論該語言有多複雜，他們無需正式的教導，便能以相同的年齡順序學會其中要素；(2)人類是唯一能使用口說語言的動物，也是唯一側重大腦的種屬，似乎在大腦左半部有主司語言的天生機制；(3)嬰兒能分辨母親與陌生人的聲音（De Casper & Fifer, 1980），而且在出生的前一個月便能分辨極相似的聲音（Eimas, Sigueland, Jusczyk, & Vigorito, 1971）；(4)失聰兒童在無模式可依循下，仍能發展出自己的記號語言（Hoff-Ginsberg & Shatz, 1982）。

Eimas（1985）認為，新生兒之所以能區辨連大人都無法辨識的兩種語言近似語音間的差異，是因為人類具有專司語言的知覺機制，此機制配合聲帶與大腦特化的語言區，使嬰幼兒迅速進入語言的社會；Chomsky（1972）更提出「語言習得器」（Language Acquisition Device, LAD）的說法，認為人類具有這種類似電腦程式的語言獲取器，讓嬰幼兒能分析母語，並抽取其中的文法規則，以造出未曾被說過的新句子。Chomsky將人類語言分為兩個層次：一個是語言能力（linguistic competence），一個是語言表現（language performance）；前者是天賦的語言規則分析能力，後者則是以語言能力為基礎，在環境中所學習的語調表現。因此，先天論者認為一個發展正常的孩子，天生就擁有學習語言的本能，只要環境刺激與引導得當，便能習得語言。

■學習論

行為學派（推動者為Skinner）認為，人類學習語言的方式正如同學習其他事物一樣，都是透過「增強」作用與「模仿」行為而來。例如當孩子發出很像成人語言的聲音時，便會受到增強鼓舞，或是透過模仿等行為，進而學會說話，因此透過環境控制與制約作用可以讓兒童學習語言，並建立符合成人期望的語言模式（如發音語調、遣詞用字）。

支持學習論（learning theory）觀點的證據有：(1)中文國家的兒童會說中文而不使用其他語言；(2)家庭長大的孩子比育幼院的兒童獲得更多的注意與增強，因此語言發展快得多；(3)因為模仿的力量，縱使父母不去矯正幼兒的文法，孩子還是可以自行改正（Brown, Cazden, & Bellugi, 1969）。

雖然嬰幼兒早期的語言發展得非常迅速，每年或每階段的變化都極為明顯，但是人類語言的習得並非在6歲時就已完成。當幼兒進入小學後，會開始使用閱讀技能學習較難、較高深的詞彙、複雜的語法，以及抽象語言的意義（如隱喻、直喻、笑話、幽默等），而這些語言能力是先天論者所無法解釋的。

■認知論

認知論（cognitism theory）的觀點係依據Piaget的認知發展理論而來。該學派學者認為，嬰幼兒的語言能力與認知發展有密切的關係，嬰幼兒出生後會利用與生俱來的基本行為基模（schema），對四周環境做反應，透過同化與順應的行動過程形成認知結構，而語言便是智力的產物，認知能力是語言表達的基礎。這個觀點亦能解釋為什麼嬰幼兒對於語言的瞭解要比他們的口說語言來得早、來得多。

■感官論

感官論（modal theory）這一派的理論將語言習得分為「語言接收」和「語言表達」兩個歷程。語言接收是由聽覺、語音區辨等歷程所構成，語言表達則是由語音、語意、語法、語用，甚至語言動作等處理層面所組成，且這些語言處理歷程是以平行擴散、同時啟動的方式進行的。

事實上，在嬰幼兒習得詞彙的意義或是說出有意義的詞彙之前，他們就已開始聽到其母語中的不同語音，根據這些經驗，他們學習知道哪些語音是屬於其語言系統，哪些不是，當他們開始學習說話時，這些就成為他們語言表達之基礎。因此，為能建立言語表達的能力，嬰幼兒一定要能藉由聽覺分辨不同語音之間的差異。此外，當嬰幼兒開始使用聽覺接收、分辨語言環境中之語音時，他們同時也使用視覺管道處理語言訊息。Meltzoff（1988）的實驗顯示，四個月大的嬰幼兒可將聽到的“a”音與嘴巴張大的口型影像連結在一起，“u”音與嘴巴縮緊前凸的影像連配。另外，其他研究亦發現嬰兒會利用視覺訊息來詮釋其聽到的語音：在Spelke與Owsley於1979年的實驗中，坐在父母中間的三個半月大到七個月大的嬰兒，會在聽到由擴音器播出媽媽的聲音時，轉頭去看坐在旁邊媽媽的臉，而非轉向另一邊看爸爸的臉；反之亦然（引自柯林聽力保健中心，2005）。

綜合上述，這些研究者皆認為嬰幼兒的言語組織是跨感官的（cross-modal），亦即言語訊號是透過視覺、聽覺刺激連接起來的。此外，Meltzoff（1988）亦指出，語言與聽覺、視覺、動作系統的感覺動作統合有關，大腦會整合同時來自聽覺、視覺及觸覺、動作感覺的刺激，而這也正是人類語言學習的大腦神經基礎。

(三)影響語言發展的因素

「我的孩子已經2歲半了，卻連媽媽都叫不清楚」、「老是心不在焉，好像有聽沒有到」，經常聽到父母有如此的焦慮。幼兒如果有語言發展延遲，甚至疑似有語言或聽力障礙時，該怎麼辦呢？雖然兒童生長在共同文化模式下，但在發展上仍有很大的個別差異，在分析語言發展問題之前，應該先瞭解影響幼兒語言發展的因素有哪些，茲分項探討如下（引自黃惠如，2005）：

■個人因素

影響語言發展的個人因素如下：

1. 智力：智力是人類學習和適應的能力，幼兒語言發展的遲速亦和認知能力有關。一名極聰明的幼兒在出生後十一個月即能開始言語，懵懂的幼兒需三十四個月，而智能不足的幼兒則需五十多個月後才有語言（王靜珠，2003）。Terman（1947）的研究亦指出，智能優異的幼兒在約十一至十二個月大時說出第一個字，普通幼兒則約在十六個月大開始講話。一般來說，智力愈高，開始說話時間愈早，語句也較長；愈慢說話者，智力往往愈低。不過此現象並非絕對，中國人常說「大雞晚啼」，而愛因斯坦也直到3歲才開口講話呢！
2. 性別：根據經驗法則，語言發展似乎有明顯的性別差異，女孩們開始講話得早，語言能力也較強。Terman（1947）研究口說語言的年齡，男孩為十一點七個月，女孩則為十一點一個月。McCarthy的研究亦顯示，女孩不管在開始說話時間、發音清晰度、語言使用技巧上的表現都優於男孩（引自游淑芬等，2002）。王靜珠（2003）指出，女孩的發育較男孩早，因此語言發展也較快，在國小階段同智齡的學生，無論在語言發表、社交人際等多方面，往往都顯示女生比男生較早成熟。但由於現代社會的文化刺激愈來愈多元，鼓勵幼兒表達的機會也增加，應會逐漸拉近語言表達的性別差異。游淑芬等（2002）便認為，語言發展的性別差異在幼兒期較明顯，進入學齡階段後差異會愈來愈不明顯。

3.人格情緒：如果說認知能力是語言能力的基礎，那麼情緒與人格則可比擬為開啟話匣子的鑰匙。一個趨避性較強的害羞幼兒，通常較晚說話，如果是自閉症幼童則更明顯有語言遲緩的現象；一個適應性佳的幼兒，則較早開始嘗試與他人溝通說話。此外，經常壓抑情緒的幼兒容易出現口吃的現象，進而影響語言表達能力。

■環境因素

影響語言發展的環境因素如下：

1.家庭背景：一個社經地位較高的家庭，通常擁有較多的文化刺激或教育資源，有助於嬰幼兒的語言發展。此外，游淑芬等（2002）亦指出，高社經水準家庭較常出現經過修飾、結構完整的語言供兒童模仿學習的典範。王靜珠（2003）表示，家庭背景良好，自幼獲得良好照顧，且生長在兄弟姊妹眾多的家庭中，幼兒語言發展在語型、字彙方面，均比缺乏親切照顧環境的幼兒說話早，如育幼院的幼兒，或擁有外籍新娘家庭之子女，後二者最顯著的發展便是語言表達能力較為落後。

2.社會互動：父母或主要照顧者（包括保母、教保人員）是嬰幼兒早期主要的模仿對象。嬰幼兒在牙語期和語言發展期如果能得到適當的回應與增強，將使語言能力快速進展。相關研究便指出，十五到二十一個月大的嬰幼兒，雙生子的語言發展比非雙生子慢，理由是因為母親的時間被分割了，交談時間變短，受到的關注亦較少（游淑芬等，2002）。現代雙薪父母人口增加，進而影響親子互動時間與品質，加上托育時間延長，教保品質良莠不齊，是否對兒童早期語言發展有所影響尚須審慎評估。

3.環境語言：所謂**環境語言**，係指幼兒生活環境中所使用的語言，如果生長在多樣語言形式的家庭或社區，對幼兒語言發展有極大的影響。人類初始的語言能力雖然來自天賦，但有意義的正確語言，卻要靠後天的學習，因此環境語言的因素影響甚鉅。例如一個移民到美國的家庭，幼兒的祖父母講方言，父母親說國語，手足卻是用英語，生長在如此多樣語言的環境中，幼兒剛開始的語言表達能力經常有落後的現象。不過亦有文獻指出，兒童的語言是透過文化學習的，而學習的對象可以從父母到同儕，甚至一些不和小孩說話（如部分印地安文化），或是生活在洋涇濱式語法環境中的孩子，最後都還是可以發展出符合環境文化的語言。因此，只要是智力發展正常、文化刺激足夠，此環境因素通常可以迎刃而解，從假性的語言延宕回歸到正常的語言發展水準。

三、嬰兒的情緒發展

照顧者（通常以媽媽為主）看到嬰兒微笑，或聽到其在哭泣，他們大略能瞭解嬰兒是否生氣、憤怒或者是愉悅，但若要深入瞭解嬰兒到底是因為害怕、孤寂或不舒服，就不得而知了。至於嬰兒的情緒是如何分化、發展及表達呢？接下來將分別敘述嬰兒情緒之意義及在嬰兒發展上扮演的角色，以及嬰兒情緒是如何發展與分化，茲分述如下：

(一)情緒的意義及其在嬰兒發展上所扮演的角色

所有人皆有悲傷、歡樂及恐懼的**情緒反應**——是一種個體主觀的經驗反應，也伴隨著生理及行為的改變（Sroufe, 1997）。例如恐懼常伴隨急促的心跳和自我保護的行動。吾人可從父母的經驗之談中得知：「即使是新生兒也具備表達情緒的能力，因為他們的臉部表情不但十分豐富，且與外在情境多有配合。」（雷庚玲，2001a）當吾人聽到一名嬰兒哭泣時，我們是否因此知道他是不高興、生氣、不舒服、孤獨或害怕呢？這實在是一件相當不容易的事，照顧者也要靠經驗摸索及瞭解嬰兒之性情來加以推測。而嬰兒的情緒到底源自何時，以及嬰兒之情緒表示為何，想要一一澄清這些問題不是一件容易之事。因此，有關嬰兒情緒的跡象，長久以來一直備受爭議。近年來，心理學家如Izard等人，則用了比較系統的科學方法來探討這個問題。他們發現，即使才幾個月大的嬰兒，也具有表達情感的能力。

早期的心理學家（Bridge, 1932）相信嬰兒只有一種情緒——一種尚未分化的亢奮狀態，稍後被稱為「苦惱」（distress），或是歡喜、憤怒、害怕三種的結合（Watson, 1919）。到了1980年代，Carroll Izard及其同事（Izard, 1982）將五、七、九個月大的嬰兒面部表情錄影下來：有關嬰兒和母親玩遊戲的神情、讓醫生打針的表情、被驚奇盒嚇一跳的表情、讓孩子的手上抓一塊冰塊而引發痛覺、把孩子手上玩了一半的玩具搶走、讓媽媽離開孩子所在的房間、陌生人接近的表情等等。研究者便將這些錄影帶放給不認識這些嬰兒的受試者（如大學生或健康專家）看。由於當時引發孩子表情的情境並沒有錄下來，所以受試者只能依照影像中嬰兒的臉部表情來判斷嬰兒所表達的是哪一種情感。

結果發現，這些受試者都能正確分辨出嬰兒高興、悲傷、感興趣和害怕的表情；而對生氣、驚奇和嫌惡的辨別，正確程度稍低（Izard et al., 1980）。當受試者接受Izard「面部表情計分手冊」（1977）的訓練之後，他們的判斷變得更正確。上述研究顯示，不同受試者對相同嬰兒的面部表情有十分類似的評定；亦即，影帶中嬰兒的面部表情的確傳達了某種情感上的訊息，而且此訊息在社會人際中有能讓人瞭解的意義。

情緒根源於意識來呈現，人類知道他們如何感覺及運用情緒來影響行為。所有正常的個體有相同範圍的情緒反應，但是對特定情境的表達卻會因人而異。例如對某些反應，個體皆會有心跳反應，只是反應強度不同；此外，有些個體可能容易被引發憤怒，而有些個體則較不會。

因為情緒是個體的主觀感受，而且也難以研究，甚至研究者對於有多少情緒、何謂情緒，以及如何定義與測量，也有不同之定見。早期研究者嘗試辨明何種情緒先發展及何時發展，學習論者認為情緒是個人被制約的結果，生態論者則認為情緒如同動物般提供個人生存及幸福感。

遺傳和環境對情緒發展的交互作用，類似於其他方面發展的影響情形。有關學者一向認為，有個與生俱來的生物時鐘，設定了人類情緒的出現時刻，當腦部成熟之際，各種情緒隨之顯現。研究發現，十個月大嬰兒的腦右前葉在正面情緒時較活躍，負面情緒時則左前葉較活躍，顯示此種腦部組織的基礎是一出生即存在的（Fox & Davidson, 1984）。這種時序具有求生的作用：一個無助的兩個月大嬰兒所呈現的痛苦表情，可招來他們需要的幫助；而他在九個月大時所呈現的憤怒，可促使他採取某些自救的行動，例如將入侵者推開（Trotter, 1983）。

另一方面是**環境的影響**。被虐待的嬰兒會比其他嬰兒早幾個月表現出害怕，顯示他們可能已經從不愉快的經驗中學到了這種情緒（Gaensbauer & Hiatt, 1984）。此外，父母因嬰兒的性別所做的面部表情之差異（母親通常對女兒顯示較多的情緒），也為各年齡層中理解情緒表現的能力總是女孩優於男孩的研究發現，提供了一個說明的線索（引自Trotter, 1983）。

(二)情緒的發展

情緒為嬰兒期的溝通系統提供了一種組織架構（Campos & Barrett, 1984）。嬰兒會做出一系列的情緒表情，包括恐懼、痛苦、厭惡、驚奇、興奮、興趣、愉快、憤怒和悲傷，然而這些表情並不十分完善。父母與照顧者依靠與這些情緒相關的面部的、聲音的和行為的線索，作為確定嬰兒內部狀態和目的的方法（Malatesta & Izard, 1984）。在交互作用的循環中，敏感的照顧者監視著嬰兒情緒上的變化，以此來確定他們的干預是否是有效的。當交互作用偏離軌道而成人又無法理解嬰兒的需要時，成人便會試圖修正或改變這種交流（Tronick, 1989）。

設想一下：一個六個月大的嬰兒，想要去拿一個他搆不到的玩具。他朝著玩具揮動著胳膊，發出急迫不耐的聲音，看上去非常痛苦不安。當父親努力地想像究竟這孩子想要什麼東西時，他看著孩子的表情，以便瞭解他想的是否正確。如果父母能在這種交流形式下取得協調，往往更容易幫助孩子實現他們的目標。而嬰兒往往也會堅持繼續嘗試這種交流，因為他們在這種交流中體驗到了成功。

嬰兒也能探索並區分他人的面部表情。很小的嬰兒已能分辨恐懼、憤怒、愉快、悲傷和驚奇的表情（Caron, Caron, & MacLean, 1988; Hornik, Risenhoover, & Gunnar, 1987; Ludemann & Nelson, 1988; Walker-Andrews, 1986）。他們往往是用視覺和聽覺訊息來進行辨別的。

在某些情景下，嬰兒使用他人的情緒反應來指導自己的行為。嬰兒常常把自己的母親作為一種社會參照（social reference），但其他成人也能提供這種功用（Hornik & Gunnar, 1988; Klinnert, et al., 1986; Walden & Ogan, 1988）。當嬰兒接近一個陌生人或一個不確定的情境時，他們看著媽媽，並以媽媽面部與（或）聲音的表情，作為關於情境的訊息來源。如果母親表現出擔憂或負面的情緒，嬰兒往往會退縮，或者十分小心謹慎地探索。如果母親表現出一種正向情緒，嬰兒則往往會很自信地接近陌生情境或不熟悉的人。

情緒的這種支配作用是雙向式的，嬰兒與照顧者之間可藉此建立一種**互為主體**（intersubjectivity）的支配關係。從最初的幾個月起，嬰兒便以與對待物體不同的方式來與人交往（Brazelton, Koslowski, & Main, 1974; Trevarthen, 1989）。嬰兒與照顧者能從事相互的、有節奏的交往，評估對方的狀態變化，矯正自己的行為，以回應由對方所發出的訊息。透過一系列共享的情緒成分，嬰兒與他們的照顧者能夠彼此相互理解，並產生共通的意義。因此，情緒表情成為信任的建構條件。

嬰兒期的情緒發展可以認為是在三個向量上展開的。首先，新的情緒產生，並在強度向量上分化；其次，隨著認知的成熟，嬰幼兒會有區別地解釋種種事件，像是新的情緒可以附著於一種熟悉的情景上，或是一種曾引起憂慮的經驗，如新的玩具或大的聲音，可能隨著兒童對情景的把握而成為引起興奮或愉快的原因；第三，嬰幼兒會發展出調節自身情緒的策略，以便不致被過強的情緒所壓制。

■情緒的分化

在生命的前兩年裡，情緒逐漸日益分化。Peter Wolff（1966）描述了新生兒的七種喚醒狀態（參見**表3-10**），在這些狀態中，我們看到了痛苦（哭泣）、興趣（警覺性活動停止）及興奮（覺醒的活動）間的最早分化。最早的微笑出現於快速眼動（不規則睡眠）期。新生嬰兒的喚醒狀態將會影響他（她）對環境的反應能力。狀態的改變也具有提示照顧者反應的作用。哭叫常常帶來安撫、慰藉的回應。視覺警醒往往會促進社會性交往。父母試圖與他們的孩子進行目光的接觸交流，在覺醒期促進非語言的交流（Tronick, Als, & Brazelton, 1979）。

情緒的分化遵循著有規則的三個向度模式（參見**表3-11**）：即愉快－高興、擔憂－恐懼、氣惱－憤怒。在第一個月中的情緒反應是與嬰兒的內部狀態密切聯繫在一起的，生理不適喚醒、疼痛以及中樞神經系統中不斷變化的緊張度，都是引起情緒的主要來源。在一至六個月的期間裡，情緒變得對自身和環境的區分有更多的聯繫，嬰兒對熟悉的面孔微笑，他們顯露出對新奇刺激的興趣和好奇心，而當哺乳被中斷，或當他們受到妨礙，無法看到他們想要目睹的活動時，便會惱怒。

自六至十二個月期間，表現出對事件情境的覺知。嬰兒回憶先前的經驗，並且把愉快、憤怒、恐懼的情緒與當前事件相比較的能力聯繫在一起。這些情緒也反映了嬰兒實踐某種對環境的控制，及在目標受到妨礙時可經受挫折的能力。

在第二年裡出現的情緒——尤其是焦慮、驕傲、挑戰和羞怯——顯示嬰兒已產生了自我感覺。嬰兒認識到：他們能作為一種引起一定結果的因素。他們開始對他人的情緒做出反應，用擁抱、親吻、輕輕的拍打來對他人表示愛。他們能與他人共享玩具，能安慰其他痛苦的嬰兒，模仿別人激動的樣子。隨著成長，日益成為一個有特點的人，這時嬰幼兒達到一個新的認知水平：既認識到自己與他人的脆弱性，也意識到給予和接受快樂的能力。

■情緒的解釋

對情緒面部表情的觀察，為解釋重要事件的意義提供了主要關鍵。在一項研究中，對剛剛接受注射的兩個月和四個月的嬰兒進行錄影，他們的情緒反應包括眼睛緊閉的生理痛苦和憤怒表情。然而，當在十九個月時對他們進行錄影，他們的表情則更多地涉及眼睛睜開的憤怒，這表明他們已更多地意識到引起這種痛苦的來源（Izard et al., 1983）。

與母親短暫分離所引起的情緒表情，對於母嬰依附的性質以及依附的發展，都提供了一種線索（Hyson & Izard, 1985）。**表4-6**顯示了嬰幼兒在十三個月和十八個月大時，與母親分離期間使用特定情緒表情的嬰兒人數。這種特定情緒表情包括興趣、憤怒、悲傷和這些情緒的混合體，在這些被研究的嬰兒身上都能觀察得到。

有些情緒從此一年齡到彼一年齡之中是相當穩定的。在十三個月大時，對母親的分離有表情反應的嬰兒，在其十八個月大時，往往也表現出同樣的情緒。在十三個月大時反應為憤怒的孩子，在十八個月大時往往也表現出憤怒。然而，悲傷表情則沒有顯示出這種連續性；隨著時間的推移，悲傷表情有所增長，或者只是其自身，或者是與其他情緒混合在一起，這一變化表明，許多嬰兒對第二年的分離經驗賦予一種新的意義——這一意義反映了嬰幼兒把自己與

表4-6　十三與十八個月大嬰兒與母親分離時所使用特定情緒表達之數量

情緒變數	十三個月	十八個月
興趣	16	16
憤怒	14	15
悲傷	7	11
悲傷－憤怒混合體	7	12
興趣－憤怒混合體	4	11
興趣－悲傷混合體	3	10

資料來源：Hyson, M. C. & Izard, C. E. (1985).

他人相區分的較大的能力，因此也意味著對喪失的一種更為複雜的評價。

■情緒的調節

隨著嬰幼兒的認知，他會發展出一些策略，以應付強烈的情緒，無論是正向的還是負向的。這一方面大多數的研究集中於兒童對待痛苦的方式（Dodge, 1989）。即使是新生兒，也有一些策略來減緩痛苦的強度，如把頭轉過去，吸吮自己的手，或是閉上眼睛。隨著嬰兒獲得新的動作協調與控制，他們會逃離目標物，轉移注意力，或以搖頭、撫摸自己或吸吮拇指來自我安慰（Kopp, 1989）。

情緒調節發展中最重要的因素之一，是照顧者幫助嬰兒對此種發展努力的方式（Kopp, 1989; Tronick, 1989）。當照顧者看到嬰兒處於痛苦之中時，他們能夠提供直接的幫助。他們會摟緊、擁抱、搖頭或裹住孩子。他們可以提供食物、奶嘴，或其他形式的安慰。透過言詞和行動，他們可以幫助孩子解釋引起緊張的原因，或是指出減緩痛苦的方法。

照顧者對嬰幼兒情緒調節問題的做法是因文化而異的。有些文化會透過阻止兒童暴露於某些喚醒情境來調節情緒。例如日本的母親們努力避免使她們的孩子接觸憤怒場合。她們避免使幼兒遭受挫折，從而使孩子不會體驗憤怒。父母很少對他們的幼兒顯露出憤怒，尤其是在公眾場合。因此，日本的父母是盡可能地以減少孩子對憤怒的體驗來嘗試調節憤怒的（Miyake et al., 1986）。

情緒也可以透過體驗這些情緒本身的方法而被調節（Campos, Campos, & Barrett, 1989）。嬰兒會透過父母對自己的情緒表情反應來觀察憤怒、驕傲、羞怯、悲傷。父母可以透過不贊成的表情來中止孩子的憤怒。孩子可以透過其他人的笑和快樂而從悲傷中轉移出來。透過移情作用，兒童會由於看到別人如何地悲傷和恐懼而減少對他的憤怒。

隨著兒童對一個情景的結果或含義的理解，他們有了新的調節或放棄調節情緒的動機。如果兒童認為痛苦訊號能幫助他們實現自己的目標，如特別的注意或哺乳，他們就會擴大或延長他們的痛苦訊號；如果他們覺得痛苦的訊號會進一步引起附加的痛苦，便會試圖掩蔽起他們的痛苦。**情緒的調節**，就像情緒本身一樣，是發生於人際情景之中的。一個嬰兒發展有效的策略來減緩痛苦的努力程度，依賴於痛苦的訊號如何被他人所對待，依賴於嬰兒在這一情境中的目的，也依賴於嬰兒同步比較環境中認知的、物理的和感情的因素的能力。

綜合上述，嬰兒自出生之後，漸漸萌發滿足、興趣與苦惱（Lewis, 1998），這些情緒反應是分散的，是反射本質的，大部分是個體對感覺刺激或內在心理歷程的生理反應。直到六個月大，嬰兒才會將這些反應分化成為真實的情緒，例如歡樂、驚奇、悲傷、厭惡及後來的生氣與恐懼（參見**圖4-2**）。直到1歲半，嬰兒發展自我察覺意識（self-awareness）之認知基礎後，才開始有了自我意識的情緒，例如困窘、同理心及嫉妒。直到3、4歲後，幼兒開始自我察覺意識及社會價值規範，此時他們便發展出自我評價之情緒，例如自尊、羞恥及罪惡感。此時幼兒可以評價自己的想法、計畫、欲望及行為是否合乎社會的期望（Lewis, 1998）。

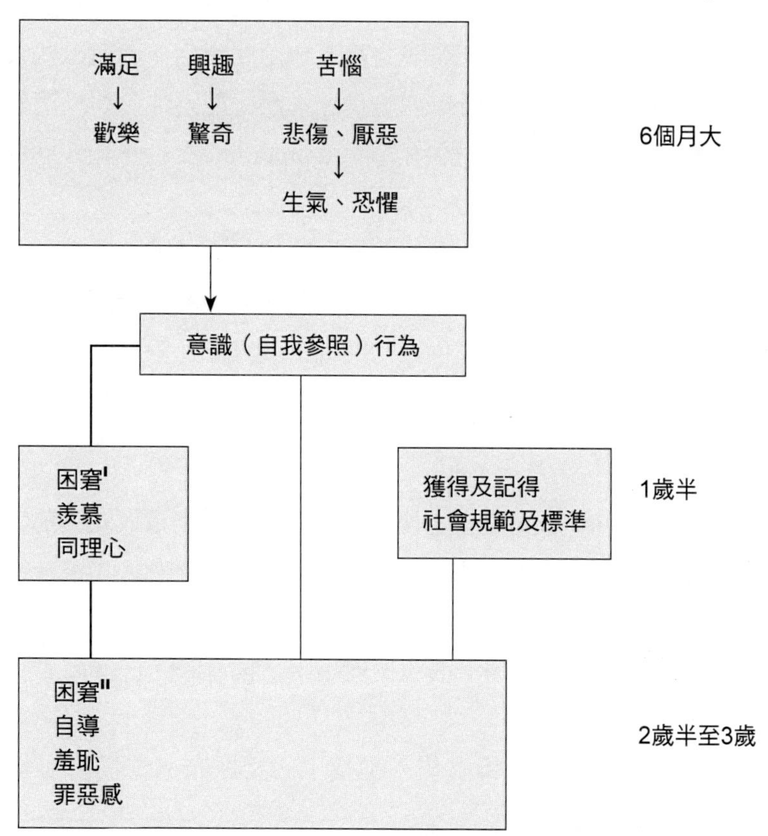

圖4-2　0至3歲嬰兒期之情緒分化

註：I沒有自我評價的困窘。
　　II有自我評價的困窘。
資料來源：Lewis, M. (1998).

四、嬰兒的社會發展

兒童的社會發展是透過個體出生時所承襲的氣質，即嬰兒期的依附行為，幼兒期忍受挫折的自我控制，到幼兒期的社會能力的發展，進而影響到日後青少年及成人時期的待人處事態度，及應對進退的社交技能。故討論嬰兒的社會發展首重嬰兒的氣質與玩性，及依附行為。以下將以此兩個向度作為嬰兒社會化發展的起源。

(一)氣質與玩性

■氣質

性格通常指個人有獨特性、複雜性、統整性及持久性的穩定特質，而性格已被認為是個人天生特質與後天環境之交互作用而產生。然而有些人格特質似乎在發展早期即已固定，這些特質如吃食和排泄之穩定性、對反應刺激的感受力、情緒本質等，心理學家稱之為**氣質**（temperament）。氣質是否與生俱來呢？

1956年美國兩位小兒科醫生在紐約地區開始長期追蹤，研究了一百四十一位出生於中產階級家庭的新生兒及其父母，受訪的問題包羅萬象，如孩子的餵食行為、睡眠習慣、遊戲、對陌生人的反應、與父母及手足的互動狀況等。研究者將早期資料歸納後，將嬰兒行為分成九個向度，以作為氣質之定義。此九個向度茲分述如下：

1.活動量（activity level）：指嬰兒是文靜型或活動量大的；前者較安靜，多做些靜態活動；後者則傾向於精力過剩，很難坐定。可分為下列三種情形：

(1)高活動度：睡眠時間不很多；剪指甲、換尿布、洗澡時動得很厲害，很難抓得穩。

(2)中活動度：夜裡偶爾醒來；剪指甲、換尿布、洗澡時雖動，尚可控制。

(3)低活動度：全夜安睡，不必起來喝奶；清醒時，通常靜靜地躺著；換尿布、洗澡時很安靜。

2.規律性（rhythmic regularity）：規律性好的嬰兒，在飲食、睡眠、靜息及日常生活的一切事情表現得有規律；反之則呈現較散漫的生活作息。例如：

(1)規律的：每天醒來、睡覺的時間一定，每3或4小時喝一次奶，大小便次數一定。

(2)不規律的：睡眠時間不一定，每次食量不一定，每次大便時間也不一定。

3.趨避性（approach / withdrawal）：指嬰兒對新事物、環境、情況的初次反應。可分為兩種：

(1)接受：對陌生人友善微笑，對新事物、新環境能接受而不排斥。

(2)退縮：看到陌生人就躲，拒吃新食物，初次到別人家或在新環境中一直哭，且尋找熟識者往前依靠。

4.適應度（adaptability）：觀察嬰兒對食物、嘈雜聲、母親替代者（如祖母、保母）接受的情形，或換床鋪後第一次、第二次的入睡情形。可分為兩種：

(1)接受：對新食物立刻接受或第一次拒絕，再多給一次即接受；對母親代替者無所謂；換床鋪可以接受或第一次睡不好，但第二次即歸於正常。

(2)拒絕：對新食物嘗試三次都拒絕；對母親代替者拒絕，哭吵直到母親再出現；對新床鋪哭吵三天以上者。

5.情緒本質（quality of mood）：指嬰兒在一天中，行為表現出愉快或不愉快、友善或不友善程度的多寡。可分為二：

(1)正向：對陌生人友善，時時和顏悅色，外觀開朗。

(2)負向：對陌生人冷淡，時時悶悶不樂，外觀憂鬱。

6.注意力分散度（distractibility）：係指嬰兒對於正在進行的事物，是否會因新事物突然介入而分心，轉移注意力。例如：

(1)易分心：如果嬰兒被拒絕或被停止一項他所要或正在進行的事物，代以其他事物時，能分散其注意力。

(2)不易分心：如果嬰兒被拒絕或停止向他所要或正在進行的事物時，就哭吵而無法用他物取代。或者觀察嬰兒玩一新玩具的時間，若能超過10分鐘則屬長注意力；若只嘗試努力3分鐘即行放棄，則屬短注意力。

7.堅持度（attention span and persistence）：指一嬰兒正在做某件事或正想做某件事時，卻遭外來的阻力，嬰兒克服這阻力仍然持續下去的程度。

可分為兩種：

(1)堅持度強：嬰兒肚子餓時想喝奶，會拒絕吃代替品（果汁、餅乾），哭到他得到為止。如果想拿到玩具而拿不到時，會繼續嘗試2分鐘以上。

(2)堅持度弱：肚子餓時想喝奶，在5分鐘內可以用代替品安撫下來。如果想拿玩具而拿不到時，半分鐘內便停止嘗試。

8.反應閾（threshold of responsiveness）：引起嬰兒反應所需要的刺激稱之，亦即由視覺、聽覺、味覺或觸覺，以及「察言觀色」的能力，觀察能引起嬰兒某種反應所需的刺激強度。例如：

(1)低反應閾：嬰兒睡眠時，一有嘈雜聲或光線就醒來，或食物味道稍變就能感覺到。

(2)中反應閾：對於聲音、光線或味道等刺激的改變，反應不一定。

(3)高反應閾：尿布濕了或大便了，好像也不覺難受；聽到嘈雜聲也無所謂的樣子。

9.反應強度（intensity of reaction）：指嬰兒對內在和外在刺激所產生反應的激烈程度，例如：

(1)激烈：尿布濕了或餓了時，哭聲很大；吃到不好吃的食物就吐出來，而且大哭。

(2)溫和：尿布濕了或餓了時，哭聲秀氣；吃到不好吃的食物仍勉強吞下去。

由於此研究的數據指出，大部分的嬰兒在兩、三個月大的時候，會在上述九個向度上有明顯的個別差異，也使得Thomas及Chess這兩位小兒科醫生做出氣質是與生俱來的結論。Thomas和Chess（1977）更進一步依據每位嬰兒在各向度的得分，將其訪問的嬰兒分成三大類：

1.安樂型（easy child）：此類嬰兒對環境的改變適應性高，對新情境採趨近性，在日常生活中表現出愉悅的態度。

2.慢吞吞型（slow-to-warm-up child）：此類嬰兒對新情境採取退縮反應，並且需很長時間才能適應新的環境。此外，嬰兒活動量低，反應強度弱，會有負向情緒表現。

3.養育困難型（difficult child）：此類型嬰兒的氣質特徵為不規則的生理機

能表現，面對新刺激時，經常是採取退縮的最初反應，而且情緒反應激烈，對環境的改變適應性低，多為負向情緒表現。

在上述的分類中，安樂型的嬰幼兒占40%、慢吞吞型的嬰幼兒占15%、養育困難型的嬰幼兒占10%，另外有35%的嬰幼兒氣質不易分類。之後Buss與Plomin（1975）更進一步以同卵雙胞胎之嬰兒氣質的相似度顯著高於異卵雙胞胎及兄弟或姊妹，來說明氣質是天生的。

Thomas及Chess的長期追蹤研究之另一結果發現，氣質的穩定性雖在兒童早期會持續存在（Thomas, Chess, & Birch, 1970），但早期被歸類為養育困難型，在稍長後較容易出現問題行為，此氣質的穩定性在受試者進入青春期後逐漸減弱。個人之人格特質除氣質外，仍有許多因素，如個體能力、動機、家庭壓力事件與壓力，以及社會支持等，皆可能與氣質互動而影響未來性格之發展。

在Thomas及Chess之後的研究朝向早期氣質是如何與環境互動，尤其是什麼樣的環境因子能緩衝困難氣質的幼兒對未來性格發展所造成的影響，「最適配合」（goodness of fit）就是此種研究的主要概念與發現。**最適配合**係指個體是否能健全成長，並不單只在乎其遺傳來的氣質，或是單受環境影響，而是個體的氣質是否能與環境相互配合。例如一位嬰兒在家庭資源匱乏的情形下，因為其困難的氣質使得他哭得大聲，不易被安撫，反而得到父母的注意，進而得到更多營養之資源，以幫助他有更多的存活機會。此外，研究發現困難型之嬰兒不但本身適應環境能力較差，其所處的環境也會受到這些嬰兒的影響而反過來對其不利。例如困難型嬰兒的母親對這些孩子的情緒表達的敏感度與順從度，都較其他母親來得低（Donovan, Leavitt, & Balling, 1978）。故從保育的觀點，教導（育）父母的親職教育在貧窮等不利家庭中或受虐家庭中有其重要性，以避免嬰兒透過氣質所塑成的氛圍環境，持續地影響其日後性格的發展（雷庚玲，2001b）。

持平而論，性格是天生特質，也是環境塑造的結果，而由於先天氣質與後天環境之不斷互動，也使個體在發展中充滿了不可預測的變異性。

■玩性

心理研究人員亦研究一般性的**玩性**（playfulness），將「玩性」當作人格的向度之一，來觀察兒童遊戲行為與擴散思考的變異。根據Lieberman（1977）的觀點，我們可由身體、社會、認知的自發性、喜怒的控制及幽默感五點來探討一個人的玩性（參見**表4-7**）。Lieberman以等級量表為九十三名幼稚園兒童計分，發現其中四項特點有極高的相關，只有身體自發性的相關度較低。Lieberman的結論是，「玩性」是一個由這些特點所界定出來的人格向度（dimension），在她的研究中發現，玩性與發散思考分數、心理年齡、實際年齡有關。

Dansky、Hutt及其同僚的研究進一步支持了「玩性」與發散思考（或創造潛力）可能有關聯。Dansky及Silverman（1975）研究自由活動情境下的遊戲者與非遊戲者時指出，被認為是遊戲者的學齡前兒童，在發散思考測驗上得分較高，似乎自發性的自由活動（遊戲）增強了發散思考的能力，但發散思考測驗得分高者卻不一定很會玩。Hutt（1966）設計一結構性的實驗情境，以誘發孩子的好奇心與探索行為，他將3至5歲的幼兒分成三類：(1)非探索者；(2)探索者；(3)獨創性探索者來做研究。結果獨創性探索者在研究一個「超級玩具」（一個複雜又新奇的物體，具有四支黃銅腳的紅色金屬盆，上有一根槓桿，下接開關自如的四個計數器槓桿的藍色木球所組成）之後，會以各種富想像力的方式去使用該玩具。其後對同一群的兒童在7至10歲時做追蹤研究；Hutt和Bhavnani（1972）發現，學前階段較不具有玩性的兒童對自己的描述是沒有探索心與不活躍，而學前階段較具玩性的兒童則認為自己較果斷與獨立，特別是女孩表現得尤其明顯。待這群兒童稍長後，再評量玩性與創造力綜合測驗原始分數之間的相關聯，結果男生的相關係數是0.516（達顯著水準），女生是0.368（不具統計上之顯著水準）。

Barnett（1991）應用Lieberman的五種玩性向度，及其他人格特質和兒童個人特性（包括性別、手足數目及出生序），研究幼兒園兒童之玩性，樣本來自美國中西部，中產階級家庭之七個兒童托育中心，共有二百七十一位幼兒。

表4-7　Lieberman的五種玩性構念

特徵	行為表現
表現歡樂	笑聲、表現快樂和享受
幽默感	欣賞喜劇事件，對有趣情況、輕微的嘲弄有所察覺
身體自發性	充滿活力，全部或部分身體的協調
認知自發性	想像、創造及思考的彈性
社會自發性	與別人相處和進出團體的能力

資料來源：Lieberman, J. (1977).

兒童玩性量表（The Children's Playfulness Scale）被用來當作評量幼兒玩性之工具，另外還有一份問卷用來評量幼兒之人格特質及個人特性。此研究係應用皮爾遜積差相關分析，分析了玩性向度與其他人格特質變項之關係強度。結果顯示，只有自信與玩性五種向度具有顯著相關性。男生在表現歡樂及身體自發性、女生在認知自發性，向度之分數較高；來自大家庭的男性幼兒在身體自發性分數較高，而來自大家庭之女性幼兒有較低之表現歡樂。此研究只是一玩性研究的探索與描述性的目的，未來冀望有更多的研究來加以建構玩性量表，及分析其與各變項之間之前置及影響效果。

Truhon（1982）聲稱玩性應有兩個層面（aspects），並非如Lieberman所提出的單一向度。其中之一是引發創造力和瞭解笑話的認知能力，另一個是在遊戲中顯現歡樂和在笑話中發出笑聲的情感能力。Singer（1961）則以「類比」法（analogous）劃分未來導向（或解決問題式的白日夢）和過去導向（幻想式的白日夢）。Truhon曾用Lieberman的玩性修正量表，觀察在單獨遊戲情境下的三十名幼稚園兒童，每個孩子亦接受創造力綜合測驗，然後用徑路分析（path analysis）加以統計，結果支持玩性中有情緒因素與認知因素的區別——即「玩性—趣味」和「玩性—智能」（playfulness-intelligence）。兩個相關面（認知和情感）對遊戲有不同之影響。**玩性—趣味量表**用以測量表現歡樂能力與幽默感；**玩性—智能量表**則測量智能與認知的自發性。最後Truhon（1982）提出結論認為，玩性是遊戲活動合理的好指標，但是創造力和玩性與遊戲的相關度很低。

(二)嬰兒的依附行為

■依附行為發展

嬰兒的**依附行為**（attachment），又稱**依戀行為**，是嬰幼兒與人的互動方式，會隨著年齡的增長而改變。未滿三個月大的嬰兒，會接近你、對你微笑，和你有目光上的接觸。四個月左右，他可能見到你就皺眉，看了母親後才會靠近你。八個月大，一看到你可能會縮到母親懷中，必須以玩具或其他獎賞的方式來引誘他，但也不必太有把握，他可能會拒絕，令你覺得他不再喜歡你。一段時間之後再見面，他卻又開心地對著你笑，拉著你的手，想要離開母親跟你回家去（參見**表4-8**）。

這就是依附過程的寫照，或是嬰兒和照顧者形成強烈感情關係的情形。

表4-8　Bowlby的依附階段

階段	年齡	行為
一	出生至2、3個月	隨意微笑，讓任何人擁抱
二	2、3個月至6、7個月	選擇性互動，對所喜愛的人微笑；比較陌生人和主要照顧者的臉
三	6、7個月至1歲	依附主要照顧者，此人不在時會哭，試圖跟隨；對陌生人懷著戒心
四	1至2歲	具完整記憶力，知道照顧者雖不在眼前也不會消失；開始和他人交往

資料來源：Bowlby, J. (1958).

長久以來，研究者對於引發嬰兒和照顧者建立這種強烈關係的背後動機，一直很感興趣。早期的理論認為依附是為了滿足需要，嬰兒愛母親是因為母親能夠照顧他。但Harlow對獼猴進行的研究發現早期理論的不正確之處。Harlow的研究已成為經典之作，他將剛出生的幼猴和母猴分離，以鐵絲或布做成的代理母猴來哺育牠們；需要進食時，有些由鐵絲假母猴哺乳，有些由布做的假母猴哺乳；當幼猴需要擁抱時，牠們只會接近布做的母猴，避開鐵絲母猴，即使後者參與餵食，牠們也不會接近。

現今流行的依附理論以英國精神科醫生John Bowlby（1958）的觀點最具代表性，他認為依附具有生物和演化的基礎。從進化的觀點看來，當掠食者接近時，幼兒必須得到保護，當人人奔跑逃命時，總要有人記得抱起脆弱的嬰兒，這種生存的本能促使嬰兒和照顧者形成親近的關係。Bowlby的理論因此強調，生理或基因是促成父母和孩子之間的依附關係的主要因素，兩者都展現出特定的舉動催化了關係的連結。

■父母的行為

父母會採用幾種方式來吸引嬰兒的注意。例如父母本能上會將臉擺在嬰兒視覺範圍可及之處，離嬰兒的臉約22.5公分的範圍之內，嬰兒的確也只能夠看到30公分範圍以內的東西，所以能和父母有所接觸。此外，父母也會做出一系列的表情，稱為**致意回應**（greeting response），以便引起嬰兒的注意，例如他們會將頭部後仰、嘴巴半開、眉毛上揚，以及使用「兒語」（baby talk）。研究顯示父母似乎知道嬰兒喜歡什麼且能做出正確的回應，這些行為並非完全出自意識的覺知，乃是來自本能的驅動。

■嬰兒的行為

嬰兒在依附過程中最大的貢獻是看起來可愛，成人不但無法抗拒嬰兒圓圓胖胖的稚嫩外表，也被他們嬰兒式的回應所吸引，為人父母者同時也希望被嬰兒認定和被需要，嬰兒似乎也有能力滿足父母被需要的需求。嬰兒最喜愛的是人的臉，會對人微笑的發出聲音。如前文所述，嬰兒一出生便能夠辨識母親的聲音，新生兒也能夠模仿他人臉部的表情。

嬰兒的反射動作，如抓取、吸吮、呼叫與翻滾，都是對父母照顧的一些回應，這些回應增強了父母和他們互動的行為，讓後者深覺自己被需要。此外，嬰兒因為能夠很快地辨認出誰是主要照顧者，對主要照顧者的特別回應也強化了父母的付出。例如出生之後三天內，母親以哺育姿勢抱起嬰兒時，寶寶會面對母親，轉向乳頭，並將嘴張開。

■其他依附理論

Ainsworth等人（1978）為依附理論添加許多資訊，她認為嬰兒會將主要照顧者視為基地，需要探索環境的時候離開，需要安慰和安全感的時候返回。以這個觀點為基礎，Ainsworth發展出陌生情境程序（strange situation procedure），觀察嬰兒在陌生的場合中對不同事件的反應，以衡量依附的程度。這類實驗包含以下八個階段，整個過程約需21分30秒（第一步驟30秒，其餘各3分鐘）：

第一步驟：介紹（母＋子）：母親和嬰兒進入遊戲室。
第二步驟：暖身（母＋子）：母親和嬰兒一同探索遊戲室內的事物。
第三步驟：陌生人加入（母＋子＋陌生人）：一位陌生女性進入遊戲室內。
第四步驟：母親離開（子＋陌生人）：母親離開房間，陌生女性試圖跟嬰兒玩。
第五步驟：母與子重聚（母＋子）：母親回到遊戲室。
第六步驟：母親再度離開（子）：嬰兒獨自一人留在遊戲室內。
第七步驟：陌生人加入（子＋陌生人）：陌生女性返回遊戲室。
第八步驟：母與子再重聚（母＋子）：母親返回遊戲室。

實驗之後，Ainsworth將嬰兒的反應分為以下三種依附模式：

1.安全型依附（secure attachment）：此類嬰兒以母親為安全的基地探索遊戲室，他們意識到母親的同在，會不時的察看，以確保需要時母親會在身旁。母親離開時，他們會哭或抗議；母親回來後，嬰兒會靠近母親取得安慰，和她有肢體上的接觸。

2.焦慮型依附（anxious attachment）：是典型的黏人寶寶，不喜探索遊戲室內的事物。母親離開時，會很生氣，哭了許久。母親回來後，他們雖會尋求肢體上的接觸，但可能即刻推開，甚至打母親，不易被安撫。Ainsworth認為，這類嬰兒不夠信任母親，不相信她能夠滿足自己的需要。

3.迴避型依附（avoidant attachment）：這類嬰兒對母親的離開不太在乎，不以母親為基地，行為舉止視為母親不在場，眼神不太和母親接觸，也不會試圖吸引母親的注意。對母親的離開更無動於衷，對母親的返回也毫無反應。

中產階級家庭的嬰兒中，有65%屬於安全型依附，是什麼因素影響依附的過程？為什麼剩餘35%的嬰兒無法發展出安全型的依附關係呢？

(三)造成依附失敗的危險因素

嬰兒、母親和家庭因素都有可能影響依附關係的形成。首先，嬰兒的特質可能會影響母子關係。例如早產兒即可能會有依附上的問題，他們不似正常嬰兒般的「可愛」，也不太和照顧者互動，對周遭事物少有回應，母親的動作也無法吸引他們。其他影響嬰兒依附關係形成的因素包括毒品寶寶的問題和困難型性格特質。

在父母親方面，未成年母親可能會影響依附的形成，因為她們不善與孩子溝通或交流，對孩子行為線索的解讀和回應也有不足之處（Crockenberg & Litman, 1990），以及父母不當使用的管教態度和行為（Maccoby & Martin, 1983）。另一方面，母親的憂鬱情況也會影響依附關係的形成，因為患有憂鬱症的母親往往會沉溺於自己的情緒，或過度集中在自己的痛苦之中，對孩子的需求和舉動少有回應，忽略了孩子發出的社交線索；嬰兒的情緒又容易受到母親情緒的感染，即使母親不表現出憂鬱的樣子，對孩子情緒的影響也會持續下去。其他與父母有關的問題包括壓力、酗酒、兒童時期受虐，和意外懷孕等，這些都會影響依附關係的形成。

家庭因素也會影響依附關係的形成。子女太多，會削弱母親和新生嬰兒之間互動的機會。婚姻關係會影響主要照顧者和嬰兒之間的互動，伴侶的支持使得母親對嬰兒的需求比較有回應，母親對嬰兒的付出也比較感性。此外，社會支持體系可以緩和許多壓力，特別是家中有個性情暴躁的嬰兒，對母親格外重要；充分的社會支持也使得安全型依附關係的發展比較容易（Crockenberg & Litman, 1990）。環境的壓力也會影響母子的互動（Radke-Yarrow & Zahn-Waxler, 1984），母親若疲於處理（如貧窮和家庭暴力等問題），將沒有餘力照顧嬰兒，影響兩方的依附關係。

除了Ainsworth（1978）三種依附模式的類型外，Main和Hesse（1990）也提出了有些嬰兒在陌生情境中的表現難以分類，雖然在研究中，實驗者總是將他們歸類，如這些嬰兒會採取某種特定的固定模式來面對母親的重新出現，因此Main及Hesse（1990）將其稱為**無組織或無定向依附**（disorgainized / disoriented attachment），這是依附失敗的例子。嬰兒會表現出不清楚、不確定，或是矛盾的依附關係，這類嬰兒通常是來自上述有問題的家庭。學者Zeanah、Mammen及Lieberman也提出兒童依附失敗常見之行為現象（參考**表4-9**）。

表4-9　評估兒童依附問題

行為	依附失調的現象
情感表達	與人互動時缺乏溫暖與親切的交流，輕易親近陌生人
尋求安慰	受到傷害、驚嚇，或生病時不會尋求安撫，即使尋求安慰，通常會使用奇怪或矛盾的方法
依賴他人	不是過度依賴，就是需要時不時去尋求可依附的照顧者
合作	不順從照顧者的要求，或過度服從
探索行為	在陌生的場合裡不會察看照顧者是否同在，或者不願離開照顧者探索環境
控制行為	過分討好照顧者，或過分控制支配照顧者
重聚時反應	分離後團聚，無法重建互動，行為表現包括忽視、迴避，或強烈憤怒

第三節　嬰兒期的發展危機

因應行為（coping behavior）是心理社會理論的一個重要概念，其定義為解決壓力的積極努力和創設有一發展階段的考驗之新解決方法，其至少包括：(1)獲取和進展新訊息的能力；(2)維持控制人的情緒狀態的能力；(3)在環境中自由活動的能力。Erik Erikson（1982）提出個人在獲得發展任務之能力後產生主要適應自我的品質（prime adaptive ego quality）；相對地，如果沒有獲得充分的發展任務，個體則產生潛在的核心病症（core pathology），或叫破壞力，而產生個體之危機（crisis）。

嬰兒期主要受到個體先天的遺傳訊息，加上後天環境的互動及自我指導運用之下產生個體之適應行為，如果未能獲得上述之發展品質，可能產生一些危機。

一、生理危機

在美國，每五位孩子即有一位會罹患生理疾病，或有其他嚴重的發展、情緒或行為方面的問題（Mash & Wolfe, 1999）。在這些個案身上除了要瞭解其所發生的比率（盛行率）（prevalence rate）之外，吾人尚必須瞭解這些個案皆有超過一種問題的症狀——又稱為合併症（comorbidity）。此外，同樣重要地，這些個案也可能有數種不同的原因導致這些問題的發生。今日，許多專家皆從**發展心理病理學觀點**（developmental psychopathology perspective）來診斷兒童的問題，此種觀點更合乎「人在情境中」（persons nested in the situation）的人行處遇模式，強調影響正常或異常發展之不同因子，包括遺傳基因、兒童與家庭互動、教育品質、同儕及許多學校或文化環境之相互作用而來。例如具有憂鬱遺傳特質的小孩可能發展成為重度憂鬱症、有少許憂鬱症狀，或可能一點也沒有發病徵候。有無發病症狀完全依賴兒童與環境之相互作用而定。以下介紹幾種嬰幼兒常見的生理症狀：

(一)唐氏症

唐氏症（Down syndrome）是一種染色體異常的疾病，通常會伴有中重度的智力障礙，智商大部分在30至60之間（正常人約100），也可能伴隨許多合併症，如先天性心臟病、免疫缺陷等，因此終其一生均需要家人及社會的照顧，造成極大的精神及經濟上的負擔。據統計，唐氏症兒發生率為0.18%，以臺灣每年三十二萬新生兒計算，約有四百位唐氏症兒。唐氏症在世界各地不分種族均會發生。而其染色體變化有下列三種型態：

1.三染色體二十一（trisomy 21）：約占唐氏症者的95%，產生的原因是精子或卵子形成時，第二十一條染色體發生無分離現象，因此受精後第二十一號染色體有三條，此形態的發生與母親年齡有關，而父母的染色體大都正常。
2.轉位型（translocation）：約占唐氏症者的4%，是因父親或母親的第二十一號染色體轉位到其他染色體上，受精後發生相當於多出一條第二十一號染色體的變化，因此患有此症的父母須接受染色體檢查。本症的再發率很高，因此每一胎都要接受遺傳診斷。
3.鑲嵌型（mosaicism）：約占唐氏症的1%，此型的身體細胞中部分含三染色體二十一的異常細胞，部分則為正常細胞，這是因為受精卵在有絲分裂時的缺陷所造成的。此型個案的症狀通常較輕，智商也常達60以上，罹患先天性心臟病的機會較少。

■唐氏症的特徵

唐氏症是一種染色體不分離的現象，其發生率大約八百分之一，亦即每八百名新生兒就有一名唐氏症兒，約80%是由於母親卵子的第二十一號染色體發生不分離現象所造成的。其特徵如下：

1.唐氏症是一種症候群：唐氏症舊稱蒙古症（Mongolism），是最常見的染色體異常症，大部分罹患唐氏症症候群的人，長相如同出自同一家族，其生長發育、併發之疾病、智力和壽命均有很多相似之處，由於此病是最早被發現的染色體異常，發生率又高，因此也是被研究得最透徹的一種染色體疾病。
2.唐氏症的外觀大多相雷同：唐氏症之小孩出生時即可由外觀加以辨認出，他們可能同時有多項表徵，大部分的小孩顏面扁平，眼睛小而向外上斜出，眼瞼的內眥部分常有半月型之眥皮，鼻梁較塌，舌頭常外吐，耳殼易下摺而位於眼瞼線之下，上顎較窄而且高拱，舌頭上常有裂開之溝痕，脖子較短，後頸部的皮層較厚，四肢較短，手掌寬短，第五小指短而向內彎，有時只有兩個指節，斷掌，腳部大拇指與二拇指之間的間距增寬，第二、三趾相連，眼虹彩部可能有布氏小點，以及特殊之手腳掌紋；但是，沒有一項單項的表徵一定100%的出現在每一位唐氏症小孩的身上。一般人觀念裡認為，斷掌一定會出現在每一位唐氏症小孩的身上。然而國內外的統計顯示，只有53%至62%的唐氏症患者有斷掌，因此單憑掌紋，並不能判定為唐氏症，正確的診斷還是要靠染色體檢查。

3.智能發展異常：唐氏症患者最主要的問題還是在智力方面。一般而言，唐氏症患者屬於中度智能不足，而且隨著年齡成長，智商更有相對下降的趨勢。事實是小孩的心理、運動和社交功能仍在持續成長，這種成長要到10歲以後才會趨緩下來，有些唐氏症兒童在10歲以後還有將近五年期間的成長期，到15歲以後才達高原期，即15歲以後的智力才比較穩定。

4.患者的生長較為遲緩：出生時唐氏症小孩平均體型比較小，隨著年齡的增加可以發現他們的骨骼發育較正常小孩遲緩，明顯落後於正常的小孩，如年齡增長後會發現其身高逐漸落後於正常小孩之後。這種身材的短小以下肢特別明顯，上身長度則和正常人差距較少。

5.患者肌肉張力低：唐氏症的小孩出生時的肌肉張力較低，嚴重者會無力吸奶，也會影響到母子的互動關係，除此之外看不出有神經學上的缺陷；有研究指出，出生時的肌肉張力和唐氏症患者日後身心發育有關，開始時肌肉張力愈差的，日後智力和運動能力的發展也較差。

6.男性患者無法生育：除了鑲嵌型染色體的唐氏症患者外，一般的男性唐氏症患者由於不能產生精子，因此不能生育，而唐氏症患者的睪丸和陰莖大小則與正常人無異，也會有性慾；至於唐氏症的女性患者，則會有正常之月經而且能生育。「第二十一號染色體三體症」（即唐氏症）的女性患者中，生到有三條染色體的唐氏症子女的機率略小於50%。

唐氏症者如果早期不因先天性疾病死亡，其壽命可活至50至60歲，比正常人約略少10至20歲。最主要的死亡原因有肺炎（占23%至41%）、先天性心臟病（30%至35%）、其他傳染病（2%至15%）、惡性腫瘤（2%至9%），以及老化或腦部血管疾病（0至9%）。以下是與唐氏症有關的典型疾病探討。

■唐氏症常見的疾病問題

唐氏症是遺傳因子所導致的典型疾病，大約有2%的盛行率；同時也常伴隨著一些重大的先天性畸形，如心臟病、腸胃道畸形，得到血癌的機率也較一般小孩高出10至18倍；此外，胸腺內的淋巴組織比正常人少，淋巴球對外來抗原刺激的增殖反應也變差，因此可能造成其免疫力降低，較一般人容易感染疾病。通常重度唐氏症患兒有四分之一在1歲前、二分之一在3歲以前，會死於心臟衰竭或呼吸道感染，而年紀漸長的則常伴隨有甲狀腺機能異常（多為低下）。其常見之疾病問題略述如下：

1.先天性心臟病：寶寶出生後一旦確診為唐氏症，應由小兒心臟專科醫師予以檢查，通常超音波、心電圖是必要的檢查項目之一。國內的研究報告發現，唐氏症兒大概30%至40%有先天性心臟病，其中最常見的是心房和心室中隔缺損。
2.先天性胃腸道畸形：大概有20%的唐氏症兒會有先天性胃腸道畸形，包括支氣管食道瘻管、先天性幽門狹窄、十二指腸發育不全、環狀胰臟、巨大結腸症及無肛症等。
3.視力的缺陷：唐氏症兒比較容易有眼睛方面的缺陷，包括眼瞼腺容易發炎、斜視、眼球震顫，以及遠視、近視等屈光的問題，所以基本上唐氏症兒應當請小兒科專家詳加檢查。智障的小孩如果再有視力方面的缺陷，會加重其智障的程度，阻礙其學習進度，進而影響其生活品質。
4.聽力的缺陷：研究發現有高達80%的唐氏症患者會有聽力的缺陷，這些缺陷是由於咽頭的結構異常、歐氏管（耳咽管）的作用不正常、中耳的感染、中耳液體的囤積，這些聽力的缺陷會影響到他們的心智發展，故及早發現聽力的缺損並加以矯正是非常重要的。即使是一個小小的聽力缺損，都會導致語言以及其他人際關係發展遲緩。
5.甲狀腺功能失常：唐氏症兒大概有10%至20%的機會有甲狀腺異常的現象，如果未被診斷出，則其智能或中樞神經系統的功能均會受到影響。因此在臨床醫護人員的判斷下，必要時應當做甲狀腺功能的檢查，如發現有甲狀腺功能低下時，應當給予治療，使其甲狀腺的功能能夠再正常運轉，以免影響到其學習的能力。

6.骨骼異常：唐氏症兒常有髖骨脫臼、髕骨脫臼或發育不全，與腳骨頭的問題及脊椎骨第一頸椎和第二頸椎不平衡性等異常現象，特別是第一頸椎和第二頸椎的不穩定應當早發現早治療，由於語言表達能力遲緩，故醫護人員需給予神經學及放射線的檢查。唐氏症兒如有運動神經不穩定或是姿勢不正確，則須懷疑是不是有神經學上的問題，如因骨頭異常、第一頸椎和第二頸椎不穩定，有可能造成脊椎的損傷。

7.睡眠時呼吸暫時停止現象：有些唐氏症病患在睡眠時會有週期性的呼吸停止現象，如發生次數太多，容易造成即發性腦部缺氧現象，進而造成肺動脈高血壓症引致心肺功能失常。發生的原因是因為唐氏症兒上呼吸道比較狹窄，而且臉部中央的骨頭較小所造成，唐氏症兒如果變得肥胖，其增加的淋巴組織和黏膜下的脂肪會加重呼吸停止的現象，這時應檢查其扁桃腺，如果發現過度肥大，應立即實施扁桃腺摘除手術的治療，以減少呼吸停止現象之發生。

8.其他：唐氏症兒童的注意力較不易集中，有時會有易衝動和睡眠困難的現象，因此需要家長額外的照顧及更多的注意。他們有時顯得過分好動，有時顯得十分固執，在學校或家裡會因不服從而與團體間有距離。一些研究發現，唐氏症者常會有精神方面的問題，如破壞性的行為、焦慮或重複性的動作。

唐氏症兒童應進行肥胖的預防，特別是有先天性心臟病者通常長得比較慢，體重的增加也比較遲緩，因此在嬰幼兒時期應給予較多的熱量及均衡的飲食；而年紀稍長後的唐氏症兒童變得較為肥胖的原因，常是由於飲食方面不懂得自我節制所致。

■唐氏症家庭的壓力與調適

害怕失敗是一般準父母均有的正常心理，一旦迎接的是唐氏症成員後，通常前幾天會有焦慮、不相信和絕望的情緒反應，接著會有強烈的罪惡感和哀傷反應。母親常見的心理反應則會有罪惡感、否認、自卑、質疑自己的宗教信仰、羞恥感、迷惑不安、想死的念頭、憤怒、責怪他人、孤寂、不再有愛、讓孩子死吧、無助等十三種。而最重要的時段是剛獲知壞消息到出生約三週時。Pattison（1978）指出，這些家庭往往面臨極大壓力，而父母必然經歷一些哀傷和調適反應，這些反應可分為下列五個階段：

1.震驚。

2.否認。

3.悲傷、生氣和焦慮。

4.適應。

5.接受。

這些唐氏症兒童在嬰兒期時即已出現嚴重的感官和運動功能遲緩，當到了4歲後，他們可能只有1歲的能力（Mash & Wolfe, 1999）。這些孩子需要接受相當多的訓練，學習執行自我照顧活動，諸如吃飯、穿衣及如廁。他們終身需要被照顧，嚴重者可能還需要機構安置照顧服務。照顧這些孩子會耗盡父母大部分的心力，同時伴隨著產生很大的心理壓力。父母的調適是漸進的，特別是因為唐氏症孩子較為脆弱，父母擔心自己會傷害到孩子。有些父母相信他們和孩子的依附關係，是從第一次在醫院接觸唐氏症寶寶的那一刻開始。而大部分的父母描述當他們第一次看到唐氏症寶寶的時候，比他們想像中的情形要好很多。

研究發現，母親常是父母親中負擔較大的一位，因此也較容易出現自責、沮喪、疲累、情緒不穩定等負面情緒。同時母親出現的慢性哀傷及調適反應也比父親為多，但隨著孩子年齡的增加，慢性哀傷的頻率有可能會隨之減少。

(二)自閉症

自閉症（autism）是一種在社會互動與溝通方面有缺陷的嚴重發展障礙，發生的比率約為十萬分之四十至五十，男生是女生的4倍。自閉症與遺傳有很大的關聯，同卵雙胞胎比異卵雙胞胎的比率更高（Bailey et al., 1995; Newsom, 1998）。此種症狀是由Leo Kanner在1943年首次命名為**自我封閉的情感交流障礙**，又稱為**卡納氏自閉症**（Kanner's autism）和**廣泛性發展障礙**（pervasive developmental disorder）。

自閉症兒童是在多種基本心理功能的發展上發生障礙，例如人際關係、注意力、感覺處理、知覺動作、語言等方面。一般自閉症的成因是腦傷引起的症狀，通常在幼兒2歲半以前就可以被發現。自閉症患者不同於一般兒童，從小便表現出語言理解和表達的困難，無法分辨熟悉的人和陌生人、難與身旁的人建立情感、忽略或執著於某些刺激、對各種感官刺激的異常反應，以及一成不變、難以變更的固定玩法與行為模式等。自閉症的特徵會隨著年齡、智商及嚴重程度而不同。

目前國內沒有自閉症患者的統計資料，不過由中華民國自閉症基金會登記有案的資料，以及參照在其他機構接受教養而基金會沒有登記的個案，估計國內自閉症患者至少在一千人以上。如果將國外的流行病學資料應用到國內，國內的自閉症人口，用嚴格的診斷準則來估計，約有四千人。如果用比較寬鬆的診斷準則估計會超過二萬人。

■ 自閉症的特徵

1.人際關係的障礙：從幼兒時期起，便可能表現出不理人、不看人、對人缺少反應、不怕陌生人、不容易和親人建立親情關係。缺少一般兒童的模仿學習，無法和小朋友一起玩耍。
2.語言和溝通障礙：約有50%的自閉症患者沒有溝通性的語言，有語言的也常表現出鸚鵡式仿說，答非所問，聲調缺乏變化的特徵。
3.行為的同一性：有特殊固定的衣、食、住、行習慣，玩法單調，缺乏變化，如果稍有變化，就不能接受而抗拒哭鬧。大部分自閉症患者喜歡重複性動作，像是轉東西。規律感對於自閉症患者是很重要的。

■ 自閉症的病因

1.遺傳的因素：20%的自閉症患者中，他的家族可找到有智能不足、語言發展遲滯和類似自閉症者。此外，自閉症男童中約10%有X染色體脆弱症。男生與女生的比例是4：1。
2.懷孕期間的病毒感染：婦女懷孕期間可能因德國麻疹或流行性感冒等病毒感染，使胎兒的腦部發育損傷而導致自閉症。
3.新陳代謝疾病：如苯酮尿症等先天的新陳代謝障礙，造成腦部細胞的功能失調和障礙，會影響腦部神經訊息傳達的功能，而造成自閉症。
4.腦傷：生產過程中因早產、難產、新生而致腦傷，以及嬰兒期因感染腦炎、腦膜炎等疾病，造成腦部傷害等。

早期發現，早期療育，可以補足自閉症患者先天學習能力缺陷，減少其不適應、破壞性行為之出現，並使其潛能得以充分發揮，自閉症如果能及早發現、及早矯治，對其病症的改善愈有幫助。

自閉症要早期發現，早期治療，接受適當的診斷及相關身體檢查、治療，對於其不適當行為使用行為矯治學習原理發展而來的方法，根據兒童實際年齡及階段發展性的需要來安排課程，矯治內容可透過適合矯治環境的建立，在專業人員、老師及家人的配合下，協助其學習，使其潛能得以發揮，長大能照顧自己，並適合社會生活。

(三)注意力缺乏失調症

注意力缺乏失調症（Attention Deficit Hyperactivity Disorder，簡稱**過動症**或**ADHD**）的孩子，相較於他們相似發展的孩子，他們呈現過度好動，不能維持注意力，以及缺乏衝動控制（Barkley, 1996），他們可能在嬰幼兒即呈現症狀，而且持續到整個兒童期或青春期。

■ADHD產生的原因

在ADHD的產生原因方面，目前有各種不同的假設與相關研究，但其根源來自神經及化學性的解釋占了大部分；除此之外，亦有學者提出了包括解剖學、遺傳、環境等複雜的相互作用：

1.神經及化學性因素：人的腦中有主管學習、自我抑制、產生動機等的網狀活化系統（Reticular Activating System, RAS）。主管注意力的多巴胺（dopamine）、正腎上腺素等神經傳導物質即存在於網狀活化系統（RAS）內。根據專家研究指出，上述的神經傳導物質出現異常或缺乏時，就有可能會誘發ADHD；近年來在ADHD發病的相關研究中，亦持續提出除了多巴胺與正腎上腺素以外的神經傳導物質，如色胺酸（serotonine）等，亦與ADHD發病有關。由此可知，前述的神經及化學性因素是引發ADHD的重要條件。

2.遺傳因素：在許多ADHD的基因研究中發現，患有ADHD的兒童家庭中，其父母或是兄弟姊妹，有高達30%的比率有注意力缺失的問題。但是目前仍未有具體的結論足以顯示，ADHD會單純地因某種遺傳性而引起，只有「發病因素可能與家人有關」的推論。

3.環境因素：亦有研究報告指出，懷孕時胎兒的狀態亦與注意力缺失有關；亦即ADHD的罹患率會受到「孕婦在懷孕時期的營養、壓力、感染、藥物服用等眾多因素」的影響而發生，胎兒在早產或難產時頭部受損等情況，也可能是ADHD的引發因素；但這並不代表這樣的環境因素就絕對會引起ADHD。許多過去被人認為可能引起ADHD的行為，如過度收看電視、鉛中毒、高壓電流地區的輻射暴露、過度暴露在日光燈照射下、頻繁使用電動玩具、過敏等，並沒有任何的醫學根據。此外，像是維生素攝取缺乏，攝取過多的食品添加物、鹽漬食物、精緻砂糖等飲食失衡會造成過動的說法，也沒有確實的科學驗證。

4.解剖學原因：大部分的學者認為，注意力缺失為一先天性疾患，可能是神經及化學性原因所造成的現象。研究統計資料顯示，ADHD兒童腦部基本構造的外觀並無異常，但可以在腦功能方面發現細微的功能障礙。以正常兒童為例，在胎兒期以及出生後的一年間，在腦部持續發展的過程中，會適當的形成與結合神經細胞，但也有可能因孕婦吸菸、飲酒、濫用藥物等各種原因，無法正常形成上述的腦部功能。以平均值而言，ADHD兒童的前額葉（frontal lobe）比正常的兒童小10%。

綜上可知，ADHD並不是單純地因為孩子天生的個性或周遭環境所引起的，而是一種需要接受具體診斷及治療的疾病，這是在進一步瞭解、探討ADHD之前應該先建立的正確觀念。

■ ADHD的定義與診斷

根據學者Barkley（1996）的研究顯示，自1980年起，ADHD患者可依據所呈現的病狀組合歸類為以下三種類型：

1.「過動－衝動型注意力不足過動症」（簡稱HD）：為衝動或過動、無注意力不足症狀者。患者的主要症狀為活動量特別大、坐立不安、不分場合不時地敲擊指頭、晃腳；在課堂中的表現可能是煩躁不安的、愛插嘴的、不斷地站起來在教室內走動，有時甚至無緣無故捉弄鄰座同學、亂拿別人東西等。

2.「注意力缺失症」（簡稱ADD）：有顯著注意力不足，但無衝動或過動症狀者。患者對於外界的刺激保持開放的態度，因此常容易受刺激物分心，精神無法集中；在課堂上的表現為經常性地神遊太虛、無法專心聽講，此種特徵表現在團體活動或遊戲時最為明顯，有時候甚至連遊戲都無法玩完。

3.「複合型注意力缺乏失調症」（簡稱ADHD）：大部分的患者會出現上述兩種類型的臨床特徵，此類患者的主要症狀除了有HD的大活動量、衝動性強等特徵之外，亦伴隨有ADD無法集中注意力的主要徵狀。

目前國內外最常使用的是由美國精神醫學會所定的**DSM-IV**（Diagnostic and Statistical Manual of Mental Disorder, Fourth Edition）**診斷準則**——根據該準則可將ADHD症狀分為「注意力缺乏」及「過動」兩類。此兩種症狀群各包括九項行為特徵（參見**表4-10**），每一類型的症狀達到六個或以上，即認定為有此症狀群的問題。若一個兒童具有兩種類型的症狀群即為「合併型」；若僅有達到一種症狀群，則可能為「不專心型」或「過動／衝動型」。

過動症兒童到了青少年期的階段，許多過動與衝動性的症狀會減少，但**注意力缺乏症**（Attention Deficit Disorder, ADD）的注意力缺失症狀，卻可能依然存在。有以上注意力缺乏和過動的症狀表現，尚須符合**表4-11**所列要件方可正式診斷為ADHD患者：

表4-10　ADHD的診斷基準（DSM-IV Diagnostic Criteria for ADHD）

	注意力缺乏（Inattentive）	過動／衝動性（Hyperactive-Impulsive）
一	無法專注於細節的部分，或在做學校作業與其他活動時，出現粗心的錯誤	在座位上玩弄手腳或不好好坐著
二	很難持續專注於工作或遊戲活動	在教室或是其他必須持續坐著的場合，會任意離開座位
三	看起來好像沒有在聽別人對他（她）說話	在不適當的場合亂跑或爬高爬低
四	沒有辦法遵循指示，也無法完成學校作業或家事（並不是由於對立性行為或無法瞭解指示的內容）	很難安靜地玩或參與休閒活動
五	組織規劃工作及活動有困難度	總是一直在動或是像被馬達所驅動
六	從事需要持續性動腦的工作（例如學校作業或家庭作業）時逃避、表達不願意或有困難	話很多
七	會弄丟工作上或活動所必需的東西，如學校作業、鉛筆、書、工具或玩具	在問題還沒問完前就急著回答
八	很容易受外在刺激影響而分心	在遊戲中或團體活動中，無法排隊或等待輪流
九	在日常生活中經常忘東忘西	打斷或干擾別人（例如插嘴或打斷別人的遊戲）

表4-11　符合診斷的標準

項目	診斷標準
A	1.在注意力缺乏的症狀中，出現大於或等於六項，且症狀持續出現至少六個月，導致足以達到適應不良，且造成其發展程度與其應有的水準不相符合者，才稱為「注意力不集中」 2.在過動／衝動症狀中，出現大於或等於六項，且症狀持續出現至少六個月，致足以達到適應不良且造成與其應有的發展程度不相符合，才稱為「過動／衝動」
B	在7歲以前即出現某些過動／衝動或注意力不集中的症狀
C	某些症狀在兩種或更多情境下出現，如學校、工作職場或家裡
D	上列症狀必須有明顯證據造成社交、學習或就業的障礙
E	須排除有廣泛性發展障礙、精神分裂症或其他精神異常及情緒障礙，如情緒異常、焦慮、分離情緒異常等

註：須同時符合A、B、C、D、E。

二、心理危機

(一)發展遲緩兒童

發展遲緩的定義是未滿6歲的孩子在生長與成熟的過程中，有發展速率緩慢或是順序異常的現象。更詳細來說，發展遲緩兒童係指6歲以前兒童，因各種原因（包括腦神經或肌肉神經、生理疾病、心理社會環境因素等等）所導致認知發展、生理發展、語言及溝通發展、心理社會發展或生活自理等方面有發展落後或異常的情形。通常，發展遲緩兒童表現在動作發展、肌肉張力、動作平衡、感官知覺、溝通表達、認知、社會適應、心理、情緒發展等方面，有全面或部分領域成熟速度延緩、順序異常的現象，或是在上述各方面的發展可以預期會有成熟速度延緩、順序異常表現者，均可稱為「發展遲緩兒童」。

我國兒童福利法施行細則第十一條：「發展遲緩之特殊兒童，係指認知發展、生理發展、語言及溝通發展、心理社會發展或生活自理技能等方面有異常或可預期會有發展異常之情形，而需要接受早期療育服務之未滿6歲之特殊兒童。」兒童發展遲緩的現象是機率性的，當嬰兒在出生前、生產過程中或出生以後，其神經系統及肌肉骨骼系統受到直接或間接、急性或慢性之病因的損傷等均是。遲緩兒的原因大多數是未知的，而在已知的原因中，遺傳和環境因素的影響是最重大的，包括基因染色體異常、先天疾病、環境因子刺激等，加上現在社會高齡產婦有增加的趨勢，也造成遲緩兒增加。因為高齡產婦較容易發生高血壓、糖尿病、妊娠毒血等併發症，其所生的胎兒也較容易發生染色體異常、先天性畸形、發展遲緩的病症。

擁有發展遲緩的孩子常是父母心中一輩子的擔憂，面對孩子的特殊身心需求以及教養、醫療和教育等方面的安排，父母常感受到很大的壓力與挫折，甚至否定了自己的親職能力。無可否認，孩子在成長的過程中，父母絕對是一個關鍵角色；但是，父母的心理適應也絕對是影響孩子能力進展的一個重要因素。因此，父母在協助有特殊需求的孩子之前，必先調整好自己的心態，才能以適當的態度、正確的方法來滿足孩子的需要。

(二)情緒依附失敗

嬰幼兒階段逐漸脫離對他人的依賴，並隨著個體的氣質特性（基本上是由天生的情緒傾向，由活動量、規律性、趨避性、適應能力、情緒本質、反應閾、反應強度、注意力分散度、注意力廣度及持久性等九個向度來衡鑑），加上與照顧者的親密關係，逐漸對人產生依附（attachment）關係，及發展對他人的信任感（sense of trust），這也是日後情緒發展好壞的關鍵。過去有關依附的研究常著重於認知活動，並從嬰幼兒實際活動中辨認出情緒本質（Bremmer, 1988）。最近的研究則指出，情緒具有很強的生物成分（例如世界各種文化，在不同地方皆發現相似的情緒表情，像是憤怒、悲哀、驚奇等），但之後也會隨環境的展現或暗示而產生相似情緒狀態的情緒感染（emotional contagion），隨著年齡成長，透過對成人的模仿（modeling with adults）及對情緒的理解（understanding of emotion），學習表達情緒（expression of emotions）。

嬰幼兒期的孩子開始理解情緒的個別本質，他們會傾向著重並且會提出自己的正面情緒多於負面情緒，這顯出一種**正面的情緒偏見**（positive emotion bias）（Saarni, Mumme, & Campos, 1998）。例如當孩子在扮演假裝的社會遊戲時，嬰幼兒會嘗試用較正面的情緒，或者當父母們較看重孩子們的愉悅反應，以致年幼的孩子們會屈服於社會壓力，誇大他們的正面情緒，並且否認或將悲傷及消極的情緒減到最小；另一情緒偏見是嬰幼兒會較精確地認出他人的正面情緒，較少能精確地認出負面情緒（Fabes, Eisenberg, Nyman, & Michealieu, 1991）。

有關依附失敗的研究，常著重於因家庭失能或失依之後而被安置機構收容的幼兒，例如Spitz（1945）研究美國與德國孤兒院院童發現，雖然他們獲得充分的醫療、食物和生理上的照顧，但因缺乏社會互動而導致院童死亡率高，甚至有情緒冷漠，智力和社會發展遲緩現象。Tizard和Rees（1974）對英國孤兒院院童所做的研究發現，雖然他們有好的生理照顧，但因工作人員流動性高（平均經歷過數十位照顧者），這些幼童的智力發展雖屬正常，但卻有社交及情感上的問題，8歲之後便開始有出軌行為（acting out behavior）。同時，Trout（1995）的研究亦發現，當幼童待在院區愈久，其因缺乏穩定和持久的關愛，日後易發展出冷漠、缺乏同理心、有偏差行為、自殘行為之情形。Rutter（1981）的研究亦指出，已有發展過依附關係但因家庭功能喪失而造成依附失敗的幼童，也有相似的結果，只是來自問題或破碎家庭的兒童有較嚴重的偏差行為。對兒童而言，依附失敗或者從來沒有建立依附關係所產生的問題，比喪失照顧者還來得嚴重。

(三)心理社會危機——自主vs.羞怯和懷疑

學步兒童從一種有些刻板的、否定的、儀式化和非理性的風格轉變為一種獨立的、精力充沛的和堅持不懈的風格，以發展個體之**自主性**（Erikson, 1963）。自主性發展有其獨特特徵：具活力和堅持性。自主感的建立不但要求幼童付出努力，而且還需要父母的耐心與支持以提升幼童之能力感。

有些兒童在學步時期未能獲得控制感。由於在大多數所嘗試的任務上遭遇到失敗，或由於不斷受到父母的批評和阻止——或者最有可能的是由於這兩種原因的共同作用——有些兒童產生了一種極度的羞怯和自我懷疑感，這是學步期心理社會危機的消極解決（Erikson, 1963）。**羞怯**（shame）是一種強烈的情緒，可來源於兩種不同類型的經驗（Morrison, 1989）：其中一個來源是社會的諷刺和批評。你可以想像你因潑灑了牛奶或丟失了上衣而受到譏諷，由此重新體驗羞怯感。當你感到羞怯的時候，你會覺得自己很藐小、可笑，而且感覺受屈辱。有些文化會極大化地依賴公眾的貶抑作為社會控制的手段，在那樣的文化中成長的成人對於「保持面子」極為關注，他們最大的恐懼之一，是害怕被公眾指責為具有不道德或不誠實的行為。在有些情況下，這種羞愧會導致自殺。

羞怯的另一來源是內部的衝突。當兒童形成了對作為一個有教養、正派、有能力的人之涵義的理解時，他便建立了一個關於理想人的心理表象，即自我理想（ego ideal）。當兒童認識到自己的行為不符合自己理想的標準時，他便感到羞愧。即使他們並沒有破壞規則或做什麼淘氣的事，他們也仍可能因為自己沒有遵從自己所想像的應該怎樣做的個人理想，而感到羞愧。

羞愧的經驗是極不愉快的。為了逃避它，兒童可能會避免各種新活動，這類兒童對自己的能力缺乏自信；他們預料自己做什麼都會失敗，因而新技能的獲得就變得緩慢而艱難，自信感和價值感被持久的懷疑所代替。具有擴散性的懷疑（doubt）感兒童，只有在高度結構化和熟悉的情境下，才會感到自在，失敗的危險性也會降到最低。在**自主感vs.羞怯和懷疑**（autonomy vs. shame and doubt）的衝突中，這是最為消極的一種解決方法。

在正常情況下，所有的兒童在大量的成功經驗中都或多或少經歷過一些失敗。即便是最有耐心的父母，偶爾也會因為孩子把事情搞得亂七八糟或打擾他人而羞辱他，這種事例有助於兒童對自己的獨立性和技能做出更現實的評估。已獲得自主性而解決危機的兒童，仍然會對自己是否能成功表示疑問。當他們失敗的時候，他們可能仍然會感到羞愧，但是他們的性情通常是傾向於嘗試大量的活動。羞怯和懷疑的少數兒童，將避免新的活動，並墨守他們已經知道的規矩。

據此，照顧者如何照顧及幫助嬰幼兒成長與發展呢？以下有一些引導原則及保育方向供大家參考：

1.提供各種學習機會，讓幼兒練習及掌握控制個體萌發的動作技巧。
2.提供各種語言學習及表達的情境，以促進幼兒語言發展。
3.增加幼兒獨立自主機會，減少羞辱孩子。
4.提供很好的身教，利用情境教育機會給予孩子觀察及模仿。
5.幫助幼兒覺察情緒的原因並學習表達自己的感覺。
6.提供機會（真實或假扮情境），讓幼兒練習處理及因應情緒。
7.同理心的培養。
8.利用同儕為鷹架，在遊戲中促進幼兒社會能力及社會技巧的發展。

第四節　結語

嬰幼兒期是個體發展自主且開始接受社會化的一個里程時期，除了個體逐漸發展的動作與語言能力之外，開始透過社會化之互動（如家庭、托育機構、媒體）而形成個體的人格及社會能力。俗稱「3歲看大，6歲看老」，可見這個時期對未來人格及成就發展的重要性。學步期兒童從一個缺乏自我意識之人到自我中心兒童，逐漸轉變成一個具有自我意識，再從個體成長掌握行動與控制，自我調節到發展獨立意識之個體。社會化也幫助個體逐漸發展成社會人，成為家庭、社會及文化規範下之個體，而社會化互動歷程及社會支持更是影響個體日後發展及是否有復原力之重要因子。

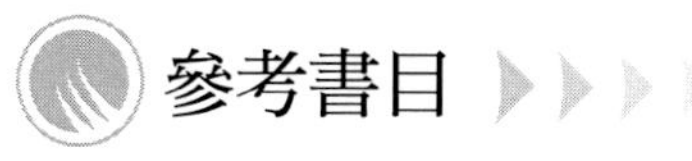

參考書目

一、中文部分

王慧敏（1989）。〈兒童動作發展歷程與輔導〉，《初等教育學報》。2：383-398。

王靜珠（2003）。〈淺談幼兒語言行為發展〉，文化臺灣網站，http://taiwandaily. com.tw/kids/index_4.htm

何克抗（2003）。「兒童思維發展新論和語文教育的深化改革——對皮亞傑兒童認知發展階段論的質疑」，教育技術通訊，http://www.edu.cn/20030724/ 3088619_4.shtml。

李宇明（1995）。《兒童語言的發展》。武漢：華中師範大學。

柯林聽力保健中心（2005）。〈聽覺障礙學生語言教學〉（上），《柯林文摘》，第5期，http://www.hearingaid.com.tw/bullet/2001009.htm。

張宏哲、林哲立編譯（2007），Ashford、Lecroy與Lortie著。《人類行為與社會環境》。臺北：雙葉。

郭靜晃、吳幸玲譯（1994）。《發展心理學——心理社會發展理論與實務》。臺北：揚智。

郭靜晃、范書菁、蔡嘉珊譯（2002），Kathryn Jane Skelton著。《教保概論：教保專業人員培育指引》。臺北：洪葉。

陳淑美、蘇建文、盧欽銘（1992）。〈我國嬰兒動作發展之研究〉，《教育心理學報》。25：81-96。

游淑芬等（2002）。《嬰幼兒發展與保育》。臺北：啟英。

黃惠如（2005），輯自郭靜晃等著。〈語言發展〉，《兒童發展與保育》。臺北：國立空中大學。

雷庚玲（2001a），輯於張欣戊等著。〈情緒及家庭中社會關係的發展〉，《發展心理學》（修訂三版）。臺北：國立空中大學。

雷庚玲（2001b），輯於張欣戊等著。〈性格與自我概念發展〉，《發展心理學》（修訂三版）。臺北：國立空中大學。

蔡欣玲等（1997）。《當代人類發展學》。臺北：匯華。

蘇建文、鍾志從（1984）。〈出生至一歲嬰兒動作發展之縱貫研究〉，《教育心理學報》。17：73-98。

二、英文部分

Ainsworth, M. D. S., Blehar, M. C., Waters, E., & Wall, S. (1978). *Patterns of Attachment: A Psychological Study of the Strange Situation*. Hillsdale, NJ: Erlbaum.

American Academy of Pediatrics, Committee Statement (1973). The ten-state nurtrition survey: A pediatric perspective. *Pediatrics, 51(6)*: 1095-1099.

Arnon, S., Midura, T., Damus, K., Wood, R., & Chin, J. (1978). Intestinal infection and toxin production by clostridium botulinum as one cause of SIDS. *Lancet,* 1273-1276.

Bailey, A., LeCouteur, A., Gottesman, I., Bolton, P., Simonoff, E., Yuzda, E., & Rutter, M. (1995). Autism as a strongly genetic disorder: Evidence from a British twin study. *Psychological Medicine, 25*: 63-77.

Baillargeon, R. & Graber, M. (1988). Evidence of location memory in 8-month-old infants in a nonsearch AB task. *Developmental Psychology, 24*: 502-511.

Baillargeon, R. (1987). Object permanence in 3 1/2 and 4 1/2-month-old infants. *Developmental Psychology, 23*: 655-664.

Barnett, L. (1991). Characterizing playfulness: Correlates with individual attributes and personal traits. *Play and Culture, 4*: 371-393.

Benson, J. B. & Uzgiris, I. C. (1985). Effect of self-initiated locomotion on infant search activity. *Developmental Psychology, 21*: 923-931.

Berns, R. M. (1994). *Topical Child Development*. Albany, NY: Delmar.

Bertenthal, B. I. & Fischer, K. W. (1983). The development of representation in search: A social-cognitive analysis. *Child Development, 54*: 846-857.

Bowlby, J. (1958). The nature of the child's tie to his mother. *International Journal of Psychoanalysis, 39*: 1-23.

Brazelton, R. B., Koslowski, B., & Main, M. (1974). The origins of reciprocity: The early mother-infant interaction. In M. Lewis & L. A. Rosenblum (Eds.), *The Effect of the Infant on Its Caregiver* (pp. 49-76). New York: Wiley-Interscience.

Bremmer, J. (1988). *Infancy*. Great Britain: Page Bros.

Bridge, K. M. B. (1932). Emotional development in early infancy. *Child Development, 3*: 324-341.

Brown, R., Cazden, C. B., & Bellugi, U. (1969). The child's grammar from I to III. In. Hill, J. P. (Ed.). *Vlnnesota Symposia on Child Psychology* (*Vo1.2*). Minneapolis: University of Minnesota Press.

Buss, A. H. & Plomin, R. (1975). *A Temperament Theory of Personality Development*. New York: Wiley.

Campos, J. J. & Barrett, K. C. (1984). Toward a new understanding of emotions and their development. In C. E. Izard, J. Kagan, & R. B. Zajonc (Eds.), *Emotions Cognition, and Behavior* (pp. 229-263). Cambridge: Cambridge University Press.

Campos, J. J., Campos, R. G., & Barrett, K. C. (1989). Emgergent themes in the study of emotional development and emotion regulation. *Developmental Psychology, 25*: 394-402.

Caron, A. J., Caron, R. F., & MacLean, D. J. (1988). Infant discrimination of naturalistic emotional expressions: The role of face and voice. *Child Development, 59*: 604-616.

Charlesworth, R. (1996). *Understanding Child Development* (4th ed.). Albany, NY: Delmar.

Chazan, S. E. (1981). Development of object permanence as a correlate of dimensions of maternal care. *Developmental Psychology, 17*: 79-81.

Chomsky, N. (1972). *Language and Mind* (2nd ed.). New York: Harcourt Brace Jovanovich.

Crockenberg, S. B. & Litman, D. (1990). Autonomy as competence in 2-year-olds: Maternal correlates of child definance, complinance and self-assertion. *Developmental Psychology, 26*: 961-971.

Dansky, J. & Silverman, I. (1975). Play: A general facilitator of associative fluency. *Developmental Psychology, 11*: 104.

De Casper, A. & Fifer, W. (1980). Of human bonding: Newborns prefer their mothers' voices. *Science, 208*: 1174-1176.

De Casper, A. J., & Spence, M. J. (1986). Prenatal maternal speech influences newborns' perception of speech sounds. *Infant Behavior and Development, 9*: 133-150.

DeFrain, J., Taylor, J., & Ernst, L. (1982). *Coping with Sudden Infant Death*. Lexington, MA: D. C. Health.

Dodge, K. A. (1989). Coordinating responses to aversive stimuli: Introduction to a special section on the development of emotion regulation. *Developmental Psychology, 25*: 339-342.

Donovan, W. A., Leavitt, L. A., & Balling, J. D. (1978). Maternal physiological response to infant signals. *Psychophysiology, 15*: 68-74.

Eimas, P., Sigueland, E., Jusczyk, P., & Vigorito, J. (1971). Speech perception in infants. *Science, 171*: 303-306.

Erikson, E. H. (1963). *Childhood and Society* (2nd ed.). New York: Norton.

Erikson, E. H. (1982). *The Life Cycle Completed*, New York : Norton.

Fabes, R. A., Eisenberg, N., Nyman, M., & Michealieu, Q. (1991). Young children's appraisals of others' spontaneous emotional reactions. *Developmental Psychology, 2:* 858-866.

Fischer, K. W. & Silvern, L. (1985). Stages and individual differences in cognitive development. *Annual Review of Psychology, 36*: 613-648.

Fox, N. A. & Davidson, R. J. (Eds.) (1984). *The Psychobiology of Affective Development*. Hillsdale, NJ: Lawrence Erlbaum.

Frankenberg, W. K. & Dodds, J. B. (1967). The Denver developmental screening test. *Journal of Pediatrics, 71*: 181-191.

Frankenburg, W. K., Dodds, J., Archer, P., Bresnick, B., Maschka, P., Edelman, N., & Shapiro, H. (1992). *Denver II: Training Manual*. Denver, Co: Denver Developmental Materials.

Gaensbauer, T. & Hiatt, S. (1984). *The Psychobiology of Affective Development*. Hillsdale, NJ: Lawrence Erlbaum.

Gesell A. (1929). Maturation and infant behavior patterns. *Psychological Review, 36*: 307-379.

Golden, D. B. & Kutner, C. G. (1980). *The Play Development Progress Scale*. Unpublished manuscript.

Good, T. & Brophy, J. E. (1984). *Looking in Classrooms* (3rd ed.). New York: Harper & Row.

Gopnik, A., & Meltzoff, A. (1987). The development of categorization in the second year and its relation to other cognitive and linguistic developments. *Child Development, 58*: 1523-1531.

Hans, S. L. (1987). Maternal drug addiction and young children. Division of child, youth and family services. *Newsletter, 10*: 5-15.

Harris, P. (1975). Development of search and object permanence during infancy. *Psychological Bulletin, 82*: 332-334.

Hayne, H., Rovee-Collier, C., & Perris, E. E. (1987). Categorization and memory retrieval by three-month-olds. *Child Development, 58*: 750-767.

Hoff-Ginsberg, E. & Shatz, M. (1982). Linguistic input and the child's acquisition of language. *Psychological Bulletin, 92 (1)*: 3-26.

Hornik, R. & Gunnar, M. R. (1988). A descriptive analysis of infant social referencing. *Child Development, 59*: 626-634.

Hornik, R. Risenhoover, N., & Gunnar, M. (1987). The effects of maternal positive, neutral, and negative affective communications on infant responses to new toys. *Child Development, 58*: 937-944.

Hutt, C. & Bhavnani, R. (1972). Predictions from play. In J. S. Bruner, A. Jolly, & K. Sylvia (Eds.), *Play*. New York: Penguin.

Hutt, C. (1966). Exploration and play in children. In Play, exploration and territory in mammals. *Symposia of the Zoological Society of London, 18*: 61-81.

Huttenlocher, J. (1974). The origins of language comprehension. In R. L. Solso (Ed.), *Theories in Cognitive Psychology*. Potomac, MD: Erlbaum.

Huttenlocher, P. R. (1999), Synaptogenesis in human cerebral cortex and the concept of critical periods. In N. A. Fox, L. A. Leavitt, & J. G. Warhol (Eds.). *The Role of Early Experience in Infant Development* (pp. 15-28). Johnson & Johnson Pediatric Institute.

Hyson, M. C. & Izard, C. E. (1985). Continuities and changes in emotion expressions during brief separation at 13 and 18 months. *Developmental Psychology, 21*: 1165-1170.

Izard, C. E. (1977). *Human Emotions*. New York: Plenum.

Izard, C. E. (1982). *Measuring Emotions in Infants and Children*. Cambridge, England: Cambridge University Press.

Izard, C. E., Hembree, E., Dougherty, L., & Spizzirl, C. (1983). Changes in two-to-nineteen-month-old infants' facial expression following acute pain. *Developmental Psychology, 19*: 418-426.

Izard, C. E., Huebner, R. R., Resser, D., McGinnes. G. C., & Dougherty, L. M. (1980). The young infants ability to produce discrete emotional expressions. *Developmental Psychology, 16 (2)*: 132-140.

Kermoian, R. & Campos, J. J. (1988). Locomotor experience: A facilitator of spatial cognitive development. *Child Development, 59*: 908-917.

Klinnert, M. D., Emde, R. N., Butterfield, P., & Campos, J. J. (1986). Social referencing: The infant's use of emotional signals from a friendly adult with mother present. *Developmental Psychology, 22*: 427-432.

Kopp, C. B. (1989). Regulation of distress and negative emotions: A developmental view. *Developmental Psychology, 24*: 343-354.

Kuhl, P. K. (1987). Perception of speech and sound in early infancy. In P. Salapatek & L. Cohen (Eds.), *Handbook of Infant Perception* (*Vol.1*). Orlando, Fla. : Academic Press.

Lewis, M. (1998). Emotional competence and development. In D. Puskkar, W. Bukowski, A. E. Schwartzman, D. M. Stack, & D. R. White (Eds.), *Improving Competence Across the Lifespan* (pp. 27-36). New York: Plenum.

Lieberman, J. (1977). *Playfulness: Its Relationship to Imagination and Creativity*. New York: Academic Press.

Ludemann, P. M. & Nelson, C. A. (1988). Categorical representation of facial expressions by 7-month-old infants. *Developmental Psychology, 24*: 492-501.

Maccoby, E. E. & Martin, J. A. (1983). Socialization in the context of the family. In E. M. Hetherington (Ed.), *Handbook of Child Psychology: Socialization Personality and Social Development* (*Vol.4*). New York: Wiley.

MacLean, D. J. & Schuler, M. (1989). Conceptual development in infancy: The understanding of containment. *Child Development, 60*: 1126-1137.

Main, M. & Hesse, E. (1990). The insecure disorganized disoriented attachment pattern in infancy: Precursors and sequelae. In M. Greenberg, D. Cicchetti, E. M. Cummings (Eds), *Attachment During the Preschool Years: Theory, Research and Interventic*. Chicago, IL: University of Chicago Press.

Malatesta, C. A. & Izard, C. E. (1984). The ontogenesis of human social signals: From biological imperative to symbol utilization. In A. A. Fox & R. J. Davidson (Eds.), *The Psychobiology of Affective Development* (pp. 161-206). Hillsdale, N. J.: Erlbaum.

Mash, E. J. & Wolfe, D. A. (1999). *Abnormal Child Psychology*. Belmont, CA: Brooks/Cole.

Meltzoff, A. N. (1988). Infant imitation and memory: Nine-month-olds in immediate and deferred tests. *Child Development, 59*: 217, 225.

Miyake, K. Campos, J., Kagan, J., & Bradshaw, D. (1986). Issues in socioemotional development in Japan. In H. Azuma, I. Hakuta. & H. Stevonson (Eds.), *Kodomo: Child Development and Education in Japan* (pp. 239-261). New York: W. H. Freeman.

Morrison, A. P. (1989). *Shame: The Underside of Narcissism*. Hillsdale, NJ: Analytic Press.

Newsom, C. (1998). Autistic disorder. In E. J. Mash & R. A. Barkley (Eds.). *Treatment of Childhood Disorder* (2nd ed.) (pp. 416-467). New York: Guiford Press.

Oviatt, S. L. (1980). The emerging ability to comprehend language: An experimental approach.

Child Development, 51: 97-106.

Palmer, C. F. (1989). The discriminating nature of infants' exploratory actions. *Developmental Psychology, 25*: 885-893.

Piaget, J. & Inhelder, B. (1966 / 1969). *The Psychology of the Child*. New York : Basic Books.

Piaget, J. (1970). Piaget's theory. In P. H. Mussen (Ed.), *Carmichael's Manual of Child Psychology* (3rd ed.). New York : Wiley.

Radke-Yarrow, M. & Zahn-Waxler, C. (1984). Roots, motives and patterns in children's prosocial behavior. In E. Stanb, D. Bartal, J. Karlowski, & J. Keykowski (Eds.), *The Development and Maintenance of Prosocial Behavior*. New York: Plenum.

Ramsay, D. S. & Campos, J. J. (1978). The onset of representation and entry into stage six of object permanence development. *Developmental Psychology, 14*: 79-86.

Rochat, P. (1989). Object manipulation and exploration in 2 to 5 months-old infants. *Developmental Psychology, 25*: 871-884.

Rovee, C. K. & Rovee, D. T. (1969). Conjugate reinforcement of infant exploratory behavior. *Journal of Experimental Child Psychology, 8*: 33-39.

Rutter, M. (1981). *Maternal Deprivation Reassessed*. Harmondsworth, Eng: Penguin Books.

Saarni, C., Mumme, D. L., & Campos, J. J. (1998), Emotional development: Action, communication, and understanding. In W. Damon (Ed.). *Handbook of Child Psychology* (*Vol. 3*, pp. 237-309). New York: Wiley.

Sera, M. D., Troyer, D., & Smith, L. B. (1988). What do two-year-olds know about the sizes of things? *Child Development, 59*: 1489-1496.

Shannon, D. C. & Kelly, D. H. (1982a). SIDS and Near-SIDS (First of two parts). *New England Journal of Medicine, 306 (16)*: 959-965.

Shannon, D. C. & Kelly, D. H. (1982b). SIDS and Near-SIDS (Second of two parts). *New England Journal of Medicine, 306 (17)*: 1022-1028.

Singer, J. L. (1961). Imagination and waiting ability in young children. *Journal of Personality, 29*: 396-413.

Sophian, C. & Yengo, L. (1985). Infants' understanding of visible displacements. *Developmental Psychology, 21*: 932-941.

Spelke, E. S., von Hofsten, C., & Kestenbaum, R. (1989). Object perception in infancy: Interaction of spatial and kinetic information for object boundaries. *Developmental Psychology, 25*: 185-186.

Spitz, R (1945). Hospitalism: An inquiry into the genesis of psychiatric conditions in early childhood. *Psychoanalytic Study of the Child: 1*, 53-74.

Sroufe, L. A. (1979). Socioemotional development. In J. D. Osofsky (Ed.), *Handbook of Infant Development* (pp. 462-516). New York: Wiley.

Sroufe, L. A. (1997). *Emotional Development*. Cambridge, England: Cambridge University Press.

Terman, L. M. (1947). Psychological approaches to the study of genius. *Papers on Eugenics, 4*: 3-20.

Thomas, A. & Chess, S. (1977). *Temperament and Development*. New York: Brunner/Mazel.

Thomas, A. Chess, S., & Birch, H. G. (1970). The origin of personality. *Scientific American, 223 (2)*: 102-109.

Tizard, B. & Rees, J. (1974). A comparison of the effects of adoption, restoration to the natural mother, and continued institutionalization on the cognitive development of four-year-old children. *Journal of Child Psychology and Psychiatry and Allied Disciplines, 16*: 61-73.

Trevarthen, C. (1989). Origins and directions for the concept of infant intersubjectivity. *Newsletter of the Society for Research in Child Development, Autumn*: 1-4.

Tronick, E. Z. (1989). Emotions and emotional communication in infants. *American Psychologist, 44*: 112-119.

Tronick, E. Z., Als, H., & Brazelton, R. B. (1979). Early development of neonatal and infant behavior. In F. Falkner & J. M. Tanner (Eds.), *Human Growth, Vol.3, Nevrobiology and Nutrition* (pp. 305-328). New York: Plenum.

Trotter, R. J. (1983, Aug). Baby face. *Psychology Today, 17 (8)*: 14-20.

Trout, M. (1995). *Infant Attachment: Assessment, Intervention and Developmental Impact*. Workshop presented by M. Trout, Director of the Infant Parent Institute, Tucson, AZ.

Truhon, S. A. (1982). Playfulness, play and creativity: A path-analytic model. *Journal of Genetic Psychology, 143 (1)*: 19-28.

Uzgiris, I. C. & Hunt, J. M. V. (1975). *Assessment in Infancy: Ordinal Scales of Psychological Development*. Urbana: University of Illinois Press.

Walden, T. A. & Ogan, T. A. (1988). The development of social referencing. *Child Development, 59*: 1230-1240.

Walker-Andrews, A. S. (1986). Intermodal perception of expressive behaviors: Relation of eye and voice? *Developmental Psychology, 22*: 373-377.

Watson, J. B. (1919). *Psychology from the Standpoint of A Behaviorist*. Philadelphia, PA: Lippincott.

Wellman, H. M., Cross, D., & Bartsch, K. (1986). Infant search and object permanence: A meta-analysis of the A-Not-B error. Monographs of the Society for Research in *Child Development, 51* (*3*, serial no. 214 whole).

Wolff, P. H. (1966). Causes, controls, and organization of behavior in the neonate. *Psychological Issues, 5* (*1*, whole no. *17*).

Younger, B. & Gotlieb, S. (1988). Development of categorization skills: Changes in the nature or structure of infant form categories? *Developmental Psychology, 24*: 611-619.

Zeanah, R. W., Mammen, O. K., & Lieberman, A. F. (1993). *Theoretical Rationale for the Treatment of Discorders of Attachment*. (pp. 332-349). In C. H. Zeanah, Jr. (Ed.), Handbook of infant mental health. New York: Guilford.

Zuckerman, B., et al. (1989). Effects of maternal marijuana and cocaine use of fetal growth. *New England Journal of Medicine, 320*: 762-768.

Chapter 5

幼兒期

■幼兒期的發展任務

■幼兒期的發展危機

■結語

幼兒期大抵是指3至6歲學齡前兒童，亦是俗稱「3歲看大，6歲看老」的一個階段，亦是繼嬰兒期快速成長之後，個體行為漸漸展露，也是決定日後是否發展健全個體的重要階段。此時期的兒童要整合其生理、心理、語言、認知、社會與情緒發展成就，更要準備歷經人生的重要轉捩點——離開家到托育機構，進入另一個社會化機構。此時，幼兒逐漸鞏固身體動作及生活技巧，洗練自我控制，以爭取獨立、自由及積極進取的品質。此外，幼兒透過社會化歷程開始與外界之人、事、物互動，逐漸擴展個體之認知、語言、社會情緒與人格發展，以成為獨立之個體。

第一節　幼兒期的發展任務

幼兒發展持續嬰兒期的腦部成長、身體動作與感官系統的成熟。此時期最明顯的是外型改變，雖然頭大身體小，但已逐漸失去「嬰兒肥」的特徵，慢慢變成苗條的身材。

幼兒期的兒童動作發展迅速，生活中他們花很多的時間在遊戲上，遊戲是他們的生活、工作、學習，是歡樂的泉源，這時個體的認知亦已逐漸從自我調適到平衡狀態，並與同伴發展互動關係，他們會一起玩遊戲。幼兒對任何事物都能產生興趣，並且喜歡透過自我探索以藉此發展認知與技能。

Pillari（1998）認為，學齡前幼兒之發展任務分類如下：

1.達成控制統合神經和視覺。
2.控制大小便排泄的能力。
3.達成生理的平衡性。
4.提升溝通和瞭解他人表達的能力。
5.達成自我照顧、獨立飲食、穿衣及洗澡之自理能力。
6.分辨性別差異及習得角色認同。
7.學習應對進退、對人對事的簡單概念及行為。
8.發展與父母、手足及同儕之溝通和情感交流。
9.能分辨善惡好壞的價值判斷及發展內在之良知道德。

基本上，幼兒除了身體和動作成長與發展持續增加之外，其餘的心理發展，諸如認知、語言、社會情緒、性別認同和同儕關係也持續成長，以迎合社會化要求。除了家庭外之外，托育機構是影響他們發育與成長的重要生態因子。

一、幼兒期的動作發展

動作發展（locomotion）是幼兒拿掉尿布之後可以拓展機體，盡力朝向不同方位移動，促使他們能與外在環境互動與探索，以成就個體的心理社會發展。然而動作發展也常給照顧者帶來煩惱，例如不好控制、意外頻傳，也導致照顧者常會過度干涉而造成與幼兒的衝突，或使得個體產生機體自卑。

(一)粗大動作

3至6歲的健康幼兒，他們的**粗大動作發展**大致已臻至成熟，一般的跑、跳、攀爬等皆不成問題，而且也願意超越身體極限，只要照顧者在安全範圍設限，提醒幼兒遵守安全規則及使用安全設備，幼兒在粗大動作方面會有很大的進步空間。一般而言，3歲幼兒可以單腳站立，兩腳交替上下樓梯，自己如廁；4歲時能單腳跳躍；5歲時可以兩腳交替跳繩，平衡站下投球；到了6歲時跳躍、奔跑、飛馳的動作已做得很好。

(二)精細動作

相對於粗大動作的發展，**精細動作發展**與身體小肌肉發展有關。3歲幼兒各方面的肌肉活動已能運用自如，手的動作技巧及手眼協調也會隨成長而發展得愈來愈好，大約可自行脫衣服、進食、握筆塗鴨等；4歲時可用剪刀剪圖形、繫鞋帶；6歲可使用刀叉，還可圖像及自行洗澡。

隨著科技及生活發達，幼兒在早期就可能接觸到建構玩具及操作電腦（玩），透過遊戲及練習，也使得孩子可能有更多機會精熟精細動作。至於促進動作發展技巧，那就要提增照顧者的保育技巧，以下是幼兒期促進動作發展之保育原則：（郭靜晃，2005）

1.配合發展原則及個別差異：動作技能訓練須配合嬰幼兒之個別差異與成熟程度，如幼兒手部小肌肉功能尚未發育成熟時，切勿要求幼兒握筆寫字。

2.提供幼兒學習的機會：動作技巧的學習是以練習為主，重複的練習可以使動作技能純熟，增加成就感。

3.提供寓教於樂的環境及活動設計：從遊戲中訓練幼兒動作技能之發展，善用周遭環境的資源與空間，配合適當的道具或玩具，創造有利於兒童動作技能發展之環境。

4.提供正確的示範與指導：成人宜遵守安全守則，應教導並提供幼兒正確動作技能的示範與指導，以免發生意外事故。

5.家長應有的正確態度：成人指導幼兒動作技能時，須修正以下四點錯誤觀念：

(1)剝奪幼兒之學習機會：如代穿鞋子或衣物，無形中剝奪了孩子學習的機會，父母宜讓孩子有練習機會，培養幼兒獨立的能力。

(2)過度保護：保護幼兒及避免意外事故是父母和主要照顧者的責任，但若因此而限制或阻止幼兒動作能力的表現，則會阻礙幼兒動作能力的發展，也會影響生存能力的訓練。

(3)抱持著時間到了就會的心態：家長認為只要年齡成熟即具備該能力，忽略了訓練及學習對動作技能之影響。

(4)過度注重智能發展：許多家長都是極力加強幼兒智力之訓練，忽視了動作技能發展的重要性。

6.多給予鼓勵，以耐心取代熱心：在指導動作技能時，父母或主要照顧者要以耐心取代熱心，勿過度干涉，並且多給予鼓勵來代替責罵，以激發嬰幼兒之自信心和學習動機。

二、幼兒期的認知發展

幼兒除了大腦之腦細胞發展以外，腦細胞的突觸和髓鞘之同步活動也強化大腦的功能。此外，個體隨著知覺及語言之發展，也開始具有心理表徵基模，透過符號運作已能處理思考之問題。解釋幼兒之知能發展主要有訊息處理理論（information-processing theory）、J. Piaget的認知發展論和Vygotsky的社會建構論。

(一)訊息處理理論

訊息處理理論主要是解釋當兒童透過感覺（主要是眼睛和耳朵），從外在環境接收到訊息的瞬間，並做出如說話、寫字、玩玩具、接球等反應的過程。這個過程通常被比喻為像電腦一樣的運作，即如資料被鍵入電腦（輸入），經由內部機器處理過後（生產），結果就會被列印在紙上或是顯現在螢幕上（輸出）。我們可以直接看到第一和第三個步驟，但中間由電腦內部運作的步驟則較難被察覺，除非我們拆開電腦以及分析其內部的功能，否則電腦對我們而言仍然相當神秘，所以接下來我們就以理論化的方式去瞭解訊息處理過程的相關內容。

當我們從訊息處理的觀點也同樣看到分析上的問題，人們僅能直接看到小孩外在的輸入刺激（注意到的環境）以及輸出行為（注意到的活動），而沒有去推想這兩個分割過程中間的產生狀況，以及雖然可以在此部分說明兒童藉著以內省的方式去思考，但多數的證據仍然顯示內省指引是不完全以及有缺失的敘述。不只是未發育完全的兒童在思考過程的解釋不夠充分，連成人的心理運作分析也被認為是不足的，因為思考是一個高度複雜的活動，它的要素不是那麼容易在意識中明顯可見。

今日大家普遍認知的人類訊息處理系統主要由下列四個要素組成：

1.感覺器官：例如眼睛、耳朵、舌頭，以及皮膚等，得以從外在環境接收到感覺。
2.短期記憶或工作記憶：在短時間掌握相當有限的訊息。
3.長期記憶：儲存多數訊息。
4.肌肉系統：類似引擎，激發人們表現出各種活動，如閱讀、表達、跑步；這個系統也包含了功能和每個要素其彼此之間的互動過程。

乍看之下，整個系統似乎就是以此種順序運作，從環境而來的感覺因被理解及解釋而進入短期記憶，之後被儲存在長期記憶，直至動作需要時，它會被提取出來決定去做出及表現何種動作，然而僅以順序去解釋人類思考和行為方式時，太過於簡單，因此這些學說也提出由資訊網絡來組成更完整的模式，以說明不同種類的訊息當其通過的瞬間，前後經過的要素有哪些。

圖5-1即是以圖解方式顯示出訊息處理系統四個個別要素中關於：(1)功能；

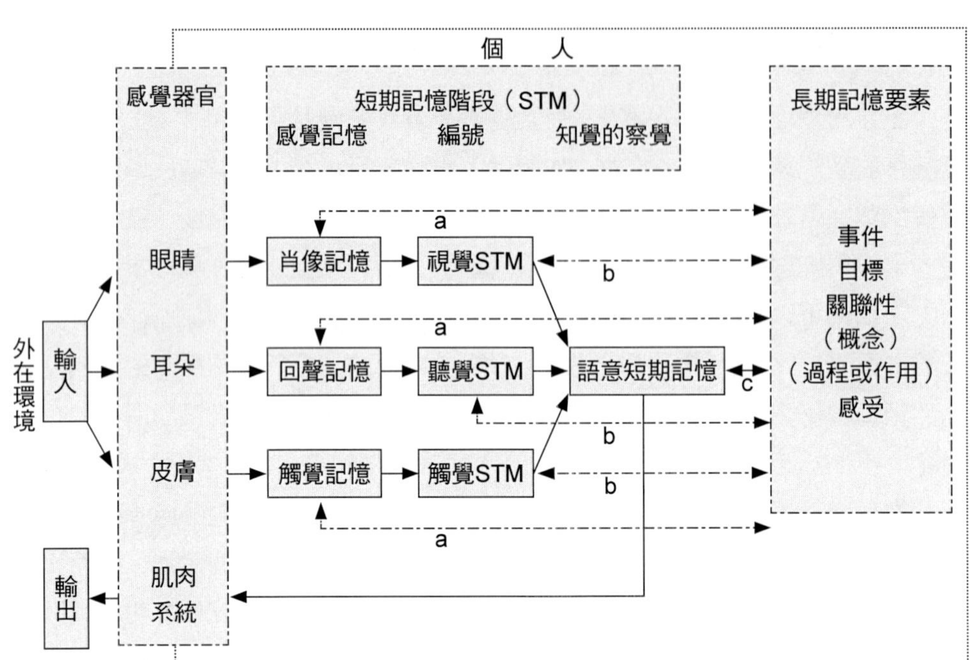

圖5-1　人類訊息處理系統之古典敘述

資料來源：Thomas, R. M. (2005).

(2)要素的形式；(3)要素的質或量；(4)處理時間；(5)其他成分交互作用的關聯性。

■感覺器官

個人和環境的交流藉著：

1.如同輸入頻道或是世界之窗口的感覺器官。
2.如同輸出頻道或是能夠在世界上活動的肌肉系統。

每個**感覺**（the senses）**器官**都是相當適合用於接收環境的刺激；因此，當感覺器官從環境中接收到資訊時，它們會以高度選擇性的方式去過濾其他進入人類處理系統的潛在資訊。現在讓我們想想，知覺過了多年後，到成年時會變成童年經驗。例如一個區別嬰兒和更大的孩子之間的顯著要素是對環境中注意力的集中或分散。

■短期記憶

感覺器官最初收集刺激的過程，在不同理論有不同名稱，有的稱之為短期記憶（short-term memory），有的稱為初級記憶、主動記憶，或者是工作記憶，R. L. Klatzky將短期記憶區分為兩種功能：

1.保管：意指在短時間保留既定的印象。
2.工作記憶：意指正在進行中的認知活動，例如包含有心算及推論性質的符號運算。

短期記憶包含三個階段：

1.感覺記憶（sensory memory）：感覺記憶為感覺器官瞬間保留影像的階段，對於接收範圍內的事物無法進行選擇的一種記憶形式，如眼睛的感覺記憶即是容納所有可接收的光線對於眼睛的刺激，通常這些較屬於前期階段所反映的資訊，是以原始的形式去表示，即肖像記憶是指視覺印象、回聲記憶是指聽覺印象、觸覺記憶是指觸碰的感覺。這些資訊儲存相當短暫，或許從視覺刺激到印象消失其過程不到二分之一秒，聽覺刺激或許可以持續到兩秒。這些刺激印象的短暫記憶發生在感覺記憶和長期記憶之間（參見**圖5-1**的a過程）。
2.編碼（encoding）：短期記憶的第二個階段為編碼，也是訊息處理理論中的主要假設，即假設感覺起初並非被儲存於記憶中；相反的，感覺是因被神經系統操作形成一種密碼，之後才成為一個適當的象徵。在第二個階段中，編碼是指短期記憶直接傳遞到長期記憶的過程（參見**圖5-1**的b過程）。
3.語意記憶（semantic memory）：短期記憶的第三個階段為語意記憶，它也是於第二階段中，將三個頻道組合並賦予其意義，以成為長期記憶的要素之一。此階段是有知覺的認知，也是人們如何從自己過去經驗的長期記憶中，去定義訊息所表示的意思（參見圖5-1的c過程）。

■ 長期記憶

在訊息處理中，**長期記憶**是儲存想法或心理認知的位置，它是因人們過去的經驗所形成的，這些想法也是個人的知識基礎。在短期記憶的三個各別階段中，都與長期記憶有所關聯，包含：

1.通知部分相關的長期記憶有關訊息接收的來源及連結。

2.容許長期記憶可各別通知短期記憶，其各階段有關的刺激方向，過濾之後傳送至下一階段。

長期記憶（long-term memory）有兩種主要功能：

1.指導整體訊息處理系統的運作。
2.儲存從個人過去經驗所獲取的編碼要素。

當短期記憶容量非常有限時，長期記憶則顯然可以容納大量的要素，就如同它們的名稱；短期記憶保留這些要素相當短暫，長期記憶則可較無限制的保留。

■肌肉系統

當個體從環境之刺激透過感覺細胞元，再經組織運作成感覺記憶，並經由個體的選擇及解釋而成為短期記憶，再透過經驗與預演（rehearsal）而儲存成為長期記憶。當個體的神經成熟之後，逐漸控制肌肉，最後再透過肌肉的練習而逐漸控制動作。

(二)Piaget的認知發展論

幼兒在2歲之後進入Piaget認知理論之第二階段——**運思前期**（pre-operational stage），也一直要到學齡期才會開始進入第三階段——**具體運思期**（concrete operational stage）。

在運思前期仍包括有兩個分期點：(1)**概念前期**（preconceptual stage），又稱為**表徵思考期**（symbolic thought stage）；(2)**直覺思考期**（intuitive thought stage）。在感覺動作期結束之後，幼兒可利用符號來代表物與人，其心理運作過程是主動的，而且也是反映式的。

此外，由於幼兒發展延宕模仿（deferred imitation），也使得他們看了事物，對它形成心像的心理表徵，稍後即使他們未能實際看到此事物，也能模仿此物體之行動。此時，幼兒可以將幾個物體串聯起來，並以所代表之表徵意義串聯之，最能代表此種思考能力的是幼兒所玩的**表徵遊戲**（symbolic play）。直覺思考最常呈現在4歲之後，幼兒能思考得更周延、複雜，且能延伸某種概念的行動，此也意味著幼兒自我中心思考逐漸為其他的社會行為及互動所取代。

Piaget認為此一階段的幼兒只具備部分的邏輯或半邏輯（a partial-logic or

semi-logic）思考能力（Flavell, 1977），其有一些認知功能及特性，分述如下：

1.自我中心主義（egocentrism）：兒童常以個人之想法來推測別人的想法，幼兒如果過於自我中心會導致其無法理解另一個人，幼兒深信「別人都跟我一樣，看到我所看到的事物」。

2.集中化（centering）：兒童只能著重事件的某一細節，而無法看到其他部分的重要性，即見樹不見林。此種思考也常讓幼兒在事件中做出不合理的類推。

3.專注靜態（focus on states）：前運思期之幼兒心智只著重物體之靜態情況，即使你操作一個物體，幼兒眼看物體之轉換過程，他還是只能專注在兩個靜態的物體。

4.缺乏可逆性思考（irreversibility）：此種思維使得幼兒無法獲得保留概念，也就是幼兒無法在思維中回溯到其最早的起始點。假如問一位4歲大的孩子（小明）是否有哥哥（大明），他會回答有，名字叫作大明。當再問他「那大明有沒有弟弟？」他會回答：「沒有」。

5.萬物有靈（animism）：幼兒會將任何事物加上生命的傾向，這可以從幼兒所畫的圖畫，如火車、太陽、車子等皆會擬人化看出。Piaget曾對幼兒問及太陽、風、雨、雲時，幼兒會分不清楚其是否為生命或無生命之物體。

6.人為論（artificialism）：幼兒相信任何事物是由人所製造，為了瞭解自然的起源，他們開始實驗因果關係，尤其喜歡問人是如何產生的。

7.分類與排序之認知（classification and series）：依Piaget和Inhelder（1969）的觀點，分類係指辨識事物的顏色、形狀或大小特徵，以及分門別類的能力。從2到4歲，幼兒透過遊戲來操作分類，待孩子再成長一些，他們才可用虛擬來分類，並能混合事物加以歸類；但要到學齡期（約中年級）時，他們才能做多層次之分類。排序是依據順序將一個或更多的層次安排事物，例如排蒙特梭利教具中之粉紅塔或序列棒，可以從尺寸大小排列，或以重量增減排列順序。

8.平行推理思考（transductive reasoning）：幼兒缺乏演繹及歸納的推理能力，而是對一特殊事件推理到另一特殊事件。例如小明認為義大利人吃義大利麵，那麼小明吃義大利麵，則他是義大利人。

(三)Vygotsky的社會建構論

Vygotsky生於1934年，卒於1962年，英年早逝，得年38歲。Vygotsky是蘇俄的發展心理學者，其論述在1960年之後才漸漸被社會認知論學者加以引述，也影響心理學門及教育學門之應用。Vygotsky主張：(1)認知發展於社會文化脈絡中形塑而成；(2)兒童顯著的認知技巧起源於父母、同儕、手足及老師們等良師益友的啟發，也就是他所主張的「近似發展區」（the zone of proximal development）。

Vygotsky認為，嬰幼兒與生俱來的基本心理功能，亦受到文化之影響，諸如個人的感覺及記憶，進而幫助日後發展及提升至更精確的高階心理功能。在早期生物性成熟之後（生物成熟線），兒童受到其特定文化所提供人文技巧調適之工具，如語言、圖像等，以協助他們開發本身所具有的基本認知潛力。因此，Vygotsky堅信每個人智能的發展在結構脈絡上絕無「普同性」（universal）（Pillari, 1998）。

Vygotsky與Piaget皆認為幼兒是主動及好奇的探險者，不斷地自我學習及尋求新原則以建構知識。Piaget認為幼兒的學習是基於自我建構（self-constructivism），但Vygotsky則認為幼兒自動自發的認知成長與探索，是來自社會文化脈絡，因此其認為是社會建構（social / contextual constructivism）。舉例來說，當幼兒來到幼兒園對玩物的吸引而表現出主動及自發性的學習行為。針對上述行為，Piaget認為是幼兒主動參與獨立性的自發學習；而Vygotsky則認為幼兒的學習是受環境的吸引，以及同儕和老師的示範與互動下，達到觀念的內化，進而形成主動的操作。透過老師安排與同儕合作協同的學習模式，在學習過程中應用近似發展區之社會脈絡，鼓勵幼兒與同儕互相協助以及模仿，以達到認知的啟迪。

三、幼兒期的語言發展

幼兒期的兒童是個精力充沛的談話者，他們對萬事萬物均有莫大的興趣，而且喜歡發問及討論，永遠有問不完的「為什麼」，一方面是求知心切，另一方面是藉此使談話能持續。此時，幼兒能正確說出動物、身體部分及日常生活事物的名稱，能使用複數及過去式（英文），及瞭解代名詞（你、我、他）的使用，而且能要求別人或遵循簡單的命令。

4、5歲的幼兒已有超過一千個字彙量及使用大約四、五個字的句子，而且能使用介系詞及動詞。5、6歲的幼兒使用大約六至八個字的句子，能定義簡單的字詞，知道某些相反詞。雖然幼兒的日常語言會過度泛化（overgeneralization）來使用文法，並忽略文法的特例（例如所有複數皆加“s”，過去式加“ed”），不過他們的語言已相當合乎文法結構。

6至7歲時，幼兒已能使用合乎文法的複合句，使他們的語言變得更複雜及合乎現實社會的語言結構（黃慧真譯，1989）。

隨著幼兒期的發展，幼兒的語言結構及形式也產生變化，伴隨著語言的功能也有所不同。幼兒早期（約2、3歲）的語言屬於**自我中心式的語言**，目的不在乎溝通，除了自娛功能之外，還有重複字語和片語以練習其語文基模。此外，自言自語之另一功能是促進個人願望實現，尤其是超乎個人之能力，例如小明討厭下雨，他會自言自語：「下雨討厭，趕快走開，小明要出去玩。」

另一種語言方式是**集合式獨白**（collective monologues）**的說話**：幼兒輪流說話，彼此相隔一段距離，各說各話，也不知道亦不在乎對方在說些什麼，或是否在聽。

社會語言（social speech）是一種具社會化的語言，幼兒在3歲之後，可考慮他人的需要，並用這種彼此可溝通的語言來維持接觸，或與他人建立關係。其實兒童在很早的嬰兒時期即可使用社會化語言來與照顧者溝通，但是他們不知如何因應特殊情況的需要來修正自己的語言（黃慧真譯，1989）。此時幼兒的詞彙已可被人瞭解了，雖然仍有錯誤產生，但其語法複雜性已大致合乎成人的口語語言，並能應用口語的理解來與別人溝通。

四、幼兒期的道德發展

在學步期，嬰幼兒的注意力集中在行為的界限和標準上。嬰幼兒對正確行為要求並不是來自他們自己，而是來自於外部世界。在幼兒期，行為的標準和界限變成了兒童自我概念的一部分。特殊的價值觀是從父母那裡獲得的，但它們會被整合成兒童的世界觀。

早期的道德發展涉及到一個把父母的標準和價值觀據為己有的過程，這個過程叫**內化**（internalization），它是在幼兒期這幾年中逐漸發生的。例如一個3歲的男孩可能從他用棍棒打狗的過程中獲得很大的快樂。在一次這樣的攻擊中，他的母親訓斥了他，她堅持他應該停止這樣做，並解釋說傷害狗是很殘忍的。假如她懲罰不是十分嚴厲，她可能得一再提醒這個男孩打狗是不允許的。當這個男孩內化了這個標準，他開始體驗到對他自己行為的內部控制。他看見狗靜靜地躺在陽光下，眼睛一亮，開始撿棍棒。就在這時，他的行為被一種緊張感打斷，與之伴隨而來的正是那一想法：打狗是錯誤的。假如這個標準已被成功地內化，這種情緒的緊張以及想法便足以阻止這個男孩打狗了（郭靜晃、吳幸玲譯，1993）。

對學齡兒童來說，在道德發展上的成就包括學習家庭和社會的道德規範，並用它們指導行為。心理學家提出的主要問題是：「內化過程是怎樣發生的？」對此有各種理論闡述（Windmiller, Lambert, & Turiel, 1980），茲分述如下：

(一)學習理論

行為學習理論提供了對道德行為塑化的解釋，人們可以把道德行為看作是對環境的增強和懲罰的反應（Aronfreed, 1969）；受到獎賞的行為可能被重複。因此，內化可能源於能導致較為舒適、較少不愉快或威脅的環境的行為。

社會學習論認為，幼兒道德學習來自對榜樣的觀察與模仿。幼兒透過觀察與模仿好行為與不好行為之榜樣，學會了社會行為或抑制不當之行為。

(二)認知發展論

認知發展理論強調兒童關於道德問題的思維之有序發展過程。Piaget認為個人之道德判斷是由生物性的無律到社會性之他律與自律。Kohlberg進一步拓展Piaget之認知發展，創立了道德思維之三層次及六階段論（詳見**表5-1**）。

幼兒期的道德發展是在第一層次的成規前期中，階段一對公平的判斷是基於行為是否受到鼓勵或懲罰；階段二的道德判斷是基於一種功能論，即行為的後果是否有利於「我及我的家庭」。所以說來，幼兒期之道德發展觀是關注行

表5-1　道德判斷的三個發展層次

層次	階段
I.成規前期	階段一　判斷是基於行為是否受到獎賞或懲罰 階段二　判斷是基於行為後果是不是有益於自己或所愛的人
II.成規期	階段三　判斷是基於權威人物是贊成還是反對 階段四　判斷是基於行為是符合還是違反了社會法律
III.成規後期	階段五　判斷是基於建立在協同合作基礎上的社會契約 階段六　判斷是基於適應於不同時間和不同文化的倫理原則

為後果之功利主義傾向（Kohlberg, 1976）。

兒童對後果之專注凸顯了家庭與學校環境對幼兒之道德形成與支持的重要性。幼兒之道德判斷基礎建基於他們必須理解其行為對他人所造成的後果，因此誘導（induction）的管教策略，就是提供幼兒瞭解他們的行為會對他人造成影響之解釋，也提供幼兒感受道德氣氛及瞭解道德準則內容。

(三)心理分析論

心理分析論認為，道德意識是兒童對父母強烈認同的產物，此理論在道德發展中強調價值的內化，以及在有誘惑的條件下維持衝動控制的因素。心理分析論以良心（視為超我）作為父母的價值觀和道德標準在兒童身心的內化，並堅信兒童的超我是其內在的性衝動、攻擊衝動，與其父母對待這些衝動在外顯行為方式之間衝突的產物。心理分析論認為，父母愈是嚴格地強制兒童抑制衝動，兒童的超我將會愈強烈。Freud假設男性的超我比女性來得更分化且更具懲罰性，因為男性的衝動比女性來得強烈。

(四)良心發展的研究

此類研究的發現未能支持Freud的假設。年幼的女孩比男孩更能抗拒誘惑，而且嬰幼兒期至幼兒期的女孩出現違反道德的行為有愈來愈少的趨向（Mischel et al., 1989）。針對父母親的態度與幼兒道德行為之相關研究發現，母親的價值觀與孩子的道德行為有高度相關存在，但父親的價值觀與孩子的道德行為卻沒有任何相關（Hoffman, 1970）。然而針對父母的管教方式與兒童道德行為的研究卻發現，權威式的父母傾向用體罰懲罰孩子，而使孩子即使在家庭外也不能控制自己的衝動與行為（Anthony, 1970; Chwast, 1972）；而父母以溫暖、民主式和抗拒誘惑的管教風格，似乎較能促成孩子高層次的社會行為及社會責任感（Baumrind, 1975; Hoffman, 1979）。此種觀點的提出與Freud的論述不同：即父母的價值觀在兒童道德準則形塑過程之作用。此派論點認為，Freud可能低估兒童對確保父母愛的需要之作用，並解釋父母與孩子之間強烈的情感聯繫，是促進積極道德行為最有效的力量。

(五)同理心與角色取替能力的發展

同理心（empathy）定義為共同感受及知覺到別人的感情（感同身受，將心比心），這也是幼兒正向之情緒反應。一個人是否能同理他人，取決於他人所發出訊息的清晰性以及他本人以前的經驗。

Hoffman（1987）對幼兒對他人能感受痛苦之知覺，分類了四種同理層次（郭靜晃、吳幸玲譯，1993）：

1.整體的同理（global empathy）：目睹他人的痛苦能體驗並能表現出痛苦。
2.自我中心的同理（egocentric empathy）：認知他人的痛苦並能對它做出反應，好像是個人的痛苦一般。
3.對他人情感的同理（empathy for another's feeling）：能對廣泛情感移情，並能預測對他人施以安慰的反應。
4.對他人生活情況的同理（empathy for another's life condition）：能瞭解他人的生活狀況或境遇，並體驗到同理情感。

同理能力從嬰兒期即已發展，但隨著幼兒對自我及他人的理解，以及能使用語言來描述情緒能力的增加，同理能力也逐漸提增。能辨別他人的情緒並同理他人的幼兒較易於道德教導，同理也使幼兒能努力幫助別人，從而產生促進道德形成之作用；同理還能夠使幼兒在造成他人不佳的情緒狀態感到後悔，從而具有抑制衝動的功能。

角色取替能力又稱為**觀點取替**（perspective taking）**能力**，係指一個人從他人的立場來看待一種情境的能力。這種要求能認識別人的觀點與自己觀點的不同，也促進個人自我發展。Robert Selman（1980）透過分析兒童在結構化訪談中的反應，以研究社會性觀點取替的發展過程，並將兒童之自我發展分為五個時期、四個階段（見第六章**表6-4**，第271頁）。

許多進退兩難的道德問題皆要求兒童服從於他人，而要解決此種兩難困境，兒童需要將個人願望與他人願望加以區分。Selman（1980）的研究顯示，10歲以下的兒童很少能以這種客觀性來解決人際衝突。

(六)父母紀律訓練的研究

父母之**紀律訓練**（discipline）可對兒童產生四種行為影響：(1)幫助兒童停止或抑制禁止行為；(2)指出可接受的行為形式；(3)提供誘導，解釋何種行為是不恰當的；(4)激發兒童對錯誤行為的受害者同理的能力（郭靜晃、吳幸玲譯，

1993）。

紀律訓練被視為是道德教育的一種機轉，個體藉此開始體驗道德行為與紀律訓練之間的交互影響。而對兒童施行道德教育時，最有效的紀律訓練技巧即是能幫助兒童控制自己的行為，懂得自己的行為會對他人產生影響，以及擴展自己同理情感的技巧。

綜合上述，學齡前的幼兒正處於早期道德規範的發展過程中。對這一課題的六種理論總結在**表5-2**中。每一種方法都凸顯說明了較廣泛、複雜的現象中的一種基本元素。學習理論指出，一種外在的獎賞結構抑制或增強行為。認知理論指出，這一道德發展階段的特徵是概念的不成熟性。心理分析理論特別關注對父母的認同與良心發展之間的關係。關於良心發展的研究對Freud關於超我形成過程的某些看法提出了挑戰。關於同理心和觀點取替的研究顯示，道德行為

表5-2　對道德發展研究的貢獻

概念來源	重要貢獻	對道德行為特定方面的影響
學習理論	1.外在的獎勵和懲罰系統的相關性 2.對榜樣的模仿 3.形成對獎賞結構的期望	1.道德行為 2.道德準則的內化
認知理論	1.對意圖、規則、公平和權威的認識的概念化發展 2.道德判斷的階段	1.道德判斷 2.對違反道德和社會習俗的區分
心理分析理論	1.與父母的認同 2.超我的形成	1.父母價值觀的內化 2.內疚體驗
對良心發展的研究	1.性別差異 2.父母的教育：紀律訓練和溫暖	1.衝動控制 2.價值觀的內化
對同理和角色取替的研究	1.體驗他人情感的能力很早就產生了，並隨著年齡而變化 2.對觀點上差異的認識能力在學齡前和學齡期慢慢出現 3.同伴間的衝突和互動以及具體的角色扮演訓練，均能提高角色取替技巧	1.同理加強了對他人的關心；有助於抑制可能造成痛苦的行為 2.角色取替能夠促進助人和利他主義
對父母的紀律訓練的研究	1.父母確定道德內容 2.父母指出兒童的行為對他人的影響 3.創造一種獎賞結構 4.強制、愛的取消、慈愛和誘導對兒童的不同影響	1.道德行為 2.道德推理 3.道德價值的內化 4.同理和內疚

資料來源：郭靜晃、吳幸玲譯（1993）。

要求對他人的需要需有情緒和認知上的理解；這些利社會技能有助於兒童瞭解其他兒童或成人是如何感受現實的，透過這種洞察，兒童能改變自己的行為以使之有利於他人。關於父母的紀律訓練的理論與研究指出，當父母努力促進兒童理解自己的行為對他人產生影響時，道德發展便可提高。所以，道德行為涉及道德判斷、對獎賞結構的理解，與父母認同及對他人同理的整合。

五、幼兒期的情緒發展

當嬰兒期結束進入幼兒期階段，個體已發展了複雜的情緒反應，例如羞恥、困窘、罪惡感、羨慕及自傲等，這需要一些認知與社會能力的提增才能促進其發展，此種情緒反應不似基本的情緒是與生俱來的。之後，幼兒逐漸從互動中學會一些控制及管理情緒的技巧，例如情緒的自我控制（emotional display rules）與自我調節（emotional self-regulation）及情緒表達規則。此時期最常見的情緒有恐懼、攻擊及利社會行為，分述如下：

(一)恐懼

2至6歲的幼兒期增加最多的情緒反應是**恐懼**，或許兒童有過被驚嚇的經驗，例如被關在黑暗的空間、迷路、憂傷、親人死亡等，同時他們也從真實生活、故事（書）和電視上聽到或看到發生在別人身上的可怕事情。此時幼兒可能從真實事件幻想中，得知許多可怕的事物；女孩表現比男孩多，其中一個原因或許是較依賴父母的孩子較會感到恐懼，而女孩一向被預期較為依賴，或許是由於男孩較不願承認自己的恐懼（Bauer, 1976）。此外，較處於社經劣勢的孩子比情況較富裕的孩子害怕的東西更多，也可能是較貧窮的孩子較缺乏安全感所致，但這種恐懼感會隨著年齡增長而降低（Bauer, 1976; Saarni et al., 1998）。

過去幾十年來孩子的恐懼也深受社會的影響，美國兒童過去最害怕的是超自然生物和事物，接著是共產黨，現在則是類似九一一的恐怖攻擊，或地震與海嘯；臺灣的兒童則是害怕自然禍害與被綁架（Yudkin, 1984）。這種改變深受媒體（如電視與電影）所影響。

對於這些孩子有恐懼的情緒，雖然隨著時間增長，無力感消失，恐懼感也可能隨之化為烏有。如果未能消除，千萬不要以嘲笑、強迫或忽視的態度來試圖消除孩子的恐懼。幫助孩子克服不合現實恐懼的最佳方法，除了觀察他人或模仿別人無畏的情形之外，得包含孩子的自身行動。當孩子瞭解（找出）自己解決恐懼的辦法，並在成人的幫助下逐漸經歷令他害怕的情境（如系統減敏感法）；除此之外，可以配合主動的制約，輔以言語說明的方式也有助益。

(二)攻擊

2歲之前的嬰兒不會表現真正意圖傷害別人的**攻擊行為**（aggressive behavior），縱使別人從他身上粗暴地搶奪玩具時，他所想要的只是玩具，並非想傷害或支配他人。但幼兒時期的孩子則常常表現打、踢、咬、丟擲玩物等攻擊他人的行為。

兒童早期的攻擊會由身體的行動轉變為口頭的表示，例如對別人採取威脅的姿態，以達到嚇阻或拿到自己所想要的物品。幼兒期的攻擊行為以爭奪玩物和空間的占有為主，最常出現在社會遊戲之中，最好鬥的孩子通常也是最善交際的。最能幹的孩子，在個體漸漸成為人際優勢時，通常是領袖或擁有物權及空間使用權，攻擊行為也隨之減少。當孩子以攻擊方式達到目的，次數愈多，他持續攻擊的可能性也愈高，因為權力的沉醉會促使他持續用此方式對待別人。

到了6、7歲之後，大多數孩子會減少攻擊行為，會用話語來代替身體上的侵犯，攻擊的根源也從對物體的爭奪轉變為自我的確保，所用的方式是污辱他人。直到他們發展自我概念，或有了更肯定的社會技巧，特別是與別人的言語溝通和合作之後，攻擊行為則大幅減少。

攻擊行為的導火線最可能是因挫折而來，挫折通常來自被懲罰、污辱和恐懼。雖然挫折並不一定會導致攻擊性的行為，但一個受挫折的孩子會比一個滿足的孩子更可能做出攻擊的行為（Bandura, Ross, & Ross, 1961）。

影響幼兒攻擊行為之原因可能來自遺傳（男性賀爾蒙之因素），也可能來自對父母（成人）行為之模仿，像父母的管教方式、受挫折、攻擊行為得到酬賞，或從實際生活看電視或電影中得到的行為模式。

(三)利社會行為

兒童有一些慷慨大方、富同情心，並善體別人的需要等行為，心理學者稱之為**利社會行為**（prosocial behavior）或**利他行為**（altrustic behavior）。Mussen

和Eisenberg（1977）進一步解釋為：「想幫助或有利於他人，而且不預期外在酬賞的行動。這種行動通常包含著某些成本，如自我犧牲，以及行動者本身所冒的風險。」（黃慧真譯，1989）。

研究性別在利社會行為中的發現各有支持，但並未呈現出一定的結論。有些研究指出，女性較為慷慨、助人、體貼，或許這些研究偏向解釋照顧的行為一向為女性的特質，所以女性較常被鼓勵去幫助別人，也可能女性較少使用身體上的攻擊或處罰，得到較多溫情。

年齡是促成利他行為的重要因素之一，幼兒到了4歲左右開始呈現出顯著的利他行為，到了學齡期此行為會穩定地增加，顯然與其發展出考慮別人立場之觀點取替有很大的關聯。有些研究顯示出這與孩子觀賞的電視節目內容有關，如果兒童被鼓勵觀看較多利社會行為之節目，則孩子可發展出更富同情心、更慷慨、更樂於助人的行為（NJMH, 1982）；反之，如果看更多富暴力情節的卡通或遊戲，則孩子會顯現出較多的攻擊行為。

六、幼兒期的社會發展

友伴關係的社會發展與其日後人格、社會適應及是否犯罪息息相關。良好的社會發展，不但消極方面能使個人控制攻擊衝動，抑制自我的意圖，且積極方面可有與人共同分享、互助合作、自我尊重與自我價值肯定、選擇朋友及尊重他人等行為呈現。

社會化過程是使兒童從一「自然人」成為「社會人」。兒童的人際關係發展形態是由垂直式的互動關係（例如親子、手足、師生關係）到平行式的互動（友伴關係）。所有互動關係又以友伴關係最能減少兒童的壓力，且能以平等的地位相處。友伴關係可幫助兒童從依賴父母走向自我獨立的地位，以幫助兒童達成自我認同。至青少年時期，個體在追求獨立、自主的同時，更需要友伴的情緒支持。而成年時期，友誼與性的混合使得個體在友伴關係獲得親密需求，進而發展婚姻關係。因此，友伴是個體社會化過程的催化劑，茲對其重要性與發展敘述如下。

(一)友伴關係的重要性

兒童的友伴關係是日後人格和社會發展的重要指標，對青少年及成人時期待人處世的態度及應對進退的社交技能，有相當的影響作用（簡茂發，1983；簡茂發、朱經明，1982），甚至影響其日後的犯罪行為（Papalia & Olds, 1981）。

兒童與他人的互動系統包括了親子、手足與同儕三種，每一系統都有其單一形態的互動特色，也為其相互的互動關係負起相當重要的地位。隨著年齡的增長，兒童從嬰兒期、嬰幼兒期、幼兒期至學齡兒童，互動的系統也由與重要的成人互動，轉至與友伴同儕的互動，尤其在幼兒期，藉著遊戲活動開始，而有同儕社會化。

Corsaro（1981）指出，在孩子結交朋友前，社會情感的聯繫主要來自父母或主要照顧者，其互動的關係是透過社會學習去接受、適應或被迫式的承認父母與手足間的關係。然而，到幼兒期，幼兒會透過主動探索、參與選擇、與同儕們互動，學習到同儕們的特質，並從中學會如何與人交往。一般人常認為，孩子們在一起時都在遊戲、玩，較少有思想、情緒或心靈上的溝通；其實，有人際關係困擾的兒童，可能是由於缺乏從遊戲中學到正確的人際交往觀念或人際溝通技巧；也可能因幼兒個人氣質（temperament）較害怕陌生情境（Berberian & Snyder, 1982），而影響兒童與他人建立依附關係；或是幼兒缺乏認知上的限制，例如缺乏瞭解別人觀點的能力（觀點取替能力），使得他們不能與別人共同計畫或參與活動（Bowlby, 1980; Marvin & Greenberg, 1982）。Piaget在他早期的著作中曾提到，孩子的社會經驗來自於與地位平等的同伴的相處。在遊戲中，爭執或衝突會發生，而這些衝突卻有助於兒童脫離自我中心期（decentration），體認他人的觀點，進而促進其與同儕相處的能力（Shaffer, 1979）；也可視為是學齡兒童處於壓力狀態（如疲倦、饑餓、家庭紛爭、課業問題等），更加需要關懷的表徵；即使是青少年，他們可能因獨立及自治能力增加，或因賀爾蒙的改變，使得與父母頻頻發生齟齬，進而疏離，轉而產生對同儕的依附（這是青少年發展正常的現象）。

今日的父母送幼兒去幼兒園，多只注重幼兒學科教育及知識技能學習，一味要孩子多學些才藝；中、小學教育在聯考壓力下，著重在知識技能的學習，以求擠進明星中學或大學的窄門。因此，大多數家長只注重孩子自小到大的學業成績如何，鮮少問及他們的人際關係如何。這種情形，不但對兒童日後的發展有不良影響，也容易引發諸多的社會問題。

事實上，多位學者的研究指出，幼兒只要在早期能與母親發展出安全依附的親密關係，日後可能社會性較好、自我尊重高、與手足關係良好、較獨立、較少發脾氣或少有攻擊行為、服從性高、有同理心、較少有行為問題，以及有較強的問題解決能力（Cohn, 1990; Frankel & Bates, 1990）。

Parten（1932）從對日本保育學校（nursery schools，招收2至5歲的兒童）自然遊戲行為的觀察，發現隨著年齡的增加，兒童平行遊戲的量減少，而合作遊戲的時間增加。

Hartup（1974）的研究指出，兒童隨著年齡的增加會減少彼此爭吵的次數，而學齡前兒童之爭吵可算是一種友伴間的社會學習；同時亦認為學齡前兒童已可以建立一對一的彼此互動關係。

Shaffer（1979）指出，3至4歲的幼兒已開始減少與父母的接觸，相對地增加與友伴的互動。Hartup（1989）並檢視學者Smith及Connolly的研究後指出，幼兒在2至4歲間，與人談話及互動性的社會遊戲會增加。同時，Hartup（1989）及Furman、Masters（1980）亦指出，學齡前兒童的一對一互動較正向性、相互性及分享性。而Corsaro（1981）也發現，當托兒所中的兒童發現自己是單獨一人時，往往會試著去進入其他同伴的活動。

從上述學者的研究可知，在幼兒社會化過程中，友伴關係的發展的確很重要（Halliman, 1981），透過與友伴的互動、遊戲、分享並學習如何與人交往、溝通、同理，甚至於克服對環境畏縮及羞怯，學習主動的表達善意，及學會不自私與熱心助人等，這些對幼兒的人格、情緒、認知及未來人際適應，皆具有相當重要的影響作用（參考簡茂發，1983；簡茂發、朱經明，1982）。兒童期的友誼是建立在一起活動、遊戲的情境上，而青少年及成年期的友誼則建立在親密關係的感情基礎上，而且是從同性關係發展到男女兩性的關係。

(二)友伴關係的發展

大多數社會與人格發展的理論都十分強調親子互動關係，而較忽略同儕關係的重要性。直到最近才有相關學者開始強調同儕水平關係對兒童發展的影響，幼兒大部分與人相處的平等關係，只能從同儕互動中獲得，而這種同儕關係也幫助兒童從依賴父母的關係，走向自我獨立的地位。

嬰兒開始對其他嬰兒發生興趣大約在六個月左右，此時如果我們將兩名嬰兒放在地板上，他們將會互相注視、觸摸、拉彼此的頭髮，或對對方的行為加以模仿，或相互微笑（Bee, 1992）。將近1歲時，這種行為會更趨明顯。雖然，依嬰幼兒的發展，此時期較喜歡玩一些物品，但如果沒有物品可玩時，他們便喜歡與同伴玩。

十四至十八個月之後，幼兒開始發展一些平行遊戲，有時還有協同或合作行為產生。因此，同儕互動關係可以說開始於嬰幼兒期。到了3至4歲，在幼兒園的兒童，尤其需要學習如何與別人在一起玩（Harper & Huie, 1985）。兒童可以呈現一些有組織的遊戲，並且也較喜歡與同伴（特別是同性別的友伴）在一起玩。

七、幼兒期的遊戲發展

發展心理學這門學科主要是研究人類行為隨年齡增長而產生的個體行為改變。如果應用在兒童遊戲上，便是研究遊戲的內容與結構的改變。已有許多遊戲學者在研究文獻中描述過遊戲，發現遊戲和個體情緒、學習因素有關。同時學者們也依照不同的結構將遊戲予以分類、定義。例如有些學者認為，嬰兒的動作發展與遊戲是相互連結的。依此觀點，我們可以把遊戲分為四種類型：動作遊戲、社會遊戲、玩物遊戲及表徵遊戲。這種分類是透過人為而非渾然天成，目的是在幫助讀者進行系統性的整合。但請務必明瞭，這些分類方式並不是武斷或絕對的，有時遊戲可以存在於多種形態的遊戲類別中。**表5-3**由上到下是個體遊戲行為可能的發展順序，但因個體有個別差異，因此發展的平均年齡會隨個人特質（如遺傳及環境）的不同而有所差異。總體來說，嬰兒的遊戲主要是表現在操弄物體及動作遊戲方面（可參見**表4-4**，第140頁）；2歲之後，其表徵能力及社會遊戲的發展才逐一出現。

成人與孩子一起遊戲時，應特別注意在兒童遊戲行為中以下兩種改變的意義：(1)時間因素對發展的影響。時間因素如何影響了遊戲的結構或過程，其真正改變具有何種意義？(2)遊戲活動的速率、強度和種類可能在短時間內改變，並且反應也較富有彈性；另外，可以將改變視為長時間內一種行為的轉移，例如身處兩種不同發展年齡層的兒童，會呈現出不同的遊戲發展階段。

兒童的發展過程乃是循序漸進的，是由自我中心到與他人互動、由具體到抽象。Garvey（1977）指出，隨著兒童年齡的增長，遊戲有下列四種基本的發展與改變趨向：

1.生物的成熟：隨著年齡增長、兒童身體與心理的成長，使得兒童獲得新

表5-3　幼兒期的遊戲發展進度量表

操弄／建築（玩物遊戲）	表徵遊戲	社會遊戲	身體／動作遊戲
1.玩拼圖： (1)三件式的形狀拼圖，如三角形、四方形、圓形 (2)四件式個別成形的拼圖 (3)四件組成一形體的拼圖 (4)七件組成一形體的拼圖 (5)十二件組成一形體的拼圖 2.將玩具放入容器或籃子內 3.會將蓋子蓋於有蓋的容器 4.會玩黏土： (1)會用手去壓擠、滾及造型 (2)利用工具形狀（如棒子）加上黏土做造型 (3)利用黏土／沙做表徵的玩物，如做所熟知的物品，像是電話、車子或茶杯等，並能說出其名稱 5.玩積木： (1)沒有表徵意義的建構遊戲 (2)具有表徵意義的建構遊戲 6.用剪刀： (1)用剪刀剪東西 (2)將紙或布剪成碎片 (3)沿線剪不同的形狀 (4)剪成不同的形狀 (5)剪圖案，但太細小的部分除外 7.用畫圖來表徵事物，大部分畫他所知道的故事，並能說出故事中圖畫的名字	1.在遊戲中模仿： (1)模仿聲音 (2)模仿別人的手勢 (3)模仿別人的臉部表情 (4)延宕模仿，如將以前所聽過或看過的聲音或動作模仿出來 2.在遊戲中可製造聲音 3.在遊戲中可用語言交談或叫喊 4.使用玩物來假裝、虛構，如假裝積木為車，可使玩物具有意義 5.功能性使用表徵玩具，如電話、車子、娃娃或茶具組合 6.使用成人衣物或裝扮遊戲 7.表現單一的假裝情境遊戲，如喝茶、抽菸或是開車 8.表現虛構情境：事件之間有連續或單一角色持續5分鐘以下，如用茶具組合在一起喝茶、吃餅乾，就好像開茶會、派對，或開車去逛街或加油等 9.表現虛構情境：單一角色的遊戲可持續5分鐘以上 10.表現虛構情節，有情節、主題，但較不具組織性 11.表現有組織、情節的假裝遊戲 12.可以與其他幼兒做假裝遊戲，如社會扮演遊戲	1.模仿鏡中的形象 2.對鏡中的形象微笑 3.在遊戲中嘻笑 4.玩社會遊戲，如玩躲貓貓、玩拍手遊戲 5.單獨地玩，如幼兒自己玩玩具，即使與別的幼兒一起玩，彼此處在很近的距離，也不想跟其他的幼兒一起玩 6.可以獨立自己玩遊戲，持續15至30分鐘 7.平行遊戲：即幼兒通常玩在一起，但各自單獨做他們的活動或遊戲；通常玩相似的玩具或活動，除非他搶奪別人的玩具，不然彼此不會有社會性的互動或影響他人的活動 8.聯合遊戲：幼兒可玩在一起，但各自擁有自己的主題的深度活動。彼此間有溝通交流，通常玩的主題是與玩物有關的活動。彼此之間各自有各自的活動目標與目的，可能彼此有所關聯，但不是一完整組織的活動 9.兩人的合作遊戲：兩個幼兒參與共同目的的活動，彼此有組織，能相互協調以達目的。通常幼兒是玩一些扮演、競爭／非競爭的比賽，或做一些作品，彼此相互支持以達目的 10.團體的合作遊戲：兩個以上的幼兒能達到的目標 11.遊戲中有分享行為	1.踩（騎）三輪車 2.用雙腳做跳遠狀的動作（腳離地） 3.可以從10英吋高度跳下來 4.可接大球 5.可以跑得很好，也不會跌倒 6.可以在矮的玩具和梯子爬上爬下 7.跳繩，至少跳連續兩次以上 8.會翻筋斗、跳躍、盪鞦韆、用輪子溜冰、走平衡木等

（續）表5-3　幼兒期的遊戲發展進度量表

操弄／建築（玩物遊戲）	表徵遊戲	社會遊戲	身體／動作遊戲
8.遊戲建構的結果成為重要的部分 9.組織工藝技巧 10.使用顏色筆將圖案著色 11.拓印／蓋印畫或用筆做描繪		12.玩時可以等待 13.能為他人做事以達成目標的活動 14.要求同伴與他一起玩 15.能叫出同伴的名字並炫耀，如自誇其所做的事情 16.可與特定的玩伴一起玩，並可將他當作最好的朋友 17.對有規則的遊戲或比賽能遵守規則，並能輪流共享玩具	

資料來源：引自Golden, D. B. & Kutner, C. G. (1980).

的遊戲能力與技能。

2.精緻和複雜：遊戲會因兒童技能的成熟加上經驗的豐富，使得遊戲愈加精緻和複雜，而且也可應用多種不同的概念。

3.減少隨機化行為，增加行為的計畫與控制：兒童可以透過想像直接操弄環境或改變事實。

4.加深個人的遊戲經驗：幼兒透過日常生活的觀察與模仿，習得社會的因果關係，並將這些事件應用在日後遊戲的主題上。

從認知發展層面，Piaget（1962）將遊戲分為三類：練習遊戲（practice play）、表徵遊戲（symbolic play）和規則遊戲（games with rules）。之後，Smilansky（1968）參照Piaget的分類，將認知遊戲修訂為下列四類：

1.功能性遊戲（functional play）：約從出生到2歲，幼兒經常以身體的重複性動作，例如跳與跑、反覆抓握物體和操弄玩具，來滿足感官的刺激與愉悅。

2.建構遊戲（constructive play）：約從2歲起，幼兒開始使用各種可塑性的物品，如積木、拼圖、樂高或玩物、沙、水、黏土、麵糰，有目的地完成某些成品，如機器人、動物等，而隨著年齡的成長及動作發展的成熟，兒童可進一步發展自己的創作。

3.戲劇性遊戲（dramatic play）：約在2至7歲之間，兒童處於認知發展的運思前期，兒童逐漸展現他們的表徵能力，此時兒童開始從事假裝（pretend）的想像遊戲，可以參與各種角色的情境、對話或行動。在3歲以前，幼兒大都獨自進行遊戲，自3歲之後，則逐漸參與二人以上的團體社會戲劇遊戲（sociodramatic play），成員間透過彼此的對話，共同設計情節，進行協調進而達成有主題的社會戲劇遊戲。
4.規則遊戲：約在7至11歲之間，處於具體運思期，兒童認知及接受規則能力大增，可從事一些具有規則性的遊戲，例如球賽、下棋、捉迷藏等，兒童對於規則的遵循及遊戲者的共同約定非常在意，如此一來，他們才能一起玩。

之後，Rubin、Fein及Vandenberg（1983）觀察幼兒從出生至7歲，在認知發展層面有七種認知遊戲階段，茲分述如下：

1.知覺動作遊戲（sensorimotor play）：約在1歲之前，利用已有的知覺基模探索外在的事物，嬰兒將一些玩物放在嘴裡，咬它們、捏它們，或將玩物丟在地板上，藉此嬰兒可以瞭解物體的特性。
2.建構遊戲（constructive play）：約從1至2歲，當嬰兒對物體的基模愈來愈精緻與複雜時，他們可以使用玩物做簡單的建構，例如玩拼圖、積木、插椿玩具或堆疊玩具，這種建構遊戲可持續至6歲，而且愈來愈複雜及具創意。
3.初級假裝遊戲（first pretend play）：約從十二至十四個月大開始，幼兒可以使用模擬真實器具的玩具來假裝一些動作，例如用玩具湯匙餵洋娃娃、用梳子梳頭髮、玩具車代替開車。隨著年齡的增長，使用假裝的玩物會愈不受外型影響，取而代之的是玩物的功能。
4.代替性假裝遊戲（substitute pretend play）：約在2至3歲之間，幼兒會使用玩物來代替任何他們想得到的東西。他們可能利用筷子來代替梳子，湯匙代替香蕉，或利用掃把代替騎馬。到了4、5歲之後，他們的遊戲時間中，至少有20%會使用這種新且複雜的假裝。
5.社會戲劇遊戲（sociodramatic play）：幼兒上幼兒園的時期，他們喜歡扮家家酒，尤其喜歡扮演父母、老師、警察、司機、醫生、護士及超級英雄等角色。兒童很喜歡此類遊戲，尤其是幻想遊戲。這種遊戲對幼兒的社會發展尤其重要，由於扮演別人，兒童必須融入這個角色，這使得兒童能跳脫自我中心，漸漸瞭解別人的看法及想法。

6.規則的察覺（awareness of the rules）：6歲的幼兒不僅可以自我創造戲劇，而且還可以描述戲劇的規則。他們可以預先計畫情節，分派角色。這種改變需要更進一步的認知能力才能辦到，通常是在6歲左右，在此之後，兒童便開始發展具體的運思能力。

7.規則遊戲：上了小學後，假裝遊戲會漸漸減少，取而代之的是特定規則的複雜遊戲，例如踢瓶子、球賽、玩彈珠等。這種堅持規則的遊戲對兒童日後的認知及社會發展有所助益。最重要的是，兒童需要時間來玩此類遊戲，然而現代兒童卻花太多時間在看電視或做一些沒有組織及建設性的遊戲。

從社會發展層面，Parten（1932）針對日本保育學校的幼兒進行觀察，發現幼兒的社會性遊戲依序為：無所事事行為、旁觀的行為、單獨遊戲（solitary play）、平行遊戲、協同遊戲及合作遊戲，茲分述如下：

1.無所事事的行為（約在2歲以前）：到處走動、東張西望或靜靜坐在一旁，沒有做什麼特定的事情。

2.旁觀的行為（約在2歲以前）：當其他孩子在玩時，幼兒只在一旁觀看，偶爾與正在玩的幼童說話，但沒有參與遊戲。

3.單獨遊戲（約在2歲至2歲半）：自己一個人玩玩物，與他人沒有交談等任何社會互動。

4.平行遊戲（約在2歲半至3歲半）：與旁邊的小孩子玩相同或類似的玩具和遊戲，但彼此沒有進一步交談。

5.協同遊戲（約在3歲半至4歲半）：與其他兒童一起玩，但彼此之間沒有共同目標及互相協助，仍以個人的興趣為主。

6.合作遊戲（約在4歲半之後）：與其他兒童一起玩，彼此之間有分工及相互協助，以達成共同的目標。

Parten的研究提出之後，他所描述的兒童社會性遊戲發展階段，常被用以衡量兒童的社會發展層次。直到1980年，才由Howes（1987）從對同儕遊戲的觀察發展出Howes同儕遊戲量表。潘慧玲（1994）針對國內的幼兒社會遊戲情形加以觀察，發現許多幼兒進行的單獨遊戲其實是一種有積極目標導向的行為，平行遊戲在許多時候是較大兒童在單獨遊戲與團體遊戲之間的過渡，並不是不成熟的社會行為。

就動作發展而言，兒童自出生到6歲，身體動作隨著幼兒身體的成長而更具活動性、更有力，並且更具控制力、平衡能力，和大小肌肉的協調能力，因此能呈現出更精緻的動作發展技巧（參見**表5-3**）。

八、幼兒期的性別認同

有關幼兒對性別的認識探討方面不在於幼兒是否瞭解性別差異，而是他們如何解釋性別差異（Bohan, 1993; Thompson, 1993）。研究似乎較乎幼童瞭解性別差異是否在於個人持續的內在歸因。然而，此種性別差異是來自於生物演化、社會化或兩者之互動關係。隨著年齡增長，幼兒對性別認識會逐漸穩定，這也反映個體對自我概念的認識與評價。從發展心理學的角度，性別認同會隨兒童認知能力的發展歷程而逐漸形成（Schaffer, 1996）。Newman及Newman（1999）指出，個體性別概念的認同與發展可分為四個階段（參見**表5-4**）；幼兒性別認同與發展大約從2歲學步期開始至6歲左右，從辨別性別特徵、性別是穩定的、性別是恆定的，到最後瞭解性別是具有生殖器的生物基礎。

有關性別認同的發展解釋的理論有四個（雷庚玲，2001），茲如述如下：

1.心理分析理論：Freud認為，性別配合行為的產生是透過學步期開始發展的性器期，由「認同」作用於與自己同性別的父母而產生的。兒童認同於同性別的父母的動機是因為在生理上自然產生對異性父母的愛，如戀

表5-4　性別認同與發展

階段	年齡	性別概念	Piaget認知發展能力	例子
一	學步期至2歲左右	性別標誌使用	感覺動作期	Jack玩汽車是男生 Mary玩洋娃娃是女生
二	4歲左右	性別穩定	運思前期	男生長大變爸爸，女生變媽媽
三	5至7歲左右	性別恆定	運思前期／具體運思期	Jack玩洋娃娃還是男生
四	7歲以上	具生殖器的生物基礎	具體運思期	Jack有陰莖是男生 Mary有陰阜是女生

資料來源：Newman, B. & Newman, P. (1999).

父或戀母情結，而造成對同性父母的羨慕與恐懼，轉向對同性父母的性別認同，而產生正確的性別認同，此種認同具有強烈的順從，是與個體本身的本我（id）相違的，因為順從或害怕而產生的認同動機，如果父母的處罰愈大，孩子認同愈強，但可能對他們日後產生負面影響。

2.社會學習理論：社會學習理論認為個體的性別認同，性別角色的刻板印象以及做出與性別相符合之行為，是透過與周遭的重要他人（如父母、手足、老師、同儕或電視媒體等）對行為的增強或處罰過程達到行為學習，以及經由自己觀察與自己相同性別的父母、老師、手足、同儕或電視媒體的人物而習得（Bandura, 1989）。

3.性別認同發展認知理論：Kohlberg（1996）的「性別認同發展認知理論」（Kohlberg's Cognitive Development Theory）認為兒童須先發展「性別認同」及「性別保留概念」，接著才會選擇性地專門去模仿與其認同的性別相同的典範。Kohlberg（1966）認為，性別認同及保留概念可以由三個階段達成：

(1)基本性別認同階段（basic gender identity）：約在2.5至3歲。

(2)性別穩定階段（gender stability）：約在3至6歲。

(3)性別恆定階段（gender constancy）：約在6至7歲。

4.性別基模理論（gender schema theory）：期望透過性別基模的概念，沿用了Piaget及Kohlberg對兒童認知發展機制的基本看法，亦即為了達到維持內在認知與外觀現象間平衡之目的，兒童具有主觀搜尋資料，學習的動機。隨著個體認知能力的發展與性別行為學習的累積，兒童逐漸產生對自己的「性別基模」，此性別基模幫助幼兒整理外在訊息，以有組織的模式儲存於記憶之中；另一方面將不適合性別基模的訊息加以忘記或扭曲，以便於其容易記得與性別基模相符合之事物。因此，幼童也漸漸有了性別偏好（gender preference）的自我概念。

九、幼兒期的自我概念發展

自我概念（self concept）是連接幼兒對外在事物的理解與對自我的認知，以瞭解兩者之間的互動（Epstein et al., 1993）。**自我概念理論**亦是瞭解個體與外界事物互動的交換，如何產生對個體正向及有利的行為，包括個體的思考、夢、情緒幻想及喜怒哀樂的情感，此種概念的發展完全依賴個體的認知功能的成熟；當然，也受到日後其與環境的互動（個人經驗、觀察）而逐漸修正而成。

William James（1892/1961）描述自我可分為受格我（me）及主格我（I），前者如個人的外表特徵、社會關係、角色、人格特質等；後者如個人覺察個人之行為，包括有四個功能要素，如個體之行為感、整體感、連續感及覺察感（Damon & Hart, 1988）。

James認為，個體自我來自每一天對自我的覺察與經驗，而且具有連續及鮮明覺察自我相似感，而且非量化不可測的概念。Damon及Hart（1988）應用此兩種向度（me及I），將自我分為七個我，包含四種主格我及三個受格我（參見**表5-5**）。Damon及Hart（1988）的研究指出，幼兒已發展最早的自我概念，而

表5-5　自我概念之發展模式

<table>
<tr><th>分期</th><th>行為功能</th><th colspan="12">受格我（me）之範疇</th></tr>
<tr><td>青少年後期</td><td>系統信念與計劃</td><td colspan="3">反應個人及道德標準的生理特性</td><td colspan="3">反應選擇或個人或道德標準的主動特質</td><td colspan="3">反映社會關係或社會－人格特徵的道德個人抉擇</td><td colspan="3">知識系統：個人生活哲理、個人思考過程</td></tr>
<tr><td>青少年早期</td><td>人際應用</td><td colspan="3">透過社會訴求或互動的生理特性</td><td colspan="3">影響社會訴求及互動的主動特質</td><td colspan="3">社會－人格特徵</td><td colspan="3">社會感覺溝通能力或反應性的社會能力</td></tr>
<tr><td>學齡兒童期</td><td>比較評估</td><td colspan="3">基於生理特質的能力</td><td colspan="3">相對於他人、自我或規範標準的能力</td><td colspan="3">彰顯他人反應的能力</td><td colspan="3">知識、認知能力或相對能力之情感</td></tr>
<tr><td rowspan="3">幼兒期</td><td>類別分類</td><td colspan="3">生理特性或物質特徵</td><td colspan="3">典型行為</td><td colspan="3">特定社會關係與群體之事實</td><td colspan="3">當人的感受、情感或選擇</td></tr>
<tr><td rowspan="2">一般組織原則</td><td colspan="3">生理我</td><td colspan="3">行為我</td><td colspan="3">社會我</td><td colspan="3">心理我</td></tr>
<tr><td colspan="12">受格我</td></tr>
<tr><th>分期</th><th>行為功能</th><th colspan="12">主格我（I）之範疇</th></tr>
<tr><td>青少年後期</td><td>系統信念與計劃</td><td colspan="4">過去、現在及未來自我的關係</td><td colspan="4">個人主觀與他人互動關係之整合</td><td colspan="4">個人及道德評價影響自我</td></tr>
<tr><td>青少年早期</td><td>人際應用</td><td colspan="4">由他人持續性告知</td><td colspan="4">生、心理特質之組合</td><td colspan="4">與他人互動影響自我</td></tr>
<tr><td>學齡兒童期</td><td>比較評估</td><td colspan="4">永久、認知及主動能力</td><td colspan="4">透過自我與他人之比較</td><td colspan="4">努力、希望及本能地決定自我</td></tr>
<tr><td rowspan="3">幼兒期</td><td>類別分類</td><td colspan="4">類別區分</td><td colspan="4">類別區分</td><td colspan="4">外在、不可控制因素決定自我</td></tr>
<tr><td rowspan="2">一般組織原則</td><td colspan="4">連續性</td><td colspan="4">分辨性</td><td colspan="4">互動性</td></tr>
<tr><td colspan="12">主格我</td></tr>
</table>

資料來源：Newman, B. & Newman, P. (1999).

且透過自觀的我及他人所認識的我來發展。

一般我們所指的自我概念（self-concept）和自我表徵（self-representation）與客體我有關，是人們描繪自我的方式；而自我評價（self-evaluation）是個體對自我特質的評斷，是反應個人對自己的感受及想法，這也是我們所說個體之自尊（self-esteem），這些概念也隨個體之社會化而逐漸形成，幼兒只能對自己做狹隘的評斷而非整體之自我評價。幼兒在2歲時大多可瞭解鏡中的我，會用語言描述自我特色；大約在4歲之後可發展對他人之標準納入自我調節，並逐漸發展具體、可觀察的特色；在5歲之後，可藉由社會而比較瞭解自己的特色。

第二節　幼兒期的發展危機

一、生理發展危機

幼兒早期致命的因素為天生殘疾、癌症、氣喘、心臟病或體重過輕，加上後天環境因素，如貧窮、虐待等所致。最近由於健康照顧、醫藥及疫苗注射、科技發達以及環境衛生改善，使得兒童的死亡率明顯降低。兒童的身體動作發展主要是受遺傳、成熟因素所影響，加上後天的環境及刺激學習因素，也都使複雜的作用影響到幼兒的成長。

俗稱「3歲看大，6歲看老」，亦說明幼兒期發展的重要性。尤其幼兒的身體發展，除了早期觀察異狀，透過篩檢，以便早期發現、早期治療的療育保護之外，再者就是靠照顧者提供良好的環境刺激，以及照顧者的留意，除了避免外來的病毒及有害環境之外，透過細心照顧，幼兒的生命威脅自然能大大減少。

在美國，由於透過身心障礙者的立法，使得幼兒皆能進入幼兒照顧機構，而大約有二分之一以上的幼兒能藉由教育服務來完成其「就學準備度」（school readiness）。例如動作、語言、社會和情緒能力以及學習與記憶。臺灣在此方面雖然有早療體系，融合（inclusion）教育以及通報轉介的服務，但幼兒在學能準備能力實有待各體系（衛生、教育及社會服務）之通力合作，才能幫助有生理危機的孩子培養其日後的適應能力。

二、心理發展危機

依Erikson的心理社會發展理論，幼兒透過嬰兒期自主vs.羞恥與懷疑之危機中，發展幼兒自信、自我感是相對重要的，尤其幼兒正透過自我與外在環境探索來發展自我概念。依Damon及Hart（1988）之自我概念理論，幼兒期透過與外在媒介（agency）之互動，積極拓展自我概念。因此，積極進取（initiative）即個體積極探索外在環境，如同在嬰兒期的獨立自主般來發展自我（Erikson, 1963）。幼兒對外界探索的動機與技巧根源於個體自主感。當幼兒能獲得自我控制及對自己的自信，其相對於不會受制於環境，而且能展現各種行為並能預知其後果。所以，個體能依自由意志來拓展行為，尤其透過各種遊戲機會來瞭解外在事物以滿足個人的好奇，並且徜徉在與人、事、物之互動中。當個體具有積極進取的能力，即使單獨時也能自我獨處並能以新奇的方式來探索玩物，個體不怕因獨處而缺乏安全感（sense of trust）。同時，他們在與別人互動時，也會用新奇方式來與別人互動，或身處領導角色以展現個體之社會能力（social competence）。Dodge等人（1986）研究發現，具有積極進取特質的孩子，當他處在陌生情境時也較有能力進入陌生的同儕團體，例如具有：(1)反應能力回應同儕團體；(2)與他人有較友善及正向的互動；(3)較不會有惱怒之負向行為等參與陌生團體的策略。

相對地，**罪惡感**（guilt）是幼兒的負向情緒感，此乃由於個體常反映於不被接受的思考及行為感受（Izard, 1977）。這些反應常反映出個體在社會化中不被接受的行為，如具攻擊性或因其行為常被要求說「對不起」、「道歉」之類的話。

Zahn-Waxler及Kochanska（1990）提出三種理論來解釋幼兒的罪惡感：(1)心理分析論認為，幼兒罪惡感源自於其不被接受的性與攻擊的本我；(2)同理心研究認為，幼兒的罪惡感是對情緒困惱的激起（arousal）及敏感（Hoffman, 1982）；(3)認知論則認為個體罪惡感來自於個體行為未能迎合個體的標準與信念，這是個體反映行為未能迎合個體行為標準。

每個文化對幼兒皆有其要求及限制，例如中國文化認為小孩要「有耳無嘴」，有些話該說，有些話不該說；有些行為可做，有些行為不可做。成人的反應決定孩子的行為，例如攻擊行為、性遊戲，或自慰行為。幼兒經常透過此種社會化機構來內化個體文化之限制，或學習抑制個人之好奇心或行為禁忌。

大體通行的文化禁忌是近親相姦（incest taboo），亦即不允許對家人有親密的行為，這會促使幼兒即使有此種想法也會產生焦慮及罪惡感。

心理社會危機可被解除。當個體在其社會化過程可主動地質疑其疑問，快樂地探索周遭環境，尤其不受文化價值所限制，則個體可發展自動、積極進取的性格；相對地，當個體覺知其行為對他人有所傷害，被大人或文化價值所限制，即會進而產生個體之罪惡感。Maccoby（1990）認為，基於不同社會化及關係，男孩與女孩發展不同之罪惡感，女生傾向有較高的同理心，而男生則有較高之攻擊行為。例如在現實社會中，女生被要求有較高的利社會行為及關懷他人，而男生則被要求自我肯定及控制情緒表達。男孩如果有打架行為，對動作殘暴或損及他人財物會較有罪惡感，而女生則對說謊或對他人不關心較會經驗罪惡感。（Williams & Bybee, 1994）

心理社會危機凸顯個體在認知好奇及情緒發展之關聯性。在幼兒階段，父母與教師傳承文化價值，尤其對孩子之社會化探索與實驗。父母與教師同時也對孩子的好奇直接要求以避免文化禁忌。孩子常被要求迎合文化的價值與態度，以控制個體的行為及好奇。所以，大人的態度及限制因此幫助／限制孩子的道德發展及紀律。所以，**認同**（identification）**過程**是個體解決心理社會危機的核心過程。幫助幼兒發展自尊及正向之自我概念，並且能充分維持其與父母及教師的關係和要求。此種對父母的認同也可強化個體之文化，以獲得理想的自我形象（ideal self-image）。此種理想自我形象不但可處罰不良行為，也可獎勵孩子因認同理想形象而表現的良好行為。

在幼兒期，孩子的理想自我形象可能因其處理幻想階段會較不真實，他們常想像自己如上帝般仁慈，如孔子般智慧，如大亨般有錢，但缺乏對真實的限制；幼兒期的理想自我允許孩子想像、幻想或經驗其好奇，但此種理想自我形象會隨年齡成長而發展更具真實性的自我認同，而到了青春期，個體會發展理想的職業認同。

第三節　結語

「3歲看大，6歲看老」說明此階段的成長對奠基未來個體發展的重要影響。此階段幼兒需要整合其生理、心理發展，尤其展現於動作、智能、語言、社會情緒、性認同、人格等發展，而成為一獨立完整的個體。此外，父母和托育照顧者是孩子最重要的社會化代理人，現今的社會變遷也造成幼兒及早進入第二個社會化機構，此種社會化教導孩子社會習俗、規範以及溝通技巧。除此之外，媒體除了陪伴幼童生活之外，也提供幼童認知、情感及行為的模仿與基模的形成。家庭、托育機構和媒體所形成的社會化影響，也漸漸啟迪幼兒之認知、語言及社會情感和人格的發展。

參考書目

一、中文部分

黃慧真譯（1989）。《發展心理學——人類發展》。臺北：桂冠。

郭靜晃（2005）。《兒童發展與保育》。臺北：威仕曼。

郭靜晃、吳幸玲譯（1993）。《兒童發展——心理社會理論與實務》。臺北：揚智文化。

簡茂發（1983）。〈國小學童友伴關係的相關因素之分析〉，《教育心理學報》。16：71-88。

簡茂發、朱經明（1982）。〈國中學生的友伴關係及其相關因素之研究〉，《測驗年刊》。29：93-103。

雷庚玲（2001），輯於張欣戊等著。〈性別與自我概念發展〉，《發展心理學》（修訂三版）。臺北：空大。

二、英文部分

Anthony, E. J. (1970). The behavior disorders of children. In P. H. Mussen (Ed.). *Carmichael's manual of child psychology* (3rd ed. Vol. 2). New York: Wiley.

Aronfreed, J. (1969). The concept of internalization. In D. A. Goslin (Ed). *Carmichael's Manual of Child psychology* (3rd ed. Vol. 2). New York: Wiley.

Bandura, A (1989). Human agency in social Cognitive theory. *American Psychologist, 88:* 354-364.

Bandura, A., Ross, D., & Ross, S. A. (1961). Transmission of aggression through imitation of aggressive models. *Journal of Abnormal and Social Psychology, 63*: 575-582.

Bauer, D. (1976). An exploratory study of developmental change in children's fears. *Journal of Child Psychology and Psychiatry, 17*: 69-74.

Baumrind, D. (1975). *Early Socialization and the Discipline Controversy*. Morristown, NJ: Prentice-Hall.

Bohan, J. S. (1993). *Regarding gender: Psychology of Women Quarterly: 17*, 5-21.

Bowlby, J (1980). *Attachment and Loss: Sadness and Depression,* (Vol. 3). New York: Basic Books.

Berberian, K. E. & Snyder, S. S. (1982). The relationship of temperament and stranger reaction for younger and older infants. *Merrill-Palmer Quarterly, 28*: 79-94.

Chwast, J. (1972). Sociopathic behavior in children. In B. B. Wolman (Ed.). *Manual of Child Psychopathology*. New York: McGraw-Hill.

Cohn, D. A (1990). Child-mother attachment of six-year-old and social competence at school. *Child Development, 61*: 151-162.

Corsaro, W. (1981). Friendship in the nusery school: Social organization in a peer environment. In S. Asher & J. Gottman (Eds.). *The Development of Children's Friendship*. New York: Cambridge University Press.

Damon, W. & Hart, D. (1988). *Self-Understanding in Childhood and Adolescence*. New York: Cambridge University Press.

Dodge, K. A., Pettiti, G. S., McClaskey, C. L., & Brown, M. M. (1986). Social competence in children. Monographs of the Society for Research in *Child Development: 51*. (2, Serial No. 213).

Epstein, S., Lipson, A., Holstein, C., Huh. E. (1993). Irrational reactions to negative outcomes: Evidence for two conceptual systems. *Journal of Personality and Social Psychology, 62*: 328-339.

Erikson, E. H. (1963). *Childhood and Society* (2nd ed.). New York: Norton.

Flavell, J. H. (1977). *Cognitive Development*. Englewood, Cliffs, NJ: Prentice-Hall.

Frankel, K. A. & Bates, J. E. (1990). Mother-toddler problem solving: Antecedents in attachment, home behavior on temperament. *Child Development, 61*: 810-819.

Furman, W. & Masters, J. (1980). Peer interactions, sociometric status and resistance to young children. *Development Psychology, 16*: 229-236.

Garvey, C. (1977). *Play*. Cambridge, MA: Harvard University Press.

Golden, D. B. & Kutner, C. G. (1980). *The Play Development Progress Scale*. Unpublished manuscript.

Halliman, M. T. (1981). Recent advances in sociometry. In S. R. Asher & J. M. Gottman (Eds.). *The Development of Children's Friendship*. New York: Cambridge University Press.

Hartup, W. W. (1974). Aggression in childhood: Developmental perspectives. *American Psychologist, 29*: 336-341.

Hartup, W. W. (1989). Behavioral manifestations of children's friendships. In T. J. Berndt, & G. W. Ladd (Eds.). *Peer Relationships in Child Development*. New York: John Wiley.

Hoffman, M. L. (1979). Development of moral thought, feeling, and behavior. *American Psychologist, 34*: 958-966.

Hoffman, M. L. (1970). Moral development. In P. H. Mussen (Ed.). *Carmichael's Manual of Child Psychology* (3rd ed. Vol. 2). New York: Wiely.

Hoffman, M. L. (1987). The contribution of empathy to justice and moral thought. In E. Eisenberg & J. Strayer, (Eds.). *Empathy and Its Development* (pp. 47-80). Cambridge: Cambridge University Press.

Howes, C. (1987). Peer Interaction of Young Children. Monographs of the Society for Research in *Child Development, 53* (1, serial no.217).

Hoffman, M. L. (1982). Development of prosocial motivation: Empathy and guilt. In IV. Eisenberg (ed.), *The Development of Prosocial Behavior.* (pp. 281-313). New York: Academic Press.

Izard, C. E. (1977). *Human Emotion*. New York: Plenum.

James. W. (1982/1961). *Psychology: The Briefer Course*. New York: Harper & Row.

Klatzky, R. L. (1975). Human Memory: Structures and Processes. San Francisco: W. H. Freeman & Co.

Kohlberg L. (1966). A Cognitive-developmental analysis of children sex-role concepts and attitudes. In E. E. Maccoby (ed.), *The Development of Sex Difference*. Stanford, CA. Stanford University Press.

Kohlberg, L. (1976). Moral stage and moralization: The cognitive-development approach. In T. Lickona(Ed.). *Moral Development and Behavior.* New York: Holt, Rinehart & Winston.

Maccoby, E. E. (1990). Gender and relation ships: A development account. *Americal Psychologist, 45*: 513-520.

Marvin, R. S. & Greenberg, M. T. (1982). Preschoolers' changing conceptions of their mothers: A Social-cognitive study of mother-child attachment. *New Directions for Child Development, 18*: 47-60.

Mischel, W., Shoda, Y., & Rodriguez, M. C. (1989). Delay of gratification in children. *Science, 244*: 933-938.

Mussen, P. H. & Eisenberg, N. (1977). *Roots of Caring, Sharing, and Helping: The Development of Prosocial Behavior in Children*. San Francisco: Freeman.

National Justice of Mental Health (NJMH) (1982). *Plain Talk about Adolescence*. Rockville, MD: U. S. Department of Health and Human Service. U. S. Government Printing Office: 1981 0-33-61.

Newman, B. & Newman, P. (1999). *Development Through Life: A Psychosocial Approach* (7th ed.). New York: Brooks/Cole.

Pan. H. L.（潘慧玲）(1994). Children's play in Taiwan. In J. Roopnarine, J. Johnson, & F. Hooper (Eds.). Children's play in diverse cultures. Albany, NY: SUNY.

Papalia, D. E. & Olds, S. W. (1981). *Human Development* (2nd ed.). New York: McGraw-Hill.

Parten, M. B. (1932). Social participation among preschool children. *Journal of Abnormal and Social Psychology, 27*: 243-269.

Piaget, J. & Inhelder, B. (1969). *The Psychology of the Child.* New York: Basic Books.

Piaget, J. (1962). *Play, Dreams, and Imitation in Childhood.* New York: Norton.

Pillari. V. (1998). *Human Behavior in the Social Environment* (2nd ed.). Singapore: Wadsworth, Thomson Learning INC.

Rubin, K. H., Fein, G. G., & Vandenberg, B. (1983). *Play*. In P. H. Mussen (Ed.), *Handbook of Child Psychology: Socialization, Personality and Social Development*, (4th ed.), (Vol 4), pp.

695-774. New York: Wiley.

Saarni, C., Mumme, D. L., & Campos, J. J. (1998). Emotional development: Action, communication and understanding. In W. Damon (Series Ed.). & N. Eisenberg (Vol. Ed.). *Handbook of Child Psychology: Vol.3. Social, Emotional, and Personality Development* (5th ed. pp. 237-309). New York: Wiley.

Selman, R. (1980). *The Growth of Interpersonal Understanding: Development and Clinical Analysis*. New York: Academic Press.

Shaffer, D. R. (Eds.) (1979). *Social and Personality Development*. CA: Brooks & Cole.

Smilansky, S. (1968). *The Effects of Sociodramatic Play on Disadvantaged Preschool Children*. New York: Wiley.

Thomas, R. M. (2005). *Comparing Theories of Child Development* (6th ed.). Belmont, CA: Thomas Wadsworth.

Thompson, L. (1993). Conceptualizing gender in marriage: the case of marital care. *Journal of Marriage and the Family, 55*: 557-567.

Williams, C. & Bybee, J. (1994). What do children feel guilty about? Development and gender difference. *Developmental Psychology, 30*: 617-623.

Windmiller, M., Lambert, N., & Turiel, E. (1980). *Moral Development and Socialization*. Boston: Allyn & Bacon.

Yudkin, M, (1984). When kids think the unthinkable. *Psychology Today, 18(4)*: 18-25.

Zahn-Waxler, C. & Kochanska, G. (1988). The origins of guit. In R. A. Thompson (Ed.), *Nebraska Symposium on Motivation, 36*: 183-258. Lincoln: University of Nebraska Press.

Chapter 6

學齡兒童期

■學齡兒童的發展任務

■學齡兒童的發展危機

■結語

學齡兒童期（schoolagers）是指介於6至12歲之間的兒童，絕大多數都已在上學。學齡期兒童的發展特徵是以**緩慢而穩定**（slow and steady）的方式在進行，其特徵是**增長肥大**（hypertrophic），而非早期發展的細胞增生（hyperplastic）。平均每名孩童每年約成長1.4至2.2公斤及4至6公分，腦容量已接近成年。此外，骨骼的成長及心肺功能也逐漸增強，此種發展也促成學齡兒童肌能及體適能的增加。這個時期的兒童開始進入正式學校體制，而無論他們的入學準備度是否足夠，他們之中也有可能帶著很大的發展差異，但他們置身於比家庭還大、更具衝擊性的社會單元裡，身處兩個極端發展的孩童，往往會因為「與眾不同」或身覺缺陷感，尤其當同儕以體能或外表來判定是否具有吸引力及受歡迎的程度時，更會強化這類孩子的自卑感。

學齡期兒童也逐漸發展穩定的身體能力與技巧，以應付日常生活中跳、跑、運動的要求。透過學校教育，學齡兒童習得社會所傳輸的技能，諸如語言、數學、科學、社會及藝術。對許多學齡期兒童而言，是充滿活力、歡樂的時光。學齡期兒童最重要的本質是教育，尤其是發展社會文化所要求的未來生活及與工作有關之技能，以及適用於社會交往的技能。這些技能均與認知、身體以及同伴友誼的發展有密切關聯，進而影響個人的自我評價和情感發展。

第一節　學齡兒童的發展任務

「發展」是指個人在結構、思想、人格或行為上的改變，所以發展是生物性成長，也是環境歷程的函數，故發展是屬於**認識發生論**（epistemology）。此時期發展是漸進的、累積的，例如身體尺寸的增加，以及動作、語言和認知能力的改變。發展的某些層面主要依賴生物性元素（例如成熟與基因），而某些層面則要倚重於環境及文化的因素（例如環境與學習）（楊語芸、張文堯譯，1997；郭靜晃，2005）。

一、學齡兒童的身體發展

學齡期兒童的生理成長與發展特徵趨進緩慢與平穩，朝向**穩定成長**（steady growth），剛好介於快速成長的嬰幼兒期與青春期之間，平均每年成長4至6公分及1.5至2公斤。剛開始男孩比女孩高且重，但大約在10歲後，女生比男生高且重，一直到青春期中期之後，男生才會大幅趕上女生，直至成年期皆會如此。在正常情況下，個體會按其生理及心理的發展歷程，逐漸在結構、型態、統整性和功能性上漸漸成熟，兒童期腦細胞容量可臻至100%。

學齡期兒童皆已發展運動技巧，而且對運動很感興趣，舉凡游泳、騎自行車、打球、溜直排輪等，而且隨年齡增長，他們會逐漸投入更集中精神和毅力的活動，而且對同儕團體（尤其是同性別團體）比較有興趣。相對地，個體的運動能力技巧如果發生延後或產生問題而無法達到個體生理年齡常模的水準，那可能是個體在發展歷程中因為疾病、營養不良，或不利的社會互動環境抑制了個體的潛能發展，致使個體出現生活適應問題。此時兒童健康照顧人員或社會工作人員應能預先或適時地針對兒童發展需求，倡導各種健康政策或設計可以促進兒童健康發展的醫療照顧或服務方案介入，讓孩童能順利完成階段性的發展任務，順應個體日後的成長。

馮燕（1998）指出，一個高度發展的國家，必須體認到兒童的重要性，其不僅為未來社會之主人翁，更是基於保護弱勢族群的生存，維護社會公平與正義之立場，而予以保護與提供相關福利服務。因此，一個國家的發展可以從兒童人權伸張來論定，積極面可從兒童健康照顧之提供，也就是從兒童生存權和健康權之保障和實施來看，其目的在促進社會健全發展（馮燕，1998；郭靜晃，2005）；另一方面，從消極面觀之，提供兒童健康照顧，可以有效地節省日後醫療及社會成本之支出，避免日後社會資源的浪費和增加社會負擔（例如身心障礙、學業中輟、犯罪等）。

二、學齡兒童的認知發展

學齡兒童的認知發展，主要在於學習瞭解自己及他們自身的處境，Jean Piaget形容此時為兒童的**具體運思期**（concrete operation stage），此時兒童可使用語言、記憶和一些因應策略來增進記憶的能力；此外，加上快速的語言拓展及廣度的運用，也促使他們對符號之運用，以促使其心智活動的運思。由於兒童尚未具備轉換當下時空的能力，因此他們對遙遠的未來、自我以外的認知，以及理解虛擬假設的抽象空間的思考（如演繹及歸納）仍是有限的。

測量兒童之運思能力是運用Piaget的認知測驗，即運用一些實驗測試兒童對於事物和事件之心理表徵，以瞭解他們對於事物分類、處理數字及質量保留之原則。兒童能排除集中（decentration）〔不似幼兒期只注意集中的圖像來運思，是謂集中化（centration）〕，而對事物根據各情況加以推理考量，並能瞭解物體之操作具有可逆性；此外，他們更發展出從別人觀點來思考之角色取替能力（perspective taking），以及在情感上產生對別人感同身受的同理心（empathy），此種能力可以擴展其自我概念，增加與別人的溝通能力，及對習俗道德規範之判斷。

學齡兒童的具體運思認知發展以四個層面最為顯著：保留概念、分類技能、組合技能及後設認知（Newman & Newman, 1999；郭靜晃，2005）。

在前一章中，我們已討論嬰兒用感覺及動作的模式來探索物體，到了幼兒期，他們開始發展心理表徵，以完全脫離對物理環境的依賴，而他們可以用思考、幻想及語言來創造情境以及解決問題。Piaget和Inhelder（1969）提出兒童在6至7歲後，約在前操作期（preoperational stage），發展了一種新的思維方式，此思維方式為**具體運算思維**（concrete operational thought）。Piaget認為具體運算思維最大的突破是思維可以建立在心理操作上，而不是行動上，而心理操作更是在物體關係中進行轉換的內部心理表徵（inner mental representative）。例如學步期（toddlers）兒童能玩套環組合（由一根棍上套上由大至小的一組圓圈），但他們卻說不出來這種順序動作，但具體運思期的兒童不但可以做出此種行為，而且還能說出此種物理關係。Piaget的運思理論具有下列幾種性質（引自張欣戊等，1994：161）：

1.心理運思是來自早期的知覺動作能力，而動作的基模是心理運思的基礎。知覺動作內化（internalize）之後，便可突破原有的局限，例如可逆性（reversibility）。
2.心理運思有完全的可逆性。動作的可逆性（如把物件O由A移至A'再由A'移回A）受外界環境或物性的限制，不可能完美，但心理或思考上，可以透過想像達到百分之百的可逆。
3.運思是內化的動作（action），所有的運思都是在內心進行，因此運思等於思考。

在具體運思期，兒童逐漸獲得了許多抽象的技能。最顯著的有：(1)保留概念技能；(2)層級分類技能；(3)組合技能。每一技能都包含一組相互聯繫的操作；這些技能使兒童與客觀世界的邏輯與順序保持一致，而且這些技能也允許兒童體驗外部事件的可預言性。接下來，兒童會運用自己所增加的推理能力來解決人際間的問題，並安排到他們的日常生活中，以滿足他們的需要與興趣。

(一)保留概念

保留概念（conservation）是指物體在某些轉變下，不會神奇性地增加或減少（張欣戊等，1994）。保留概念可適用於各種向度，包括質量（conservation of substance）、重量（conservation of weight）、數量（conservation of number）、長度（conservation of length）、面積（conservation of area）、體積容量（conservation of displacement volume）等。且具有保留概念能力的兒童能夠抵制變換物外形的知識線索。Piaget用了三個概念使兒童得以確定在任何一個物理向度上的均等都沒有改變（參見**圖6-1**）。首先兒童會解釋說，橢圓餅與球的黏土一樣多，黏土沒有增加也沒有減少，這是同一性（identity）。其次，兒童會指出球可以做成橢圓餅，也可以再變成球，這是可逆性（reversibility）。第三，兒童會注意到，雖然橢圓餅的周長大但球比較厚，這是互補性（reciprocity）的概念。保留概念能力似乎有一個發展序列，通常先有數量，然後是長度、質量、面積、重量，最後是體積容量（郭靜晃、吳幸玲譯，1993）。各種保留概念與年齡發展之關係可參考**圖6-2**。

Piaget認為，孩子達成保留概念必須經過下列三個步驟：(1)建立相等；(2)將兩物中之一物變形，中間過程不增減物質；(3)詢問兒童是否這兩物體仍相等

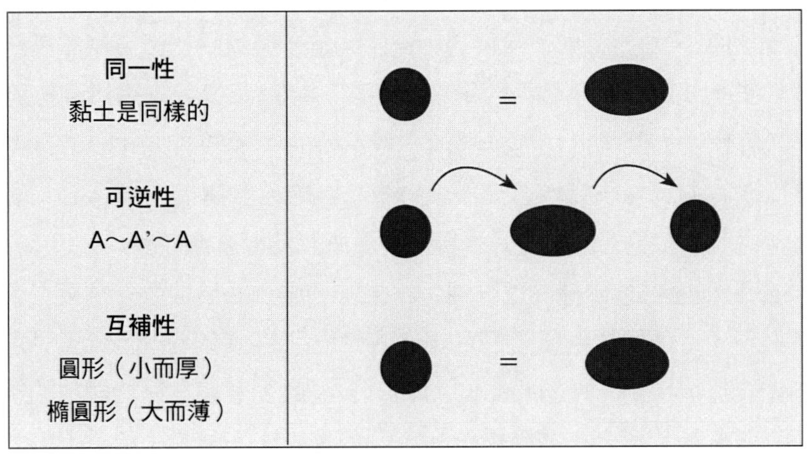

圖6-1　保留概念的三個概念

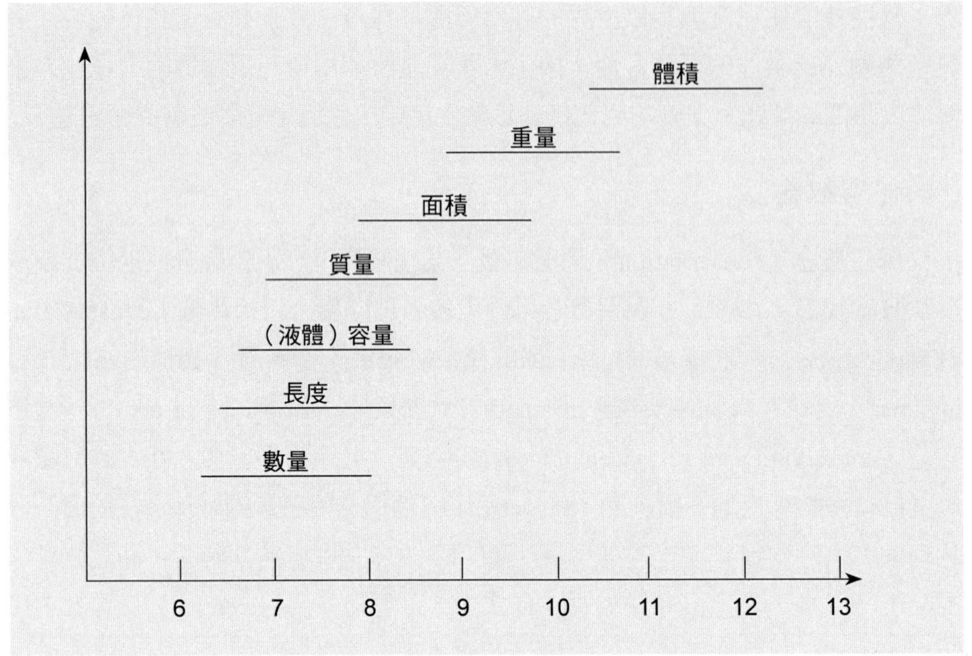

圖6-2　發展各種保留概念之平均年齡

或哪一個多（或重）。**表6-1**即是Piaget詢問兒童保留概念的過程。

有些研究指出，訓練學齡前幼兒具備保留概念是可能的（Brainerd, 1977），這些訓練研究有理論及實務之意義。例如訓練研究指出對4歲幼兒教導同一性和可逆性使其獲得保留概念是可能的。而且，保留概念還能從訓練中涉及到轉移（transition）或再處理（rearrange）到其他物質的向度上（May & Norton, 1981）。如此說來，學齡前兒童能夠整合與應用比教育學家所曾設想還要抽象的概念。研究幼兒發展的學者也發現，經過探索、實驗以及描述物質轉換的系統程序，人們可以指導幼兒以一種系統的、抽象的方式形成自然界的概念。然而現在的認知研究較強調援引Vygotsky的社會建構；換言之，幼兒會從社會脈絡情境中（鷹架）去獲得邏輯與表徵概念及社會意義。

Piaget警告了這種訓練的危險性：「每當一個人過早地教兒童某些東西時，他就會發現，這種做法阻礙了兒童親自去發現它的機會，也阻礙了兒童對這些東西的完全理解。」（Piaget, 1983: 113）。因此，應使幼兒能開放的探索及主動理解問題。保留概念在物體操作上並不具通論性，例如兒童對不熟悉的物品（如籌碼）不具有數量之保留，但改用他所熟悉的用品（如M&M'S巧克力），

表6-1　Piaget的保留概念測試

保留前	轉移中	具保留概念
兒童只集中一個向度，如杯子高比杯子低具有更多水	兒童呈現有時有，但有時卻沒有的保留概念	兒童可以任由容器之變換而認為這兩個杯子容量仍是相等的

保留概念種類	建立相等	轉移或再處理	保留概念與否之問題修訂
數量保留概念 數量是否會因分派之不同而有所 影響？	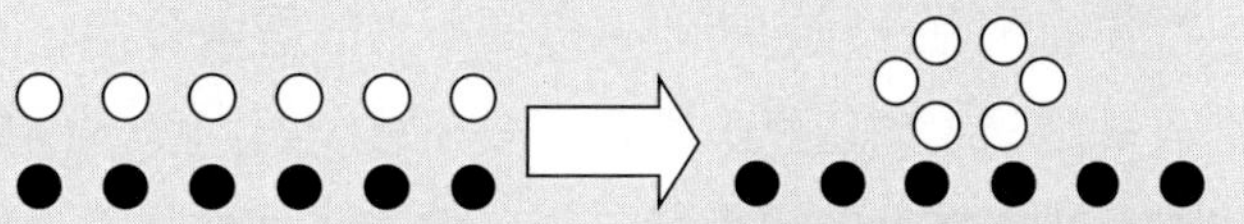		白色與黑色的彈珠一樣多嗎？
長度保留概念 線的長度是否會受其形狀或設置所影響？			螞蟻走的路是否一樣長？
容量保留概念 容量是否會受容器形狀不同所影響？	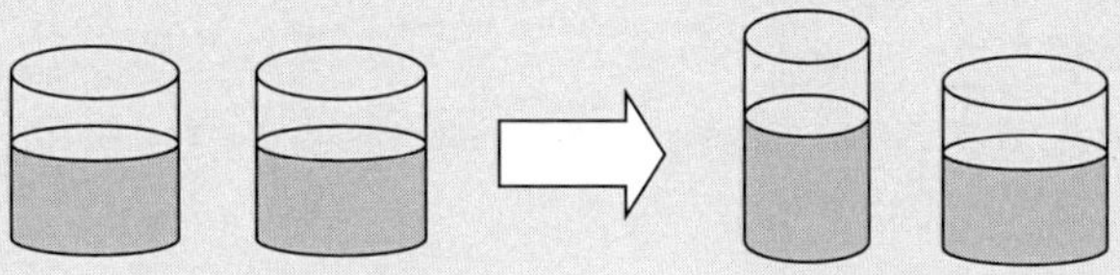		杯子的水是否一樣多？
質量保留概念 質量是否會受其形狀所影響？	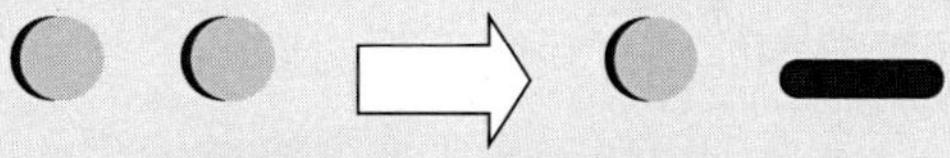		是餅的形狀還是香腸的形狀比較多或一樣多？
面積保留概念 一雙向度物體的空間是否受其形狀擺設不同而有所影響？	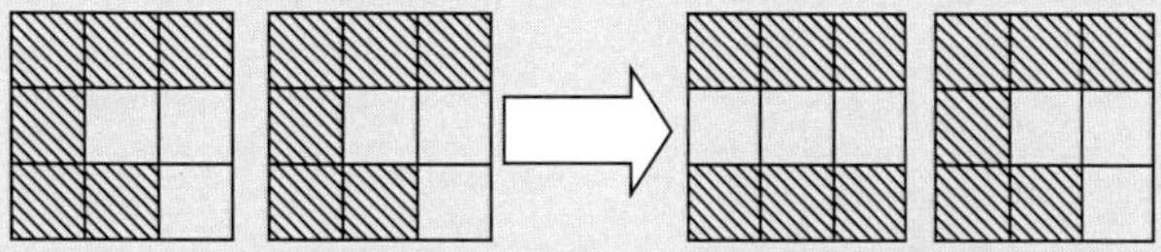		牛所吃的草是否一樣多？
重量保留概念 黏土的重量是否依形狀不同而有所影響？			黏土的形狀不同，哪一個比較重或一樣重？
體積保留概念 水的體積是否因其形狀不同而有所影響？	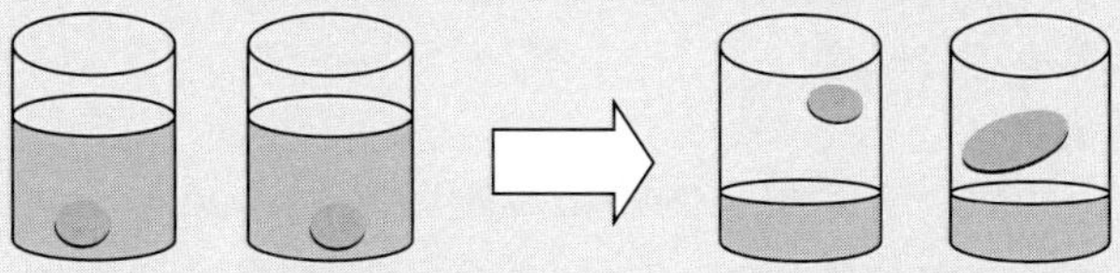		哪一杯水的高度較高？

他會變成有數的保留概念（Gulko et al., 1988; Perret-Clermont et al., 1991）。

(二)分類技能

分類（classification）**技能**的一個成分是依物體具有的向度對其進行分組的能力；另一個成分是建立子群（subgroup）的等級順序，以便有一新的分類能包括先前所有子群的能力，這是所謂的**層級分類**（class inclusion）**能力**。尚未進入具體運思的幼兒，傾向於只注意一個向度，例如速度、顏色、形式，而較少注意雙重向度，如小的白花、跑得快且輕聲等。具體運思的兒童可以利用嘗試錯誤的方法，直到他們發現自己錯誤並重新調整解決問題策略。

一般說來，學齡前幼兒缺乏層級分類的認識，如果你拿了七個紅色三角形及五個白色三角形，問他紅色三角形多還是白色三角形多，通常會回答紅色三角形多。他似乎只注意（看到）而且比較紅色三角形與白色三角形，而非比較紅色三角形（看到）及三角形（抽象層次）的多少（Chapman & McBride, 1992）。

自學齡期開始，兒童分類之知識及其相關資訊會迅速發展。此外，他們有更廣闊的分類能力以幫助其整合新的觀察。分類技能的價值不純粹在分類物品或經驗至子群的等級順序，而是幫助他們從已知的分類推論至相同的屬性、等級順序之分類，以及不同屬性的分類能力（Kalish & Gelman, 1992; Lopez et al., 1992）。

在層級分類的研究中，McCabe等人（1982）發現，3及4歲幼兒不能重複問題，而且顯然沒有分類的任何規則，但他們卻比5至6歲的幼兒更有可能做出正確的回答；7至8歲的兒童則比4至6歲或5至6歲的兒童回答得好；5至6歲的幼兒回答很快且自信滿滿，但常常出錯，他們似乎不能抑制更明顯的比較形式，以便幫助他們考慮實際的問題。

(三)組合技能

具體運思的第三個特徵是**組合技能**（combinational skill）的發展。在兒童有了數量保留概念之後，他們便瞭解物質不滅定律，而且知道物體數量不會因集中或分散而改變。在具體運思階段，兒童皆已學會加法、減法、乘法及除法，而且無論涉及什麼特殊的物體或數量，兒童都會應用同樣的運算。因此，Piaget曾斷言，學校教育始於6歲且在此時教兒童算術的基本技能並非巧合，而是這個時期的兒童已有了智力準備。

總體而言，無論是保留概念、分類技能或組合技能，都是具體運思能力的表現。隨著兒童具體運思智力的發展，進而頓悟了自然界的規則和控制物體間關係的原則，可參見**表6-2**中總結具體運思成分所具備的相應能力。

表6-2　具體運算思維的成分

成分	新的能力
保留概念	覺察同一性的能力 覺察可逆性的能力。在互補中同時操縱兩個向度的能力
分類技能	根據一些共同的向度對物體進行分組的能力 建立子群等級順序的能力
組合技能	運用加法、減法、乘法和除法處理數字的能力

資料來源：郭靜晃、吳幸玲譯（1993）。

(四)後設認知

Piaget在做有關具體運思的研究時，曾提出：「兒童是如何知道他們所知道的事情？兒童是如何解釋其解答？」這些問題其實已提出了後設認知的研究方向。**後設認知**（meta cognition）指的是我們用以評價和監控知識的一套過程和策略，這也是訊息處理（information processing）的研究者一直很關心的問題，即兒童到底是如何知道他們所瞭解的事，也就是說，一個人思考過程的知識運用。例如我們給一大堆事物要兒童記憶，之後要求他們要告訴我們他是如何記得的。這些技巧又可稱為執行過程（executive processes），而且其中包含計畫與組織（Bee, 1992）。此種「認知的感覺」的基本要素是瞭解一個人的信念來源。例如當我們被告知某事物時，我們可以觀察它、觸摸它及感受它，而此三種訊息整合可以成為個人之信念，或者我們可以察覺我們所看到、所感受到的與別人所言有所差異。一直到4至5歲時，我們才能瞭解此三種訊息來源是如何成為我們個人的經驗。（O'Neil & Gopnik, 1991）

後設認知伴隨著問題解決的「認知的感覺」（feeling of knowing），還包含哪些是我們確信的答案與哪些是我們疑問的答案的判斷能力（Butterfield, Nelson, & Peck, 1988）。Carr等人（1989）指出，後設認知包含審查探討問題的各種策略，以便選出一個最有可能導出解決方法的策略能力，它也包括掌握一個人理解剛讀過材料的能力，以及選擇增加理解策略的能力（Cross & Paris, 1988）。

這些技巧可隨年齡增長而增加，並且與其他認知能力並行發展。隨著兒童在探討問題中注意更多變項能力的發展，他們同時也增強對認知「執行」準備的能力。如果兒童發覺有不確定性，並採用策略去減少這些不確定性時，他們便可學會增強其組織與回憶訊息能力的學習方法，而成為更老練的學習者。

三、學齡兒童的語言發展

學齡兒童另一顯著的發展是能使用更精確的語言結構，具備溝通能力和後設溝通（meta communication）能力。

(一)強化語言結構

一個正常的兒童，在5歲左右已能掌握母語（native language）的基本語法及語意的規則。此外，他對會話的實用技巧（pragmatic skills）也有相當的瞭解，但臺灣社會中父母、坊間才藝班，甚至媒體常常會催促幼兒要及早學習第二種語言。最近研究指出，幼童學英語，學得早不如學得巧（最需要的是家庭環境的配合）。在筆者小時候學習英語時，雖然單字識得多，也看得懂英文文章，文法也可以掌握，但就是發音不準，有時看看外國人學中文也是怪腔一大堆，可見學習語言是一個複雜又不易掌握的知識系統（張欣戊等，2001）。

雖然語言學習開始於嬰兒期，萌芽於幼兒期，至學齡兒童期展現更多的實用技巧，及學習更精奧的文法結構。縱使6歲兒童能說出熟練的母語，甚至第一外國語文，可使用完整的句子及符合複雜的文法，並懂得上千至萬的字彙，但對於完全把握語義（semantic meaning）之精密，仍有一段距離，有時他們尚還不瞭解語言的幽默。語言的功能不僅在於瞭解符號、溝通，有時也兼具社會化之功能，直至下一階段青少年期，語言仍發揮相當大的功能，而此功能會受到語言知識、認知能力和社會能力所影響。

一般剛進入兒童期的孩子仍對文法規則不熟悉，一直到9歲或之後才開始發展出對語句構成的複雜瞭解。Chomsky（1969）曾測試四十名5至10歲的孩子對各種語義結構的理解，他發現能理解和不能理解的孩子在年齡上呈現很大的差異。

在語言知識方面，學齡兒童逐漸增加首語重複的修辭（anaphora）應用，如「我想要蛋糕……」、「我想要冰淇淋……」（Tyler, 1983），以及使用「是……不是」的對照句型來使對方加強注意新資訊（吳敏而，1998）。此外，由於認知的成熟，推理能力的發展有助於兒童理解對方語言談話中的含義，以及處理多項訊息的能力，以幫助兒童歸納和掌握對方談話的重點及大意，但在運用諷刺、說謊（出於善意）及說謊技巧上，需要多年社會經驗的累積，是發展較慢的語言功用（Menyuk, 1988）。

(二)具備溝通能力

與人溝通上的順利並非端賴語言能力，而是需要對口語訊息能力的理解。一般低年級的學齡兒童在溝通上仍有一些問題存在，但此種能力會隨年齡增長而改善。年齡較大的孩子對語言的理解和自我監督較好，他們較會注意到言語指示內容是否充分，不瞭解時有停頓及困惑的表達，他們較明白自己不瞭解之處，並視此為溝通不明的結果（Flavell, Speer, Green, & August,1981；引自黃慧真譯，1989）。

此種訊息對成人（尤其是兒童的父母或保育者）而言更具有重要的含義。如果發現兒童對自己所聽、所看、所閱讀內容的瞭解並不多，而且也不會表達或意識到自己的不瞭解，這種對外界的不瞭解或許他們已習慣，也大多用點頭來遵循不清楚的指示，因此對他們而言這是順乎自然之事，通常不會呈現困惑或者不發問。故成人應要留意此種現象，不能視孩子的理解為理所當然，而應幫助孩子表達、分析其是否真正明白，以及能自我肯定地與成人溝通。

(三)後設溝通

後設溝通是指兒童用來組織或建構整個互動（或遊戲）的溝通過程。此種能力約在幼兒期4至6歲開始發展，尤其是在幼兒玩社會戲劇遊戲中更應具備的必要能力。Garvey（1974）的觀察研究發現，幼兒在參加團體主題遊戲時會使用兩種口語交換：假裝溝通及後設溝通，以配合其角色及與同伴在玩此共同主題的語言。前者是在兒童所設立的遊戲架構中進行，後者則發生在兒童暫時打破遊戲架構而對遊戲本身做解釋時。後設溝通被用於解決關於角色、規則、物體的假裝身分和故事內容等的衝突；換言之，即是在戲劇化過程中所發生的衝突。Rubin（1980）認為，這些衝突促使許多遊戲對社會發展產生正向的影響。

此類能力也隨著幼兒進入兒童期迅速的發展，隨著個人之角色取替能力的增加及自我概念的發展，兒童亦增加對整個溝通情節及溝通中所扮演角色的理解，這些能力皆能增加學齡兒童的後設溝通能力。

四、學齡兒童的道德發展

兒童從出生的無律階段，到幼兒及學齡兒童期的他律階段，以及到青少年期的自律階段，個體的道德行為深受情緒、認知及行為現象中之互動所影響。歷史上已有許多學派，例如心理分析學派、行為學派、社會學習學派、認知建構學派等；除此之外，哲學家、社會學家以及人類學家也從不同定論及角度談及有關人類道德發展的表現。到目前為止，唯有Kohlberg援引Piaget的理論，並從「道德判斷」發展歷程建立理論，且從此理論援引出相當多的實徵研究，已在學術上占有一席之地。

Piaget及Kohlberg皆相信，兒童除非到達某種認知成熟層次，並排除唯我式思考，否則無法做道德判斷。Kohlberg並依此想法發展出一套理論，以解釋兒童的道德發展歷程（請參考**表5-1**，第212頁）。

Kohlberg是猶太人，1927年生於美國，1987年逝世，享年60歲，是一位美國心理學家，由於生活中親身經歷二次大戰浩劫，面對猶太人被屠殺，面對一些兩難問題，他為求能夠解決這些問題，進入芝加哥大學心理系；於1958年畢業，獲得博士學位，一生致力道德判斷歷程的研究。

Kohlberg認為，個人身處於不同道德判斷發展階段，反映個人理解社會事實（social facts）和選擇道德價值的社會觀點（social perspective），他以對社會習俗尊重、瞭解的程度，或個人與社會成規發生關聯時可能採取的三種觀點，將個體的道德判斷發展歷程劃分為成規前期（pre-conventional level，階段一、二）、成規期（conventional level，階段三、四）與成規後期（post-conventional level，階段五、六）等三個發展層次，並分述如下（引自程小危，2001）：

(一)成規前期

在這個時期，大多為學齡前及學齡中低年級的兒童，但也有一些青少年或成年人仍持有此時期的道德推理的層次，他們尚未瞭解及尊重社會的規範與期望。此時期的道德推理層次又可分為兩個階段：

■階段一：避免懲罰與服從權威取向

由於此階段的兒童仍具有自我中心（ego centric）的社會觀點，他們的自我尚未分化，也分不清楚權威的觀點與自己的觀點有何不同，其道德判斷基於後果會導致懲罰及違反規定就是錯的；相對地，凡是能獲得獎賞的後果便是對的。

■階段二：現實的個人取向

此階段的兒童瞭解每個人皆可追求自身利益，而且會彼此衝突，對與錯並非絕對，而是依不同的情況及當事人的觀點而定。此階段之道德判斷的原則，便是使自己達到最大的滿足並將傷害減至最低。

(二)成規期

此時期主要發生在學齡階段（尤其是中高年級），進入國中、高中後繼續發展，且大部分成人仍停留在此層次，其道德判斷及推理依循社會習俗及成規，自我也與社會成規認同，並能從一個社會或團體成員的觀點來解決兩難的問題。

■階段三：和諧人際的取向

到了此階段，個體可以同時考慮自我及他人的觀點，並加以協調；換言之，即以第三者的觀點看人際之間的互動。此階段中個體最看重彼此的信任、情義，相互關懷的人際互動，希望成為別人心目中的好人，也要求自己不違背重要他人的期望。

■階段四：社會體制和制度取向

此階段個體的道德推理不似上一階段是從個人與個人的相對關係為著眼點，而是站在整個社會視為一運作體系的立場來考慮道德的兩難情境。最重要的，社會中每個人要維持整個社會的秩序、法律規定，所以每個人皆要奉公守法，善盡其職，貢獻社會。

程小危（2001）認為，此一階段的人不一定把社會的法律奉為最高價值，個體可能站在社會主義的立場否定資本主義社會中的法律，或認為唯有宗教的律令才是神聖不可侵犯的。若他們的推理不能跳脫情感認同、團體壓力及習慣性信念而從事道德問題的思考，反而皆是從一套固定的法律或信念為推理的出發點，就都屬於此階段的特徵。

(三)成規後期

在此階段中的人占較少數，大多為一般大學生或成人。這一層次的人既瞭解社會的習俗成規，且能以一種超越所認同社會團體的觀點看待該團體的社會成規。個體一方面尋求、服膺普遍性的倫理原則，另一方面因瞭解成規會因不同的文化團體有別，不同的人有不同的立場和觀點。因此，對於尚未有定論的問題，可以透過辯論和協談程序來達成約定及契約，而讓問題有了合宜的解決。

■ **階段五：基本人權和社會契約取向**

此階段的個體將自己置於尚未隸屬或認同特定文化團體的立場，而將道德推理訴求於理性的判斷，每個人要服膺公正社會不可或缺的基本價值與權利。因此，社會契約（social contract）遂成為該階段的一個重要概念，而且要有普遍性之原則，以維繫整個社會有效運作及維護全體成員之利益及社會福祉。

■ **階段六：普遍主義原則**

此階段是構成Kohlberg所提出道德判斷發展的最高位階，這是由道德哲學家所稱之道德原則。然而從Kohlberg的實徵研究卻發現，社會持有第六階段「道德觀點」之人甚少，目前此階段應被認為是實徵上不確定的階段。此階段的道德哲學是要有「正義原則」（justice principles），其與功利主義（utilitarianism）是大不相同的。

道德判斷與推理和認知成熟度有關，大約發軔於學齡前的幼兒期或學齡期低年級學童，但隨著時間推移，兒童的認知成熟，及與其他成人或同儕之互動增加，而提升個人之自我概念，在想法上也可以較少使用自我中心思考。此外，他們的社會化經驗擴增，也增加他們與各類觀念接觸的機會，而產生與過去所教及所學的經驗大異其趣。漸漸地，兒童發展並沒有所謂不可變異、放諸四海皆準、絕對的道德標準，但個人可依自己判斷是非的模式，決定自己所要依循的法則，來建立個人之自我道德標準。

學齡兒童的道德判斷與推理除了和認知成熟度有關外，也和個人之性別智力、父母之管教態度、社經地位、個人之觀點取替能力、同理心及文化差異等因素有關。在成人之實務上可運用價值澄清（value clarification）方式，即透過教導兒童分析自己的口語和實際生活所採行的價值觀之技能，也是協調兒童之道德想法與道德行為來幫助兒童提升道德判斷之能力。

Simon及Olds（1976）利用七個步驟教導孩子如何做道德判斷，利用不具威脅性的練習來教導兒童如何形成個體的自我價值觀：(1)由各種不同選擇中挑出一種想法與做法；(2)考慮自己所選擇的後果；(3)不考慮他人所言，自我選擇做法；(4)對自己的選擇感到滿意；(5)願意公開自己的價值；(6)將想法化為行動；(7)一再練習及執行自我價值行事，一直到成為自己內心的想法及生活形態。

五、學齡兒童的情緒發展

根據Robert White（1960）的能力模式（competence model），學齡兒童不再似幼兒般只滿足於虛構、幻想的遊戲境界中，而是希望能像成人般運籌帷幄，並與成人打交道，能做出成人認為重要的事，Sullivan（1953）稱作是兒童的現實社會，而Erikson（1968）則稱為兒童的客觀世界。

根據Erikson的心理社會理論，學齡兒童最重要的發展任務是**勤奮vs.自卑**（industry vs. inferiority）。自慚形穢的感覺來自兒童的自我成長與社會環境。個體不能勝任社會所要求，造成他們不能發展勝任感，進而使機體自卑；兒童因個人的性向、嗜好及特殊才能的差異性，在某些方面（例如語文、數理、社會、常識、科學等學科）的技術學習多少會感到力不從心，而造成個體產生負向的自卑感。如果能截其長補其短，適度平衡成功與失敗，便可減少其力有未逮及心理社會的危機和焦慮感。因此，如能在此時期慢慢習得技能，如閱讀、數學、自然科學、寫作、電腦、運動、機械、音樂、舞蹈、戲劇、藝術、烹飪、縫紉、工藝等，並益加精熟，則對個體的自尊發展，如形成正向之自我評價具有相當之影響。

周邊之社會環境也不時釋放出不同成就的酬賞訊息與懲罰規則，促使他們發展正負向之情緒感受。例如兒童在學校因缺乏運動技巧而被同儕排斥，或老師不小心的嘲笑，忽略兒童的感受而引發他們的自卑感，這種因失敗而內疚通常也會伴隨兒童退縮的社會行為。

在學齡期中的兒童情緒發展比在嬰兒期及幼兒期的幼兒要來得複雜許多。學齡兒童要奮力學習及瞭解個人及他人錯綜複雜的情緒，甚至要忍受別人不讚許的負向情緒（如生氣及恐懼）。隨著年齡漸長，他們將更瞭解自己及他人的感受，甚至更能調節社會情境中的自我情緒表達，及回應別人不順利或苦惱的情緒反應（Saarni, Mumme, & Campos, 1998）。

瞭解自我情緒可幫助學齡兒童在社會情境中引導自我行為及表達個人情感（Laible & Thompson, 1998）。具備此種能力也將促使其個人控制自我情感，並能敏銳察覺他人之情感反應（Garner & Power, 1996）。

誠如之前所提及，幼兒約在獲得自我察覺意識及接受社會規範之後的3歲左右，開始瞭解自我，並發展罪惡感、羞恥及自尊的情緒反應，例如違反社會規範，個體可能產生羞恥及罪惡感，反之獲得社會讚許則得到自尊。Harter（1996）利用故事敘事的訪問調查研究發現，幼兒從4歲起對自我之受挫情緒反應的瞭解顯現五個層次（四個階段）的發展，參見**表6-3**。

表6-3　兒童對衝突情緒的發展層次

階段	大約年齡	兒童瞭解什麼	兒童可能如何表示
0階段	3至6歲	兒童不瞭解任何兩種情緒可能同時存在。他們甚至也不能承認兩種情緒是同時存在（例如悲傷與生氣）	小明說：「因為同一個人只有一顆心，所以不能同時有兩種情緒反應。」
1階段	6至7歲	兒童正發展正向與負向之不同情緒反應。他們可能同時存在這兩種情緒，但只能產生同時是正向或負向	小華說：「假如我媽媽打我，那我會很生氣及悲傷。」
2階段	7至8歲	兒童瞭解個體可以同時有兩種衝突情緒反應。但是，他們不能承認同時擁有兩種矛盾的情緒反應	小萱說：「要去日本玩，還有過年可以看到祖父母，好高興哦！我不會感到害怕；我不能同時又害怕又高興的，因為我只有一個人啊！」
3階段	8至10歲	兒童可能整合不同正負向之情緒。他們瞭解個人可以同時有正負向之情緒，只是要針對不同之目標（情境）	小莉對小弟的霸道感到生氣（因為他頑皮，所以她打他），但是對父親沒有打她感到高興。她不能對他人同時擁有正負向之情感
4階段	11歲及之後	兒童能對相同情境描述正負向之情感	小威說：「轉學讓我感到高興，但同時我也有點害怕。」

資料來源：Harter, S. (1998).

學齡兒童的情緒發展正如心理分析大師Freud所說，是介於紛擾的伊底帕斯戀父（母）情結（Oedipus complex）與狂飆的青少年期之間的潛伏期。兒童在此時期的情緒是平穩的，而且具有一致性；也就是說，學齡期兒童的情緒發展是穩定且無重大衝突的。然而，兒童在此時期的心理發展有了重大的變化，如認知發展以及道德推理能力的增加，加上社會化的影響使得兒童透過人際交往，建立社會行為的歷程。在兒童時期，兒童變得更能理解他人的觀點，從脫離父母中學習獨立自主，與同儕交往密切，也因而發展本身的性格，如此一來，個體也掌握自己的情緒、技能及認同。雖然大多數兒童均身心健康、快樂及充滿活力，但有些卻有情緒方面的困擾或失調，有時是由壓力引起，有時則是由生理不良作用所引起。

情緒（emotion）是心理行為的重要層面之一，與認知、行動傾向（action tendency）同為行為的三個層面。認知、情緒或行動傾向皆是個體對客觀事物的一種反映，所不同的是，情緒是對客觀事物與個人需要之間關係的反映。兒童應是快快樂樂、活活潑潑的，但此時兒童也會悶悶不樂，顯得有些焦慮、憤怒、暴躁。到底兒童的不良情緒是如何發展的，而學齡兒童又有哪些情緒困擾呢？

據估計，美國兒童中約有四百萬兒童有心理健康的問題，而青少年約10%至20%的人有心理上的困擾（Rutter & Garmetz, 1983; Bootzin & Acocella, 1988; USDHHS, 1999）。但不幸地，其中只有一半的人可以獲得專業的幫助。相形之下，其他未開發國家只有更少數的比率能獲得專業的幫助或治療，這意味著有數以百萬計的兒童及青少年需要幫助卻沒有獲得專業的治療（Offer et al., 1988）。

(一)不良情緒的心理困擾

心理困擾的程度常是以其行為表徵的形式來做判斷。Achenbach和Edelbrock（1981）將心理困擾症區分為兩類：

1.外在精神衝突者（externalizers）：係指對外在世界展現衝突，例如攻擊行為、犯罪行為或性問題者。
2.內在精神衝突者（internalizers）：係指展現於內在精神（心理）之衝突，例如憂鬱、焦慮、恐懼、過胖及身心症。

產生外在與內在精神衝突者是由於兒童、青少年社會化所造成的。例如外在精神衝突者常為有外顯行為問題的父母，而且其父母對子女不關心，造成青少年、兒童學習用外顯行為來表達其攻擊衝動，對學校或社會（如警察）有反社會之問題。而內在精神衝突者可能來自穩定的家庭，父母很少有外顯行為問題，並且對子女有可能會過度關心，結果這些青少年、兒童常將壓力反映在其內心世界而形成內在之心理衝突。

通常男生比女生出現較多外在型精神衝突；此外，低社經地位也有較多外在型精神衝突者。兒童不良情緒下的心理困擾反映了兩種危險信號：

1.過度詮釋兒童困擾，照顧者不知不覺傷害了兒童的自信，也有可能創造自我實現的預言（self-actualized prophecy）。
2.忽略兒童嚴重的心理困擾，而免除必須的處置，讓兒童所面臨的困難或問題失去控制。

為了減少上述的危險，父母或教師應注意：

1.問題是否出現在不適當的年齡。
2.問題出現頻率是否太高。
3.此種行為是否需要精力（努力）去改變。
4.此問題是否對成人或同儕關係有所干擾。
5.此問題是否會干擾學業。
6.如果此種行為延續，是否會影響日後成人之適應。

(二)不良情緒下的行為表現模式

孩子的情緒困擾不論是外在型或內在型，最常見的是呈現在行為層次，例如過度吸引別人注意、打架、說謊、偷竊、損壞財物、破壞規則等，嚴重者可能誤蹈法網。接下來看看兒童有哪些心理困擾：

■出軌行為

說謊與偷竊是兒童期最常見的出軌行為（acting-out behavior）。偷竊在我國法律上稱為竊盜，是屬於違規犯法的行為。今日臺灣地區少年犯罪的類型中，竊盜案始終名列榜首，約占三分之二，比率相當高（刑事警察局，1988），年齡層亦有下降趨勢。這些兒童不是接受觀護處分，就是在輔育院接受矯治處分。Schaefer和Millman（1988）認為，偷竊行為在孩童時已經存在，隨年齡增加，到學齡時期會達到最高峰，而後逐漸消退。如果在青少年期仍出現規則性之偷竊行為，則表示孩子可能有些嚴重的情緒困擾。

所有孩子都會有些空想的故事，或偶爾說謊以逃避處罰。幼兒可能因缺乏安全感或故意對父母顯示；但到了學齡兒童，可能已具備了說謊動機，或出現一些反社會形態的謊話，以逃避處罰、占人便宜或貶低別人。學者Rotenberg亦指出，說謊是隨年齡而發展（引自林正文，1993）。

■過度活動

過動兒的形成原因有很多種說法，如腦傷、不正常的腦生理反應、食物過敏、發展緩慢，或遺傳的人格特質等，但到目前為止仍不明白其真正原因（Achenbach, 1982）。過動兒其正式學名為**過度活動**（hyperactivity）**注意力缺乏失調症**（Attention Deficit Hyperactivity Disorder，簡稱ADHD）。其主要有三個症狀：不專心、衝動，以及不適時不適地的大量活動。孩子多多少少具有此種特質，但3%的學齡兒童（男生是女生的10倍）具有此種特質，甚至於干擾其在校或日常生活。每個兒童之「每日平均最適活動量」（Mean Optimum Daily Activity Level, MODAL），若有一兒童其每日平均最適活動量比其同年齡兒童之平均還多，超過成人可接受的範圍，我們稱之為過動兒。

■生理症狀失調

兒童會有些困擾行為產生，如尿床、遺便、抽搐、口吃等，這些生理失調共非恆久性的，可能來自生理成熟方面的延宕或失調。雖然兒童可逐漸克服這些問題，但在當時可能受到不良副作用之困擾。以下針對尿床、遺便、抽搐及口吃行為分別敘述：

1. 尿床：雖然大多數孩子在3至5歲後可以保持乾爽，不再尿濕褲子，但尿床（enuresis）卻是小兒科最常見的症狀之一。依美國小兒科協會於1980年指出，約有7%的男孩及3%的女孩在5歲時仍會尿床；10歲時仍有3%的男孩及2%的女孩會尿床。到了青春期，大約不到1%。有關尿床的生理異常不到1%，大多數是情緒困擾、遺傳因素、缺乏適當的訓練，或神經系統延宕。
2. 遺便：內褲為糞便弄污稱遺便（encopresis）。在幼兒可能因遊戲過度而忘了上洗手間；也可能因便祕而使解便時感到痛苦；或來自嫉妒弟妹出生或父母生病死亡的情緒壓力所引起的。約有1%的5歲兒童（大多為男孩）有遺便現象，但隨年齡增長，此種現象會自動消失。
3. 抽搐：抽搐（tics）或重複的非自主性肌肉活動稱為刻板化動作失調（stereotyped movement disorders），例如兒童眨眼、聳肩、扭動脖子、晃頭、咂嘴、做鬼臉、發出喉音或鼻音等。美國小兒科協會於1980年指出，在學齡兒童當中，約有12%至24%（男多於女）有過抽搐的現象，通常在4至10歲時出現，並在青春期消失，有時在遭受壓力時會再次出現。情緒引起的抽搐可能來自兒童過去和目前生活中所存在的壓力，這也是有些精神科醫師認為兒童用抽搐來釋放情緒上的混亂；除此之外，抽搐也可能是神經上的問題，或生理上的因素，或因腦部化學成分不平衡之結果。

4.口吃：口吃（stuttering）約在12歲之前出現，男孩為女孩之4倍，高峰時期為2至3歲，以及5至7歲，約有1%會持續至青春期（Pines, 1977；引自林正文，1993）。我國徐道昌等人（1978）調查臺北國民小學三千二百四十七名一年級學童，結果發現1%的學童有口吃現象。有關口吃起因的說法包括生理上的解釋，如發音和呼吸的錯誤訓練、有關腦功能的因素，以及個體聲音回饋系統的某些缺陷；情緒上的解釋則指向父母對正確語言所施予的壓力或深植的情緒困擾（Barker, 1979）。有關口吃的治療方式也因不同解釋而異，包括心理治療和輔導、語言治療、藥物治療或其他特殊治療方式。

■懼學症

所謂**懼學症**（school phobia）乃指學齡兒童對上學具有明顯的焦慮不安，而呈現一種恐懼到校上學的傾向，而此種傾向是由於一種不明確的強迫行為所造成。

懼學症的兒童與逃學是不同的，Gorden和Young（1976）曾進一步對懼學症與逃學做以下的區分（引自林正文，1993）：

1.懼學症兒童停留在家裡，逃學則是逃離家庭。
2.懼學症兒童離校連續幾週，甚至幾個月，逃學則時續時斷。
3.懼學症兒童的家長知情他未到校，而逃學者的家長則不知。

懼學症常發生在5至15歲之間，男女相差不多，他們的智力通常在平均智力之上，學校功課中等。典型的症狀為：起床時抱怨身體上的不適，如反胃、胃痛、嘔吐或頭痛，當獲准不用去學校時，毛病即中止。這種情況日復一日，離開學校愈久，愈難要他回去，對父母任性、頑固、要求多，但在家庭之外都是畏縮、抑制的（USDHHS, 1999）。

對待懼學症的孩子最重要的是及早讓他返回學校，如盡早送孩子回學校可打破親子之間極端的相互依賴，強調孩子的基本健康，避免孩子功課落後，並使孩子跳出恐懼的循環（Bernstein & Garfinkel, 1988）。

有時孩子害怕上學的真實原因不是來自其個體，而是環境，例如有冷嘲熱諷的老師、做不完的功課，或在學校及附近遭到霸凌（bully）（Kochenderfer & Ladd, 1996），此時要改變的不是兒童本身，而是其周遭環境（請參考**專欄6-1**）。

專欄6-1　霸凌行為

在等了很久以後，小明終於動手搶了小娟的鞦韆。然後，小娟又搶回來，並推小明一把，讓他跌倒。小娟比小明來得高且強壯，她常常會霸占玩物，並隨心所欲地不加考慮別人來滿足自己的個人需求，她才7歲，已被公認為霸凌者。

霸凌行為（bullying）在各種不同文化之間是一件常見及長久以來即有的問題。當一位兒童常被同儕以負向行動對待，例如身體攻擊、惡言相對或被排斥時，他可能會還以霸凌行為。Dan Olweus（1995）自1970年代一直對兒童攻擊及霸凌行為加以研究，發現大約有9%的7至16歲的兒童曾被霸凌，而約有7%的學齡兒童霸凌他人。這代表約有五百萬美國兒童每年曾遭遇到或對同儕霸凌。

臺灣社會結構的轉變，社會漸趨多元與複雜，經濟成長帶來了物質的充裕，但是相對的傳統觀念早已日趨淡薄，充斥著個人與享樂的風氣。而這樣的現象也影響到了校園，功利主義、速食文化的盛行，逐漸在青少年的認知、價值、行為上有了很大的影響（賴雅琦，2002）。而近年來臺灣地區青少年在人格適應上面臨了許多問題，學生打架、械鬥、受恐嚇、勒索、彼此間的勾心鬥角或言語上的攻擊行為，經常在校園中發生，因此中小學校園的安全問題已亮起了紅燈（林雨璉，2003）。顯而易見的是，校園霸凌行為比率逐步上升，學校除了傳道授業之外，如今也加入了複雜色彩。由破壞公共設施到打架械鬥，對象擴及老師、同學，更有發現學生在地下室「開堂審問」毆打，或利用放學時間找校外人士圍毆等事件發生，使得原本安寧的學習環境染上了暴力的氣息（賴雅琦，2002）。

校園霸凌行為已經成為一個世界性的問題。從歐、美等先進國家，乃至於臺灣皆是如此（賴朝輝，1998）。實際上校園霸凌行為一直是長久持續的現象，但由於校園霸凌行為事件日趨普遍化與惡質化，才成為政府與民眾矚目的焦點（張保光，1996）。兒童聯盟在2004年8月16日至24日，針對臺北、臺中與高雄地區安親班內小學四至六年級的學童，進行校園霸凌現象問卷調查，有效問卷共四百二十六份。結果發現，有66.9%的學童知道霸凌現象的存在，更有63.4%的學童有被欺負的親身經驗。臺灣地區有高達七成的國小學生曾經遭受到霸凌行為，而在受霸凌形式方面，其中最多且占五成以上的是以語言欺負，其次是肢體欺負占三成六。顯然，言語上的校園霸凌的嚴重情形遠遠超乎一般民眾的認知想像。擴大來看，從家庭霸凌、學校霸凌，以至於社會霸凌的殘暴行為，已經是一種不得不加以警戒小心的客觀事實。

國外方面從1984至1986年Michele Elliot進行了一項兒童安全的試驗性研究，四千位5至16歲的孩子參與並被問到他們的擔憂與掛念，孩子的話題從走丟到做了令人害怕的噩夢，到被陌生人帶走步上死亡等無所不談。令人驚訝的研究發現是壓倒性的霸凌問題，二千七百二十位（68%）孩子抱怨在某段時期曾被霸凌，大部分事件發生在上下學途中，這些孩子說通常在大人不在場時遭到霸凌。然後，這些孩子被問到細節，其中一千五百二十位（38%）說他們不只一次被霸凌，或是經歷特別可怕的霸凌，這一千五百三十位遭到特別嚴重霸凌的孩子中，有一千零三十三位（68%的受害者）是男生，四百八十三位（32%的受害者）是女生，一百二十一位（8%）男生受害者以及六十三位（4%）女生受害者遭受長期並且嚴重的霸凌，到了嚴重影響他們日常生活的程度，有些孩子害怕上學，經常曠課、生病或企圖自殺。兒童福利聯盟（2004）指出，根據國外的研究顯示，曾是霸凌兒童的男性，到24歲止，有60%的人至少有一次犯罪紀錄，有40%高達三次或三次以上的犯罪紀錄，非霸凌兒童者僅10%有犯罪紀錄，顯示兒童時期的霸凌行為與成年期的犯罪行為息息相關。

根據學者專家調查，校園霸凌行為的實際發生率要比官方統計高出許多，但受害者大多抱持花錢消災的態度，悶在心裡不敢聲張（蔡德輝等，1999）。兒童福利聯盟（2004）在開學前所做的「校園霸凌現象調查」發現，校園霸凌事件普遍存在，在發生霸凌事件的時候，雖然有將近七成五小朋友知道應該向大人求助，但在實際上卻有四成二學童選擇忍耐不說，選擇回家告訴家長者占三成三，願意告訴老師的孩子只有兩成八，會報復的則占一成左右。該調查亦指出，大部分的受訪學童（66.9%）都知道霸凌現象的存在，表示從未聽聞的僅33.1%。顯示在國小中高年級的同儕團體之間，霸凌行為是普遍存在的一種現象。所以面對霸凌，多數男孩採取忍耐的息事寧人態度，其次是報復反擊；女生則是向家長或老師投訴。值得大人省思的是，為什麼孩子被欺負會寧願不吭聲？其實，這個問題的答案大人心裡有數，因為就算孩子向大人求救，得到的回應可能是「不當一回事」，也可能是「反應過度，再惹一堆麻煩」，讓孩子在同儕間難以立足。

上述研究都先後提到一個警訊：發生霸凌行為會對學齡兒童造成負面影響，最明顯的傷害是針對孩子的身體，但有時這些霸凌行為也會造成心理方面的創傷，甚至延續至成年期，而產生心理層面的問題，所以身為教育人員應該要重視霸凌行為。

當兒童被霸凌或霸凌他人時，有哪些行為特徵？霸凌者通常較同儕身體更強健，他們有較強的權力需求及喜歡控制他人，而且他們從小生活在被忽略、低互動及缺乏溫暖的家庭環境，如此家庭環境氛圍造成他們缺乏對他人的同理心和對他人有高度的敵意。霸凌者也對老師及其他權威人士具有敵意，同時也對同儕如此。惡性循環下霸凌者會對其欺凌別人而獲得酬賞與增強，特別是他們要受害者給予金錢、禮物或有價值的物品，以及他們受到其他同儕崇拜與尊崇時，更對其行為顯得得意洋洋。

相對地，被霸凌者通常具有低自尊，他們常是焦慮的、小心翼翼的，及符合被拒絕的退縮者。與霸凌者相對照之下，受霸凌者（特別是男生）常是身體較為弱小者。一旦被欺侮，他們常不會採取報復行動，結果造成他們持續被欺侮而且程度每下愈況。

學校輔導人員應採取一些策略，以減少或預防學童被騷擾或欺凌，Olweus（1993）建議五種策略，分述如下：

1.創造讓兒童經歷溫暖、產生興趣及與成人經常互動的環境。
2.明訂清楚、堅定的規定，在家庭及學校不可犯規的行為。
3.一有人破壞約定或規定，不應用具敵意及暴力的處罰方式，而是要持續以口語告誡這些規定應被遵守。
4.在校及放學後的活動（例如下課、午餐、午休，或開長家會等）應有成人加以監督。
5.老師應常與同學討論有關學校的社會環境，並努力創造更完善的社會環境。

■ 兒童期抑鬱症

小明是一國中生，在學校功課很差，每次讀書時，他常憂心及做白日夢。也常覺得自我無價值及拒絕與朋友互動。他晚上常抱怨睡不著，而白天即使睡到中午也常抱怨他很疲倦，並常常表示沒有人喜歡他。

美國有一名8歲男孩因遭到同學指控他偷錢而變得憤怒不安，事後校長試圖讓他安靜下來。後來校長表示：「他太憤怒不安了，因此變得毫無條理，他不斷說別人找他麻煩，也沒有人喜歡他。」他發誓不再回學校，結果兩天之後，他用皮帶自殺了（New York Times, 1984；引自黃慧真譯，1989：389）。

上列兩種例子都是抑鬱症的典型，在美國約有10%至15%兒童有此困擾（USDHHS, 1999），這種情緒上的失調會造成行為退縮或成為寂寞者，甚至會有自殺的衝動。對抑鬱症的診斷常以四或五種持續出現的症狀作為基準：孩子無法找到生活樂趣、沒有朋友、大多數時間覺得疲倦、活動程度極高或極低、少開口、學校成績明顯退步、精神不能集中、常哭、睡太多或太少、沒有胃口、抱怨身體有疾病、看起來落落寡歡、有懼學症、有自殺傾向等（Malmquist, 1983; Poznanski, 1982）。

上述症狀如果出現中等至嚴重時可以明顯判斷為抑鬱症，但輕微時則較難診斷。因此當上述症狀出現時都應加以注意，並給予適當的心理幫助。

■ 兒童自閉症

大家對Dustin Hoffman主演的《雨人》（*Rain Man*）情節應很熟悉，主角對人際行為不太理睬也毫無反應，使人覺得他好像生活在一個完全與外界隔離的世界裡，不僅沒有良好的社會互動，也缺乏正常的親情表現，別人要親近他，他也不理，這就是典型的自閉症。

兒童自閉症（autistic children）為一種發展上的失調，常發生在出生至2.5歲之間，男孩比女孩多，約多3倍。他們沒有發展正常的依附行為，不會與人互動，父母常以為他們是耳聾、腦傷或智能不足。然而他們對需要操作或視覺空間技巧上的工作，常表現得很好，並有不尋常的記憶力；他們也常呈現古怪的行為，例如改變座位會尖叫，常有一些重複行為，並被移動物體所吸引等。發生此類症狀的原因可能是母親懷孕時感染德國麻疹或染有其他疾病，也可能來自遺傳、或親子關係冷漠、或內在的生理失調所致。

(三)影響情緒發展之因素

兒童的情緒發展來自遺傳及環境之交互作用。隨著個人機體成熟，嬰兒開始利用感官表達以獲得周遭環境的反應，加上個體之認知及語言成熟、對本身的瞭解及學會如何表達情緒，以及社會化過程，個人習得社會規範及懂得呼應社會參照（social reference）之情緒，例如有安全依附的孩子似乎呈現較多正向的情緒，因此家庭是最早影響孩子情緒發展的重要場所，再來是酬賞與懲罰之使用（同儕團體）及電視媒體，茲分述如下。

■家庭

個人除了與生俱來的特性——生理上的耐久力、智力水準、氣質傾向等會影響社會之人格、情緒及社會發展，最重要也最先影響個人之情緒發展的是家庭環境。家庭環境帶給嬰兒在一種環繞氛圍下成長（例如被剝奪、受威脅或愉快之氣氛下），這種情形會影響日後一生。父母的養育方式直接對孩子的成長有重大影響，例如父母想要孩子聽話，採取講道理，令孩子愧疚，或不給予讚許和愛的方式，將比採取打、威脅或羞辱等，更能令孩子產生強烈的良心不安，並因內疚而難過。父母多傾向對女孩採取前者，而對男孩採取後者，通常這種方式會使女孩常覺得愧疚，而男孩傾向好攻擊。

柏克萊大學的心理學家D. Baumrind參考有關研究文獻，及利用深度晤談、標準化測驗，對一百零三位育幼院兒童的九十五個家庭進行研究，最後區分出三類父母育兒風格：獨裁式（authoritarian）的父母管教、威權式（authoritative）的父母管教及放任式（permissive）的父母管教。獨裁式家庭的孩子常用懲罰或愧疚感嚴加控制，以至於他們經常無法對事件及行為有明確的選擇，因為他們會過分在乎父母的反應；相對地，來自放任式家庭管教的孩子，由於所獲得的引導太少，使他們經常無法確定自己的做法是對是錯，並因此感到焦慮；在威權式家庭中，孩子知道自己是否達到預期，學到如何評判這些期望，並能決定為得到目標所做的價值判斷，孩子會由主動參與及透過溝通互動達到父母（期待）或自我期望的水準，以獲得成功的滿足感。

在家庭的另一社會互動關係是手足關係。手足在早期關係中除了競爭之外，也會存有某些程度的感情、興趣和友誼。雖然年齡發展要到4至6歲，他們才會與人發展比較公平、平等之夥伴關係，手足之間的關係是我們與他人建立關係的最初典範，如果手足之間的關係是正向的，將會幫助個人日後發展與朋友及愛侶之間的關係；相對地，如果早期手足關係充滿攻擊，也將會影響我們的社會及情緒發展。

■酬賞與懲罰之使用

行為之制約（酬賞與懲罰）的行為修正也影響孩子的行為及人格養成。外在的酬賞（如笑容、讚美、食物、金錢、玩具等）在孩子出現良好行為後獲得，將會增強此行為之再現；相對地，如果好的行為出現反而帶給他一些負向之處罰效果，將會減少此類好行為的再現；此外，楷模（modeling）對兒童行為也深具影響力。Parke（1977）對於以懲罰來控制孩子行為之有效性，提出下列結論：

1.時效性：較早好過較晚。當行為與懲罰時間間隔愈近，懲罰就愈有效。
2.說明：懲罰如伴隨著說明，將會更有效。
3.一致性：孩子受懲罰之一致性愈高，該懲罰將愈有效。
4.施予懲罰的人：懲罰者與孩子關係愈好，懲罰愈有效。
5.孩子扮演的角色：在受懲罰之程度上，孩子扮演著最重要之關鍵。如果犯錯之後，孩子反抗或不理會，那懲罰會較嚴重；如果孩子表示後悔並試圖補償，通常此孩子不會被懲罰或只是輕微之處罰。
6.懲罰之長期影響：X理論（性惡）比Y理論（性善）對行為之長期效果及動機上會較弱。雖然懲罰有立即之效果，但也有副作用（例如缺乏動機、逃避）。此外，常被懲罰之孩子可能產生無助感（helplessness），因而在行為上會變得畏縮被動。

■電視與網路媒體

兒童情緒行為的表現，如攻擊，會深受電視節目所影響。自1950年代以來，許多研究報告都指出，孩子觀看電視上帶有暴力行為的節目會使得孩子在真實生活中變得更具攻擊性；美國健康與人類服務部（USDHHS, 1999）也指出，兒童從電視中學習攻擊行為，也從中習得電視所傳遞之價值，並接受攻擊行為乃是恰當的。

當然父母可避開電視媒體帶來之影響，首先要選擇不具攻擊性、適宜孩子觀看的節目、限制孩子觀看的時間；最重要的是能與孩子一同觀看，從中監督孩子所看的節目，並與孩子談論劇情。由於電訊科技的發達，連帶著帶動了網路科技，現代社會網路訊息充斥家庭生活，如果少了網路守門人，加上兒童自由上網的結果，將使得兒童接受過多不當訊息，造成價值與認知判斷的混亂，也易因而產生與實際生活的脫節，實為家長或照顧者必須加以正視的新一代的兒童發展危機。

除了上述因素之外，減少孩子面臨壓力情境及增加孩子堅毅力（resilient）的人格特質，都有助於透過成人教導兒童建立這些保護因子，以幫助孩子成為適應環境的成功者，並成為一有能力之個體。

六、學齡兒童的社會發展

臺灣在社會變遷下，也造成個人、家庭與社會產生轉變，例如家庭功能式微、結構解組，以往依賴家庭來教養孩子已儼然由其他機構所代理，社會及國家更要發展制度來支持家庭。今日的兒童獨生子女較往昔來得多，而且也有相當比率曾處在單親家庭中，在臺灣至少有近七分之一的孩子是外籍配偶家庭所生，此外父母也占相當比率是雙生涯家庭、未成年母親，及父母有一些問題，如酗酒、兒童時期受虐、貧窮或意外懷孕等，這些因素會影響其與子女之依附關係，甚至造成孩子受凌虐之可能。Bowlby認為，溫暖、親密、持久的母子關係對兒童未來性格的發展非常重要，最近的研究也支持這個觀點（Cicchetti & Toth, 1998）。有安全依附的孩子能夠發展出健全的能力，能夠自救，必要時也能夠求助於人（Sroufe, Fox, & Pancake, 1983）；和同儕的關係良好（Lieberman, 1977; Mates, Arend, & Sroufe, 1978）；比較能夠自我瞭解，學習能力佳，學校表現也比較好（Jacobson & Hoffmann, 1997）。

近年來，科技的發展為兒童生活帶來巨大的變化，透過媒體的傳播，無形中也給孩子一些學習與壓力。許多父母覺得子女必須學得更多、更好，以因應未來社會的要求，因此也深受媒體廣告之影響，不斷購買媒體廣告之產品，甚至及早將他們送去魔鬼訓練營，以加強腦力開發，接受特別課程，這種望子成龍、望女成鳳的過度要求，反而是揠苗助長。電視、電腦無形中已成為孩子生活的伴侶，它開啟了一扇見聞之窗，但也常占去了孩子與成人、同儕互動，或從事互動遊戲和閱讀的時間。

美國兒童心理學家David Elkind 曾描述這一代的孩子是「匆忙的孩子」（the hurried child）以及父母錯誤的教育（miseducation）下的孩子。David Elkind非常關切這類影響來源使得孩子成長過速，並使得快樂的童年被壓縮並讓兒童承受成人的壓力，面臨現實生活的殘忍考驗。今日的兒童必須承受學業壓力，與同儕競爭，滿足父母的情緒需求以及社會新聞的威脅等。然而兒童並非小大人，他們仍會有孩子的感覺和想法，而且他們也需要一段童年時光來從事健康的認知與情緒的發展（黃慧真譯，1989）。

以下介紹友伴關係的重要性及學齡兒童的社會發展：

(一)學齡兒童的友伴關係

兒童的友伴關係是日後人格和社會發展的重要指標，對青少年及成人時期中，待人處世的態度及應對進退的社交技能有相當的影響作用（Asher, Oden, & Gottman, 1977; Ausubel, Sullivan, & Ives, 1980; Hartup, 1984; Oden, 1982; 簡茂發，1983；簡茂發、朱經明，1982），甚至影響其日後的犯罪行為（Papalia & Olds, 1981）。

兒童與他人的互動系統包括了親子、手足與同儕三種，每一系統都有其單一形態的互動特色，也為其相互的互動關係負起相當重要的地位。隨著年齡的增長，兒童從嬰兒期、嬰幼兒期、幼兒期至學齡兒童，互動的系統也由與重要的成人互動，轉至與友伴、同儕的互動，尤其在幼兒期，即藉著遊戲活動開始其同儕社會化過程。

Corsaro（1981）指出，在孩子結交朋友前，社會情感的聯繫主要來自父母或主要照顧者，其互動的關係是透過社會學習去接受、適應，或被迫式的承認父母與手足間的關係。然而，到了幼兒期，會透過主動探索、參與選擇、與同儕們互動等學習到同儕們的特質，並從中學會如何與人交往。一般人常認為，孩子們在一起時都在遊戲、玩，較少有思想、情緒或心靈上的溝通。其實，有人際關係困擾的兒童，可能是由於缺乏從遊戲中學到正確的人際交往觀念或人際溝通技巧；也可能因幼兒個人氣質（temperament）較害怕陌生情境（Berberian & Snyder, 1982），而影響兒童與他人建立依附（attachment）關係；或是幼兒缺乏認知上的限制，例如缺乏瞭解別人觀點的能力（觀點取替能力），使得他們不能與別人共同計劃或參與活動（Bowlby, 1980; Marvin & Greenberg, 1982）。

Piaget在他早期著作中曾提到，孩子的社會經驗來自於與地位平等的同伴相處。在遊戲中會發生爭執或衝突，而這些衝突卻有助於兒童脫離自我中心期（decentration），體認他人的觀點，進而促進其與同儕相處的能力（Shaffer,

1979）；也可視為是學齡兒童處於壓力狀態（如疲倦、饑餓、家庭紛爭、課業問題等），更加需要關懷的表徵；即使是青少年，他們可能因獨立及自治能力增加，或因賀爾蒙的改變，使得與父母頻頻發生齟齬，進而疏離，轉而產生對同儕的依附（這是青少年發展正常的現象）。

然而，Steinberg等人（1990）及Kuo（1988）皆指出，父母的情緒支持與青少年的幸福感（well-being）、快樂具有正相關存在，而個人的人際困擾，可能因個人的氣質、生物因素（如賀爾蒙的影響），個人在從小到大的成長環境中，因缺乏愛或置身挫折的情境中，造成個人對情境的害怕、缺乏信任感；或不知如何與人建立友誼而產生。所以，人際關係的困擾，是自小就慢慢形成的，兒童的人際關係需要大人多花些時間來注意及培養。

今日的父母送孩子去幼兒園，多只注重幼兒學科教育及知識技能的學習，一味要孩子多學些才藝；中、小學教育在聯考壓力下，也是注重知識技能的學習，以擠進明星中學或大學的窄門；因此，大多數的家長只注重孩子自小到大的學業成績如何，鮮少問及他們的人際關係如何。這種情形，不但對兒童日後的發展有不良影響，也引發諸多的社會問題。

事實上，多位學者的研究指出，兒童只要在早期能與母親發展出安全依附的親密關係，日後可能社會性較佳、自我尊重高、與手足關係良好、較獨立、較少發脾氣或較少有攻擊行為、服從性高、有同理心，反而較少有行為問題以及有較高的問題解決能力。（Cohn, 1990; Frankel & Bates, 1990; Greenberg & Speltz, 1988; Lutkenhaus, Grossmann, & Grossmann, 1985; Mates, Arend, & Sroufe, 1978; Plunkett, Klein, Meisels, 1988; Teti & Ablard, 1989）

以下是安全依附兒童在長大之後較可能有的特徵（摘自Bee, H., 1992: 433）：

1.社會性（sociality）：他們與同伴相處良好，較有人緣，有較多的朋友。即使與陌生人在一起，他們也較具社會性且不害怕。
2.自我尊重（self-esteem）：他們有較高的自尊。
3.與手足的關係（relationship wish siblings）：與手足關係良好，尤其是當手足也是安全依附型時；但如果手足是不安全依附型，那他們可能會相當敵對。
4.依賴性（dependency）：他們較不會去黏老師，在幼兒園也不會因想引起老師的注意而故意搗蛋。

5.發脾氣及攻擊行為（tantrums and aggressive behavior）：他們較少有毀壞性或攻擊性的行為。

6.順從及好品行（compliance and good deportment）：他們在教室中較接受老師的勸告，比較順從老師，但他們並非完全是溫馴的。

7.同理心（empathy）：他們對其他兒童或成人都顯現較多的同理心，他們不會對別人的痛苦幸災樂禍，而這是在趨避依附型的兒童身上所常見的。

8.行為問題（behavior problems）：有關研究發現，正反結果皆有，但有較多研究顯示，具有安全依附的兒童日後長大有較少的行為問題。

9.問題解決（problem solving）：他們在自由遊戲時注意力較長，較有自信完成任務，並將母親或老師當作一有效的協助者。

Hartup的研究指出，兒童隨著年齡的增加會減少彼此爭吵的次數，而學齡前兒童之爭吵可算是一種友伴間的社會學習。同時，學齡前兒童已可以建立一對一的彼此互動關係。

Shaffer（1979）指出，3至4歲的幼兒已開始減少與父母的接觸，相對地他們會增加與友伴的互動。Hartup（1983）檢視Smith及Connolly的研究後指出，幼兒在2至4歲間與人談話及互動性的社會遊戲會增加。同時，Hartup（1983）及Furman與Masters（1980）亦指出，學齡前兒童的一對一互動較具正向性、相互性及分享性。而Corsaro（1981）也指出，當托兒所中的兒童發現自己是單獨一人時，往往會試著去進入其他同伴的活動。

另外，Sroufe（1989）針對夏令營10至11歲的學齡兒童觀察中發現，與母親安全依附評分高的兒童，有較高的自信及社會能力，對營隊指導員的要求較有反應，對人較會表達正向情感，也比較有好的能力去達成任務；而當兒童與母親較有趨避性的依附（avoidant attachment）時，他們較可能有奇怪的行為，或被同儕所排擠；但是當兒童與其母親有不安全的依附（insecure attachment）時，則較可能產生偏差行為。

當兒童進入青春期之後，逐漸脫離父母而獨立，與同儕相處的時間增加，而與父母相處的時間逐漸減少，因而同儕的影響力漸增；相對地，父母的影響力漸減。雖然如此，青少年受同儕之影響也僅局限於衣著打扮、物品購買或解決學校相關的疑難，但對於日後的生涯、工作、複雜的道德衝突等，則受父母影響較大（Brittain, 1963; Atwater, 1992）。青少年選擇同儕常受到一些因素所影響，例如社經地位、父母的價值觀念、居住的鄰里環境、學校特性、個人特殊才能與能力，以及人格特質（Zastrow & Kirst-Ashman, 1987）。一旦青少年加入同儕團體之後，同儕之間相互影響，甚至給予同儕壓力要求成員順從（comformity），以達成在社會活動、讀書習慣、衣著打扮、性行為、藥物使用、職業追求或興趣嗜好等有其共通性（commonality）及相似性（similarity）。

同儕與朋友幫助青少年及成年從依賴父母到尋求獨立，朋友甚至給予他們情緒支持，及當作參考團體（reference group）來比較個人信念、價值、態度及能力，以達成個人之自我認同（self-identity）。Weiss及Lowenthal（1975）的研究發現，青少年在選擇同儕及想要與他們維持友誼關係有賴於五個因素：

1.相似性：在於價值、人格、態度、共享活動或經驗。
2.互惠性：瞭解、互助、相互接受、共同信任及分享信心的能力。
3.共處：在一起的喜悅。
4.結構性：地理相近性及熟識的期間。
5.角色模塑：對他人好品質的尊重及欣賞。

成人時期最重要的友伴發展是從同性關係到異性關係，尤其是親密感（intimacy）的尋求。親密感是個人與他人經驗開放、柔和、支持等互動關係的能力，同時也不會畏懼失去個人的認同。成年期（約在20歲之後）之重要發展任務是親密感的建立，是男女雙方試探是否能建立親密情緒，共享興趣，對未來有共同的願景及性關係等。如果找到一個對象情投意合，接下來即開始約會、訂婚結婚，共組家庭而形成共同的生活形態（life style）。

從上述學者的研究可知，在幼兒社會化的過程中，友伴關係的發展的確很重要（Halliman, 1981），透過與友伴的互動、遊戲、分享，並學習如何與人交往、溝通、同理，甚至於克服對環境畏縮及羞怯，學習主動的表達善意，及學會不自私與熱心助人等，這些對幼兒的人格、情緒、認知及未來人際適應，皆具有相當重要的影響作用（簡茂發，1983；簡茂發、朱經明，1982）。兒童期的友誼是建立在一起活動、遊戲的情境上，而青少年及成年期的友誼則建立在親密關係的感情基礎上，而且是從同性關係發展到男女兩性的關係。

(二)學齡兒童社會發展之重要性

兒童的社會發展（如同儕關係）與其日後人格和社會適應息息相關。良好的社會發展，不但消極方面能使個人控制攻擊衝動、抑制自我意圖；積極方面可與人共同分享、自我尊重與自我價值肯定、選擇朋友和尊重他人等。因此，兒童社會發展對於其日後長大成為青少年或成人時期，待人處世態度及應對進退的社交技能有相當的影響作用（郭靜晃、吳幸玲譯，1993）。

兒童透過社會化歷程（例如上一代藉由塑化的方式傳遞所期望的行為及人格給予下一代，或透過同儕互動來累積別人對自己的看法，及從別人的意見反映中形成個人對自己的看法）來習得社會所期望的行為。同伴團體幫助兒童形成態度和價值觀，它為兒童由父母處得來的價值觀做一過濾，決定何者保留、何者放棄，也由於和不同背景及不同價值觀的兒童相處，更能澄清自己的意見、感受及瞭解自我。同時，同伴也可提供情緒上的安全感。

兒童會選擇年齡、種族、性別、社經地位與個人特質類似的同伴（crowds or cliques）。小學時期的同伴團體會為同性別，這是由於團體教導性別所適合的行為的結果，並要求合乎其社會性角色，透過探索與澄清，學齡兒童對於社會性別角色非常在乎同儕及老師的回饋。同時也由於男女性別不同的孩子產生不同的興趣，如男孩喜愛電動玩具、球類活動；女孩則偏向畫圖、扮家家酒等靜態活動。此外，也由於男女之成熟度不同（一般女孩比男孩成熟）。他們平常在一起的玩伴平均約四至六個（Reisman & Schorr, 1978），年齡相差不大（約1、2歲），因為年齡範圍太廣，彼此體格、興趣、能力不同，會導致玩不起來或容易起衝突。

今日的兒童在生活、行動和想法上與過去的兒童大大不同。現在的家長常抱怨或為之生氣或沮喪，他們的孩子不能和他們過去一樣有快樂的童年，如在田埂上烤地瓜、抓泥鰍，在四合院或巷道上玩。現在的孩子永遠有補不完的習，看不完的電視，加上社會治安敗壞，家居或鄰里安全沒有保障，造成父母親自接送孩子上下學，這是否也意味著孩子需要在陌生的社區長大，並少有機會結交朋友，而且父母必須要工作，加上時間有限，所以對兒童多希望他們能快速成長。雖然很多人將童年美化為人生中最快樂、最無憂無慮的時期，但實際上每個人在童年時也多少都體驗過壓力。正常的壓力如生病、不能遂自己所願、與兄弟姊妹的互動衝突或嫉忌弟妹的出生，或父母的暫時分離；有的人遭受比較嚴重的壓力，如失親或父母離異，受成人的人身侵犯、天災、人禍或貧窮壓力等（黃慧真譯，1989）。據一些研究指出，這些事件都具有影響兒童情緒健全發展的可能。

根據Hill之壓力ABC-X理論（A指壓力事件；B為個人之能力如人格特質、能力、社會資源；C指的是個人對壓力之認知結果；X為個人之適應狀況），孩子對壓力事件之反應取決於不同的因素：(1)事件本身：不同的壓力來源對孩子有不同的影響；(2)兒童的年齡：年齡不同對於事件之解釋也會有所不同；(3)性別：一般而言，男孩比女孩較容易受到傷害；(4)孩子的能力：如課業成就與他對壓力之反應有關；(5)個人之人格特質：如高自尊及自信的孩子其壓力感受度較小；(6)其他如遺傳或氣質等因素（Rutter, 1983, 1984）。

Rutter（1984）指出，具有彈性的孩子可以對壓力有所反擊及超越逆境，而這些孩子可以界定出一些保護因素，藉此減少壓力的影響。它們分別是：

1.兒童的人格：有彈性的孩子具有適應能力，足以調適變動的環境，能自我肯定、友善、獨立、對他人敏感、擁有高度自尊。
2.兒童的家庭：家庭中父母能提供支持給孩子，這類孩子與父母之間較會擁有良好的關係，也對人較有信任感及較有自信。
3.學習經驗：兒童除了擁有一些學習技能之外，也有一些解決社會問題的經驗。例如父母及兄姊擁有一些朋友，並與這些朋友具有良好的互動。孩子有機會觀察到父母、兄姊或其他人如何解決問題，並對不良情況做最好的處理模式。兒童利用此等認知，當面對自己的人際困擾，會透過挑戰自行找出解決之道，從而學到處理的經驗。
4.有限的壓力源：「屋漏偏逢連夜雨」，有時壓力會連續不斷。研究指出只有一種壓力事件，孩子比較能克服，但當兩個或兩個以上壓力事件同時存在時，孩子的困擾將多出3倍以上（Rutter, 1979）。
5.多方面的成功經驗：孩子在課業、球類、音樂，或與其他孩子相處的成功經驗，將有助於補償孩子不幸的家庭生活。

綜合上述的研究，我們可以總結正常的童年壓力是以多種方式呈現，並影響兒童的健全發展。培養一有彈性及有毅力的孩子，不但可助其日後克服逆境，同時也可對相似或相同的壓力事件產生免疫能力，幫助他成為一名堅強的孩子。

(三)學齡兒童之社會關係發展

大多數探索兒童社會發展及人格的理論皆強調親子互動及父母管教風格之關係，較少談及有關同儕關係的重要性，但自1980年代後期，相關學者開始強調同儕互動對兒童人格及行為之影響。學齡兒童接續著幼兒的遊戲期——喜歡與同性別之同儕在一起玩，並且能有組織地玩遊戲，且喜好與同伴在一起（Harper & Huie, 1985），而且與同伴在一起玩時也會呈現出性別差異——男生較喜歡在戶外玩，而且玩伴較多；女生則較偏好在室內玩，大多為一至二位同性同伴在一起玩。直至小學階段，兒童仍喜歡與同性別的同儕玩在一起，而且不同性別之兒童彼此有著不同之地盤，此種行為具高度儀式化及刻板化，這也是兒童的文化（childhood culture）。雖然兒童彼此互惠的平行友伴關係，亦隨著學齡兒童期的到來與發展變得愈來愈重要，但垂直的親子或師生關係並未消失；相反地，這些關係強烈地提供兒童安全依附及情緒支持，甚至回答兒童之疑惑及解決他們的問題。

雖然如此，學齡兒童還是喜歡與同伴玩在一起，尤其是同性別的幫團（crowds or cligues）。他們會聚在一起，只是彼此喜歡在一起做些事（玩在一起），活動不外乎一起打球、打電動、讀書、下棋等等，很少是因為彼此享有共同的態度或價值。

O'Brien及Bierman（1988）曾詢問國小五年級、國中二年級及高中二年級的孩子何謂同伴，以及同伴在一起時一般做什麼呢？國小五年級的孩子認為同伴就是彼此在一起共同做一些事；國中二年級的孩子回答共享的態度及相似的外表（儀容）才是同伴的定義；而高中二年級的孩子則回答較重共享的態度（參見**圖6-3**）。

Robert Selman曾對3至15歲之間的受試者做訪問，辨別出友誼發展的五個層次（Selman & Selman, 1979）（參見**表6-4**）。他發現幼兒園的小朋友處於階段0及1之間、學齡兒童在階段2、青少年大約在階段3。學齡兒童在階段2中，瞭解自己與同儕的想法是不同的，他們已有自我概念之發展，覺得施與受是公平的，但還是會以自我為出發點，要求同儕公平，並能夠與同儕合作。

(四)影響學齡兒童社會發展之因素

隨著年齡的增長，學齡兒童已發展出更好的社會能力及同伴互動，甚至有更多的利社會及利他行為，較少用衝動及攻擊行為來表達意圖。學齡兒童之社

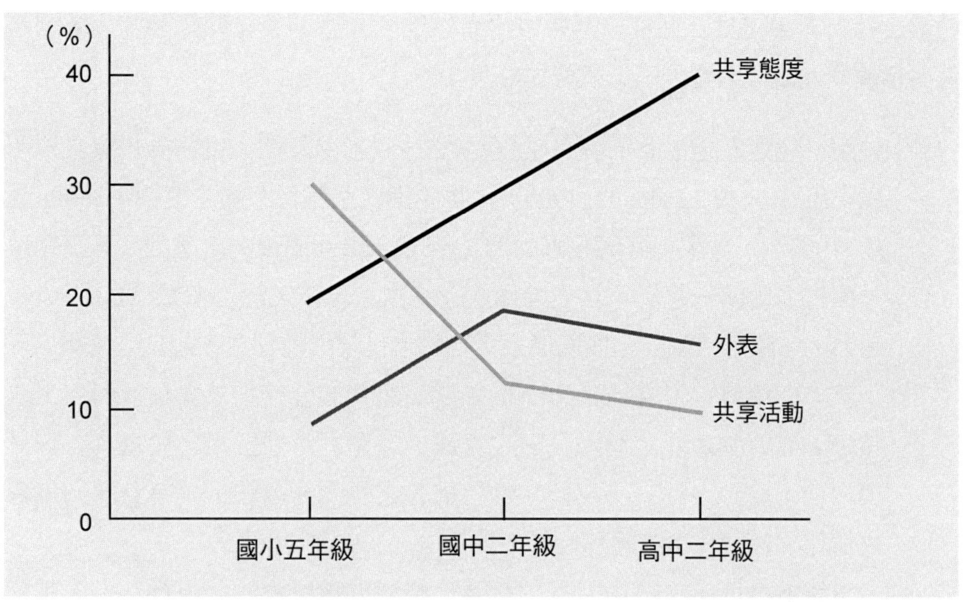

圖6-3　兒童定義同伴在共享活動、外表及共享態度的比例

資料來源：O'Brien, S. F.& Bierman, K. L. (1988).

表6-4　Selman的友誼發展四階段（五個時期）

階段	行為描述	例子
0階段：暫時性的玩伴（約3至7歲）	兒童常是自我中心及不能以別人觀點來看事情，此時友誼尚未分化。他們常考量他們的需要；大部分幼兒認為朋友與他們一樣	1.小明住在我家隔壁 2.小華有金剛怪獸
1階段：單向的協助（約4至9歲）	友誼是單向的，好朋友是要聽別人要他做什麼	小明不再是我的好朋友，因為我要他跟我玩，而他不要跟我玩。而小華是我的好朋友，因為我向他借玩具玩時，他總是答應借我
2階段：雙向且公平性的合作（約6至12歲）	施與受是公平的，但常限於個人之自我利益而不是雙方之共同利益	小明與我是好朋友，我們常為對方做事情。好朋友只會陪你玩，而不會與別人玩
3階段：親密、共同分享的相互關係（約9至15歲）	個體視朋友為其生活中的一部分。朋友之間是互有要求及獨占的。友誼不僅是為他或與他一起做事情，更是需要連續、有系統及相互承諾的關係	需要花時間去交朋友，當他發現他會有其他朋友時，感覺是不舒服的
4階段：自主相互依賴（12歲以後）	兒童為了彼此依賴及自主，相互尊重對方的需求	好朋友是要有真正的承諾，必須要支持、信任對方

資料來源：Selman & Selman (1979).

會發展除有年齡差異及個別差異外，尚有性別、人望、父母管教態度、情緒狀態、環境及友誼等影響因子，茲分述如下：

1.性別：性別之分化最早發生在3歲左右，到了學齡期，這種分化會更為明顯（Ramsey & Lasquade, 1996）。男生與女生各玩不同之遊戲（Serbin et al., 1994），男生偏好玩狂野嬉鬧（rough-and-tumble）的遊戲，喜好在戶外與較多同伴一起玩；女生則傾向在室內，玩較安靜之遊戲（Benenson, 1993）。除了活動外，與同儕分享玩物也呈現同性別在一起玩之趨勢。
2.人望：一般較有人望（popularity）之兒童善於社交、外表具吸引力、成績好、有運動才能、助人、對人真誠、忠實；而被拒絕之兒童具有身材與情緒不成熟、對人不友善、常持批評之態度、退縮、具有負向如焦慮之情緒、對環境不適應等行為表現（Bee, 1992）。
3.父母管教態度：家庭中父母的行為也深深影響兒童的社會行為，尤其是幼兒深受父母對其同儕兒童之影響（Masten & Coatsworth, 1998）。較受歡迎之兒童與父母有較正向之關係，而父母也較呈現用民主威權方式（authoritarian）來管教子女；相較之下，權威式（authoritative）之父母較可能會處罰或威脅孩子之行為，而使得孩子模仿及類化此行為模式，並用此方式來對待同儕。
4.情緒狀態：情緒狀態與個人之氣質及社會能力有關，個體之快樂與悲傷狀態除了會影響個人之心情（Radkye-Yarrow et al., 1984），同時也關係著其與同儕相處的情形，例如Strayer（1980）就發現，快樂的孩子較具有同理心。
5.環境：同儕環境與個體所處之環境氛圍有關，例如玩具之種類及數量多寡會影響幼兒之社會遊戲及行為（Hartup, 1983）。家庭環境如兄弟姊妹之互動經驗會促進幼兒與同儕互動之反應；但父母卻會減少孩子與同儕互動之機會（Pellegrini, 1984）。Pellegrini（1984）發現，在幼兒園，同儕的出現可促進同儕互動，但成人的出現卻抑制同儕間之社會互動，所以說，同儕的相似性及共同的增強是兒童社會行為之決定要素。
6.友誼：朋友對兒童意義非凡，其與個人受歡迎之程度（即人望）是不同的。受歡迎的程度是團體對個人的看法，但友誼卻是兒童與朋友間雙向互動的橋梁。朋友之間會相互結伴並嘗試維持雙向聯繫（Hartup, 1983）（參見**表6-4**）。

當兒童年齡漸長，由於語言及認知能力增加，他們較注重同伴之間的人際互動。然而，學齡兒童友誼之建立開始於共同的活動與期望；之後，大約在高年級時，他們則注重對規則相似價值之分享，其次才是注重彼此共同的瞭解、自我揭露及分享的興趣（O'Brien & Bierman, 1988）。

七、學齡兒童的性發展

學齡兒童的性發展包括有生理及心理之變化，前者係指生物學上的（sex）的變化，包括性徵及激素的改變與成長；後者包括個體的性認同、性角色等，在此將著重生理發展的改變。

個體在性生理發展上，有一些歷程是我們必須加以理解的，因此在這個部分我們將先就染色體及激素的角色，來討論個體在性生理的發展。之後，我們將分別就學齡期女孩及男孩的生殖器官和發育比較其在生理上的差別。

(一)性生理發展的潛在力量

■染色體的角色

在性生理的發展上，染色體是相當重要的，通常是由兩個X染色體塑造一位女性，由一個X和一個Y染色體塑造一位男性，這個最初的性別決定因子在受孕的一瞬間便已經決定，對受精後七個星期之內的男女胎兒來說，這是唯一僅有的差異。然後，Y染色體上的一個單獨基因（睪丸決定因子）開始形成了內生殖器的差異（Angier, 1990）。一般來說，如果這個基因確實存在，胎兒的生殖腺（性腺）將會發育為睪丸；假如缺乏這個基因，生殖腺便會發育成卵巢。因此，胎兒基本上具有兩種潛在特質，視基因的條件而發展出男性或女性器官。嚴格來說，除非擁有Y染色體，否則胎兒會發展成擁有女性器官的女性個體，所以最基本的個體性別形式應是女性，因為要形成男性時必須增加某些變化：例如在胎兒期的第一階段，是發展Y染色體的特定基因；到了胎兒的下一個發展階段則是雄性激素。

■激素的角色

在產前，激素對胎兒的**性別分化**（sexual differentiation）是非常重要的。胚胎發育七週後，內生殖器官（睪丸或卵巢）的發育會因為Y染色體上睪丸決定因子的存在與否而定。一旦這些器官開始發育，激素便開始產生影響，使胎兒發生進一步的性別分化。

懷孕三個月內，如果產生二羥基睪丸素酮（一種男性激素），男性外生殖器（輸尿管、陰囊和陰莖）和男性導管（精囊、輸精管和射精管）將會發育，而女性腺管則會逐漸退化。假如沒有二羥基睪丸素酮的分泌，則會發育出女性性器官（小陰唇、大陰唇及陰蒂）和女性導管（子宮、輸卵管和陰道），而男性腺管會逐漸退化。除非有某種東西介入，如上述的睪丸素酮激素，否則個體將會發展成女性的構造。這個發展的關鍵階段是發生在懷孕後第二個月及第三個月之間。

如果激素的產量或敏銳性減弱，或者在這個關鍵性階段期間將激素注入母體，可能會發展出性異常的嬰兒（郭靜晃等，1994；劉秀娟，1997）。因此，假如一個遺傳因子為女性的嬰兒暴露在男性激素中，生理結構將會朝向男性的方向發展，亦即發展出男性外生殖器。此情況會在「腎上腺性生殖器症候群」中發生，這是由於腎上腺功能異常造成胎兒雄性激素額外增加所致；另外也會發生在「由黃體素誘發（或引起）的雙性人」（progrestin-induced hermaphroditism）的案例中。因此，基因對於生殖器官構造一致的發展來說，只是一種傾向，而不是絕對的保護。

依照前述的資料來看，男性及女性胎兒在八週後便能根據其分泌的激素來加以區別，但是出生後到8歲左右的孩童，激素的分泌是極少且沒有功能的；換句話說，我們可以認為兩性在此期間是沒有什麼差別的。到了學齡晚期與青春期，男女的性激素分泌量突然大增，男性通常比女性分泌較多的雄性生殖激素，而且這些雄性激素的分泌會變得相當規律且持續；至於女性則通常會比男性分泌更多的動情激素與黃體素，而且有持續循環（月經週期）的現象。這個時期的激素會使個體產生第二性徵，例如男性會長出鬍鬚、性器官增大、聲音變低沉，而女性則是胸部增大及開始有月經。這種情形在學齡晚期即有部分孩童已經呈現，特別是女孩的發育比男孩早，在10歲左右即有此發育。

(二)學齡女童的性發展

當嬰兒經過分娩的歷程，多半的人才能確知嬰兒的性別是男孩還是女孩，因為外生殖器是我們判斷的顯明標準，而女性的外生殖器在胎兒即已發育（Basow, 1992; Crooks & Baur, 1993; Shaffer, 1996; 丁大田，1995；江漢聲，1995；黃德祥，1995）。

■ 女性的第一性徵

女性的第一性徵在生理結構上是與男性最早、最顯著的差別：

1.外生殖器官：指個體的生殖器官是可以由外觀辨別的部分，對女性而言，包括了大陰唇、小陰唇、陰道前庭、陰蒂、陰道口、陰道、巴氏腺體等。
2.內生殖器官：指相對於外生殖器官，從身軀外觀看不到而位於腹腔內的生殖器官，包括子宮頸、子宮、輸卵管、卵巢等。

隨著個體的發展，女性大約在8至10歲就會發展出第二性徵。

■ 女性的第二性徵

女性的第二性徵與生殖沒有直接關係，卻是女性特有的表徵，而且也和雌激素有關。乳房是發育最早的第二性徵。隨著乳房的脂肪量增加、乳頭突起、乳腺增生、乳暈顏色變深且面積變大，而完成乳房發育。乳房的發育亦有個別差異存在。乳房的發育也明顯具有社會期許的壓力，尤其在性別的判定上，社會價值的介入早已超越生理成熟的必然性，例如將乳房視為性吸引力及哺乳養育的表徵。此外，皮脂肪的增加（尤其是臀部），使身體輪廓與男性不同，皮膚也變得光滑，陰毛、腋毛也長出來，呈現女性在生理上的獨特特質。

除了第二性徵的發展之外，我們也必須注意，女性也會製造雄性激素，並且男性也會製造雌性激素，因此在判斷性別時（尤其是基於「性」來做判定時），不能因個體所分泌的激素就判別是男性或是女性。

■ 月經週期和雌性激素

月經週期是許多兩性課題研究的焦點，而且受到許多爭議，因此我們要加以詳細描述。一般來說這個週期平均約二十八天，其範圍可能會從十五到四十五天，我們通常把月經來臨的第一天當作週期的開始，從這一天起，雌性激素的分泌會不斷增加，大約在第十二天會達到最高點，在此週期的第一部分中，子宮內壁會增厚以接受受精卵。二十八天的週期中，基本上會在第十四天左右從卵巢排出一個卵，經過輸卵管而到達子宮。在這個過程中，假如卵子遇到精子，則極有可能因此而成為受精卵，然後在變厚的子宮內壁著床；假如卵子沒機會受精，那麼雌性激素的分泌會減少，而黃體素的分泌會增加，在月經（子宮內壁的剝離）開始前幾天，兩種激素的分泌量都會突然減少，然後又開始另一個新的週期。

(三)學齡男童的性發展

■男性的第一性徵

1.外生殖器官：可以分為兩大類，一為陰囊和其內部器官，包括陰囊、睪丸、副睪丸、輸精管、精索；二為陰莖，構造分為兩大部分，在其背部有兩個海綿體，充血之後能造成勃起，是男性性功能的基本反應；這種生理反應的歷程一直到近年來醫學界才完全瞭解清楚。這樣的勃起歷程從嬰兒期就可以看到，到青少年時期則最為強烈。此外。睡眠中也會自然勃起是男性相當特別的生理現象。腹面則是尿道，尿道是尿液和精液的出口，陰莖的最前端為龜頭，是性敏感區，覆在陰莖表面的皮膚稱為包皮。

2.內生殖器官：包括輸精管繞至膀胱後面所形成的貯精囊，貯精囊是生殖道最大的腺體，分泌70%的精液，大部分的成分是果醣。接下去是攝護腺，分泌2%的精液，功能是調節精液的酸鹼度，射精管道的開口在後尿道之處。精液中還混雜一些如考柏氏腺體分泌的少許潤滑液。

■男性的第二性徵

男性的第二性徵多半在10歲左右開始發育，如喉結、陰毛的生長等。一般來說，女孩的發育比男孩早兩年，這差異在學齡晚期的孩童身上就已經十分明顯了。

學齡男童和女童在生理方面表現出相對和差異兩種模式。在生理範疇方面，性別差異在與兩性生殖角色有關的層面中是相當明確的，如構造與激素的分泌；在非生理範疇中，生活期待和運動行為方面的性別差異最為明顯，係受到生物及社會因素的影響。

第二節　學齡兒童的發展危機

學齡期兒童的發展雖不如早期迅速，但仍朝向穩定中成長。男孩體格雖大於女孩，但女孩比男孩較早達到青春期的成長衝刺，所以到本階段發展末期，女孩之體格又稍大於男孩，但這之中仍存有很大的個別差異。醫藥科技的發展也使這一世代的兒童比往昔來得健康，但是現代父母較注重孩子的認知學習及因受媒體（例如電視）的影響，使得這一代的兒童缺乏運動與身體活動，影響兒童的健康及人格形塑，如肥胖症或身材矮小（參考**專欄6-2**及**專欄6-3**）。基本上兒童有齲齒及近視的問題，尤其臺灣學童普遍比亞洲鄰近國家及發展中國家的比率來得高。

從認知發展的層面來看，兒童正處於Piaget的具體運思期，他們已熟稔符號運用及善用心理表徵來進行心智活動，也逐漸發展保留概念的邏輯。在道德發展中，由於增加與成人和同儕的互動，也讓兒童漸漸發展習俗化的道德判斷與推理；兒童的社會發展已從家中轉移到學校，學校經驗（例如學習人際相處的關係）將影響個人之自尊、自信，以及日後生活型態，但有些身心障礙兒童和有學習障礙的兒童因本身的缺陷或技巧不足，使得他們面臨自卑感。兒童期中的孩童也會面臨一些情緒困擾，例如出軌行為、過動、尿床、遺便、抽搐、口吃、懼學症、憂鬱症、自閉症等行為發展的危機；此外，學齡兒童性發展處於安穩平靜階段，但有些早熟學童會做出性遊戲，或面臨身體性徵變化感到好奇及困擾。

學齡兒童期的到來，讓他們更重視同伴團體，也增加他們與同儕相處的時間，同伴團體是兒童發展自我認同、態度和價值觀的催化劑；換言之，兒童是否受同儕歡迎也將影響其自我概念。此外，科技的日新月異及媒體傳播之影響，也將迫使他們面臨成長過速的壓力，尤其是父母的期望，加上學校經驗和媒體傳播之影響，讓學齡兒童深深感受到更多壓力的童年，而童年壓力並深深影響他們的情緒發展及幸福感（well-being），故培養有彈性、毅力的孩子是家庭及社會共同的責任。

專欄6-2　身材矮小

根據國外的統計，小孩的正常生長速度於出生前六個月約長高16至20公分，七至十二個月約長高8公分，第二年時約長高超過10公分，第三年時約長高8公分，第四年時約長高7公分，而第五年至青少年時期（直到青春期）則每年約長高5至6公分。有些小孩在進入青春期之前會有一個短暫的生長遲緩情形，之後則進入青春期的快速生長期，每年最多可長高11至13公分。

由於飲食習慣慢慢西化，國內兒童不論身高或體型都比過去平均標準值高出很多，但仍可發現有一部分的孩童身高體型偏小。「望子成龍，望女成鳳」是每個父母的心情，對於家中有身高較矮小孩子的父母而言，不免擔心自己的孩子是否有問題，身材的高矮是很主觀的心理因素，因此若沒有一個標準，實在很難定論。通常我們採用同年齡、同性別的平均身高做標準，當身高比平均值低兩個標準差以上時，即身高所在的百分位低於正常族群的3%，或預估成人身高比標的身高少5公分以上時，就可說是矮小了。另外最重要的是生長速度不足，一般來說，一個上國小的小朋友如果一年身高長高不足4公分，即算是生長遲緩了。標準的身高的算法是：

男生＝（父親身高＋母親身高＋11公分）÷2
女生＝（父親身高＋母親身高－11公分）÷2

身材矮小的原因非常多，大多數是一些正常的生長變異，有些則是因為慢性疾病所引起，而真正因賀爾蒙因素引起的則較少。歸納如下：

◎正常的生長變異

1.家族性身材矮小（familial short stature）。
2.體質性生長遲緩（constitutional growth delay）。

◎特殊症候群

1.唐氏症（Down syndrome）。
2.普瑞德—威利氏症候群（Prader-Willi syndrome）。
3.透納氏症（Turner syndrome）。
4.努南氏症候群（Noonan syndrome）。
5.其他染色體異常。

◎非因內分泌疾病或治療引起

1.營養不良。
2.肺部疾患——囊狀纖維化、氣喘。
3.心臟疾病。
4.風濕免疫疾病。
5.胃腸道疾病——克隆氏症（Crohn’s Disease, CD）、發炎性腸道疾病。
6.神經疾患——特殊飲食配方、刺激性藥物使用。

7.腎臟疾病。

8.貧血。

9.腫瘤。

10.使用慢性腎上腺皮質激素。

家族性身材矮小是指家族有遺傳性身材矮小的情形，其骨齡X光檢查是正常，而生長速率每年可達4公分以上，且其身高亦落在標的身高範圍內。若追溯家中其他成員的平均身高都是比較矮的。這種情形不是因為器質性的問題導致身材矮小，而是與遺傳因素有關，稱為家族性身材矮小，故不必特別治療，只須定期追蹤即可。

體質延遲性身材矮小，是指身材矮小且其骨齡的生長有遲滯現象，這樣的小孩在十八至三十個月大時，會有一個發展較遲緩的時期，之後便又恢復正常。青春期會延遲，雖然看起來會比同年齡都小一號，但是到成年的階段，大部分都追得上平均身高以上，通常其家族史都有相同的生長型態，而且比一般小孩在進入青春期前有一個明顯的生長速度延緩的情形。這種情形，不是因為器質性的問題導致身材矮小，故不必特別治療，只須定期追蹤即可。

內分泌因素引起的身材矮小有很多種，按照其發生率依次為：

1.甲狀腺功能低下——先天因素造成或後天因素造成。

2.生長激素缺乏。

3.腎上腺醣性類皮質固醇過量。

4.假性副甲狀腺功能低下。

醫生常於門診中，被問及小孩「身材矮小」是否可以治療，事實上在所有病因中，真正需要治療的比率並不高，所以當父母發現小孩身高總是在班上最矮的前幾名時，應該先讓醫師做一個詳細的病史追蹤，並安排適當的檢查，以查明可能病因，避免胡亂吃祕方或藥物。若是其他重要器官疾病所引起，如先天性心臟病、腎臟發育不全、慢性腹瀉等，則必須先矯正病因，才能改善身材問題。

有些矮小疾病是需要治療的，如生長激素缺乏症、甲狀腺功能不足、透納氏症、普瑞德－威利氏症候群與慢性腎病者。生長激素可以提供生長激素缺乏症及透納氏症很好的治療，但由於生長激素是昂貴藥物，健保的規定也十分嚴格，並不是每個想長高的孩子都可以用生長激素來治療。其實影響孩子身高最重要的因素是父母自己的身高，況且身高只要在一個合理的區間就算正常，而非一定要高人一等才行。家長若因身高有問題帶孩子來找醫生，最好攜帶孩子近年來的身高紀錄，如跟學校申請每學期的身高紀錄，可提供醫師診斷上很好的參考。

生長激素缺乏是一種生長激素無法正常分泌的疾病。一旦體內生長激素缺乏，身體就無法正常發育，身高、體重也增加得很緩慢。父母通常會發現此病症的兒童比同年齡的小孩身材矮小，身高與體重往往會落在同年齡層的三百分位以下，且骨齡有嚴重落後的情形。一個生長激素缺乏的小孩，如果能在早期發現接受生長激素補充治療，成年後可達一般成人身高的正常範圍。

接受生長激素治療的副作用可分為三大類：

1.最常見的且較不具臨床意義的：鹽分及水分的滯留，而產生末梢暫時性的水腫、頭痛、關節痛及僵硬。
2.較不常見但較具臨床意義的：假性腦瘤（腦水腫所顯示之症狀）、股骨頭滑動、高血糖。這些副作用最常發生在生長激素治療透納氏症與慢性腎臟病的病人。
3.極少且較理論性的，與臨床的關係尚質疑的：全世界粗估約有三十五位病人於接受生長激素治療後發生白血病（血癌），這些人當中大部分是之前有接受過化學治療或放射線治療，具罹患血癌的危險因子者。罹患血癌所增加的危險性，以及是否連原發性生長激素缺乏者在接受生長激素治療時，其危險性亦會增加，這些致病因素並不清楚，因為統計的個數實在太少。有關人員亦曾提出生長激素會使腦瘤復發的說法，但到目前為止，並沒有研究可以指出或證明，接受生長激素治療者其復發率真的有增加的情形。

專欄6-3　兒童肥胖

傳統上，肥胖被定義為在生長曲線圖上體重對身高超過90%以上，或體重超過理想體重的120%以上者為肥胖。理想體重是取該青少年身高在第五十百分位時所對應的體重。

隨著飲食習慣的改變，例如高熱量、高油脂的精緻食物及含糖飲料的被大量攝取，以及戶外活動被長期的電視或電腦活動所取代，臺灣的學童也和美國學童一樣，小胖子愈來愈多。根據1990年美國國家衛生暨營養調查報告（NHANES III），全美大約有34%的成人被認為是胖子，意味著大約六千五百萬至七千五百萬的美國成人是胖子。至於美國肥胖兒童也從1976年增加了至少50%。

經統計研究報告指出，大部分胖子的父母至少有一個也是胖的；若父母雙方都是胖子，約有三分之二的機率子女將來也會是胖子；同卵雙胞胎的研究報告指出，即使從小就不生活在一起，有60%至75%也同樣會是胖子，所以遺傳是一個重要因子。大部分人都認為胖子是因為貪吃而胖，但此論調並未獲得正式的科學研究報告證明，倒是有些研究報告指出，胖子因能量消耗低，致多餘熱量不易排解。所謂能量消耗量，包括休息時基礎代謝率、熱能生成、身體物理活動等。

評估兒童肥胖程度有很多方法，有身體質量指數（BMI）（如**表一**）、重高指數（Weight-Height Index, WHI）（如**表二**）、皮層脂肪厚度（skinfold thickness）、腰臀圍、電腦斷層等。

◎身體質量指數

身體質量指數是目前國人最常使用的評估肥胖方法，適用於6歲以上的孩童，其計算方法如下：

身體質量指數（BMI）＝體重（公斤）÷身體（公尺^2）

再利用臺灣地區孩童身體質量指數百分位表（**表一**）來判斷，身體質量指數超過95%以上為肥胖；介於85%至95%為過重；而介於5%至15%表示過輕；低於5%表示過瘦。舉例來說，一個10歲的小男孩，身高150公分，體重57公斤，其身體質量指數的算法為57÷（1.5）^{2}=25.3，再查**表一**同年齡男生之身體質量指數，知其百分位已超過95%，故此小朋友已屬肥胖，需要減肥了。若身邊沒有身體質量指數百分位表參考時，有一簡單公式，可大略算出在不同年紀的肥胖學齡兒童，其身體質量指數值應大於多少，例如10歲男生，其身體質量指數大於23（10＋13）實屬肥胖了。

簡單的公式為：

肥胖男生BMI≧年齡（歲）＋13

肥胖女生BMI≧年齡（歲）＋14

表一　兒童與青少年的身體質量指數

年齡	過重（BMI≧）		肥胖（BMI≧）	
	男生	女生	男生	女生
2	17.7	17.3	19.0	18.3
3	17.7	17.2	19.1	18.5
4	17.7	17.1	19.3	18.6
5	17.7	17.1	19.4	18.9
6	17.9	17.2	19.7	19.1
7	18.6	18.0	21.2	20.3
8	19.3	18.8	22.0	21.0
9	19.7	19.3	22.5	21.6
10	20.3	20.1	22.9	22.3
11	21.0	20.9	23.5	23.1
12	21.5	21.6	24.2	23.9
13	22.2	22.2	24.8	24.6
14	22.7	22.7	25.2	25.1
15	23.1	22.7	25.5	25.3
16	23.4	22.7	25.6	25.3
17	23.6	22.7	25.6	25.3
18	23.7	22.7	25.6	25.3

資料來源：行政院衛生署（2002）。

◎重高指數

計算公式為：

重高指數（WHI）＝兒童體重（kg）／兒童身高（cm）／50%體重（kg）／50%身高（cm）

若大於或等於1.20為肥胖；1.10至1.19為過重；0.9至1.09為正常；小於0.90為過輕。

為了方便起見，專家們先將3至18歲男女的50%體重身高除好，稱之為重高常數（表二），故將小朋友的體重身高相除，再除以重高常數，便可得到重高指數了。

另外，測量皮層厚度可以幫助瞭解是否真的肥胖，還是肌肉骨頭重的關係，可以測量的部位有手臂三頭肌、二頭肌、背肩胛骨下、中腹等部位，若超過85%以上為過重，超過95%以上為肥胖。另有專家建議測量腰圍及軀幹皮層厚度比使用腰臀圍（waist-hip ratio）來評估中「廣」身材（central obesity）更準確。另外，還有電腦斷層、核磁共振掃描等方法來評估腹腔內脂肪組織及腹部皮下脂肪厚度，是有用但不切實際。

表二　重高常數

實足年齡	重高常數		實足年齡	重高常數	
	男	女		男	女
3歲	0.156	0.157	11歲	0.278	0.267
4歲	0.168	0.163	12歲	0.293	0.291
5歲	0.177	0.174	13歲	0.316	0.310
6歲	0.191	0.186	14歲	0.335	0.318
7歲	0.205	0.198	15歲	0.351	0.329
8歲	0.219	0.213	16歲	0.365	0.327
9歲	0.241	0.227	17歲	0.368	0.327
10歲	0.254	0.245	18歲	0.374	0.331

◎肥胖有哪些併發症？

黑棘皮症是皮膚變黑變粗的現象，常被家長誤以為小朋友沒清洗乾淨所致。最常發生的部位在頸項和腋窩，與胰島素阻抗有密切關係，表示身體對胰島素的敏感性不好，因此血中的胰島素升高，刺激黑色棘皮的增生。久之，胰島素漸漸失去其應有的功用，血糖開始上升，糖尿病便因此而產生了。肥胖常與心血管問題如高血壓、動脈血管硬化，新陳代謝問題如高脂血症、高尿酸、糖尿病有關，是眾所皆知的，應予肥胖兒童抽血檢查空腹血糖、三酸甘油酯、膽固醇、尿酸、游離胰島素等濃度。若有運動或睡眠呼吸困難，還須會診兒童心臟或胸腔專科醫師。

◎肥胖兒童來到醫院要做哪些檢查？

首先要問過去史，如出生史（出生週數、出生體重、出生方式——自然生產、剖腹生產或真空吸引等）、什麼時候開始胖、疾病史、開刀史等，以及家族史，如父母及祖父母的身高、體重、年齡、疾病史（有否高血壓、糖尿病、高血脂、高尿酸等），然後要做詳細的病理學檢查，如身高、體重、皮層脂肪厚度、腰臀圍，及是否因肥胖而產生腹部或大腿內側皮紋、黑棘皮症等。

對於肥胖的病童，首先要區分的是單純的營養過剩，或是因其他疾病所引起的。為何要把身高、體重畫成生長曲線？因為單純的胖子，身高在生長曲線上應不會太矮，若身高較矮就應警覺到是否為內分泌疾病引起的肥胖，如甲狀腺低能症、腎上腺皮質高能症、生長激素缺乏症、下視丘症候群、假性副甲狀腺低能症等可能性。

一、學齡兒童的生理危機

學齡兒童常見的生理問題包括六種，茲分述如下。

(一)營養

學齡期兒童已進入學校的團體環境，飲食已不再受到父母的監控，而開始有他們自己的飲食行為。有時因為遊戲或其他活動，兒童會倉促進食；有時也會因父母未準備早餐而外食；有時因受同儕或媒體廣告而進食過多高脂肪（如速食）或高糖（飲料）之食物，而引起學童常見的肥胖或齲齒的問題。洪允賢（1989）指出，臺灣將近5%的國小學童有偏食的習慣，近30%有邊看電視邊進食之習慣，而且對食物之知識不足，常有營養超過或不足之現象。**發育激進**（growth spurt）是造成學齡兒童及青春期快速發展的原因，因此身體所必需的熱量、蛋白質、鐵、鈣及各種維生素等均隨著增加，如在此時期有營養攝取之問題，則對於成長會產生顯著之影響（謝明哲等，2003）。

(二)兒童肥胖症

兒童肥胖已逐漸成為一種「流行症」，不僅在歐美國家如美國、英國，近年來已流行到亞洲，如日本、臺灣、中國大陸。行政院衛生署已將國人肥胖定義以身體質量指數（BMI）為標準（參見**表6-5**及**表6-6**）。肥胖除了帶給兒童身體活動的不便，遭同儕的嘲笑，最令人擔心的是日後的健康問題，如高血壓、糖尿病、心臟病等。

造成**肥胖症**（obesity）的原因可能來自遺傳、內分泌失調、飲食及生活習慣等，在現代社會裡，最主要的原因是吃得多、運動太少，及吃高糖高脂的食物。目前有關兒童肥胖的治療有飲食治療、運動治療及行為治療三種。

表6-5　臺灣地區學齡兒童男生年齡別身高、體重及BMI的標準值

年齡	7	8	9	10	11	12
身高（公分）						
95th	133.0	138.9	144.0	150.0	158.5	166.0
50th	124.0	129.5	134.0	139.0	145.5	152.5
5th	115.8	121.0	125.0	129.5	134.5	140.0
體重（公斤）						
95th	35.0	40.4	43.1	48.6	55.0	61.2
50th	24.9	27.6	30.0	33.0	37.6	43.0
5th	20.0	22.0	24.0	26.0	28.9	31.7
BMI						
95th	21.2	22.0	22.5	22.9	23.5	24.2
50th	16.1	16.5	16.8	17.1	17.7	18.3
5th	14.0	14.2	14.4	14.6	15.0	15.4

資料來源：摘自陳偉德等（2003）。

表6-6　臺灣地區學齡兒童女生年齡別身高、體重及BMI的標準值

年齡	7	8	9	10	11	12
身高（公分）						
95th	131.9	138.4	145.0	153.0	158.5	162.0
50th	123.0	128.5	134.0	141.0	148.0	153.0
5th	114.5	119.8	124.5	130.0	136.4	142.4
體重（公斤）						
95th	33.0	38.0	42.5	49.0	55.0	58.4
50th	24.0	26.8	29.6	34.0	39.7	43.7
5th	19.0	21.0	23.1	25.9	29.2	33.0
BMI						
95th	20.3	21.0	21.6	22.3	23.1	23.9
50th	15.8	16.1	16.5	17.1	17.9	18.6
5th	13.7	13.9	14.1	14.4	14.9	15.4

資料來源：摘自陳偉德等（2003）。

(三)厭食症

厭食症（anorexia nervosa）是一種與肥胖症相反的兒童營養問題，此種症狀大多發生在青春期的少女及模特兒身上，又稱為紙片人。其病徵是厭惡飲食、食慾不振、體重急遽下降，甚至無月經等現象；但有人會伴隨嘔吐、便秘的現象。其主要是吃少量食物，但精神激昂、不知疲倦，有時伴隨極大的精神失調，嚴重的患者要做精神科的專門治療。

(四)牙齒保健

學齡兒童身體改變的另一特徵是換牙，第一顆恆齒大約在5至6歲開始長出，之後幾年中兒童的乳齒開始掉落，每年大約長出4顆恆齒，臼齒大約在6歲、12歲及20歲分三次長出，如果有些長歪的臼齒，牙醫大多建議拔掉。我國學齡兒童患齲齒的比率居高不下，6歲兒童乳齒齲齒平均為5.88顆，高達88.43%；而12歲是3.31顆，為66.5%，治療率為54.3%；此外，青少年的齲齒率更高達80%，且有牙周病的問題（雅虎奇摩新聞，2001）。產生齲齒的原因很多，主要是由於日常生活所吃的食物中碳水化合物附在牙齒上，發酵產生酸，使口腔內的乳酸菌、鏈球菌、葡萄球菌等活動增加，造成「牙菌斑」，直接腐蝕牙齒表面，形成蛀洞。學齡前幼兒的乳牙比學齡兒童恆牙的蛀牙率來得高，理由是幼兒較有不適當的飲食，不良的牙齒照顧及乳牙的鈣化程度較低，吸收氟的時間較短，牙齒表面硬度較低，抗酸力較弱等原因所致。未來努力改善兒童齲齒率之嚴重情形，只有協助兒童改善口腔衛生，目標方向為：(1)培養兒童口腔清潔習慣；(2)減少甜食攝取，提升口腔衛生認知；(3)加強氟化物之使用；(4)提高學齡兒童口腔診療服務工作。

(五)視力保健

學齡兒童另一個常見的身體保健問題是視力。當孩童趨近學齡期，視覺較以前敏銳得多，加上視覺器官系統也愈趨成熟，所以學齡兒童雙眼共同運作的協調能力更加成熟，有利於他們視力有更好的對焦。

然而，學齡兒童依賴視力的活動愈來愈多，例如看書、看漫畫、電視、玩電動、畫圖、玩樂高等需要近距離看物體的動作，加上時間一長，又缺乏休息及調節看遠方距離，使得視力習慣於近距離看物體，過度使用而產生疲勞，很容易造成近視。最容易造成兒童罹患近視的年齡層是5至6歲及9至10歲，約在幼稚園大班和國小三年級兩個時期。一旦孩童發現近視，如果不改善使用視力之習慣，平均每年約成長100度左右（郭靜晃，2005）。

營養不均衡、課業壓力、觀看電視及近距離看物體時間過長等因素，皆可能導致學齡兒童出現視力問題。臺灣學童在國小一年級出現近視比率為12.1%，國小六年級則高達55.4%（行政院衛生署，1995）。視力保健方面，除了加強視力保健教育的宣導，加強視力篩檢工作，改善兒童視力環境之外，平時也要靠大人隨時提醒兒童注意閱讀及看電視時的光線、距離及休息時間的長短是否合宜。

(六)事故傷害

兒童事故傷害是學齡期兒童最嚴重且最須關切的健康問題。根據衛生署2003年的統計資料顯示，1至14歲兒童死因中第一位是事故傷害，占該年齡層總死亡人數的36.41%（行政院衛生署，2004）。兒童之事故傷害以溺死、窒息、異物所致死亡，以及機動車交通事故為主因，三分之二發生在9歲之前，以6歲居多。

事故傷害的預防可從三方面著手：教育、環境設計的改良和產品設計的改良，但又以此三種預防方式同時進行最能產生預防之效用。

兒童事故傷害常見的危險因子有下列幾種，但有個別之差異，茲分述如下（郭靜晃，2005：501）：

1.年齡：不同年齡不僅有不同的事故傷害，相同的事故也發生在不同年紀的兒童身上，也產生不同程度的傷害。

2.性別：與其說男女因心智、身體肌肉張力上發育之不同，不如說是他們性向、氣質喜好接觸事物之不同，而導致不同型態之事故傷害。

3.家庭：在不同教育型態的家庭，事故傷害發生的機率也會有所不同，通常愈權威性家庭，事故產生的比率較低。

4.社會情況：愈疏於照顧及教育兒童的家庭，例如單親家庭、隔代教養家庭或低收入家庭，其孩童發生事故的比率較高。

5.環境：無論家庭或政府，愈能投資教育於孩子身上，其事故傷害的發生率較低。

二、學齡兒童的心理危機

Erikson（1963）認為，學齡兒童隨著兒童期發展日後適應社會的基本技巧，例如讀寫算能力，並獲得個人的評價標準以及判斷是否能對其所處社會團體有所貢獻，並許下自己的承諾。有些個體發展一些強烈的成就動機或自我功效感；相對地，有些人則對自我有較低之期望。

勤奮（industry）是Erikson（1963）所提出的概念，對學齡兒童而言，即指自己對發展技能獲得及從事有意義的工作渴望，個體具有成就動機的驅力作用。學齡兒童對於新的學習與技能，尤其獲得成人的肯定皆能趨使個體學習新的能力；此外，同儕鼓勵也是個體勤奮的重要驅力。

勝任技能的動機和掌握技能所產生的內在動機，加上外部酬賞推使個體學習新的技巧，此時個體能沉浸在技能習得的快樂和滿足之中。相對地，個體如無法獲得新技能或由外在互動得到負向互動而形成個體的無用感和無能感，因此形成機體自卑（organ inferiority）。**機體自卑**係指任何阻礙個體獲得技能的生理及心理限制。不能掌握某些技能的兒童，個體會體驗到自卑。能力、生理發展和先前經驗會形成個體的無能感，兒童漸漸會發現並不是每一項技能均可以掌握。然而一個領域的成功會補償另一個領域的失敗，所以，我們儘量提供多元學習機會以減少個體在某些領域的失敗，或獲得某些領域的成功以減少個體產生全面的心理衝突。

社會環境會透過**社會比較**（social comparison）**過程**來造成個體形成自卑感。兒童如被暗示他們不如同伴，尤其在家庭或學校情境中時，常常造成個體產生負向危機，在同齡兒童面前，常有害怕自己不如同伴，甚至因此拒絕任何新的嘗試機會。

社會環境透過它對任何失敗的消極評價而刺激了自卑感。有兩種失敗的訊息會導致機體自卑：(1)對兒童動機的批評：此種訊息暗示個體本身是可以避免失敗的；(2)能力的缺乏：此訊息暗示個體不具備成功之必要條件。具有此種失敗訊息的兒童因而形成**習得無助感**（learned helplessness）的自我態度，可能造成日後對未來有較消極的看待。

學齡期兒童通常會因失敗而感到羞愧，也讓它與早期的危機如自我懷疑、內疚緊繫在一起。此種暗示個體設法達到外部的要求標準，致個體產生強烈的消極情感。

Calhoun及Morse（1977）的研究發現，學習失敗以及隨後遭到嘲笑，個體會產生消極的自我形象。學校至今依然是文化權威的象徵，也是造成孩子機體自卑的主要來源，在學校裡表現失敗很容易使得兒童感到自己被排斥在較大的社會團體之外，嚴重自卑的兒童會呈現出勉強、自我懷疑和退縮的行為，也造成個體對學習的強烈否定。

三、解決危機的核心過程

學齡兒童因應危機的核心過程是教育，這也是每一種文化制定前人智慧和技能，經由正式及非正式管道傳遞給年輕下一代。當然，今日社會由學校承擔著教育的主要責任，過去直接或間接地透過父母及角色模仿所延伸的由個別的或團體方式達到的技能體驗，今日儼然已成了職業上的培養。教育透過正規學習，在每日固定的時間及特定的空間來達成特定文化之要求，所以說來，學校成功之經驗是個體勤奮vs.自卑重要的依據。

因此小學教育的目標是幫助兒童擴大學習，以掌握他們的組織概念、理論和關係的語言，尤其著重於語言／分析的問題解決能力，以便獲得體驗較多成功的機會，進而發展個體之勤奮感及學習新的技能。

然而，並非所有的學齡兒童皆能獲得成功體驗。有些人將教育視為獲得經濟保障、智力發展和政治權力的工具；有些群體則不信任教師、學校和教育。這些不同期望方面促使他們相信教育並遵守學校學習；而另一方面則脫離學校，轉任社會找尋自我動機的能力。

現代社會資訊發達成了另一種教育機會來源，即提供學習過程的網路化（contextualization）。網路化可以透過不同學習情境，例如電腦、學校，先喚起兒童先前的知識和概念，再延伸新的方向。網路化要求教育可用不同表達方式，重組程式和語言，以使得兒童不被重要團體所孤立，例如父母或重要他人的加入。當教育過程網路化，兒童可加強對自己及文化的認同，以發展個體的學業自我效能，並解決個體的學習自卑危機。

能力感（competence）是學齡兒童期為因應其自卑危機的動力，促使個體有動機去執行外在環境的要求。Ford（1985）認為，個人能力感包括有五個概念要素：

1.能力感是反映個人在特定情境的努力表現。
2.能力感是一人格特質，如堅毅力（resilience）所描繪之個人因應壓力情境的特質。
3.能力感是一動機系統，如Robert White（1959）所認為，個人會傾向追求最高專精（mastery）表現。
4.能力感是知識、技巧及能力的組合，促使個體朝向成功的適應。
5.能力感反映個體努力的信念，這也如同Erikson（1982）所認為的能力主要是適應自我品質。

Bandura（1982）提出自我效能（self-efficacy）來評量兒童在特定情境的能力感。**自我效能**是個體被要求在特定情境執行某特定行為的自信。此種感受會因不同情境而呈現不同效能感，例如某人在體育課覺得自我效能感不錯，但執行數學作業就不好。

Bandura（1982）提出自我效能包含有四個要素（參見**圖6-4**）：(1)過去的能力成就（enactive attainments）：係指個體去執行此項任務的精熟度（mastery）；(2)替代經驗（vicarious experiences）：觀察與自己相似的人執行此任務的成功率；(3)言語勸導（verbal persuasion）：被別人所鼓勵或獎賞；(4)生理情況（physical states）：例如執行工作任務之生、心理情況，如焦慮或自信。

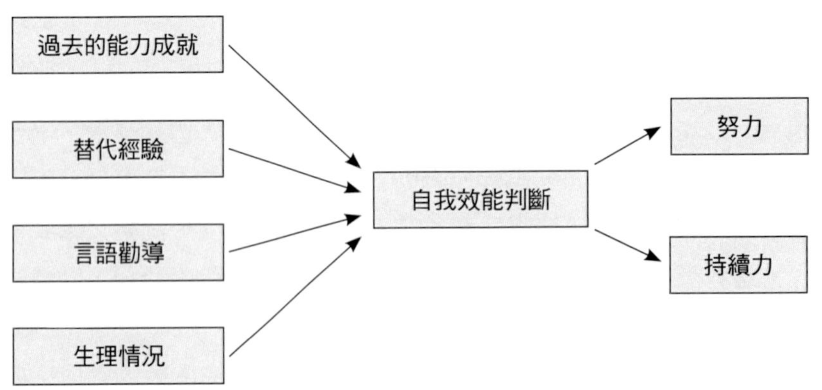

圖6-4　自我效能的組成要素

當個體覺得自己在某些情境或要求時具有自我效能感，他們會熱愛學習與工作，進而發展專精技能及成就動機；反之，個體如缺乏能力及自我效能感，就會變得無精打采（inertia），無心工作，最後形成機體自卑感。無力感（inertia）是個人抑制自己參與活動的內在作為力。這些學童是被動的、退縮的，不願去嘗試新的活動。此種核心病症將影響學齡兒童的學習，並且造成個體不願面對每日的新挑戰與生活，而最後造成個體自我懷疑、自卑等心理危機。

第三節　結語

學齡兒童是發展心理學的先鋒，早期研究最早著重於學齡兒童的發展，但自研究方法及工具的發展，發展心理學逐漸將重心移至嬰幼兒心理學。自1970年代，由於嬰兒潮湧自青少年階段，也使得研究逐漸移轉注意力到青少年發展；而1980年代之後，再轉至成年及老年的發展；時至2013年的今日，老年期生理、心理的「成功老化」，成了「發展心理學」的另一注意力。

發展心理學因受到Sigmund Freud的論說所影響，也由於學齡兒童正處於心理衝突的潛伏期，而常被心理學家所忽略，但自從Piaget的認知理論及Erikson的心理社會理論，認為學齡兒童期也有其認定的發展特徵及任務後，學齡兒童的心理發展才漸為心理學家所重視。學齡兒童期自第一個社會化機構（家庭）脫離而進入另一個社會化體系（學校與同儕），面臨不同社會化環境，正逐漸拓展其自我及社會能力，此時也正要透過學校教育及自我發展，學習其日後生活的技能。

參考書目

一、中文部分

丁大田（1995），江漢聲、晏涵文等主編。〈生物學上的女性〉，《性教育》。臺北：性林。

江漢聲（1995），江漢聲、晏涵文等主編。〈生物學上的男性〉，《性教育》。臺北：性林。

行政院內政部警政署刑事警察局（1988）。《臺灣刑案統計》。臺北：內政部警政署刑事警察局。

行政院衛生署（1995）。《國民保健手冊》。臺北：行政院衛生署。

行政院衛生署（2002）。「國人肥胖定義及處理原則」，摘自http://www.doh.gov.tw/newverprog/proclaim/content.asp?class_no=79&now_fod_list_no=2452。

行政院衛生署（2004）。「中華民國92年臺北地區死因統計結果摘要」，取自http://www.doh.gov.tw/statistic/data/死因摘要/92年/92.htm。

吳敏而（1998），輯於蘇建文等著。〈語言的發展〉，《發展心理學》。臺北：心理。

林正文（1993）。《兒童行為觀察與輔導》。臺北：五南。

林雨璉（2003）。《國中生被害恐懼感與其所採行為策略，人際信任之關聯性研究》。臺北：國立成功大學教育研究所碩士論文。

洪允賢（1989）。《兒童營養》。臺北：五南。

張欣戊等（1994）。《發展心理學》。臺北：國立空中大學，頁161。

張欣戊等（2001）。〈語言發展〉，《發展心理學》。臺北：國立空中大學。

張保光（1996）。〈從校園暴力談家庭教育〉，《桃縣文教》。2：2-4。

郭靜晃（2005）。《兒童發展與保育》。臺北：揚智。

郭靜晃、吳幸玲（1994）。《兒童發展》。臺北：揚智。

郭靜晃、吳幸玲譯（1993）。《兒童發展——心理社會理論與實務》。臺北：揚智。

郭靜晃等（2005）。〈學齡兒童的心理發展〉，《兒童發展與保育》。臺北：威仕曼。

陳偉德等（2003）。〈臺灣地區兒童及青少年生長曲線圖：依健康體適能訂定之標準〉，《中臺灣醫誌》。8（Supplement 2）。

程小危（2001），輯於張欣戊等著。〈道德發展〉，《發展心理學》。臺北：國立空中大學。

雅虎奇摩新聞。「臺灣兒童齲齒率改善但青少年牙齒變差」，摘自http://tw.news.yahoo.com/2001/10/18/leisure/cna/2609403.html。

馮燕（1998）。〈我國中央兒童局的功能與意義〉，《社區發展季刊》。臺北：內政部社區發展雜誌社，81：29-48。

黃德祥（1995）。《青少年發展與輔導》。臺北：五南。

黃慧真譯（1989）。《發展心理學——人類發展》。臺北：桂冠。
楊語芸、張文堯譯（1997）。《社會環境中的人類行為》。臺北：五南。
劉秀娟（1997）。《兩性關係與教育》。臺北：揚智。
賴朝輝（1998）。《國中生自我概念、行為困擾與校園暴力行為之相關研究》。臺中：國立臺中師範學院國民教育所碩士論文。
賴雅琦（2002）。《國中生對校園犯罪之被害恐懼感研究》。臺南：國立成功大學教育研究所碩士論文。
謝明哲等（2003）。《實用營養學》（二版）。臺北：華杏。
簡茂發（1983）。〈國小學童友伴關係的相關因素之分析〉，《教育心理學報》。16：71-88。
簡茂發、朱經明（1982）。〈國中學生的友伴關係及其相關因素之研究〉，《測驗年刊》。29：93-103。

二、英文部分

Achenbach, T. M. & Edelbrock, C. S. (1981). Behavioral problems and competencies reported by parents of normal and disturbed children aged four through sixteen. *Monographs of the Society for Research in Child Development, 46*: 1.
Achenbach, T. M. (1982). *Developmental Psychopathology* (2nd ed.). N. Y.: Wiley.
Angier, N. (1990). Scientists say gene on Y chromosome makes a man. *New York Times*, pp. A1, A19.
Asher, S. R., Oden, S. L., & Gottman, J. U. (1977). Children's friendship in school settings. In L. G. Katz (Eds.), *Current Topics in Early Childhood Education* (Vol.1). Norwood, NJ: Ablex.
Ausubel, D. P., Sullivan, E. V., & Ives S. W. (1980). *Theory and Problems of Child Development* (3rd ed.). New York: Grune & Stratton.
Bandura A. (1982). Self-efficacy mechanism in human agency, *American Psychologist, 37*: 122-147.
Barker, P. (1979). *Basic Child Psychiatry* (3rd ed.). Baltimore: University Park Press.
Basow, S. A. (1992). *Gender Stereotypes and Roles*. CA : Brooks/ Cole.
Bee, H. (1992). *The Developing Child* (6th ed.). New York : Harper Collins College Publishers.
Benenson, J. F. (1993). Greater preference among females than males for dyadic interaction in early childhood. *Child Development, 64*: 544-555.
Berberian, K. E. & Snyder, S. S. (1982). The relationship of temperament and stranger reaction for younger and older infants. *Merril-Palmer Quarterly, 28*: 79-94.
Bernstein, G. A. & Garfinkel, B. D. (1988). *Pedigrees, Functioning, and Psychopathology in Families of School Phobic Children*. New York: Random House.
Bootzin, R. R. & Acocella, J. R. (1988). *Abnormal Psychology* (5th ed.). New York : Random House.

Bowlby, J. (1980). *Attachment and Loss: Loss, Sadness, and Depression* (Vol.3). New York: Basic Books.

Brainerd, C. J. (1977). Cognitive development and concept learning: An interpretive review. *Psychological Bulletin, 84*: 919-939.

Brittain, C. (1963). Adolescent choices and parent-peer cross-pressures. *American Sociological Review, 8*: 385-391.

Butterfield, E. C., Nelson, T. O. & Peck V. (1988). Developmental aspects of the feeling of knowledge. *Developmental Psychology, 24*: 654-663.

Calhoun, G. Jr. & Morse, W. C. (1977). Self-concept and self-esteem: Another perspective. *Psychology in the Schools, 14*: 318-322.

Chapman, M. & McBride, M. L. (1992). Beyond competence and performance . Children's class inclusion strategies, superordinate class cues, and verbal justifications. *Developmental Psychology, 28*: 319-327.

Chomsky, C. S. (1969). *The Acquisition of Syntax in Children From Five to Ten*. Cambridge, MA : M. I. T.

Cicchetti, D. & Toth, S. L. (1998). The development of depression in children and adolescents. *American Psychologist, 53*: 221-241.

Cohn, D. A. (1990). Child-mother attachment of six-year-olds and social competence at school. *Child Development, 61*: 151-162.

Corsaro, W. (1981). Friendship in the nusery school: Social organization in a peer enveroment. In S. Asher & J. Gottman (Eds.), *The Development of Children's Friendships*. New York: Cambridge University Press.

Crooks, R. & Baur, K. (1993). *Our Sexuality* (5th ed.). New York : The Benjamin/Cummings Publishing.

Cross, D. R., & Paris, S. G. (1988). Developmental and instructional analyses of children metacognition and reading comprehension. *Journal of Educational Psychology, 80*: 131-142.

Erikson, E. H. (1963). *Childhood and Society* (2nd ed.). New York: Norton.

Erikson, E. H. (1968). *Identity: Youth and Identity*. New York : Norton.

Erikson, E. H. (1982). *The Life Cycle Completed: A Review*. NY: Norton.

Flavell, J. H., Speer, J. R., Green, F. L., & August, D. L. (1981). The development of comprehension monitoring and knowledge about communication. *Monograph of the Society for Research in Child Development, 46(5)*: 192.

Ford. M. E. (1985). The concept of competence. Themes and variations. In H. A Marlowe & R. A. Weinberg (Eds.), *Competence Development: Theory and Practice in Special Populations*. Springfield IL: Charles C. Thomas.

Frankel, K. A. & Bates, J. E. (1990). Mother-toddler problem solving: Antecedents in attachment, home behavior an temperament. *Child Development, 61*: 810-819.

Furman, W. & Masters, J. C. (1980). Peer interactions, sociometric status, and resistance to young children. *Development Psychology, 16*: 229-236.

Garner, P. W. & Power, T. G. (1996). Preschoolers' emotional control in the disappointment paradigm and its relation to temperancent, emotional knowledge, and family expressiveness. *Child Development, 67*: 1406-1419.

Garvey, C. (1974). Some properties of social play. *Merrill-Palmer Quarterly, 20*: 163-180.

Gorden, D. & Young, R. (1976). School phobia: A discussion of etiology, treatment, and evaluation. *Psychological Bulletin, 39*: 783-804.

Greenberg, M. T. & Speltz, M. L. (1988). Attachment and the ontogeny of conduct problem. In J. Belsky & T. Nezworski (Eds.), *Clinical Implications of Attachment* (pp.177-218). Hillsdale, NJ: Erlbaum.

Gulko, J., Doyle, A., Serbin, L. A., & White, D. R. (1988). Conservation skills: A replicated study of order of acquisition across tasks. *Journal of Genetic Psychology, 149*: 425-439.

Halliman, M. T. (1981). Recent advances in sociometry. In S. R. Asher & J. M. Gottman (Eds.), *The Development of Children's Friendship*. New York: Cambridge University Press.

Harper, L. V. & Huie, K. S. (1985). The effects of prior group experience, age, and familiarity on the quality and organization of preschooler's social relationships. *Child Development, 56*: 704-717.

Harter, S. (1996). Developmental changes in self-understanding across the 5 to 7 shift . In A. J. Sameroff & M. M. Haith (Eds.), *The Five to Seven year Shift: The Age of Reason and Responsibility* (pp. 207-235). Chicago, IL: Chicago University Press.

Harter, S. (1998). The development of self-representations. In W. Damon (Series Ed.) & N. Eisenberg (Vol. Ed.), *Handbook of Child Psychology, Vol. 3: Socail, Emotional, and Personality Development* (5th ed., pp.553-617). New York: Wiley.

Hartup, W. W. (1983). The peer system. In E. M. Hetherington (Eds.), P. H. Mussen (Series Eds.), *Handbook of Child Psychology: Socialization, Personality, and Social Development*. New York: Wiley.

Hartup. W. W. (1984). The peer context in middle childhood. In W. A. Collins (Ed.), *Development During Middle Childhood: The Years from Six to Twelve* (pp.240-282). Washington, DC: National Academy Press.

Jacobson, T. & Hoffmann, V. (1997). Children's attachment representations : Longitudinal relations to school behavior and academic competency in middle childhood and adolescence. *Developmental Psychology, 33*: 703-710.

Kochenderfer, B. H. & Ladd, G. W. (1996). Peer victimization: Cause or consequence of school madadjustment ? *Child Development, 67*: 1305-1317.

Kuo, J. H. (1988). A muttidimensional analysis of quality of communication and well-being in families with adolescents: A cross-sectional and longitudinal comparison (Doctoral dissertation, Ohio State University). *Dissertation Abstracts International, 49.*

Laible, D. J. & Thompson, R. A. (1998). Attachment and emotional understanding in preschool children. *Developmental Psychology, 34(5)*: 1038-1045.

Lieberman, J. N. (1977). *Playfulness: Its Relationship to Imagination and Creativity*. New York: Academic Press.

Lutkenhaus, P., Grossmann, K. E., & Grossmann, K. (1985). Infant mother attachment at twelve months and style of interaction with a stranger at the age of three years. *Child Development, 56*: 1538-1542.

Malmquist, C. P. (1983). Major depression in childhood: Why don't we know more? *American Journal of Orthopsychiatry, 53(2)*: 262-268.

Marvin, R. S. & Greenberg, M. T. (1982). Preschoolers' changing conceptions of their mothers: A social-cognitive study of mother-child attachment. *New Directions for Child Development, 18*: 47-60.

Masten, A. S. & Coatsworth, J. D. (1998). The development of competence in favorable and unfavorable environments. Lessons from research on successful children. *American Psychologist, 53*: 205-220.

Mates, L., Arend, R. A., & Sroufe, L. A. (1978). Continuity of adaptation in the second year: The relationship between quality of attachment and later competence. *Child Development, 49*: 547-556.

May, R. B. & Norton, J. M. (1981). Training-task orders and transfer inconservation. *Child Development, 52*: 904-913.

Menyuk, P. (1988). *Language Development*. Glenview, IL : Scott, Foresman.

New York Times (1984, Sep. 23). Many see mercy in ending empty life.

Newman, B. & Newman, P. (1999). *Development Through Life: A Psychosocial Approach* (7th ed.). New York : Brooks/Cole.

O'Neil, D. K., & Gopnik, A. (1991). Young children's ability to identify the sources of their belifs. *Developmental Psychology, 27*: 390-397.

O'Brien, S. F. & Bierman, K. L. (1988). Conceptions and perceived influence of peer group: Interviews with preadolescents and adolescents. *Child Development, 59*: 1360-1365.

Oden, S. (1982). Social development. In H. E. Mitzen et al. (Eds.), *Encyclopedia of Education Research* (5th ed.). New York: Free Press.

Offer, D., Ostrov, E., Howard, K. I., & Atkinson, R. (1988). *The Teenage World: Adolescents' Self-Image in Ten Countries*. New York: Plenum Medical Book Company.

Olweus, D. (1995). Bullying or peer abuse at school: Facts and intervention. *Current Directions in Psychological Science, 4*: 196-200.

Papalia, D. E. & Olds, S. W. (1981). *Human Development* (2nd ed.). New York: McGraw-Hill.

Parke, R. (1977). Some effects of punishment on children's behavior-Revisited. In P. Cantor (Ed.),

Understanding a Child's World. New York: McGraw-Hill.

Parten, M. (1932). Social participation among preschool children. *Journal of Abnormal and Social Psychology, 27*: 243-269.

Pellegrini, A. (1984). The social-cognitive ecology of preschool classrooms. *International Journal of Behavioral Development, 7*: 312-332.

Perret-Clermont, A., Perret, J., & Bell, N. (1991). The social construction of meaning and cognitive activity in elementary school children. In L. B. Resnick, J. M. Levine, & S. D. Teasley (Eds.), *Perspective on Social Shared Cognition* (pp. 41-62). Washington DC: American Psychological Association.

Piaget, J. & Inhelder, B. (1969). *The Psychology of the Child*. New York: Basic Books.

Piaget, J. (1983). Piaget's theory. In W. Kessen (ed), *Handbook of Child Psychology, (Vol.1), History, Theory and Methods* (4th ed.). New York: Wiley.

Pines, M. (1977). St-St-St-St-St-St-Stuttering. *The New York Times Magazine*, 261-262.

Plunkett, J. W., Klein, T., & Meisels, S. J. (1988). The relationship of preten infant-mother attachment to stranger sociability at 3 years. *Infant Behavior and Development, 11*: 83-96.

Poznanski, E. O. (1982). The clinical phenomenology of childhood depression. *American Journal of Orthopsychiatry, 52(2)*: 308-313.

Radkye-Yarrow, M. & Zahn-Waxler, C. (1984). Roots, motives, and patterns in children's prosocial behavior. In E. Stanb, D. Bartal, J. Karlowski, & J. Keykowski (Eds.), *The Development and Maintenance of Prosocial Behavior*. New York: Plenum.

Ramsey, P. G. & Lasquade, C. (1996). Preschool children's entry attempts. *Journal of Applied Developmental Psychology, 17*: 135-150.

Rubin, K. H. (1980). Fantasy play: Its role in the development of social skill and social cognition. In K. H. Rubin (Ed.), *Children's Play* (pp. 69-84). San Francisco, CA : Jossey-Bass.

Rutter, M. & Garmetz, N. (1983). Development psychopathology. In P. H. Mussen & E. M. Hetherington (Eds.). *Handbook in Child Psychology* (4th ed.) (Vol.4). New York: John Wiley and Sons.

Rutter, M. (1979). Separation experiences: A newlook at old topic. *Pediatrics, 95(1)*: 147-154.

Rutter, M. (1983). Stress, coping, and development: Some issues and some questions. In N. Garmezy et al. (Eds.), *Stress, Coping, and Development in Children*. New York: McGraw-Hill.

Rutter, M. (1984). Resilient children. *Psychology Today, 18 (3)*: 57-65.

Saarni, C., Mumme, D. L., & Campos, J. J. (1998). Emotional development: Action, communication, and understanding. In W. Damon (Series Ed.) & N. Eisenberg (Vol. Ed), *Handbook of Child Psychology, Vol 3: Social, Emotional, and Personality Development* (5th ed., pp. 237-309). New York: Wiley.

Schaefer, C. E. & Millman, H. L. (1988). *How to Help Children with Common Problems* (Vol.5). New York: Litton Education Publishing.

Selman, R. L. & Selman, A. P. (1979). Children's ideas about friendship: A new theory. *Psychology Today*, 71-80.

Serbin, L. A., Moller, L. G., Gulko, J., Powlishta, K. K., & Colburne, K. A. (1994). The emergence of gender segregation in toddler playgroups. In C. Leaper(Ed.), *Childhood Gender Segregation: Causes and Consequences* (New Direction for *Child Development, 65*: pp. 7-17). San Francisco: Jossey-Bass.

Shaffer, D. R. (1996). *Development Psychology: Childhood and Adolescence* (4th ed.). New York: Brooks/Cole Publishing.

Shaffer, D. R. (Ed.) (1979). *Social and Personality Development*. California: Brooks & Cole Publishing Co.

Simon, S. B. & Olds, S. W. (1976). *Helping your Child Learn Right from Wrong: A Guide to Values Clarification*. New York: Simon & Schuster.

Sroufe, L. A. (1989). Pathways to adaptation and maladaptation: Psycholopathology as developmental deviation. In D. Cicchetti (Ed.), *The Emergence of a Discipline: Rochester Symposium on Developmental Psychopathology* (Vol.1, pp.13-40). Hillsdale, NJ: Erlbaum.

Sroufe, L. A., Fox, N. E., & Pancake, V. R. (1983). Attachment and dependency in developmental perspective. *Child Development, 54*: 1615-1627.

Steinberg, L. (1990). Autonomy, conflict, and harmony in the family relationship. In S. S. Feldman & G. R. Elliott (Eds.), *At the Threshold: The Developing Adolescent* (pp. 255-277). Cambridge, MA: Harvard University Press.

Strayer, F. F. (1980). Social ecology of the preschool peer group. In A. Collins (Ed.), *Minnesota Symposium on Child Psychology* (Vol.13, pp.165-196). Hillsdale, NJ: Erlbaum.

Sullivan, H. S. (1953). *The Interpersonal Theory of Psychiatry*. New York: Norton.

Teti, D. M. & Ablard, K. E. (1989). Security of attachment and infantsibling relationships: A laboratory study. *Child Development, 60*: 1519-1528.

Tyler, L. (1983), The development of discourse mapping processes: The on-line interpretation of anaphoric expressions. *Cognition, 13*: 309-341.

U. S. Department of Health and Human Services (USDHHS) (1999). *Mental Health: A Report of Surgeon General*. Rockville, MD: US Department of HHS, Substance Abuse and Mental Health Service Administration, NIH, NIMH.

Weiss, L. & Lowenthal, M. (1975). Life-course perspectives on friendship. In M. Lowenthal, M. Thurner, & D. Chiriboga (Eds.), *Four Stages of Life*. San Francisco, CA: Jossey-Bass.

White, R. W. (1960). Competence and the psychosexual stages of development. In M. R. Jones (Ed.), *Nebraska Symposium on Motivation* (Vol. 8.). Lincoln : University of Nebraska Press.

White. R. W. (1959). Motivation reconsidered. The Concept of Competence. *Psychology Review, 66:* 297-333.

Zastrow, C. & Kirst-Ashman, K. K. (1987). *Understanding Human Behavior and the Social Environment*. Chicago, IL: Nelson-Hall Publishers.

Chapter 7

青少年期

青少年期（adolescence）在拉丁文（adolescere）之意為朝向（ad）成長（alesere）之複合，即為朝向成熟之意。所以定義青少年常具有生物之意，至於何時結束，則隨文化之界定。青少年之界定可說是「始於生理，終於文化」。也就是說，個體開始有性成熟之象徵（女生有初潮，男生有遺精現象），結束於文化之規範。青少年期乃是處於兒童與成年之間的一個轉捩時期（transitional period），在這時期，個體產生許多層面的變化，尤其在性、生理、認知及社會層面上。在生理方面，由於成熟致使腦下垂體分泌了成長激素，使個體在身高及體重產生變化，之後腦下垂體分泌性激素，一方面抑制生長激素，另一方面刺激個體的性成熟與成長，如第一性徵及第二性徵的變化。在認知層面，青少年能從具體操作思考朝向能做歸納及演繹的形式操作思考，心理上可以不經由實際操作，而透過心理運作過程，並能探試各種可能性之能力。此外，青少年也要面臨社會互動歷程，逐漸發展個人之自我認同及建立日後的生涯發展。

第一節　青少年的界定

一、年齡界定範圍

大多數發展心理學家皆將青少年定義為兒童過渡到成人的一個轉捩期。從此概念觀之，青少年是介於兒童與成年之間的一個人生階段，大約從12至25歲之間。本質上，個體生物會趨向成熟，在心理上更要接受更長的社會化歷程以幫助個體能獨立自主於社會。傳統上，青少年主要是以顯著的生理成長特徵著稱（是人生發展中第二大變化的階段，僅次於嬰兒期），大約在12至15歲之間；之後的變化，如智力、情緒、社會及人格也因社會化歷程而產生轉變，大約在16至24歲之間。所以，依此劃分青少年階段，又可分為青少年前期（約12至15歲）及青少年後期（16至24歲）。

依法律規定，如兒童及少年福利法、少年事件處理法皆規定12至18歲的個體為少年。臺灣少年人口群絕大多數身處國中、高中求學階段，少數已念大學，但仍有少數群體（15歲之後）已進入就業服務及職業訓練體系。然而，就國內法律而言，目前對有特別需求的少年提供各項福利服務，大抵以18歲為界限，但國民教育法，指6至15歲的國民，性侵害犯罪防治法指16歲以下之性侵害人，社會救助法指16歲以下無工作能力者，民法指滿20歲以上者為成年等。由此觀之，青少年一詞在國內之概念內涵仍不夠完整。

綜合上述，實難為青少年定下清楚的界限並給予訂定範圍。從實務觀點來看，青少年期判斷的基準是「青春期」（puberty），而青春期基於生物的成熟變化，如賀爾蒙改變，成長速率因人而異。此外，不同文化及社會給予青少年的壓力與期望，甚至特定儀式的禮法也不同。至於青少年期何時終止，而成為獨立的成年人，大抵社會採法律之界定，如選舉年齡、喝酒年齡等，這些定義須考量個體的社會與情緒的成熟。

Atwater（1992）以生物、情緒、認知、人際、社會、教育、宗教、年齡、法律、文化十個層面將青少年期的階段做一界定（參見**表7-1**）。從**表7-1**中，實也難為青少年階段下清楚的界定，最好的定義仍是：「從兒童期銜接至成人的過渡階段（轉大人）」。

二、青少年的成年禮

誠如上述，何時轉大人的過程並不能明確定義，因此個體何時獲得成人身分地位是不明確的。過去，在農業時代常會給予儀式（rites of passage）以暗示社會大眾個體已趨至成熟，尤其在部落族群。成人儀式在男女生也有很大的

表7-1　青少年期的範圍

層面	開始	結束
生物	青春期	身體及性成熟，有生殖能力
情緒	獨立自主，不再依賴父母	獲得個人認同與情緒自主
認知	具邏輯能力、解決問題能力及決策技能	建立成人邏輯思維及自主決策
人際	由父母導向到同儕導向	增加同儕及成人親密能力
社會	扮演個人、家庭及工作者角色	獲得成人特權及賦予責任
教育	進入國中生活	完成高中或大學學位
宗教	有宗教之成人儀式	宗教社區獲得成人地位
年齡	12歲以上	在24歲左右
法律	脫離兒童身分，成為少年	獲得成人合法年齡
文化	開始準備成人儀式	完成成人儀式

資料來源：Atwater, E. (1992).

差異，其主要目的是透過一系列的日常實作，幫助年輕的個體轉為成人〔例如臺灣的原始部落以出草（打獵人頭）為成年禮〕，並獲得社會所認可之成人身分。

(一)男生的成年儀式

1.割禮：在原始社會，有些部落會以個人或團體方式執行割包皮儀式，康復之後的成人會要求其在森林獨自生活，或赤足走過火燒過的煤炭堆，表示完成成人儀式。

2.棒打門牙：臺灣阿美族的成人儀式，會用木棒輕敲自己門牙，表示個體已達至成人。

3.奉獻祭品：某些部落會舉行團體祭祀，奉獻打獵祭品，再由巫師向神禱告，然後唱歌、跳舞以示慶祝。

4.高空彈跳：在印尼部落，男生成年儀式會在樹上築一高台，讓年輕人綁著樹藤一躍而下，表示自己是成人身分。

5.通過考試：漢族文化以通過考試試煉後才能視為成年。

6.宗教儀式：臺灣卑南族少年透過「猴祭」、「大獵祭」的儀式，象徵成為勇士及少年；臺南少年在16歲於七夕到開隆宮鑽過七娘媽亭或狀元亭，象徵成年儀式完成。

(二)女生的成年儀式

女生的成年儀式大抵與生理的初潮有關：

1.隔離群居，獨立生活：女生在初潮之後會被族群隔離，獨自到山上生活一週，表示成年。之後，她們可參加一系列之儀式，如紡紗、織布、唱歌、跳舞，並透過黥面表示成年婦女的象徵。

2.象徵成熟儀式：初經來潮是女性的成熟象徵，所以某些社會有特定之儀式，稱為成年禮。例如美國社會透過家庭聚會，以宣告他家有女初長成。

成年禮之目的有二：(1)對個人及其他社群宣告個體已臻生物成熟；(2)擁有社群規範的成人地位。成年儀式有助於個體傳承社會所賦予的男／女性的性別角色，並提供一些機會幫助個體練習成為成人社群所需的技能，所以成年儀式只是一種身分象徵。

第二節　青少年期的發展任務

一、青少年期的性生理發展

如前所述，青少年在拉丁文的字義上為「朝向成熟」。因此，青少年係指個體透過生長臻至成熟，台語諺稱「轉大人」的歷程。在這個時期，個體生理由腦下垂體先分泌了成長激素，使個體在身高及體重有明顯變化，之後腦下垂體分泌黃體激素等性激素，一方面抑制生長激素，另一方面刺激個體的性成長與成熟。

青少年期是介於兒童期與成年期之間的轉捩期，年齡區隔大約在第二個十年間。近來青少年期由於社會文化之變化與要求，已有愈來愈長之趨勢。這時期可說是個體人生歷程所有階段中明顯改變的第二個發展期（僅次於嬰兒期），由於個體面臨相當大的變化，除了要找尋個人之自我認同外，還要適應新環境天賦的任務，尤其要迎合社會的期望與規範，因此有人稱這時期為壓力與風暴期（stress and storm period）（Atwater, 1992）。難怪有人說：「年少不輕狂，枉為青少年」、「少年維特的煩惱」、「青澀的年華」、「少年不識愁滋味，為賦新詞強說愁」等，這些用詞常喻指青少年是一衝突、風暴及叛逆的時期；然而對大多數青少年而言，青少年是一平穩（placid）的時期，是個體朝向健康成長的時期。

成熟是個人生理成長變化的主要因素，其受生物既定的基因、個人健康和社會環境三者之間的相互作用所影響。主要來自於激素，例如腦下垂體、腎上腺素、性腺等。**思春期**（puberty）是青少年初期生理成長的階段，除了個體身高及體重之突刺（spurt growth）之外，還包括第一性徵的成熟，如生殖器官的成熟、具備生殖功能及第二性徵的出現（參見**表7-2**及**表7-3**）。今日青少年的生理發展比過去青少年要來得早，這也是百年趨勢（secular trend）的存在（指人們開始成熟的時間比一百多年前早），最可能影響的因素是健康環境、營養及生活水準的提高，例如初經年齡在歐美國家大約以每十年下降四個月的速度在改變。

青春期所帶來的具體成熟特徵為何？又這些特徵帶給個體哪些心理影響呢？由於青少年的內分泌腺（endocrine glands）所產生的賀爾蒙造成個人的

表7-2　青少年的第一性徵

女性	男性
卵巢	睪丸
輸卵管	陰莖
子宮	陰囊
陰道	輸精管
	前列腺

資料來源：郭靜晃（2006）。

表7-3　青少年的第二性徵

女性	男性
乳房	陰毛
陰毛	腋毛
腋毛	鬍毛
骨盆變寬	變音
變音	皮膚變化
皮膚變化	肩膀變寬

資料來源：郭靜晃（2006）。

生理變化（參見**表7-4**），具體而言是腦下垂體有賴下視丘（hypothalamus）的控制，使生殖系統中的卵巢和睪丸分泌女性激素（estrogen）及男性激素（androgen），使個體的身體與性徵產生很大變化。

表7-4　青春期的生理改變

步驟	女性	兩性	男性
1		外分泌腺的發育	
2	內部骨盆增大	骨盆改變	骨骼漸粗且強大
3	卵巢與子宮成熟	生殖腺的成熟	睪丸與陰囊成熟
4		胸部變大	
5		陰毛的出現	
6	陰唇與陰道的成長	外生殖器的成長	陰莖的成長
7	初經來潮	外在青春期特徵	夢遺
8		腋毛的出現	
9	排卵		精子遺在尿液中
10	臀部變寬	體型改變及變音	肩膀變寬

資料來源：Schuster, C. S. & Ashburn. S. S. (1992).；郭靜晃（2006）。

個體的生理變化過程與結果，對個體之心理也會產生影響，其中最重要的兩個因素為：(1)自己的身體發展如何影響個體的感覺與行為；(2)個體的身體發展影響別人對你的感覺與看待，而且這兩個因素相互作用更影響青少年的身心發展（Brooks-Gunn & Ruble, 1983），例如早熟與晚熟。Petersen（1987）的研究指出，通常對男生而言，早熟比晚熟好，因為早熟產生高自我、高自信及人際關係較佳，但早熟的女生有較多學業及行為問題，然而晚熟因有較長時間讓青少年適應以及模仿其他同儕，所以困擾性較低。此外，身材上的發育也影響個體對自我形象之覺知，這些特徵是隨文化不同而有所差異，而且也深受社經地位、族群之不同而有不同的規範。通常這些規範標準常伴隨在青少年常接觸的大眾媒體與藝術中，造成青少年的通俗文化，如果個體覺得不能迎合大眾所認為的規範標準，就會形成低自尊現象（郭靜晃，2006）。

由於缺乏正確的資訊與支持，導致青少年在初經的困窘或焦慮，而造成青少年對性常有不健康的態度。教育部特地為青少年學子設計一本《青春達人》的性教育教材，或透過電視製播相關教育性影片，目的即在傳遞正確的性知識。Adams及Gullotta（1989）亦提出，社會文化中如果有一定的特定儀式——成年禮（rite of passage），例如電影《阿凡達》透過抓神鳥的成年禮，來幫助青少年認同角色的轉變，幫助青少年正視這樣的成長是正面的。

除了生理與性成熟之外，青少年另一個重要成長的改變，就是認知的成長。而認知之成長通常伴隨個人之自我認同和道德發展。此外，社會化的過程也逐漸使青少年成為一社會人，友伴關係及同儕互動也幫助個體形成獨特的人格和生活風格（lifestyle）。以下分別敘述青少年之認知、自我、道德及社會和情緒發展。

二、青少年期的認知發展

從歷史角度來看，除了訊息處理理論對於記憶過程的敘述之外，在青少年認知發展領域中獨領風騷的，還是Piaget的認知發展論；除此之外，Vygotsky的社會建構論、David Elkind的自我中心主義和相關智力理論，尤其是後來R. Sternberg的智力三元論，也對青少年之認知發展有不同的見解和詮釋，以下一一說明。

(一)Piaget的認知發展論

青少年的認知發展是屬於Piaget所提出認知發展階段中的最後一個階段：**正式（形式）運思期**。這個階段開始於青少年期（約11至12歲），此時期的青少年脫離具體運思期，而改以內部操作的形式原則，此時期又可稱為命題操作階段，可以展現符號運作，並脫離具體運作，以進一步發展合乎邏輯的抽象思考，更可以依假設－演繹（hypothetical-deductive）的過程進行運思能力，以發展面對問題時思考其所有的可能性，並提出問題解決之能力。這種能力能讓青少年透過線索或假設，按部就班地尋找最佳方式來解決問題。由此可見，形式操作的特性在於其系統性、抽象性及邏輯性的思維（張欣戊等，1995）。

形式運思認知的抽象能力可以從青少年口語解決問題能力充分表現之。在具體運思認知時期的兒童解答A＝B，B＝C，推演至A＝C的問題，需要靠具體要素來運作，而形式認知時期的青少年只要利用口語表達，即可解決此類問題。此外，青少年思考常充滿理想及可能性（idealism and possibilities），並推測理想的可能性，這也幫助他們的思考更具邏輯性。

(二)Vygotsky的社會建構論

Piaget對知識形成的見解是**自我建構論**（self-constructivism），他認為知識是透過自我內在運作，由同化與順應兩機轉與外界刺激互動已形成內在平衡。其著眼點放在個人內在之自我建構，但他似乎忽視社會與文化因素在認知發展上的重要性。相對地，Vygotsky（1978）提出**社會建構論**（social constructivism），他認為個人之知識獲得來自兩條線：一是個體的成熟線（與Piaget的認識發生論有雷同的看法）；另一條是社會脈絡線，重視影響認知發展的豐富社會與文化之因素。

以下就Vygotsky學說的兩項重點加以說明。

■近似發展區

Vygotsky（1978）相信兒童的本能內在能力（由本身的生物因素加上個人經驗因素）可以解決問題的層次，稱為**實際發展區**（zone of actual development）；相對地，如果兒童在有支持的情況下可以解決問題，就稱為**近似發展區**（zone of proximal development）。就此觀點，Vygotsky假定學習發生在青少年近似發展區努力的時候，青少年尚未能獨自從事該要求任務時，可以透過同儕、父母或教師的協助來達成。所以說，Piaget認為發展在先，學習在後；而Vygotsky則強調學習引導發展。不過這種到底是學習導致發展，抑或發展導致學習，就如同「雞生蛋」或「蛋生雞」的兩難。

■鷹架學習

鷹架學習在青少年學習過程中也扮演重要的角色。鷹架（scaffolding）學習指的是學習過程中透過有經驗的同儕和成人給予青少年支持，扮演**引導式參與**（guided participation）以提供兒童在社會脈絡中建構知識的經驗。當青少年得到能力之後，自我承擔更多學習職責，那鷹架支持便逐漸減少。此理論可應用解釋青少年的體驗學習或社工的外展工作。因此，青少年社會工作者應要瞭解青少年的學習和知識發展，透過青少年身處的家庭、學校、同儕文化或重要他人有其必要性，此種文化知識包括語言、共享的信任以及與他人的互動方式。Vygotsky認為，青少年並不是以獨行俠的角色在學習，而是使用了他們文化所提供的思考與行動方式。不可否認地，不當的環境也可能造成青少年發展之阻力與危機，或者提供不當的學習機會（劉玉玲，2005）。Weithorn和Campbell（1982）提出，小組討論可以促進更高層次的思考活動，並具有能力考量各種相關因素以做判斷。因此，成人應給予青少年自我做決策的機會，以促進其社會認知能力；必要時，提供一些鷹架及參考意見以有助於青少年對社會情境之分析，並幫助其社會技巧的發展以及未來人際之良性互動。

(三)David Elkind的自我中心主義

當青少年有了形式運思能力之後，其思考才能像成人的邏輯般；也就是說，可以將自己和別人的「思考」拿來參考，同時也能將自己當作一個分離的個體，由別人的角度來衡量自己的人格、智力及外表，這也是一種內省的表現（劉玉玲，2005）。但是青少年也存在著一些不成熟的傾向或脫離現實，或將自己和他人的想法概念化，但卻無法分辨他人思考的對象與自己關心的對象可能不同，因而產生**自我中心思考**（egocentric thought），尤其在15歲之前的青少年更為普遍。

Elkind（1984）認為，青少年具有自我中心思考，有以下的行為特徵（黃慧真譯，1989）：

1.向權威角色挑戰（finding faults with authority figures）：青少年對世界及

現實擁有想像理想，追求完美，當他們發現自己一度崇拜的偶像遠不及自己心目中的理想，他們會想辦法挑出偶像所有的缺點，以儘量拉近現實與自己的理想。

2.好爭辯（argumentativeness）：青少年急於表現出他們對事件的觀察能力，所以對任何事物會表達自己的看法，有時候會捲入人際中的不睦、不合群。所以，成人應瞭解此種行為特徵，鼓勵青少年參與有關原則的爭辯（例如辯論），而避免涉及人格或人際攻擊，將有助於他們拓展推理能力。

3.自我意識（self-consciousness）：青少年過度的自我意識大部分來自想像觀眾（imaginary audience），這是指青少年認為自己是焦點，別人都在注意他。例如聽到父母低聲細語交談，他會認為父母正在對他評頭論足。這也可能讓青少年出門很難決定要穿何種衣服，走在路上，認為路人會看他的穿著打扮或注意到他的青春痘。因為此時的青少年尚未能區分自己與別人所感興趣之處有何不同，所以他們假定別人與他的想法一樣，而創造出一些想像中的觀眾。

4.自我中心（self-centeredness）：此種堅信自己是特殊、獨一無二、為世界萬物法則管轄之外的想法，Elkind稱之為個人神話（personal fable），這也解釋了青少年早期的一些冒險行為（例如飆車不戴安全帽、性行為不用避孕用品）。這也常常出現在青少年的日記中，青少年常記錄他對戀愛、挫折、人生的獨特看法。因此，成人應對其想法加以理解及同理，不要標籤他們為叛逆，「少年維特的煩惱」、「少年不識愁滋味，為賦新詞強說愁」，而應積極幫助他們發展真實的認知，並瞭解誰也無法超越萬事萬物之自然法則。

5.明顯的偽善（apparent hypocrisy）：青少年不明瞭理想與實際、實踐與理想之間的差異，他們一方面為環保議題抗議示威，另一方面又因參與活動而製造許多垃圾及噪音。

當個人以自我認知結構為中心，並且更關注主體本身的觀點而忽略實際應處理的客體（個體所環繞的周遭世界），那麼個體與他人間的觀點便無差異存在，Elkind（1967）稱此種觀點為自我中心主義。青少年自我中心與其社會認知有高度相關，青少年的自我中心思考一直要到15至16歲之後，與同儕間的互動經驗增加，加上認知成熟，才會趨向形象操作，減少用自我中心式的思考，並能做假設性之演繹，衍生思考和考驗。

Newman和Newman（1999）提及幫助青少年發展形象思考之途徑有三：

1.幫助青少年在生活中實踐各種角色，以學習角色間的情境、衝突、壓力，幫助其發展因應能力，增加相對的思辨驗證之能力。
2.提供各種不同之群體活動，透過與自己成長環境不同之同儕建立關係，進而意識到他們與自己的想法及期望有所不同。
3.學校課程要能帶領青少年做假設與演繹推論的思考，以促進形象操作與抽象觀念的發展。除此之外，大眾媒體及網路亦要提供此種功能。

(四)Sternberg的智力三元論

智力（intelligence）從心理學的角度，係指人的認識與實踐能力的程度，包括觀察力、記憶力、思維力、想像力、注意力等因素。智力的高低影響著個體認識客觀事物並運用知識解決實際問題的能力。一般而言，智力與能力、知識有關，青少年的智力具有觀察力敏銳、記憶力驚人、想像力豐富、思維多元性（如具靈活性、邏輯性、獨創性及自我調適性）等特徵。

傳統的智力理論最早是1927年由Charles Spearman所提出的智力二元論（two-factor theory of intelligence）；Thorndike於1927年提出多因素論（multiple factor theory）；十年後，Louis Thurstone提出基本心能論（primary mental abilities）；Guilford於1959年提出智力結構論（structure of intellect theory）；Howard Gardner於1983年提出多元智能論（theory of multiple intelligence）及Sternberg之智力三元論。

耶魯大學的R. Sternberg（1985）提出類似Gardner之多元智能的看法，他指出智力實應包括解決實用問題的能力。Sternberg稱為**智力三元論**，亦即智力是包括情境（context）、經驗（experience）及分項（component）等智能：

1.情境智能：指個體對周遭環境的適應及做出合乎情境要求的行為。當然，個體也可以改變情境來適應自己的行為，所以說來，個體是否能做出合乎情境的行為，乃是智力高低的表現，而智能的高低要合乎相對的文化或特殊環境，才有實質意義（張欣戊等，1995）。
2.經驗智能：指個體對陌生的作業之反應能力，及熟悉作業程序的改善能力。此種智能包括兩種成分：一是對新奇的反應（response to novelty）；另一是自動化（automatization）。前者是對陌生、不熟悉事件的反應，此種能力最能看出綜合新訊息、推理及執行的能力；後者是對已經熟悉的作業變得自動化，成為一種習慣性動作。

3.分項智能：包括表現、學習及監控的能力要素，也是最能符合傳統智力測驗的能力。**表現能力**係指利用已有的知識或能力去執行一件事情或解決問題；**學習能力**是指學習新知識、新技能或新反應的能力，也是一種後設認知的能力。

Sternberg的智力三元論與Gardner之多元智力論皆強調以廣泛的智力基礎做分析，強調智力應該反映一個人對實用問題的解決能力，也認為智力應與個人對訊息之處理有關。但Sternberg的理論相較於Gardner的理論，較未強調人際關係對智力之影響（張欣戊等，1995）。

三、青少年期的自我發展

依Erikson的心理社會理論，青少年處於自我認同的危機，也就是人生階段性發展中的一個主要危機。**認同**（identification）的概念源自於Freud的心理分析論所提出的假設：一個人的行為經由類化另一個人的人格特質，而形成相似的思想、感覺和行為，這個過程可以說是前者認同後者。

大部分的心理學家將認同視為「社會化」的基本歷程，個體透過環境中「重要他人」的行為模仿，而獲得了成人所期望孩童在社會情境中應具備的態度和行為。Kagan（1984）依據社會學習理論之增強原則來解釋個體之認同過程。

當代青少年體驗個人不同的目標，意欲企圖高度的自我警醒，追求自主性，嘗試兩性關係，尋求一種適當管道與家庭之外的社會相結合。Erikson（1968）用**自我認同**（ego identity）來解釋青少年的質疑：「我是誰？」他認為青少年或成人有著強烈的自我認同感，將自己認為是個別、特殊的個體，不論一個人的價值觀、動機、興趣和別人如何相像，他們仍然有別於他人的感受，即是對自我肯定的需求，一種整體的感受。

除此之外，個體還需要有一種心理互惠感受（a sense of psychosocial reciprocity），意指個體認為自己是什麼樣的人，和他認為別人對待他的期望與看法是一致的。此種心理互惠感受將有助於個體發展自我統整並達成自我認同；反之，任何阻礙他發展此種完整的自我認同感，將會抑制其自我觀念的形成，而導致自我混淆（identity diffusion or confusion）的危機，也就是自我形象的整合失敗。在現實生活中，青少年可能透過偶像崇拜，一方面藉此行為得以抒發、滿足他們在發展上、現實上的需求；另一方面，在同儕團體中基於對崇拜偶像的共識或相互比較，而與同儕產生互動、連結，或基於朋友圈、興趣和服裝風格的相似性，而迅速形成一些次團體，形成特定的團體次文化，這也是Erikson所認為的青少年先發展團體認同，再達成未來發展個體認同的先導與基礎。

自我認同是個體社會關係的標竿，是隨著年齡增強而漸漸建立，其受到社會化歷程之重要他人，如學校、父母、同儕或媒體所影響，當然文化因素也左右個體之自我認同的形成，這形成個體日後的生活目標、價值觀和自我形象。每個人很可能因為生活中重要他人的需求而下定若干決策，如果沒有經過審慎考量，或個體沒有對其目標有何認同，皆會形成負面形象（Newman & Newman, 2006）。此種喪失主動權的認同（foreclosed identity）及負面的自我形象，形成個體自我認同的危機（crisis），如果未有一些社會支持來尋求改變，以形成個體之正面個人認同及目標，因而導致個體角色的擴散（role diffusion），而造成焦慮感、冷漠、對人有敵視的態度（Newman & Newman, 2006）。

James Marcia是美國心理學家，一個善用Erikson自我認同理論的研究者，並將理論加以建構化，發展量表測量個體之自我認同，以證實Erikson的理論。

Marcia借用了Erikson的兩個元素——危機和承諾，並根據該元素的出現與否，界定出四種不同的認同狀態（參見**表7-5**）。Marcia將危機解釋為「自知的決策時刻」，而承諾（commitment）則為「個人對某行業或某觀念系統所做的投注」。為評估個人的認同狀態，Marcia（1966）發展出一為時30分鐘的半結構式晤談（參見**表7-6**），根據個人回答的內容，可被歸納為以下四種範疇之一：

1.認同達成（identity achievement）：在人們花許多時間對自己生活中的重要事物做主動思考後（危機時刻），他們做出必要的選擇，表現出強烈的承諾。彈性的力量是他們的特色：他們較深思熟慮，但也不至於畏首

表7-5　認同狀態的效標

認同狀態	對職業和意識形態的立場	
	危機	承諾
	考慮可行性的時期	採行某種途徑或行動
認同達成	呈現	呈現
喪失主動權	未呈現	呈現
認同擴散	呈現／未呈現	未呈現
延期償付	處於危機中	呈現但模糊

資料來源：改編自Marcia (1980).

表7-6　認同狀態的晤談

有關職業承諾的問題取樣
【問題】「如果有更好的機會出現，你想你放棄進入這行的可能性有多大？」 【回答】四種狀態的典型答案： •認同達成：「或許吧！但我懷疑。我看不出有什麼『更好的機會』。」 •喪失主動權：「不很想，這是我一直想做的事，大夥兒都喜歡，我也是。」 •認同擴散：「那當然，如果有更好的機會，我還是會再做改變。」 •延期償付：「我想我得多瞭解一些才能作答。這得是某些有關的事……」
有關意識形態承諾的問題取樣
【問題】「你可曾懷疑過你自己的宗教信仰？」 【回答】四種狀態的典型答案： •認同達成：「是的，我甚至想過是否真有神存在。但現在我已經差不多想通了，我的看法是……」 •喪失主動權：「沒有，我的家庭在這一方面一向沒什麼異議。」 •認同擴散：「噢，我不知道，我想是吧！每個人多少都會經過這種時期，但我不太在乎這些，我看每種宗教都差不多。」 •延期償付：「是的，我想我目前正開始經歷這種過程。我就是不明白：為什麼有神的存在，世界上還有這麼多的罪惡……」

資料來源：Marcia (1966).；摘自黃慧真譯（1989）。

畏尾；他們具有幽默感，在壓力之下仍表現良好，能與人形成親密的關係，能接受觀念並維持自己的標準。

2.喪失主動權（foreclosure）：這類人做了承諾，卻未考慮其他可能的選擇（經過危機期），他們接受了別人為他們生活安排的計畫。女孩跟隨母親成為虔誠的家庭主婦，男孩跟隨父親成為商人或農夫，僵硬的力量是其特色。他們較為快樂、較自我肯定，有時驕矜、自以為滿足，並具有強烈的家庭連結意識，當想法受到威脅時，他們會變得獨斷。

3.認同擴散（identity diffusion）：這類人也許曾經、也許不曾歷經考慮可能性的階段（危機），但在任何一種情況下，他們都未達成一種承諾。他們也許是有意逃避承諾的「花花公子」，或漫無目的的飄盪者。「漂流」和「缺乏中心」使他們傾向於膚淺、不快樂、常感到孤單，因為他們沒有真正的親密關係。

4.延期償付（psychosocial moratorium）：這類人正處於做決定的過程（處於危機中），似乎正準備做承諾，而且也可能達到認定。在衝突掙扎的階段中，他們傾向於多話、矛盾、活潑；他們接近異性的父母、好競爭、焦慮。他們希望有親密關係，並瞭解其中所包含的事物，但卻不一定擁有此種親密關係。

Campbell（1984）以James Marcia所提的四種自我認同狀態，探討不同自我狀態下個體與父母的心理分離情形。結果如研究者所預期：認同達成者及延期償付者與父母有高程度的衝突獨立，而喪失主動權和認同擴散者則有低程度的衝突獨立。此研究結果顯示，個體的自我認同與個體獨立自主的心理分離狀態有關，也就是說，個體有好的心理分離，才能有獨立自主能力，更可能有助於個體達成自我認同。在青春期，個體需要各種機會學習與父母心理的分離，以增加獨立自主程度，更能有助於個體順利達成個體化，幫助個體的認同發展（吳亞紘，2005）。此外，Hoffman和Weiss（1987）在臨床心理諮詢會談中亦發現，許多來諮商中心求助的個案，所遇到的許多情緒問題，甚至有一些邊緣性人格、自戀、具自殺傾向等問題，這些都與心理分離問題有關，也和其自我認同及大學的生活適應有關聯性存在。

這些認同狀態和不少人格特徵有關，如焦慮、自尊、道德分析，以及對他人的行為型態等等。該規範並非恆久不變，隨著個人的發展，它將有所改變（Marcia, 1979）。更有研究者（Adams, Abraham, & Markstrom, 1987）發現，影響一個人的認同發展，與個人之人格及社會認知能力發展有關。

Herbert（1987）以Marcia的四種認同型態為一發展過程。他認為健康的認同由孩童時期就開始了；到了青少年前期算是尚在尋求中，青少年在其中嘗試各種選擇並試著做決定；到青少年晚期或成人期，健康的個體認同成功。但若不幸的在孩童時期就提早成熟，或到青少年期一直不願意去認真尋找，並認為所有事情都沒有意義，而變成認同混淆，則可能帶出不健康的發展（參見圖7-1），甚至最後可能採自毀性的適應方法（self-destructive solutions），如在青少年前期以強求方式尋求親密關係，或在成人時以自殺方式來表達自己的絕望。

四、青少年期的道德發展

道德行為即是個體對社會規範（social norm）的遵守，它包括兩個層面：一是禁止個體做違反社會規範的行為；另一是要求個體遵守社會規範所倡導及期待的行為；前者為反社會行為，而後者則是利社會行為。這兩件事皆須透過社會化歷程來達到自我控制與實踐。衡量一個人的道德，不僅要看個體的行為

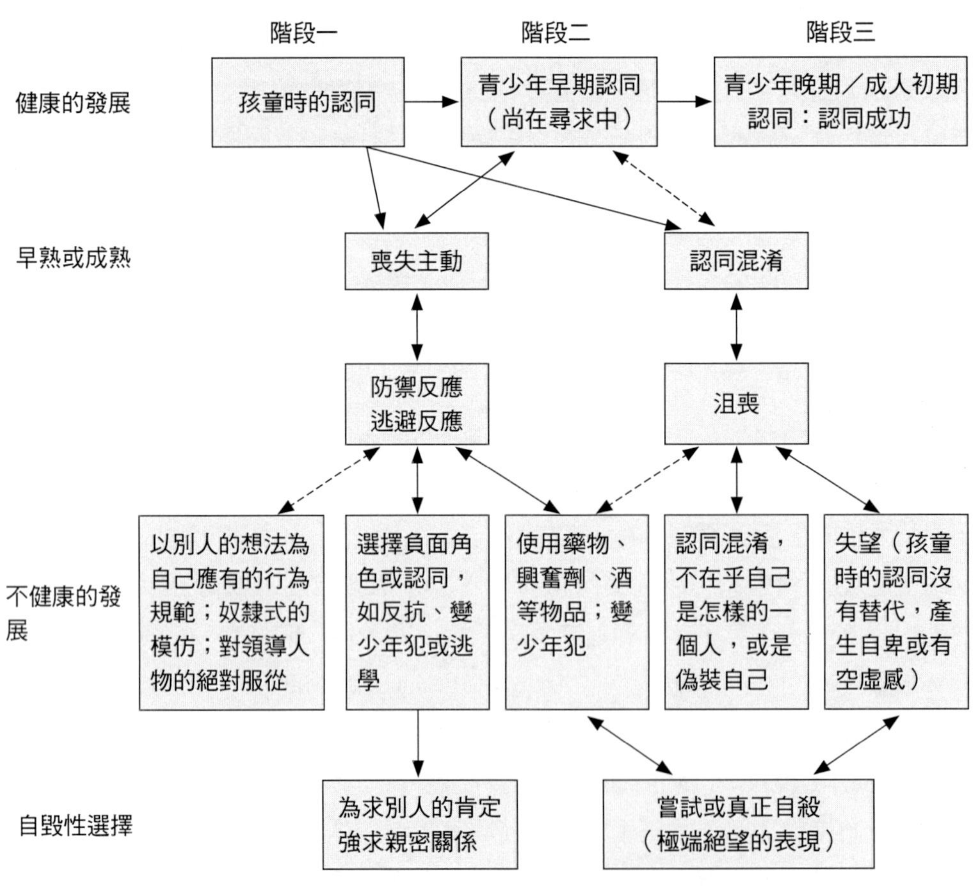

圖7-1　Herbert認同發展階段

資料來源：Herbert (1987).

動機、對行為的判斷與認識，更重要的是要看實際行為的性質和意義。道德行為是一個人行為的外在表現，同時也是內在的認知判斷和情感的經驗（郭靜晃，2006）。劉玉玲（2005）指出，青少年由於抽象能力提升，擁有演繹及歸納邏輯思考的假設能力，也能比較及對照各層面的差異性，可思考以不同方法解決問題，不再依賴社會可接受的刻板印象或權威人物的看法作為判斷的依據，諸種情形也導致青少年的道德衝突較兒童時期增加不少。

過去幾十年來對道德方面的研究由三種理論所主宰：(1)Freud最先提出的心理分析論取向；(2)Hartshorne及May提出的社會學習論取向；(3)Piaget及Kohlberg提出的認同發展論取向。心理分析論的觀點著重於道德情感上，如罪惡感，Freud認為道德就是超我（superego）經由罪惡、羞恥及自卑等感覺，而產生對性與攻擊本能的控制。個體必須透過剛直且強有力的力量（又稱為超我）所控制，以達成行為及文化規範的內化（internalization）。社會學習論認為道德是一組習得的習慣、態度及價值，個體則是透過社會環境的增強化過程而習得。認知發展論則著重於道德思考及判斷的普同階段（universal stage）的發展（葉光輝，1993）。

到目前為止，唯有美國哈佛大學教授Kohlberg（1927-1987）援引Piaget的理論，並從「道德判斷」發展歷程建立理論，且從理論再導出相當多的實徵研究來修正及支持其理論論點，且在學術上占有一席之地。Kohlberg提出有系統的**六序階理論**（參見**表7-7**）。其理論內涵具有兩項特點：(1)排除了傳統上道德思想中的二元對立論（不是有或無的問題，也不是歸類的問題），而提出道德是有順序系統的發展；(2)道德判斷不單純是一個是非對錯的問題，而是面對抉擇時，能從多元觀點思考，綜合考量而不做價值判斷。

(一)道德兩難

Kohlberg提出含有價值議題的九個兩難問題，其中最經典的是**海恩斯的兩難問題**（Heinz dilemma），透過相關處罰、所有權、權威、法律、生命、自由、公義、真理等價值議題訪談兒童與青少年，受試者可針對議題做選擇，或是做與不做之行為（Kohlberg稱之為內容）。做完選擇後，受試者要說明他為什麼做這樣的抉擇，稱之為結構（structure）。以下就以經典的海恩斯兩難問題做一說明：

表7-7　Kohlberg的六個序階

序階內容			
層次與序階	什麼是對的	為何那麼做是對的理由	序階的社會觀點
層次I： 成規前期 序階1： 他律性道德	避免違背以懲罰為手段的規則，為服從而服從，避免對個人及財產造成物質性傷害	逃避懲罰、權威的優勢權力	**自我中心觀**：不考慮他人的利益，或不認為自己的觀點會和他人不同；不會將兩個觀點相關聯；以物質性為結果導向，而非以他人的心理感受來考量行動。對權威的觀點及自己的觀點相混淆
序階2： 個人主義的，工具的目的及交換	只在有助於某人的利益下才遵守規則；以符合個人自己的利益與需求為行動訴求，同時也希望別人如此做；所謂對的就是公平、平等的交換、交易及協定	必須認知別人也有他們自己的需求，達成自己的需求及利益	**具體利己觀**：注意到別人有他自己的利益要追求，這會造成衝突，因此對的標準是相對的（以具體利己的觀點）
層次II： 成規期 序階3： 相互的人際期許、關係及順從	以你親近的人的期許或一般人對你的角色的期許來生活；做個好孩子或好國民是重要的，這意味著要有好的動機，表現關心他人；這同時表示應維繫相互關係，如信任、忠誠、尊重及感恩	希望成為你自己及他人眼中的好孩子或好國民；對別人關心；信仰金律，企圖去維持或支持所謂刻板好行為的規則及權威	**個別相互觀**：注意到共享的感受、協定及期許超越個別利益之上；依具體的金律將觀點相關聯，站在別人的立場思考；但仍未考量概化性系統的觀點
序階4： 社會系統及公道	完成個人已承諾的責任；排除與其他既定的責任相衝突，否則法律必須加以維護；所謂對的就是對社會、團體或組織有貢獻	維護組織能整體正常運作，避免因每個人都這樣做而造成體系瓦解，或達成個人被界定的義務的使命（易與序階3對規則及權威的信服相混淆）	**社會系統觀**：站在界定角色及規則的系統的觀點，以系統的立場考量個人的關係
層次III： 成規後期或原則的 序階5： 社會契約或效益及個人權利	意識到不同的人有不同的價值體系與意見，而大多數的價值及規則常與自己團體的價值相對應；站在利益的公平性及因為它們是社會契約，這些相對應的規則必須加以維護；然而某些非對應的價值及權益，如生命與自由，則不管大多數人的意見如何，都必須加以維護	對法律的義務感是因為個人所立的社會契約，而遵守法律是為了所有人的幸福及為了保護所有人的權利；契約承諾的情操布滿於家庭、友誼、信任及工作義務之中，關心法律及責任是否建立在最大效益的理性計算下，「為最大多數人的最大利益考量」	**超越社會觀**：個人注意到有比社會依附及契約更重要的價值及權利的理性人的觀點；藉由協定、契約、客觀無私及正當程序的正式機制，整合不同觀點；會同時考量道德的與法律的觀點；認知它們有時會彼此衝突，並發現要將它們整合是困難的

（續）表7-7　Kohlberg的六個序階

層次與序階	序階內容		
	什麼是對的	為何那麼做是對的理由	序階的社會觀點
序階6：普同的倫理原則	依循自己選擇的倫理原則，尤其是那些使得特定法律或社會協定經常有效的原則；當法律違反這些原則時，個人會依據這些普世皆同的正義原則行事	一個理性人應秉持普同道德原則之正當性信念，並且個人願意為它們獻身	普同道德觀：站在所有任何理性個體所認識的道德本質的觀點，或視人自身就是目的，並且必須依此對待他們

資料來源：葉光輝（1993）。

歐洲有位婦人因為罹患一種特殊的癌症而瀕臨死亡。醫生們認為有種藥或許可以保全她的生命，那是一種放射性的鐳，這是同鎮的一位藥劑師於最近發現的。這種藥製作起來相當昂貴，且這位藥劑師要索取10倍的價錢。他花400美元買鐳元素，但是一份量的藥卻要價4,000美元。這位病患的先生海恩斯到處向他認識的人借錢，但他總共僅借到總數的一半——2,000美元。他告訴藥劑師說他的妻子快要死了，他懇求藥劑師把藥便宜賣給他，或者允許他以後再付款。但是這位藥劑師說：「不行，我發現了此藥，我就要靠它賺一筆。」因此，海恩斯於絕望之餘，為了他妻子，闖入藥店，偷取此藥。

■成規前期

在**成規前期**（preconventional level）（序階1和2），行為的是非主要端看行為的後果或執行此後果的人。行為的準則基本上是工具式的相對取向行為（the instrumental-relativist orientation），這是以惡報惡、以善報善的階段，遵行規則是滿足自己或別人的需求。其觀點是一個具體的行動者會遵守規則是為了避免麻煩、滿足需求和增加他或她的利益。在序階1時，對一項行動的物理性結果與心理性結果並不能清楚地加以區別，在一個時間點上只能從某一個觀點建構其社會互動，不同的觀點並不能清楚地被認知或統合。在序階2時，一個人理解不同的人有他們自己的觀點，他們自己的需要、利益、意圖等。人們被視為在施與受的基礎上彼此相互關聯，會考慮彼此的反應。

■成規期

在**成規期**（conventional level）（序階3和4），習俗、規則、義務和期許被經驗為自己的一部分，自己對個人的及非個人的（社會的）相互義務和期許是認同的，並自願隸屬於它本身。這並不意味著一個人須認同他的社會。這個認同可能專注在一個次文化上，例如一個自治團體、宗教團體或家庭。在序階3，人們看他本身蘊含在關係中。這種關係具有一種知覺，即情感和期許應該彼此分享而且建立在相互的信賴上。道德的角色取替僅著重在特定的關係，同時重視好人的共同特質，但是忽略制度或社會體系的觀點。在序階4，人們從一個社會或意識形態體系的觀點來觀看現象，並於其中去發現道德行動與道德期許的意義和肯定。

■成規後期

在**成規後期**（postconventional level）（序階5和6），個人已能從較特定的社會或人際間的期許、法律和規範中，抽離出自由、平等和團結的共同原則。自我從其他人的期許分化出來，他視本身為隸屬於全人類或對所有成員之義務的超越原則。在序階5，道德推理反映出理性個體優先於社會的觀點，他是被一個想像的，尤其受法律所具體化的社會契約的社會所約束。內隱和外顯的社會契約建立在信賴、個人自由，以及平等對待所有人的原則上，這些原則應該是社會和人際相互關係的基礎。在序階6，個人以「道德觀點」表達尊敬人本身就是目的的無私態度。這個尊重應該經由對話和奠基在理想的角色取替的互動上等其他形式來表達。理想的角色取替，會使涉及道德兩難中的人們對訴求與觀點予以同等的考慮。

不同的道德層次和序階的人，在道德兩難中對「什麼是應該做的事」及「為什麼它可能是對的」有不同的概念。在成規前期，道德辯證集中在實用主義的考量、需求和興趣的滿足、對自己和其他人造成具體傷害的避免，以及服從規則和權威人物。

在道德推理的成規期，個人嘗試以共享的規範、成為好人的內化概念、道德或宗教法律，以及制度化的權利和義務來生活。

在成規後期或原則的層次，個人已經發展出抽象的道德原則，傾向於重視自由、平等、共有、仁愛和敬重個人尊嚴。這些原則在某些方面與特定的道德規則不同。原則涵蓋較廣的道德考慮，且站立在較具體概念化的規則之上。原則經常著重正向的價值（生命、自由、人的尊嚴），然而許多道德原則以反向的方式看待（不偷竊、不謀害、不欺騙、不說謊）。原則整合特定的道德規則和角色概念，並且賦予它們一個寬廣的道德意義。

(二)海恩斯該不該偷藥？

我們對序階的討論在本質上到目前為止僅是理論性的。對序階更具體的感覺可藉著在**表7-8**中的序階道德類型的陳述來獲得。此表包含回應海恩斯兩難的道德判斷。判斷建議海恩斯為了救他將死的妻子而去偷藥，及判斷勸告他不要偷藥的均在**表7-8**中。

判斷的序階結構反映了序階1到序階5（序階6只是在理想情況下被提出的純正本質，代表著正義。真正的道德訪談編碼指南只到序階5而已），包括轉換的序階，如1/2、2/3等等。這些判斷從序階1對行動的物質性結果的關注（「如果你偷竊，你將被關起來」），到序階2為了實現個人的願望和興趣的實用性關注

表7-8　贊同與反對：海恩斯應該偷藥嗎？

序階	海恩斯應該偷藥，因為……	海恩斯不應該偷藥，因為……
序階1	他的妻子可能是一個非常重要的人或者非常有錢……	如果任何人偷竊，都將被關起來 沒有任何人知道他偷竊；他只是偷它……
序階1/2	如果你讓某些人死去，他們會要你入獄……而偷竊並不會讓你被懲戒太重……	偷竊任何不屬於你的東西是不對的……
序階2	假如你的妻子將要死去，你偷竊……藥商會殺掉他……這完全決定於海恩斯多麼強烈地想救他的妻子……	最後他可能入獄，而無法籌足款項……
序階2/3	假如他相當絕望的話他會去偷竊……	藥商努力工作賺錢，你不應該偷竊……
序階3	不論他喜歡她與否，她仍是一個有生命的人……藥商是卑劣的，因而被搶是應該的……孩子將會無人照顧且家庭會破碎……	如果他向藥商解釋他將會瞭解…… 寧願光榮而死也不要活著當個小偷
序階3/4	只有上帝有權利取人生命……丈夫會覺得有責任要照顧她……	如果你信賴上帝，你會將生和死交在祂的手裡……偷藥行為將樹立一個壞榜樣……
序階4	生命比維繫社會更重要……在人類中總有某些特殊的人，或許是一些神聖的事蹟……	他會侵犯藥商的權利……把法律交到每個人自己的手中，會養成對法律的不尊重
序階4/5	偷藥可能是引起公眾注意這個不正義事件的好方法…… 人道的法律要比法律反對偷竊重要……	
序階5	有義務去尊重人的生命，因為它超越藥商的權利……生命的權利是普世皆同且有共通的適用性	

注意：此表已包含在Colby與Kohlberg（1987）所建構的判斷標準中。
資料來源：葉光輝（1993）。

（「決定於海恩斯多麼強烈地想救他的妻子」），到序階3對角色相關道德性和感受的關注（「寧願光榮的死也不願活著當個小偷」），到序階4對社會性定義的權利和義務的關注（「他會侵犯了藥商的權利」），到序階5建立在階層式價值的道德原則（「對人生命尊重的義務是超越藥商的權利的」）。

Kohlberg不僅只提出道德推理發展的理論而已，也做實徵研究以驗證其理論。他曾在芝加哥針對五十個勞工階級的男孩（10至16歲），做了二十年的追蹤研究，並在世界各地做泛文化的比較。結果發現，10歲兒童仍處於成規前期，但到青春期則進入成規期，其道德推理判斷反映出一種工具式的互利主義，大約處於序階3，但有五分之一的青少年可以處於序階4，到了17至18歲的年長青少年，會進一步發展更為廣博的社會正義觀點，進而考量行動及協助維護社會體系。

世俗的道德推理成為青少年道德思考的主要模式，Damon和Hart（1988）的研究發現，青少年期的道德發展有著重大突破，青少年開始將道德觀視為自身相當重要的認同部分，為了符合周遭其他人對他的期許，青少年也期盼自己在別人的眼中被視為是具有誠信及關懷的個人，因為他們具有同理心及觀點取替能力，他們也瞭解如果漠視他人的需求，他們也將會為他人所唾棄、喪失尊嚴。當然，其中有少數人（約五分之一）會脫穎而出，完全投入自己的生命力以倡導社會正義，而成為他們族群中的道德領袖。

青少年的思考已擁有相對的價值觀，並發展出一種普同性（universal）的倫理原則導向；每個人的行為乃是透過遵從個別特有的倫理原則，藉由全面性、普遍性及一致性的道德倡導，如正義、禮尚往來，以及人類的平等及尊嚴。

雖然許多研究的結果支持Kohlberg的理論，但他的理論仍在學術界遭受質疑，主要的問題在於道德觀與行為的關聯性，及其研究品質與性別偏見。也許道德的思考推論並不一定直接影響人的行為，但卻能提供行事的方向與準則。至於對相關研究的品質則多集中在測量方式：(1)Kohlberg的不同兩難情境的虛擬故事並不能完全反映真實的兩難情境；(2)Rest（1986）建議用不同的方法測量道德發展；(3)Yussen（1977）讓青少年假設道德兩難情境（多與家庭和同儕有關），這些情境較能反映青少年實際所面對的難題及所做的決定；(4)Gilligan（1985）認為，Kohlberg的理論較屬於男性主義的觀點，建基於一個正義觀點（justice perspective），但Gilligan從女性主義的觀點，較立基於關懷的觀點

（care perspective）。因此，女性的道德發展比男性來得高，因為女性對人與社會的關懷，較強調人與人之間的互動與溝通。Gilligan認為Kohlberg低估了道德發展背後的關懷考量，她相信道德發展的最高層次應包含對自己及他人道德平等的追尋。

在青少年期階段，多數青少年的道德發展是合乎Kohlberg所提及的階段3：相互的人際期許、關係與順從，青少年個體試圖成為「好人」，以讓他人喜歡自己並自覺滿意，因此這個階段對成人最大的挑戰，便是面對他們從眾性（conformist）的思考傾向。社會工作者應該要教導青少年獨立思考的價值，並協助他們克服壓力。Lickona（1983）提出六種父母如何幫助青少年減少同儕順從壓力的方法：

1.成為獨立自主的父母，提供好的角色楷模，教導青少年成為有獨立見解之人。
2.幫助青少年自主與獨立。
3.幫助青少年瞭解自己。
4.以適當的角度看待「受歡迎」這件事。
5.挑戰青少年的「集體道德觀」。
6.幫助青少年如何因應同儕給予的壓力。

五、青少年期的社會與情緒發展

大多數青少年的心理問題與外顯的偏差行為有關，尤其是男性有較多行為偏差或攻擊行為，而女性則有較多內隱性的情緒抑鬱行為，尤其是憂鬱與自殺行為。Achenbach和Edelbrock（1983）的調查指出，美國有超過25%的12至16歲青少年曾被轉介到精神醫療機構，接受偏差行為或心理的輔導與治療。在臺灣青少年常見的外向性行為大致為校園暴力、不服管教、打架、參加不良組織、恐嚇勒索、逃學、偷竊、逃家及暴虐等。

據臺灣中央警官學校過去所做的調查，以一千五百零七位國（初）中生為調查對象發現，其中有將近一半（49%）的學生，在一年內有與其他同學打過架，至於公開侮辱頂撞師長的則只有7%。另外由1993年9月到1994年10月這段時間，臺灣地區各級學校所發生的九十六件重大校園傷害事件中，師生嚴重衝突教師傷亡者有八件，約占九十六件的8%。所以大致上說來，師生間的暴力，尤其是學生施暴於老師的事件，大約不超過整體校園暴力的10%。但是師生間暴力的後果及影響可能遠大於學生間之暴力，因為它不但嚴重破壞校園的氣氛，使傳道、授業的工作難以進行，而且任何一件師生間嚴重暴力背後都隱含了廣泛長期的問題，這些問題大約可以說是校園內人際互動不良的後果（張欣戊，1999）。

依據教育部1999年對各級學校校園事件的統計分析，比較各級學校之每萬人發生率：以國（初）中每萬人五・九五件最高，高中職二・四四件居次，國小一・四三件緊追在後。由此可知，學生暴力事件與偏差行為之發生，以國（初）中階段最為嚴重。

此外，教育部統計2006年的校園衝突事件，暴力事件與偏差行為共有一千八百四十件，比前一年增加82%，因而死傷人數達八百四十一人，學校實不能掉以輕心。

為維護校園治安，臺灣教育部軍訓處表示，除行政院已推出1410陽光專案外，教育部也提出改善校園治安、友善校園、啟動校園掃黑實施計畫，並請警察常到學校巡邏，少年隊多到學校去輔導學生。教育部最新的各級學校校園事件統計表顯示，2006年一整年國小到大專的校園事件多達一萬四千六百三十八件，其中以意外事件排第一，占了40%，其次為疾病事件、兒少保護事件，「暴力事件與偏差行為」排名第四。

最值得注意的是，意外及疾病事件都有逐年下降的趨勢，但「暴力事件與偏差行為」卻明顯增加，2006年的一千八百四十件比2005年的一千零八件大幅增加；且占所有校園事件的比率，也從2005年的6.4%，升高到了2005年的12.5%。如果將校園入侵、鬥毆、恐嚇等違法事件，及離家出走等校園安全維護事件也加起來，暴力事件數將再升高到三千一百一十六件，不僅占了校園事件的21.2%，也較前一年的14.8%，升高了約六個百分點。此外，二〇〇六年校園事件全年的死亡人數有九百零九人，受傷人數則多達一萬二千四百二十一人，合計一萬三千三百三十人；其中暴力及偏差行為事件的死亡人數為六人，受傷八百三十五人（薛荷玉，2007/04/20）。

這些外顯的偏差行為問題大抵與青少年的社會與情緒發展有很大的關聯。在社會化過程中，尤其是同儕對青少年，除了幫助個體從依賴父母走向獨立自主的地位，也可獲得情緒支持及親密需求，同時也可從同儕夥伴的態度、價值觀及行為模式，選擇與己身有關的成規相從，因而獲得歸屬感或成就感，但可能也因此誤入歧途，習得偏差行為；情緒發展亦是影響個體日後社會人格是否具有良好道德規範的目標，或影響個體是否會有物質濫用、憂鬱與自殺、學校適應等問題或精神疾病（郭靜晃，2006）。

(一)青少年的社會發展

■同儕關係與青少年發展

Selman對自我分化的研究說明兒童與青少年人際發展的過程，他設計了一系列的社會人際衝突情境，拍成有聲幻燈片，然後要求受試者描述每一位主角人物的動機，以及各主角人物的友誼關係（劉玉玲，2005）：

1. 第一個階段：**自我中心未分化階段**（egocentric undifferentiated stage）。這個階段年齡約在3至6歲之間，兒童尚無法區別人與我之差異，認為別人與他們具有相同的情感與喜好。兒童比較相信自己對環境的知覺，不認為別人對社會情境的看法會與他有所不同，多以自我為中心。
2. 第二個階段：**主觀觀點階段**（subjective perspective-taking stage）。年齡約在5至9歲之兒童，開始發現自己與他人有所不同，開始瞭解到自己的想法和看法並不能完全讓他人瞭解，但也不能完全瞭解他人的想法和看法。此時期的孩子常以外在的觀察法去判斷他人的情感，而不對他人的動機做推論或推理。
3. 第三個階段：**自我深思熟慮階段**（self-reflective thinking stage）。年齡約在7至12歲之間，此時期的孩子會考慮到他人的思想與觀點，表現在自己的行為時，也會顧及別人的反應。開始瞭解到自己內在的衝突，比如說他們會想告訴成人真的想要一支手機，想要電影《星際大戰》中的雷射槍，但害怕被大人拒絕，所以他們想對大人說的話，常吞吞吐吐的。
4. 第四個階段：**相互觀點取替階段**（mutual perspective-taking stage）。年齡約在10至15歲之間，大約是即將或已進入青少年期的階段，在此階段中，青少年會對人際情境中做客觀的、第三者的考量。他們瞭解到大人的觀點可以從與其交往之中獲知，也可從一些遊戲、活動或行為結果中解釋。
5. 第五個階段：**深層與社會觀點取替階段**（in-depth and sociated perspective-taking stage）。青少年會將社會共通的規範加入人際關係中，他們依照社會規範，對自己的經驗賦予意義，這時對自我也開始含有潛意識作用，青少年已體會到對自己的情感與需求瞭解得並不充分，也不完全瞭解情感與需求對行為的影響，此種情況導致青少年較願意更深層瞭解自己，但卻愈來愈無法與他人建立親密與信任的關係（Selman, 1980）。

青少年的同伴關係大大不同於學齡兒童。此時，異性關係與團體開始發展，對於同儕團體的價值及行為的順從及認同增加；相對地，父母對子女的影響卻漸漸微弱。青少年對同伴關係的看法不像學齡兒童那般具體，而是較重視彼此之間的共享態度及團體過程的重要性。事實上，Csikszentmihaly和Larson（1984）的研究發現，青少年花較多的時間在談天而不是一起做某些事。尤其今日的學校制度，是集合同年齡層的學生在學校裡以班級的編排方式接受教育，使得青少年有許多時間和同年齡層的同學在一起學習，這種學校式的教育安排，對於青少年的社會化過程，產生很大的影響，求學階段的青少年大部分以同學作為主要的交往對象，也是相互學習行為與認同及提供親密來源的對象，更是組成同儕團體的最大來源（李惠加，1997）。

郭靜晃、曾華源、湯允一和吳幸玲（2000）以及內政部兒童局（2006）針對臺閩地區之少年所做的生活狀況調查報告中發現，少年最常向同儕及朋友學習思想行為，而不是以父母為認同之主要對象。而且朋友與同儕是除了自己之外，最瞭解青少年心事的對象。至於和同儕與朋友最常在一起聊天、逛街、打電話及運動（郭靜晃等，2000）和上MSN、打電動（內政部兒童局，2006）等事項。可見青少年在社會化過程中需要學習有效參與社會所需的知識、技能和態度，可表現出社會所期許的個體，尤其是青少年階段更是延續兒童時期所發展出的利社會行為、攻擊行為、性別角色及人際互動。

隨著思春期生理快速成長與改變，父母、師長與社會期待也都在改變，所以個體在尋求獨立、自主的同時，更需要同儕的情緒支持。所以說來，對朋友的依賴及相互學習，對青少年身心發展愈來愈重要，這也促使青少年社會化過程產生催化作用。

同儕給予青少年最大的影響是順從壓力及從眾性，特別是在國中階段的青少年早期（Berndt, 1979），此種影響要到青少年後期才會漸漸減少，因為青少年期發展獨立自主的能力。

Santrock（1990）認為，青少年的**從眾性**（conformity）在青少年發展

過程中，是其生活中正常的一部分，因為一個人需要學習個人自主及在行為上迎合他人的期待中得到一個平衡點，也就是個體要尋求心理分離——個體化（自我與客我的恆常性），它的結果有正面的，也有負面的效果。Blos（1979）指出，當青少年脫離嬰兒期的客體失敗時，會出現自我妨礙（self-handicapping），並有激烈的行為出現，如學習失調、缺乏目標、負向情緒等，甚至有些青少年會逃家或與同儕產生負向認同而產生小流氓（punksters）、吸毒者（druggies），或產生奇裝異服及流行文化。

青少年團體除了提供友誼之外（Hartup, 1996; Rubin et al., 1998），最明顯的莫過於親密關係的建立。Parker和Asher（1987）的研究發現，友誼至少有六個主要功能——陪伴、鼓舞、心理支持、自我支持、社會比較及親密情感。青少年的成長伴隨著個體與同儕脈絡的變化（Grotevant, 1998）。青少年常會組成小團體，並與團體成員互動頻繁及發展出親密關係，Brown（1990）及Rubin等人（1998）將這種團體稱為群體（crowd）。群體為一群同類型的個體以聲譽為基礎所形成的集合體，個體可能會／可能不會與團體成員花太多時間在一起，而且團體成員的關係仍是鬆散而非緊密的，例如社團組織或球隊，此類團體通常是以追求名望為基礎。青少年小團體的其他一類重要的次級群體為朋黨（cliques），通常是由三至八人的團體成員緊密聯繫組合而成的團體，彼此成員視他們為共有或互惠的朋友（Henrich et al., 2000），這些團體成員具有共同普遍的特質和興趣（如運動、課業、音樂等）。另外一類與朋黨不同，而且是不易分辨的幫派（gangs），成員們彼此互動頻繁，共同參與犯罪活動，有增強團體認同的名稱（如十三太保、竹聯幫、四海幫）、地盤與標誌徽章（如衣服顏色），需反映團體成員的需求，提供社會支持、交流與保護等。幫派在各地均有增加的趨勢，通常介於15至30歲之間，各地有其分會，各有領袖及核心人物（Brown, 1990）。

幫派的形成和青少年須與同儕互動關係有關，尤其對一些與同儕互動有困難或面臨生活適應有困難的青少年，因為他們需要獲得認同或與同儕建立關係，因此幫派的產生並不足為奇，而且幫派的存在也提供青少年有了認定及被接納的極端例子，一方面提供一些社會及情緒支持，另一方面也提供青少年免受其他幫派或同儕的欺凌（bullying）。

■青少年異性交往與性行為

在美國，約在青少年前期之後的短暫時期，已經開始有了異性交往的約會經驗，女孩較強調浪漫，男孩較注重肉體上的吸引力（Feiring, 1996）。臺灣的青少年大約在高中階段開始與異性交往，但最近發現年齡有下降的趨勢，而且交往時即開始有性行為的時間也在縮短。

在美國，青少女普遍喜歡與同年齡的少男約會，但青少年則喜歡與較年輕的女孩談戀愛（Kenrick et al., 1996）。近年來美國有性行為的少年不斷增加，不過有關對未婚性行為的態度，女生顯得比男生保守，大約為男生的二分之一，可能是在兩性關係中，男性要比女性主動，而女性則往往是設限的人。90年代，大約有22%的少年和10%的少女在國一有性經驗，到了高三時候，有77%的男生及66%的女生表示曾有性經驗，而且避孕措施的使用也逐漸增加（大約從30%至50%）；性行為的年齡大約在15至20歲之間（Carnegie Corporation of New York, 1995），而有27%的15至17歲及16%的18至19歲青少年，從事性行為時沒有使用避孕措施（U. S. Department of Health and Human Service, 1996）。根據國際人口統計資料顯示，在美國，每年約有超過一百萬個青少女懷孕，而其中未婚生子的情形就占了全國青少女懷孕的三分之一。（財團法人國際單親兒童文教基金會，2011）

青少年大約在國中階段與同儕關係密切，一方面減少與父母溝通及相處時間，另一方面卻增加與同儕夥伴相處時間，不過這時期仍以同性別的同儕夥伴居多。結伴成夥歷程，主要是依賴彼此的忠誠度，共同的志趣以及年齡差距而定；他們依雙方的親密度和互信依賴程度而決定彼此的親疏關係（Berndt, 1979）。女孩比男孩培養親密的友伴關係（尤其與異性）要早得多。少男們透過與朋友共事而相互瞭解，並且常著重就事論事，較缺乏情緒上的表達；而年長的青少年遲早會與異性交往。

當青少年參與異性交往的階段，剛開始會採取群眾聯盟策略（crowd strategy），即多個以上異性團體結合在一起，共同聯合計畫並且執行所安排的社交活動，例如一起看電影、烤肉、兜風、逛街或週末派對等。在這些活動中，青少年彼此更進一步認識，與異性互動、約會交往，逐漸進展為雙邊約會（double dating），促進相聚交流。

通常青少年大約在14歲左右開始約會，性行為大約在15至20歲之間，雙方約會過程會期待男生採取主動。在美國，對青少年施以性虐待和暴力情形十分普遍，自1993年起，青少年登記有案的性虐待案件約有十五萬名案例，另外尚有可能有三十五萬名個案遭受性侵害（Finkelhor, 1994），在兒童及青少年分別約有20%的女性，和5%至10%的女性曾被性虐待（Finkelhor, 1994）。女生常會有被迫的性行為（Carnegie Corporation of New York, 1995），約有20%的八至十一年級的青少年女生，以及75%的14歲女生曾經發生性關係，且是性侵害事件的受害者（Di Mauro, 1995）。

青少年的性行為（sexuality）是深受家庭、社會及文化影響的複雜發展過程（Chilman, 1989）。青少年性行為與懷孕的情形在美國十分普遍，而且造成的影響也很大。雖然美國由於墮胎及流產造成青少女生育子女的比率下降，但是懷孕的比率卻是上升的，而美國也是所有工業國家中未婚懷孕比率最高的國家。據估計，美國每年約有五十一萬八千名19歲以下的女性生育子女，並有約一百二十萬名婦女懷孕，有四分之三是意外受孕的（Sugland, Manlove, & Romano, 1997）。自1973年起，美國每年大約每九個少女就有一個未婚懷孕（Dryfoos, 1990）。

關於青少年懷孕之議題是十分複雜的，有些青少女想要懷孕，但青少年的社會工作者對於此想法卻持保留態度，並處心積慮的想要預防青少女懷孕（Sugland, Manlove, & Romano, 1997）。相對地，在臺灣，15至19歲青少女未婚懷孕生子之比率占亞洲第一位，占出生人口的5%（內政部統計處，2008）。青少女生育率為1.295%，超過日本的0.4%，韓國的0.28%，新加坡的0.8%，最年輕的媽媽只有12、13歲，每年有二、三十萬的婦女墮胎，其中有40%是青少女。青少女未婚懷孕並不容易預防，在美國也只有二分之一的青少年會在性行為的過程中採取避孕措施（Kadushin & Martin, 1988）。即使採取避孕措施也是用較不可靠的方式，原因是青少年的性教育做得不具成效，以及青少年持有個人神話（personal fable），覺得懷孕的事不會降臨到他們身上。未婚懷孕、墮胎、生子除可能直接危害少女之身心健康外，亦將造成社會經濟及社會問題，花費可觀的社會成本，為此世界各國莫不將青少年的性及生育教育視為重要的健康議題。

在青少年時期，青少年是透過同儕互動引入性興趣和行為。這種對性關係的興趣不斷增加的推動力，來自於社會期望和性成熟。Udry和Billy（1987）設計了一種模式來解釋青少年前期性行為的轉移（參見**圖7-2**）。在此一模式中，三個基本向度說明了青少年性活動的開始：動機、社會控制、吸引力。第一個

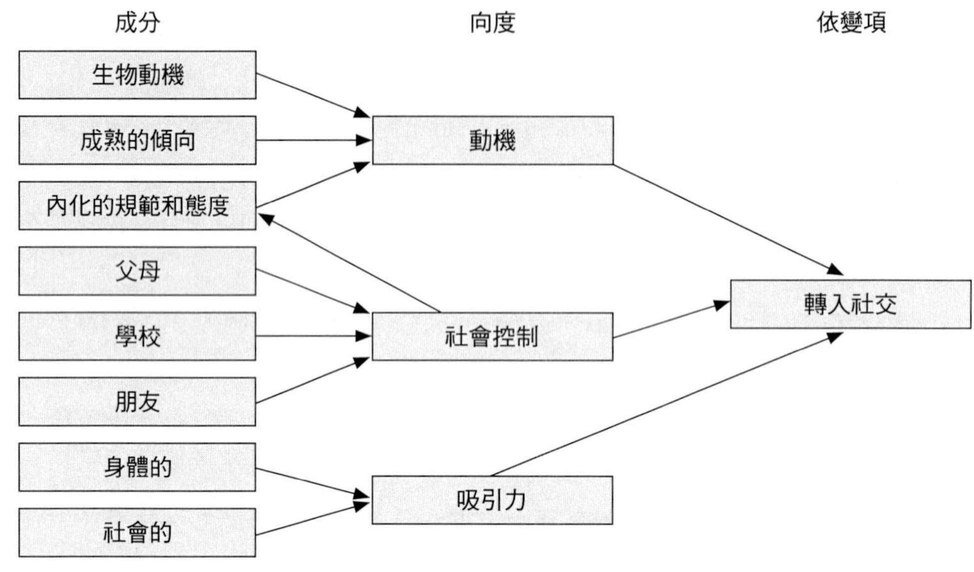

圖7-2　青少年期轉入性行為的模式

資料來源：Udry & Billy (1987).

向度「動機」可由三個生理因素來說明：(1)可由賀爾蒙分泌的層次來說明；(2)可由希望獨立及從事成人的行為的願望來說明；(3)也可由可以鼓勵或減弱性活動動機的某些內化的規範和態度來說明。第二個向度「社會控制」則提供了在其中產生性活動的規範化環境。根據這一模式，這些控制是父母的社會化和習俗、學校成績和學業抱負、朋友的態度和性經驗的產物。另外，還可以在此加上宗教信仰與價值觀的影響。第三個向度「吸引力」影響著伴侶的可獲得性。吸引力一部分由思春期所定，另一部分由社會接受性或聲望所定，其他部分則由一個人是否被判斷為漂亮或英俊（外貌）所決定。

在一項評價此一模式的研究中，研究者們發現，對白人男孩來說，可由賀爾蒙水平和受異性的歡迎程度最為有效地預見性行為的轉移。轉入性活動的常模在男性中如此明確，因而很難找出許多能說明這一轉移的因素。對白人女孩而言，各種不同的社會控制，包括父母、學校成績、朋友的態度和行為，都在預測其性活動方面起著重要的作用。

許多研究支持這一見解，特別是女孩，賀爾蒙本身並不能說明青少年何以捲入性活動，而這些活動是產生於一種社會情景：父母的價值觀、求學期望、父母對孩子在社會和學校活動能有適宜控制能力的操縱、同儕群體的規範，都在青少年是否願意在性活動中變得積極主動方面起作用（Brooks-Gunn &

Furstenberg, 1989; Newcomer & Udry, 1987）。

對青少年性行為最明顯的環境影響之一是「宗教參與」。經常參加宗教服務的青少年，把宗教視為自己生活中最重要的部分，因此對婚前性行為較少有放任的態度。這一發現對天主教徒、新教教徒、猶太教徒中的青少年均同樣適用。那些視自己為原教旨主義的新教教徒或施洗者的青少年，會特別強調這種關係。然而，一個青少年對婚前性行為的態度，尚取決於除其宗教社會化以外的其他許多因素所塑造。青少年在做出關於參與宗教的獨立決定時，他們也產生了關於是否接受婚前性行為的想法。因此，對性行為持較為放任態度的青少年，往往很少會參加宗教服務，在宗教參與中也很少找到滿足。

(二)青少年的情緒發展

基於青少年由於形式運思能力的發展，思想和感情能夠進一步從熟悉的具體而產生抽象思考。依Piaget（1963）的觀點：「這種感情不附屬於某個特殊的人物或只限於物質現實的聯繫，而是附屬於社會現實或主要精神現實，如關於一個人國家的、人道主義的、社會理想的及宗教的情感。」在青少年期，情緒是屬於較內部和個人的，因為情緒獨立於外在世界而發生，則情緒更加能自主化了。此外，由於認知能力和意識水準的提高，也使得青少年情緒發展具有下列之特徵：(1)延續性；(2)豐富性；(3)差異性；(4)兩極波動性；(5)隱藏性。

Rice（1993）將情緒區分為三類：(1)喜悅狀態（joyous states）：是屬於正向的情緒，例如滿意、愛、快樂與歡娛等；(2)抑制狀態（inhibitory states）：是屬於負向的情緒，例如憂慮、擔心、苦悶等；(3)敵意狀態（hostitle states）：屬於負向的情緒，例如激怒等。這三大類的情緒狀態並非單獨存在於個體的情緒內，這三種情緒有時會並存，如單戀一個人有了愛意，看到他和別人講話，有嫉妒的心，後來得知單戀的對象已愛上別人，愛恨情仇集於一身。所以情緒會以多元面貌呈現在個體的身上。Kostelnik等人於1988年更將喜悅（joy）、傷悲（sadness）、憤怒（anger）與恐懼（fear）稱之為核心情緒（core emotions），此四大核心情緒並各自形成一個情緒聚類（emotional clusters），例如喜悅此核心情緒所對應之情緒聚類如滿意、快樂、得意等；而憤怒所對應之情緒聚類如生氣、厭惡、挫折等（劉玉玲，2005）。

劉玉玲（2005）將青少年的情緒發展狀態區分為正向的與負向的情緒發展，茲分述如下：

■ 正向的情緒發展

I. Kant在論喜劇的產生美感時說：「笑是一種緊張的期待突然轉化為虛無的感情，就產生美感。」很多情緒發展對人是有益的、有正向積極面的。熱愛、關心及親切恰當的表現，包括愛情、愛好和惻隱心的情緒反應能力，是青少年、成人健康發展的基礎。一個人若能對自己和對他人的愛產生情緒反應，他就能順利達到更大的自我實現了，也能產生更好的與他人聯繫的感情。E. Fromm提醒我們：「潛能得以充分發展的過程，開始於認識和愛護自己，然後關心別人和對別人負責。」

當小朋友積極從事遊戲活動時，我們常常會觀察到這種情緒。當一個人面對著要施展他的機智和技能的情境時，這種情緒就會發生。A. H. Maslow研究自我實現的情緒，Maslow以「高峰經驗」（peak experience）一詞來標誌產生巨大的喜悅和愉快的時刻。Maslow說道：「幽默感大部分是人類開玩笑的行為，常出現在人們做了蠢事、或忘了他的身分、或在自我吹噓時。」是種自己開自己玩笑的形式，但並不是虐待狂或小丑的行為。其實自己是情緒的主人，笑看人生或悲情過日子，決定權在於自己，一部戲可以用喜劇表現，也可以悲劇表現，端看編劇、導演的態度，要拍一部有深度內涵的喜劇並不容易，首先要讓自己笑，才能讓別人笑。

■ 負向的情緒發展

抑制狀態的情緒又謂之負面情緒，經驗如果過於強烈，將會傷害青少年身心的發展；輕度的抑制狀態情緒的經驗，有助於青少年適度體驗人生，增強心理上的免疫功能，並有利於應付成年後的人生考驗。消極情緒，如害怕、焦慮、憤怒、罪惡感、悲傷、憂鬱及孤獨等，常使我們痛苦和缺乏效率。茲分述於下：

1.恐懼情緒：恐懼感是人類最負向的情緒經驗，如對黑暗、陌生人、動物、颱風等事物產生恐懼。但隨著個體的成熟與認知能力的提升，青少年恐懼的對象與兒童時期並不盡相同，但兒童期的恐懼經驗仍會帶入青少年時期，甚至成人期。
2.擔憂與焦慮情緒：一個焦慮的人意識到危險，卻不知道危險來自何處，也不知道可以採取何種行動。通常害怕和焦慮是並存的。害怕係針對壓力情境中一些明確察覺的危險或威脅；而焦慮則是對壓力情境中不能預料或不能確定層面的反應。憂慮可說是現代生活難以避免的副產品。擔憂與焦慮（anxiety）也是普遍的情緒反應，通常是由對情境不如意或有壓力所引發。擔憂與焦慮也是一種主觀的心理現象（mind image），青少年常擔憂自己的儀表、容貌、穿著、考試成績不佳、意外事故的發生等，青少年所擔憂的事有些在成人看來是微不足道的。

3.敵意狀態：敵意可視為人格特質的一種，如外控型（external locus of control）的人在敵意評量上得分較多，外控型的人也有較多的憤怒、暴躁、懷疑、口語與間接攻擊表現。較高敵意的人較不合作、較敵對、粗暴、不妥協、不具同情心與冷漠等特質。青少年敵意太高，常容易與人發生衝突，也較不受人歡迎。

4.憤怒：憤怒可以導致適切及建設性的行為。因不公平待遇所引起的憤怒，可以建設性地用來促使社會改革。就個人而言，憤怒的表達也有助於他人瞭解自己在行為上冒犯了別人。憤怒常常導致破壞性的攻擊（aggression）。攻擊是指意圖傷害別人的敵意行為。因憤怒而無意中說出傷人的話，這並非攻擊；如果明知這樣說會傷害他，但我們還是說了，這就是攻擊。攻擊很少是一個有效的因應方式，它通常引發欠缺考慮的行為，而在事後感到後悔。

5.罪惡感：當我們覺得自己做了不對、邪惡及沒有價值的事，或者違反倫理或道德規範時，不論是做錯事或是做了不該做的事，都會有罪惡感。產生罪惡感的原因：(1)對與錯的價值觀是學來的；(2)這些學來的價值觀被用來判斷我們的行為；(3)由痛苦的經驗中習得做錯事會導致懲罰的認知。罪惡感的強度取決於自認所犯錯誤之嚴重性，以及是否能加以補救或彌補而定。罪惡感，常可藉著向自己或別人認錯、誠心悔改，以及接納別人的寬恕來處理。有些人由宗教中獲得懺悔、悔改及寬恕的機會，有些人解決罪惡感是用自己的方式（例如補償）來解決。

6.悲傷、憂鬱及孤獨：當朋友或親人去世而遠離我們時會感到悲傷，通常整理悲傷的時間須數週到數月，甚至數年。憂鬱是一種沮喪、氣餒及不愉快的感覺，通常會伴隨著缺乏原動力、散漫及某種程度的自貶，也常伴隨著食慾缺乏、睡不安穩及性慾低落。青少年也多有孤獨的困擾；在群眾之中，人們仍可能感到孤獨。獨處與孤獨是有區別的，有人選擇獨處，同時他也知道自己可以選擇結束獨處。孤獨是硬加在我們身上的，而不像獨處，人們不易克服孤獨的感受，成長學習過程有許多時候是要面對孤獨的。因此，輔導青少年接受孤獨的事實，深入瞭解自己，體驗以及發掘自己以往不會注意到的潛力。使人獲得更多的自我接納，也會增加對別人的熱忱及與他人和諧的相處，建立真正有意義、誠摯及持久的關係。

7.抑鬱（depression）：一種悲傷、失去希望的感受，一種被現世的要求所擊倒的感覺，體驗到徹底的絕望。抑鬱症的症狀包括擔憂、壓抑、哭泣、沒有食慾、難以入睡、疲倦、對活動失去興趣和樂趣、注意力無法集中。抑鬱可以分為中度的、短期存在的悲傷和沮喪感，以及嚴重的內疚和無價值感。許多研究提出青少年期抑鬱的原因：第一，它伴隨著青少年自殺，雖然抑鬱並不全然是自殺的先兆，但抑鬱和自殺的念頭之間有著某種聯繫；第二，抑鬱與酗酒和吸毒有關。和強烈的抑鬱感做鬥爭的青少年，會轉而用酗酒或其他藥物——安非他命、古柯鹼、大麻菸、海洛因、搖頭丸等，試圖減輕或逃避這些感受。抑鬱的青少年可能無法有效地參加學校課程學習，導致學習成績退步。青少年期抑鬱可能會成為日後成年期嚴重抑鬱症的先導。

青少年是人生當中的一個階段，在此階段往往會面臨喪失、挫折和拒絕等諸多情境，一旦青少年在應付這些生活中的危機方面缺乏經驗，上述這些負向的情緒便有可能隨之展開，他們可能沒有能力去解釋或減輕這些伴隨而來的壓力、生活事件的悲傷或沮喪感受，而這些諸多的負面情緒都有可能會被伴隨而來的賀爾蒙所強化，尤其是抑鬱的情緒。當負向的情緒無從釋放時，青少年有可能會認為自己是無價值、無用的，而這種認識上的歪曲會導致他們自社會退縮或產生自我毀滅的行為。因此，如何教導青少年的情緒管理及其輔導，是關心青少年心理發展的當務之急。

第三節　青少年的社會化

近年來臺灣青少年兒童的問題，從飆車、電動玩具、安非他命、自殺、愛滋病和性病的傳播、酗酒、逃學、逃家及宅男等，僅只局限在青少年兒童個體之適應問題，也難怪心理學家張春興曾云：「青少年的犯罪問題種因於家庭，

顯現於學校，而惡化於社會。」（張春興，1986）

過去之大型調查研究（如教育部訓委會，1992；內政部兒童局，2006）常有一致的形象：青少年的困擾仍以學業最高，其次為自我形象（或缺乏零用錢），而以性問題最低。

青少年仍脫離不了家庭、學校、同儕及社會環境之影響，尤其是邁向獨立個體，獨自脫離（launching）家庭而成為獨立個體。本節將著重影響個體發展的中介系統等三個層面：家庭、同儕及學校；另外尚將青少年就業的困擾問題，以及藥物濫用與未婚懷孕對青少年生理、心理所造成的影響特別提出來探討。

一、家庭的影響

雖然父母與青少年子女常有一些不同的看法，甚至形成兩代之間的代溝，但相關研究（Offer, Ostrov, & Howard, 1981; Kuo, 1998；內政部兒童局，2006）發現，多數青少年與其父母的關係良好，他們也常與父母聊天，並以父母為諮詢對象，感受父母的疼愛及關懷，至少偶爾衝突或意見不合也只是在日常生活小事（如零用錢、穿著及不整理房間等）（Montemayer, 1983），許多青少年對於升學或日常生涯發展還是會以父母為首要諮詢對象。

除此之外，Steinberg（1990）相信親子衝突仍有一些正面功能，如就社會生理觀點，親子衝突提供青少年脫離家庭，進而與異性交往，為建立日後自己的家庭做準備；從心理分析及社會學習觀點，親子衝突能促進青少年達到個別化（individualization）為獨立之目標；從認知發展觀點，親子衝突表示兩代之間對家庭規則與事件之看法的不同。所以說，親子衝突本身就是一件平常不過的事。

另一影響是親子的依附關係。在青少年早期（約在12至15歲），還常看到青少年黏著父母親；而在青少年後期，青少年往往想要獨自一人，或與同儕在一起。到底青少年與父母的依附關係對青少年的健全發展有關嗎？雖然心理分析學派認為，青少年宜及早脫離父母，尋求獨立自主，但仍有些研究（Steinberg & Silverberg, 1986; Steinberg, 1990）發現，與父母有安全依附關係的青少年通常比較獨立，自信較高，發展也比較健全。

此外，Baumrind（1989）所提出的父母管教方式的權力控制（權威式、獨裁式與放任式）、溫暖（溫暖與冷淡）和誘導（induction）皆會影響青少年的自主發展、道德感及自我控制能力。Baumrind亦指出，父母如能對子女適時的因應乃是青少年健全發展的關鍵，對子女不理不睬的父母最容易教出有問題的青少年。Steinberg（1990）認為父母應多學習主權式管教（包括監控想改變的目標行為，督導並清楚釐訂規章和期望、應用正增強的溫暖關係），對青少年行為發展最有效用。

二、同儕的影響

一般在家庭或電視（影）中常有如此的鏡頭：青少年常抱著電話與同儕聊個沒完，現在拜電腦及即時線上聊天（如Skype等）之發明所賜，青少年更是在電腦上與同儕無所不聊，而且常聊到忘了做功課。Berndt及Ladd（1989）的研究指出，國小學童與成人互動占25%，年齡漸長，到了青少年，與成人互動僅占10%。從青少年發展需求來看，青少年與同儕的共處是平行的，如為了獲得資訊、學習到才能、發展兩性關係、解決問題能力，最重要的還是情緒的支持與抒發。

不過同儕也可能提供別的負面影響，尤其對自我認同及自信心較薄弱的青少年，那就是同儕壓力及從眾性，尤以國中階段為最（Berndt, 1979）；但是，青少年最完整的友誼關係也是在此時發展出來的，其功能有陪伴、鼓舞、心理支持、自我支持、社會比較和親密感（Parker & Gottman, 1989）。

最近有愈來愈多的實務工作者應用社會技巧訓練（social skill training）的模式來教導青少年（指缺乏各種因應情況之能力者），提供有效解決問題的方法，以預防未來之人際問題，讓青少年在面對新的問題時，能有效地因應及處理不良情境，以產生好的結果。

三、學校的影響

有愈來愈多的學者或專業人士質疑，目前學校對青少年而言，並不是最有效的一個機構。例如Eccles和Midgley（1989）認為，學校及其所提供的課程對青少年在情感、社會及智能方面的需求並無法提供適當的回應。

開發中國家常將青少年教育納入義務教育（例如我國的九年國教，美國的十二年義務教育），使得青少年延遲進入職場，轉而從學校學習日常生活所需的技能，並由學校來面對社會的功能改變。我國的教育雖一直強調德、智、體、群、美五育並重，但學校還是以升學掛帥、教導學生如何應付考試才是最重要的。對此功能持反對者認為，學校必須要對學生在情感和社會方面的需求有所回應。

無論是哪一種課程，學生均要花費很多時間待在學校裡面，臺灣的青少年除了正常上課之外，還要提早到學校早自習，假日（包括寒暑假）還要加強課業輔導以因應日後升學之壓力。然而當青少年進入學校體系，除了應付課業之認知及社會能力的養成，對於日後職業選擇、社會公民之道德和政治價值，以及社會規範之養成更不可偏廢。

當青少年從小學階段進入國中就讀，往往會造成很大的壓力（Carnegie Council on Adolescent Development, 1989），因為兒童進入較大、較複雜及較不人性化的學習環境，尤其一旦脫離地緣較近的社區環境（國小），將連帶地使得過去的支持體系被迫改變，加上青春期的身心變化，更使得青少年的心理調適雪上加霜。

Simmons和Blyth（1987）認為，在小學時期兒童是「勝利者」（top dog）（因為在小學中小是老大、年長、最有權勢），可是進入國中之後一反情境而為劣勢者（bottom dog，最小、最年幼、年級最低、最沒權勢）時，他們所感受到的壓力自然增加。卡內基青少年發展會議建議學校應營造下列三個重要學習環境的品質：(1)學校應提供更人性的學習環境，亦即較小的互動環境；(2)學校的老師及行政人員與學生之比例（師生比）應縮小；(3)學校應讓學生有傾吐心事及提供指引的師長或社教人員。

學校是一個社會團體也是一個獨自系統。小學階段，學校中之課室環境是影響整個社會交流與學習的脈絡；到了國中階段，老師及同儕影響參半，老師代表權威與領導，樹立起課室環境及控制同儕互動；到了高中階段，個人不僅受課室環境所影響，也受老師及個體參與社團活動所影響。（Minuchin & Shapiro, 1983: 199）。

義務教育（臺灣是九年，美國是十二年）有其優勢與劣勢。在優勢方面，可增加人民生活素質，減少文盲比率，可讓個人潛能發展，最重要的是受教權平等，無論貧富、族群、性別、宗教之差異，皆能平等上學。目前臺灣義務教育雖只有九年，但比起過去，現在有更多的學生完成高中學歷，甚至取得大學或研究所文憑，如此一來能讓絕大多數的人們得以維持個人之生活水準，或尋求更高的生活水平。在劣勢方面，義務教育屬強迫入學，對於有個別差異與需求的學生無法給予適當的支持與照護，例如資賦優異、失能或身心障礙等學生。學生一旦失去學習興趣，他們可能中輟或衍生行為問題。學生的管教問題成為學校體制下最為頭痛的問題，其次是中輟、非行行為、偏差與犯罪行為、失業、藥物濫用、未婚懷孕等問題。茲分述如下（郭靜晃，2006）：

(一)中輟學生之現況與成因

中途輟學不僅是教育體系上的問題，也是一個社會上的問題，不但涉及教育資源的浪費，更進而會導致失學、犯罪及國家人口品質的問題。近年來，臺灣中輟學生人數逐年增加，而這群中輟群體也是少年犯罪的高危險群（教育部，1998；商嘉昌，1994）。

中輟學生常被標籤為學業挫敗及瀕臨高危險邊緣的學生，相關研究（Franklin & Streeter, 1995）發現，中輟與學業挫敗、低成就，及來自不利的社會階層呈現顯著的相關；而且也因為中輟青少年問題的複雜性不同，而有不同的相關因素，例如個人因素（自我概念、學習困難、未婚懷孕）；家庭因素（社經階層、家庭關係及親子間互動不良）；學校因素（學校課程缺乏彈性、師生關係不佳）；同儕團體因素（同儕關係不良、受威脅）；社會因素（參加不良幫派、受不良媒體誤導）；或法令因素（缺乏完整體系的相關法規、執行力不彰）。

中途輟學已由教育問題演變成多元的社會問題，其中包含了家庭層面、心理層面、社會層面，彼此之間也呈現多種因素交互的影響。Bronfenbrenner（2000）強調，人的發展來自於個體與環境的互動，其互動之模式是由小系統、中系統、外系統及大系統之多層環境系統所交互作用而形成。依此理論應用於中輟問題，中輟問題有可能導因於個人身心問題，或家庭系統不平衡，或與學校、同儕之互動過程經驗不佳，或外在環境的吸引而產生的行為。Hirschi和Gottfredson（1994）的社會控制理論提出，個人如不受外在法律的控制和環境的陶冶與教養，便會自然的傾向於犯罪。因此，個人之所以不犯罪或養成守法的行為，乃是受到外在環境之教養、陶冶和控制的結果。依此理論應用於中輟問題，中輟學生與家庭、學校或社會之從屬性愈強，甚至發展較強的社會連結（social bond），較不會受外界的引誘，甚至形成一股拉力，可減少中輟學生產生偏差行為或觸犯法網。此外，差別結合理論亦可說明中輟學生因物以類聚處於偏差團體中，所易產生的偏差行為。

郭靜晃（2000）曾針對全國二百四十六名國中中輟學生及高中失學學生進行身心狀況調查，發現這群少年曾逃學（占35.0%）、因故輟學（32.1%）、吸食菸酒檳榔（32.1%）、離家出走（19.1%）、玩過賭博性電玩（17.9%）、看過色情刊物光碟及網站（15.4%）、曾被威脅或敲詐勒索（13.0%）、有過性經驗（10.2%），可見這群少年有其特殊的生活經驗及生活型態。國中少年或由於結識不良之同儕團體，或由於家庭、學校或社會等環境因素之影響，逐漸內化了其次文化經驗，使得中輟學生擁有不同於其他在學同學的特殊生活方式與價值觀，更進而形成其獨特的生活方式，繼而形成其特有之生活型態。生活型態是個人或群體用以與他人區隔之特徵，而生活型態之研究是要瞭解及找出某一群體之共同特質，進而掌握群體可能出現的行為。

中途輟學在今日社會中已由教育問題演變成一個多元的社會問題，其中包含了家庭層面、心理層面、社會層面等。中輟行為所衍生出來的各項議題，諸如中輟的原因、中輟生的社交互動、中輟之後的行為表現，以及對於中輟生的輔導策略等等，相關的研究（許文耀，1998；蘇惠慈，1997；洪莉竹，1996；翁慧圓，1996；郭昭佑，1995；張清濱，1992）指出，造成中途輟學的原因大致上可歸納出下列幾個因素：

1.個人因素：對於課業不感興趣；功課趕不上進度，成績太差；學習困難以致學業低落；自我概念較差、較消極；擔心自己能力不夠，可能留級；覺得到社會上工作比念書更有前途；已找到合適的工作；覺得學歷無用；心智障礙或學習困難；情緒困難；意志力薄弱；體弱多病；未婚懷孕。
2.家庭因素：賺錢貼補家用；家庭負擔不起讀書費用；家庭事務太繁忙；父母疏於管教或管教方式不當；居家交通不便利；家庭社經地位低；家庭發生重大變故；家庭關係不正常、親子關係不良。
3.學校因素：教材教法及教學評量未能顧及個別差異；學校要求太多；學校管教方式、獎懲方式不當；課程缺乏彈性，影響學習慾望；學校缺乏活動場地；缺乏諮商和轉介系統；與教師關係不佳；對學校缺乏動機和興趣；教師態度和教學不良。

4.同儕團體因素：受不良同學影響或引誘；與同學關係不佳；受欺壓不敢上學。

5.社會因素：受不良傳播媒體誤導；受不良遊樂場所的引誘；參加不良幫派或組織；社會風氣低迷。

6.法令因素：法令缺乏強力的執行；執行不彰，導致中輟情形未改善。

用生態系統模式（ecological system model）的觀點來說明影響個體發展的生態環境，因個體生活在環境中（person-in-environment），因此強調人之發展來自個體與環境的交互作用，包含來自最常接觸的家庭、學校、同儕等環境，乃至大系統，如社會、經濟、文化、教育、價值觀、大眾媒體等，都會直接或間接的影響個體的發展。此外，由社會控制理論（social control theory）的觀點來看則認為，中輟學生脫離主流文化——學校、家庭之依附（attachment）及規範，可能增強其對同儕之次文化所能認同的目標（commitment），便逐漸接受同儕團體之價值觀與信念；而由次文化的觀點來看，中輟生所擁有的特殊文化，包含其價值觀、不同的生活型態、特有的行為模式，都與在學少年有很大的不同。

生活型態所包含的範圍相當廣，但在此我們嘗試將焦點置於中輟少年的休閒生活型態。基於休閒對於青少年無論在生理、心理、社會方面都有很大的益處，尤其是處於狂飆期的青少年，在身心尚未臻成熟的階段，對於內在及外在環境相當敏感也易造成影響。但青少年參與不良的休閒活動也與偏差行為有高度的相關（王淑女，1994）。而由犯罪次文化的理論強調犯罪行為對團體的影響與學習的歷程（趙雍生，1997）。親近次文化生活型態並非促成犯罪的必要條件，但不可否認，不良的次文化生活型態對於個人有相當的影響，如個人的生活習性、家庭生活、社會生活、性格與態度等都息息相關（趙雍生，1997）。

(二)非行兒童少年概況分析

在美國，有關兒童及少年行為偏差及犯罪比率逐年增加。依據Sicklund（1992）的估計，美國一年有八萬二千名青少年是因為身分犯（status offenses）而被警察逮捕，而有一百五十萬名青少年是經由法院審理青少年的犯罪行為。值得注意的是，有關身分犯的例子最常見的是藥物濫用及酗酒等違法行為（Hawkins, Jenson, Catalano, & Lishner, 1988）。近年來，臺灣也受全球化形態快速變遷之影響，社會及家庭功能亦逐漸走向多元化，許多社會問題，亦逐漸醞釀產生；其中又因青少年正值生、心理巨變轉型期，更容易因為外來環境的壓力或誘惑，而產生不同程度的適應問題，甚至衍生許多令人擔憂的青少年非行或偏差行為，如藥物濫用與吸毒、校園暴力、飆車、性侵害、網路犯罪等青少年偏差問題時有所聞（青輔會，2004）。

幾年來，兒童及少年問題日益增加，程度也日趨嚴重，尤其以兒童或少年遭受虐待、侵犯之案例日益增多；國中生輟學比率也逐年提高（彭駕騂，1989；教育部訓委會，1996）。在兒童、少年諸多行為問題中，以觸法之問題最為嚴重。依據過去的統計資料指出，長久以來兒童、少年觸法行為一直是臺灣社會變遷中特別明顯的社會問題，不僅人民感受如此，實際犯罪狀況統計亦是如此（伊慶春，1994）。

(三)兒童少年偏差行為與犯罪行為

兒童少年之犯罪行為常有違反社會規範情事，甚至被定義為偏差行為。**偏差行為**（behavior deviation）可從法律、社會及心理等三個層面來加以認定。從法律的層面來看是指違反法律規定之犯罪行為；而社會及心理學之定義為違反社會規範、危害社會安寧與秩序，及基於心因病態因素所導致之不合一般人之行為，稱之為異常或偏差行為。

張春興（1986）對偏差行為界定為個體偏差或過失行為，即個體行為具反社會性或破壞性之行為，但未涉及心理疾病。詹火生（1987）認為，偏差行為即違背社會或團體所制定之規範行為。謝高橋（1982）認為，偏差行為即破壞社會規範之行為。許春金（1991）則以統計之常態分布模式來分析行為之偏差性。

綜合上述，偏差行為會因不同社會文化而有不同之界定模式，大抵係以違反當地文化之社會規範之行為，也會受社會變遷而改變其界定。

為什麼青少年會產生偏差行為呢？研究結果發現，其影響因素不外乎為個人、家庭、學校及社會等，或彼此之交互作用之影響結果，也呼應張春興所言青少年之偏差行為，種因於家庭，顯現於學校，惡化於社會，更呼應社會工作對人在情境理論所指的生物心理社會（bio-psycho-social）之模式，來說明青少年偏差行為之產生因素。除此之外，犯罪學者援引犯罪學理論的觀念來解釋，分述如下（周震歐，1987；謝高橋，1982；李旻陽，1992）：

1.犯罪古典學派：認定自由意志是犯罪之主因，亦即犯罪是自我抉擇的結果，其矯正必須超過因犯罪所獲得之快樂，才能有阻止之效果。
2.犯罪人類學派：認為犯罪是由行為人之事實所決定，而否認自由意志學說，較偏重於解剖學上之異同論。
3.犯罪生理學派：強調個人生物性之遺傳、基因及腺體分泌激素所影響，例如XYY染色體說。
4.犯罪社會學派：強調社會系統的性質與功能之運用，包括E. Durkheim之秩序迷亂（anomie）說、文學轉移（次文化論）、社會控制論、自我及角色緊張、差異連結（differential association）之學習作用、標籤與衝突理論等論點。
5.犯罪心理學派：強調個人之內在心理因素、社會及學習化之結果，以心理分析論與行為論為重要代表。

綜合上述，青少年犯罪行為之成因為個人之生物性、心理性及與社會互動下的產物，而非僅靠單一因素即可用來解釋青少年之犯罪行為。鍾思嘉於1991年受教育部訓委會委託，針對青少年竊盜行為做個人心理性質之分析，其整理有關國內外文獻發現，青少年之偏差行為在人格特質上有如下的傾向：

1.自我概念：
(1)較消極與自我貶抑。
(2)和諧度差，較呈現有自我衝突。
(3)「生理自我」、「家庭自我」及「社會自我」的分數較差。
2.人格結構：
(1)具有反社會（antisocial）、無社會（asocial）以及精神病態（psychopathic）之人格傾向。
(2)呈現出強迫性人格。
(3)對社會及人群較有疑心，缺乏安全感，容易有緊張、焦慮及憂慮傾向。
(4)富攻擊性及拒權威之傾向。
(5)情緒較不穩定。
(6)自我反省能力差，思考、判斷及抽象理解能力較差。
(7)缺乏自我控制能力。

(8)不具有合作及親和之人格性質。

3.價值觀：

(1)較注重自我中心之價值觀。

(2)缺乏內控，自我規範能力薄弱。

(3)較具自我防衛性態度。

(4)較具目的性價值，較不具服從、合群、親愛等價值。

(5)價值存有衝突判斷，也較不和諧。

4.心理需求：

(1)較不重視省察、謙卑、成就、順從、秩序支配、持久等方面之需求。

(2)較重視自主、表現、攻擊、親和、變異、救助異性戀等方面之需求。

(3)重視物質化之經濟層面需求，較少有精神層面之心理與成就需求。

5.道德認知：

(1)比較一般青少年呈現較晚熟之道德發展，集中於Kohlberg之第三階段——人際關係和諧取向（乖孩子導向）之道德判斷與認知，較傾向工具性取向之道德認知。

(2)智力比一般青少年來得低，也有道德停滯和遲緩的傾向。

綜合上述，犯罪少年之心理具消極、貶抑自我之概念、反社會行為、低自我控制力之人格，而且在道德認知發展較不成熟，具有個人之工具性價值，較傾向於自主攻擊性之心理需求。

到底青少年為何會產生偏差行為？有多少人在青少年時期有過偏差行為？應該是不少。不僅我們個人感受很多，研究亦顯示，大約超過80%的美國青少年曾有過某種型態的偏差行為，如酗酒、藥物濫用、偷竊、逃學等（Santrock, 1999），而大部分的偏差行為發生在15至16歲之間，男性的發生率比女性高，但這幾年來女性有增加的趨勢。

許多偏差行為都與青少年在同儕中所占的地位有關，大部分的偏差行為都是與同儕一起或為同儕而做的，較輕微的偏差行為有時是正常的，因為可能是想獲得同儕接納與增強自尊的一種手段。當偏差行為發生在較早期時，這種行為多被視為**異常行為**（conduct disorder），但如果該行為已觸犯法律，則稱為**行為不良或犯罪**（delinquency），而且較不容易被矯正。研究顯示，早期的異常行為往往可以預測後來的偏差犯罪行為，例如一個較具攻擊性的兒童，到了青少年期就比較可能會有偏差行為。值得注意的是，多數的成年犯在青少年都曾觸法，但在青少年時期犯法的少年長大後卻未必會成為犯法的人（Dryfoos, 1990）。

許多研究嘗試去發現影響偏差行為產生的前置因素（Dryfoos, 1990），他們發現，這些青少年多半來自缺乏社會及情感支持的問題家庭，這也讓同儕的影響相對變得更重要，負面的同儕影響可能導致幫派的參與。此外，學業成就低落，欠缺解決問題及社會技巧能力等也是影響因素。Dryfoos（1990）將各個對偏差行為前置因素的研究結果整理如**表7-9**所示。

根據統計，目前美國約有二萬五千名青少年在州立的矯治機構中，這些少年有93%為男性、40%為非裔、12%為拉丁美洲裔；75%來自未婚或單親家庭，超過50%的少年至少有一名家人被拘留過，而這些被拘留的人中，又有60%曾入獄過。

四、失業的影響

青少年是社會未來的預備人力與資產，然而青少年期卻是人生的風暴期與徬徨期。從發展的觀點來看，青少年期除了生理上的變化與成熟之外，心理層面面臨一個最大的關鍵，即自我認同與角色混淆的危機。自我認同的形成有賴於個體探索、試驗各種可能的社會角色，並從其中選擇最適合自己的。如果因太多的選擇或因限制而無從選起，使角色試驗失敗，就造成角色固著而封閉自己。從生涯教育的觀點而言，青少年正值生涯探索期，主要的發展任務是在學校、休閒活動及各種工作經驗中，進行自我檢討、角色試探與職業探索。特別是15至17歲的生涯試探期，青少年會考慮個人的需要、興趣、能力及機會，做出暫時性的決定，並在想像、討論、課業及工作中加以嘗試，同時思考可能的職業領域和工作層級（吳芝儀，2000）。由此可見，青少年期除了是身心發展的重要時期之外，也是未來生涯發展的關鍵期。

另一方面，青少年人力大多屬於初次尋職者，但其本身的就業能力與條件均未臻成熟，因此容易顯現就業困難、低度就業或是失業的情形。依據行政院主計處（2006）的人力資源調查統計資料顯示，臺灣地區青少年的失業率較平均年齡層總體情況為高。2002年臺灣地區總失業率為5.17%，而15至24歲人口失業率高達11.91%；2005年總失業率為4.13%，而15至24歲人口失業率則為

表7-9　與偏差行為相關的前置因素

前置因素	與偏差行為之關連性
個人背景因素	
年齡	早期開始[I]
性別	男性[I]
種族背景	互相衝突與不完整的研究結果
個人因素	
對教育的期待	期待較低[I] 較少參與學校活動[II]
學業成就	低年級時學業成績低落，語言表達能力較差[I]
一般行為	逃學、搗亂、偷竊、撒謊[I]
宗教信仰	較少去教會[I]
同儕影響	影響大，難避免同儕的影響[I]
從眾性／叛逆性	特立獨行[I]
參與其他高危險的行為	早期的上癮行為[I] 較早的性關係[I]
心理因素	
先天上的缺憾	過動、焦慮、攻擊行為[I] 殘障[II]
家庭因素	
家庭的組成形式	資料不一致[II]
收入	低社經地位[I]
父母角色	缺乏親密關係、壓抑、虐待、缺乏溝通[I]
父母的高危險行為	家人的犯罪行為、暴力、精神疾病、酗酒[II]
社區因素	
社區品質	都市、高犯罪率、高遷移率[II] 壓抑的環境[II]
學校品質	追蹤能力[II] 學校管理能力不彰[II]

註：I大部分研究顯示此為主要的因素。
　　II部分研究顯示此為主要的因素。
資料來源：Dryfoos (1990).

10.59%（參見**表7-10**）；此一事實反映出青少年在職場中相對羸弱的生存困境，對於這些多是踏入職場的初次尋職者而言，一旦不能順利就業，或長期處於失業、或低度就業，則其職涯發展必然陷入一惡性循環，其結果不僅青少年個人會受到影響，國家整體的競爭力也會受到不利的影響（成之約，2003）。

表7-10　臺灣地區年齡組別失業人數與失業率　　單位：千人、%

年別	總計		男		女		15-24歲		25-44歲		45-64歲	
	人數	失業率	人數	失業率	人數	失業率	人數	失業率	人數	失業率	人數	失業率
2001	450	4.57	302	5.16	148	3.71	130	10.44	243	4.17	76	2.92
2002	515	5.17	348	5.91	167	4.10	145	11.91	279	4.73	91	3.38
2003	503	4.99	326	5.51	177	4.25	131	11.44	265	4.47	106	3.76
2004	454	4.44	288	4.83	166	3.89	120	10.85	239	3.97	95	3.20
2005	428	4.13	259	4.31	169	3.88	112	10.59	230	3.78	86	2.79

資料來源：行政院主計處（2006）。

基於社會性保護以及人力資本投資原則，當前臺灣社會的青少年，大多數在國中畢業後即順利地繼續升學進入普通高中、職業高中或專科學校就讀，僅少部分國中畢業生進入職場就業。不過，還是有一定比率是未升學且未就業的青少年，根據教育部統計，每年約有2%至3%的青少年在國中畢業後未繼續升學；此外，教育部於民國2006年5月的調查統計資料顯示，94學年度國中畢業生未升學的人數也高達六千七百零九人；對此，教育部、勞委會及青輔會所進行的初步分析中發現，國中畢業未升學或未就業之主要原因為：(1)家庭經濟因素未能繼續就學；(2)不適應學校正規教育，導致學業低成就或無升學意願；(3)暫不升學而有就業意願，但因僅有國中學歷或低技術能力，導致在職場上無法覓得合適工作。

由此觀之，對這些青少年而言，部分是有升學意願，但因經濟因素而無法升學者，或許可提供經濟層面的協助；但是，對於無升學意願或有工作意願者，則理應提供其進入職場取得公平而又穩定的工作機會，如此才不至於造成人力資源的浪費，藉此減低對於青少年生涯發展所可能造成的不利影響，且青少年若能順利就業，將有助於其個別人力資本和勞動競爭力的累積。

在臺灣，尼特族（Not in Education, Employment or Training, NEET）的現象雖不像英、美、日等國那樣明顯，但根據教育部統計，每年約有2%至3%的青少年在國中畢業後未繼續升學。

由於青少年期正是人生的風暴期與徬徨期，從發展的觀點來看，心理層面面臨自我認同與角色混淆的危機，而人生發展正處於生涯試探期，此一時期最易產生心理困擾、壓力與挫折，為了避免衍生各種病態問題，「培養健康青少年就是培養未來健康社會」的觀點應被重視。所謂**健康的青少年**，除了生理上的健康狀態外，亦須有健康的心理。評估心理健康程度的指標之一即是**堅毅力**，它是指在面對具挑戰性或威脅性的環境下，成功適應的過程、能力或結果。心理的堅毅力關注於行為適應，通常被定義為內在的幸福感或在環境中發揮效能，抑或兩者兼具（Masten, Best, & Garmezy, 1990）。也就是說，一個堅毅的青少年能夠因應不斷變遷的需求及生命歷程中所面臨的挫折與失望，而於此過程中逐漸自我肯定，發現自己的能力與價值，並期許自己成為一個勤奮耐勞、充滿自信的人，這些都對青少年的自尊與自我概念有所幫助。

由此可見，青少年需要培養能夠成為社會有用分子的能力，如果青少年無法成為一個具有正向發展結果的公民，那將對社會無所助益。William Damon（1997）建立了美國與世界的青少年章程（youth charter），這是一種社區可採納用來提供青少年健康發展的框架，包括一系列規則、引導、行為計畫。Damon提出，青少年和社區中重要他人可以如何創造夥伴關係，以追求正向道德發展與智力成就。Yates和Youniss（1996）則認為，讓青少年處於一個充滿關懷且有助於發展的社區，可以促進他們的道德發展，並對公民社會有所貢獻。Benson（1997）認為，社會需要運用資產（發展性資產）來促進青少年正向發展。所謂**資產**，是指青少年發展所需的個人、家庭和社會的資源，也就是當個人（對學習全心全意投入、健康的自我辨識）、家庭（賦權並設定界線的關懷態度、教養風格）、社區（提供社會支持、使孩子能接受教育資源的方案、安全，並在社區中得到教導）採取行動時，將能增進青少年的正向發展。Benson和他的同僚（1998）透過研究找出四十種資產，包括二十種內在資產及二十種外在資產（參見**表7-11**）；他們也發現青少年擁有愈多資產，則其正向、健康發展的可能性愈高。

上述發展性資產均對青少年正向發展具有幫助，但另一個關切的議題是要如何強化青少年擁有這些資產。Benson等學者總結了數個研究的結果，發展出一個整合模式，這個模式指出，當青少年在能提供指引的家庭中成長，他們會學習到政策和相關方案所教導他們的行為，因此公共政策的焦點應該放在使家庭具有提供孩子界限和期望、社會心理和安全的需求、愛和關懷的氣氛、自尊、鼓勵成長、正向價值觀和與社會正向連結的能力。這些資源能給孩子一個健康的開始、安全的環境、關懷和可靠的成長、市場導向的技能、回饋社區的機會。如果方案是有效的，在孩子身上應該可以看到數個發展結果，這些結果可歸結為5C（five Cs）：能力（Competence）、連結（Connection）、品格

表7-11　青少年正向外在及內在資產

資產	名稱與定義
二十種外在資產	
一、支持	1.家庭支持：家庭提供愛與支持 2.正向的家庭溝通：親子間能正向溝通，且青少年願意尋求父母的意見 3.與其他成人的關係：除了父母之外，青少年能接受三位以上成人的意見 4.關懷的鄰居：擁有互相關懷、照顧的鄰居 5.關懷的學校氣氛：學校提供關懷、激勵性的環境 6.父母的學校參與：父母主動參與，幫忙青少年在學校成功 7.重視青少年的社區：青少年在社區中能感受到成人對其重視
二、賦權	8.青少年被視為資源：青少年在社區中被賦予重要角色 9.服務他人：青少年每週在社區中服務1小時以上 10.安全：青少年在家、在學校、在社區都能感到安全
三、界限與期望	11.家庭界限：家庭有清楚的規定和行為後果，並掌握青少年的行蹤 12.學校界限：學校提供清楚的規定和行為後果 13.鄰居界限：鄰居能協助掌握青少年的行為 14.成人角色楷模：父母與其他成人提供正向、負責任的楷模 15.正向的同儕影響：青少年的好友能提供正向的楷模 16.高度期望：父母與師長經常鼓勵青少年
四、建設性地使用時間	17.創造性活動：青少年每週花3小時以上的時間在課業、音樂、戲劇或其他藝術上 18.青少年方案：青少年每週花3小時以上的時間在運動、社會或其他學校、社區組織 19.宗教性社區：青少年每週花1小時以上在宗教組織上 20.在家時間：青少年每週低於兩次與朋友無所事事的外出
二十種內在資產	
五、學習投入	21.成就動機：青少年在學校有表現良好的動機 22.學校參與：青少年主動參與學習 23.家庭功課：青少年放學後至少花1小時做功課 24.與學校的連結：青少年關心其學校 25.為樂趣而閱讀：青少年每週至少因樂趣而閱讀三次以上
六、正向價值觀	26.關懷：青少年重視幫助別人 27.公平與社會正義：青少年重視公平及減少饑餓與貧窮等社會議題 28.正直：青少年能捍衛自身的信念 29.誠實：青少年儘可能說實話 30.負責任：青少年接受個人責任 31.克制：青少年相信不從事性行為或不使用酒精、毒品的重要性
七、社會能力	32.計畫與決定：青少年知道如何去計畫與做決定 33.人際能力：青少年有同情心、同理心和友誼技巧 34.文化能力：青少年知道如何與不同文化、種族、民族背景的人相處 35.拒絕的技巧：青少年能拒絕負面的同儕壓力和危險情況 36.和平地解決衝突：青少年能尋求非暴力的衝突解決方案

（續）表7-11　青少年正向外在及內在資產

八、正向自我認同	37.個人力量：青少年有能力執行任務 38.自尊：青少年有高度自尊 39.目標感：青少年認同自己的生活有目標 40.個人未來的正向感：青少年對於自己的未來抱持樂觀的態度

資料來源：Benson et al. (1998).

（Character）、自信（Confidence）、關懷（Caring）或同情心（Compassion）（引自黃德祥等譯，2006）。

五、藥物濫用的影響

對美國青少年而言，喝酒似乎是一件很平常的事，Johnson、O'Malley和Bachman（1988）的調查即發現，有93%的美國青少年在高中以前已喝過酒，有56%的青少年在國中已喝過酒。在派對上狂歡喝酒（通常指連續喝至少五瓶以上）已是司空見慣（Schulenberg et al., 1996）。臺灣喝酒之盛行率在1999年約為15.2%，而用藥之盛行率約為1.0%（周碧瑟，1999），用藥之順位依序為安非他命、強力膠、快樂丸。在美國，van Biema（1995）的研究發現，有16%的八年級學生使用過大麻、2.6%使用過古柯鹼、35%的十二年級學生使用過大麻、4%的學生使用過古柯鹼。

無疑地，常狂歡飲酒會損害個體健康，不僅使人無法清醒地面對問題，也會產生其他問題，如暴力、服用毒品、被性侵及酒駕等。而青少年使用毒品的因素可能有逃避挫折、想減輕壓力、偏差行為、無力感或低自尊（Jessor, 1987）。

Atwater（1992）歸納青少年使用藥物的理由，分述如下：

1.實驗型：剛開始基於好奇，會在短時期嘗試不同藥物，但不會長期使用。
2.社會休閒型：藥物使用基於社交之目的，只會使用層次較低的藥物來助興。
3.情境型：藥物使用是因特定目的，例如考試或睡眠問題，但不小心會不自覺而成癮。

4.強化型：此類使用者是因個人問題或壓力情境而服用，當變成慢性或長期壓力未能解除，便可能成癮，只能依賴藥物加強劑量來紓解壓力。

5.強迫型：此類使用者已有身心因素之依賴，例如酒、藥癮者，一旦未服用藥物會出現身心症狀。

青少年心理困擾與藥物濫用之問題是受其社會因素之影響，個體之情緒發展從個人之素質、與成人互動之關係，以及日後學校、同儕及媒體之影響，到了青春期可能加劇之情緒或行為衝突及困擾。而對於青少年，藥物濫用之治療方式有下列六種：

1.個別之心理治療：心理治療有許多不同的模式，例如行為治療、來談者中心、理情治療等。但針對兒童少年的焦慮與壓力治療者，常會用遊戲的方式來瞭解兒童少年困擾之訊息，再幫助他們瞭解自己，進而促成兒童少年接受及處理個體之情緒，以達成良好的社會適應。

2.家庭治療：家庭治療是以整個家庭成員為對象，視家庭為一整體，主要是從治療中觀察成員互動之型態，指出哪些是健康或破壞／抑制的互動型態，再進行團體之處遇。

3.行為治療：行為治療又可稱為行為改變技術，乃是採用增強或處罰之學習理論來進行特定之行為改變，以形塑好的行為或消除不好的行為。行為治療方法並非探究個體行為之內在原因，而是在改變行為本質（Weisz et al., 1995）。

4.藥物治療：用藥物來解除行為之症狀並不能消除內在之病因。藥物治療應伴隨其他治療方式，達其功效。

5.遊戲治療：利用遊戲讓兒童少年表達及揭露感覺、想法、經驗及行為，並透過具良好訓練之治療者選擇遊戲素材，讓兒童在安全關係下宣洩情感，例如沙箱、圖書、服裝、舞蹈等方式，以幫助孩子處遇其認知、情緒或社會之困擾（Wilson & Ryan, 2001）。

6.休閒治療：休閒治療是讓少年透過不同休閒活動參與方案，藉此培養個人與人群相處的能力及技巧，培養個人獨立、自主的生活技能，並增加個人之堅毅力（resilience），再輔以社會技巧訓練，增進個人適應生活之正向資產。

六、青少年未婚懷孕

青少年過早進行性行為的不良結果，一是罹患性病，另一是使青少女懷孕。美國青少年大約有22%的少年和10%的少女在國一即有性經驗，到了高三，則有77%的少年和66%的少女表示有了性經驗。至於避孕措施的使用在國一大約有33%，到高三則增加到53%，每一次有使用避孕措施的少年不到一半（Pete & DeSantis, 1990）。相對於臺灣，臺灣省家庭計畫研究所曾於1995年12月至1996年1月，對臺灣各縣（市）高中、高職及五專在校學生抽查發現，曾與異性發生性行為者男生為10.4%，女生為6.7%，平均初次與異性發生性行為之年齡為男生16.2歲，女生為16.5歲（彭台珠、王淑芳，1998）。

通常青少年會透過性探索找到自己的性別認同，男孩會透過積極追求女孩發生性關係，而女孩則較被動的期待與男孩有浪漫的互動關係。Cassell（1984）的研究發現，女性表示與男性發生性關係是為了愛，而男性則因為知道女性有如此的心態，會「宣稱」和很多女性相愛，此資料顯示女性在婚前性行為比男性保守，持較正面之態度（Gordon & Gilgun, 1987）。

Peterson和Crockett（1992）提出影響青少年性行為與未婚懷孕之因素有：

1.生理因素：由於賀爾蒙對大腦作用，以及由外表成熟的改變，對性行為產生期待。
2.性虐待：青春期前的性虐待經驗可能影響少女的性行為、未婚懷孕與生子。
3.偏差及問題行為：有偏差行為的青少年通常也較容易發生性行為及懷孕。Jessor（1992）認為，性行為只是眾多問題行為的一種症狀（syndrome），所以性行為與偏差行為是偏差青少年的一種生活型態。
4.規範的期待：社會的期待影響青少年進入下一階段成年的生活風格，有了小孩的青少年與想到先有學業再有小孩的青少年，有著不同的生涯規劃。

此外，Furstenberg、Brooks-Gunn及Chase-Lansdale（1989）研究發現，青少年未婚懷孕並不是自願的，而是他們缺乏對懷孕結果的注意。Cervera（1993）研究發現，如果青少年對個人生活現況感到不滿，也無法預測其日後的發展，可能會導致他們選擇早點懷孕。

然而懷孕會導致另一影響——性病及愛滋病。Sonenstein、Pleck及Ku（1989）的研究發現，雖然愛滋病的威脅存在，但由1979年的樣本與1989年的樣本相較之下，青少年對愛滋病的性知識還算正確，而且使用安全及避孕措施的比率也有增加。但對同性戀青少年所產生的效果則較差，尤其是較年輕的同志以及在寄養服務系統中的孩子，比較沒有使用避孕措施且較容易犯罪（Sullivan, 1994）。除此之外，還有一些犯罪青少年（以及身受保護管束者）也是此類行為的高危險群，因為他們比較關心的是如何在社會上生存下去（Sonenstein, Pleck, & Ku, 1989）。

青少年同志的性行為除了受愛滋病威脅之外，也常遭受社會的非議，甚至遭受到暴力傷害。正如Hersch（1990）所言：在一個對成年人性向觀感到不安，擔憂青少年性行為及對同志相當排斥的美國文化，同志青少年面臨了更大威脅。據估計，美國約有10%的同志人口，但只有2.3%的男性表示曾與同性有過性行為（Alan Guttmacher Institute, 1993）。Troiden（1989）分析青少年同志面臨之挑戰有四階段：(1)感覺階段（sensitization）：青少年開始感覺自己與他人不同；(2)認同混淆（identity confusion）：青少年對於自己的性向產生了掙扎與矛盾；(3)認同假設（identity assumption）；(4)認定（commitment）：確認自己的性取向。

大多數的青少年同志無法得到社會大眾的接納，除了憂鬱與自殺問題之外，許多同志青少年還可能面對其他發展危機，例如酗酒、吸毒、中輟、暴力犯罪的受害者。

至於未婚懷孕之影響，自1973年起，美國大約有超過一百萬的青少女未婚懷孕，而每年大約有11%左右的青少女未婚懷孕（Dryfoos, 1990），而15歲以下大約只有2%。在臺灣，每年約有二十至三十萬名墮胎婦女，青少女占40%左右。臺灣未成年小媽媽是亞洲之冠，平均二十名嬰兒中即有一位是未成年少女所生（約占5%），初次性行為也降至12至14歲。

未婚懷孕對母親及孩子都有影響，對小孩而言有體重不足及較高的死亡率，對母親而言則有難產及死亡的可能性（Dryfoos, 1990）；除了生理因素之外，還有小孩照顧問題、社會關係及依賴社會救助等問題。美國最近也注意到未婚爸爸的問題，尤其在工作、念書與照顧孩子之間的壓力，所以社會提供更多資源給予青少年有更多的生涯抉擇，最重要的是讓青少年不要有懷孕的動機（Dryfoos, 1990; Santrock, 1996），以及加強社區參與。

第四節　青少年的發展危機

一、生理危機

現代社會的快速變遷帶給青少年正負面的影響。正面影響受現代科技的進步所賜，帶給青少年更豐富的機會體驗人生，科技及醫療進步也使得青少年比以往更健康、早熟。教育的機會及體制也提供青少年學習更多的知識，如網際網路也提供更多及更快速的知識及人際體驗。但不可否認的是，青少年也要面臨社會更多的誘惑及種種社會的文明問題，諸如暴力犯罪、毒品酒癮、性誘惑及不良的媒體文化，這也是吾人常說：「今日的青少年問題來自社會集體共同作用之下所產生，而我們沒有問題青少年，只有青少年的問題」（Santrock, 1990）。

雖然大多數青少年皆能健康地度過這段不算短的成長階段，但他們也難免會面對一些威脅到個體健康的狀況，分述如下（林哲立等譯，2007）：

(一)營養及飲食

適當飲食、均衡營養及運動對青少年發育是很重要的，青少年因快速發育需要更多食物及營養攝取，平均一天大約需要6,000卡路里（Schuster & Ashburn, 1992）。但因青少年常熬夜、打電動、缺乏運動，又喜歡刺激性及高糖飲料，加上不吃早餐、偏好零食，雖可提供日常所需的熱量，但在水份、蛋白質、鐵與鈣的攝取相對不足。

(二)體重過重或過輕

肥胖係指BMI值超過標準，此對青少年會帶來一些嚴重的問題，例如高血壓、糖尿病、心臟血管疾病，以及一些與社會心理有關的疾病，如貶低自我形象及自卑，造成社交困難或被同儕嘲笑或拒絕。

另外一類是神經性厭食症（anorexia nervosa），主要表現在個體極度想瘦身，自願忍受挨餓，扭曲自我身體意象（body mage），致太瘦、極度恐懼或停經。

厭食症者常拒絕承認自己過瘦，縱使很餓，也吃得很少，自覺要達到皮包骨（紙片人）程度，才能帶給自我滿足及成就感，因而在減重過程中，致使健康惡化，並伴隨憂鬱情緒。有關厭食症的健康惡化症狀有心跳變慢、血壓降低、體溫變低、身體水分增加、身上長細毛、經期不順、新陳代謝變化大。厭食症患者需要住院治療，常伴隨有併發症，例如心臟病、肝病、營養不良、腎臟損壞等，其致死率高達5%至18%（Eastrow & Kirst-Ashman, 2007），而且也常伴隨有極度憂鬱及自殺傾向。

(三)暴食症

暴食症（balimia nervosa）係指快速且毫無控制地消耗大量食物，並常使用自我催吐把吃進去的食物吐掉。其他方法還有嚴格控制飲食、斷食、劇烈運動、吃減肥藥等，濫用利尿劑和瀉藥等。美國高中及大學女生患有暴食症者約各占4.5%及18%。

(四)經痛

大約有33%的少女曾有經痛的經驗（Schuster & Ashburn, 1992）。通常在月經週期的前一天，少女會感到下腹痙攣與疼痛，有時也會有背痛的感覺，原因可能是平滑肌收縮與子宮肌肉缺氧所致。治療方法可用藥物治療，例如口服避孕藥、阿斯匹靈、非類固醇類抗炎藥劑，或利用外科手術切除子宮神經。

(五)粉刺與青春痘

大約有80%的青少年曾有粉刺及青春痘的困擾，因為性賀爾蒙增加，刺激皮脂線的脂肪質分泌所影響，青春期通常會影響臉部外觀，而造成青少年社交上的困擾。

(六)頭痛

大多數青少年在青春期有頭痛的經驗，約有29%的男生和32%的女生在青春期至少有一次頭痛的經驗（Linet et al., 1989），而大約有5%的男女青少年有偏頭痛的經驗。

(七)自慰

自慰（masturbation）又稱手淫，係指個人透過自我操弄性器官以達到性高潮而獲得滿足。自慰依社經地位、性別和婚姻狀況有所差異，一般高教育程度者比低教育程度者的頻率來得高；男性比女性高（Gagnon & Simon, 1969: 47）。

通常男性是透過同儕或團體而習得自慰行為，女性則是私自嘗試此種行為。男性通常較多以自慰來達到性滿足，而女性常以性交來當作性歡娛的主要來源。男性在結婚之前約有一千五百次自慰行為，而女生則是男生的六分之一（約二百二十次左右）（Rogers, 1985）。

自慰除了達到性慾及高潮的滿足，也有健康功能，例如允許個人自我探索自己的身體和感受，允許性慾的淨化，但是過度沉溺於性幻想將造成不良的社會互動，或因而導致缺乏健康的社會互動，影響個人之人際關係（Hettingler, 1971）。

二、心理危機

(一)青少年前期

在人的一生中，常會因個體vs.群體的慾望產生壓力。在某些文化中，通常會要求個人犧牲小我，完成團體的大我。所以關於自我便產生個人的自我（i-ness）及團體的自我（we-ness）。因此個人常徘徊於個人主義（individualism）vs.集體主義（collectivism）的衝突之中。這種衝突在心理社會理論稱為**團體認同vs.疏離**（group identity vs. allientation）這是青少年前期（約12至18歲）常見的心理社會危機。

團體認同是個人集中於團體或與社會團體互動的自我概念發展。這也是自我發展的延伸，更是源自於嬰兒期發展的對人之信任感（sense of trust），到青春期更延伸至社會團體。

青少年前期經歷尋找社會參考團體，其內心常問：「我是誰？我歸屬何方？」青少年開始尋找他所屬意的社會團體，如社團、教會，以瞭解他們的族群、種族及文化的認同。研究指出，青少年與同儕的關係並不能取代其與父母及家庭的親密度，青少年是透過與家庭的親密性逐漸擴展至同儕團體。一般而言，青少年與父母及家庭能建立高度之依附關係，同時他們也可與同儕有高度的信任與安全感（Levitt et al., 1993）。

青少年透過與社會環境之參考團體，從個人需求，價值的磨合、比對中，發展個人的團體認同。個人之自我評價來自於與團體產生有意義的脈絡以產生個人之自我認同，此種認同有正向的集體自我尊重（collective self-esteem），例如社團組織，但也有負向的，如幫派（gangs）。青少年有時也會從幫派認同中尋求愛、金錢、保護或特權，甚至在學校也可能害怕被霸凌，而尋求幫派的支援，最後達成行為及心理之認同。

疏離（allientation）是個體不能與同儕產生有意義的關係及支持（Mau, 1992）。青少年如果不能與同儕在一起相處或被拒絕，常會產生疏離感。疏離感由三種情況所產生：(1)父母不支持其所選擇的同儕團體，所以青少年不能歸屬於該團體；(2)該團體不能提供青少年個體的需求滿足或不能迎合他們的價值；(3)社會團體拒絕青少年，因此造成此青少年退出與該團體的社會互動。這些青少年或許被同儕團體視為乖乖牌（只聽父母的話），或不受同儕所歡迎，被拒絕。這些青少年常被認為是「獨行俠」（loners）或「驅逐者」（outcasts）（Brown et al., 1993）。

青春期前期的少年常會有耽溺於自我感覺和想法，所以他們可能因社會互動產生衝突而拒絕與人互動、分享；如此一來，他們會覺得孤獨或疏離。此種衝突是少年時期自我中心觀（egocentrism）的典型象徵，即自我意識高漲而拒絕與人產生互動。由於缺乏社會支持，導致影響其學習社會心理發展的解決衝突能力，甚至影響其日後與人產生親密連結的障礙。

解決此時期的心理社會危機的核心即是去除同儕壓力。尤其在青少年時期，他們大多數時間在學校裡，更要面對形形色色的同儕團體。成為團體的一份子，產生集體歸屬感更有助於青少年發展健康的人際關係及自我概念。因此，學校中的成人更要幫助青少年：

1.迅速融入同儕團體的生活圈，將他們聯繫起來成為有意義的同儕團體社會結構。
2.學校中的成人看待同儕團體組成是一回事，但應同時接受同儕團體的存在，更積極增強同儕團體的特殊性。
3.可藉由同儕團體的領袖來強化團體規範。
4.要求青少年加入同儕團體要能開放自己，例如勇敢、開朗、自信，能承受加入同儕團體的壓力。
5.同儕團體不要要求所有皆一致性，可允許同儕團體有個別獨特性。
6.教導抗拒同儕壓力的技巧，瞭解個人價值及同儕期待，並有能力解決彼此之間的不一致或衝突。

(二)青少年後期

青少年後期（在18歲之後）的青少年常被自己的基本特徵所困擾，就如同學齡前期幼兒常被自己從何處來所困擾般。青少年後期已脫離高中教育，他們希望考量未來職業選擇的方向，如找工作、繼續升學、結婚步入家庭、當兵投效國家等。Erikson（1968）用**自我認同**（ego identity）來解釋青少年的質疑：「我是誰？」。Erikson認為，青少年或成人有著強烈的自我認同感，將自己認為是個別、特殊的個體，不論一個人的價值觀、動機、興趣和別人如何相像，他們仍然有一種有別於他人的感受。此種感受也是對自我肯定需求的整體感受。此種自我認同立基於過去的自我概念、未來的目標以及文化的影響為主軸，逐步由社會化歷程來達成。換言之，青少年為了有一清楚的自我認同感，他必須持續擁有自我的連續感和整體感，才能幫助青少年面對現在及未來預期可能面對的事物。所以說來，自我認同是一持續性的社會化歷程，是個體能與他人做區別並獲得整體持續的統整（unity），才能整合個體的需求、動機和反應。

認同由內容與評價兩個組成，內容（content）包括內在隱私及外在公開等自我元素。內在隱私的自我，如理想、目標、個人特徵；外在公開的自我，包括人所扮演的多重角色和他人的期望。**評價**（evaluation）是個體在所有認同內容要素中較為突顯的特徵。青少年即使承擔著許多角色，他們也會對這些角色賦予不同的價值。認同形成是一種動態歷程，隨著青少年的期望、要求與資源不斷變化的社會環境中展開對自己能力與志向的評價。

有時，文化期望和要求為青少年提供了一種明確定義的自我形象，但如果個體的自我認同與社會和文化價值相悖離，那就形成了**負向認同**（negative identity），例如「失敗者」、「廢物」、「垃圾」、「少年犯」、「流氓」、「輸」等名詞來為青少年貼上標籤（labeling）。青少年在缺乏成功或對社會有所貢獻的特徵時，如果又缺乏社會支持，個體反而會對這些負向行為及定義做認同，並增強其認同的有效性，甚至最後形成許多心理問題。

最近的研究（Hoffman & Weiss, 1987；吳亞紘，2005）提出個體的心理分離、自主能力，將有助於個體達成自我認同。個人缺乏獨立自主能力，與父母心理的分離等能力，皆與個體的生活適應及自我認同有關。

解決青少年後期心理危機的核心過程是**角色嘗試**（role experimentation），即加強個體嘗試未來認同展現各種可能性角色，例如打工、約會、實習、志願服務學習等。青少年並沒有被要求長期投入角色的社會義務，只要社會能給予青少年多一些平台做角色嘗試，扮演多種角色，以便為解決認同危機做準備。臺灣政府在教育部修訂課程的彈性及服務學習課程、海外實習，青輔會舉辦青年國事會議皆是提供一些機會，鼓勵青少年透過參與，學習各種角色以幫助青少年的自我認同。此外，投入未來的職業亦是後期青少年最感到焦慮的來源，不管男性或女性青少年，他們皆要確定尋找生涯，所以透過職業探索及諮詢皆可提供青少年後期解決自我心理危機，以便幫助他們對自己的未來生涯發展做出承諾及投入。

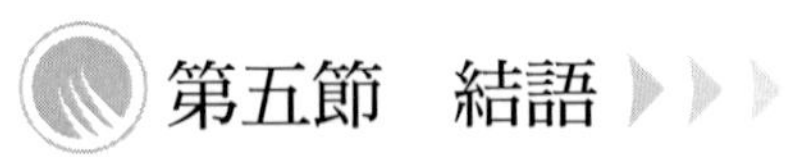

第五節　結語

青少年是從兒童邁入成年的一個轉捩期（transitional period），也是中國人俗稱的「轉大人」。現在青少年期有愈來愈長的趨勢，原因是強迫接受教育、訓練日後進入社會所需的生活技能。青少年是人生歷程中除了嬰兒期之外，發展第二迅速的一個時期，除了生理及性的變化之外，心理上在認知、自我發展和社會關係更是產生很大的改變。不可否認地，青少年更要面對社會中的種種問題，例如婚姻解組、愛滋病、暴力犯罪、藥物濫用、變質的媒體及個人的心理困擾等。其實這些問題不在於青少年本身，而是來自成人的社會所造成，這也難怪青少年專家常言道：我們沒有問題青少年，只有青少年問題；而青少年問題種因於家庭，顯現於學校，惡化於社會。

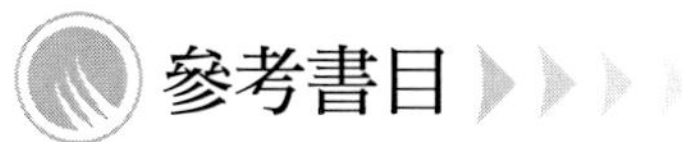

參考書目

一、中文部分

內政部兒童局（2006）。《臺閩地區生活狀況調查》。臺中：內政部兒童局。

內政部統計處（2008）。育齡婦女生育率。取自http://sonf.mot.gov.tw/stat/year/list.htm

王淑女（1994）。〈青少年的法律觀與犯罪行為〉，《輔仁學誌》。26：337-375。

司法院統計處（2002）。《九十一年少年兒童犯罪概況及其分析》。臺北：司法院。

伊慶春（1994）。《臺灣民眾的社會意向：社會科學的分析》。臺北：中央研究院中山人文社會科學研究所。

成之約（2003）。青少年就業促進措施。網站資料財團法人國家政策研究基金會國政分析。社會（析）092-008號，取自http://www.npf.org.tw/PUBLICATION/SS/092/SS-13-092-008.htm

行政院主計處（2006）。《90-94年度人力資源調查提要分析》。臺北：行政院主計處。

吳亞紘（2005）。《技離生離合關係、同儕互動與生活型態之相關研究》。臺北：中國文化大學心理輔導研究所未出版碩士論文。

吳芝儀（2000）。《生涯輔導與諮商》。嘉義：濤石。

李旻陽（1992）。《國中學生學習成績、師生互動與偏差行為關係之探討》。臺北：中國文化大學兒童福利研究所未出版碩士論文。

李惠加（1997）。《青少年發展》。臺北：心理。

周碧瑟（1999）。「臺灣地區在校青少年藥物使用流行病學調查研究」。行政院衛生署88年委託研究計畫。

周震歐（1987）。《犯罪心理學》。作者自行編印。

林哲立、邱曉君、顏菲麗等譯（2007），Jos B. Ashford、Craig W. LeCroy及Kathy L. Lortie等著。《人類行為與社會環境》（第二版）。臺北：雙葉。

青輔會（2004）。《青少年政策白皮書》。臺北：行政院青輔會。

洪莉竹（1996）。〈逃學行為的形成原因及輔導策略——系統的觀點〉，《諮商與輔導》。125：6-13。

翁慧圓（1996）。〈從家庭系統理論探討國中少年中途輟學問題〉，《社區發展季刊》。73：63-70。

財團法人國際單親兒童文教基金會（2011）。第六屆國際單親兒童文教論壇會議，取自http://spef.womenweb.org.tw/Activity_Show.asp?Activity_ID=11912，檢索日期：2013年2月7日。

商嘉昌（1994）。《中途輟學與青少年犯罪——以新竹少年監獄為例》。臺北：政治大學社會研究所碩士論文。

張欣戊（1999）。《從青少年發展看校園暴力》。取自http://www.sinica.edu.tw/info/edu-

reform/farea8/j09/39html
張欣戊等（1995）。〈認知發展〉，《發展心理學》。臺北：國立空中大學。
張春興（1986）。《張氏心理學辭典》。臺北：東華書局。
張清濱（1992）。〈中途輟學的社會學分析及其輔導策略〉，《教育研究雙月刊》。25：48-56。
教育部（1998）。《中華民國教育統計》。臺北：教育部。
教育部訓委會（1992）。《青少年輔導中心的需求評估之研究》。臺北：教育部訓委會。
教育部訓委會（1996）。《輔導中輟學生簡報》。臺北：教育部訓委會。
許文耀（1998）。〈中輟學生因素之探討〉，發表於「以愛化礙——關懷中途輟學學生」研討會。
許春金（1991）。《犯罪學》（第三版）。臺北：三民書局。
郭昭佑（1995）。《臺灣省各級學校中途輟學演變趨勢及相關因素之研究》。臺北：政治大學教育研究所碩士論文。
郭振昌（2003）。〈青少年失業問題與就業展望〉，《社區發展季刊》。103：112-125。
郭靜晃（2000）。《中輟生之現況與輔導策略之研究》。臺北：青輔會委託。
郭靜晃（2006）。《青少年心理學》。臺北：洪葉文化。
郭靜晃、曾華源、湯允一、吳幸玲（2000）。〈臺灣青少年對家庭生活認知與感受之分析〉，《香港青年學報》。6：110-121。
彭台珠、王淑芳（1998）。〈由少年未成年生育看婚前性行為〉，《慈濟護專學報》。7：65-78。
彭駕騂（1989）。《社會變遷中青少年輔導角色及其定位》。臺北：教育部。
黃德祥等譯（2006），Richard M. Lerner著。《青少年心理學：青少年的發展、多樣性、脈絡與應用》。臺北：心理。
黃慧真譯（1989）。《發展心理學——人類發展》。臺北：桂冠書局。
葉光輝（1993），輯於俞筱鈞等譯。〈道德發展：柯爾堡的理論、研究發現及方法〉，《道德發展：柯爾堡的薪傳》。臺北：洪葉。
詹火生（1987）。《社會學》。臺北：國立空中大學。
趙雍生（1997）。〈對臺灣少年犯罪矯治之回顧與展望〉，《社區發展季刊》。72：211-220。
劉玉玲（2005）。《青少年心理學》。臺北：揚智。
薛荷玉（2007/04/20）。《聯合報》，c4版，〈校園暴力偏差行為暴增四成〉。
謝高橋（1982）。《社會學》。臺北：巨流。
鍾思嘉（1991）。《少年竊盜行為個人心理特質之分析研究》。臺北：教育部訓育委員會。
蘇惠慈（1997）。〈青少年逃學之成因及輔導策略〉，《諮商與輔導》。137：28-31。

二、英文部分

Achenbach, T. M. & Edelbrock, C. (1983). *Manual for the Child Behavior Checklist and Revised Child Behavior Profile*. Burlington, VT: Department of Psychiatry.

Adams, G. R., Abraham, K. G., & Markstrom, C. A. (1987). The relations among identity development, self-consciousness, and self-focusing during middle and late adolescence. *Developmental Psychology, 23*: 292-297.

Adams, G.. R. & Gullotta, T. (1989). *Adolescent Life Experience*. Pacific Grove, CA : Brooks/Cole.

Alan Guttmacher Institute (1993). *National Survey for the American Males' Sexual Habits*. New York: Author.

Atwater, E. (1992). *Adolescence* (3rd ed.). Englewood Cliffs, NJ: Prentice Hall.

Baumrind, D. (1989). Effective parenting during the early adolescent transition. In P. A. Cowan & E. M. Hetherington (Eds.). *Advances in Family Research* (Vol. 2). Hillsdale, NJ: Erlbaum.

Benson, P. L. (1997). *All Kids are Our Kids*. San Francisco, CA.: Jossey-Bass, Inc.

Benson, P. L., Leffert, N., Scales, P. C., & Blyth, D. (1998). Beyond the"village"rhetoric: Creating healthy communities for children and youth. *Applied Developmental Science, 2(1)*: 138-159.

Berndt, T. J. & Ladd, G. W. (1989). *Peer Relations in Child Development*. New York: Wiley.

Berndt, T. J. (1979). Development changes in conformity to peers and parents. *Development Psychology, 15*: 608-616.

Blos, P. (1979). The second individualation process of adolescence. *Psychoanalytic Study of Child, 72*: 162-186.

Bronfenbrenner, U. (2000). Ecological systems theory. In A. kazdin(Ed.). *Encyclopedia of Psychology*. Washington, D.C. and New York: American Psychological Association and Oxford University Press.

Brooks-Gunn, J. & Ruble, D. N. (1983). The experience of menarche from a developmental perspective. In J. Brooks-Gunn & A. C. Petersen (Eds.). *Girls at Puberty*. New York : Plenum.

Brooks-Gunn, J., & Furstenberg, F. F. Jr. (1989). Adolescent sexual behavior. *American Psychologist, 44*: 249-257.

Brown, B. B. (1990). Peer groups and peer cultures. In S. S. Feldman & G. R. Elliott (Eds.). *At the Threshold: The Developing Adolescent* (pp. 171-196). Cambridge, MA: Cambridge University Press.

Brown, B. B., Mounts, N., Lamborn, S. D. & Steinberg, L. (1993). Parenting practices and peer group affiliation in adolescence. *Child Development, 64*: 467-482.

Campbell, E. (1984). Familial correlates of identity formation in late adolescence: A study of the predictive utility of connectedness and inviduality in family relation. *Journal of Youth and Adolescence, 13(6)*: 509-525.

Carnegie Corporation of New York (1995). *Great Transitions: Preparing Adolescents for a New Century*. New York: Author.

Carnegie Council on Adolescent Development (1989). *Turning Points: Preparing Youth for the 21st Century*. New York: Carnegie Corporation.

Cassell, C. (1984). *Swept Away: Why Woman Fear their Own Sexuality*. New York: Simon & Schuster.

Cervera, N. J. (1993). Decision making for pregnant adolescents: Applying reasoned action theory to research and treatment. *Families in Society: The Journal of Contemporary Human Services, 74(6)*: 355-365.

Children's Defense Fund (1995). *The State of American's Children Year Book*. Washington D. C.: Author.

Chilman, C. S. (1989). Some major issues regarding adolescent sexuality and childrearing in the United States. In P. Allen-Mears & C. Shapiro (Eds.). *Adolescent Sexuality: New Challenging for Social Work* (pp. 3-27). New York: Haworth Press.

Colby, A. & Kohlberg, L. (1987). *The Measure of Moral Judgment* (Vol. I & II). Cambridge, MA: Cambridge University Press.

Csikszentmihaly, M. & Larson, R. (1984). *Being Adolescent*. New York: Basic Books.

Damon, W. & Hart, D (1988). *Self-Understanding in Childhood and Adolescence*. Cambridge, MA: Cambridge University Press.

Damon, W. (1997). *The Youth Charter: How Communities Can Work Together to Raise Standards for All Our Children*. New York: The Free Press.

Di Mauro, D. (1995). *Sexuality Research in the United States: An Assessment of Social and Behavior Science*. New York: Social Science Research Council.

Dryfoos, J. G. (1990). *Adolescent at Risk: Prevalence and Prevention*. New York: Oxford University Press.

Eccles, J. S. & Midgley, C. (1989). Stage/environment fit: Developmentally appropriate classrooms for early adolescents. In R. E. Ames & C. Ames (Eds.). *Research on Motivation in Education* (Vol. 3). New York: Academic Press.

Elkind, D. (1967). Egocentrism in adolescence. *Child Development, 38*: 1025-1034.

Elkind. D. (1984). *All Grown Up and No Place to Go: Teenagers in Crisis*. Reading, MA: Addison-Wesley.

Erikson, E. H. (1968). *Identity: Youth and Crisis*. New York: Norton.

Feiring, C. (1996). Concepts of romance in 15-year-old adolescents. *Journal of Research on Adolescence, 6(2)*: 181-200.

Finkelhor, D. (1994). Current information on the scope and nature of child sexual abuse. *Future of Children, 4(2)*: 31-53.

Franklin, C. & Streeter, C. L. (1995). Assessment of middle-class youth at-risk to dropout: School, psychological and family correlates. *Children and Youth Review, 17(3)*: 433-448.

Furstenberg, F. F., Brooks-Gunn, J., & Chase-Lansdale, L. (1989). Teenaged pregnancy and child rearing. *American Psychologist, 44*: 313-320.

Gagnon, J. H. & Simon, W. (1969). They're going to lenrn in the street anyway. *Psychology Today, 3(2)*: 46-47 ; 71.

Gilligan, C. (1985). Response to critics. Paper presented at the biennial meeting of the society for research in child development. Toronto, Canada.

Gordon, S. & Gilgun, J. E. (1987). Adolescent sexuality. In V. B. Van Hasselt & M. Hersen (Eds.). *Handbook of Adolescent Sexuality*. New York: Pergamon Press.

Grotevant, H. (1998). Adolescent development in family contexts. In W. Damon & N. Eisenberg (Eds.). *Handbook of Child Psychology, vol. 3: Social, Emotional and Personality Development* (pp. 1097-1169). New York: Wiley.

Hartup, W. W. (1996). The Company they keep: Friendships and their developmental significance. *Child Development, 67*: 1-13.

Henrich. C. C., Kuperminc, G. P., Sack, A., Blatt, S. J., & Leadbeater, B. J. (2000). Characteristics and homogeneity of early adolescent friendships groups: A comparison of male and female clique and nonclique members. *Applied Developmental Science, 4(1)*: 15-26.

Herbert, M. (1987). *Living with Teenagers*. UK: Basic Blackwell Row.

Hersch, P. (1990). The resounding silence. *Family Therapy Network*, (pp. 18-29), 1990 July/August.

Hettingler, R. F. (1970). *Sexual Maturity*. Belmont, CA: Wadsworth.

Hirschi, T. & Gottfredson, M. R. (1994). *The Generality of Deviance*. New Jersey: Transaction Publishers.

Hoffman. J. A. & Weiss, B. (1987). Family dynamics and presenting problems in college studeuts. *Journal of Counseling Psychology, 34*: 157-163.

Jessor, R. (1987). Problem-behavior theory, psychosocial development, and adolescent problem drinking. *British Journal of Addiction, 82*: 331-342.

Jessor, R. (1992). Risk behavior in adolescence: A psychosocial framework for understanding and action. In D. E. Rogers & E. Ginzburg (Eds.). *Adolescent at Risk: Medical and Social Perspective* (pp. 19-34). Boulder, CO: Westview Press.

Johnson, L. D. O'Malley, P. M., & Bachman, J. G.(1988). *Illicit Drug Use, Smoking, and Drinking by America's High School Students, College Students and Young Adults, 1975-1987*. Washington D.C.: National Institute of Drug Abase.

Kadushin, A. & Martin, J. A. (1988). *Child Welfare Service* (4th ed.). New York: McMillan.

Kagan, J. (1984). *The Nature of the Child*. New York: Basic Books.

Kenrick, D. T., Gabrielidis, C., Keefe, R. C., & Cornelius, J. S. (1996). Adolescents' age preference for dating partner: Support for an evolutionary model of life-history strategy. *Child Development, 67*: 1499-1511.

Kuo, J. H. (1998). *Parent-Adolescent Interaction and Psychological Development*. Paper presented in The Development of Adolescent Psychological and Mental Health in Taiwan, R. O. C. Pan Pacific and South East Asia Woman's Association, R. O. C.

Levitt, M. J., Weber, R. A., & Guacci, N. (1993). Convoys of social support: An intergenerational analysis. *Psychology and Aging, 8*: 323-326.

Lickona, T. (1983). *Raising Good Children*. New York: Bantam Books.

Linet, M. S., Stewart, W. F., Celentano, D. D., Ziegler, D., & Sprecher, M. (1989). An epidemiological study of headaches among adolescents and young adults. *Journal of the American Medical Association, 261*: 2211-2216.

Marcia, J. (1966). Development and validation of ego identity status. *Journal of Personality and Social Psychology, 3(5)*: 551-558.

Marcia, J. (1979). *Identity Status in Late Adolescence: Description and Some Clinical Implications*. Address given at a symposium on identity development at Rijksuniversitat Groningen, The Netherlands.

Marcia, J. (1980). Identity in adolescence. In J. Adelson (Ed.). *Handbook of Adolescent Psychology*. New York: Wiley.

Masten, A. S., Best, K. M., & Garmezy, N. (1990). Resilence and development: Contributions from the study of children who overcome adversity. *Development and Psychopathology, 2*: 425-444.

Mau, R. Y. (1992). The validity and devolution of a concept: Student allientation. *Adolescence, 27:* 731-741.

Minuchin, P. P. & Shapiro, E. K. (1983). The school as a context for social development. In P. H. Mussen (Ed.). *Handbook of Child Psychology* (Vol. 4). New York: Wiley.

Montemayer, R. (1983). Parents and adolescents in conflict: All families some of the time and some families most of the time. *Journal of Early Adolescence, 3*: 83-108.

Newcomer, S. & Udry, J. R. (1987). Parental marital status effects on adolescent sexual behavior. *Journal of Marriage and the Family, 49*: 235-240.

Newman B. & Newman, P. (1999). *Development Through Life: A Psychosocial Approach* (7th ed.). New York: Brooks/Cole.

Newman, B. & Newman, P. (2006). *Development Through Life: A psychosocial Approach* (9th ed.). New York: Thomson Learning Inc.

OECD (2003). *Youth and Labor Market*. Paris: OECD.

Offer, D., Ostrov, E., & Howard, K. (1981). *The Adolescent: A Psychological Self-Portrait.* New York: Basic Books.

Parker, J. G. & Asher, S. R. (1987). Peer relations and later personal adjustment: Are low-accepted children at risk? *Psychological Bulletin, 102(3)*: 357-389.

Parker, J. G. & Gottman, J. M. (1989). Social and emotiomal development in a relational context: Friendship interaction from early childhood to adolescence. In T. J. Berdt & G. W. Ladd (Eds.). *Peer Relations in Child Development.* New York: Wiley.

Pete, J. M. & DeSantis, L. (1990). Sexual decision making in young black adolescent females. *Adolescence, 25*: 145-154.

Petersen, A. C. (1987). Those gangly year. *Psychology Today, Sep.*: 28-34.

Peterson, A. C. & Crockett, L. J.(1992). Adolescent sexuality, pregnancy and child rearing: Developmental perspective. In M. K. Rosenheim & M. F. Testa (Eds.). *Early Parenthood and Coming of Age in the 1990s.* New Brunswick, NJ: Rutgers University Press.

Piaget, J. (1963). *The Origins of Intelligence in the Child.* New York: Norton.

Rest, J. R. (1986). *Moral Development: Advances in Research and Theory.* New York: Praeger.

Rice, F. P. (1993). Separation-individualization and adjustment in college: A longitudinal study. *Journal of Counseling Psychology, 39*: 203-213.

Rogers, D. (1985). *Adolescents and Yonth* (5th ed.). Englewood Cliffs, NJ: Prentice-Hall.

Rubin, K. H., Bukowski, W., & Parker, J. G. (1998). Peer interactions, relationships, and groups. In W. Vamon & N. Eisenberg (Eds.). *Handbook of Child Psychology, vol. 3: Social, Emotional and Personality Development* (pp. 619-700). New York: Wiley.

Santrock, J. W. (1990). *Adolescence* (4th ed.). Dubuque, IA: Wm C. Brown.

Santrock, J. W. (1996). *Adolescence.* Madison, WI: Brown & Benchmark.

Santrock, J. W. (1999). *Life-Span Development* (7th ed.). New York: McGraw-Hill.

Schulenberg, J., Wadsworth, K. N., O'Malley, P. M., Bachman, J. G., & Johnson, L. D. (1996). Adolescent risk factors for being drinking daring the transition to young adulthood: Variable-and pattern-centered approaches to change. *Developmental Psychology, 32(4)*: 659-674.

Schuster, C. S. & Ashburn. S. S. (1992). *The Process of Development: A Holistic Life-Span Approach* (3rd ed.). Philadelphia, PA: Lippincott.

Selman, R. (1980). *The Growth of Interpersonal Understanding.* New York: Academic Press.

Simmons, R. G. & Blyth, D. A. (1987). *Moving into Adolescence.* Hawthorne, NY: Aldine.

Sonenstein, S., Pleck, J., & Ku, L. (1989). Sexual activity, cordon use and AIDS awareness in a national sample of adolescent males. *Family Planning Perspective, 21*: 152-158.

Steinberg, L. & Silverberg, S. (1986). The vicissitudes of autonomy in early adolescence. *Child Development, 57*: 841-851.

Steinberg, L. (1990), Autonomy, conflict, and harmony in the family relationship. In S. Feldman

& G. Elliot (Eds.). *At the Threshold: The Developing Adolescent* (pp. 255-276). Cambridge, MA: Harvard University Press.

Sternberg, R. (1985). *Beyond IQ: A Triarchic Theory of Human Intelligence*. Cambridge, MA: Cambridge University Press.

Sugland, B., Manlove, J., & Romano, A. (1997). Perceptions of opportunity and adolescent fertility operationalizing across race/ethnicity and social class. *Child Trends*. Washington, D. C.

Sullivan, T. R. (1994). Obstacles to effective child welfare service with gay and lesbian youths. *Child Welfare, 37(4)*: 291-304.

Troiden, R. (1989). The formation of homosexual identities. *Journal of Homosexuality, 17*: 1-2, 43-73.

U. S. Department of Health and Human Service (1996). *Trends in the Well-Being of American's Children and Youth: 1996*. Washington, D.C.: Author.

U. S. Department of Health and Human Service, USDHHS. (1999). *Mental Health: A Report of the Surgeon General*. Rockville, MD: U.S. Department of HHS. Substance Abuse and Mental Health Service Administration, NIH, NIMH.

Udry, J. R. & Billy, J. O. (1987). Initiation of coitus in early adolescence. *American Sociological Review, 52*: 842.

van Biema, D. (1995/11/06). Full of promise. *Time*, 62-63.

Vygotsky, L. S. (1978). *Mind in Society*. Cambridge, MA: Harvard University Press.

Weisz, J. R., Weiss, B., Han, S. S., Granger, D. A., & Morton, T. (1995). Effects of psychotherapy with children and adolescents revisited: A meta-analysis of treat- ment outcome studies. *Psychological Bulletin, 117(3)*: 450-468.

Weithorn, L. A. & Campbell, S. B. (1982). The competency of children and adolescents to make informed treatment decision. *Child Development, 53*: 1589-1598.

White, J. (1991). *Drug Dependence*. Englewood Cliffs, NJ: Prentice Hall.

Wilson, K. & Ryan, V. (2001). Helping parents by working with their children in individual child therapy. *Child and Family Social Work, 6*: 209-217.

Yates, M. & Youniss, J. (1996). Community service and political and moral identity development in adolescence. *The Joumal of Research on Adolescence, 6*: 271-283.

Yussen, S. R. (1977). Characteristics of moral dilemmas written by adolescents. *Developmental Psychology, 13*: 162-163.

Zastrow, C. & Kirst-Ashman, K. K. (2007). *Understanding Human Behavior and the Social Envinroment* (7th ed.). New York: Wadsworth.

Chapter

8

成年期

■成年期的發展任務

■成年前期的社會化

■成年期的發展危機

■結語

步入成年期也是人生重要的轉捩點，前面二十幾年準備，而人一生的壽命平均也將達70至80歲，所以日後五十幾年中，人生才是開始。法律上的一些限定並不清楚何時開始為成年，隨文化之限定也有所不同，不過孔子曰：「三十而立，四十而不惑。」正確切的指出成年的概況。

瞭解成年期，用年齡來界定並不是很好的指標，雖然兒童及青少年用年齡來界定，乃因其早期發展比較穩定，及有系統及順序的變化。況且成人的發展受社會及歷史的影響很大，例如古時候16歲就已成家，現在的族群則是求學、力求職業定向。還有受戰爭之影響，早期抗戰「十萬青年十萬軍」，多少青年在被號召之下成為保國衛民的漢子。

在發展的研究中，特別是成人發展的研究，年齡指標並不是很顯著重要的，相對地，瞭解時間有關以及不相關的歷程而導致年齡的變化，卻是重要的。一般成年期的年齡測量有四種：

1.生理年齡（biological age）：指一個人生理的發展與身體健康的程度。
2.心理年齡（psychological age）：指一個人心理的成熟度或心理社會階段。
3.社會年齡（social age）：指一個人經歷社會所定義的發展里程碑，如工作、結婚、成為父母。
4.知覺年齡（perceived age）：指一個人衡量其知覺的年齡，如覺得自己是年輕或年老等。

發展心理學的階段論者Buhler在1933年曾將成年期訂定約在22至45歲之間。認為在此年齡層之個體重點在追求實際且具體之目標，並在生活中建立工作與家庭。哈佛大學學者Levinson及其同事透過與不同年齡層的成年男性進行質性訪談，將成年時期勾勒八個發展階段，其核心是以「生活架構」（life structure）為概念，茲分述如下（Levinson, 1986）：

1. 17至22歲：脫離青少年期，對成年的生活做初步的選擇。
2. 22至28歲：對感情、職業、友誼、價值觀及生活型態做初步的選擇。
3. 28至33歲：生活架構的改變，可能是小，也可能是大的，且會造成壓力與危機。
4. 33至40歲：建立自己在社會中的立足點，為家庭及工作目標訂出時間表。

5. 40至45歲：生活架構成為問題，通常讓人對生命的意義、方向和價值觀提出疑問，開始想表達自己的才能或期待。
6. 45至50歲：重新選擇並建立新的生活架構，個人必須投入新的任務。
7. 50至55歲：再進一步質疑或修改生活架構，以前未遇到危機的個體，現在可能開始有了危機。
8. 55至60歲：建立新的生活架構，可能是人生中得到最大成就感之時。

Levinson的成人發展階段是建立在Erikson的心理社會發展階段論（成年期的親密vs.孤立），但Levinson強調個體對社會的關係，而Erikson則強調個人之內在發展。此外，Gould（1978）訪問了五百二十四位中等社經地位的男、女性，其認為成人發展有四個時期，分述如下：

1. 22至28歲：趨向自我認同，遠離父母控制。
2. 28至34歲：朝向個人目標努力，有時會質疑目標，並重新評量婚姻。
3. 35至43歲：深覺中年到來，生命是痛苦、困難、不確定的。
4. 43歲之後：改變個人生活，重新訂定生活風格。

Gould的理論是研究加州的男女性，而Levinson是研究美東男性，兩者的階段是平行的，研究的年代也相近，約在1970年代。

Guttmann（1975）的成人發展理論認為，成年男女之人格主要發展是做父母所必需（parental imperative）。也就是個體從早期具有的性別角色，在社會化歷程中形成其做父母的角色，不過這個理論在現代社會中可能較不重要。

成人發展階段有許多角色需要被建立，從過去青少年時的自我認同到此時期建立親密關係、組成家庭及工作生涯的追求，至少成年時要有經濟及獨立決策能力。在成人階段中，Elder（1975）所提的**生命歷程**（life course），係指個人在特定時段中與工作及家庭階段順序之排序的概念，這個概念可用於個人生活史的內容，將個人生活史融入社會和歷史的時間階段中。然而，從發展心理學的角度來看，個體的早期經驗都將影響現時的選擇，個人特點也將因而形成。所以生命歷程模式說明個體不僅對經驗的時間順序感興趣，而且還很關注成人努力於適應的不斷變化，而且變化有時是個體的角色相互衝突所造成的心理成長。

現今的社會對成人的規範相當清楚，成年期的成人角色任務大略可條列如下（洪貴貞譯，2003）：

1.選擇登對的配侶。

2.學習與婚姻伴侶同居、共同理財或選擇事業。

3.建立家庭。

4.養育子女。

5.經營管理家庭。

6.拓展職業選擇。

7.行使公民責任。

8.參與個人有興趣的社團。

第一節　成年期的發展任務

一、成年期的身體發展

成年期的個體大多數在身體的敏捷、速度和肌肉強力可能達至巔峰，這一時期也是身體內外狀況最好的時期，但也有些人開始知覺身體有老化的特徵，如老花眼、長灰髮。

肌肉的強力在20歲達至最高峰，視覺敏銳度和聽力則在30歲開始下降，皮膚開始老化，眼角開始有小皺紋。體脂肪vs.肌肉的比率開始增加，動脈的改變也使得心臟流血量遞減，容易堆積血管脂肪。反應速率在20多歲時達至最高峰，這也是運動員表現最好的時期。年過三十，個體反應開始變慢，也覺得年紀大了。

進入成年期時，個體的身體發展將隨年齡增長而減緩，再者個體可達到生理發展的顛峰，除了事故傷害外，個體此時是最健康的、體力也是最好的，是運動選手的黃金時期。尤其是肌力、速度和敏捷力，而且這時期也是女性最佳懷孕生子時期。

不過在這時期個體開始體重增加，而且會發胖，原因是個體體脂肪的增加（Haywood, 1986）以及基礎代謝率（basal metabolism rate）的影響，所以成年人如果要保持良好的體重標準，只有多運動及少吃一點來彌補基礎代謝率的降低。

成人的生活風格有時也會造成對個體生命及健康的威脅，此時期最大的生理威脅就是細胞病變——癌症，尤其是生殖系統。美國婦女每九位即有一位得到乳癌（Javroff, 1996），其次是皮膚癌，在臺灣年輕女性還有一些子宮與卵巢癌，男性則受睪丸癌的威脅。這些病症可以透過早期的自我檢查來做預防，而且早期發現也有很高的治癒率。其餘如酗酒、交通事故、愛滋病和凶殺案等，也是造成成年人死亡及危及健康的很大威脅。

成年人比較容易碰到呼吸系統問題以及慢性健康問題，如脊椎或背部問題、聽力、關節炎或壓力過重，而這些問題皆與個人之健康習慣和個人生活型態息息相關。有益的健康習慣如定時用餐、少吃、多運動，拒用高脂和高糖的食物，避免抽菸和酗酒，以及適度的睡眠。除此之外，影響健康的另一個因素是壓力，壓力與各種疾病的關係很密切，如心臟病、高血壓等。

二、成年期的認知發展

依J. Piaget的認知理論，在青少年期之後已邁入認知發展的最高階段——形式運思能力，所以說來，在成年期之個體邏輯思考已發展成熟，包括具有抽象思考能力，有系統的形式運思及具邏輯觀，提升問題解決能力並發展統合能力，具有相對觀，可包容不同觀點。基本上，成年期的運思能力能跨越正式運思期，對人生處理各種事件的手段可深入瞭解，並且成年人亦抱持比較務實的態度（方圓之手段），不像青少年那般強調邏輯取向（方方正正，有稜有角），因而也讓成年人能夠在思考上更具彈性及多樣性（Bornstein & Schuster, 1992）；換言之，成年人隨著年齡與能力的增長，在形式運思上的思考本質產生了改變。

就Piaget的理論而言，當個體到達青春期，便開始發展形式運思能力，但較嚴重地，甚至有些人根本未達正式運思階段。有研究顯示，大約只有60%至75%的青少年可以解決正式運思問題（Neimark, 1975），而且只有不到30%的成年人可成功地進入正式運思期的最高階段（Kuhn, Kohlberg, Langer, & Haan, 1977），可能的因素是遺傳或童年未有適當的文化及教育刺激。

根據長期的縱貫研究及橫斷觀察法，Kitchener及King（1989）認為，在正式運思期之後，個體的思考模式已有質的提升。正式運思期之後個體的事實判斷是依不同情境，合情合理考量現實情境來加以判斷。Kitchener及King（1989）也將個體的判斷思考分為七階段過程，不過具體年齡層的劃分有其困難度：

1.階段一：善惡道德的存在是具體且絕對的，真理只有一個，能解決的方式也只有一個。真理可透過直接觀察獲得，信仰與真理密切關聯。
2.階段二：善惡標準是絕對存在的，只是不能馬上看到。所有的事實、知識可透過觀察及權威指點獲得，而信仰的來源取決於權威。
3.階段三：善惡標準有一部分是可以予以肯定的，也有些可能是暫時不確定的。任何一種不確定，可以透過直覺或偏見的補救，直到真理出現為止。
4.階段四：善惡標準是不確定的，尤其情勢之所逼或情況前後不一致，個體不一定瞭解全部真相，一個人會依其信仰將證據合理化，不過選擇證據也可能受個體之主觀、偏見所左右。
5.階段五：所有善惡之定奪來自個體對主觀情境的判斷，個人依自己的世界觀來詮釋外界，個人的信仰也依靠文化情境的脈絡所形塑，個體的信仰也會與其他信仰相對立，甚至產生衝突。
6.階段六：個體依主觀的判斷與客觀的意見，針對爭議的行為做一綜合評判，依不同的佐證、意見及生活的價值來進行判斷。
7.階段七：善惡與真相的判斷。此階段通常是綜合理性的探究思考，及以主觀上合情合理解決的方法為依據。真理信仰是建立在足夠的認證下，或是在全盤科學客觀的探究瞭解下所做的決定。

就發展的觀點，成人判斷式的思考是從絕對論到相對論，最後到辯證論。成人的思考是由絕對的觀點評論個人的看法及事實，到追求道德真相，是持續不斷的、永不停止的過程。這種正式運思期之後的判斷及道德思考行為，是透過學習及歷練的過程，來達到圓融的境界。

三、成年期的道德發展

Kohlberg之成規後期的道德判斷與推理在成年期開始成形。依Kohlberg（1984）指出，大部分30歲的成年人仍處於成規期的層次（conventional level），但這些人中有六分之一至八分之一已進入成規後期的道德推理。換言之，這些人的道德判斷是瞭解法律之規範，而且能夠分辨合理正義及不合理的法規（參見**專欄8-1**）。

如同Kitchener和King（1989）所認為的個體反應式的判斷（reflective judgments）是前進的，向上提升的。甚至Kohlberg強調社會歷練的重要性，個體的發展歷練促使人們欣賞別人的觀點，並體認自己是社會秩序中不可分離的一個部分，而道德規範是人與人之間所達成的共識。然而，個體與不同觀點的人來往，也會附帶認知上的同化與認知失衡，也因此激發起衝突，而衝突也藉此震盪出新思維。個體位於多元複雜的社會環境，需要與不同的人做人際互動，就如同我們與同事、朋友相互學習交流，建議與回饋不同的議題，如此一來，我們更瞭解不同社群間的宗旨及目標之差異，而法規是民主社會中公民集合多元異言之共識，並經由立法審核程序來形成社會規範及律法。

反映西方社會理念中的正義，而忽視其文化與價值；東方社會重視集體主義（collectivism），講求社會和諧，這些在文化模式下引以為道德習俗的人，便成為Kohlberg理論中古板的道德思考者，但卻是非西方社會（如印度、藏族文化、阿拉伯文化）中被認為具有高度正義感及有作為的人（Snarey, 1985）。這原因或許從西方的觀點很難理解宗教價值（如對神、貞操、階層制度的虔敬），但這些價值背後卻蘊含著高階的道德標準及觀點。

專欄8-1　道德判斷——評論

Kohlberg的道德發展理論與架構大概最具實徵研究之基礎，而且深獲學術界的推崇，並引發後繼不少的科學實徵研究及方案落實推動。然而，後續研究者也批判Kohlberg之論述至少存在兩種偏見——文化與性別的偏見，例如Kohlberg所假設序階6的最高階段或成規後期的推理，只是成年時期的道德發展掙扎於道德推理與社會習俗之間的差異。社會習俗（social convention）是指由社會系統所確定並適用於特殊社會情境的一種生活型態。違反社會習俗可能是無禮的表現，但並不一定是沒有道德的。道德問題不是由社會情境所調節，而是由潛在的對他人公正的關心原則所確定的；而支配道德行為的原則並不隨環境或情境的變化而有所不同。所以說，成年期道德判斷的種種混亂，可能反映他們對社會習俗規則的不確定；由於成年期使得他們得扮演更多不同的新角色及介入更複雜的社會情境，如果他們對這些情境的社會期望夠瞭解，將更使得他們對道德判斷產生混淆。

此外，成年期的道德判斷也在於禁忌的道德判斷（prohibitive moral judgment）及利社會道德判斷（prosocial moral judgment）之間的差異。前者係指一種為達到某種目標而違反法律或承諾的抉擇，例如在Kohlberg的研究中（見第七章），海恩斯因偷藥而陷於道德兩難，他為了挽救他妻子的生命，就不得不到藥店偷藥而違反道德的禁忌；後者係指做有益於別人的事與滿足自己需要之間的衝突。例如冒著耽誤個人非常重要的工作機會，而停下來幫助一個在高速公路發生汽車故障的人。

成年人對社會問題較之禁忌問題，似乎較能靈活地思考。涉及同情與關心他人幸福的道德抉擇，要比有關需要違反法律的道德選擇，更傾向於採用更高層次的道德推理（Eisenberg & Strayer, 1987），尤其女性比男性有更高的道德情感。Carol Gilligan（1982）認為，女性是憑藉對問題的背景有更高的敏感性和強烈的關懷情感為基礎，而男性則傾向於從一種較深遠的、抽象的角度看待道德問題。男性的道德判斷訴諸於責任、公正及對權力的尊重，而女性則較訴諸於人性關懷及情感。Gilligan更認為可能因社會化經驗而導致性別之差異，因此衍生Kohlberg的男性主義觀點，認為女性在道德發展上比男性落後。通常男性己發展到Kohlberg第四層次的道德判斷，而女性只發展到Kohlberg第三層次的道德判斷。Gilligan提出是社會化的教導造成此種差異，通常社會化之經驗教導男性要有主張、獨立及強調成就，如此造成男性視道德兩難為不同利益團體的衝突所致；對女性而言則剛好相反，因為她們被期待要關心他人福祉，同理他人，所以她們視道德兩難為他人需求與個人需求間衝突的結果。所以，男性的道德判斷以公義為觀點，而女性則強調對他人關懷的觀點。

Kohlberg理論常見之批判有五點（Snarey, 1985），分述如下：

1.Kohlberg的研究最主要是針對美國中產階級男性所做的深度訪談來歸納他的理論建構，此種建構是否具有文化及性別之普同性。
2.Kohlberg道德兩難的故事情境，並不是解釋兒童、青少年及大學生或成人所處的日常生活情境。
3.Kohlberg詮釋他的研究對象的回應可能使他的結論有所偏頗（Flavell, 1992），尤其在多元文化族群的應用上。
4.Kohlberg的理論多半著墨於人類理性與認知層次，忽略了人類是情感的動物且具有惻隱之心，道德具有認知判斷、情感與行為，所有道德並非全由Kohlberg所述是依認知步驟逐步推理衍生出來的。
5.Kohlberg的理論反映的是「男性中心偏見」。Kohlberg和Piaget一樣，認為自主性是道德發展的最高境界，客觀性勝過主觀性。然而，Gilligan

並不以為然，Gilligan假設婦女發展獨特的女性道德取向（feminine orientation），女性多半是由「責任以及照顧、關懷」的觀點來做道德考量，而不是如男性般以「某項權利邏輯上的可成立性」來思考道德兩難問題（Gilligan, 1982）。女性較考量所有關係人真實影響之實然面，而不是邏輯上的應然面（程小危，1995： 434）。據此，Gilligan歸納出女性道德發展歷程——從「求生存」到「追求犧牲自我就是好（goodness）」，以致歸結出「非暴力或不傷害（nonviolence, against hurting）的原則」。Gilligan對女性道德研究總結認為，男性自小即被培養成為獨立的、積極的，並以成就為導向的個體；而女性通常被教養（或期望）成為有愛心及同理心，甚至被要求「無才便是德」，且論及婦女的美德端賴女性是否為別人設身處地著想而定。

除了文化與性別之批判以外，Kohlberg論述的最大批判是道德判斷與實際付諸行動之關係。在經過著名的米爾格倫實驗（Milgram Experiment）的例子之後，Kohlberg也改變他原先之思維，同意推理與行動是兩個獨立事件（郭靜晃，2006：165）。

四、成年期的社會與情緒發展

成年期的重要心理社會發展課題是建立親密感，依Erikson的心理社會理論，成年期處於**親密vs.孤立**（intimacy vs. isolation）的階段。然而親密關係的建立並不一定都循著合乎邏輯或性別刻板化（男性重權勢、輕溝通；女性則重人際關係與溝通）的方向走，故社工專業人員在服務成年案主時，要具備多元文化觀點，尤其要瞭解不同案主的溝通方式及對親密需求的期待。成年期是開始建立個人親密關係的開始，此種關係是指個體能與他人分享真實且深刻的自我，換言之，也就是一種自我揭露（self-disclosure）。Carol Gilligan（1982）的研究即發現，對男性而言，認同先於親密；而對女性而言，兩者可同時產生、互存；也就是說，女性可從與他人發展親密關係而形成自我認同。Gilligan相信男性較在乎公平與正義，而女性則較注重關係與關懷，所以從公平與關懷來瞭解兩性，將有助於我們瞭解成人的工作與家庭生活。孤立是與親密相對的情境，即欠缺與他人建立關係的能力，同時他人也無從瞭解他。以下探討如何透過認同建立親密感。

(一)喜歡與愛

愛情與喜歡不僅只在程度不同，其關心的焦點也不同，喜歡（like）的要素在生理吸引（physical attractiveness）、時空相近（proximity）、相似性（similarity）及互補性（complementarity）；而愛（love）之要素則是關心（care）、依附（attachment）、親密（intimacy）及承諾（commitment）。成年時最常存在的情緒是愛情，除了建立彼此有意義的關係，也可能延續到結婚，組成家庭。

Robert Solomon（1988）認為浪漫式的愛情有三個特質：(1)在動機上是有意涵的；(2)它是自然發生且出於自願，並非個體所能控制的；(3)在同儕之間才會產生的反應。而Hatfield及Walster（1985）也提出愛的迷思：(1)個體知道自己在戀愛；(2)當愛情來的時候，個體無法控制它；(3)愛情是完全正向的經驗；(4)真愛會永遠存在；(5)愛情可以克服一切。

Sternberg的愛情三角理論（triangular theory of love, 1988）指出，愛情包含三種元素：親密、熱情和承諾。該理論所指的**親密**是互動關係中所分享的溫馨與親近；**熱情**是在愛情關係中所存在的一種強烈情緒（涵蓋正、負面情緒），包括性的慾望；而**承諾**則是指不論遇到任何困難仍保存兩人關係的決定與意圖。這三者組合可以形成八種模式，分述如下：

1.沒有愛情（non love）：指三種要素皆不存在，只有一般的互動關係。
2.喜歡（liking）：只有親密成分。
3.迷戀（infatuation）：只有熱情成分。
4.空洞的愛（empty love）：只有承諾的成分。
5.虛幻的愛（fatuous love）：熱情與承諾的組合，例如一對戀人很快墜入愛河並決定結合。
6.浪漫的愛（romatic love）：是親密與熱情的組合，沉醉於浪漫愛情的戀人對彼此擁有許多熱情；但沒有承諾，浪漫的愛可能始於迷戀，一般平均為三十個月。
7.伴侶的愛（companionate love）：是親密與承諾的結合，這是最傳統且持久的婚姻關係，大多數熱情已不存在，只有生活與以孩子為目標。
8.無上的愛（consummate love）：是親密、承諾與熱情的結合，是一種圓滿、完美的愛，但這種關係很難存在。

喜歡是個人表達對他人情感的連續，尤其對青春期的青少年，喜歡是兩人之間相互吸引的形式，主要是受友誼之間的和諧溝通（persisting compatible communication）所影響。兒童隨著自我的認識與認同之後，而逐漸對同伴透過生理吸引、時空的接近、相似性及需求互補之社會互動，而萌生對他人有著親切的感覺（feeling of tender），這也是個人瞭解他人內在生活之覺察（awareness）（又稱為同理心），如此一來，彼此之間便成為膩友、死黨（chum）。尤其對同性別青少年而言是非常普遍的，而且對他們而言，此一情感需求是很重要的，它可使青少年信任他人的感受，對別人親近並接受別人善意的干涉與批評。

隨著個人成長，兒童從自戀（narcissist）到關心他人，尤其對同性別的幫團（crowds or cliques），他們聚集在一起，從共享活動、注重相似的外表及共享內心的價值與態度。之後，個人由自我中心（ego centric）逐漸學習與別人分享內在的感覺、概念與心情，而進展為多層利他性（altruistic），此時個人不再個人化而是具有人性化。

當兩人關係透過接觸、溝通、相互致意，從陌生到熟識，從相知到相惜，從意見不合到和諧圓融，從肉體的情慾而產生心靈之契合，如此一來，兩人即產生共同的愛慕之情，甚至可以結婚、組成家庭。這個過程可由社會交換理論、浪漫與成熟之愛、愛情色彩理論、愛情三角理論、愛情依附理論等做分類。歸納愛情具有一些共同因素，如對對方之關懷、激情、依戀及承諾等。

正如Farber在1980年指出夫妻之愛（conjugal love）應具有下列三項因素：(1)內在思考及情感的分享，也就是建立彼此之親密感；(2)建立自我認同，這是一種融合於人格，成就彼此之間的信任、相互影響及改變行為；(3)彼此之間的承諾。

Abraham Maslow（1962）將愛分為缺陷的愛（deficiency love）及完整的愛（being love）。**缺陷的愛**是自私的，可以滿足個人之需求，通常缺乏自我認同的人常將愛看成是獲得，而不是給予，並將愛的人當成物品（object）。例如男人愛女人只為了性或為了滿足其男性的自尊，此種男人希望女人為他煮飯、洗衣、滿足其性慾：而女人為了金錢、需求或依賴而去愛男人。這種愛不會幫助個人成長及發展更深固的自我認同。通常男人指女人是他的好太太，而女人指男人很顧家，他們彼此之間很少有交集，而以角色、物體或功能來維繫彼此之關係。**完整的愛**是一種不求回饋的愛，彼此雙方不是盲目的吸引或愛，而是相互瞭解、信任；它可以使個人成長與成熟。父母對子女的愛更是完整的愛的代表，它也包含了個人的情緒，例如憤怒、厭煩、害怕、驚奇的感覺以及感情和知識。

愛與被愛總是令人興奮的，尤其愛是透過社會化經由學習過程而來。然而，愛也有其障礙，茲分述如下：

1.視人為物品：當將人視為物品或他人的附屬品時，那麼你我之間的關係將變成我與它的關係。尤其是資本社會講求功利、現實，將愛人視為物品，也隱含著不尊重，人與人之間的關係也變成非人性化。
2.隱藏的禁忌：不能控制自己的情緒、衝動，將使我愛你變成我恨你；而不瞭解自己，未能獲得自我認同又如何愛人；不能尊敬別人又如何能愛別人。
3.傳統的兩性角色：傳統的兩性角色教導男人要勇敢，隱藏情感，不能輕易示愛；而女性要情緒化、溫柔並依賴男人而成「男主外，女主內」。此種障礙會影響兩性在情感或性交流時產生困難，並造成兩人之間的疏離。唯有透過自我肯定，坦誠溝通並達成自我坦露，兩人關係才能獲得改善。

(二)妒忌

妒忌（jealous）也和愛一樣，不是與生俱有的行為，而是個人透過社會化過程而來。雖然，大多數的人可能認為妒忌是一件不好的事，非理性，甚至不應擁有；但妒忌其實只是一不愉快的感情，夾雜著怨恨、生氣、害怕、沒有安全感、不信任或痛苦之感覺。就因為妒忌有著惱人的影響，因此我們皆想要避免或去除妒忌。然而，無論我們傾向妒忌與否，都可能常使用它，甚至在不知不覺中表達此種情感。

心理學家Barbara Harris在1976年指出妒忌也有其價值，她認為妒忌是負反應的信號或症狀。正如痛苦提醒吾人身體上出現問題，並要我們注意或做某些行為來避免痛苦（如驅力與驅力降低理論）；而妒忌也是一樣，代表吾人心中有了壓力，或許是來自潛意識，抑或來自意識中你所不想面對的事。因此，當個人面臨此種情況，最重要的不是吾人是否知道我們正在妒忌，而是是否我們能發現為何我們在妒忌，進而要如何以對。以往我們會將社會化的經驗（如所接受的傳統規範）用來處理妒忌的情形，而且通常是負面大於正面，例如對外遇的處理。當個人面臨外遇時，妒忌將令人感受即將面臨失去你所愛的人。不管男女雙方皆害怕伴侶和別人在一起，除了懷疑性關係的不滿足之外，通常女性比男性更易受威脅，因為女性常懷疑自己是否較對手來得不具吸引力（attractiveness）。

妒忌的反應有時合乎理性，有時不合乎理性。合理的反應主要是因個人的主權（控制）受到威脅而引起妒忌的反應，此種反應是被遺棄、被迫的。此外，妒忌有時也在不合乎理性之下運作，例如當某人的伴侶和一位異性朋友共進午餐，某人因害怕伴侶會離他而去，雖然意識上知道他們僅是朋友關係，但某人已受到威脅而產生妒忌，這種不合乎理性的態度值得我們探討與深思。你不妨回答下列幾個問題：

1.你是否信任你的另一半？
2.你相信你的伴侶所告訴你的話或情節嗎？
3.你是否將你的感受投射給你的伴侶？
4.你是否感受到沒有安全感而責怪他？

如果你的回答是多數情形皆會，那你大約已陷入不合理的妒忌情感中。吾人為何如此害怕妒忌呢？因為我們皆依賴所愛的人，而且人類是分工的，人的生活愈來愈不獨立，而因為害怕失去依賴，可能增加你對失去伴侶的恐懼。

在我們瞭解妒忌之後，接下來，吾人要如何面對我們妒忌的情感呢？

筆者認為事先瞭解自己為何妒忌，並清楚哪些方式或行為會令你感到妒忌，才能面對它。妒忌基本上是一「三人行」的人際問題，絕對不是單方面個人的問題，同時你也不能指著你的另一半說「那是你的問題」。最理想的方法是三人一起處理，共同負責，以降低負面的影響。以下有幾個減緩妒忌的方法供各位參考：

1.在認知上，個人必須瞭解你為何妒忌，以及導致你妒忌的想法或知覺。在瞭解你的妒忌是理性或非理性之後，你才能預知這種結果是否會帶給你威脅、害怕或沒有安全感。
2.要誠實、自我坦露面對你的感覺，而且個人要確信你與被妒忌的人的關係是不具威脅性及安全的。
3.要有自信，因為妒忌反映的是自己缺乏自信及沒有安全感。

(三)孤獨與寂寞

不是所有人皆能獲得滿意的情感、友誼或浪漫關係，仍有不少人面臨孤寂的經驗。Rubenstein及Shaver（1982）研究指出，青少年與成年人是最會感到寂寞的兩個群體，不過隨著年齡增長，此種感受會遞減。寂寞（loneliness）也是一種主觀的感受，它與社會孤立感有關，有時會伴隨無助感及無望感。寂寞最佳的定義是少於期望（desired）中所能擁有的人際關係，或指沒有從期望人際互動中獲得滿意的關係，因此寂寞並不等於獨處。協助因應寂寞的方案很多，大多採取理性情緒治療法的認知重建，或改變負面的自我對話，以及教導個案降低焦慮感。Young（1982）提出了各種導致寂寞感的認知和負面自我對話的因素，以及衍生的六種後續行為（參見**表8-1**）。

(四)生涯選擇

職業的選擇確定了成年早期生活方式（life style）的基礎，勞動工作占據成人大多數的時間，包括活動量、身體與精神能量的耗損、現時與長期獎賞的條件。工作帶給個人身分及職業，而職業身分授予個人社會地位，並給予種種不同的發展機會。此外，職業身分也反映了個人之價值系統的象徵，而生涯抉擇更是成年期社會發展的一項重要任務。

雖然許多人在成年期之前就有打工經驗，甚至有些人在青少年期之前已有一些正式工作的經驗，然而打工與正式工作經驗是處於不同社會化之基礎，打

表8-1　導致寂寞的認知與行為

認知叢集	行為
我不受歡迎 我是很笨、很無趣的人	逃避友誼關係
我無法與人溝通 我的思想及感覺都很空洞貧乏	自我揭露意願低落
我不是個好的戀人 我無法放鬆並享受性關係	逃避性關係
我似乎無法從這個關係中得到我想要的	在關係中缺乏獨斷性
我不想再冒被傷害的危險 我對每個關係都處理不好	規避可能的親密關係
我不知道在這種情況下該如何表現 我會出洋相的	躲避其他人

資料來源：Young (1982).

工通常是以金錢作為交換，鮮少需要太多技術性的工作技巧。

如**圖8-1**所示，生涯選擇的過程受到六個因素之影響：個體、心理、社會／情緒、社會經濟、情境、家庭及社會（O'Neil, Ohlde, Barke, Prosser- Gelwick, & Garfield, 1980）。這些因素也受到性別角色的社會化所影響，而這些因素中的個人因素，諸如能力、興趣、態度和自我期望，最影響其個人的生涯選擇；此外，家庭、社會和經濟因素對生涯選擇之影響最小（O'Neil et al., 1980）。

影響生涯抉擇其中一個重要因素是**教育**，職業的晉升及相對的收入與學歷有密切相關。以往學校之經驗，如上大學及有專業的訓練對日後的高收入及較穩定的工作有關（Hubner-Funk, 1983）。但現在則要求具有碩士學位及職業證照。生涯發展似乎有兩個階段，前一個階段是抱著一種像唐吉訶德式（騎士化）的探索，他們選擇任何一種可能工作之機會，騎驢找馬，對工作也沒有長期投入的意圖，也常表現出反覆無常的工作作為。大多數這類工作也不太需要太多訓練，例如超商或速食店的工作。青年一旦賺足能滿足需求的錢，便會辭退工作，然後一直失業，直到他們又需要錢為止。到了二十多歲，隨著對工作的態度愈來愈嚴肅，他們便開始尋求一份好工作，比較在乎工作績效及表現，

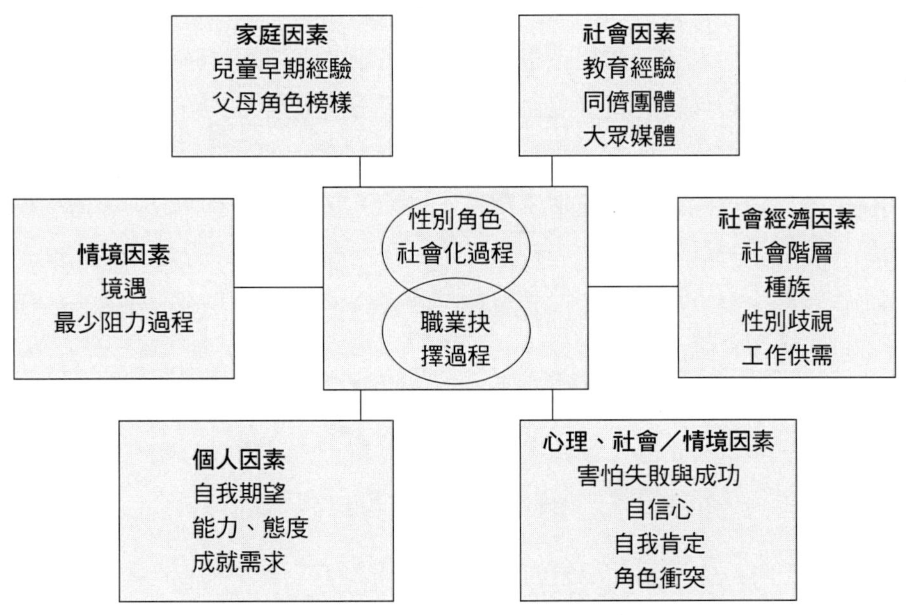

圖8-1　影響性別角色社會化和職業抉擇過程的因素

資料來源：O'Neil et al. (1980).

隨著時間的推移，他們對工作的態度也會變成一種承諾。

另外一個影響生涯抉擇的重要社會因素是**性別角色社會化**（sex-role socialization），其受兩個重要心理社會因素所影響：一是社會化結果，男性與女性往往對職業成功的有關技能有不同的期望；另一因素是男女兩性有不同的價值觀。性別角色認同影響了決定人的生涯目標和相應選擇的態度與價值觀，此外，男性在職業抉擇較傾向於高地位報酬，而女性則選擇較高支持性的環境，此種差異也造成職業結構和職業成就上的性別差異。

此外，職業抉擇也反映了個人本身的自我認同，對某些人而言，職業抉擇是反映對父母持續性的認同，他們可能抉擇與父母一方相同或類似的工作或職業，或者父母為他們做出職業抉擇。相對於其他人，職業抉擇是個人嘗試、內省、自我評價、所發現的事實或個人省思洞察的結果，但對他們而言，幾乎沒有個人抉擇。

現代社會隨著政治、社會與經濟的轉型，女性成為就業市場的主力。女性參與勞動率之影響因素很多，諸如經濟的需求、教育的提高、生育率的下降，以及人口統計趨勢的改變、產業結構及需求的改變，以及托兒及托老等家庭照顧需求的滿足等，皆足以影響婦女是否外出就業。就整體環境而言，女性投入工作市場，造成社會經濟力的提升，但是女性在家庭中的角色與期望，並未因家庭經濟力提升而減少，而男性也不會因女性出外工作回家時幫忙家務。相對地，女性不再是以傳統的單一角色自居，除了扮演職業婦女角色外，同時亦扮演母親、太太、媳婦、朋友、同事等多重角色，於是女性陷入家庭、職業、人際關係等多重角色的壓力困境中。單驥（1998）在婦女國事會議中，曾引用聯合國的一些調查統計資料，這些資料顯示，全世界大約有二分之一的婦女，她們的工作時間占全世界工時的三分之二，收入是世界總收入的十分之一，而財產占全世界資產的1%。

女性工作角色的性質，對家庭生活品質、個人幸福感、企業生產力，以及社會的安定繁榮皆有影響，所以國家政策及企業宜加以考量有關家庭取向的人事政策（張惠芬、郭妙雪譯，1998；郭靜晃，2001），包括：

1.彈性工時：除了朝九晚五的上班時間，政府或企業可以配合彈性工時及非全職工作來幫助女性員工協調工作與家庭的角色。

2.親職假：女性員工除了六至八星期（公務員六週，勞工八週）的產假之外，親職假（parental leave）係指提供三個月的無給假，並保證回來工作職場時給予相當請假前的工作待遇與職位。

3.兒童及老人托育：臺灣地區婦女就業雖有增加，約為51%，仍比不上工業國家，但仍有近40%的職業婦女因工作關係不能親自照顧子女。臺灣之幼兒托育提供率約為三成，可見社會支持系統明顯不足。所以幼兒托育除了量的增加外，還有確保托育之品質也是職業婦女在選擇兒童替代照顧時第一個考量的因素。此外，托老機構的不足及照護品質，也是婦女在選擇重返職場時的一個考慮因素。

4.彈性福利方案：員工福利也是個人工作所得。在國外，員工福利平均約占平常薪資所得的37%以上（Alex, 1985），因此員工福利對僱主及員工皆有很大的影響。傳統的員工福利包括公／勞保、健保、退休金、有給假期和病假，或生命或健康保險等。彈性福利方案是讓員工依據個人之需求來選擇福利方案，例如雙生涯家庭，由於夫妻的公司皆有提供健康保險，如果二人同時接受，恐有資源重複之虞，因此其中一人可以放棄健康保險，而交換同等利益之福利方案。此種措施不但對不同家庭狀況之員工比較公平，而且也可以協助企業控制成本。

5.諮商及教育方案：企業可以提供一些方案來因應某些工作／家庭問題，例如應付工作不確定之因素，增加自己的專業能力，幫助親職功能，協調工作和家庭責任，減輕工作壓力和財務管理技巧等，也是利用經濟的方式來協助員工協調工作與家庭之雙重角色，以避免因角色衝突而衍生了工作或家庭的壓力。

第二節　成年前期的社會化

全世界的青年人口約占人口總數的18%，青年具有無限潛力、創意與天生的熱情，這個人口群除了積極投入工作生涯，組成家庭，世界重要國家及國家組織皆致力於讓青年充分及有效地參與公共事務，以成為社會公民及公民社會（civil society）。

一、婚姻

在婚姻之社會關係中，個人的親密和成熟的社會關係得以產生，大約90%的個體在40歲左右皆會成家，一直以來大約有10%左右的人保持獨身主義，不過，現在有愈來愈多的比率保持單身，而且有比較多的年輕人將婚姻延遲到30歲。這些改變也說明初婚年齡延後，家庭規模變小，以及撫養子女之時間更短。

透過約會過程，一個人可能有機會遇到一個共鳴的人生伴侶，但有人卻依社會時鐘（social clock）來決定婚姻的時程表。當一個人考慮結婚時，深深的吸引和承諾過程影響著伴侶的選擇和婚姻的決定。Adams（1986）提出擇偶過程中的四個階段（參見**圖8-2**）：

1. 階段一：在社會交往的市場中選擇伴侶，例如學校、工作環境、派對上。從最普遍的意義而言，婚姻伴侶的選擇有賴於個人所介入的人際網絡，以及個人所欣賞的外表、儀容以及所看重的行為舉止，來決定個人的心儀程度及是否具有吸引力。
2. 階段二：基本的相似之處（similarity）及親密度（intimacy）是維繫彼此關係得以進一步的核心所在。個人的基本價值、背景特點，如過濾器般地更進一步篩選受吸引對象，以及考量是否進一步交往，有些人會考慮是否跟自己志同道合，有些人則選擇年齡、宗教、教育背景等是否門當戶對。如果雙方自我揭露更深，包括性需求、個人恐懼及人生理想等，那麼個人就從階段二進階到階段三。
3. 階段三：角色和諧和同理心讓雙方關係注入生命。前者係指處理情境時雙方合作和諧，沒有衝突，順利解決問題；後者係透過雙方和諧關係，建立彼此的同理心，使得雙方能夠彼此瞭解對方的反應，並預見對方的需要。
4. 階段四：雙方一旦對角色和諧和同理心感到滿意，他們便進入階段四：「中意人」關係。在這個階段，防止雙方關係破裂的屏障將有助於雙方關係的鞏固。雙方此時已有自我揭露，相互做些冒險之舉；再者，經過共同扮演角色，被視為一對，他們已被其他社會圈所隔離。

一旦做了抉擇，求愛激情宣告結束，取而代之的就是婚姻及其適應過程。

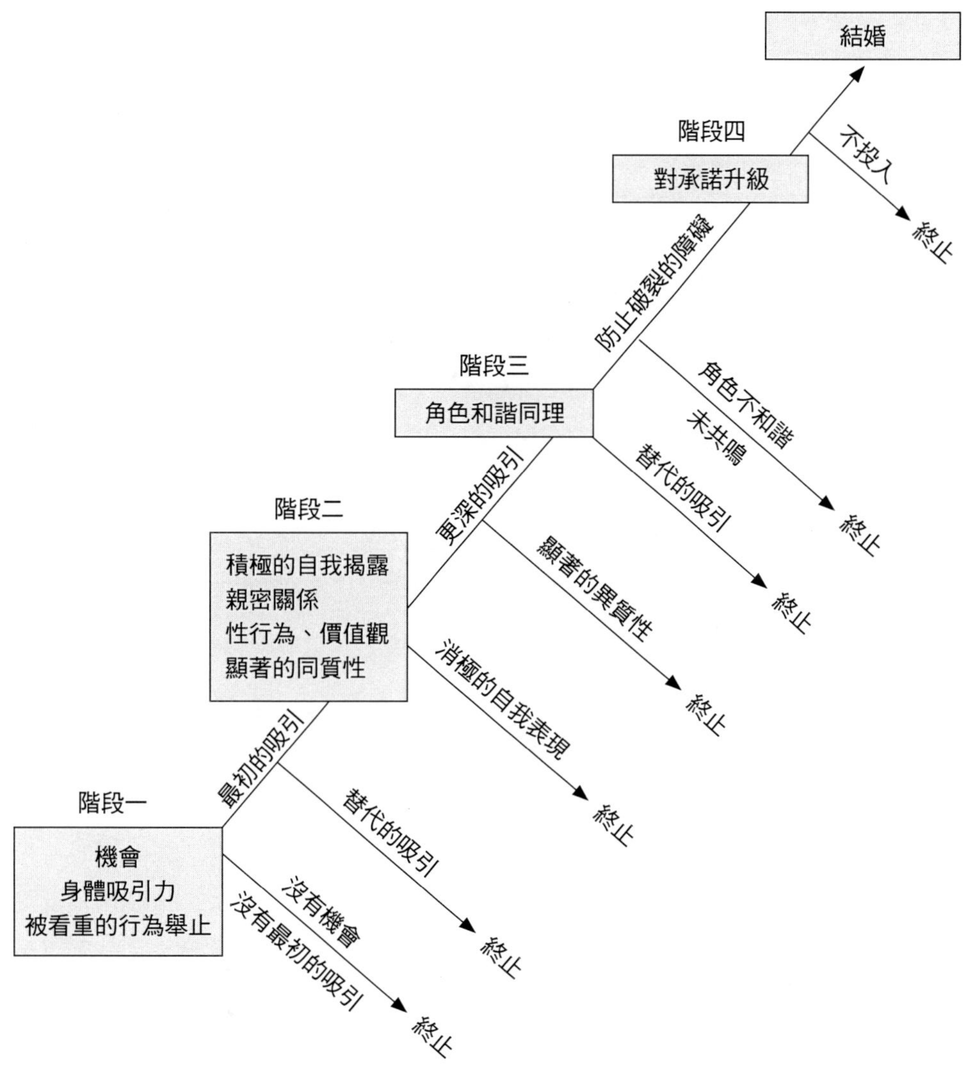

圖8-2　美國人的擇偶過程

資料來源：Adams (1986).

事實上，婚姻之適應過程與滿意度如「U型」方式，結婚頭幾年離婚可能性很高，一般平均是七年。造成婚姻緊張的因素很多，諸如收入、宗教、教育、社會階層背景不同，以及心理的承諾感，所以婚姻的調節適應是有其必要的。

親密關係與日後婚姻滿足感有關，有效的溝通及處理衝突的能力更是婚姻過程的調適能力。衝突可能是自我認同的產物，因為夫妻雙方個性不同，價值和目標相異，加上權力或資源分布不均，或未能共同做決策所導致的結果。婚姻滿意度與彼此的溝通和自我揭露有關，這些因素更是維持婚姻的有效預測因子（Robinson & Price, 1980）。

男性與女性對溝通過程可能有不同的看法，Hawkins、Weisberg及Ray（1980）將兩性分類成四種不同互動性格：

1.常規式互動（conventional interaction）：雙方常會掩蓋問題，只是維持雙方互動，並不表露太多的情緒投入及探討彼此的觀點。
2.控制式互動（controlling interaction）：只將自己的意見說得很清楚，但不考慮對方的觀點。
3.推測式互動（speculative interaction）：雙方是防禦性的，只探究對方的觀點，但不充分表露自己的立場。
4.接觸式互動（contactful interaction）：是雙方均能聽取他人的意見，亦可自我肯定地表明自己的立場。

夫妻雙方之間皆認為接觸式的互動最好，控制式的互動最不可取；而每一種互動方式皆會影響彼此之間的親密關係。

在婚姻調適中，女性比男性體驗到更多的緊張（Bell, 1983），可能因素來自經濟保障、自我認同、生育子女的準備不夠，或者彼此對親密關係的期待不同。近年來婚姻對家庭最大的變化是婦女進入就業市場及離婚率的提升。當婦女進入工作職場而形成雙生涯家庭（dual-career families），最大的家庭困境是老人及年幼兒童的照顧問題，以及家庭角色與勞動分工的重新定義。當夫婦缺乏外在資源或者必須面對生活方式的挑戰，那衝突必然產生，進一步影響彼此之間的親密感。此外，臺灣在2008年的資料顯示，男性初婚年齡為31.1歲，女性則為28.4歲，相較於1971年的資料已提高4歲，顯現臺灣初婚年齡也有提升之現象，呈現晚婚趨勢。

當結婚之初的誓言「白頭偕老」好景不再，雙方可能漸行漸遠，或者選擇離婚來結束雙方關係。美國離婚率是全世界最高，加拿大、英國、瑞士、澳州也有三成多（約三對即有一對）。最近，臺灣的離婚率也接近此數字，通常發生在結婚三至四年之後（洪貴貞譯，2003）。

離婚的原因在過去可能是經濟因素，或一方染有惡習，但現在的原因多半是來自「沒有過錯」（no fault），可能是溝通不良、性生活不美滿，或者不匹配因素所致（洪貴貞譯，2003）。

1998年，全美有14.4%未滿18歲的兒童（超過千萬名兒童）處於父母離婚或分居的家庭中（U. S. Census Bureau, 1998）；臺灣的單親家庭比率正趨近9%。離婚是一種過程，不是單一事件，這個過程始於父母分居，直到父母終止合法的婚姻關係。從「離婚－壓力－適應觀點」（divorce-stress-adjustment perspective）來看，離婚過程起始於父母與孩子共同面對的壓力事件，然後這些壓力源將增加父母與孩子負向影響之危機（Amato, 2000）（參見**圖8-3**）。

依據此觀點，離婚對兒童之影響端賴於各種因素及其交互作用，例如親職之效能、父母的衝突等，加上兒童之特質或心理問題之基因遺傳；而保護因子之存在，如社會支持、因應技巧、友善及支持的鄰里環境等。然而，離婚過程也可能帶給成人及兒童有些好處，不好的負面影響也將透過離婚過程而淘汰。

近年來，臺灣的離婚率節節高升，2001年的粗離婚率為0.25%，其中又以未滿五年內占37.1%為最多；此外，在「結婚二十至二十四年」及「結婚二十五至二十九年」離婚者也有增加之趨勢，離婚呈現雙峰現象。近年來臺灣異國婚姻比率逐年升高，從1998年開始，大陸配偶及外籍配偶人數快速增加，截至2007年，在臺灣大陸配偶（含港澳）有近二十五萬人，外籍配偶也有十三點五萬人，合計達三十八點五萬人，外籍配偶大多來自越南（57%）、印尼（19%），約有近八成的外籍配偶來自東南亞（內政部，2008），而2010年小學入學人數每八位即有一位是外配所生的學童。

二、工作

工作是一個複雜的概念，工作者將工作的角色加以分析，那就會衍生個人在工作情境中不同的心理需求。工作（職業）的選擇千變萬化，所以個人在工作的準備之可能性是微乎其微（Brim, 1968）。打工時工作受訓期可能需要幾天或幾週，而專業工作（如醫生、會計師）則需要七至十年。個人透過社會化過程，新僱員瞭解技術技能、人際行為、勞動態度、職場文化及職工所看重的權力關係。一個人必須衡量個人特點與工作情境中下列四種核心關係是否匹配：

1.技術技能：多數工作要求具備一定的技術專長，個人必須評估特定技能要求是否合乎個人的能力，判斷個人是否有改進技能的潛力，及展示能

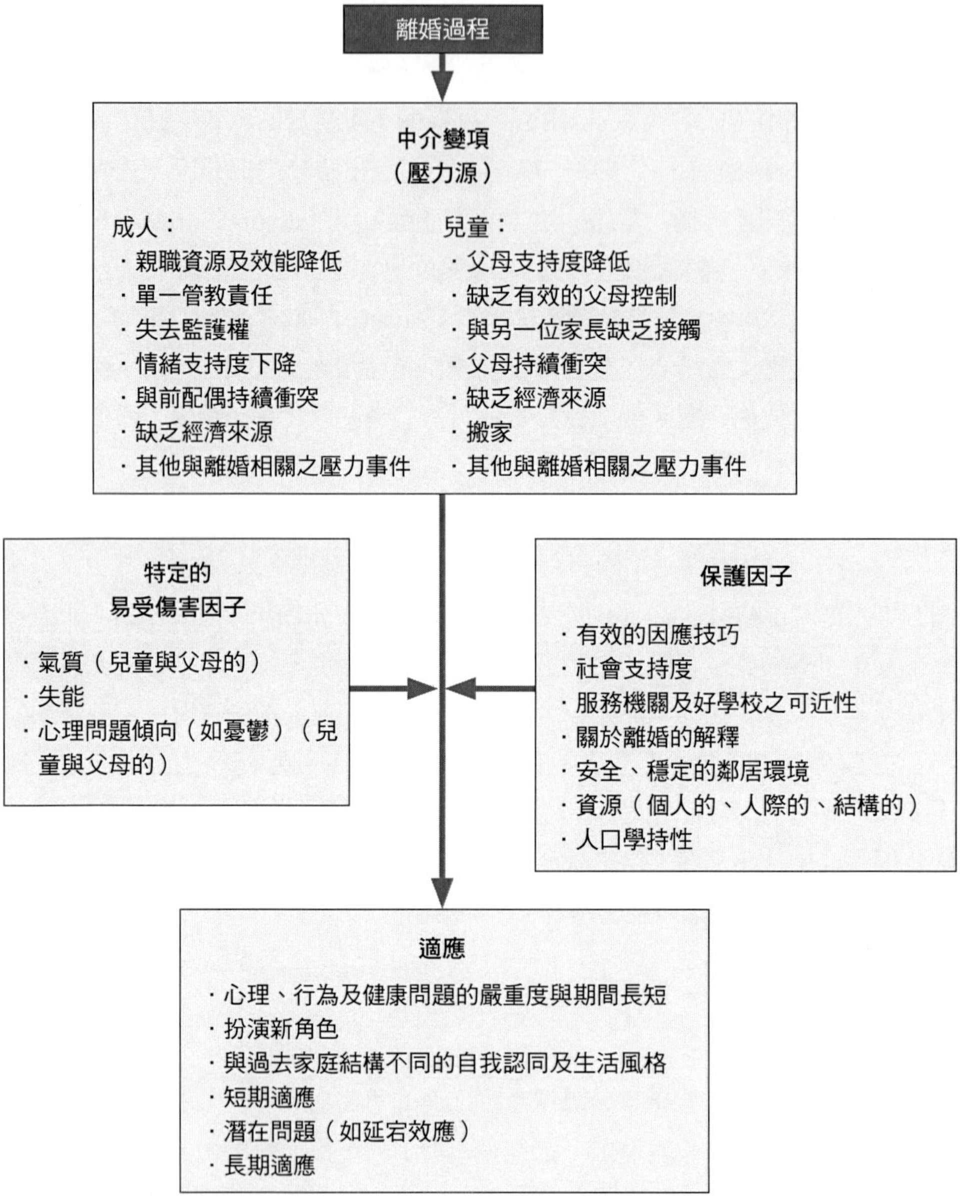

圖8-3　離婚－壓力－適應觀點

註：此觀點視離婚為一過程，受許多中介變項、特定的易受傷害因子及保護因子所影響，這些因子會發生交互作用，共同影響家庭成員。

資料來源：Amato (2000).

力中是否獲得快樂與滿足。

2.權威關係：各種工作角色對人與人之間的地位和決策關係已做了明確規範，工作培訓的內容即要幫助新進員工瞭解個人受誰評估、評估標準是什麼，以及個人工作自主性受到何種限制。

3.要求和危害：每個工作崗位有其獨特的職業要求，包括自我保護、工害預防、生產效能和效率等。此外，參與工作之後可能影響個人之閒暇、家庭活動或政治和社會作用，所以個人必須衡量各種工作情境及所獲報酬之間的比較。

4.工作同伴之關係：在工作中建立夥伴關係與個人工作滿意度有關。個人需要朋友、需要同伴分擔熟悉新工作的煩惱，這也驅使個人在工作中找到志同道合的夥伴關係。

除了上述四種核心關係，個人工作的抉擇也受到其他因素所限制，例如教育資歷、天賦、地理位置等。O'Reilly及Caldwell（1980）以MBA學生為研究樣本，研究影響工作選擇和持續工作滿意度之關係，結果發現兩種因素影響工作抉擇：內在及外在因素。內在因素包括對工作的興趣、個人對工作的知覺、工作責任感和升遷機會；外在因素包括家庭及財務壓力、他人建議、工作地點和薪資。

青年長期失業者由於對就業市場的陌生，形成所謂的「就業市場迷思」，其定義為：由於認知之資訊不足或不明確，導致個人對於就業市場職業世界的瞭解出現偏差或刻板印象，進而影響其面對特定職業與職場時之工作態度與觀念。青年長期失業者的就業市場迷思，除了表現在設定偏高的期望薪資之外，還有對於就業市場僱主設定招募條件的認知不足，也就是往往自恃為年輕，自以為就業能力必然高於中高齡者，卻忽略了就業市場之僱主在招募過程中，也重視工作經驗此項條件，再加上在家庭的經濟支持下，往往會偏高的期望薪資，使得年輕尋職者易淪為長期失業者，出現了所謂「尼特族」、「啃老族」與「Yo-Yo族」，成為社會中的依賴人口。

三、有小孩

臺灣面臨少子化的世界潮流，從一年出生三十幾萬的孩子到最低的不到十七萬，雖然這幾年來有上升的現象，但年輕的成人傾向於新三大政策——不婚、不生、不養。現代的成年人延後結婚，延後生小孩，所以做父母的經驗代代不同。在我們曾祖父母年代，一個女性和她的女兒同時生產的情形時有所聞，甚至於姑姑（叔叔）比自己的子女還要年輕。現代社會崇尚節育，使小孩延後出生，使女人能夠發展事業，同時夫妻擁有工作及生涯，又稱為雙生涯家庭（dual-career family），所以生小孩變成是預期的、受歡迎的。又因為科技進步，使得育兒家務科學化，輕便，但相對於高離婚率及未婚媽媽增加，也使得許多育兒家務缺乏另一半的支持。此外，成年期的成人在成為父母前需要適應下述的三個歷程：

(一)懷孕

成為父母始於懷孕，當夫妻知道要升格為父母時，他們的關係便開始改變，有些夫妻認為懷孕具有高度壓力，有些夫妻則認為懷孕可以鞏固婚姻，避免婚姻破裂（Osofsky & Osofsky, 1984）。妻子在懷孕時是敏感的，男人的反應更是正負夾雜。有些男人羨慕妻子有懷孕能力，擔心夫妻關係生變，擔心壓力。研究指出，婚姻關係的品質影響懷孕過程（Osofsky & Osofsky, 1984）。夫妻自知道懷孕開始便有所期望、分娩期以及孩子出生第一年等心理因素，各方面處理良好及家庭支持，都將有助於成人在此時期的適應。

(二)父母期的適應

第一個孩子出生造成夫妻生活的巨大轉變，如個人的社會角色、友誼型態、家庭關係、人格以及社會參與。有些人宣稱最大的生活改變就是孩子出生。

做父母的情緒是喜樂參半的，大多數人認為做父母是人生一種很大的滿足（Hoffman & Manis, 1978），快樂的來源是與子女情緒連接、增添樂趣、看子女活動、與他們一起玩；不愉快的來源則是被小孩捆綁、花費不貲。

做父母也是壓力的來源（Belsky, 1981），此時會降低婚姻滿意度、夫妻溝通減少，自然性社交及性交減少，呈現更多的緊張與焦慮。

大多數父母覺得小孩使得他們更加親近，由於分擔養育子女的結果，夫妻有一共同目標，分享孩子的成長與歡樂。然而，當夫妻覺得孩子使得彼此關係疏離、養育態度不一致，或先生對孩子占據妻子時間太多，也會造成婚姻的不滿意。

做了父母對人們的價值與態度也會改變，例如對家庭較感興趣，關心學校、教會以及其他社區的活動；因為子女也會加強代間的聯繫。

(三)成為父母時期的安排

何時生小孩？其實這個答案是由心理及物質因素所支配。父母是否有資產、事業是否有成、收入是否足夠，都會影響何時生小孩的決定。年輕父母特別有壓力，有時妻子不但要照顧嬰兒，同時還要照顧先生（Daniels & Weingarten, 1982）；當然年輕父母中年後會有較多的自由時間。

第三節　成年期的發展危機

一、成年期的心理危險因素

(一)孤立

建立親密感是一種積極的過程，亦是Erikson心理社會理論中所言青年期的重要發展任務。親密被定義為能夠為另外一個人感受一種開放、支持、關心的關係，同時又不擔心在互動過程中失去自我的個性。親密意味著能夠相互體諒，互相約束需求，且能從他人中獲得快樂與滿足。相對地，不能獲得親密所顯現的心理社會危機就是孤立（isolation）。

成年初期危機的另一個極端是「孤立」。與其他消極極端一樣，大多數人都有過一段對這種極端的體驗。自我發展愈成熟，其界限就愈分明。個性和獨立性這種文化價值的一個副產品是一種突出的與他人的區別感。

據估計，有25%的成人會在某個月中特別感到極其孤單（Weiss, 1974）。孤單感可分為三類（Meer, 1985; Berg & Peplau, 1982）：

1.暫時性的（transient）：指孤單持續很短一段時間就過去了，就像你聽到一首歌或看到一種表情而使你想起某個遠離身邊的心上人。
2.情境性的（situational）：指孤單會伴隨著情境突發的喪失，或初到一個新的環境所引發。
3.經常性的（chronic）：孤單者可能有與常人一樣多的社會接觸，但是在這些互動中沒能獲得所期望的親密感。

許多經常性孤單者對所有的社會活動都感到焦躁不安，他們認為搞好社會關係十分重要，但又認為意外與人相遇是件難辦的事，結局總不盡如人意。社會焦慮程度高的人喜歡採用一些人際技巧對親密關係設置一些障礙，他們可能是自我否定的人，社會互動可能出現消極結果，這一點使他們感到煩惱，因此傾向於由別人提出人際互動活動的範圍和目的（Langston & Cantor, 1989）。

社交技能和孤獨之間似乎關係很密切。與人交友、溝通技能、非言語行為的分寸、對他人做出恰當反應等社交技能高的人，有比較恰如其分的社會支持系統，且孤單感要低些（Sarason et al., 1985)。

有一致的證據顯示，男人的互動方式不如女人那麼親密（Carli, 1989）。男人一般顯得競爭性更強，呼應性較差，自我揭露性較低。但是，自我揭露性低對女性來說意味著比較孤單，而對男性來說卻不是這樣。男性和女性親密互動方面的能力似乎相同，但是男性不願在同性互動中施展這種技能。女性認為親密對於同性和異性關係都較合適，而男性只傾向於與女性進行親密互動。

在比較男性、女性各自的親密關係時，男性在親密性上的得分比女性低；涉及男性的關係給人的親密感比涉及女性的關係低。研究發現，通常丈夫較妻子在婚姻中同理心的程度及伴侶關係可能較為滿意（Scanzoni & Scanzoni, 1981）。對這一發現有幾種解釋：也許在婚姻情感理解方面，男人的期望比女人要低；也許女性的社會化的確使得婦女比男人更善解人意。

這種與他人親近的可能性，嚴重威脅著一些年輕人的自我意識。他們以為親密關係會使自己的認同模糊不清，因此他們不能與人建立親密關係。感到孤立的人必然繼續在他們和別人之間設立障礙，以保持他們的自我感覺完好無損。他們脆弱的自我感覺是經年累月的童年經歷所造成的，這些經歷阻礙了個人認同的發展，自我認同變得死板、脆弱，或十分混淆。自我認同單薄纖弱，就要求一個人不斷地提醒自己他是誰。他們不會允許他們的認同去自行其是，從而使自己消失在其他人之中，哪怕只是暫時的消失。他們整天忙於保持自己的認同，或者極力消除困惑，從而無力獲得親密感。

孤立也可能因情境性因素而產生。一個年輕男子去了戰場，回來後發現家鄉的「意中人」已嫁他人，或者一位婦女拋下婚姻想去學醫，這些人都會發現自己處於親密願望無法滿足的情境之中。儘管我們可以說，這些孤單者應更加努力地去結交新人或發展新的社交技巧，但是孤獨感很可能影響人們去採用更積極的因應策略（Peplau, Russell, & Heim, 1977）。

孤立還可能是興趣或活動領域分歧的結果。例如傳統婚姻中男人和女人的角色和活動都不一樣，以這種生活領域相區分為特點的婚姻，有時被稱為「他和她」的婚姻（Bernard, 1972）。妻子多數日子是待在家裡，與孩子或鄰居的妻子來往；丈夫則整天不在家，與同事在一起。夫妻倆有時也是各找不同嗜好：女人喜歡逛街，男人喜歡玩線上遊戲，年長日久，雙方的共同點愈來愈少。孤立呈現在他們缺乏相互之間的理解，缺乏對各自生活目標及需要的支持。

專欄8-2　增加同儕間的「感情共鳴」

獲得親密感須有一個重要的過程，即同儕間的「感情共鳴」。兩個年輕人必須帶著相等的優勢和資本進入關係。親密感是建立在能否滿足彼此的需要、接受對方的弱點的基礎之上。一方想依賴時，另一方就得堅強、支撐得住；換個時候，角色可能正好反過來。伴侶雙方都明白，對方有能力建立多種關係。承諾的作用是促使一對夫妻不時地以各種方式滿足彼此的需要，而不是建立一種靜止的、單一的關係。事實上，感情共鳴將吸引著一對伴侶，在彼此支持的過程中，雙方的所作所為都是以他們單獨一個人時不會採用的方式進行的。

我們已用過感情共鳴來描述嬰兒期基本信任感的發展。在那種情形裡，資源、經驗和力量的分配很不均勻，只有在照顧者願意關心嬰兒的冷暖時，才可能有相互的共鳴。經過照顧者的不斷努力，孩子們最後學會了約束他們的需要以適合家庭模式。但是，並不能指望處於這一階段的孩子能老練地評估和滿足照顧者的需要。在成年早期，伴侶雙方有義務相互滿足對方的需要，就像嬰兒學會信賴照顧者，相信其有能力滿足自己的需要一樣，每個成人夥伴也須學會信賴對方，預見及滿足他或她需要的能力。伴侶們還會認識到，有些問題是針對他們夫妻倆的，要解決這些問題必須相互依賴。他們儘管各司其職，但開始意識到解決問題時彼此都不可缺少。隨著兩個人學會了相互依賴，及發現他們的共同努力比他們個人的努力效果來得好時，相互間的親密感也就進一步有所加強。感情共鳴和依戀一樣，是兩個人的關係特點，而不是其中一個人的特點（Barnhill, 1979）。當發現他們能夠開誠布公、直截了當地交流，彼此都把對方放在心上，很有效地滿足彼此的需要時，自我認同便很明確地使兩人走在一起，相互間的親密關係也就形成了。

(二)精神疾病

人類發展學者Robert Havighrust宣稱：成年期是人類發展最困難的時期之一，因為年輕成年人必須面對許多生活挑戰，需要做出許多人生的決定，如職業、教育、婚姻、生養孩子等，對一個剛入社會的新鮮個體，這也代表他們將負起許多責任，端賴個人的能力及其是否做好準備。因此，尚未做好準備的成人，容易受到挫折、壓力而導致心理問題。

許多重大的精神疾病在青少年晚期與成年時期便明顯出現，特別是精神分裂症（schizophrenia）。一般將精神分裂症患者分為三類：治療成功而痊癒；部分痊癒並能維持一般正常的生活；療效不彰以致常常要入院治療。

精神分裂之原因可能來自遺傳因素或神經化學因素。但Lehmann和Cancro（1985）提出下列四種情境：突然發作、年齡較長才發作、有較好的社會及工作環境，以及家庭中的非正式支持系統等，會有較佳的預後狀況。

美國國家精神疾病聯盟（The National Alliance on Mentally Illness, NAMI），成立於1979年，專門為倡導精神分裂患者及其家屬權益，其主要扮演倡導者（adovate）的角色，將與病患相關的權益問題讓各級政府知道，並支持相關研究，以期提出協助病患及其家庭的專業知識；尤其在社區生活的適應，目前有關精神疾病的社區工作，已從第三級的治療走向第二級的補充性服務，以及第一級的社區及家庭支持的預防性服務。

(三)性的問題及處理

性功能障礙雖不是成年初期常有的問題，但如涉及有關夫妻或人際親密互動之間的問題，則必須尋求協助。過去有關此類的問題較著重於生物性的功能障礙，患者則尋求偏方或以食補方式來獲得單方面的功能舒緩，但此類問題常涉及個人之認知及心理互動的問題癥結。在婚姻及性治療的個案發現，女性在性關係上常抱怨男人只是下半身思考，為了享受肉體器官的滿足，而女性則著重於情緒的優先紓解，其次再尋求獲得肉體的刺激與快感。Master和Johnson（1985）的研究即發現，有75%性功能障礙患者，除了尋求醫師及其他專業治療者的協助，可以獲得此類問題的改善，此外亦可求助於社會工作者提供協助，或由社會組織如婦女學苑、幸福家庭基金會、健康社區、性教育協會等專業組織，提供成人終身教育，開設兩性教育人際關係課程，以幫助社會工作實務者處理相關性功能違常的問題。

然而，大部分的性治療者（sexual counselors）多半只處理異性戀者，尤其是結婚之後的夫婦，或單身者對他們的伴侶性趣缺缺，缺乏性方面有關的諮商協助。工商社會的現代人身處工作及生活壓力之下，即使異性戀夫婦在新婚期，因為角色適應之問題，諸如家庭間、姻親間或工作壓力所衍生的生活問題，涉及個人之親密關係，個體的生活適應及與性有關的調適都是成年期心理發展的環結之一。

同性戀（homosexual）的稱呼最早溯至1969年（Money, 1988），現今則用同志（gay）這個字眼。雖然同志（gay）適用於男性和女性，但女同志（lesbian）則只適用於女同性戀。而今敘述同性戀的最新資料有了同志（gay）、女同志（lesbian）、雙性戀（bisexual）及灰色性戀（questioning individuals）等稱呼的區分。雖然Alfred Kinsey在1940及1950年代的研究發現，有8%的男性和4%的女性在過去三年裡曾有同性戀行為；有4%的男性及2%的女性在青少年期之後便是同性戀者；此外，37%的男性及20%的女性表示，他們至少曾有一次是與同性達到性高潮行為。Diamond（1993）針對世界各國男女所做的調查，估計有6%的男性和3%的女性自青少年時期即有過同性戀行為。當然，許多專家相信這些估計值是偏低的，因為社會上對同性戀的態度還是具歧視性，會讓許多同性戀者不願意公開自己的真實性向。

雖然過去有一些不同取向認為，同性戀可能會有較嚴重的性虐待或心理疾病，但不管所使用的研究方法為何，至少這兩者的差異性尚未被發現（Gonsiorek, 1991; Groth & Birnbaum, 1978），因此同性的性取向不應被公眾所譴責。而同性戀配偶所遭受的社會排擠（social exclusion），諸如家居的抉擇、職場所受的待遇及接納，甚至有關日後的收養小孩等問題，除需去除社會預期觀點（social desirability），瞭解個體的背景及其情緒的穩定外，尚須針對個體在社會、心理發展等方面的問題給予協助。

(四)親密暴力

親密給予個體幸福、美滿及健康，但在親密關係中遭受另一半攻擊、凌虐等暴力，卻在近年來社會新聞報導中層出不窮。此類問題已涉及個人、家庭及社會之犯罪行為。

檢視**家庭暴力**（family violence）並不是一件容易的事，因為它涉及隱私，何況法不過家門，如果缺乏受害者的舉報，此類案件通常會被隱藏。因為受虐者常礙於害怕再度受創，或涉及個人自尊而不願據實匯報。女性通常比男性、老人比年輕人、兒童比成年人較容易成為家庭暴力中的受虐者，而且家庭暴力是長期的，傷害也比陌生人的攻擊來得大。

事實上，在親密關係中，愛與暴力通常交錯互行，且不易切割。暴力循環就存於日常生活當中：

1.第一階段　壓力累積期：經驗施暴者的憤怒、指責、爭吵、冷戰。
2.第二階段　爭執期：互相謾罵，甚至互毆，即使是小事皆有可能成為導火線。
3.第三階段　風暴期：夾帶著肢體暴力、性虐待、言語威脅，久而久之，暴力行為成為一種習慣。
4.第四階段　蜜月期：施暴者可能會下跪痛哭，深表懺悔或承諾改變，以鮮花、禮物、性愛等方式作為彌補，以便使受暴者心軟，求得另一機會。

伴侶間的暴力行往往存在著漫長而無止境的循環，有的甚至是從不出現蜜月階段，因為施虐者將暴力行為視為理所當然，久而久之也不認為有必要去討好或安撫受虐者，甚至用否認、合理化等防衛機轉來詮釋個人的暴力行為。不管是喘息於「暴風雨前的寧靜」，或者沉溺於短暫而反覆的蜜月期中，留下或離開的決定，對受虐者皆是一種困難的抉擇（林美薰，2004），應要能讓受虐者瞭解此種暴力循環，甚至去除婚姻暴力迷思，以使受虐者能早點走出婚姻暴力之風險，例如肢體傷害、精神損害、牽連子女、財務或家庭、朋友等的法律訴訟等（柯麗評等，2004）。

二、成年期的心理社會危機

除了上述成年期常發生的心理危險因素之外，Erikson（1980）更以個人心理發展的內在層面來解釋此階段的心理社會危機（親密vs.孤立）。建立親密感是個人延續前幾期的安全感、自我認同的積極度及與人建立關係的過程。**親密**的概念被定義為個體能夠為另外一個人感受一種開放、支持、關心的關係，同時又不擔心在這個過程中失去個體之人格個性。親密關係具有認知和情感兩種成分，是伴侶中能夠理解彼此的觀點，並體驗一種信任和相互的關心。親密感的產生是個體在建立認同之後，不過男生具有此階段的連續性，但女生可能透過建立親密感，同時建立個人的自我認同。

親密意味著能夠相互體諒、相互約束需求。個體在親密關係氣氛中必須同時施與受。一般親密關係是在婚姻過程中建立，但婚姻本身並不會自然而然產生親密感，有時也會干擾親密感的建立，例如婚姻適應、孩子出生、家庭成員的社會期望等。

親密感建立的另一背景環境即是工作環境。工作夥伴之間發展的革命情感和親密友情關係，女性會比男性在相互之間產生親密關係可能性較大。

成年期的危機是「孤立」（isolation），而自我發展愈成熟，其界限會愈分明。當然個性與獨立性也是區分孤立之於人不同的價值，如人的孤單感可分為三類：暫時性（transient）、情境性（situational）及經常性（chronic）（Meer, 1985）。而社交能力與孤獨之間的關係很密切，交友能力強、溝通能力高、非言語行為的分寸、高支持系統的個體，其孤單感要低些；此外，男人在社會互動中競爭性強，關懷性較弱，呼應性及自我揭露也較低，也會顯得比女性有較高的孤單感（Carli, 1989）。

與他人建立親密感的可能性與否威脅個體的自我意識，他們會無法與人建立親密關係，並在人際之間設立障礙，以保持個人的自我感覺。孤立在婚姻中可能因興趣或活動分歧的結果，造成雙方的共同點愈來愈少，而呈現缺乏相互理解及對生活目標的需要與支持。

獲得親密感的核心過程（core process）即是同儕之間的共鳴。親密感的建立在於是否滿足彼此的需要，並接受對方的弱點基礎之上。感情的共鳴將吸引著一對伴侶，在彼此支持的過程中，雙方的所作所為皆會為對方所考量，而不是我行我素。此種感情共鳴有如嬰兒期的依附行為及發展對人的信任感。在成年期，伴侶雙方有義務滿足對方的需要，所以成年期要學會信賴對方，要有預見及滿足夥伴需求的能力。

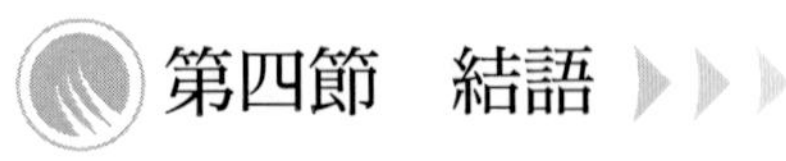

第四節　結語

成年期被視為由人生的準備期，經過青少年的轉捩期，到了人生主要的轉型期。此時年輕人透過自我認同轉移至與他人發展親密關係，建立婚姻、家庭及尋求工作（職業），而建立個人獨特的生命風格，經濟的獨立和個人決策遂成為此階段的主要發展任務。

個體在此時期是生理發展的顛峰，除了事故傷害外，鮮少會有危及個體生命的疾病，不過透過成人社會化可能習得不好的生活習慣，如喝酒、抽菸；此外，個體面臨生活的壓力會影響個體生理的一些症狀。心理危險因素乃受到生活壓力而導致憂鬱、行為失調等生理症狀。在社會層面，婚姻與工作已占據個體大多數的生活時間，尤其是女性面對結婚、生子及工作所產生的壓力，離婚與失業則是此時期最大的壓力創傷。

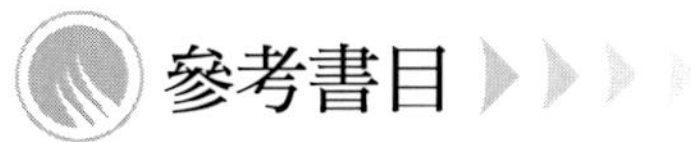

參考書目

一、中文部分

行政院主計處（2007）。《中華民國臺灣地區人力運用調查報告》。臺北：行政院主計處。

林美薰（2004）。《家庭暴力防治工作人員服務手冊》。內政部家庭暴力及性侵害防治委員會。

柯麗評、王佩玲、張舒麗（2004）。《家庭暴力理論政策與實務》。臺北：巨流圖書。

洪貴貞譯（2003），Vimala Pillari著。《人類行為與社會環境》。臺北：洪葉。

張惠芬、郭妙雪譯（1998）。《工作與家庭》。臺北：揚智文化。

郭靜晃（2001）。《親子話題》（第二版）。臺北：揚智文化。

郭靜晃（2006）。《青少年心理學》。臺北：洪葉。

單驥（1998）。《婦女經濟自主權》。國民黨中央婦工會：1998年國家婦女政策會議。

程小危（1995），輯於張欣戊等著。〈道德發展〉，《發展心理學》。臺北：國立空中大學。

二、英文部分

Adams, B. N. (1986). *The Family: A Sociological Interpretation* (4th ed.). Harcourt, Brace and Jovanovich: Publishers.

Alex, H. (1985). *Corporations and Families: Changing Practices and Perspectives*. New York: Conference Board.

Amato, P. R. (2000). The consequences of divorce for adults and children. *Journal of Marriage and the Family, 62*: 1269-1287.

Barnhill, L. R. (1979). Healthy family systems. *Family Coordinator, 28*: 94-100.

Bell, R. R. (1983). *Marriage and Family Interaction* (5th ed.). Homewood, IL: Dorsey.

Belsky, J. (1981). Early human experience. *Developmental Psychology, 17*: 3-23.

Berg, J. H. & Peplau, L. A. (1982). Loneliness: The relationship of self-disclosure and androgyny. *Personality and Social Psychology Bulletin, 8*: 624-630.

Bernard, J. (1972). *The Future of Marriage*. New York: World.

Bornstein, R. & Schuster, C. S. (1992). Cognitive development during the adult years. In C. S. Schuster & C. Ashburn (Eds.). *The Process of Human Development*. New York: Lippincott.

Brim, O. G. Jr. (1968). Adult socialization. In J. Clausen (Ed.). *Socialization and Society*. Boston: Little, Brown.

Carli, L. L. (1989). Gender differences in interaction style and influence. *Journal of Personality and Social Psychology, 56*: 565-576.

Daniels, P. & Weingarten, K. (1982). *Sooner or Later*, NY: Norton.

Diamond, M. (1993). Homosexuality and bisexuality in different populations. *Archives of Sexual Behavior, 22*: 291-310.

Eisenberg, N. & Strayer, J. (1987). *Empathy and Its Development*. Cambridge, MA: Cambridge University Press.

Elder, G. H. (1975). Age differentiation and the life course. *Annual Review of Sociology, 1*: 165-190.

Erikson, E. H. (1980). Themes of adulthood in the Freud-Jung correspondence. In N. J. Smelser & E. H. Erikson (Eds.), *Themes of Work and Love in Adulthood* (pp. 43-74). Cambridge, Mass: Harvard University Press.

Fischer, J. L. & Narus, L. R. (1981). Sex roles and intimacy in same-sex and other-sex relationships. *Psychology of Women Quarterly, 5*: 444-455.

Flavell, J. H. (1992). Cognitive development: Past, present and future. *Developmental Psychology, 28*: 998-1105.

Gilligan, C. (1982). *In a Different Voice: Psychological Theory and Woman's Development*. Cambridge, MA: Harvard University Press.

Gonsiorek, J. C. (1991). The empirical basis for the demise of the illness model of homosexuality. In J. C. Gonsiorek & J. D. Weinrich (Eds.). *Homosexuality: Research Implications for Public Policy* (pp. 115-137). Newbury Park, CA: Sage.

Gould, R. L. (1978). *Transformations*. NY: Simon and Schuster.

Groth, A. N. & Birnbaum, H. J. (1978). Adult sexual orientation and attraction to underage persons. *Archives of Sexual Behavior, 7*: 175-181.

Guttmann, D. L. (1975). Parenthood. In N. Datan and L. H. Ginsberg (Eds.). *Life Span Development Psychology*. NY: Academic Press.

Hawkins, J. L., Weisberg, C., & Ray, D. W. (1980). Spouse differences in communication style preference, perception, behavior. *Journal of Marriage and the Family, 42*: 585-593.

Haywood, K. M. (1986). *Life Span Motor Development*. Champaign, IL: Human Kinetics.

Hoffman, L. W. & Manis, J. D. (1978). Influences of children on marital interaction and parental satisfactions and dissatisfactions. In R. Lerner and G. Spanier (Ed.). *Child Influences on Marital and Family Interaction*. NY: Academic Press.

Hubner-Funk, S. (1983). Transition into occupational life: Environmental and sex differences regarding the status passage from school to work. *Adolescence, 18*: 709-723.

Javroff, L. (1996/04/01). Prostate cancer: The battle. *Time*, 58-65.

Kitchener, K. S. & King, P. M. (1989). The reflective judgment model: Ten years of research. In M. L. Commons, C. Armon, L. Kohlberg, F. A. Richards, T. A. Grotzer & D. Sinnott (Eds.). *Adult Development* (Vol. 2). (pp. 63-78). New York: Praeger Publishers.

Kohlberg, L. (1984). *Essays on Moral Development, Vol. 2: The Psychology of Moral Development*. San Francisco: Harper & Row.

Kuhn, D., Kohlberg, L., Langer, J., & Haan, N. (1977). The development of formal operations in logical and moral judgment. *Genetic Psychology Monographs, 95*: 97-188.

Langston, C. A. & Cantor, N. (1989). Social anxiety and social constraint: When making friends is hard. *Journal of Personality and Social Psychology, 56*: 649-661.

Lehmann, H. E. & Cancro, R. (1985). Schizophrenia: Clinical features. In H. I. Kaplan & B. J. Sadock (Eds.). *New Perspectives in Schizophrenia*. New York: Macmillan.

Levinson, D. J. (1986). A conception of adult development. *American Psychologist, 41*: 3-13.

Maslow, A. H. (1962). *Toward a Psychology of Being*. Princeton, NJ: Von Nostrand.

Master, W. & Johnson, V. (1985). *Human Sexual Response*. Boston, MA: Little, Brown.

Meer, J. (1985/07). Loneliness. *Psychology Today, 19*: 28-33.

Money, J. (1988). *Gay, Straight, and In-Between: The Sexology of Erotic Orientation*. New York: Oxford University Press.

Neimark, E. D. (1975). Longitudinal development of formal operational thought. *Genetic Psychology Monographs, 91*: 171-225.

O'Neil, J. M., Ohlde, C., Barke, C., Prosser-Gelwick, B., & Garfield, N. (1980). Research on a workshop to reduce the effects of sexism and sex-role socialization on women's career planning. *Journal of Counseling Psychology 27*: 355-363.

O'Reilly, C. A. & Caldwell, D. F. (1980). Job choice: The impact of intrinsic and extrinsic factors on subsequent satisfaction and commitment. *Journal of Applied Psychology, 65*: 559-565.

Osofsky, J. D., & Osofsky, H. T. (1984). Psychological and developmental perspectives on expectant and new parenthood. In R. D. Parke (Ed.), *Review of Child development Research* (Vol. 7). Chicago: University of Chicago Press.

Peplau, L. A., Russell, D., & Heim, M. (1977). An attributional analysis of loneliness. In I. Frieze, D. Bar-Tal, & J. Carroll (Eds.). *Attribution Theory: Application to Social Problems*. San Francisco: Jossey-Bass.

Rubenstein, C. M. & Shaver, P. (1982). The experience of loneliness. In L. A. Peplau & D. Perlman (Eds.). *Loneliness: A Source Book of Current Theory, Research and Therapy*. New York: Wiley.

Sarason, B. R., Sarason, I. G., Hacker, T. A., & Basham, R. B. (1985). Concomitants of social support: Social skills, physical attractiveness and gender. *Journal of Personality and Social Psychology, 49*: 469-480.

Scanzoni, L. D. & Scanzoni, J. (1981). *Men, Women, and Change: A Sociology of Marriage and Family* (2nd ed.). New York: McGraw-Hill.

Snarey, J. R. (1985). Cross-cultural universality of social-moral development: A critical review of Kohlberg research. *Psychological Bulletin, 97(2)*: 202-232.

Solomon, R. C. (1988). *About Love: Reinventing Romance for Modern Times*. New York: Simon & Schuster.

Sternberg, R. J. (1988). Triangulating love. In R. J. Sternberg & M. L. Barnes (Eds.). *The Psychology of Love*. New Haven, CT: Yale University Press.

U. S. Census Bureau (1998). *Marital Status and Living Arrangement: March 1998* (update) (Current Population Reports, Series, pp. 20-514). Washington, D.C.: Government Printing Office.

Weiss, R. S. (1974). The provisions of social relationships. In Z. Rubin (Ed.). *Doing Unto Others* (pp. 17-26). Englewood Cliffs, NJ: Prentice-Hall.

Young, J. E. (1982). Loneliness, depression and cognitive therapy: Theory and application. In L. A. Peplau & D. Perlman (Eds.). *Loneliness: A Source Book of Current Theory, Research and Therapy*. New York: Wiley.

Chapter 9

中年期

■中年期的發展任務

■中年期的發展危機

■結語

中年成年期大約從35歲一直延續到65歲，此時人生已走完一大段的歲月，個體可否察覺到變化呢？儘管成年生活中的經歷及生活風格的特點差異很大，而此階段正承接前面各階段的基礎，正如發展有固定順序，後一階段受前一個階段所影響般。中年時期的發展不似嬰兒或青少年期有明顯快速的變化，但其變化的節奏是規律的及有序的，尤其在社會及心理的變化，包括一個人的時間感、自我意識，以及投入於社會機構上的變化。從Erikson之心理社會理論的觀點，中年時期著重人格重新重組，以獲得創生感（generativity），在此階段，個體需要綜合前面各階段的技能和觀念，將精力投入於未來。所以在此階段，個體更著重於智慧成就及自我省思。

中年時期與其他階段之不同是個體少有感受到生理變化的感覺（因為變化是冗長與緩慢的），但受個人經驗的影響而對時間序列有很大的感覺，例如有人將組成家庭而暫緩生涯發展；而有人因為子女離巢而致力於個人之工作顛峰。每個人的規劃不同，差異遂成為中年時期的最佳寫照。

在社會學及心理學鮮少有理論專門談到中年時期的發展，最早期有社會學者Margaret Mead論及一生的發展，Margaret Atwood（1991）在她的小說《貓眼》（*Cat's Eye*）也有提及；心理學除了Abraham Maslow的人類需求理論外，尚有Eric Erikson（1963）的心理社會理論針對中年期的專門論述，將中年時期定義為創生vs.停滯（generativity vs. stagnation）；Peck（1968）的心理發展理論主張，中年期調適須具有調整四種危機能力：人際關係中社會化vs.性關係（socializing vs. sexualizing in human relationship）、重視智慧vs.重視體能（valuing wisdom vs. value physical powers）、情緒靈活vs.情緒疲乏（emotional flexibility vs. emotional impoverishment），及心智靈活vs.心智僵化（mental flexibility vs. mental rigidity）。此外，Vaillant（1977）也立基於Erik Erikson的心理社會理論，發現中年期最重要的是在找尋人生意義，避免剛愎自用和停滯；Levinson（1978）也專門針對四十位年齡介於35至45歲的男性為受試者，包括訪談及施測人格測驗，然後建立其成年期生活改變的生活結構（life structure）發展理論（參見**表9-1**）：

1.成年前期（出生到22歲）：為出生到青春期結束之間的成長期。
2.成年早期（17到45歲）：為個體做出生命中最重要決定的時期，也是展現最多精力及體驗最多壓力的時期。

表9-1　Levinson男性成人發展理論及轉換期

時期	轉換期
0至22歲：成年前期	17至22歲：成年轉換早期
17至45歲：成年早期	22至28歲：進入成年早期的生理結構 28至33歲：30歲轉換期 33至40歲：成年早期生活結構之高峰 40至45歲：中年轉換期
40至65歲：成年中期	45至50歲：進入成年中期的生活結構 50至55歲：50歲轉換期 55至60歲：成年中期生理結構之高峰 60至65歲：老年轉換期
60歲以上：老年期	--

資料來源：Levinson (1978).

3.成年中期（40到65歲）：為個體生理及體力開始衰退，但社會責任增加的時期。

4.老年期（60歲以上）：為人生的最終階段。

Gould（1978）針對美國加州男女性大約35到43歲的研究訪問，發現中年期的轉變較多。Gould發現，中年期會有質疑、騷動及極端的改變，在歷經變化之後，個體會發展較具體的目標。此時他們關心的是朋友、家庭和婚姻，尤其是孩子的表現。

Jung（1969）的理論也是奠基於Freud的心理分析論，其和Erikson一樣，認為成人發展是受過去經驗指導及未來目標而產生成長與改變的過程。Jung認為，到了中年期個體會在生活各方面，從事業、家庭，到指導行為的理想、信念感覺都獲得成功，此時個體會漸漸呈現過去未曾顯現的異性性格，如男人具有女人的人格特質，而女人具有男人的人格特質。此時，女人變得意志堅強，並投入工作（志工）的行列或發展另一種興趣，以拓展其社會關係；而男人則會變得親切仁慈，較少有自我主張。

Guttmann（1980）也與Jung（1969）的論點相同，認為中年期成人到後半生（the second half of life）會變得較兩性（androgynous）；女性會變得較攻擊性、不親和、較具管理性及政治性的；男性則對友誼、親和變得較感興趣，且較少競爭性。

第一節　中年期的發展任務

一、中年期的身體發展

一般人到了中年期，開始知覺身體的外表與功能已有顯著的改變，感覺不再年輕。此時肌肉功能開始萎縮，體脂肪增加，這些皆與不參與活動及運動有關。

個體的反應速度降低，也使得他們意識到要改變工作習慣，不能再依賴速度與體力。此時，有些人已有一些慢性疾病，如糖尿病、高血壓、關節炎等。雖然老化是造成疾病的原因，但有些慢性病的成因是基於個人的生活習慣所致，例如抽煙、喝酒、吸食藥物、緊張、缺乏運動所致。

中年人的生理死亡因素最大的成因是癌症和心臟病，除了遺傳性生理成因之外，就是心理因素所致，特別是壓力。1980年代，心理學派已發展一支專門研究因壓力而導致生理及身體疾病之關係，稱之為**健康心理學**（health psychology）。Friedman和Roseman（1974）在找尋心臟病之成因過程中發現，除了身體因素之外，人格也是導致心臟病和影響病情之主因，尤其是A型性格（type A personality）者，其特徵是好競爭、好強、缺乏耐性、充滿敵意，比較容易被激怒及帶有完美主義；相反地，B型性格（type B personality）者的特徵是放鬆、隨和、友善、不易動怒。

之後，Eysenck（1989）引用Grossarth-Maticek的研究指出，Grossarth-Maticek選取一大群成人受試者，先施予人格測驗，再將之歸類為四類：類型一是癌症的危險群，類型二是心臟疾病的危險群，類型三及四是健康型群體。之後，他長期（十年以上）加以追蹤這些受訪者，發現健康與個人人格有很大的關係。

癌症為國人十大死因之首位，總數比第二至第四名的心臟病、腦血管疾病及糖尿病等死亡人數之總和還多，平均每3分鐘即有一人死於癌症。癌症並不是單一疾病，而是伴有其他類型症狀，而癌症要靠平時的預防，早期發現，治癒率最高。癌症與個人生活習慣和環境關係密切，在已開發國家常見的癌症是腸癌、攝護腺癌、膀胱癌及乳癌，與高脂、低纖維飲食及肥胖有關；而未開發中國家常見的則是胃癌、肝癌、食道癌及子宮頸癌等，主要與醃漬食物有關。

國人癌症死亡率以肺癌、肝癌位居前兩名，大腸癌（直腸癌）及乳癌位居第三及第四名，但最近大腸（直腸）癌上升趨勢，已超過肝癌，位居第一（參見**表9-2**至**表9-6**），與國人高脂飲食有關。除了高脂食物、醃漬食物，其他如不良習慣，如抽菸、喝酒、嚼檳榔等，以及工業造成的空氣污染與飲食也是致癌因素。

除了死亡之外，中年人之前的體力達到顛峰，之後開始走下坡，過了40歲之後，才會明顯覺得體力大不如往昔。這時，皮膚開始容易乾燥、失去彈性、體脂肪增加，如不忌口，很容易得到三高（高血壓、高膽固醇及高血脂），這也是中年人開始重視身材及生理變化的原因，除了運動之外，就是控制飲食及養身。

表9-2　肺癌歷年死亡人數及死亡率

年齡別	2004年		2005年		2006年		2007年		2008年	
	死亡人數	每十萬人口死亡率	死亡人數	每十萬人口死亡率	死亡人數	每十萬人口死亡率	死亡人數	每十萬人口死亡率	死亡人數	每十萬人口死亡率
35-39	54	2.9	59	3.1	67	3.6	55	3.0	64	3.5
40-44	164	8.5	118	6.1	153	7.9	166	8.7	150	7.9
45-49	252	14.3	265	14.8	269	14.8	305	16.5	297	15.8
50-54	378	25.3	398	25.3	450	27.7	415	25.0	457	27.0
55-59	401	44.3	461	45.9	524	46.0	648	50.9	623	45.3

註：1.死因統計自1994年起，含金門縣及連江縣。
　　2.本表資料自2008年起，死因分類為ICD-10。
資料來源：行政院衛生署（2010）。

表9-3　肝癌歷年死亡人數及死亡率

年齡別	2004年		2005年		2006年		2007年		2008年	
	死亡人數	每十萬人口死亡率	死亡人數	每十萬人口死亡率	死亡人數	每十萬人口死亡率	死亡人數	每十萬人口死亡率	死亡人數	每十萬人口死亡率
35-39	186	9.9	173	9.2	161	8.7	136	7.4	148	8.1
40-44	299	15.5	291	15.1	258	13.4	255	13.3	254	13.5
45-49	457	25.9	487	27.1	452	24.8	456	24.6	440	23.4
50-54	625	41.8	618	39.3	708	43.5	712	42.9	644	38.0
55-59	653	72.2	682	68.0	738	64.7	849	66.7	828	60.2

註：1.死因統計自1994年起，含金門縣及連江縣。
　　2.本表資料自2008年起，死因分類為ICD-10。
資料來源：行政院衛生署（2010）。

表9-4　結腸直腸癌歷年死亡人數及死亡率

年齡別	2004年		2005年		2006年		2007年		2008年	
	死亡人數	每十萬人口死亡率	死亡人數	每十萬人口死亡率	死亡人數	每十萬人口死亡率	死亡人數	每十萬人口死亡率	死亡人數	每十萬人口死亡率
35-39	51	2.7	72	3.8	62	3.3	61	3.3	73	4.0
40-44	101	5.3	94	4.9	109	5.7	97	5.1	128	6.8
45-49	191	10.8	175	9.7	180	9.9	191	10.3	173	9.2
50-54	216	14.5	233	14.8	327	20.1	277	16.7	257	15.2
55-59	230	25.4	239	23.8	280	24.6	341	26.8	361	26.2

註：1.死因統計自1994年起，含金門縣及連江縣。

2.本表資料自2008年起，死因分類為ICD-10。

資料來源：行政院衛生署（2010）。

表9-5　乳癌歷年死亡人數及死亡率

年齡別	2004年		2005年		2006年		2007年		2008年	
	死亡人數	每十萬人口死亡率	死亡人數	每十萬人口死亡率	死亡人數	每十萬人口死亡率	死亡人數	每十萬人口死亡率	死亡人數	每十萬人口死亡率
35-39	79	8.5	75	8.1	65	7.1	62	6.8	55	6.0
40-44	143	15.1	124	13.0	145	15.2	117	12.3	126	13.4
45-49	185	21.1	193	21.6	169	21.6	223	24.2	219	23.3
50-54	246	32.9	248	31.6	263	32.3	239	28.7	250	29.3
55-59	154	33.8	203	40.1	197	34.2	241	37.5	260	37.3

註：1.死因統計自1994年起，含金門縣及連江縣。

2.本表資料自2008年起，死因分類為ICD-10。

資料來源：行政院衛生署（2010）。

表9-6　攝護腺癌歷年死亡人數及死亡率

年齡別	2004年		2005年		2006年		2007年		2008年	
	死亡人數	每十萬人口死亡率	死亡人數	每十萬人口死亡率	死亡人數	每十萬人口死亡率	死亡人數	每十萬人口死亡率	死亡人數	每十萬人口死亡率
35-39	--	--	--	--	1	0.1	--	--	--	--
40-44	1	0.1	1	0.1	1	0.1	2	0.2	--	--
45-49	2	0.2	1	0.1	--	--	2	0.2	3	0.2
50-54	3	0.4	4	0.5	7	0.9	9	1.1	7	0.4
55-59	6	1.3	20	4.0	19	3.4	24	3.8	19	1.4

註：1.死因統計自1994年起，含金門縣及連江縣。

2.本表資料自2008年起，死因分類為ICD-10。

資料來源：行政院衛生署（2010）。

再者，生理最快產生反應的是眼睛，開始要戴老花眼鏡，頭髮斑白，對味覺、嗅覺及疼痛感較不敏感。總之，中年時期身體漸漸老化，而個人常不自覺，唯有在生一場大病或激烈運動後，才發覺自己精力及體力皆已衰退。

中年時期除了身材改變較大之外，主要還有骨質疏鬆症，尤其女性到了45歲之後，男性到了50歲之後，骨骼開始疏鬆，導致體格縮小、矮化，骨頭容易折損或脊椎彎曲。婦女的成因較多，主要原因是婦女骨骼較小、缺鈣，加上更年期後賀爾蒙減少也促進鈣質流失，所以補充鈣質、賀爾蒙，與適度的陽光照射，最重要的是少喝咖啡、茶、熬夜，以減少鈣質流失。

更年期常是中年時期的最佳代言人，尤其在進入中年之後，更年期的賀爾蒙流失，心理及情緒變化，常被形容為**中年危機**（mid-life crisis）。

女性在更年期包括卵巢功能萎縮及性腺和賀爾蒙分泌減少，而造成熱潮紅及陰道失去潤滑性（Masters & Johnson, 1966）；除此之外，還有經期不規則，乳房鬆軟及頻尿現象（參見**表9-7**）。目前有關此方面的處遇是使用賀爾蒙來減輕熱潮紅症狀。更年期對性活動的影響不大，而且見仁見智，有些人在此階段性活動降低，但有些人因為此階段沒有懷孕的恐懼，反而增加性需求。至於更年期對婦女心理之影響，研究還未有明確結論。有些婦女會經歷所謂的**後更年期熱絡**（Postmenopausal Zest, PMZ），係指精力和信心大增，而且能自我肯定，此原因的歸因並不是來自生理因素，而是婦女個人心理認為過去人生目標未達成和潛力未發揮，體會處理過去衝突和滿足需求能力日益增加之結果。此外，更年期也免除婦女處理經期的麻煩與困擾，而且不會因失血造成鐵質流

表9-7　更年期的生理變化

何時	症狀	描述
更年期之前	經期不規則	週期變短或加長，血流變多或變少
更年期	停經	
	熱潮紅	皮膚溫度上升又下降，盜汗、心跳加速、頭暈、焦慮，頻率由一個月一次到一小時多次不等，可能持續好幾年
	失眠	由夜間熱潮所引起，多夢的快速眼球運動減少，干擾睡眠
	心理影響	煩躁、易怒、注意力不集中、短期記憶喪失
更年期之後	神經系統	觸感變得敏感或遲鈍
	皮膚與毛髮	皮膚變薄、乾、癢、頭髮變疏、體毛增加
	尿失禁	膀胱肌肉萎縮、括約肌衰退，導致膀胱失禁
	陰道	陰道內膜乾燥，造成性交疼痛和易感染
	骨質	骨質疏鬆及流失

失，此些因素也會造成婦女精力和自信大增（Apter, 1995）。Apter（1995）的研究亦發現，更年期婦女並沒有憂鬱和煩躁之情緒傾向；換言之，大家所認為中年婦女的情緒會因更年期而影響，並沒有實徵研究支持。然而，Adler（1991）的研究發現，有些中年婦女可能經驗到憂鬱、焦慮和煩躁，可能是他們對更年期較有負面的知覺與期待而致。所以說來，憂鬱與焦慮並不是更年期所造成的，而是生命中的事件與變化所致，此外，Davis（1989）的解釋則為更年期減少雌激素（endorphins），進而減少腦內啡之釋出，造成憂鬱的情緒。

至於中年期是否影響個體之性生活，進而影響兩性之間的關係，而男女兩性在生理變化上是否影響個體之性生活呢？有人說：「30歲之前男性一天可以行房多次，而50歲之後的男性多天才能行房一次。」男性面對年齡增長的危機，感受的壓力是要證明個體仍如年輕般生龍活虎，而女性則焦慮個體外觀的變化。身體的變化和心理對身體變化的調適，進而影響個體之性生活。Scarf（1992）認為，個體在性反應會經歷三個週期變化：性慾、興奮和高潮。性慾與年齡、生理病變（如高血壓、糖尿病、精神疾病等所服之藥物）以及男性賀爾蒙有關。興奮期是身體對性刺激的初步反應，造成性器官的充血。男性在中年期需要心理和性器雙重刺激才能達到興奮期，不似青春期只要性器官或視覺刺激即可勃起。中年時期，如果男女雙方沒有協力調適，會讓彼此雙方萌生壓力而有受辱之感，更影響雙方之性關係。性反應之最後一個階段是高潮期，尤其是休養期（refractory period）會隨年齡的增長而延期（即高潮之間所需的時間），男性在此方面受影響較大，中年男性往往需要半天或兩天才能有第二次高潮，不似少男有時可以在幾分鐘內達到多重性高潮；但女性則隨時可以有多重性高潮，只是賀爾蒙的減少會造成陰道乾澀而使行房不舒服。

對男女兩性來說，有關中年的改變，主要在於自我心理上產生「中年危機」。男女兩性皆有更年期之生理改變，不過來自自信心減弱，容易煩躁、憂慮、疲倦，乃是因賀爾蒙失調或心理壓力所致，如工作、對性缺乏興趣，或因家庭壓力、身體疾病、退化之體力而逐漸失去個人之性能力，這些皆有賴專家的協助。

身為社會工作者，要熟悉個體在中年時期所面臨的生理變化以及個人知覺此變化的歷程與期待。對於那些有生理疾病的個人，除了倡導個體養生外，應加強宣導早期檢測，透過篩檢及早發現疾病，以減少日後重大的手術程序，預防勝於治療。中年期的預防之道是減少三高，少吃，多運動，每月自我檢查及更年期的檢查。對於已有壓力或有性及生理失調之患者，可以透過支持性團體給予患者同理及誠心的傾聽，也可以減少患者之壓力；除此之外，對於家庭及配偶須瞭解患者之需求，以便就近提供必要之支持。

二、中年期的認知發展

雖然過去在認知發展的研究上皆以Jean Piaget的認知發展理論為主，而Piaget的理論則多以青少年期之前的發展為主，唯青少年期之後的成年期，在個體的認知發展上已進入了運思思考能力的形成；而認知發展變化在中年時期是達到顛峰？還是如前述的身體發展已在走下坡呢？以下是中年期的認知發展探討。

Schaie及Strother（1968）的縱貫研究發現，個體之數字、推理、語言、字詞流利及空間視覺能力，並沒有因中年期的到來而顯著衰退，大致維持平穩現況；此外，語言能力甚至到達顛峰，不過智力到了60歲之後開始衰退。如同Shaie研究的結論：中年人的認知課題是考慮如何（how）應用，不似青少年是著重認知的什麼（what），老年期的為什麼（for what）。

如同Schaie（1994）的研究結論認為，成人的認知研究與Piaget的兒童／少年的研究之不同，是成人應著重於資訊的應用，而兒童少年是著重資訊之取得。成人著重知識和技能的應用，以便達成目標與解決問題，這些能力需要社會角色和認知功能加以整合。

中年時期處於Piaget的形式運思期後階段，此時中年人看待問題，不似青少年依照絕對真理（absolute truth）原則來尋求解決問題的策略，而採用個別化的邏輯，透過不同方式去檢視每一件問題，而不是尋求事情之通則化。

中年人認知能力之發展是獲取專業經驗後，再學習思考更為圓融有效的方式，假以時日累積個人術業專攻的能量與經歷，個體便能超越正思運思能力。

從智力論之觀點來看中年期的認知能力。智力可分為兩類：**流體智力**（fluid intelligence）及**晶體智力**（crystallized intelligence），前者主要是以神經的及生理因素的速率和效率功能為主，包括神經速率、歸納及記憶能力；後者被視為是一種個人透過正式與非正式教育所吸收並記錄整合的能力，包括語言的推理、字彙、理解力和空間知覺與辨識力。

三、中年期的情緒發展

中年是個體對超過半部生活曲的回顧與反省的時刻，而中年的情緒發展是否為抑鬱、憂鬱，並常與酗酒、吃安眠藥的報導有關？甚至有人因而形成藥癮、酒癮或街頭遊民呢？是否個體審視個人的活力特質不再，身體功能日衰，疾病入侵，死亡的腳步漸近，這些自我審視伴隨情緒的混亂、絕望和停滯，而帶給個體之中年危機。

相關研究各有其支持之處，例如Levinson（1978）認為中年危機是成人發展的正常過程；Vaillant（1977）發現只有少部分的人經驗這種危機；Apter（1995）則認為中年危機隨時會發生，過程包括一段時間的自我省察和探索；Neugarten（1986）則認為發展本身就是分歧的，端視不同年齡層而定。最早的心理社會發展學者Erik Erikson認為，在中年期形成了一種指導自己與他人生活進程的新能力，這些能力與個人技能：決策能力、規劃未來、預見他人需求，及分析人生各階段的發展能力有關。

創生與停滯是一種心理社會危機，個體能與自我認同相連接，發現個體對社會賴以生存的事物有關並能提供關懷，那麼個體才能擁有創生感；相反地，如果個體無法達到中年期的各項要求，那麼個體會導致停滯，進而缺乏心理活動與成長，並形成情緒抑鬱。抑鬱常伴隨著寂寞感及輕生念頭，有些人可能因長期無法成長，例如晉升到一個很高的管理職位，離婚協商或懷疑自己無法往上爬，往前走，實現目標或做出有意義之貢獻，而有停滯的感覺，如果未能有一些冒險或改變，個體可能因抑鬱而影響其生活品質，進而服用藥物或選擇自殺。

停滯感可以分為兩種不同典型：一是自以為是的成人，另一類是憂鬱、自卑成性之人。前者可能散盡所有能量與別人互動，或是期待別人的給予，獲取自利，直到體力衰微之時，取而代之是面對死亡與恐懼。Newman和Newman（1995）曾發現此類型的中年人，在晚年因自我檢討，尤其在年老身衰之後，轉向投入「新興宗教」的活動。另一種憂鬱、自卑成性的中年人，總覺得個人能量有限，資源不夠，無法回饋社會，有著強烈的自卑感，面對自己的未來產生茫然與疑惑。

四、中年期的家庭管理任務

對於大多數的人，家是個體生活於一個結構之中，管理家庭的種種要求和任務是成年期認知、社會及個人的發展。家庭不僅是一個自然環境，同時也是一群人共處的環境。有些人家庭和諧，但有些人的家庭必須面臨各種改變，例如離婚、繼親家庭等。然而有些人無法獲得可保持安定、舒適的家，而露宿街頭或公共場所，這些人被稱為無家可歸者（homeless）或遊民。淪落成為遊民，有些人是精神不健康，有些人是吸毒、酗酒者，也有些人是逃債者或自我放逐者，這些人沒有固定棲息場所或個人地盤（Landers, 1989a, 1989b）。這些人固然有他們獨自的生活方式，例如獨自一人，不與任何人有社會聯繫；有些人處於殘酷和強暴的環境；有些人身心受到重創等。

(一)培育婚姻關係

中年人的首要發展任務是培育婚姻關係。婚姻是一種動態關係，隨著雙方進一步成熟，左右家庭命運的改變，以及生活事件的不斷變化。維護一個充滿生機的婚姻至少有三個要求（Mace, 1982）：(1)夫妻雙方必須承擔義務，使得個人或夫妻雙方皆有發展和進步；(2)夫妻必須建立有效的溝通體系；(3)雙方能夠有創造性解決衝突的能力。對於中年夫妻最難做到的是，即使已建立高度的安定、信任和同理心之後，彼此之間仍能夠產生興趣、關懷和欣賞，進而保持親密關係。早期的中年婚姻研究常著重於夫妻與青少年子女的關係，以及子女離家後走入空巢期（empty nest）之適應。

(二)家庭管理

家庭能促進個人成長和增進心理健康，學習建立此種健康的環境是中年人的另一項任務，而是否能形成積極的家庭環境氛圍，端視個體是否能預知家人的需求，管理好時間和資源，並滿足個人之需求。一個好的成功家庭管理，需要有下列能力：(1)評估需求和家人的管理能力；(2)進行家庭決策；(3)時間管理及安排；(4)目標設定；(5)與其他社會機構建立聯繫。家庭是一個特殊的社會環境，它指使成年人依據家人的日常需求和目標，盡最大的靈活與彈性，創造力和適應性讓個人皆能充分發揮作用。

(三)為人父母

為人父母是一項非常艱難及辛苦的任務，現代人在滿足個人需求及因應高漲的生活費用之兩難下，志願選擇不生育而造成少子化的社會，其中一項考量是不敢挑戰為人父母。為人父母需要大量的學習，成人也必須在新的情境之中，保持敏銳、靈活，並讓孩子能滿足需求。撫養孩子的體驗因孩子而異，而且家庭系統的變化也要求成人要有新的靈活性和學習（Zeits & Prince, 1982）。

Duvall（1977）的家庭發展模式強調孩子發展的變化也與家庭發展變化有關。換言之，孩子的需要、能力和社會交往的變化，會促進家庭成員之間的互動、活動和價值觀的變化。Duvall（1977）提出家庭發展有顯著的七個階段：

1.認識及蜜月。
2.生育及嬰兒剛出生的歲月。
3.孩子蹣跚學步的歲月。
4.孩子上小學的歲月。
5.孩子步入青少年的歲月。
6.孩子離開家庭的歲月。
7.做祖父母的歲月。

現代的父母大多晚婚，根據行政院主計處的最新統計資料（2012）指出，臺灣地區女性平均初婚年齡，已從2001年的26.4歲遞延至2011年的29.4歲；男性則是從2001年的30.8歲遞延至2011年的31.8歲，所以當父母步入中年期，其發展正處於第五或第六階段。當孩子步入青少年期，他們的行為較為獨立，不受父母監督，具有成人體格及相當認知能力，可能會向父母的權威挑戰。此時，父母所強調的原則或道德規範也面臨挑戰，這也是身為青少年父母者常評定家中正值青少年的孩子，成長及教養上較為艱難，同時使得父母倍感壓力，不得不重新評估自己未來的社會化以及父母的效能。

此外，當父母年近40至50之間，孩子正值長大離家上大學、服役或工作，或有一部分的青少年成家，而其父母已變成祖父母，這段時期稱為**離家期**（launching period）。在孩子不多的家庭，頂多幾年就過去了，而孩子較多時，這段時期可能要花十至十五年。而這段時期常也是母親進入更年期，象徵著夫婦完成了生養孩子的任務。

當撫養孩子任務結束之後，夫妻間關係的變化呈現兩極化：有的夫妻因孩子長大，個人有較多的時間去完成個人任務而出現離異；有的夫妻因孩子離家，雙方卻更加親近。看到孩子建立自己的生活時，許多父母可能開始回顧和評價他們作為父母的功過，並開始尋求新的目標（Rubin, 1980），這也說明中年人在這段時期會投入社會公益或服務的志工行列。

在這個階段，中年成年人還承擔一定的父母職能，只要孩子在經濟上依賴父母，父母就必須努力保持最大產能，但現在有些年輕人寧願在家當宅男，回家靠父母，或稱為「啃老族」。離家的孩子不一定有能力解決職業和婚姻問題，此時期，中年父母仍是孩子建議和支持的最大來源。

不過中年人也被稱為**三明治世代**（sandwich generation），係指中年人必須面對養兒育女的艱辛與困難，同時也要面對日益衰老的老年父母，並要承擔照顧年幼的孩子及年老父母的責任。

隨著醫療科技的進步和生活的改善，現代人比往昔更加長壽（男生平均73歲，女生平均79歲），老人的長期關懷與照顧遂成為現代人必要的課業，老人的醫療也由急性轉為慢性，且以日常的生活功能為主，飲食、穿衣、如廁、上下床等。雖然照顧年老父母是所有兒女之責，不過大部分的擔子通常會落在女兒及媳婦身上。平均每位婦女須耗費十七年的時間照顧孩子，十八年的時間照顧老年父母（Lemme, 1995）。中年婦女是家庭的經理人，掌管家中大大小小事務，確保家中成員得到適當的健康照護，安排和計畫家庭的團聚與互動，提供家中老少之情緒支持，所以婦女有其特定的「照顧者生涯」（caregiving career），而且還是無給之工作。

照顧他人雖然會給個體帶來滿足感和生命意義，但照顧者往往也必須面對強大的壓力，尤其是婦女，如同蠟燭雙頭燒，日積月累，也會影響個體之身心健康（Aneshensel et al., 1995）；有些照顧者在毫無準備之下就必須承擔照顧的全責；有些人缺乏家庭支持，有了被孤立及拋棄的感受；有些人開始自責，為老人的任何問題責備自己；有些人則受到長期壓力而呈現精神違常問題（林哲立等譯，2006）。身為主要的照護者，宜先考量自己所需的社會支持（如需照顧需求，可考慮政府所提供的喘息服務，尋求因應壓力及問題解求技巧等），而政府也應倡導老人長期照顧的政策與服務，將老人照顧問題考量進去並提供家庭支持，另外更應將老年勞力工作參與及社會經濟之議題予以考量。

五、中年期的職業生涯管理

工作是成人發展的另一種主要情境，工作經驗與個人成長有很大的關聯性，例如個人的舉止活動、智力、社會互動及價值觀等。成年之勞動就業與個人之人際關係、權威關係及技能要求有關。到了中年期，工作是重要的，但對工作的態度卻改變了。

(一)人際關係

大多數職業都重視培養和善用人際技能，職業生涯管理的成功要求一個人有能力影響他人，給人信任感，善於在群體與人合作並達成任務。成年人必須花點心思掌握人際技能，以增強其在工作情境之價值地位。

(二)權威關係

工作當中除了與同事的人際關係之外，尚有職場的權威關係。個體首先必須明確瞭解工作環境中的權力結構，並能確認自己在該結構中的角色與位置。

職業的發展不可避免地會導致決策的職責和權力的增加，此種權力責任與個人升遷有關；因此，職業生涯管道最終涉及擔負權威責任，以及服從上級權威之能力。

(三)技能

職業和工作情境之特點將決定個體要具備哪些工作技能。Melvin Kohn（1980）曾研究職業要求與心理發展之關係，結果發現工作的實際複雜性（substantive complexity）與智力靈活性（intellectual flexibility）有很大關聯性。**實際複雜性**是指一項工作對思維、獨立判斷以及經常決策之需求程序；**智力靈活性**是指一個人處理衝突情境、多方面知覺問題、反映自己價值和解決問題的能力。

職業生涯管理並不期待個體永遠待在同一職業機構之中，職業流動可幫助個人吸收智力及升遷，但也有一些個人在一生中換了許多工作，然而在中年時期的職業可能會有改變，其原因有四：

1.有些職業在中年期就結束了，如職業運動員，他們的力量、反應、速度和耐力已走下坡而無法達到最佳表現。

2.個人性格與工作需求不符合，或個人工作目標與工作需求不符合。有人在商業很成功時轉行去務農；或者公共事務專家隱退到鄉村經營餐館。

3.察覺個人已達職業可達的頂點。換言之，個體察覺不能再獲提拔，或者日新月異的技術使得個人的技術專長已過時。專業過時（professional obsolescence）係指個體擁有的資訊、理論和技術已經落伍或不管用，而無法勝任職務上完成任務的要求。

4.有些職業婦女等待孩子離家或上大學，就把精力投入職業當中。過去為了承擔家庭勞務，個體將精力奉獻給家庭，現在反過來，個體奉獻更多精力於勞務工作中。

中年時期的第二春（the second career）在當今勞動市場上還是挺夯的。中年職業變化並不是說去重新評估一個人的職業取向，或指向個人無法滿足職場所需，而是指更換工作角色的機會可能由於條件限制或阻礙，而使得工作流動不是很順暢，例如工業（經濟）成長緩慢、工作人員年齡老化、中等管理職位擁擠等（參見**表9-8**）。

男性對工作仍是必要的，大多數中年人對工作似乎較為滿意的，可能是那些已達到個人預期之目標者，他們可能會變成年輕工作者的顧問，給予新進者督導，使得新進工作者在工作生涯上較為平坦。中下階級的勞工會減少工作時間，但高度成功的人反而增加工作時間，這種型態的發展使得他們花更多精力在工作與事業上，使得家庭生活品質消失，進而影響婚姻關係及子女的關係（Hoffman, 1986）。

單身女性的工作歷程相似於男性，但對已婚及有小孩的女性，中年的工作歷程是不同的，對女性相對地投入工作或重新進入職場，會覺得有更好的社會滿意度。

表9-8　影響中年職業變化的條件

促進變化的條件	阻礙變化的條件
就業充分（工作機會多，職業和工作流動大）	中年人居多的小社會
工作人員流動大	勞動力需要白領及專業僱員
不需要靠才智、訓練即可採用	工作和商業成長緩慢
工作人員皆有養老金計畫（年金計畫）	勞動人口中的女性勞動力較被質疑 工作人員害怕不公平待遇

資料來源：Arbeiter (1979).

六、中年失業

有些人對工作疏離；有些人對工作不滿足；有些人很少在工作中找到有意義的事；有些人因缺乏人際技能、權力或技術的職業生涯管理能力而無法承擔工作，進而失業。失業除了造成對個體經濟生活的威脅，也可能成為每年創生vs.停滯的社會心理衝突的嚴重障礙。

臺灣自2000年之後，年平均失業率已達4.27%以上（2012年11月主計處統計資料），突破國際勞工所稱的充分就業的人口線。依據主計處所發布的中年失業率，在45至64歲的中高齡勞工狀況，已由1995年平均失業週數的二十點七週，攀升至2000年的三十一點一週，而2001年中高齡失業人口已達八千人（行政院主計處，2002）。中高齡勞工多是承擔家庭經濟的主要來源，失業連帶引發家庭生計及社會問題亟待正視。

中高齡失業之趨勢與成因，可能為：(1)中高齡就業人口受傳統產業式微及關廠歇業之衝擊；(2)事業單位缺乏僱用中高齡勞工意願；(3)中高齡求職者就業及轉介困難；茲分述如下。

(一)傳統產業式微，轉型困難

依據行政院主計處1989至1998年進行的「人力資源調查」，非初次尋職的中高齡失業者失業原因，近十年來約有四至五成係因工作場所歇業或業務緊縮。意即臺灣每十位中高齡失業者中，有四至五位因遭「關廠歇業」而失去工作。經濟部「國內外經濟統計指標速報」顯示，1998年臺灣地區關廠歇業家數為十萬七千七百五十餘家（含營利事業歇業家數五萬零九百四十五家，公司解散及撤銷家數二萬四千二百五十五家，工廠申請註銷家數六千七百八十八家，商業登記歇業家數二萬五千七百六十三家），1998年關廠歇業家數已較1989年增加了三萬七千七百九十七家，為1989年的1.8倍。到1999年撤銷及解散之公司數由二萬二千家，資本額一千八百億元，至2000年撤銷及解散公司資本額已近五千億元，數目已達三萬九千家。

中高齡勞工就業與失業情形，從2000年10月中的中高齡失業者原先所從事之行業觀之，以營造業一萬四千九百三十一人（32.1%）居首，後為製造業（26.7%）及批發零售與餐飲業（16.3%），社會服務及個人服務業（10.3%）居末。一般認為，「建築業不景氣」、「傳統產業缺乏競爭」及「民間消費減弱」，是讓中高齡失業人口無法下降的主因。因此，經濟不景氣下，工作場所關廠歇業或業務緊縮者比率增高造成之失業衝擊已不可小覷。

(二)事業單位僱用中高齡勞工意願偏低

不利中高齡者就業之原因，除產業結構的改變外，還包括僱主之僱用意願低落；根據行政院勞委會1995年進行「民營事業單位僱用中高齡勞工及派遣人力調查報告」顯示，希望在未來一年僱用中高齡勞工之民營事業單位僅13.03%，而有86.97%的民營事業單位不願意僱用中高齡勞工。其原因以「現僱人員已足夠」占55.06%居首，其次為「沒有適合的工作」占35.81%，再者「效率不高」占10.26%，其餘選項則未超過10%。

此外，行政院主計處在1998年「事業人力僱用狀況調查」報告中亦發現，近八成廠商不願意僱用中高齡勞工。報告中顯示，遇有短缺員工時，僅有20.47%之廠商願意僱用中高齡勞工，另有79.53%之廠商不願意僱用中高齡勞工。2005年5月「事業人力僱用狀況調查」同樣顯示，臺灣事業單位不願僱用中高齡勞工之主因，以認為「體力不堪勝任」最高，占49.1%；其次認為「職業適應性較低」，占28.8%；第三，認為「工作效率差」，占28%；第四，認為僱用「年長者薪資高將增加人事成本」，占22.6%；由以上各調查結果顯示，民營企業不願意僱用中高齡勞工的現象相當普遍。

(三)就業及轉介困難

行政院主計處在2000年所做的人力資源調查得知，中高齡失業求職途徑以透過「熟人介紹」最多，占77.4%；其次為「求才廣告及雜誌」，占53.9%；於公、私立就業機構中申請者分占4.4%及5.8%。

行政院主計處1998年發布之「失業狀況調查報告」中則顯示，失業期達半年（二十六週）及以上之長期失業者中，「曾遇有工作機會但未就業」或因「缺乏就業求職資訊」而失業者，占11.73%；因「景氣不佳致缺乏工作機會」者，占38.13%。年齡方面，以35至49歲之失業者，占42.37%最多；餘因個人因素（如技術、學歷、年齡等限制）而長期失業者，占50.14%，其中因「技術不符」或「學歷、科系限制」而長期失業者，占13.07%；因「年齡限制」致長期失業者則占22.40%。而就中高齡者而言，其最主要原因為「年齡限制」，占39.39%，相對於其他年齡組別高出許多，這項數據意味著中高齡者求職時，因年齡的因素而受到諸多的限制，此亦顯示出，中高齡者再就業時所遭受之困難，未必完全因為其技能較差，而係因為其「年齡」較大。

此外，中高齡者透過公設就業服務機構求職及被推介就業的比率偏低。勞工委員會職業訓練局「臺灣地區職業訓練、技能檢定與就業服務統計」資料中顯示，中高齡求職者經由公設就業服務機構轉介，其求職就業率與推介就業人數相較於整體平均求職就業率皆為低。

失業不僅造成個人之影響，同時也對社會衍生一些社會問題及衝擊。比較1982與1995年失業潮中高齡失業現象及變遷時指出，相較於其他年齡層之失業者，中高齡失業者在尋職時，需要更長時間才能找到新職。而中高齡者再就業時常受到僱主不平等的對待，加以中高齡者體能較退化、教育程度較低、工作技能折舊，都使得其轉業較為困難。中高齡者由於通常負擔主要家計責任，加上平均失業期間又日漸延長，其失業問題實值得重視與關切。隨著經濟不景氣、失業人數攀高、臺灣家庭儲蓄日降、失業週期漸升、政府債務日重，進而使得社會民眾情緒不穩、家庭紛爭四起、地下經濟猖獗，這些情況都說明臺灣社會因應失業的緩衝耐力漸失，是一項極大的隱憂。

■ 國民平均所得縮水，生活水準下降

社會抗拒高失業衝擊關鍵因素，涉及長期所累積的國富存量（家庭儲蓄、企業資本累積等）之多寡。以臺灣相較於國際間失業率攀高的國家日本為例，日本國富存量因高於臺灣，失業率雖同逾5%，但其社會對失業的抗壓能力遠高於臺灣。使其在1990年代後期經濟趨緩，但2000年時日本的平均每人GNP仍高居全球第一。

一般而言，國民平均所得會被視為衡量社會平均消費能力與國民生活水平高低之指標之一；臺灣失業率逐年攀高結果，已使國民平均所得縮水、生活水準倒退；2001年底臺灣已有一百三十萬戶的儲蓄率由正轉負，失業逾一年者也由六萬人升至十萬人，失業的衝擊正在深化強化之中。失業者遭資遣後以擺地攤或開計程車餬口者極多，有些或返家務農，但此已使這些原本不穩定之「邊際就業機會」營收更不穩定。

■ 民生痛苦指數增加，社會問題層出不窮

一旦家庭儲蓄耗盡，須以舉債度日，或企業公司跳票倒店而債台高築時，集體的痛苦指數隨之升高。臺灣社會所面臨的生計壓力與失業恐懼，已間接導致兒童虐待、家庭暴力，乃至各項犯罪事件等社會問題頻傳。

中高齡人口原本就須承擔較大的家庭生計責任，失業帶來的問題，影響所及即是家庭生計陷入困境，突陷經濟困窮則易犯下財產犯罪事件；臺灣失業率增加，可說是近年來臺灣財產犯罪事件相對升高的因素之一。另外，中高齡失業人口因為教育程度較低，並以勞力工作為主，在長期的失業與待業過程中，迷失自我，甚至以酒精或毒品來麻痺自己，也易對家中老弱婦孺施暴，導致家庭暴力案件增加，連帶離婚事件增高，單親家庭愈來愈多，如此勢必影響到下一代的教育與社會適應力問題。長期失業下的精神壓力也使得失業人口表現出強烈的社會攻擊性，突發性的性別暴力犯罪可能性也將相對提高。

近年，臺灣不斷出現的失業父母攜子女自殺事件，也顯示社會福利邊緣戶遽增的問題。失業的家長在臺灣現有的福利措施個案篩選標準之下，是被忽略的一群。但現在經濟如此不景氣，失業率加倍，結構性失業因素強烈衝擊著整個社會與家庭，只見政府投注大量資金穩定股市，對失業家庭卻缺乏提供實質彈性之照顧措施，這種因失業問題同時引發的高危險群家庭社會安全議題，亟待重視。

■失去工作，對個人身心造成影響

大多數失業人士常是多年來頭一次嘗到失業滋味，他們會覺得被人遺棄，無足輕重，反思過去工作的無價值，甚至造成個體之自卑感。失去工作除了自我退縮與自我懷疑，還會造成家庭壓力，使得家庭形成衝突戰場或產生家庭暴力。工作與家庭角色的結合與調適是一件困難的事，即使有工作已是如此，失去工作亦是如此。但失去工作的個體，除了個體的自卑，再加上家人的責難，都會使自我產生更大衝突，此時有賴家人的支持、溝通，或找尋外部的資源，獲得自我衝突之解決與轉化

第二節　中年期的發展危機

在中年期，個體已形成一種指導自己和他人生活進程的新能力，此種能力與個人的發展任務有關，如決策能力、規劃未來、預見他人需求，以及分析人生各階段的發展能力。創生（generativity）與停滯（stagnation）的心理社會危機，是Erikson（1963）的創見概念，以作為瞭解中年人所面臨與努力改善

子孫後代生活條件的壓力。創生包括生殖能力、生產能力和創造力。Erikson（1963）認為，實現創生感的自我力量是關心，意指廣泛地關懷照顧那些需要自己關心的人、產品或觀念，這也是關懷他人、地球，以增加人類生活品質的原動力。創生是社會賴以延續生存的重要能力，社會中的成年者到了一定時間必然開始感受有意義奉獻自己的資源、技能和創造性，以改善後代人的生活品質。

如果中年人未能達到此種期望，那個體就產生停滯。停滯指缺乏心理上的活動或成長。那些一心一意只求自我擴張及追求個人自我滿足的人，很難體驗到照顧他人的樂趣，此時就會體驗到心理停滯感。

對於自戀型及抑鬱型的成人來說，此種停滯體驗會有所不同。自戀型（narcissistic）的人可能全力積累財富和擁有物產，其與人打交道，考慮的是對方對自己有何用處。他們可能很快活，但到年老體衰、身心健康皆受影響之時，其憂慮會將自滿心境打垮。

抑鬱（depressed）型的人體會不到現實感，他們覺得沒有足夠條件為社會做出貢獻、自尊心低、自我懷疑，也不願意認清未來的發展導向。

解決中年期心理危機的核心過程是人與環境的互動及創造性。人與環境的互動，包括家庭、工作環境、鄰居、社區、社團等提供個人的社會支持，交換個人的價值使個體產生與社會的連結，以及在共同作用下去影響社會環境的品質，以增加個人的創生感。幸運的是，社會環境錯綜複雜，即使對某些情境不滿，至少可以找到另一個令人滿意的社會情境。例如一個人在工作不順利、找不到滿足的機會下，有可能找到另一個可以投效其精力的志願工作。個人創造性即是拋棄舊思維、追求新的辦法、途徑的願望。個體透過創造性的努力，以全新的思維去組織、表達或系統地闡述觀點。具有創造力的人不再為社會力量、制度所主宰，而是能自己把握事物的進展。個體不斷地透過創造性去解決問題，成年人可以考慮重新塑造社會環境，以迎合個體及社會的共同需求。

創造性過程自一開始就包含著某種風險，個體必須放棄某些舊方法，嘗試新思維及新的處事形式。此外，在此過程中，個體必須估計自身努力最終導致失敗的可能性。只有不怕失敗、反覆努力去尋找創新解決辦法的人，最後才會創生一種生活哲學。此種哲學對於人的心理需要、個人和團體之理想、社會情境，以及人類發展的未來方向都產生新的概念。只有經過風險、失敗以及艱苦的創新努力，成年個體終將明白他們的信念、生活意義，然後進入成年晚期。

第三節　結語

中年期不似兒童少年時期，個體仍受身體成長變化所影響；相對地，在這時期個體有很長一段時間是沒有明顯變化的，但個體深受過去經驗所影響，著重於個人的省思及反省。不過，在人一生中的三分之二旅程，個體也漸漸感受體力、身體在走下坡，而產生一些變化，例如更年期的影響。同時，也完成人生養兒育女的責任，待孩子離開家而形成空巢家庭（empty nest family），是否能留給個人更多時間來衝刺職場工作或投身於社會公益，端賴個體對過去的回顧，及能否產生新的人生觀。

中年危機與否，實際是個體對自己期待更好生活方式並予以承諾的道德危機。一個社會必須關心成人，除了關心自己之外還要關心他人，創生之感要求個人獻身於社會及下一代，如此一來才能推動人們進一步具創造性地、投注個人力量於社會，求得整體社會的進步；否則，個人的生命力是停滯的、具有破壞性的，那麼社會必然也將受到衝擊及產生負面的影響。

個體在中年期會歷經一些生理及心理之變化影響，如癌症和心臟病是中年人最主要的死因，主要受個人所經歷的壓力、人格及環境因素所致；心理變化在心智愈來愈依賴晶體智力（經由時間累積所形成的智力）的運作，如果個體缺乏省思及對變動反應遲鈍，則可能產生中年危機，而不良習性，如酗酒、藥物濫用就是中年期常見的危機影響。在社會層面，因小孩長大而形成空巢家庭，工作流動可能造成失業，皆是此時期可能要面對的社會危險因素，然而社會對他們的支持也最少。

創生vs.停滯是有關尋覓人生意義所面臨的兩種相對應危機。人在中年時會透過與環境的交互作用，以及發展創造性來解決此種危機，而此種危機的解決與否將進而影響個體的老年期發展。

參考書目

一、中文部分

王順民（2012），財團法人國家政策研究基金會。國政評論，「對於女性初婚年齡延後之評析」，檢索自http://www.npf.org.tw/post/1/11231，檢索日期：2013年1月7日。

行政院主計處（2002）。91年度人力資源調查提要分析。91年度人力資源調查結果。取自http://www.dgbas.gov.tw

行政院衛生署（2010）。歷年來國人癌症死亡人數。取自http://www.doh.gov.tw/cht2006/index.populace.aspx

林哲立、邱曉君、顏菲麗等譯（2006），J. B. Ashford、C. W. LeCroy及K. L. Lortie等著。《人類行為與社會環境》（第二版）。臺北：雙葉。

二、英文部分

Adler, T. (1991/07). Women's expectations are menopause villains. *APA Monitor: 14*.

Aneshensel, C. S., Pearlin, L. I., Mullan, J. T., Zarit, S. H., & Whitlach, C. J. (1995). *Profiles in Caregiving: The Unexpected Career*. San Diego: Academic Press.

Apter, T. (1995). *Secret Paths: Women in the New Midlife*. New York: Norton.

Arbeiter, S. (1979). Mid-life career change: A concept in search of reality. *AAHE Bulletin*, 32, (1).

Atwood, M. (1991). *Cat's Eye*. London: Virago.

Davis, L. (1989). The myths of menopause. In I. Fenson & J. Fenson (Eds.). *Human Development 90/91* (pp. 237-241).

Duvall, E. M. (1977). *Family Development* (5th ed.). Philadelphia: Lippincott.

Erikson, E. (1963). *Childhood and Society* (2nd ed.). New York: Norton.

Erikson, E. H. (1963). *Childhood and Society*. NY: Norton.

Eysenck, H. J. (1989/12). Health's character. *Psychology Today*, 28-32, 34-35.

Friedman, M. & Roseman, R. E. (1974). *Type A Behavior and Your Heart*. New York: Knopf.

Gould, R. L. (1978). *Transformations*. NY: Simon and Schuster.

Guttmann, D. L. (1980). The post-parental years. In W. H. Norman and T. J. Scaramella (Eds.). Midlife. NY: Brunner/ Mazel.

Hoffman, L. W. (1986). Work, family and the children. In M. S. Pallak and R. O. Perloff (Eds.). *Psychology and Work*. Washington DC: APA.

Jung, C. G. (1969). *The Structure and Dynamics of the Psyche*. Princeton, PA: Princeton University Press.

Kohn, M. L. (1980). Job complexity and adult personality. In N. J. Smelser & E. H. Erikson (Eds.).

Themes of Work and Love in Adulthood (pp. 193-210). Cambridge, MA: Harvard University Press.

Landers, S. (1989a). Homeless mentally ill gain research push. *American Psychological Association Monitor: 20* (April), 33.

Landers, S. (1989b). Homeless children lose childhood. *American Psychological Association Monitor: 20* (December), 1.

Lemme, B. H. (1995). *Development in Adulthood*. Needham Heights, MA: Allyn & Bacon.

Levinson, D. J. (1978). *The Seasons of Man's Life*. New York: Knopf.

Mace, D. (1982). *Close Companions*. New York: Continuum.

Masters, W. H. & Johnson, V. E. (1966). *Human Sexual Response*. Boston: Little, Brown.

Neugarten, B. C. (1986). The awareness of middle age. In B. L. Neugarten (Ed.). *Middle Age and Aging* (pp. 93-98). Chicago: University of Chicago Press.

Newman, B. & Newman, P. (1995). *Development Through Life: A Psychosocial Approach* (6th ed.). New York: Thompson / Wadsworth.

Peck, R. C. (1968). Psychological developments in the second half of life. In B.L. Neugarten (Ed.). *Middle Age and Aging* (p. 88). Chicago: University of Chicago Press.

Rubin, L. B. (1980). *Works of Pain: Life in the Working-Class Family*. New York: Basic Books.

Scarf, M. (1992/07-08). The middle of the journey. *Family Therapy Network*, 51-55.

Schaie, K. W. & Strother, C. R. (1968). A cross-sequential study of age changes in cognitive behavior. *Psychological Bulletin, 70*: 671-680.

Schaie, K. W. (1994). The course of adult intellectual development. *American Psychologist, 49*: 304-313.

Vaillant, G. E. (1977). *Adaptation to Life*. Boston: Little, Brown.

Zeits, C. R. & Prince, R. M. (1982). Child effects on parents. In B. B. Wolman (Ed.). *Handbook of Developmental Psychology* (pp. 751-770). Englewood Cliffs, NJ: Prentice-Hall.

Chapter

10

老年期

■老年期的發展任務

■老年期的社會化

■老年期的發展危機

■結語

韓愈的〈祭十二郎文〉中提到：「吾年未四十，而視茫茫，而髮蒼蒼，而齒牙動搖。」古人近四十已近老年，但現代人營養好科技進步，很難用年齡來界定老年。現代定義「老年」，除了用客觀年齡之外，個人主觀心理的老化詮釋，也相對重要。

在美國，對2010年出生的人預期的生命餘命，白人男性是71.6歲，女性是81.8歲，對非裔美國人男性是70.9歲，女性是77.8歲（U. S. Census Bureau, 2003）。在臺灣，2005年出生，男性的平均餘命是70.5歲，女性是80.8歲（內政部統計處，2007）。影響一個生命之存活已有證據顯示是社會系統影響一個人的生物系統，諸如醫藥的進步、生活方式的選擇、健康照顧服務的可及性及成功因應壓力等。聯合國已將2010年訂定為**成功老化年**（Successful Aging Year），意味著老年化已是世界趨勢，由於醫療、衛生、營養技術的重大突破，使更多的人在出生之後能存活並能度過60歲之前的中年期，邁向生命力旺盛的老年期。

老年問題連帶涉及老年性別結構，世界各國皆可發現老年人口中女性多於男性，比例大約是6：4，尤其在開發中國家更為突出，例如日本、北歐和美國。相較於五十年前，老年人口性別比例相當，而今天這種性別結構的差距日益增大，而更引人注目（U. S. Census Bureau, 2003）。尤其女性的壽命從1900年的105歲到1980年的115歲（Meyers & Mauton, 1984），到了2000年之後，女性壽命極限也可能還會再提高。

隨著老年期階段愈來愈長，而老年是活得愈老，還是活得健康？高壽也帶來更多的生命體驗、發展新的技能、發現個人潛力的種種機會，同時社會及政府也更積極重視這些老人的健康及照護，而發展長期照顧的社會服務，以提供老年及其家庭因應年齡老化所衍生的生活問題。高壽帶給個體新的體驗，而在這時期，他們也必須為其生命結束做準備，為自己做閒暇新角色的調適，以及尋求符合個人生命風格的創造性生活方式。

跨入老年期，老年人透過過去階段所獲得的創生，個體開始顯露追求成就與權力（功成名就）的解脫，而對個人整體做一生的省思與回顧，同時將自己過去生命歷程中的經驗與收穫、未來展望，以及對危機的適應，運用於個人對其生命意義的追尋。

老化是成功抑或失敗？代表著個體對心理發展和身心變化逐漸衰退的一種省思和定義。貧困和苦難對老年期產生的心理打擊最具毀壞性，而身體的衰老帶給個體怪癖行為、機能衰退和依賴性，以及個人生活功能（如記憶、推理能力、問題解決能力）的急遽喪失。老化和慢性病是老年期普同性的問題，但是否會帶給個體抑鬱和絕望的陰影，斷然結束自己的生命，或帶給子女及家庭嚴重的心理和經濟困難，這些變化均會影響老年生活，同時也影響其家庭及社會，因此維持健康及活化的老年期是個體在此時期最重要的發展任務。從Erik Erikson的心理社會發展理論來看，無論個體的生活條件如何，是否能靈活的思考，有能力消除日常生活的障礙、困難和矛盾，老年期對個體而言就是一個十分艱難的挑戰，尤其負向及身體老化帶給個體的體驗，對不同階層、不同收入的個體，皆須透過對自我經歷的內省（introspect）來達到個體的整合感（sense of integrity），否則個體找不到生命的意義，變得藐視別人的弱點，心中永遠充滿悔恨和遺憾，進而成為對個人人生的絕望（despair）。Erikson也強調老人應持續參與社會活動才是老年充滿活力的重要關鍵，因為參與活動會讓老人覺得有生命的統合連貫並持續體驗生命。

第一節　老年期的發展任務

一、老年期的生理變化

老年期（old age, elder or aging）的年齡應如何劃分，實有很大的分歧。Erik Erikson（1968）將60歲之後的人稱為成人晚期（late adulthood），其弟子B. M. Newman和P. R. Newman（1999）更將成人晚期分為成年晚期（約60至75歲）和老老年期（very old age，75歲至死亡）；而Charness及Bosman（1992）將成年晚期分為青老年（young-old）、中老年（middle-old）、老老年（old-old）和極老年（very old）。在**青老年期**，個人開始退休或保持半退休狀態，朋友們開始逝去，個體慢性病增加，甚至惡化，伴隨著心理憂鬱，有些人成為受家庭照顧者，但大多數青老年仍保持活力，因應能力也佳；**中老年期**，個體慢性病加劇，朋友死亡，伴隨壓力，身體障礙增多且功能退化，但也有些人仍因應良好，且在身體、心理及社會方面仍很活躍；**老老年期**，個體開始依賴他人且有失能現象，心理違常也日益加重；**極老年期**，個體失去生活自理功能，極需家人或社會的照護，很多人臥床或待在養老院裡。

Twente（1965）是創立社會工作優勢取向（strength perspective）理論的社會工作者，也是一位教育家，雖然身為老人，在75歲時出版《永遠不會太老》（*Never Too Old*）一書。她認為老人仍具有創造力，老而彌堅，所以個體的生理年齡和生存能力、毅力與生命的實現並沒有必然的關係。

老年期的生理改變與衰退因人而異，Santrock（1995）指出，老人在生理系統的改變有：

1.骨骼系統：老化、骨質疏鬆、脊椎退化，每年約減少2至4公分，退化性骨關節炎普遍，常伴隨腳趾囊腫、踵刺、腳皮長繭。
2.肌肉系統：體脂增加、肌肉收縮力道及速度減弱，活動容易疲憊，失禁，肌肉細胞萎縮導致肌力喪失，造成老年行動力變慢。
3.腦和神經系統：神經功能流失、神經傳導變緩慢、血流量減少、膽固醇增加影響神經傳導，進而干擾感覺和認知功能；腦中風、失智症、帕金森氏症是老人常見的神經系統疾病。
4.感覺系統：肌肉、骨骼、神經功能的變化造成步伐緩慢，平衡感減弱，事故傷害增加；觸覺敏感度減少，痛覺容忍度增強，嗅覺、味覺、視覺以及聽覺也退化；白內障、青光眼、黃斑病變是此時期常見的眼部疾病。
5.循環系統：左心室變大，動脈瓣膜和心內膜變厚；彈力素纖維組織膠質化和鈣化，造成動脈變厚和硬化；肥胖、缺乏運動、焦慮、疾病、血管硬化造成血壓升高；靜脈血管變厚，失去彈性，使得心臟功能受影響，此與心臟血管疾病有關。
6.呼吸系統：肺功能減少，肺部失去彈性，胸部變小，橫膈膜變弱，鼻管組織變化，造成膈膜收縮，引起打鼾或以口呼吸。
7.皮膚系統：皮膚老化乾燥，有斑點、皺紋及鬆弛，指甲變軟、易裂，銀髮、禿頭；皮膚粗、毛變多。
8.性：男性可能會因生理功能而影響性能力，但女人因缺乏賀爾蒙會陰部乾燥而不舒服，但不會影響性慾。Duffy（1998）指出，老人不只能維持性趣，也持續有性活動及能力。除了生病或生理問題，男性並不會因年齡而失去性能力，不過比較需要人工刺激才能夠勃起，影響之因素可能是疲倦、酗酒、憂鬱、憂心性無能，或因心臟血管疾病、神經系統、內分泌、泌尿科生殖器等問題。多數性無能之問題可透過社會心理之性治療找到病源而解除。性生活可促進老年之心理健康，Marsiglio及Donnelly（1992）的研究發現，老年的自我價值、性能力和伴侶的健康與性生活次數有正相關，所以說來老人也是有性的需求及能力。

9.內分泌系統：老化的過程造成性腺及胰島素產生變化。胰島素缺乏，造成細胞無法利用儲藏糖分致血液中葡萄糖增加，造成糖尿病。性腺減少分泌造成女性更年期，男性的性勃起時間要更長或需要更直接的刺激。

身體老化也容易產生健康的威脅，特別是慢性病（Santrock, 1995），青老年少有慢性病，中老年逐漸增加，老老年變得很普遍，所以說來慢性病與年齡的增加呈現正相關。最常見的老人慢性病有風濕症、高血壓、心臟血管疾病、聽障、白內障、骨骼疾病、鼻病、糖尿病等，所以老人也是健保給付的最大消費群，每日清晨在各大醫院常見老人掛號、看病及領藥；老人更是住院留院及門診最多的族群，同時醫療花費也最高。因此，健康維護遂成為老年族群最重要的問題，這要靠平時的健康檢查、規律的運動、減少壓力及憂鬱，再加上均衡的營養以維護老年的生理健康。正規的運動可以阻止很多老化的影響：一來可防止肌肉組織萎縮，增加關節活動；二來促進呼吸及持久，增強血液循環，減少心臟疾病；如果再加上不抽煙、不狂飲、不濫用藥物及注意飲食皆可保持精力及活力，也可免於退化所引發的疾病之苦。

二、老年期的認知發展

記憶、推理、閱歷、問題解決能力以及心理堅毅力和易變性，都會影響老年的內省、評價個人過去生涯與規劃未來的能力。刻板化的觀點認為，成年的老化會變成智力退化；換言之，智力會隨年齡增長而退化。這個問題被認為：第一，可能是由於年齡差異和年齡變化的區別，雖然在1985年美國一次橫斷研究中指出，70多歲的老年人的智力表現不如40多歲，這未必是年齡的結果，美國人口普查局（U.S. Bureau of the Census, 1989）發現，在1988年65歲及以上的老年人只有13%是大學畢業，但在30及40歲的青年大多數可從正式教育獲得很多知識。但是縱貫研究，雖然追蹤各個時期的變化，但是只有包含一個族群的標本，仍不能說明年齡與發展的結果。例如Schaie（1994）即發現，有些人的智力會隨年齡增長而衰退，但有些人卻隨年齡增加而增長智力。不過Horn（1982）的橫斷研究結論是，結晶智力（指資訊的累積和語文能力）隨著年齡增加而增加；流動智力（抽象思考能力等）則隨著年齡增加而衰退。

第二，可能是認知功能的定義，認知功能包括不同的能力，諸如語彙能力、問題解決能力、短期記憶等。這些能力與年齡之間的變化以及與個人常用的知識可能有很大的關聯。

第三，可能是測量成人認知功能的工具及其定義與功能有關，一般用智力測驗來測量認知功能是與學校課程所教導的知識有關。

最後，健康因素與老年的認知功能可能有關，每位年長的老人在接近死亡的狀況時會影響其平均智力表現，而且藥物的使用也可能引起器質性違常的症狀。

不過在資訊的取得（retrieval）、記憶和反應時間等方面的確業已研究證實，老年因身體功能老化而呈現退化現象。Schaie（1987）就發現，有些老人即便到了老年期，其智力表現仍沒有退化，其特徵為：沒有心臟血管疾病，經濟地位中上，積極的生活風格及生活態度較有彈性。因此，Azar（1996）就建議老人應保持彈性的生活態度、勇於接受改變、喜歡學習新事物和能適應新環境，那老人心智就較不會退化。

Craik及Byrd（1982）研究指出，老年人的注意力並非有缺陷，而只是不夠有效率（inefficient），他們也會有深度訊息處理能力。Wrigh及Payne（1985）研究發現，老人在工作的反應時間及反應速度會比年輕人顯得效率較差，但經過高活動力的練習成為固定的生活形式，可以防止隨年齡增長而產生的認知遲緩。

如果從個人工作之生產效率與品質來看，高品質的創造作品可能在30至40歲期間達到顛峰，但有價值之作品可能會稍晚。不過這些區別在不同領域也有不同，科技類可能在40歲左右，而人文類在70歲仍有相當高水準的作品。年長受重視的程度也因文化而有所不同，中國比較尊重「老」前輩，尤其在中國大陸缺少科學家，有些年過60歲、有教授頭銜者仍可以持續工作，這完全取決於個人的健康情形（Newman & Newman, 1999）。

老年期的認知模式既不是單方向的（unidimensional），也不是穩定的，它受環境所影響。這些環境會對不同歷史條件或不同社經條件的成人產生作用，而且心智功能也受身體和社會系統之交互作用所影響。

三、老年期的自我發展

(一)Erikson的心理社會理論

Erikson（1982）認為，人們的工作是認為他們的生活是統整與一致的，他們必須接受自己的生活，從中發覺意義，以發展自我統整。唯有在絕望掙扎後才能獲得自我統整，那就是一種睿智。Erikson也提到，老年人並不會終止其中年期的創生，有時候人到晚年也是一見生產與創造力的時期。

(二)Levinson的人生季節論

Levinson等人（1978）透過訪問美國東部男性發現，男人約在65歲轉變到老年期，絕望是普遍現象，通常男人到了65歲，認為年輕不再，美好的歲月已逝，對社會的貢獻也將終止。但Levinson也提到晚晚成人期（late-late adulthood），形容近80歲的時期才是人生最後一個階段，此時個體覺悟到死亡的來臨，並找尋一個普遍與個人對生命及死亡的意義。

(三)Jung的成年晚期理論

Jung（1969）認為，老年人仍努力自我發展。在老年期，男人的女性特質表現與女人的男性特質表現顯現出妥協衝突傾向。Jung認為，老人期在探討個人的價值與內在世界是一種內向傾向（intraversion），相對於成年期與中年期，則表現其外向（如家庭、事業）（extraversion）。

四、老年期的自我反省

回顧和懷舊（reminiscence）是一種過程，當個人體認到生命到達終點，會試著對過去的人生事件重燃興趣，以喚起對這些事件的意識和知覺，尤其對過去未解決的事件與衝突做一檢視，期望從這過程中取得統整（integrity）。統整的功能有二：一是對生命重整；另一是對死亡做準備。到了老年期，個人的任務大抵已完成，且成功抑或失敗的經驗也已累積，個人將這些經驗累積以判斷一生的功過。然而，某些角色負荷的輕重也影響另一些角色的改變，包括婚姻、養育子女、工作事業等也委實考驗個人之目標與成就。每個人不可避免地會對自身成就的侷限有一些程度的失望，他們必須面對眼前的現實，並體驗個人成就與目標之間的差距，這種接受個人過去生活既成事實的過程，對個人或許也是一種嚴峻的考驗。一個人必須將過去的失敗、包袱、危機、失望，結合到個人自我形象之中，而不是背負無力感的內疚；此外即使沒有完全達到個人的期望，也必須為個人成就感到驕傲。有些年長成人在回顧過去時變得十分抑鬱，並對未來感到憂慮，疾病、死亡、過去經歷的危機成為現階段生活的主要關注內容；另外有一些人剛愎自用，將他們的生活自喻為年輕人，不服輸，不能忍受失敗的挑戰。這兩種人都使得他們的老年期變得很緊張、不滿足。相對的，當個人坦然面對人生，接受失望或危機，且能將這些經驗當作個人成就予以看待，而能對個人一生做一總體平衡，那麼這個人將能對自己一生採取較靈活的態度，並增大朝向成功的可能性。

Flanagan（1980）針對三千多位年齡分別是30、50及70歲的人士，要求他們評估生活滿足的因素，得到下面的十五類清單（checklist）：

1.物質幸福和經濟保障。
2.健康與人身安全。
3.與配偶的關係良好。
4.生育並撫養孩子。
5.與父母、手足及其他親戚關係良好。
6.與朋友關係良好。
7.幫助他人或鼓勵他人。
8.與社區及國家政府的活動有關聯。
9.智力不錯。
10.個人計畫。
11.職業角色。
12.創造力及個人表現。
13.社會化不錯。
14.有休閒活動（被動地觀察）。
15.主動參與休閒活動。

這一研究對於成年晚期接受個人的生活體驗有五點結論：

1.大多數人對自己的生活以及自己需求被滿足的方式感到滿意。

2. 30至50歲是個人生命最旺盛的時期，雖然他們不以為然。
3.養育子女是成年期最大壓力來源也是衝突（同時是滿足也是壓力來源）。
4.對父母身分及工作滿意度隨年齡增加而增長。
5.生活的滿意不僅與客觀因素測量有關，也可能與個人人格對人生事件的詮釋有關。

五、老年期死亡觀的建立

不可避免地，在成年晚期，嚴肅的、駭人的和令人不愉快的有關死亡的問題，充斥著個體的思想。個體對死亡的觀念源自於兒童期，而且對死亡概念的認知也是一種過程。在幼兒期，幼兒無法想像死亡的不可逆轉，他們往往將個人的死亡擬人化，認為一個人某一刻死亡，又可以在某一刻復活。同時，幼兒有了死亡的概念，但不會將此種概念與他們自己或和他關係密切的人產生關聯（Anthony, 1972）。到了青少年期，個體仍未能整合認同，他們仍不會面對遙遠人生的未來而保護自己，他們可能提出關於死亡、生命的意義及死後生命的可能性之問題，而且也建立一種死亡觀。在此階段，死亡帶來的恐懼，其與個體的自戀和自我價值感有關。成年期個體形成親密的連結，對親密對象的死亡產生焦慮並形成個體之責任感，所以此時的死亡觀是由關注個人的死亡拓展至評價與他人關係之相互依賴性。到了中年期，個體意識人生已走完一半，隨著父母或其他長輩的死亡，死亡意識愈來愈具體化，同時個體對自己家庭及社區之影響和責任，不斷增加效能和生命力（創生感），因而減低對死亡的恐懼（Fried-Cassorla, 1977）。到了成人晚期，對於死亡的自我擔憂變得較小，個體開始隨著進一步生活並將死亡視為一個自然人生歷程之結果，因而接受自己的生活。死亡不再對個體價值產生威脅，甚至個體成就實現或影響他人生活，個體逐漸接受死亡這一事實（Newman & Newman, 1999）。

死亡觀除了要求個體自我接受個體死亡的能力，同時也要求承擔喪失親友的能力。Kalish及Reynolds（1976）研究調查不同年齡的個體對死亡的關注，結果發現年老的人比年輕的人更明顯地會考慮死亡的議題，他們參與死亡的儀式及做些特殊安排，例如購買墓地、為身後事預先準備、寫遺囑等也較多（參見**表10-1**）。

表10-1　不同年齡層的個體對死亡的恐懼

	年齡		
	20至39歲	40至59歲	60歲以後
害怕／恐懼	40%	26%	10%
既無怕也無不怕	21%	20%	10%
不怕死／渴望死	36%	52%	71%
視情況而定	3%	3%	2%

資料來源：Kalish & Reynols (1976).

個體對死亡的恐懼是自然及正常的體驗，其原因可能是：(1)與實際過程有關；(2)與死亡後果有關。前者包括害怕孤獨、生病，讓別人看到痛苦，或對自己（身心）失去控制；後者則包括害怕被人遺忘，喪失認同，別人會感到悲痛，身軀解體，來世受到懲罰（下地獄）（Florian & Kravetz, 1983）。死亡對年長的人不似年輕人那麼恐懼。理由可能是：(1)年長的人往往較篤信宗教，會從宗教概念中獲得較多的安慰；(2)年長的人比年輕的人較接受自己生活及自我抉擇；(3)年長者較熟悉死亡（Kalish & Reynolds, 1976）。

(一)死亡與悲傷

成人晚期或老年人不僅要應付自己的死亡，同時也要因應自己所愛的人的疾病與死亡。對所愛的人死亡所伴隨的情緒痛苦稱為**喪失**（bereavement），通常這是個體重大的生活壓力事件，伴隨身心症狀、角色喪失及強烈的情緒，如憤怒、悲哀、焦慮和抑鬱，有時生離死別的壓力增加生存者的疾病，甚至死亡的機率。情緒的強度也因人而異，通常至少持續六個月，如超過六個月，那需要尋求心理治療。抑鬱、困頓及失落常會引起悲傷（grief），例如失去親友、體驗喪失、失去控制和能力、失去身體及執行計畫之能力和夢想的失落（Kalish, 1985），此時身心皆有影響，身體如頭痛、腳軟、窒息感、空虛感等，而心理的情緒如憂鬱、傷心、悲痛、憤怒、罪惡感等。

(二)死亡與臨終

面對死亡的過程與方式因人而異，Kübler-Ross（1969）一共訪視了兩百位瀕臨死亡的病人，最後歸納出面對死亡的五個階段：

1.否認與孤獨（denial and isolation）：「不是我」，這是瀕臨死亡初期最常見的反應，當事者覺得震撼、不信。這是一種防衛機能，提供一些時間與機會讓當事者能夠面對死亡之事實。

2.憤怒（anger）：「為什麼是我？」提供個體抒發生氣憤怒的機會，瀕死的人常會將怒氣發洩在愛他或照顧他的人。此種反應不是針對個人，而是痛苦求助的徵兆（symptom），對周遭的人、事、物表示抗議及嫉妒的表現。

3.討價還價（bargaining）：「如果我……那我是否會活更久？」「早知道，我就……」這些反應是個體企圖延續生命的表現，臨終之人相信好行為必有好報，協商、妥協可以延命。

4.憂鬱（depression）：「我覺得傷心、失落、悲傷」，個體夾雜著失落、罪惡感和羞愧。如果沒有充分與人溝通、對質，他可能錯失解決人際關係困難的機會。但如果個體已能坦然面對死亡，則成為一種有備而來的憂鬱，考量自己的生命及可能即將的失落（失去自我、親友、自控能力）。

5.接受（acceptance）：「我已準備好了」，不再退縮，而開始嚴肅思考面對死亡的機會，處在這個階段的個體，可能是軟弱、退縮，無法與別人溝通。

Clay（1997）根據一些專家的考量，建議可由下列四方面來幫助臨終病人：

1.減輕他們的擔憂，幫助他們回顧生命及處理未完成之事務。
2.再三強調他們已完成人生歷程，可以坦然放手。
3.可用圖像或想像或鬆弛技巧來紓解個體之憂慮。
4.可用藥物來舒緩個體之生理痛苦。

儘管個體因失落或面對死亡常會引起一些情緒和感受，照護者如能適時給予同理的回應，協助個體辨認自己的情緒，並懂得如何尋找支援與幫助，以找出表達情緒的適當方式，對老年期的人而言都會有所幫助。

六、老年期心理歷史觀的建立

心理歷史觀（psychohistorical perspective）是個體對過去、現在及未來的整合。老年期已經歷各種體驗、決策（婚姻、家庭、養育子女、工作）以及個人哲學之形成。所以老年期經過內省與創新的因應過程，常將現實的要求與過去的重大事件結合在一起。例如我們常聽老兵敘述當年抗日戰爭的口訴歷史來傳遞他們那一代的生命意義與價值，因為他們是歷史（時間）的見證者及記憶的儲存者，這些生命歷程或故事敘述可以為其下一代傳遞一些集體認同，及幫助下一代在未來繼續生存與傳承，他們透過改變將個人智慧和過去、現在與未來做一個連續及聯繫。

(一)喪偶老人的身心影響

喪偶老人的悲傷對其生理、情緒、認知、行為都會產生不同程度的影響，茲分述如下：

1.生理上：根據許多有關悲傷者的研究指出，悲傷者的疾病和死亡比率都會隨著悲傷而增加，尤其是心愛的人死亡後的六個月內。經常表現出來的症狀是虛弱，更有可能是由於憂鬱和絕望而引起悲傷者的內分泌變化而對疾病的抗拒能力減弱。老人喪偶，有時因過度悲傷，使其原有的疾病加劇或死亡。

2.情緒上：喪偶老人在情緒上會產生憂鬱、悲傷和憂愁痛苦、罪惡感、憤怒、否認、精神的問題等方面的反應。

3.認知上：

(1)不相信：尤其是死亡發生得很突然時。

(2)紛亂困惑：會有思緒剪不斷、理還亂，精神不集中及健忘的現象。

(3)全神貫注於思考死者和瀕死的過程：這是一種強迫性的思念，思念的內容通常是有關於如何再尋回失去的親人。有時候有關逝者遭受折磨或瀕死的念頭，甚或影像會突如其來的占據哀悼者的心思，揮之不去。

(4)用各種方式與死者在夢中相會，這樣可以使哀慟者覺得故去的親人還是活著。

4.行為上：

(1)睡眠失常，如失眠和驚醒。

(2)食慾反常。

(3)恍惚、心不在焉。

(4)從社會人群中撤退。

(5)在正常的夢或夢魘中夢見死者。

(6)常嘆氣。

(7)哭泣。

專欄10-1　老年期喪偶

喪偶係指婚配生涯中所娶（嫁）的對象死亡，通常是女人的壽命比男人長，故女人守寡的機會比男人多。有人認為女人最好要有準備（就算是相伴到老的婚姻，女人的守寡平均值也需要十年及以上，因為女人平均壽命比男人多6歲，又喜歡先生年紀比她們大）；但也有人認為根本不用準備，因為女人的支持體系本來就比較完善，因應能力也比較好，也許守寡反而是個人成長或獨立的辦法，不必完全將它看成是負面的人生事件。Silverman（1987）認為，守寡是個體生命歷程的一種變動，需要個體有良好的調適（adjustment），例如如何和自己相處、與別人相處及如何取得重新的認同感。

在美國社會，寡婦和鰥夫的比率約為4：1，而臺灣的資料約為3：1（參見**表一**）。女性老年人保持寡婦較多的原因是個體出自自我抉擇不再改嫁，不似男性，男人再娶比例較多，顯示出寡婦比鰥夫較具獨立感及減輕對他人的依賴。相較之下，年老的鰥夫似乎比較脆弱，對某些人而言，失去配偶好像失去生命的中心，在沒有愛妻及他人的照顧之下，他們或許會選擇自殺。

表一　2008年臺灣老年人口婚姻現況

年底及年齡別	總計			有偶			喪偶		
	合計	男	女	合計	男	女	合計	男	女
2008年底	23,037,031	11,626,351	11,410,680	10,128,752	5,143,800	4,984,952	1,133,535	225,841	907,694
65-69歲	762,519	362,704	399,815	567,907	309,556	258,351	142,276	24,717	117,559
70-74歲	609,541	282,905	326,636	412,566	231,874	180,692	165,396	33,980	131,416
75-79歲	494,896	250,143	244,753	294,492	190,545	103,947	173,175	42,018	131,157
80-84歲	331,096	173,879	157,217	160,653	118,284	42,369	145,993	37,794	108,199
85-89歲	147,409	70,921	76,488	51,641	40,407	11,234	83,719	22,079	61,640
90-94歲	44,605	19,429	25,176	10,642	8,641	2,001	30,197	8,267	21,930
95-99歲	10,281	4,435	5,846	1,997	1,623	374	7,080	1,991	5,089
100歲以上	1,873	931	942	486	392	94	1,055	296	759

資料來源：中華民國統計資訊網（2009）。

(二)悲傷處理的過程

依據Kübler-Ross（1969）悲傷理論之觀點可知悲傷情形如下：

1.否認：老年人初期可能仍會否認其配偶的死亡事實，導致退化情形，並且在心理反應上拒絕承認此事實。

2.生氣憤怒：當否認的情緒逐漸降低時，老人可能會感到憤怒，認為配偶怎可讓自己孤獨留世而感到憤慨不平。

3.討價還價：老人對於配偶的死亡開始出現討價還價的情形，例如許願或禱告，祈求神明或上天能讓配偶重生。

4.沮喪：當老人理解到已無法對抗配偶死亡的事實時，而有沮喪的心態產生。

5.接受事實：老年人歷經前四階段的心理變化後，理性地接受配偶死亡的事實。

(三)喪偶老人可能的影響

1.缺乏伴侶：生活起居單調且無人照理，可能飲食起居不正常，進而影響老年人的生理功能。

2.缺乏社會角色：可能與親友的聯繫漸少，進而使得老年人的社會功能逐漸衰弱，而更加孤獨。

3.失去依靠而缺乏安全感：安全感之獲得不足，且獨自處理生活各層面的事件，當無法適應生活時進而缺乏安全感。

4.悲傷：在獨處時對於配偶死亡的生活事件，難免自憐，對於死亡的接納程度無法調整時，心理狀態亦無法獲得安定。

5.經濟層面的不安全：喪偶後，老年人可能喪失主要的經濟依賴，因此生活恐陷困境。

七、憂鬱與自殺

老人有重度憂鬱違常（major depressive disorder）的比率並不高，但大多數有輕度的憂鬱症狀，而且也隨年齡增加而增加其比率。其症狀包括哀傷、空虛、自我放棄、食慾改變、失去性慾和睡眠等出現問題（Gruetzner, 1988），這些症狀與疾病有關，包括心臟病、高血壓、神經違常、新陳代謝問題、癌症、性無能、風濕症等（Sunderland et al., 1988）。此外，婦女、獨居老人和低收入的因素也與憂鬱有關。

自殺更是憂鬱的結果之一，也是成年晚期及老年期重大問題之一。老人的自殺率一直在各年齡層中居高不下，而且男士又高於女士；此外，男士使用的自殺手段也較激烈，成功率也較高（Rich, Young, & Fowler, 1986）。造成老人自殺的因素很多，包括憂鬱、失落、寂寞、孤立、罹患絕症及失控感。然而憂鬱又是所有自殺之人所擁有的症狀。到底自殺是否為個人的抉擇權利之一呢？也有人主張在個人末日未來之前，可由醫生協助結束生命，如協助自殺（assisted suicide）或安樂死（euthanasia），這在現今的法律與道德規範下是不允許的，但荷蘭皇家醫療協會早在1995年已有討論病人可以尋求安樂死的權利，此議題廣受人討論，迄今贊成與反對的人皆有其主張。

關於憂鬱的治療目前是使用藥物和諮商治療並重，尤其是認知療法。社會支持體系的破碎或缺乏是導致老人憂鬱的主要因素，而訪視、問安，老人團體的成立，一來可排解老人的孤立與寂寞，二來可以引發自我照顧動機以減緩健康與失能導致的憂鬱。

第二節　老年期的社會化

過去社會常云：「家有一老，如有一寶。」個人常從老人身上或與其閒談中獲取許多寶貴的人生經驗與常識，所以老人在中國社會有舉足輕重之地位。然而在現代社會，年輕人常透過網路社群獲取資訊，長者的身分、地位也不同往昔能獲得尊重，加上社會快速變遷，公共基礎建設與設施亦未能顧及老人需求，導致大部分的老人常獨居家中，不願參與公共活動。除了家人、老伴之外，生活上非常需要朋友及社會的支持。

社會支持（social support）被定義為讓人們相信這些老人是被關心、被愛護、被尊重和被重視，以及屬於一個相互溝通和承擔義務的網絡（Cobb, 1979）。社會支持包括個體所有可能取得的社會關係聯繫網絡，它在聯繫的強度、交往的頻率上，使個體感受到這一支持系統提供幫助和關懷程度（Bergman et at., 1990），對於老年人而言，社會支持在保持個體幸福感和促進超越不斷衰老的身體極限中，提供了重要的支持角色。

社會支持對幸福感至少提供三種作用：(1)它可減少孤獨；(2)提供關愛、訊息、忠告、交通、飲食和日常生活的幫助，經濟支持和健康照顧；(3)減少緊張壓力的衝擊，保護個體免於疾病之不良後果。社會支持與個體之身心健康有明顯的相關（House, 1985）。社會支持的來源不是開始於老年期，它的最初起源可能來自於嬰兒期和照顧者之間的關係，之後透過其社會化逐漸擴大。在老年期，家庭成員通常是其社會支持最基本的來源，特別是個人之配偶、子女和手足；此外，宗教參與也是老年期另一社會支持來源。社會支持系統肯定老年人的價值，並引導老年人對社會其他人造成積極影響，以及提供他們在社會中有被接受的感覺，亦是老人獲得永生（immortality）的基本要素。茲將家庭、生活、退休，以及休閒社會參與等各層面之社會化支持角色，分述於後。

一、回歸家庭

有人說空巢期是相當寂寞且孤伶伶的、空蕩蕩的，而老人常常被人遺棄，或過著孤苦無依、獨居的日子。這類傳說雖然是事實，但卻被過度渲染了。雖然高齡者較年輕人少與鄰里朋友互動，配偶及其手足是老年人重要的支持體系，而且男性比女性的社交圈小，他們只與好朋友及親戚互動。在美國，成年子女大多居住在年老父母住家的附近，而且與高齡父母保持良好及有意義的互動與交流。老年人雖然在社會支持上的廣度縮小了，但彼此的情緒互動卻更為頻繁。換言之，老年人寧願獨處，做個快樂愜意的老年人，精緻活動，也不要像年輕人一樣，常勉強自己參加一些無聊的應酬。此外，美國老人也不會因獨處而感到寂寞，反而他們會想要有多一些時間獨處，且覺得怡然自得。

二、調整生活重心

年齡的增長除影響個體的生理功能外，也會影響個體的生活方式，如家庭居住型態、工作之身分、社經地位、活動的安排，或居住環境的安排等。老年人的活動仍以家庭為中心，但是仍有很多老年人（尤其是女性）選擇寡居、離婚或獨居之居住型態。家庭的型態具有多樣式，老年人因為解除撫養子女的角色及任務，所以正是經營婚姻的最好時機，包括培養共同的興趣，相互情感依賴及照顧，也可以增加彼此的親密關係；然而，也有人漸行漸遠，而選擇由家人或親戚照顧，更有些人則必須仰賴機構的照顧。

洪貴貞（2003）指出，65歲以上高齡者的生活模式可歸納為以下六種：

1.家族活動主義（familism）：以老夫婦和自己子女或親戚朋友的活動為主。
2.夥伴配偶式（couplehood）：膝下無子女的夫婦，彼此相處，相互依賴，並與其他夫婦共同參與活動。
3.以工作為軸心（world of work）：以工作為重心，閒暇時，三兩好友共同休閒。
4.以充分活力為導向（living fully）：充滿活力擁抱世界，寓娛樂於工作。
5.獨居者（living alone）：多數是獨居，很少與外人互動。
6.持續參與者（maintain involvement）：大部分獨居，但仍繼續保持與他人互動，參與活動，持續活躍的生活。

有關老年夫婦婚姻滿意度的一項研究（Miller, 1976; Orthner, 1975）指出，老年夫婦到了空巢期，婚姻滿意度上升，理由可能是因為養兒育女的責任解除，不像在年輕世代，因為加入父母角色，致影響婚姻滿意度。因此，個體之婚姻滿意度會隨年齡增長而呈現V字的形狀；換言之，個體的婚姻滿意度會隨年齡增長先呈現下降，到了空巢期再上升。當然，除了養兒育女責任解除，婚姻滿意度還會與個體之教育水準、社會地位有關（Atchley & Miller, 1983）。此外，再婚者的滿意度也比較高，通常這些人身體比較健康，活動力較好，有伴侶者比寡居者覺得生活更滿意。

老年期時子女大多數皆已長大成人，他們之間因為生活在不同世代（cohorts），年長的父母可能歷經貧窮與戰爭禍亂，而年輕世代的子女則因生活條件較優，各自的壓力來源也不同，故彼此間存有代溝（generation gap）。成年子女常被稱為三明治世代（sandwich generation），尤其是婦女，又要照顧年幼子女，更要因應父母的老化，有些婦女還要因應工作，上述這些角色所累加的負擔，帶給他們不同程度的生活壓力。誠如上述，老人的照顧不是個體或家庭所能負擔的，是而社會與國家須提供必要的支持，以因應老年化世代的來臨。

在老年時期，愛情對成功的婚姻仍具有舉足輕重的地位，配偶也比較會坦誠分享彼此的感覺、相互尊重以及擁有共同的樂趣。年齡較高者比年齡較輕的老年人更覺得婚姻不快樂，尤其是女性老年人；同時，已婚的老人比鰥寡、離婚的老年人更加快樂，特別是身體健康的老人。配偶死亡會帶給另一方重大創傷，尤其彼此關係愈緊密，失落感也愈大，而且也容易發生自殺事件。大部分的老年人不願意與子女同住，少數與子女同住者大多是老年女性或是喪偶者（Santrock, 2004）。健康老人與家人關係緊密，而且也常與家人互動，他們也傾向住在成年子女的附近，並且依賴子女提供不同方式的協助。

老年人的養兒育女責任免除之後，隨之而來，可能提升為祖父母的角色。有些人認為身為祖父母的角色比當父母的角色來得輕鬆，即使與孫子接觸不多，但身為祖父母的角色，賦予老年人生命有重大意義（Wood & Robertson, 1978），包括成為兩代之間的延續者，有時用傾聽與協助，可以敘述過去家族的歷史，讓身為祖父母的長者扮演具有彈性的互補性角色（Hagestad, 1985）。

Neugarten及Weinstein（1964）研究指出，美國社會中的祖父母扮演了下列五種角色型態：

1.尋找樂趣（fun seeker）：老年人是孫子女的玩伴，彼此可從互動中找到樂趣。
2.疏離形象（deviant figure）：祖父母只有在特定日子會與孫子女會面，平時不相往來。
3.代理父母（surrogate parent）：此類型祖父母要照顧孫子女，可能為隔代教養家庭，通常其子女是雙生涯家庭或單親家庭。
4.正規形象（formal figure）：祖父母只給予孫子女特定協助，認為養育孫子女是其子女的責任與義務。
5.家庭智庫者（reservoir of family wisdom）：祖父母擁有權威的角色，能給予孫子女及家庭特別資源及技巧。

上述祖父母角色會隨家庭的情境（例如危機）及祖父母的性別而有不同，通常家庭陷入困境或危機時，祖父母則扮演家庭救火員（firefighter）或看門狗（watchdog）的角色，而且祖母比祖父可提供更多的照顧及互動。

三、退休規劃

退休（retirement）是一種社會制度，將人從工作職場抽離出來，一般社會定義在65歲，但隨老人化社會的來臨，現在有愈來愈晚退休（如67或68歲）的趨勢。退休雖是社會制度的產品，目的是提供更多職位給新進人員以減少企業開銷，但退休之人仍享有過去服務年限所累積的儲蓄或收入，現今也有保險或年金制度以備退休之老年人的生活所需，目前社會約有80%的男性及90%的女性年過65歲不再工作。有些人把退休定義為人們開始接受社會保障或其他養老福利的時期，有的職業例如軍公教在中年時即可申請退休，而且也有退休年俸可以領取。然而，退休還涉及一種心理狀態——脫離工作或職業機構的感覺以及對工作的新取向。當然，也有一些人選擇不退休，有些人在退休之前即過世了，或有一些自我僱用之人或從事創作之技能，在其晚年仍持續工作。

(一)退休規劃與適應

有三種因素會影響退休的適應，包括退休的計畫、對退休的感受及收入減少的程度（Newman & Newman, 1983）。退休的準備包括願意與預定退休後可能在經濟、家庭角色、日常活動以及社會交往方面的變化，並採取某些行動引導這些變化。Ferraro（1990）提出一些可為退休之年善做規劃的項目：

1.設立個人存款帳戶。
2.擁有自己的房子。
3.瞭解退休金及社會福利事宜。
4.發展個人嗜好及休閒活動。
5.決定住所。
6.準備遺囑。
7.確信有完善醫療照顧。
8.與家人住在一起。

對退休的感受涉及一個人針對退休的解脫感和抱怨程度。對許多人而言，工作帶給日常生活的穩定，薪水可讓自己自立及被賦予社會價值。退休帶來個人收入的急遽下降，致其生活及適應受影響，危機也就隨之而來，進而影響個人的身心健康。

不可否認地，退休面臨家庭角色、日常活動、社會互動和財務來源等方面的變動，所以如何成功老化，適應能力就顯得格外重要。Atchley（1976）推出退休適應的三個階段：(1)蜜月期：是一個繁忙而積極的時期；(2)失望期：時工作的意義和結構真正消失；(3)重新定向期：這時開始建立一個穩定的生活秩序。

退休者的人格特質也會影響退休生涯，有工作狂型（work-oriented）、自我保護型（self-protective）、主動型（autonomous），以及欣然接受關懷型（receptive-nurturant）（洪貴貞譯，2003）。工作狂型的退休者面對退休之際可能鬱卒以待，甚至有被遺棄的憤怒或恐懼感；自我保護型之退休者可能認為退休是種解脫；主動型退休者是依自己意願或生涯規劃來轉換工作；欣然接受關懷型之退休者覺得退休是個人生命責任的終點，其退休生活豐富而具人生意義。洪貴貞（2003）引用Reichard、Livson、Petersen及Frenkel-Brunswik（1962）的研究，提出五種人格類型來描述退休者的生活適應：

1.適應良好型（well-adjusted people）：接受目前的現實環境，對過去所作所為沒有懊悔，保持自然輕鬆愉快的生活態度的退休者。
2.搖椅型（rocking chair people）：欣然接受老年的到來，認為老化是自然的過程，放心安養，滿足現狀，採取退養姿態而非積極外向行動的退休者。
3.武裝戰鬥型（armored people）：抱著不服老，仍然全副武裝去除老年的陰影，發展高強度生命旺盛力的退休生活方式，以維持防衛保護系統，去除抗老焦慮感的退休者。
4.適應不良型（poor adjusters）：常抱怨退休生活、怨天尤人的退休者。
5.自責型（self-blamers）：即自我譴責型，自貶身價、自怨自艾的退休者。

一個人對退休的適應與健康、經濟地位、需求滿足、個人的生活史、對生命的看法及社會支持有關。退休並不是與過去一刀兩斷，而是對過去的延伸，是迎接另一階段的人生。

(二)退休後的休閒活動參與

成年晚期之後，個體隨著父母的角色責任減少，會有更多的時間和精力

表10-2　不同的休閒活動對年長者的心理益處

類別	主要益處
打牌、賓果遊戲、保齡球、跳舞等	此類休閒活動的參與可以幫助年長者拓展社交生活、交往友誼
野餐等	可體驗一些不同於以往的新事物
至賽場觀看體育節目、看電視等	此類休閒活動的參與可讓年長者暫時逃避與他人相處上的壓力，也可以尋求有共同話題者
種植家庭植物、蒐集照片、蒐集骨董與閱讀等	此類休閒活動適合偏向靜態活動的年長者，可給予恬靜及安全感
編織或針線、木匠工作與製陶等	此類休閒活動的參與，可讓年長者仍有表現及確認其價值的舞台，協助年長者找尋年輕時未竟的夢想
志願的職業活動、參加社會群體會議與參加宗教群體會議等	此類志願服務活動的參與，可適度給予年長者處理事件等智力上的刺激，協助腦力活化、自我表現，及藉由服務的參與，使老年人力能做適度的運用與貢獻

資料來源：整理修改自Tinsley, Teaff, Colbs, & Kaufman (1985).

可以安排從事休閒活動。不同的休閒活動可滿足個體不同的心理社會需求，Tinsley、Teaff、Colbs及Kaufman（1985）針對成年晚期的休閒活動及其益處所做的研究即發現，不同類型的休閒活動可以滿足不同的需求（參見**表10-2**）。

除了**表10-2**所列之休閒活動外，身體鍛鍊是近年來老年人所選擇的一項重要活動，其益處與健康、自尊及生活樂趣有很大相關。有節奏的大肌肉活動如步行、輕搖、做操、跑步、游泳、爬山，常有助於循環與呼吸系統的健康。

四、老人居住的安排

高齡者日常的居住空間隨著退休和旅遊活動的減少而相形重要。由於退休老人的經濟能力下降、體力不若年輕時，一旦從職場退休，居家和旅遊活動範圍也受到影響；因此，居住空間的安排是高齡者生命歷程中提升生活品質的終極目標。安養院、養生村、老人公寓、老人獨居之名詞應運而生，現今更被發展成獨特的老人福利（照護）事業，如台塑集團於林口所投資興建的長庚「養生文化村」，及西園醫院於萬華區所興建的「永越健康管理中心」等等。而年長者在生活方式、健康、興趣、日常生活自理能力、婚姻狀況和收入上的不同，皆會影響老年人對住房設計的選擇，**表10-3**提供一些老年人在退休家居（retirement housing）上的選擇。

表10-3　年長者退休住所的六種選擇類型

類別	類型	居住設計概念
第一類	退休旅館型 retirement hotel	有些老旅館因為失去了吸引力，為維持適當的使用率，有些遂轉化為老年旅館。此類旅館通常不需要多大調整，每日供給兩餐，所有的居室都是單間設計，在旅館底部另設有一個娛樂室，在中層有交誼廳、遊憩室和視聽室等
第二類	出租的養老村 rental retirement village	這類住所並非指老年人居住的鄉村俱樂部，而是一種簡易的老人公寓供給。這種養老村往往設於近郊，如潤泰集團的潤福生活新象，便設計了300戶滿租。此外，還有一個很大的中心建築，裡面設有管理辦公室、自助餐廳、圖書館、醫生診所、娛樂室、活動室和休息處；有的還會設有小型的百貨商店
第三類	極簡式公寓套房 single high-rise building	這是一種在美國許多地區快速發展的類型，由美國政府所計畫的單幢高層建築，為教堂和其他非營利性組織貸款所資助，比起其他經營業者來說，它的盈利率非常低，所有的住房是公寓套房，大樓裡則設有休息室和娛樂室
第四類	單獨式家庭住房 retirement villages	這是位於美國加利福尼亞南部的半乾燥山地——沙漠地區。絕大部分住房是單獨家庭住房，少數為有花園的公寓；除有一個購物中心外，還有許多昂貴的娛樂設施，包括高爾夫球場、游泳池和特別設計的活動建築或場地
第五類	豪華公寓型退休村 luxurious retirement villages	這是一種依四十年抵押與合資方案所建造的，位於加利福尼亞北部，是豪華型的退休公寓。此類退休村的所有住房都是公寓套房（有一至三個臥室），有醫療診所、高爾夫球場、游泳池、俱樂部，以及為藝術和工藝、娛樂、會議和授課準備的建築和場地；診所中全天有護士值班，而且有家訪護理服務；住在這裡的居民們有健康保險
第六類	生活養護所 life-care home	這是由教會主辦的老人住宅，是經美國國家社會福利部許可對個人照顧和保護的服務。要以火災、意外事故及健康保險為抵押（這裡也有附屬醫療部門，儘管目前的設計並不包括那裡的住院醫生）。提供全天飲食。其地點位於加利福尼亞南部都市的大學城。這種類型的一個有吸引力的特色是提供三種不同類型的住房：單幢住所、公寓套房和單間住房，並根據個人自我照顧能力的下降程度分別安排居住。中心建築內設有餐廳、休息室和活動室

資料來源：整理修改自Sherman (1971).

除了上述健康老人的退休家居型態，大約也有5%的65歲老人居住在養護院或其他集體式之看護機構。當沒有家庭成員能幫助一個老年人管理其日常生活需要時，老年人進入養護中心（院）的機率就大為提高。許多養護中心成為長期護理養老社區（continuing-care retirement community），居住在此社區的居民在身體健康時就遷移至此社區，社區裡為老人提供住居、醫療保健和社會服務。只要住在那裡，生病或喪失能力都可以獲得照顧及護理保障（Cohen, Tell, & Wallace, 1988）。

在美國，約有一半的州為因應老年化的時代，已發展以社區為本位的長期看護計畫，由居住在社區的人員為那些患慢性疾病的老年人提供治療和社會服務，臺灣也在積極發展老年的長期照顧計畫。這些計畫目的在減輕家庭成員和親友們照顧老年人的負擔，也給喜歡留在家裡的獨居老人帶來安慰。長期照顧計畫提供老年人必要的服務，並隨個人的情況與需求而變化，因而也具有著相當的彈性與靈活性。這些計畫絕對需要政府及民間財力和科技的支持，來強化老年人的居住安排及提升高齡者的生活水準和機能。

一般老人在生活或住宅規劃方面所需的社會資源有：

1.門診評估與衛教：有關老人的心理與生理疾病需要有門診支持，而門診等醫療體系的建立卻要花很長的時間；此外，老人往往不知道要看哪一個科別，有的慢性病還得跨科別看診，結果索性不就診，或就診了往往分不清楚何時該吃哪一種藥，乾脆不吃藥或混著亂吃，問題層出不窮，故若有醫療團隊的評估與衛教的支持，或建立好良善的家醫制度，相信對老人的心理與生活品質就能大大提升。
2.社會參與：老人的社會參與有助其心理調適。老人因老化、退休而歸隱家中，將一個有能者角色轉化為依賴者，故鼓勵老人社會參與或接受繼續教育，能使老人的生命意義得以延續。內政部在全省各地開辦老人關懷據點，便是在鼓勵老人走出家門，多一些社會參與。
3.家庭情緒支持：有些老人需要家庭照顧，在現今社會中，照護的責任往往落到女兒或媳婦的身上，也由於缺乏照護知識與技巧，再加上個人工作與職務或經濟上的壓力所致，致照護者產生多重角色衝突，所謂久病床前無孝子，更是讓所有家人心力交瘁；故家人的情緒支持與調適，以及社會的居家照顧服務支持網絡的支援，都有助老人家庭的幸福感。
4.居家照護服務：**在地老化**（aging in place）是政府長期照顧政策發展之目標，主要目的為讓有照顧需求的年長者留在家庭與社區的時間得以延長，為目前老化政策主推項目之一。居家照護服務不僅能讓年長者能生活在所習慣的社區，也能讓主要照顧者得到喘息時間，轉換壓力、排解情緒。

5.老人保護：建立老人通報系統，將在家庭中有受虐待或受疏忽之個案進行立案追蹤，以提供社會工作服務。

6.照護機構：在過去老人不願離家，但現今有愈來愈多的老人選擇到老人安養機構，這類年長者以家中無法提供照護服務者居多。現代人照顧家庭的負荷往往過重，政府或私人機構宜建立照護機構，提供有需要的家庭不同的選擇；此外，符合中低收入戶身分者更可免費或取得入住安養機構的補助。

第三節　老年期的發展危機

一、老年期的心理疾病

除了老化所帶來的生理疾病之外，舉凡感覺器官、神經系統、消化系統、泌尿系統、激素、肌肉系統等變化所帶來的心臟病、高血壓、糖尿病及器官病變外，心理功能及健康也與年齡有關（Siegler & Costa, 1985）；而高血壓與心血管疾病則與智力測驗分數有關。

有些老人具有不同形式的心理退化，例如器質性腦疾病（organic brain disorders）就有可能由中風所致。雖然這些疾病有不同的成因，但是在認知過程及行為卻有類似的變化，其特徵為：(1)智力退化影響社交和職業功能；(2)記憶損害；(3)判斷受損及思考歷程受損；(4)思考及人格退化。相關疾病如：

1.多重梗塞癡呆症（multi-infarct dementia）：大約有20%具器質性腦疾病者是多重梗塞癡呆症，這種疾病是因血管（小動脈）阻塞，而重複切斷通往腦中不同部分的血流供應所致。其癥狀有頭痛、暈眩及影響記憶。

2.阿滋海默症（Alzhemer's disease）：阿滋海默症有四種特徵：(1)腦中的神經纖維多到纏結侵擾，尤其在皮質（cortex）及海馬迴（hippocampus）；(2)類似斑塊（plaques）在神經細胞外聚集；(3)傳遞衝動至神經原的神經纖維萎縮；(4)腦部明顯萎縮。阿滋海默症第一個徵兆是記憶力減退；再來是注意力及再認能力變差；第三是日常行為退化；最後是不能行走及說話，常感染肺炎、泌尿器官系統。

3.譫妄（delirium）：譫妄是大腦代謝產生問題，也伴有幻覺、妄想，以及發熱、肌肉顫抖、心跳快速、流汗、瞳孔放大、血壓高等癥狀。

有關老人的心理治療大抵採用生物心理社會（biopsychosocial）模式來作評估，亦需要有跨專業的服務，如心理師、社工師、職能治療師的團隊合作。心理治療的種類有下列幾種，分述如下：

1.支持性心理治療：在個案陷入疾病或困擾時，提供短期的諮商，使個案能恢復原本的功能。
2.認知行為治療：治療是著重協助個案瞭解和改變其認知思考的過程與行為的模式，尤其是強化扭曲的負向思考。
3.精神分析取向的心理治療：治療目標在於改變個案的人格結構，解決個人早期經驗的心理衝突，藉由對於潛意識的瞭解，改變病人的自我防衛方式。老人常見的自我防衛方式有轉移、隔離、反向、合理化、昇華作用等。
4.懷舊治療（reminiscence）：目標在協助個案緬懷過去人生中的重要事件與回憶。懷舊治療的功能不在於認知，而是對於老人憂鬱的情緒進行治療。
5.職能治療：職能治療簡言之就是復健，也是透過職能治療師「對患者生活面的全面評估」及「安排患者參與治療性的活動」，來提高患者的生活品質，協助其達成原有生活的角色功能。

二、老年期心理社會危機

進入老年期的終端，老年人大多數產生了死亡的概念，他們面對死亡的恐懼到最後會逐漸克服，如果他們的個體能獲得心理的整合，他們就會相信生活是有意義的。整合感的獲得帶給他們做選擇時及實現目標時的個人尊嚴感，而不會對自己過去的失敗、錯失良機和不幸產生絕望。有了如此準備，個體隨時可接受生命終了（ready to die）來臨，並視為是人生的自然階段。

儘管我們瞭解死亡是必然的，但人們還是希望能獲得永生，古時秦始皇在位高權重時更是想要永生。盼望永生是有意義的，因為有希望遠比沒有希望來得好。步入高齡的老年，在接受死亡vs.不斷增強的永生思維下，產生了衝突，而老年人更是努力尋找生命的意義。

永生（immortality）的獲得與表現有五種方式：（Lifton, 1973）

1.生命可透過下一代和後輩延續：此種類型的永生可以擴展到祖國、組織、群體或全人類。
2.相信有來世或精神世界的存在：這也是大多數宗教傳統的概念，人在世俗生活之外的種種自然力相和諧的象徵。
3.透過創造性的成就帶給世人積極正向的影響：個體透過創造性成就和對他人的影響，獲得一種永生感，這可由老年人仍然很努力追求創造與成就感上得知。
4.在自然循環鏈中整合：塵歸塵、土歸土，死後人的軀體歸於塵土，轉化為其它能量方式。
5.經驗的超越（experiential transcendence）：此種概念獨立於宗教、教育與成就之外，它是從入迷或狂喜的瞬間所獲得的頓悟。這其中，所有的感覺匯成一股力量，在個體感覺連續的存在感。

老年人心理危機的核心過程是社會支持。社會支持使個體相信他們是被關心、愛護、尊重及重視的，以及屬於一個相互溝通和承擔義務的網路。對於老年人，社會支持對保持幸福感和促進不斷超越衰老的身體極限的可能性中，持續承擔著重要角色。而社會支持對個體幸福感有三大重點：(1)可以持續有意義的社會聯繫，從而減少孤獨感；(2)照護者提供關愛、訊息、忠告、交通和日常飲食與活動的支持；(3)減少壓力的衝擊，保護避免不良疾病的不良後果。

總之，社會支持讓老年人持續獲得永生感，此外也肯定了老年人的價值，讓老年人能對世人有積極正面的影響，並能容納他們在社會團體中，使老年人具有存在感。

第四節　結語

人類壽命的延長使得65歲的人至少還有二、三十年的平均餘命，所以老年人實難以定義。也有人將65歲之個體分為青老年、中老年及老老年。從Erikson的心理社會發展理論認為，這個階段的主要任務是統整和絕望，個體傾向回顧他們一生的功成名就。

老人家喜歡敘述過去，因為過去帶來一些成就的回憶，他們不是活在過去，而是過去在他們心中活著，回顧歷史是老人家活出生命意義的一種活動。

隨著身體老化，老人家也伴隨一些慢性疾病，其中又以關節炎和高血壓最為常見，此外老年人的新陳代謝速度減緩，營養均衡和充分運動將有助於老年時期的健康維護。老年期的身體老化並不意味著其失去心智能力，只是感覺器官的退化加上短期記憶的衰退造成其流體智力減緩，但晶體智力卻沒有太大的影響。然而，失落及憂鬱卻是老年時期要嚴肅面對的心理課題，特別是面對個人的老化及親友的死亡。所以說來，老人癡呆和憂鬱症是老年期最常見及嚴重的心理違常行為，社會支持遂成為減緩其症狀的良劑。

到底老年時期應要撤離（disengagement）還是要加以活動（activity），實是見仁見智的問題，這要看個體的健康、人格、經濟狀況、能力及社會支持而定，但至少個體應維持休閒活動及社會參與。

家庭在老年期的社會化也提供必要的支持，尤其是與配偶、家人及親友的互動。有些老人免除父母角色，但另一角色（祖父母）也對個體帶來具體的意義。老人選擇的居住方式也影響個體的生活自理照顧和機能，長期照護乃是因應老年化趨勢所發展出來的社會政策與福利服務，其有賴於政府、民間團體和科技的能力來減緩家人對老年的照顧壓力。此外，老人被虐待、歧視以及生活在貧窮邊緣皆是老年生活適應上的危機，社會政策的制定以及去除刻板化，方能提升老人福祉。

參考書目

一、中文部分

中華民國統計資訊網（2009）。《97年臺灣老年人口婚姻現況》。臺北：內政部統計處。

內政部統計處（2007）。《光復後歷年簡易生命表平均餘命》。臺北：內政部統計處。

吳老德編著（2003）。《高齡社會——理論與策略》。臺北：新文京開發。

邱天助（1990），教育部社會教育司主編。〈老人基本教育的理論與實際〉，《成人基本教育》。臺北：臺灣書店。

洪貴貞譯（2003），Vimala Pillari著。《人類行為與社會環境》。臺北：洪葉。

張怡（2003）。〈影響老人社會參與之相關因素探討〉，《社區發展期刊》。103：225-233。

黃富順等（2006）。《成人發展與適應》。臺北：國立空中大學。

葉肅科（2004）。〈老人休閒、娛樂、教育與志願服務需求與趨勢〉，《兩岸四地社會福利學術研討會論文集》。

顏蒨榕（2002）。《老人生死教育課程內容與教學之研究》。嘉義：南華大學生死學研究所碩士論文。

內政部社會司（2007）。老人福利服務。檢索自：http://sowf.moi.gov.tw/04/07/07.htm

二、英文部分

Anthony, S. (1972). *The Discovery of Death in Childhood and After.* New York: Basic Books.

Atchley, R. (1976). *The Sociology of Retirement*. New York: Halsted Press.

Atchley, R. C. & Miller, S. J. (1983). Types of elder couples. In. T. H. Brunbaker (Ed.). *Family Relationships in Later Life*. Beverly Hills, CA: Sage.

Bergman, C. S., Plomin, R., Pedersen, N. L., McClearn, G. E., & Nesselroade, J. R. (1990). Genetic and environment influences on social support: The Swedish adoption/twin study of aging. *Journal of Gerontology: Psychological Sciences, 45*: 101-106.

Charness, N. & Bosman, E. A. (1992). Human factors in aging. In F. I. M. Cralk & T. A. Salthouse (Eds.). *The Handbook of Aging and Cognition.* Hillsdale, NJ: Erlbaum.

Clay, R. A. (1997/04). Helping dying patients let go of life in peace. *APA Monitor*, 42.

Cobb, S. (1979). Social support and health through the life course. In M. W. Riley (Ed.). *Aging from Birth to Death.* Boulder, Colo: Westview.

Cohen, M. A., Tell, E. J. & Wallace, S. S. (1988). The risk factors of nursing home entry among residents of six continuing care retirement community. *Journal of Genontology: Social Sciences, 43*: s15-s21.

Craik, F. I. M. & Byrd, M. (1982). Aging and cognitive deficits. In F. I. M. Craik & S. Trehub (Eds.). *Aging and Cognitive Processes*, NY: Plenum.

Duffy, J. A. (1998/09/29). Older adults enjoy sex, too, poll says. *The Arizona Republic*, A6.

Erikson, E. (1968). *Identity: Youth and Crisis*. New York: Norton.

Erikson, E. H. (1982). *The Life Cycle Completed*. NY: Norton.

Ferraro, K. F. (1990). Cohort analysis of retirement preparation, 1974-1981. *Journal of Gerontology, 45*: S25.

Flanagan, J. C. (1980). Quality of life. In C. A. Bond & J. C. Rosen (Eds.). *Competence and Coping During Adulthood* (pp.156-177). Hanover, NH: University Press of New England.

Florian, V. & Kravetz, S. (1983). Fear of personal death: Attribution structure and relation to religious belief. *Journal of Personality and Social Psychology, 44*: 600-607.

Fried-Cassorla, M. (1977). *Death Anxiety and Disengagement*. Paper presented at the annual convention of the American Psychological Association, San Francisco.

Gruetzner, H. (1988). *Alzheimer's: A Caregiver's Guide and Sourcebook*. New York: Wiley.

Hagestad, G. (1985).Continuity and connectedness. In V. L. Bengston & J. Robertson (Ed.). *Grandparenthood*. Beverly Hills, CA: Sage.

Horn, J. L. (1982). The theory of fluid and crystallized intelligence in relation to concepts of cognitive psychology and aging in adulthood. In. F. J. M. Cralk & S. Tiehub (Eds.). *Aging and Cognitive Processes* (pp. 237-278). New York: Plenum.

House, J. S. (1985). Social support. *LSA, 8*: 5-8.

Jung, C. G. (1969). *The Structure and Dynamics of the Psyche*. Princeton, PA: Princeton University Press.

Kalish, R. A. & Reynolds, D. K. (1976). *Death and Ethnicity: A Psychocultural Study*. Los Angels, CA: University of Southern California Press.

Kalish, R. A. (1985). *Death, Grief, and Caring Relationships* (2nd ed.). Pacific Grove, CA: Brooks/ Cole.

Kübler-Ross, E. (1969). *On Death and Dying*. New York: MacMillan.

Levinson, D. J., Darrow, C. N., Klein, E. B., Levinson, M. H., & Mckee, B. (1978). *The Seasons of a Man's Life*. NY: Knopf.

Lifton, R. J. (1973). The sense of immortality: On death and the continuity of life. *American Journal of Psychology, 33*: 3-15.

Marsiglio, W. & Donnelly, D. (1992). Sexual relations in later life: A national study of married persons. *Journal of Gerontology, 46*: 334-338.

Meyers, G. C. & Mauton, K. G. (1984). Compression of mortality: Myth or reality? *Gerontologist, 24*: 346-353.

Miller, B. C. (1976). A multivariate development model of marital satisfaction. *Journal of Marriage and the Family, 38*: 643-657.

Neugarten, B. & Weinstein, R. (1964). The changing American grandparent. *Journal of Marriage and the Family, 26*: 199-204.

Newman, B. M. & Newman, P. R. (1999). *Development Through Life: A Psychosocial Approach* (7th ed.). Belmont, CA: Brooks Cole/ Wadsworth.

Newman, B.M. & Newman, P. R. (1983). *Understanding Adulthood.* New York: Holt, Rinehart & Winston.

Orthner, D. (1975). Leisure activity patterns and marital satisfaction over the marital career. *Journal of Marriage and the Family, 37*: 91-102.

Reichard, S., Livson, F., Petersen, P. G., & Frenkel-Brunswik, E. (1962). *Aging and Personality: A Study of Eighty-Seven Older Men*, New York: Wiley.

Rich, C. L., Young, D., & Fowler, R. C. (1986). San Diego suicide study. *Archives of General Psychiatry, 43*: 577-582.

Santrock, J. W. (1995). *Life-Span Development* (5th ed.). Madison, WI & Dubuque, IA: Brown & Benchmark.

Santrock, J. W. (2004). *Life-Span Development* (7th ed.). Madison, WI & Dubuque, IA: Brown & Benchmark.

Schaie, K. W. (1987). Intelligence. In G. L. Maddox (Ed.). *The Encyclopedia of Aging* (pp. 357-358). New York: Springer.

Schaie, K. W. (1994). The course of adult intellectual development. *American Psychologist, 49*: 304-313.

Siegler, I. C. & Costa, Jr, P. T. (1985). Health behavior relationships. In J. E. Birren & K. W. Schaie (Eds.). *Handbook of Psychology of Aging*. NY: Van Nostrand Reinhold.

Sherman, S. R. (1971). The choice of retirement housing among the well-elderly. *Aging and Human Development, 2*: 119-120.

Silverman, P. R.(1987). Widowhood as the next stage in the life course. In H. Lopata (Ed.). *Widows: Vol. II. North America* (pp. 171-190). Durham, NC: Duke University Press.

Sunderland, T., Lawlor, B. A., Molchan, S. E., & Martinez, R. A. (1988). Depressive symptoms in the elderly: Special concerns. *Psychopharmacology Bulletin, 24*: 567-576.

Tinsley, H. E., Teaff, J. D., Colbs, S. L., & Kaufman, N. (1985). System of classifying leisure activities in terms of the psychological benefits of participation. *Journal of Gerontology, 40*: 172-178.

Twente, E. (1965). Aging, strength and creating. *Social Work, 10*: 105-110.

U. S. Bureau of the Census (1989). Population profile of the United States. *Current Population Reports* (Ser. p.23 no.159). Washington, D.C.: U.S. Government Printing Office.

U. S. Census Bureau (2003). *Statistical Abstract of the United States*. Table 105, p.83. Washington D.C.: U. S. Government Printing Office.

Wood, V. & Robertson, J. E. (1978). Friendship and kinship interaction: Differential effect on the morale of the elderly. *Journal of Marriage and the Family, 40*: 367- 375.

Wright, B. M. & Payne, R. B. (1985). Effects of aging on sex differences in psychomotor reminiscence and tracking proficiency. *Journal of Gerontology, 40*: 179-184.

Zastrow, C. & Kirst-Ashman, K. K. (1997). *Understanding Human Behavior and the Social Environment* (4th ed.). Chicago, IL: Nelson-Hall.

Chapter 11

結論　成功老化

黃明發　中國文化大學中山與中國大陸研究所
社會組博士班

■從日常生活談成功老化

■從社會參與談成功老化

■從社教機構談成功老化

■結語

本章主要將老年期的社會參與對老化實質上的影響進行論述，也為讀者探討目前的社會政策如何將為數愈來愈多的老年人口，吸納於社會的運作體系中，善加利用他們的能力，以老年人所累積的智慧提供老人能量，再度貢獻及服務於社會，達成「成功老化」。首先，要瞭解老人需求，提供各種不同福利措施，以因應老人在生理、心理及社會參與各層面之面向，結合社會資源，提供各種不同的社會參與類型，促進老人身心之健康，以幫助高齡者活得健康、快樂、有價值，這也是目前臺灣因應「高齡化社會」的社會政策；其次，如何面對老化的心理當然更是不可不談的議題。

第一節　從日常生活談成功老化

老化（aging）是自然界中必經的過程，隨著年齡的增加，人體自然老化的過程正在發生。人體在生理各方面功能的逐漸退化，造成日常生活獨立自理的能力降低，角色也從照顧給予者轉換為被照顧者，同時伴隨社會參與的減少等負面狀態。世界衛生組織對於**「老化」的定義**為，一個國家65歲以上人口超過總人口數的7%時，即稱為「高齡化社會」。隨著醫療科技的進步、環境衛生與營養的改善，人類平均餘命逐漸延長，老年人口增加，高齡化社會呈現全球性發展趨勢。

在現今的臺灣社會中不難發現，老化對於老人生理、心理及社會各個層面的影響甚大。高齡者如何透過參與社會活動使自己活得更健康、快樂，而有尊嚴達成成功老化相當重要，同時是世界各國所關注的問題。因為，全球人口高齡化已是普遍的現象，如日本及西歐國家65歲以上人口，占總人口數的比率已超過14%以上。粗估各國自7%的「高齡化社會」增加至14%「高齡社會」的速度各有差異；以臺灣為例，根據預估將與日本歷時二十五年左右相似，至於達到20%的「超高齡社會」，則預估與南韓相當，大約在2026年左右會達到，屆時平均每五個人之中就有一位是65歲以上的老人（舒昌榮，2008）。

根據臺灣內政部的統計資料顯示（內政部戶政司，2011），臺灣高齡者人數已達二百五十二萬八千三百零七人，占全國總人口數的10.88%，與去年同期相較，增加了0.23%，顯示臺灣高齡人口正不斷攀升中。另一方面，根據臺灣行政院經濟建設委員會所做的「臺灣2008至2056年人口推計」（行政院經濟建設委員會，2008），至2056年時，臺灣老化指數將達369.7%，與1993年老化指數的28.3%相比，增加了13倍之多。此一數據反映出臺灣人口老化的快速，在可以預見的未來，臺灣高齡人口將不斷增加，隨之而來的種種議題都將成為社會應加以重視的議題；惟必須注意的是，高齡人口生理是老化了、退化了，心理卻仍在發展之中，因而生理與心理的相互因應是老化議題的重點。

日本早在1970年便已步入高齡化社會，迄今日為止，已成為全球老年人人口比例最高的國家。有鑑於此，日本政府為因應高齡社會，於2001年修訂「高齡社會大綱」，提出了高齡化社會對策的三大主題：有關僱用或就業問題、老人福祉問題與增進老人生活品質，以及生命意義感的問題；其中第三項問題被認為是高齡化社會對策中最重要的一環。（張國治，2005）基於整體壽命的延長，若無法使高齡者活得健康、快樂、有價值，那對於高齡者而言一切都將毫無意義，因此高齡化社會挑戰的重要課題，即在於培養高齡者感受和具有探索生命意義的能力。

中國傳統養生文化有著數千年的歷史，**養生**（health-preserving）在中國又稱攝生、道生、衛生等，有關我國古代養生的文獻，內容豐富多彩，既有系統理論，又有可靠的實踐經驗，是中國文化的瑰寶。

養生文化不但融合了自然科學及社會人文科學的內容，隨著人類社會發展而逐步蓬勃發展起來，自春秋戰國時期開始就已形成，同時也出現了百家爭鳴的局面；其中，以儒家、道家、陰陽家對中國養生文化影響最為深遠。中國傳統養生觀經由學術流派、中醫養生、藥膳養生，不斷豐富演進，形成中國特有的養生文化。

養，即保養、調養、補養之意思；**生**，即生命、生存、生長之意思。所謂「養生」就是根據生命的發展規律，達到保養生命、健康精神、增進智慧、延長壽命之目的。上述提到養生在中國古代受到的重視，是早從春秋戰國、先秦兩漢，到魏晉隋唐，再到宋元明清，直至現代化社會，各個時期都有許多養生之道；但綜合言之，中國傳統的養生之道主要包括飲食起居、修養心性、活動身體、藥膳養生等方面；而養生觀念則是防範未然、防微杜漸、適可而止、過猶不及、清心少欲，處事淡然等範疇（張燕青，2007）。

中國養生文化的起源相距我們今天的生活已經很遙遠了；時至今日，我們仍然繼承這種傳統方法；許多人都很樂意接受傳統養生方法來進行身體的調理，尤其是邁入老年階段的人們，平時也經常食用中藥補品來調理身體與增強免疫力。根據臺灣內政部（內政部，2009）「老人生活狀況調查」結果顯示，目前臺灣65歲以上有固定參加社會活動者，其中以參與「養生保健團體活動」者最多，占13.19%；其次為參與「宗教活動」者，占11.33%；再次為參與「休閒娛樂團體活動」者，占9.13%。這些數據顯示，我國高齡者在社會參與程度仍然偏低；但可以發現，高齡者對於「養生保健團體活動」是比較有興趣的，表示現今社會多數的老年人，對於養生保健議題是很有興趣的，如吃健康、多運動及多用腦。

由上述可知，在高齡社會中個體預期壽命的延長，凸顯了老年生活意義的重要性，如何協助高齡者更健康、活躍地進入老後生活，充分融入及參與社會活動是現今高齡社會的重要議題。

第二節　從社會參與談成功老化

2002年，世界衛生組織（WHO）提出**積極老化**（active ageing）的觀念，並制定「積極老化政策綱領」報告書（Active Ageing: A Policy Framework），其中明定社會參與、健康促進和安全維護作為三大綱要之總體策略；社會參與部分強調高齡者參與社會的能力與其價值，並鼓勵高齡者再就業及參與社區事務，或擔任志願服務工作。

社會參與是個人參與社會生活，分享社會中的各項資源，維持與社會的互動以獲得人際關係，充實生活內涵並得到自我實現的滿足感。曾中明（1993）認為，社會參與層面很廣，包括政治、經濟、文化、社會及教育等公共事務；林勝義（1990）則認為，社會參與的主要功能有四：(1)滿足高齡者身心理上適應的需要；(2)滿足高齡者表現自身能力的需要；(3)滿足高齡者貢獻生命經驗及回饋社會的需要；(4)滿足高齡者以自己的智慧和專長影響社會的需求。

此外，M. Demery所提出的成功老化途徑中的「積極參與」，亦是強調高齡者應積極地參與各種社會活動，透過與他人接觸及維持良好關係，增進自我發展及建立正向的人生態度，以對抗晚年期因面臨疾病和死亡所產生的焦慮（林麗惠，2009）。

從社會福利的角度來看，老年人因退休後，社會角色減少，空閒時間變多，因此需要參與一些活動以加強新生活的適應，透過社會參與可降低老人的寂寞感（張素紅、楊美賞，1999），藉由社會參與的機會也可以協助老年人填補空閒，建立自我認同（self-identity）、減少社會隔離、增加生活充實感（李瑞金，1994），使老人生活保持活耀，有助於晚年生活品質的提升，也可以獲得被愛、受尊重與自我實現等高層次的滿足感（朱芬郁，1998）。再者，因為社會參與是一種個人與群眾的互助與互動，使雙方都獲益的活動，所以老年人的社會參與不但可以幫助社會，同時也對自己的身心有莫大幫助（江亮演，1988）。政府一直在推行成功老化政策，目的就是希望老人能夠活躍地參與生活（active engagement of life），這個目的包含兩個方面：一是人際關係參與，包括與他人的訊息交流、情感支持、直接的協助及終身學習；二是具備生產力，此項並不受限於給薪工作；其他亦包括照顧其他家庭成員、能自己打掃住家環境，以及擔任志願服務工作等活動。

現今的高齡者有三大特徵：健康良好、有經濟的保障和教育程度高（黃富順，2005），與過去以往對老年人的刻板印象不同，如何強化高齡者教育，在觀念上要先揚棄高齡者教育不具報酬率的想法，其次應瞭解高齡者確有學習的必要，才能因應生活需要。而高齡者透過書刊、研習、網路、社團及自我省思，都可獲得良好的學習（林振春，2000）。依據聯合國教科文組織的報告指出，老人參加愈多的學習活動，就愈能融入社區的生活，對健康與安寧產生極大幫助（楊國德，1999）。但高齡者不只是學習型社區的消費者、享受者，更可以成為共同生產者、規劃者，而在參與過程中更可以獲得實質的學習和成長，「社會參與」對老化有實質的影響，臺灣目前的社會政策就是將為數愈來愈多的老年人口，吸納於社會的運作體系中，善加利用他們的能力，以老年人所累積的智慧提供老人能量，再度貢獻及服務社會（郭靜晃，2010）。

一、社會參與

教育部社教司表示，我國65歲以上老年人口在2006年11月底前，已達二百二十八萬多人，占總人口比率約9.9%，預估到2026年，老年人口將達到20.6%，成為「超高齡社會」。因應臺灣已進入高齡化社會，二十年後將進入老年人口超過兩成的超高齡社會，即每五位人口中，就有一位是65歲以上的老人；再加上社會型態及家庭結構的急遽轉變，人口老化所衍生的各種問題，顯得相當重要，並值得加以重視。

為解決人口老化所衍生的問題暨加強對老人福利的重視，行政院分別於1998年5月及2002年6月核定辦理第一、二期「加強老人安養服務方案」，實施要項含長期照顧與家庭支持、保健與醫療照顧服務、津貼與保險、老人保護網絡體系、無障礙生活環境與住宅、社會參與、專業人力培訓、教育及宣導共八大類。

針對國內正面臨少子化與高齡化的問題，教育部研擬完成「邁入高齡社會老人教育政策白皮書」，並於2006年12月29日公布，將我國老人教育工作願景定位為：「終身學習、健康快樂、自主尊嚴、社會參與，並且建構老人教育的全民體系網絡，以正規學校教育及社會教育合力推動。」其最重要的施行意義在於：(1)保障老人權益，提升老人心理及生理健康，促進成功老化；(2)提升老年人退休後家庭生活及社會的調適能力，減少老化速度；(3)提供老人再教育及社會參與的機會，降低老人被社會排斥與隔離的處境；(4)建立一個對老人親善與無年齡歧視的社會環境。教育部除了規劃符合老人需求的終身學習教育方向，也將老化知識納入九年一貫國教課程議題教學，並希望各級學校安排「祖孫週」、「老化體驗日」等教學活動，讓不同年齡的孩子瞭解老化的意義，學習關心老人。

由這些政策之發展面向來看，我們可以清晰地發現，在老化的議題上，不論是從福利或是教育的角度來看，「社會參與」是對老化具有實質意義的重要對策。現今社會必須要面對的課題，也就是將這些為數愈來愈多的老年人口，放入社會的運作體系中，善加利用他們的能力。

(一)老人社會參與的重要性

醫療科技的進步、生活品質的大幅改善，使得人們平均餘命提高、生命週期延長，讓社會上存在著更多的老年人，連著帶動影響老人的社會地位。對於現今的老年人口，我們應該要跳脫老年人是屬於需要被照顧的觀念，擺脫以往將老年人視為無角色的角色（roleless role）之看法，重新對老年人的生活與社會資源做一番檢視。

以經濟層面來看，後工業化社會的改變、科技的進步，老年人大都排斥新穎事物，也無力跟進，對老年人的人力資源需求相形降低，逐漸形成一定比例的依賴人口（張怡，2003）。2005年主計處的調查中，65歲以上老人會使用電腦者僅6.67%。因為e化資訊科技的社會所造成的變動，原先的年輕人和老年人以經驗傳承的交流方式轉變，形成不同世代的疏離，在諸多因素下，屬於老年人自己族群的社會參與的重要性更加鮮明。

(二)老人社會參與的界定

從張怡（2003）在〈影響老人社會參與之相關因素探討〉報告中（參見**表11-1**），對於社會參與的界定如下：

1.在定義上：老人透過參與社會的機會和權利的擁有，以一個動態的概念和行動，有組織的投入社會上各類型的活動形式。
2.在類型上：區分有酬勞形式的人力資源運用及無酬勞性質的社區參與。其中，社區參與包括文康休閒、志願服務、宗教活動及政治參與。

(三)老人社會參與的需求

Moody在1976年將老人教育的發展分為四個層級階段：拒絕與忽視、社會服務、社會參與、自我實現等。以我國目前狀況而言，老人教育主要處於社會服務的型態，而包含社會參與的部分（顏蒨榕，2002）。老人教育的目標必須針對老人的需要，並配合老年期的發展任務，在健康維護、心理調適、經濟管理、社會關係的調整、休閒生活的知能、第二生涯發展、生命意義的發現與重建等諸多方面給予協助，使老人有效解決生活中的問題，在人生的最後階段中，尋求整全生命的永恆意義（邱天助，1990）。

社會參與是老人教育的層級階段，而老人教育目標之實踐，必須針對老人的需要。McCluskyu依據發展觀點提出老年人特殊需求的論述，用來描繪老人社會參與型態、參與內涵，以社會參與方式來回應老人需求，以增進老人社會參

表11-1　國內學者對社會參與的範疇界定

作者	名稱	內容
黃國彥、詹火生	老人社會參與	一為有酬的工作，二為無酬的志願服務工作
李瑞金	老人社會參與	可自志願服務工作和文康休閒活動進行探討
林珠茹	老人社區參與	是一個動態的概念和行動，運用有組織的行動投入社區活動。因社區類型之不同而各有獨特的形式、內涵和目標
曾中明	社會參與	認為社會參與的層面很廣，包括政治、經濟、文化、社會及教育等公共事務，並將之分成五種類型：休閒活動、宗教活動、志願服務、進修研習與政治參與

資料來源：張怡（2003）。

與發展之周延性。

表11-2列出老年人需求的類型、內容、社會參與型態及其內涵。說明了對於老人而言，要提升或維持身體機能與生活品質，參與定期的、適度的體力活動是相當重要的。（吳老德編著，2003）

表11-2　老年期社會參與的需求及其內涵

社會參與的需求類型	社會參與的需求內容	社會參與的型態
應付需求 coping needs	可以使個體自複雜的社會中，充分發揮需求，包括生理需求、社會互動、消費及生活等基本能力	為有酬勞性質的人力資源。2002年第二次老齡問題世界大會報告書（張怡，2003），針對老人人力資源議題明定目標，政府應為所有想要工作的老年人提供就業機會。老年人若能從事有酬勞之工作，不僅有助老年人個人經濟消費能力的提升，也較能有效的滿足個人基本需要的資源，降低依賴，提升老人尊嚴
貢獻需求 contributory needs	藉由利他慾望，充實自己、增進自我價值，並促成老人的自我統整	為一志願服務。依據「老人福利法」第二十三條規定：「老人志願以其知識、經驗貢獻於社會者，社會服務機構應予以介紹或協助，並妥善照顧。」（內政部社會司，2007），以及1991年「聯合國老人綱領」揭示，鼓勵老人從事志願服務，服務社區與擔任適合自己興趣及能力之志工，發展老人貢獻的動力，傳授自己的知識與技能。志願服務是一種美德，可以促進社會進步與提升國民生活素質。從社會交換理論來看，老人的志願服務可視為是一角色轉換。它使老年人更能體諒他人，為社會多付出些心力，也可從幫助他人當中獲得更多的快樂與成就感
表達與沉思需求 expressive and contemplative needs	個體可從活動參與中獲得內在回饋，使老年人心理獲得滿足	是一文康休閒。老年人參與休閒教育活動，保持與社會的接觸，減少社會隔離。許多中外研究均證實，老人參與休閒、文化或教育活動，可以有效促進身心之健康。這些活動，除了可以發展友誼，更可增進老年人的創造力，改變自我形象。「老人福利法」第九條明白規定，政府應視需要設立，並獎助私人設立各類老人福利機構；其中第四項所謂的文康機構，係以舉辦老人休閒、康樂、文藝、技藝、進修及聯誼活動為目的
影響需求 influencing needs	透過老年人累積豐富經驗的傳承，可使老年人覺得生活更具意義	是一種政治參與。依據Zastrow及Kirst-Ashman（1997）所提出的高齡化與老人服務中，最特別的部分在於老人政治勢力的興起。在美國，有許多退休組織積極聯合其他團體為老人權益發聲（張怡，2003）。國內則大多數的退休組織都傾向於休閒單位，為從事一般性質的聯誼聚會型活動。對關心的事發表言論、進行討論，可以幫助老人認清最適當的角色，發展個人或團體技巧，提供社會支持，以爭取個人或社區的共同利益，這部分是值得國內加強之處

（續）表11-2　老年期社會參與的需求及其內涵

社會參與的需求類型	社會參與的需求內容	社會參與的型態
超越需求 needs for transcendence	更深入瞭解生命之意義，超越生理限制，使得人生達致圓融的境地，進而有更高層次的領悟	為一宗教活動。「老人福利法」第二十四條規定：「有關機關、團體，應鼓勵老人參與社會、教育、宗教、學術等活動，以充實老人精神生活。」這與最近倡導的「靈性學習」，以及面對臨終的生命教育，訴求是一致的，提供智慧認識人生意義，詮釋不同之人生意義，對老人給予支持性的回顧環境，參與此類型之精神活動，在於使老人接受自己、認同生命的價值

資料來源：黃明發（2013）整理製作。

與社會中其他年齡層一樣，老年人也有相同的一些需求。要滿足這些需求，主要的差異是如何滿足並提供何種類型的服務。老年人社會參與的選擇，可能因個人的不同經驗、教育程度、生活環境、健康情況、知識、技能與個人需求所決定，如某位老人的休閒，可能是另一個人的工作（葉肅科，2004）；因此，老人在生理、心理與社會參與等層面各有不同需求。為了滿足老人福利需求自然會產生各項福利措施與不同面向的社會參與方式，故其參與的類型與實質意含也會有差異；當然，不同境遇的老人適合採取的社會參與方式也不盡相同。隨著老人年齡的增加，老化程度不一，依賴程度可能增強，不同階段的老人福利需求與社會參與方式也應依差異性之不同進行設計。

二、老人終身學習

高齡者終身學習的功能是「延續」或「補足」老人適應社會所需的知能，其終極目的在於生活調適，對老年人的功能包含（吳老德編著，2003）：

1.學習新知，接受新事物，強化個人的適應力。
2.啟發潛能，追求自我，享受休閒，獲致精神慰藉。
3.增進高齡者適應社會變遷的能力，並適當扮演新角色。
4.充實生活情趣，增進生活知能。
5.具有自我成長功能，追求自我實現的理想。

在高齡化社會中，老人終身學習已被世界許多國家視是為一項不可或缺的社會福利，因為透過學習，有助於老人因應瞬息萬變的生活環境；透過學習，更有助於老年人重新確認個體生命的意義與價值。更確切地說，提供終身學習機會有助於老年人能生活得更有趣、更有用，且更能發揮功能，這對於家庭及社會都有其重要性存在。

三、老人志願服務

現階段臺灣許多社會福利團體都有自己的志願服務工作團隊，其中許多老人服務機構是使用「老人服務老人志工策略」，在老人服務的過程中，老人服務老人是很重要的做法。聯合國於1991年通過的「聯合國老人綱領」中即提到，老人應能尋找機會服務社區與擔任適合自己興趣及能力之志工；臺北市政府2004年的施政報告資料中也提出，政府為面對全民志願服務世紀的來臨，加入老人服務老人的概念，鼓勵高齡者踴躍加入志願服務行列，在臺北市所有老人服務中心中，也有高達85.7%的機構有運用高齡志工，各家運用高齡志工的比例不一，有的高達90.91%，最少的也有11.11%，平均約25%（臺北市政府社會局，2004）。

聯合國大會於1997年11月正式宣告，公元2001年為「國際志工年」（International Year of Volunteers，簡稱IYV），在邁入21世紀時，藉由「國際志工年」的訂定，肯定志工無私奉獻與非凡成就，並進而促進志願服務發展。近幾年來，國人因休閒時間的增加，對生活品質更為重視，無形中也帶動對社會的關懷（陳玉安，2003）。林勝義（1990）綜合Bull及Aucoin的研究指出，社經地位較高的退休人員比低社經地位的人較喜歡加入志願性工作，其原因可能是他們具有中產階級的特質，如擁有較高的生活滿意度、收入、教育與生活方式等的優勢，他們容易傾向於關懷，樂於參與志願工作。而低社會地位的退休生活更是社會、政府所要關懷的一群。所以政府應積極地廣為宣導和策劃關於志願服務的政策，使擔任志工成為社會上普遍的風氣，為需要關懷的社會注入一股暖流，不僅可使社會更祥和，參與的老年志工也能使自己變得更快樂。

綜合言之，志願服務與整體的生活適應具有正相關：即志願服務的程度愈高，生活適應愈好；反之，志願服務程度愈低，生活適應愈差；而志願服務與生活適應各層面均成正相關，即志願服務的程度愈高，心理、社會、生理三層面的生活適應將愈好（賴永和，2001）。「志工小組聯誼」是一般志工團體注重的活動，可由各組規劃辦理，每月一次，可採聚餐、郊遊、打保齡球、唱KTV，或者辦理手工藝學習營，可謂多元又有趣，不僅達到聯誼的放果也兼具知性成長（吳美玲，1995），是一種能滿足退休生活的休閒性質，因此志願工作服務對高齡者的意義深遠。

第三節　從社教機構談成功老化

為因應高齡化社會，政府結合內政部社會司、教育部社教司及行政院經建會「照顧服務福利及產業發展方案」相互搭配合作，以經濟安全、健康維護、生活照顧三大規劃面向為政策主軸，就老人保護、心理及社會適應、教育及休閒分別推動相關措施；茲就目前臺灣老人成功老化之相關福利，分述如下（內政部，2010）：

1.長青學苑：為增進老人退休後的生活安排與適應，鼓勵其積極參與社會、充實精神生活，及提升自我實現與自我價值，內政部每年度都會補助民間團體辦理長青學苑。課程內容兼具益智性、教育性、欣賞性、運動性等動、靜態性質，豐富而多元；為因應科技時代的來臨，也開設電腦學習班，課程內容更包含網路、資訊常識，目的就是讓老年人能夠使用電腦上網、收發電子信件及運用網路資料，使老年人能具有適應社會變遷的能力。

2.老人福利服務（文康活動）中心：為充實老人精神生活，提倡正當休閒聯誼、推動老人福利服務工作，鼓勵鄉鎮市區公所興設老人文康活動中心，作為辦理各項老人活動暨提供福利服務之場所，目前老人文康活動中心（含老人福利服務中心）有三百一十六所，提供老人休閒、康樂、文藝、技藝、進修及聯誼活動；另為配合老人福利服務的需求，老人文康活動中心成為福利服務提供的重要據點，諸如辦理日間照顧、長青學苑、營養餐飲、居家服務支援中心等。

3.行動式老人文康休閒巡迴服務：為取代定點補助興建老人文康活動中心功能，展現政府為民服務的行動力，擴大服務輸送管道，讓偏遠地區因資訊不足、交通不方便之長輩明瞭政府提供的福利服務，將相關資訊遞送至有需求之家庭，甚至當場提供協助，內政部推展「行動式老人文康休閒巡迴服務實施計畫」，由臺灣內政部補助縣市購置多功能、美觀、行動力十足的巡迴關懷專車，並統一設計代表溫馨關懷之標誌及彩繪外觀圖案後，由縣市政府結合民間團體定期定點辦理社區巡迴服務，利用巡迴關懷專車深入社區，於各地老人聚集之社區公園或廟口，提供福利服務、健康諮詢、生活照顧、休閒文康育樂等服務，協助鄉村地區老人就近接受服務、鼓勵社區老人走出家門與社區居民互動，學習關心公共議題、參與活動並瞭解各項社會福利服務措施。

4.休閒育樂活動：

(1)參與社會服務活動：鼓勵老人參與社團或社會服務活動，以獲得服務社區和社會的機會，增進與社會互動的關係及其精神生活，2011年度計有二萬一千零一十一名老人志工參與志願服務。

(2)辦理各項老人福利活動：老人福利活動的實施方式包含老人人力銀行、各項研（討）習會、觀摩會，及敬老活動等項目，滿足老人休閒、康樂、文藝、技藝、進修及聯誼等需求，以增添老人生活情趣，提昇銀髮族身心靈快樂，達到健身、防老的雙重效能。另對於即將退休者亦提供研習活動，增強年長者規劃銀髮生涯的能力，並幫助有需要者瞭解相關法令、福利措施，協助心理、生理及社會的適應。

(3)各類優待措施：為鼓勵老人多方參與戶外活動，對於老人搭乘國內公民營水、陸、空大眾運輸工具、進入康樂場所及參觀文教設施等，老人福利法已明定得提供半價優待。

老年人實際的社會活動參與情形，於2009年的「老人生活狀況調查」中可以發現（內政部，2010），65歲以上老人在「養生保健團體活動」及「宗教活動」方面，定期參加者比例為13.19%及11.33%，較其他社會活動項目之參與比例相對為高（參見**表11-3**）；由此可知，對於臺灣的老年人而言，養生保健與宗教是他們比較有興趣參與的活動。

表11-3　65歲以上老人社會活動參與情形

單位：%

項目別	總計	宗教活動				志願服務				進修活動			
		定期參加	偶爾參加	沒有參加	不知道／拒答	定期參加	偶爾參加	沒有參加	不知道／拒答	定期參加	偶爾參加	沒有參加	不知道／拒答
2005年調查	100.00	9.23	20.63	70.15	--	4.79	7.70	87.52	--	3.30	1.80	94.89	--
2009年調查	100.00	11.33	19.32	69.27	0.08	7.18	6.85	85.85	0.12	6.23	3.32	90.29	0.16
性別													
男	100.00	9.24	20.18	70.59	--	6.73	7.25	86.03	--	5.97	3.64	90.22	0.17
女	100.00	13.29	18.51	68.04	0.15	7.61	6.49	85.68	0.23	6.47	3.03	90.35	0.14
年齡別													
65~69歲	100.00	11.87	22.44	65.70	--	10.46	8.64	80.75	0.15	9.43	3.96	86.45	0.15
70~74歲	100.00	13.32	20.94	65.47	0.27	7.57	7.44	84.72	0.27	6.22	5.36	88.25	0.17
75~79歲	100.00	11.08	16.95	71.97	--	6.27	6.03	87.70	--	5.03	1.04	93.73	0.20
80歲及以上	100.00	8.55	15.29	76.11	0.05	3.01	4.45	92.54	--	2.87	2.20	94.83	0.11
區域別													
北部區域	100.00	10.74	18.42	70.84	--	7.85	6.58	85.57	--	7.23	4.02	88.66	0.09
中部區域	100.00	10.22	21.10	68.41	0.27	5.95	6.32	87.46	0.27	4.36	2.93	92.72	--
南部區域	100.00	10.68	19.55	69.77	--	6.47	6.94	86.59	--	4.68	2.43	92.54	0.35
東部區域	100.00	16.53	11.41	71.70	0.36	5.13	7.27	87.60	--	2.83	5.45	91.72	--
臺北市	100.00	13.55	18.81	67.65	--	8.15	6.06	85.79	--	10.71	4.25	85.04	--
高雄市	100.00	14.55	18.45	67.00	--	11.02	11.56	76.63	0.79	8.12	2.38	88.71	0.79
金馬地區	100.00	2.03	35.90	62.07	--	7.71	6.77	85.53	--	--	3.22	96.78	--
教育程度													
不識字	100.00	9.22	16.61	74.01	0.16	3.37	5.28	91.35	--	2.21	0.97	96.81	--
自修、私塾或小學識字者	100.00	10.34	19.61	69.94	0.11	6.74	6.54	86.54	0.17	3.36	1.95	94.48	0.21
國（初）中	100.00	11.04	17.68	71.28	--	7.68	4.75	87.57	--	6.80	5.50	87.48	0.22
高中（職）	100.00	16.79	20.56	62.65	--	10.49	10.49	78.65	0.37	9.20	6.48	83.94	0.37
專科	100.00	15.82	24.52	59.66	--	13.74	10.29	75.97	--	16.58	3.54	79.88	--
大學及以上	100.00	11.30	23.21	65.49	--	9.38	8.20	82.41	--	20.88	9.45	69.67	--
不知道／拒答	100.00	5.21	11.52	83.27	--	7.09	0.98	91.94	--	--	--	100.00	--
婚姻狀況													
有配偶或同居	100.00	12.04	21.08	66.81	0.06	8.62	7.48	83.90	--	7.89	4.36	87.68	0.07
喪偶	100.00	10.74	17.28	71.85	0.12	5.20	5.83	88.78	0.18	3.95	1.85	94.02	0.18
離婚或分居	100.00	7.76	12.53	79.71	--	4.73	5.63	89.64	--	4.73	1.30	93.96	--
未婚	100.00	7.72	19.13	73.16	--	7.70	11.15	78.29	2.86	3.87	5.39	87.89	2.86
不知道／拒答	--	--	--	--	--	--	--	--	--	--	--	--	--
有無子女													
有子女	100.00	11.40	19.26	69.25	0.08	7.20	6.85	85.88	0.07	6.25	3.32	90.33	0.11
無子女	100.00	9.74	23.04	67.22	--	7.20	7.75	83.19	1.85	6.23	3.85	88.07	1.85
不知道／拒答	100.00	--	--	100.00	--	--	--	100.00	--	--	--	100.00	--

註：本表統計數據截至2009年6月底前。

資料來源：臺灣內政部統計處（2010）。

（續）表11-3　65歲以上老人社會活動參與情形

單位：%

項目別	養生保健團體活動				休閒娛樂團體活動				政治性團體活動			
	定期參加	偶爾參加	沒有參加	不知道／拒答	定期參加	偶爾參加	沒有參加	不知道／拒答	定期參加	偶爾參加	沒有參加	不知道／拒答
2005年調查	10.56	4.59	84.85	--	6.05	16.32	77.62	--	0.63	6.38	92.99	--
2009年調查	13.19	4.59	82.20	0.02	9.13	22.37	68.44	0.05	0.51	5.20	94.27	0.02
性別												
男	12.97	4.28	82.74	--	11.12	25.17	63.71	--	0.90	6.71	92.39	--
女	13.40	4.87	81.70	0.04	7.28	19.76	72.87	0.09	0.14	3.80	96.03	0.04
年齡別												
65~69歲	15.73	5.71	78.55	--	10.59	28.95	60.31	0.15	0.36	5.94	93.70	--
70~74歲	14.89	4.28	80.83	--	11.81	22.96	65.22	--	0.44	6.03	93.53	--
75~79歲	12.49	4.14	83.37	--	8.22	21.34	70.44	--	0.83	4.60	94.57	--
80歲及以上	8.37	3.76	87.78	0.08	4.90	13.50	81.60	--	0.51	3.79	95.62	0.08
區域別												
北部區域	14.63	5.78	79.59	--	10.73	20.14	69.13	--	0.64	4.70	94.66	--
中部區域	9.62	3.10	87.28	--	7.59	22.36	70.05	--	0.52	4.84	94.64	--
南部區域	10.30	4.08	85.61	--	4.63	23.37	72.00	--	--	4.31	95.69	--
東部區域	12.64	7.40	79.60	0.36	2.95	20.30	76.75	--	--	9.07	90.56	0.36
臺北市	18.46	6.49	74.99	0.06	16.51	25.36	58.13	--	0.65	6.77	92.52	0.06
高雄市	21.54	2.34	76.12	--	13.49	22.84	62.88	0.79	1.85	6.34	91.81	--
金馬地區	18.18	--	81.82	--	2.46	23.74	73.79	--	--	15.04	84.96	--
教育程度												
不識字	8.24	2.38	89.38	--	3.91	15.64	80.45	--	--	2.45	97.55	--
自修、私塾或小學識字者	11.56	4.10	84.31	0.03	6.37	22.01	71.61	--	0.48	3.98	95.51	0.03
國（初）中	10.65	8.03	81.32	--	10.70	22.25	67.05	--	1.38	5.07	93.55	--
高中（職）	14.39	5.48	80.13	--	13.14	30.43	56.05	0.37	0.20	7.80	92.00	--
專科	32.05	6.30	61.65	--	19.47	27.31	53.22	--	1.97	11.01	87.03	--
大學及以上	25.21	5.27	69.41	0.10	23.40	27.85	48.74	--	0.44	11.09	88.37	0.10
不知道／拒答	5.85	8.71	85.44	--	3.60	14.61	81.80	--	--	6.49	93.51	--
婚姻狀況												
有配偶或同居	15.10	4.96	79.93	--	10.80	25.28	63.92	--	0.65	6.54	92.81	--
喪偶	11.46	3.76	84.73	0.05	6.19	19.11	74.69	--	0.26	3.52	96.17	0.05
離婚或分居	2.91	4.56	92.52	--	10.09	15.10	74.82	--	0.75	1.92	97.33	--
未婚	8.65	10.16	81.20	--	16.31	11.94	68.89	2.86	0.61	4.58	94.80	--
不知道／拒答	--	--	--	--	--	--	--	--	--	-	--	--
有無子女												
有子女	13.36	4.43	82.19	0.02	8.99	22.69	68.32	--	0.51	5.26	94.21	0.02
無子女	8.06	10.63	81.30	--	13.79	11.41	72.95	1.85	0.40	3.68	95.92	--
不知道／拒答	--	--	100.00	--	17.05	11.59	71.36	--	--	--	100.00	--

註：本表統計數據截至2009年6月底前。

資料來源：臺灣內政部統計處（2010）。

由**表11-3**可知，老年人日常生活中最主要的活動，是以「與朋友聚會聊天」、「從事養生保健」、「從事休閒娛樂活動」為主，也有28.75%的老年人沒有日常生活活動，且具有區域及城鄉差距。居住南部區域老年人以「從事養生保健」為最重要；高雄市、中部及東部老年人則以「與朋友聚會聊天」最重要；北部區域，臺北市的老年人則以「從事休閒娛樂活動」為主。（詳見**表11-4**）

表11-4　65歲以上老年人日常生活活動之重要度　　單位：重要度（%）

項目別	參加老年人研習或再進修活動	從事休閒娛樂活動	從事養生保健活動	照顧（外）孫子女	從事志工或志願工作	與朋友聚會聊天	從事宗教修行活動	其他	無	不知道／拒答
2005年調查	3.78	19.09	14.47	13.35	3.51	34.91	6.61	2.27	26.46	--
2009年調查	3.23	19.75	22.30	6.25	3.80	22.75	6.03	2.80	28.75	0.09
性別										
男	3.74	22.44	25.69	4.55	3.86	25.58	4.01	3.31	23.94	0.12
女	2.76	17.23	19.12	7.83	3.74	20.11	7.91	2.31	33.25	0.06
年齡別										
65~69歲	4.05	21.21	24.38	9.90	5.76	21.18	6.72	3.49	22.55	0.15
70~74歲	2.86	19.80	19.40	7.75	3.45	24.21	6.64	3.07	27.94	0.02
75~79歲	3.15	17.42	26.75	4.07	3.63	24.82	4.92	2.76	27.98	--
80歲及以上	2.58	19.76	18.66	1.42	1.62	21.44	5.37	1.57	38.97	0.17
區域別										
北部區域	3.10	23.83	23.11	6.56	4.25	20.34	5.76	3.19	25.86	--
中部區域	3.48	15.76	18.66	6.22	2.67	24.78	5.84	3.36	32.48	0.35
南部區域	1.54	15.00	24.85	6.41	3.29	24.27	6.60	3.05	31.42	--
東部區域	5.13	13.92	18.93	2.28	3.36	22.03	8.42	1.96	34.51	--
臺北市	5.30	30.11	25.64	5.79	4.33	20.71	5.27	1.81	20.71	--
高雄市	4.12	17.30	18.42	7.31	7.29	23.96	6.65	--	29.72	--
金馬地區	0.12	18.45	22.79	5.38	7.71	20.31	1.64	5.38	34.14	--
居住方式										
住家宅	3.29	19.12	22.66	6.42	3.85	22.59	6.00	2.87	28.72	0.08
住機構	1.20	41.65	9.59	0.05	1.82	28.38	7.08	0.09	29.80	0.49

註：1.重要度=（1×主要百分比＋1/2×次要百分比）×100。
2.日常生活活動「無」、「不知道／拒答」本表呈現比例。
3.本表統計數據截至2009年6月底前。

資料來源：臺灣內政部統計處（2010）。

綜合言之，2012年6月底止，臺灣戶籍登記之65歲以上老年人計有二百五十五萬四千九百八十八人，占總人口10.98%，老化指數73.91%，均呈持續增加現象。隨著高齡人口的增加，對於老年人長期照顧及安養機構就養之需求亦隨之增加；其中機構數自2010年起逐年減少，主要係因為2007年修正施行之老年人福利機構設立標準所訂之五年改善期將屆所致，部分縣市之機構未能如期改善，或因經濟等因素需另覓經營處所（以臺北市、新北市較多）而以暫停營業或歇業處置所致；內政部已函請各直轄市、縣（市）政府於2012年底前儘速改善，屆時未完成改善者將依相關規定處理。

綜上所述，中國傳統養生觀念，目的在於延年益壽、達到身心健康之功效，然而現代社會，由於醫學進步，壽命比傳統社會的人都要增長許多，但這只是代表壽命增長，不見得能夠正常生活於社會之上，許多人進入老年期後，常常會面臨到生理與心理上的不適應，最後甚至會與社會脫離；因此，現代化社會所著眼的養生重點已不再是單純地延長壽命與維持身體健康而已，在變遷快速的時代裡，對於老年人的養生議題更多包含著社會參與的概念；因為人類是群居的生物，不能脫離社會而孤獨存在，人的生活需要參與社會群體，特別是退休後的老年人。老年人從工作角色退下來後，平均餘命仍有二十多年，如果老年人成為無角色的依賴人口，不僅會無成就感、喪失自尊，政府也將因老年人口激增，加重負擔；因此，從社會參與到成功老化這連續的過程，可說是現代化的養生之道。

除了過去中華傳統養生之道養護身體心性健康之外，現在亦可藉由社會活動之參與幫助老年人持續與人互動、建立良好人際網絡關係、獲得愛與被愛之機會，並達到自我實現的滿足；一個老年人如果能有規律的參與社會活動，對自我肯定和情緒紓解都會有積極的幫助，這樣帶來的效益不只是心理上的滿足，也能促進生理上的健康，增強體能，減緩衰退的速率、預防慢性疾病的發生，使身心達到放鬆的效果（林新龍，2000）。

對於老年人而言，提升及維持身體機能與生活品質，參與定期的、適度的體力活動是相當重要的，在高齡者人口逐年上升的今日，我們不難發現年齡增長所帶來的老化，對於老年人生理、心理及社會各層面的影響如何，一如本書所陳述的，老年期因社會角色隨著老化而轉變，既然老化是每個人進入老年期所無法避免的，那如何達到成功老化，降低老化的不良影響，而高齡者又應如何藉由參與社會活動使自己活得更健康、快樂、有尊嚴，以達成成功老化就成了發展心理學最終所探討的議題；而為幫助老年人在老年期能成功老化，首先就要瞭解老年人的需求，提供各種不同福利措施，以因應老年人在生理、心理及社會參與各層面之面向，結合社會資源提供各種不同的社會參與類型，促進老年人身心之健康，這也是本章為讀者探討「高齡化社會」的社會政策的原因。

第四節　結語

發展心理學所廣泛包含的議題是個體在成長歷程中的改變，尤其是進一步瞭解「改變」的本質。一般而言，人的發展又以兒童時期的變化最為快速與明顯，故兒童發展為發展心理學最重要的一環。自1950年代嬰兒潮發展至1960年代，自然地形成了青少年世代，加上社會運動，如婦女運動、嬉皮文化而形成青少年的認同，也更形成了青少年的次文化。發展迄今，1960年代之後，青少年心理學也逐漸成為發展心理學重要的研究範疇。到了20世紀後期，由於醫藥及科技的大幅進步，人們的生存環境有了很好的改善，人類的壽命有著延長的趨勢，這也形成日後老年學的學術發展。

發展心理學是含括自懷孕至老年的人類發展研究的概要介紹，本書涉及個體在各個階段中身體、智能、社會及情緒發展。個體的發展被視為遺傳、成熟、環境及練習，也涉及個體自我指導及社會文化互動的產物。人類發展被概括自懷孕至老年的每一個階段序列，在每一個階段中都有一個重要任務、要求及新的學習，每一個階段中也皆有一個重要的發展衝突及心理社會危機，它可以透過緩慢或突然方式被解決。個人之衝突源自於個體進入特定階段的能力與環境（如家庭、學校、社區及社會）的要求之間的矛盾。發展是在一個不斷變化的社會情境中應運而生的，而個體成功解決衝突與完成任務，使其能面對或因應下一個生活階段中的文化要求。在每一個新的階段中，個體要確認其與他人的關係，個體發展之連續性與變化皆會對個體產生反應，而這些反應即是發展的產物。

人的一生發展如每日朝夕變化般，嬰兒期如晨曦、成年期如烈日中天、老年期如日暮般，人的生老病死便成為個人的人生課題。人生永恆之物就是改變，老年期的發展任務即是因應老年的身體變化、發展心理歷史的觀點及創造個人的生命意義；而老年期的生活選擇及生命意義取決於個體的健康狀況，所以成功老化就是個體能有效地因應不斷增加的侷限性和日益衰退的身體健康，這更是老年人重要的發展任務。

「延年益壽」已不是一句神話，但個體如何活得老、活得健康，並能將生活經驗做整合，將智慧從過去、現在與未來的連續性，傳承給下一代，以得生命之永生。除此之外，老年期可免除種種與年齡有關的規範約束，同時發展應付新生活要求而創造新的行為規範，以藉此維繫自身生活的意義與活力。比起一百年前的祖先，我們的生命餘命已增加近三十年，尤其面對普世的高齡化社會，延長壽命已是一社會事實（social fact），但要如何成功老化以增加個體的健康及生活品質，以及降低老化的不良影響，為成功老化真正的目的所在；換言之，如何讓老年人仍可以自主地選擇透過社會活動參與，使個體活得更健康、快樂、有尊嚴，對整個社會而言，老年人並不是只能完全依賴之個體，如何將健康的老年人吸納於社會體系之運作中，善加利用老年人的結晶智力、能力及能量，貢獻及服務於社會也是本書所要為您探討的。

參考書目

一、中文部分

內政部（2009）。「老人生活狀況調查」。

內政部（2010）。「99度老人福利機構評鑑實施計畫」。

內政部戶政司（2011）。戶口統計資料分析。

內政部社會司（2007）。「老人福利服務」，取自http://sowf.moi.gov.tw/04/07/07.htm

朱芬郁（1998）。《退休老人生涯規劃模式之研究》。嘉義：國立中正大學成人暨繼續教育研究所碩士論文。

江亮演（1988）。《臺灣老人生活意識之研究》。臺北：蘭亭。

行政院經濟建設委員會（2008）。中華民國臺灣地區民國97年至145年人口推計，取自http://www.cepd.gov.tw/dn.aspx?uid=5821

吳老德編著（2003）。《高齡社會理論與策略》。臺北：新文京開發。

吳美玲（1995）。〈談社教機構的志願服務〉，《社教資料雜誌》。206：3-6。

李瑞金（1994）。〈高齡者社會參與需求──以臺北市為例〉，《社會建設季刊》。95：7-19。

林振春（2000）。〈終身學習與社區服務〉，《北投社雜誌季刊》。臺北：八頭里仁協會，16：55-58。

林勝義（1990）。《老人參與社區發展之研究》。臺北：中華民國社區發展訓練中心。

林新龍（2000）。〈參與休閒活動行為之探討〉，《大專體育》。49：109-115。

林麗惠（2009）。〈培養高齡者閱讀習慣之探究〉，《臺灣圖書館管理季刊》。1（3）：31-37。

邱天助（1990），教育部社會教育司主編。〈老人基本教育的理論與實務〉，《成人基本教育》。臺北：臺灣書店。

張怡（2003）。〈影響老人社會參與之相關因素探討〉，《社區發展季刊》。103：225-233。

張素紅、楊美賞（1999）。〈老人寂寞與個人因素、自覺健康狀況、社會支持之相關研究〉，《高雄醫學科學雜誌》。15（6）：337-347。

張國治（2005）。《雲林縣高齡學習參與者、非參與者生命意義感之比較研究》。嘉義：國立中正大學碩士論文。

張燕青（2007）。〈中國古代養生之道與養生觀淺談〉，《內蒙古電大學刊》。99（11）：62-63。

郭靜晃（2010）。《人類行為與社會環境》。臺北：揚智文化。

陳玉安（2003）。《學校女性義工學習需求評估之研究》。嘉義：國立中正大學成人及繼續教育研究所碩士論文。

曾中明（1993）。〈老年人的社會參與——志願服務〉，《社區發展季刊》。64：94-96。

舒昌榮（2008）。〈由積極老化觀點論我國因應高齡社會的主要策略——從「人口政策白皮書」談起〉，《社區發展季刊》。122：215-235。

黃富順（2005）。〈高齡社會與高齡教育〉，《成人及終身教育學刊》。5：2-12。

黃富順等（2006）。《成人發展與適應》。臺北：國立空中大學。

楊國德（1999）。《學習型組織的理論與應用——成人教育領域的實踐經驗》。臺北：師大書苑。

葉肅科（2004）。〈老人休閒、娛樂、教育與志願服務需求與趨勢〉，《兩岸四地社會福利學術研討會論文集》。

臺北市政府社會局（2004）。「社會福利政策白皮書」。

賴永和（2001）。《國民中小學退休教師生活適應及其影響因素之研究》。高雄：國立高雄師範大學成人教育研究所碩士論文。

顏蒨榕（2002）。《老人生死教育課程內容與教學之研究》。嘉義：南華大學生死學研究所碩士論文。

二、英文文部分

Zastrow, C. & Kirst-Ashman, K. K. (1997). *Understanding Human Behavior and the Social Environment* (4th ed.). Chicago, IL: Nelson-Hall.

心理學叢書

發展心理學

著　　者／郭靜晃・黃明發
出 版 者／揚智文化事業股份有限公司
發 行 人／葉忠賢
總 編 輯／馬琦涵
主　　編／范湘渝
地　　址／222　新北市深坑區北深路三段 260 號 8 樓
電　　話／(02)8662-6826　(02)8662-6810
傳　　真／(02)2664-7633
網　　址／http://www.ycrc.com.tw
E-mail／service@ycrc.com.tw
印　　刷／鼎易印刷事業股份有限公司
ISBN／978-986-298-080-4
初版一刷／2013 年 2 月
定　　價／新臺幣 550 元

國家圖書館出版品預行編目（CIP）資料

發展心理學 / 郭靜晃, 黃明發著. -- 初版. --
新北市：揚智文化, 2013. 02
面； 公分. --（心理學叢書）
ISBN 978-986-298-080-4（平裝）

1. 發展心理學

173.6 102001729